한국사

32

조선 후기의 정치

국사편찬위원회

자문위원

이 원 순

편찬위원

정 석 종　　조　광　　최 완 기
한 영 국

집필(조선 후기의 정치)

김 준 석　　박 광 용　　양 진 석
오 수 창　　이 철 성　　이　훈
정 만 조　　정 연 식　　조　광
최 소 자

기획 · 편집

신 재 홍　　변 승 웅　　이 근 택
고 혜 령　　고 성 훈　　고 숙 화
나 애 자　　박 한 남　　윤 병 희
최 원 식

복간 간행 : 김 용 곤 · 장 득 진

한국사 간행취지

우리 겨레가 앞으로 어떻게 살아갈 것인가 하는 문제는 우리들은 물론 우리와 더불어 살아가는 세계인들의 관심사일 것이다. 이에 대한 해답은 과거에 어떻게 살아왔는가 하는 우리 역사에 대한 인식을 통해 찾을 수 있을 것이라고 생각된다.

본 위원회에서는 이미 1970년대에 『한국사』 25권을 간행하여 해방 이후 한국사의 연구성과를 집대성함으로써 한국사에 대한 인식을 새롭게 한 바 있다. 그 이후 한국사회는 놀라운 성장과 발전을 이루었고 역사학계도 상당한 연구성과를 축적하였다. 이러한 변화에 발맞추어 한국사학계는 새로운 『한국사』 편찬의 필요를 느끼게 되었다.

이에 본 위원회는 일차적으로 한국사 연구지원비를 마련하여 역사학계로 하여금 1980년대 중반까지 연구성과가 미진하다고 생각되는 분야를 연구할 수 있도록 하였다. 이어서 1989년부터 1990년까지의 준비를 거쳐 1991년에는 '신편 한국사 편찬위원회'를 따로 구성하고 총 60권에 달하는 새로운 『한국사』를 편찬하기로 하였다. 그리고 다음과 같은 『한국사』 편찬의 목표를 세웠다.

① 한국의 역사와 문화에 대한 객관적 인식의 토대를 제공할 수 있는 한국사를 편찬한다.

② 민족의 창조적 문화활동과 민족사의 내재적 발전을 드러내는 한국사를 편찬한다.

③ 최근까지의 연구성과를 체계화하고 새로운 영역을 개척함으로써 한국사 연구의 지평을 넓힌다.

④ 한국사 연구와 관련하여 고고학·인류학·사회학·경제학 등 인접학문의 연구성과를 수용하여 한국사 인식의 폭을 넓히는 데 기여한다.

새로운 『한국사』를 펴내면서 우리 모두가 바라는 바는, 민족의 통일에 대비해야 하고 급격히 변화하는 시대상황 속에서, 한국사 연구자의 깊이 있는 연구를 도와주고 독자들의 역사인식을 드높일 수 있는 길잡이 구실을 할 수 있었으면 하는 것이다.

국사편찬위원회 위원장

목 차

Ⅳ. 부세제도의 문란과 삼정개혁

Ⅴ. 조선 후기의 대외관계

개 요

I

조선 후기 사회에서는 정치·경제·사회·문화 전반에 걸쳐서 상호 유기적 연결을 가진 일련의 변화가 진행되고 있었다. 이 과정에서 조선 후기의 정치는 탕평론 및 세도정치의 전개라는 특성을 드러내게 되었다. 물론 18세기 탕평론이 제시된 데에는 일정한 배경이 있었고, 영조대에 전개된 緩論蕩平의 입장과 정조대에 시행되었던 峻論蕩平은 각기 상이한 특성을 지닌 것이었다. 그러나 이 양자는 탕평론이라는 큰 테두리 안에서 상호 합치될 수 있는 요소를 가지고 있었으며, 현실정치를 이끈 통치이론이었다.

한편 개항 이전 19세기의 정치사에서는 세도정치가 전개되고 있었다. 세도정치는 왕권강화론의 일부로 제시되었던 탕평론에 맞서 소수 집권가문의 정치적 권리를 정당화하려는 정치이론이었으며, 이는 탕평 정국의 출현 및 지속에 대한 집권 귀족층의 반작용에 의해서 추진된 것이었다.

조선 후기 탕평론이 제시된 배경에는 사회·경제적으로 성장한 서민·하층민들의 정치적 지향이 자리잡고 있었다. 그들은 양반 중심의 정치질서에 반론을 제기하고 있었고, 이러한 변화에 양반 지배층들도 능동적으로 대처해 나가야 했다. 또한 17세기 이래 지주제의 모순을 극복하는 방안에 대해서 학문적으로 접근하던 일군의 학자들은 朱子의 토지론을 재검토하는 과정에서 箕子 箕田說·井田說 등에 주목한 바 있었다. 이와 동시에 그들은 기자의 저작으로 알려진 洪範 皇極說에도 관심을 가지게 되었다. 동시에 조선 후기 양반 지배층 가운데 일부는 四書 중심의 주자학적 체계에 비판을 가하면서 六經 중심의 古學에 경도되기도 했다. 바로 이러한 과정에서 書經의 洪範篇이

재음미될 수 있었다. 그리고 국가권력의 주체를 天子 내지는 國王으로 보려는 皇極蕩平論의 토양이 마련되어 갔다.

탕평을 표방하는 정국운영론은 이미 숙종 말년부터 제기된 바 있었다. 그러나 이 탕평론은 영조 5년(1729) 이후에 이르러 실제 정치운영의 원리로 작용되었다. 換局政治의 극심한 폐해를 체험한 당시의 지배층 일부에서는 현실정치에서 최대의 현안이 붕당의 타파에 있다는 점에 동의하고 있었다. 이러한 견해를 가진 정치집단을 당시에는 온건한 주장을 펴는 정파라는 뜻에서 緩論이라고 호칭되었다. 반면에 사림의 정치원칙인 각 붕당의 義理 자체가 붕당 타파보다도 더욱 중요하다고 판단하는 집단도 있었다. 이들은 완론에 대칭되는 준엄한 입장을 펴는 정파라 하여 峻論으로 지칭되고 있었다.

그런데 영조 연간에는 붕당의 타파와 당론의 제거가 가장 중요한 정치적 과제라고 판단되었다. 여기에서 영조는 각 당의 의리론을 黨論으로 규정하여 배격하고, 公論 내지는 士論에 의해 좌우되던 기존의 정치에 문제가 있는 것으로 판단했다. 그리하여 영조는 국왕의 은혜인 君恩과 관료 임면권인 用捨權을 강조하며, 각 당파에서 제시하는 政論의 시비를 가리지 않고 어느 당파든간에 온건하고 타협적인 인물들을 등용하여 군주권을 강화시키려 했다. 여기에서 영조는 완론 중심의 탕평을 전개하게 되었다. 이와 동시에 영조는 남인 학자 계열의 古學을 상당 부분 수용하여 周禮에 기초한 정책을 구상하고, 나라를 다스리는 기본 서적으로 평가되던 大學을 탐구했으며, 《貞觀政要》를 학습함으로써 군주권의 신장을 의도하고 있었다.

또한 영조는 비변사에 탕평파 대신들과 군문대장을 배치하여 현실 정치에 대한 자신의 관여도를 강화하고자 했다. 그리고 八道句管堂上制를 시행하여 지방에 대한 통제를 강화하고자 했다. 그는 청요직을 혁파하여 사림의 공론이 발휘하던 영향력을 제한하고 군주권과 재상권의 강화를 꾀했다. 그리고 일반 백성의 의견을 정치에 반영하는 방식의 하나였던 上言과 擊錚제도를 활성화시켰다. 또한 영조는 기본 법전을 정비하였다. 영조의 이같은 노력은 정조 9년(1785) 《續大典》의 편찬으로 귀결되었다.

영조는 권력행사를 보장하는 제도적 장치의 강화를 시도하여 군영을 정비해 갔다. 그리하여 병조판서가 통솔하는 통일된 편제 및 훈련도감·금위영·

어영청 등 삼군문 도성수비체제를 완비하게 되었다. 그리고 지방군제인 속오군의 조직에 대한 점검과 관리도 강화시켜 갔다. 이처럼 영조 연간에는 완론탕평책의 시행을 통해서 군주권을 강화시키고 귀족권을 제한할 수 있었고, 효율적 국가재정의 운영을 통해 對民 부담을 경감시켜 갈 수 있었다.

영조의 뒤를 이어 즉위한 정조의 경우에도 탕평정책의 기조를 계속 유지하고 있었다. 그러나 그는 영조대의 완론 탕평정국을 거부하며, 완론탕평에 참여했던 무리들이 蕩平黨을 형성하여 당론을 일삼아 탕평의 근본 정신을 저버렸다고 비판했다. 그리고 이러한 상황의 극복을 위해서는 정치원칙을 지켜 나가는 淸議·峻論을 중심으로 한 탕평, 곧 진정한 의리에 바탕을 두는 탕평이 필요함을 표방했다. 이 준론탕평론에서는 의리의 변별을 중요시했지만, 붕당의 타파 역시 중요하다는 점을 긍정하고 있었다.

한편, 정조는 외척세력의 전횡으로 야기된 아버지 사도세자의 죽음과 척신들로부터 자신에게 가해지던 압력을 체험한 인물이었다. 여기에서 그는 척신의 배제를 정치의 첫째 원리로 삼았다. 그는《大學》을 새로이 탐구하여 군주권 강화를 목적으로 하는 제왕학을 세웠고 정국운영은 군주가 주도해야 한다는 입장을 견지했다. 여기에서 신하들의 정국 주도를 긍정하는 제도적 장치인 붕당은 당연히 배격의 대상이 되었다.

정조는 '혼돈의 탕평이 아닌 의리의 탕평'을 주장하였고, 외척당의 배격을 실현시켜 가면서 준론을 중심으로 한 탕평책을 실행하였다. 정조대의 정국운영도 영조대처럼 군주권의 강화와 중앙집권적 관료제의 강화가 추구되었다. 그리고 정조는 영조 치세 때 탕평정책의 성공을 위해서 시행되었던 제반 제도의 개혁을 적극 수용했다. 이를 바탕으로 진행된 정조의 탕평정치는 다음과 같은 특성을 드러내고 있었다. 먼저 재상의 정책결정권이 강화되었다. 이는 군주권 강화의 보조적 장치로 재상의 존재를 규정한 데에서 가능했던 일이었다. 그리고 중앙정부에 의한 지방통제가 강화되었다. 이미 영조 연간에 마련된 바 있었던 팔도구관당상제도 계속 실시되고 있었다.

그 외에도 정조 연간에는 암행어사를 비롯하여 어사제도가 강화되었다. 정조는 어사제도를 통해서 지방사회를 효과적으로 통제하고 성장하는 사회세력과 발전의 성과물에 대한 동태적 파악을 할 수 있었다. 또한 정조는 기층세력의 저항을 포함하여 제반 사회변화를 국왕이 직접 파악할 수 있도록 제도를 강화시켰다. 그는 상언과 격쟁제도를 더욱 강화시켰다. 또한 그는 성장하는 중간계층을 국왕과 직접 연결되는 세력으로 재편성하는 데에 관심을 보이기도 했다. 그리고 편파적 상황의 타파를 표방하는 탕평의 원칙을 사회에도 확대 적용시키고자 했다. 그리하여 그는 자신을 '萬川을 고루 비추는 明月'과 같은 존재로 규정하고, 모든 백성을 군주의 赤子로 보는 입장에서 서얼과 노비의 처우를 개선하고자 했다.

한편 자신이 학자이기도 했던 정조는 규장각을 새롭게 설치하여 이를 중심으로 하여 각종의 문화정책을 수행했다. 그 문화정책은 국가의 체제정비와 연결되었고, 군주권의 강화를 지향하는 六經 중심의 古學을 장려했다. 또한 그는 탕평정권을 유지하기 위한 물리력의 확보를 위해서 장용영을 설치하고 軍權을 군주권 아래에서 일원적으로 통제하려 했다. 그리고 水原에 華城을 축조하여 군주권의 보조적 요충지로 만들고자 했다.

요컨대 영조·정조의 탕평책이 시행되어 가던 기간에는 군주권이 강화되었고, 군주는 세상을 다스리는 바른 도리인 世道의 담당자요 책임자로 부각되었다. 여기에서 군주는 모든 의리를 군주 자신에게 집중시키며 타파붕당의 기치 아래 당론을 배격하고, 사족 지배층을 억압하며 對民 肯定的 정책들을 강화시켜 갔다. 그러나 탕평정국을 하나의 정치체제로 정립시키는 데에는 실패하였다.

이와 같은 일련의 상황과 관련하여 19세에 접어들면서 세도정치가 시행되었다. 세도정치가 시행된 배경으로는 탕평정국을 거치는 동안 진행된 붕당의 퇴조현상과 그리고 정조의 사후 왕권의 약화현상을 우선 주목할 수 있다. 순조와 헌종의 단계에 이르러서는 군주의 국정 주도를 위한 노력이 실패로 돌아가고, 국왕은 국정 운영 전반에 있어서 그 관념상의 권위에 상응하는 권력을 행사하지 못하게 되었다. 그리고 군주권의 약화에 대응하여 전개된 세도정치기에는 중앙의 정치권력은 안동 김씨, 풍양 조씨, 반남 박씨, 대구 서씨, 연안 이씨, 풍산 홍씨 등 특정한 소수 가문에 집중되었다.

한편 지난 17세기 붕당정치기에 있어서 지배계층은 士論의 확보를 통해 자신들의 정치적 입지의 근거를 삼았다. 그러나 19세기의 세도가문들은 정권의 장악과 유지의 중요한 기반을 국왕 또는 왕실의 권위에 두고 있었다. 그들 중 일부는 왕실의 외척이 됨으로써 이 권위를 강화시켜 보고자 시도하기도 했다. 왕실의 권위가 강조되는 이러한 현상은 18세기 군주권이 강화되었던 상황이 19세기에 이르러 세도가문들에 의해서 변칙적 형태로 역이용되고 있었음을 의미하며, 조선왕조의 지배체제가 밟아 온 변화의 귀결이기도 했다. 여기에서 드러나는 바와 같이 세도가문들은 군주라는 중세적 정치체제의 전통적 권위 위에서 존립했고, 이로써 그들은 조선왕조의 지배체제에서 형식적 정당성을 확보하게 되었다. 세도가문들 사이에는 時僻이라는 당색의 차이보다 더욱 강한 동질성이 유지되고 있었다. 이 동질성은 중첩된 혼인관계를 통해서 강화되기도 했다.

세도정치 기간에 진행된 외척 권세가의 권력 장악은 군주권의 쇠퇴와 정치적 권력이 소수의 세도가문에 집중됨을 의미했다. 따라서 군주권에 전적으로 귀의하던 성향을 보이고 있던 일부 남인들은 세도정치의 성립으로 인해서 좌절을 겪기도 했다. 세도정권이 성립되던 당시부터 중앙정계에서 남인이나 혹은 노론을 각기 하나로 묶는 동류의식이나 결집력은 이미 소멸되어 갔다. 세도정권의 핵심 집권세력이 노론으로 분류될 수 있었지만, 정국운영의 기본축은 소론이나 남인과 경쟁하던 노론 또는 시파와 벽파라는 붕당의 범주로 설명하기가 점차 불가능하게 되었다. 그러나 세도정치는 소수의 세도가문간의 연합통치적 성격을 드러내고 있었고, 세도가문들은 상호간 협력관계를 유지하고 있었다.

중앙의 정권을 장악하고 국정을 주도한 세도집단들은 제도의 개혁이나 민생의 안정에는 상대적인 의미에서 관심이 약했다. 그들은 현실적 문제를 논의하더라도 관념적 원론의 수준에 머무는 의견을 제시하는 데에 그쳤고, 그 구체적 대안을 제시하고 실천하지는 않았다. 민생에 대한 책임은 지방의 수령에게 돌렸고, 對民 인식에 있어서도 취약성을 드러내었다. 그들은 민의 입장을 반영하는 전진적 개혁의 노력을 거부했다. 세도집단들은 전국에 대한 균형잡힌 배려보다는 서울 중심의 정책을 수행하는 데에 지나지 않은 경우도 많았다. 이들은 비변사를 장악하여 독점적인 권력 행사를 시도했고, 이 과정에서 비변사는 행정기구가 아니라 중요한 정치기구로 변신되어 갔다.

세도정치 기간 동안 국가의 군사력과 군사제도도 세도집단의 정치적 목적을 이루기 위한 힘으로 작용했다. 또한 言路를 제한하고 公論의 의미와 기능을 유명무실화했다. 이는 유생들의 중앙 정계 진출을 억압했던 경향이 빚은 당연한 결과였다. 이러한 여러 현상들은 그 세도집단들이 앞 시기의 지배체제를 변전시키고 있었음에도 불구하고, 전통적 관행 속에서 성장해 온 세력이었음을 말하는 것이다.

세도정치는 순조가 즉위한 이후 전개되어 나갔다. 세도정치의 첫 단계는 순조 즉위 후 3년에 걸친 기간이었다. 이 시기는 수렴청정하는 貞純王后와 그의 권위를 기반으로 정권을 장악한 경주 김씨 중심의 벽파세력이 노론 내의 시파세력과 경쟁하던 단계였다. 한편 순조가 친정을 단행한 순조 4년(1804) 이후 11년까지는 안동 김씨, 풍양 조씨, 반남 박씨 가문 등이 상호 협력하여 권력을 집중시켜 가던 시기였다. 순조 12년부터 26년에 이르는 기간은 국정을 주도하기 위한 순조의 노력이 실패한 상황에서 金祖淳을 중심으로 한 안동 김씨 세력들이 趙得永과 협력하여 순조 외가측 인물들을 견제하던 단계였다. 그리고 순조 27년 이후 30년에 이르는 孝明世子 대리청정의 시기는 효명세자가 정치의 주도권을 강력히 행사하려 꾀하던 때였다. 효명세자가 죽은 이후 헌종이 즉위하는 순조 34년까지는 효명세자의 대리청정기에 새롭게 등장한 정치세력들을 도태시키고 기존의 세도집단들을 중심으로 권력질서를 재편하던 시기였다.

순조대에 이어서 전개된 헌종대의 세도정치는 대체로 안동 김씨와 풍양 조씨 가문이라는 두 세력 사이에 어느 정도 균형이 유지되고 있었던 시기였다. 그리고 철종대의 세도정치 또한 기존의 세도가문들 상호간의 협력에 의해서 지속되고 있었다. 세도정치 기간 중 유력가문을 중심으로 한 상호간의 협력관계는 시간의 경과에 따라서 변화가 있었다. 그러나 그들 내부에 있어서는 강한 동질성이 유지되고 있었다. 세도집단 내부에 존재하던 이와 같은 동질성은 대원군 집권기를 통해서도 철저히 불식되지는 못하였다.

Ⅱ

조선 후기 18~19세기에 이르러 중앙정부의 각종 재정수요를 충당하기 위한 여러 문제들이 논의되었다. 조선왕조가 당면했던 17세기의 재정위기는 大

同法의 시행을 통해서 어느 정도 대처해 나간 바 있었다. 그러나 전근대적 재정이 갖는 한계로 인해서 재정위기는 계속해서 발생했다. 18세기의 조선왕조에서도 국가재정의 중요한 부분을 차지하고 있었던 군역제와 관련된 재정위기를 극복하기 위해서 *均役法* 시행에 관한 논의가 전개되었다. 영조 28년(1752)에 시행된 이 균역법은 양역의 폐단으로 말미암아 양인층의 피역 저항이 강화되어 가던 상황에서 양인층을 안정시키고 국가재정을 확보한다는 두 가지의 목적을 가지고 제정되었다.

한편 조선 후기 사회에서는 국가의 재정체계가 租庸調 체제로부터 田政·軍政·還穀이라는 三政體制로 전환되어 갔다. 그러나 조선 후기 사회에서는 사회변동의 여파에 따라서 부세제도가 총액제 수취방법으로 변동되어 갔고, 부세제도 자체의 문란상이 심화되었다. 이에 대한 民의 저항이 강화되자 삼정의 문란을 개혁하고자 하는 노력이 전개되었다. 삼정문란을 개혁하기 위한 노력은 조선왕조 국가의 존립과 직결되는 문제로 중요시되고 있었다. 그러나 조선 후기 사회에서 전개되었던 각종의 변통론 즉 개혁안들은 사회구조의 근본적 개혁의 방향을 지향하는 대변통론을 취하기보다는 기존의 체제 내에서 수취방법을 개선하려는 소변통론의 방향을 지향하고 있었다. 여기에서 우리는 조선 후기 사회가 추구하고 있던 개혁의 한계점을 파악할 수 있다.

조선 후기 제도의 개혁과 관련하여 우선 주목되는 것은 양역변통론이 제시되었고 균역법이 시행된 사건을 들 수 있다. 균역법 시행의 배경으로는 임진왜란 이후 중앙군의 개편 과정에서 등장한 5군영의 설치를 우선 주목할 수 있다. 당시 정부에서는 군사비의 재원을 마련하기 위해서 人丁을 단위로 하여 양반을 제외한 *常民*들에게 *每人當* 2필의 군포를 부과하였다. 당시의 상민들은 대부분 군역세를 납부하는 납포군으로서 군역을 지고 있었다. 그런데 한 집안에서 군역 부담자 3~4인이 양역을 부담할 경우에 이 군포를 돈으로 환산하면 대략 20냥 내외의 부담이 되었다. 이 부담액은 당시 소농들의 실질적인 토지 소득이 25냥 내외로 추정되는 상황에서, 소농들의 생계 파탄을 초래하는 요인으로 작용하게 되었다. 여기에서 군역 즉 양역의 폐단이 발생하게 되었다.

한편 양역의 폐단은 군제 편성상의 모순에서도 초래되었다. 조선 후기의

軍門에서는 直定과 自募를 통해서 軍丁을 확보해 나가는 초법적 조처가 시행되고 있었다. 직정이란 정상적인 행정체계를 거치지 않고 각 군문들이 직접 군보를 지정하여 자신의 군문에 예속시키는 것을 말하며, 자모란 正軍 자신이 스스로 보인을 확보하면 해당 군영에서 그 보인의 군역세를 처리해 주는 방식이었다. 그리고 각 군영들이 경쟁적으로 직정과 자모를 강행하는 과정에서 良丁의 부족이 심각한 현상으로 제기되었고, 양정들은 一身疊役의 상황에 놓이게 되었다. 또한 감영이나 병영·수영 등 뿐만 아니라 중앙의 각 사나 향교·서원 등에서도 자체의 비용조달을 명분으로 양역보다는 적은 비용의 유리한 조건(歇役)을 내세워 양정을 모집하는 사모속이 성행하고 있었다. 이러한 상황에서 양정의 부족으로 인해서 끊임없이 발생하는 闕額의 보충이 불가능하게 되자, 이를 보충하기 위한 黃口簽丁과 白骨徵布가 만연하게 되었다.

또한 조선 후기에 이르러 양역 징수상에서도 총액제가 등장했다. 중앙정부에서 각 지방에 일정한 군액을 배정하면 지방관은 그 군액에 해당하는 군보를 확보하여 번상시키거나 포를 상납해야 했다. 이를 軍摠이라 불렀다. 그리하여 지방관들은 이 군보의 확보를 위해서 황구와 백골에 대한 첨정 징포를 계속해야 했다. 이 때문에 양역의 폐단은 더욱 심화되어 갔고 이로 말미암아 양인들의 저항이 야기되었다. 양역의 폐단은 양인의 생활과 조선의 군제 자체를 위협하고 있었던 것이다. 여기에서 양역의 폐단을 극복하기 위한 변통론이 제시되기에 이르렀다.

조선 후기에 제시되었던 양역변통론은 대변통론과 소변통론으로 대별된다. 소변통론은 양역 폐단의 원인이 양정의 부족과 양역제의 불합리한 운영에서 유래하는 것으로 보고 이의 해소를 시도하는 개혁의 방안이었다. 이 소변통론에서는 우선 피역자의 색출, 사모속의 금지, 落講 校生의 군역 편입, 군사 정원의 감액, 군문의 혁파, 신역 부담액의 감소(減疋論) 등 여러 종류의 개혁안이 포함되어 있었다. 그리고 대변통론은 양인에게만 군역이 부과되는 身分兵役制的 특성을 가지고 있던 양역제 자체를 철폐하자는 논리였다. 대변통론은 양역의 폐단이 양정 부족에서 초래되었다는 점을 인정하면서도, 양역 부담의 불균과 불공정에 양정 부족의 원인이 있다고 파악했다. 여기에서 그들은 軍役不應者의 핵심을 이루고 있는 양반사족층에 대한 수포의 방안을 마련해 보고자 했다. 그 결과로 戶布論·口錢論 등이 제시되었다. 이 견해는 군역 징수의 대상을 신분을 기준으로 한 양정이 아닌 家戶나 人口 또는 田結을 단위로 변경할 것을 주장했다.

조선 후기 사회에서는 兩班不役論이 의연히 지속되고 있었다. 그러나 17세기 및 18세기 초의 대기근과 전염병으로 인해 양역부담자가 급속히 감소되었고, 피역저항의 형식으로 양인농민들의 토지 이탈이 강화되었다. 이 상황에서 당시의 집권층에서는 양반에게 군역을 직접 부담시키지 않고 양역의 폐단을 해소시켜야 했다. 그 결과 영조 26년(1750)에 단행된 균역법은 양역 폐단의 극복 방안으로 소변통론의 일종인 減疋論이 제시되었다. 이 균역법의 시행으로 양인의 군역 부담은 대략 연간 1인당 2疋役에서 1疋役으로 조정되기에 이르렀다.

균역법의 시행 결과 군포 수취가 1필로 감소되었다. 따라서 이로 말미암아 발생하는 군사 유지비용의 부족분을 보충하기 위한 방안들이 마련되었다. 그리하여 우선 군사 정원을 감축 조정하여 군사 유지비를 절감시키는 방안들이 수립되었다. 그리고 인두세적 성격을 지닌 병역세를 점차 토지세로 전환시켜 가기 시작했다. 그 결과 균역법의 체제하에서는 免稅結이나 復戶結까지를 포함하여 田土를 기준으로 해서 經常稅의 일종인 結作米가 부과되었다. 결작미는 평안도와 함경도를 제외한 전국 6도의 전결에 米 2두씩 부과된 것이었다. 또한 왕실의 수입으로 되어 있던 魚鹽船稅를 국가재정에 귀속시켰고, 隱餘結에 대한 과세를 강화시켰다. 그리고 納粟補官을 통해 자신의 신분을 향상시킨 이들에게는 宣撫軍官布를 부과했다. 이 균역법의 시행으로 양민들은 일시적으로나마 조세 감면의 혜택을 받을 수 있었다. 그러나 조선 후기 사회경제적 변화상은 신분제에 바탕을 둔 부세체제를 거부하고 있었으므로, 신분병역세제의 성격을 여전히 유지하고 있던 균역법은 유명무실화되어 갔다. 그리고 장기간에 걸쳐 누적되어 온 양역의 모순은 '三政紊亂'의 일부가 되어 19세기 민란에서 중요한 문제점으로 대두되었다. 신분병역제를 무너뜨린 호포제의 시행은 19세기의 60년대 대원군 집정기를 기다려야 했다.

조선 후기 삼정문란에 관한 문제제기는 군정 분야에서 뿐만 아니라 전정이나 환곡 분야에서도 계속되고 있었다. 삼정 가운데 전통적으로 중요시되어 오던 분야는 전정이었다. 전정은 조선 후기 당시 토지에 부과되는 각종 잡다한 항목의 조세를 관리하는 문제를 뜻했다. 당시의 토지세는 國納, 船給, 邑徵 등으로 나누어 볼 수 있다. 국납은 결당 4두 씩 부과되던 전세를 비롯하여 대동미, 삼수미, 결작 등의 경상세를 말한다. 선급은 국납에 따르는 각종의 부가세를 뜻하며, 읍징은 해당 고을의 잡다한 용도에 쓰이는 부가세를 일컬었다. 이 가운데 각종의 부가세가 수십 종류에 이르렀고, 부가세의 종류와 세액이 증가하여 전정의 문란은 가속화되어 갔다. 또한 양전이 철저히 시행되지 못함에 따라서 토지에 대한 수세정책을 효율적으로 수행할 수 없었고, 전결세의 수취과정에서도 각종의 폐단이 자행되고 있었다.

한편, 환곡제의 운영에 있어서도 많은 문제가 야기되었다. 원래 환곡은 진휼책의 하나로 춘궁기인 봄철에 관청에서 농민들에게 곡식을 대여했다가 가을철에 元穀과 함께 이자인 耗穀을 붙여서 거두어들이는 방식이었다. 이 때 모곡은 원곡의 10%에 해당되는 것이었다. 그러나 조선 후기에 이르러 환곡의 진휼 기능이 국가재정을 보충하는 방향으로 변질되었다. 또한 당시 정부의 기관들은 이른바 經費自辦의 원칙에 따라 각 관청에서 소요되는 경비를 스스로 마련해야 했다. 이 상황에서 중앙과 지방의 각 기관에서는 다투어 모곡을 확보하려 했고 이를 중요한 재정 수입원으로 삼게 되었다. 그리고 이로 말미암은 각종의 폐단이 발생하게 되었다. 그리하여 19세기의 중엽에 이르러서 환곡은 삼정 가운데 가장 큰 문제를 일으키고 있었고, 이로 말미암아 정부에 대한 민의 저항이 강화되어 갔다.

또한 국가재정 운영 방식의 변화와 삼정의 문란과 관련하여 주목되는 현상은 都結의 출현에 관한 문제였다. 조선 후기에 이르러서는 총액제에 의한 재정 운영이 일반화되고 있었다. 총액제가 본격적으로 시행되기 이전의 부세 운영은 토지와 인민에 대한 국가의 개별적이고 직접적인 파악이 전제되었다. 그러나 조선 후기에 이르러서는 面·里 단위로 부세 단위가 상향조정되었고 국가 공권력이 미치는 범위도 면·리로 축소되었다. 그 후 共同納의 관행은 점차 넓어져 갔다. 즉 人丁稅는 공노비의 庚申摠(영조 16년, 1740) 및 양역의 庚午摠(영조 26년, 1750)에 의해서 정총제로 전환되었고, 전세는 비총제로, 환곡은 환총제의 방식으로 운영되는 등 모든 부세가 공동납 형태로 징수되었고, 이를 기반으로 국가재정은 총액제로 운영되기에 이르렀다.

이 과정에서 전결세 수취의 변형된 형태의 하나로서 19세기 초반에 도결이 등장했다. 도결의 등장은 당시의 조세 수취방법과 일정한 관계가 있었다. 조선 후기의 사회에서는 이른바 八結作夫制에 의해서 8結을 묶어 하나의 戶首를 내고, 그 호수가 조세수납의 책임을 졌으며, 조세 수납과정에서 中間代納을 통해 많은 이익을 私取하고 있었다. 그러나 도결은 官이 호수의 역할까지도 직접 담당함으로써 조세수취를 강화하려는 의도에서 출현했다. 즉 도결은 수령이 호수를 통하지 않고 조세 부담자들에게서 직접 세를 거두어들이는 전결세 수취의 새로운 방식이었다. 이 도결은 현물납이 아닌 화폐납을 원칙으로 했다. 도결의 시행과정에서 지방관은 鄕會와 협의하여 매결당 결가를 정하여 화폐로 수납하고, 이 화폐를 해당 색리에게 분급하여 현물(米穀)을 사서 바치는 형식을 취했다. 그런데 화폐납을 중앙정부로부터 정식으로 인정받지 못한 지방의 경우에는 방납이 필연적으로 수반되었고, 방납업자들에 의해서 서울에 대한 米穀의 공급이 영향을 받기도 했다. 이처럼 도결은 당시 상품화폐 경제의 발전과 일정한 관계를 가지며 전개된 것이었다.

이 도결의 관행은 점차 중세적 부세수취구조가 토지를 매개로 일원화되는 과정에서 확대되었다. 그리하여 전결세뿐만 아니라 부족해진 군역세나 포탈된 환곡과 각종의 부가세들이 救弊라는 명목으로 금납화되어 도결이란 명칭 아래 토지소유자에게 집중적으로 부과되기에 이르렀다. 도결은 전결세를 비롯하여 군역이나 환곡·잡역 등이 토지를 매개로 하여 일괄적으로 처리됨으로써 납세자와 징수자에게 편리한 측면도 있었다. 또한 도결은 민에게 조세부담상의 편리를 보장해 주었고, 官에서는 부세의 대상을 확정하고 중간수탈의 이익을 회수하여 지방 재정의 부족분을 채우게 되는 이점이 있었다. 도결은 당시 총액제로 운영되던 부세량의 부족액을 확실히 채울 수 있는 방법이었으므로 수령들에 의해서 선호되고 있었다. 이러한 이유 때문에 도결의 시행은 확대되어 갔다.

도결이 형성되던 시기의 결가는 결당 8량 정도로 그리 많은 편은 아니었으므로 농민들의 입장에서도 이를 반대할 만한 이유가 없었다. 그러나 도결이 실시된지 얼마 후 결가가 급등하게 되어 20여 냥 내지는 그 이상에 이르게 되었다. 이로 말미암아 도결의 실시는 농민의 부담을 급속히 증가시켜 준 셈이 되었다. 동시에 도결로 말미암아 일종의 조세 청부업에 종사하던 기존의 호수나 방납 담당자들은 기득권을 상실하게 되었다. 뿐만 아니라 양반 지주들도 자신들이 누리던 기존 특권의 일부를 침해당했으니, 토지에 군포의 포흠이 부과될 경우 양역을 면제받던 양반층들은 반상의 구별을 요구하면서 저항하게 되었다. 이러한 과정에서 도결로 인한 피해는 더욱 심화되었고 이에 비례하여 도결에 대한 반대가 강화되어 갔다. 19세기 중엽 광범하게 전개된 농민저항운동은 이러한 상황을 배경으로 한 것이었다. 요컨대, 조선 후기 사회에서는 삼정이 문란해지고, 도결과 같은 새로운 조세 수취방법의 등장으로 인해서 민의 부담이 가중되어 갔다. 그러나 이러한 문제점에 대한 근본적 해결방안은 미쳐 제시되지 못하고 있었다.

Ⅲ

18~19세기 동아시아 사회에서는 17세기에 재편된 동아시아적 질서를 기초로 하여 조선의 대외관계가 전개되어 가고 있었다. 이 시기가 드러내고 있는 특성은 대륙에서의 明淸交替, 일본에서의 德川幕府 등장, 그리고 동아시아에 대해 구미 여러 나라들이 중상주의적 접근을 강화해 오고 있었던 점을 들 수 있다. 따라서 이 시기 조선의 대외관계는 對淸 관계, 對日 관계 및 서양과의 관계가 검토되어야 한다.

17세기 이후에 조선에 가장 큰 영향을 끼쳐 주고 있던 국가는 중국의 청조였다. 조선은 중국대륙에서 전개된 명청 교체의 과정에서 인조 14년(1636) 丙子胡亂을 겪었고, 대명관계의 단절을 강요당했다. 이 사건을 계기로 하여 조선과 청 사이에는 청측이 주도하는 사대관계가 새롭게 설정되었다. 병자호란 이후 청과 조선 사이에는 군사적으로는 충돌이 없었다. 그러나 청은 조선에 대해서 상호간에 설정된 군신관계의 틀 안에서 청 중심의 천하 질서에 편입되기를 요구했고, 助兵 등의 정치적 요구를 계속했다. 청이 조선에 대해서 조병을 요구했던 사례는 청 崇德 5년(1640 ; 인조 18년), 청이 錦州衛를 공략할 때와 順治 11년(1654 ; 효종 5년) 羅禪征伐의 경우를 들 수 있다. 한편 18세기에 들어와서 청은 만주를 청조의 발상지로 중시하는 정책을 수행하면서 조선과의 국경을 명확히 하고자 했다. 이 과정에서 청은 康熙 52년(1712 ; 숙종 38년) 白頭山에 定界碑를 건립하게 되었다. 이 정계비의 건립도 청의 주도에 의한 독단적 행동으로 평가할 수 있으며, 이와 같은 현상은 조선과 청과의 사이에 존재하던 불평등한 관계를 반영하는 것이기도 했다.

한편 조선은 병자호란 이후 청으로부터 歲幣나 貢物의 형식으로 경제적인 수탈을 강요당하고 있었다. 조선의 경제적 부담은 1644년 청의 入關을 전후하여 감면되기도 했으나, 조선은 19세기 후반기에 이르기까지 과중한 대청外交費를 부담해야 했다. 또한 조선의 지식인들은 문화적인 측면에서 청을 夷狄視하여 배격하며, 중화문화를 유일하게 지켜 나가고 있다고 생각하는 조선 자신의 문화적 사명을 강조하기도 했다. 그러나 18세기에 이르러서는 이용후생적 차원에서 청조의 문화를 배우고 수용하고자 하는 북학의 움직임이 구체화되었다. 그리고 이 때를 전후하여 조선의 學人들은 청조에 이입된 구라파의 문화를 뜻하는 淸歐文化에 대해 관심을 갖게 되었다. 그들은 청조를 통해 西學과 같은 새로운 경향의 학문을 수용했고, 조청관계에서는 문화분야가 중요성을 더해 갔다. 요컨대 조청관계는 조선왕조의 대외관계에서 큰 비중을 차지하고 있었으며, 청은 조선에 대해서 가장 큰 영향을 미쳐 주고 있었다. 그러므로 조선은 19세기 후반기에 이르러 국제관계를 새롭게 정립시켜 나가던 과정에서 청으로부터의 독자성을 확보해야 하는 과제를 안고 있었다.

한편 조선과 일본의 관계도 17세기 이래로 새롭게 전개되었다. 조선은 건국 이래로 일본에 대해서 羈縻와 對等의 외교 이념을 바탕으로 하여 조선 주도의 독자적인 통교관계를 유지하고자 했다. 이 시도는 임진왜란으로 인해 여지없이 파괴되었지만, 인접한 양국간의 관계는 정상화되어야 했다. 그리하여 조선은 임진왜란을 극복한 이후 광해군 원년(1609) 일본과 己酉約條를 체결했고, 이로써 일본과의 통교 무역에 관한 틀이 재정비되어 갔다. 이 기유약조는 조선이 임진왜란 이전까지 일본과 맺었던 약조들을 집약한 것이었다. 조선은 이 약조를 통해서 대마도를 조선의 기미권 안에 재편입시키려 시도했다. 그러나 조선은 이 약조에서 대마도가 요청해 올 교역관계의 확대 요구를 최대한으로 억제하고자 했다. 그러나 한편으로는 이 기유약조는 대마도를 통한 일본 막부와의 간접 통교 루트를 설정함으로써 조선 후기 조일관계의 기본골격을 마련해 주었다.

기유약조의 체결을 전후하여 조선과 일본 사이에서는 임진왜란 과정에서 발생한 被虜人 송환에 대한 문제가 제기되었고, 일부 피로인들이 조선으로 송환될 수 있었다. 이와 함께 조선의 중앙정부는 부산의 왜관을 통해 대마도와의 교역을 재개했다. 이 교역은 근대적 의미의 무역과는 성격이 다른 것으로서 일본의 歲遣船使가 가져오는 진상예물에 대해 조선이 상국의 입장에서 회사품을 내리는 형식이었다. 조선 정부는 대마도에도 정부 차원에서 問慰行이라는 외교사절을 파견했다.

한편, 조선은 기유약조를 전후하여 외교사행을 통신사라는 명칭으로 일본에 파견했다. 이로써 朝鮮國王과 日本國大君이라는 중앙정부 차원에서의 외교관계가 가능해졌다. 그리하여 19세기 초엽에 이르기까지 조선은 일본 幕府將軍의 襲職 축하 등을 명분으로 하여 12회에 걸쳐 통신사를 일본에 파견한 바 있었다. 이 통신사의 파견은 일본 막부 장군의 권위를 확립시키는 기회로 활용되었다. 그러나 19세기 초에 이르러 막부에서는 통신사행의 접대비 절감 문제가 제기되고, 조선에 대한 외교적 인식이 변경되어 통신사행이 대마도에만 파견되는 易地交聘으로 전환되었다. 그러나 조선과 일본의 외교관계는 명치유신 이후 대폭 전환되어 갔다. 명치정부는 대마번을 통한 간접 통교 방식을 단절시키고 조선과의 직접 통교를 추진하여 성취했다.

한편 17세기 이래 서양인들에게 있어서 조선에 대한 인식이 강화되어 갔다. 그리고 조선연해에서는 중상주의적 서양 선박들이 출현했고, 서양인 표착자들이 발생하게 되었다. 이 현상은 18세기에 이르러 더욱 빈번해졌다. 그리고 19세기 중엽 이후 서양의 식민주의적 세력들이 중국에 대한 침략을 강화시켜 나간 여파로 이양선으로 불리던 서양 선박들이 조선연해에 출몰하고 있었다. 또한 서학 즉 천주교 신앙의 성행과 관련하여 서양인 선교사들이 조선에 직접 입국하여 비밀리에 포교활동을 전개했다. 이 서양 선교사들에 대한 체포와 탄압으로 인해서 조선은 서양의 존재를 더욱 확실히 인식했다. 이 일련의 사실들은 조선과 서양이 새로운 국제 관계를 수립해야 할 필요성을 말해 주는 것이었다. 그러나 조선은 중국 및 일본과 맺고 있던 전통적인 국제관계만을 고수하고자 했고, 변화해 가는 국제정세에 능동적으로 대처해 나가지 못했다. 그러면서 조선은 19세기 후반에 이르러서 병인양요(1866)나 신미양요(1871)의 경우처럼 프랑스 및 미국과 같은 구미열강과 충돌하게 되었다. 조선을 향한 제국주의적 침략은 점차 강화되어 가고 있었던 것이다.

〈趙 珖〉

Ⅰ. 탕평정책과 왕정체제의 강화

1. 탕평책 실시의 배경
2. 영조대 탕평정국과 왕정체제의 정비
3. 정조대 탕평정국과 왕정체제의 강화

Ⅰ. 탕평정책과 왕정체제의 강화

1. 탕평책 실시의 배경

1) 붕당정치의 위기

16세기 후반에 시작된 양반 관인층의 정치·사상적 분열은 18세기 초반에 들어서자 그 절정을 이루게 되었다. 동·서인 分黨이 임진왜란의 와중에서 남·북인의 분열로 이어지고 인조반정의 결과 북인이 몰락하였다. 다시 두 차례의 '禮訟'을 거치면서 서·남인의 협력관계가 깨어진 다음에는 점차 남인이 쇠퇴하고 서인이 노·소론으로 갈라졌다. 경종과 영조의 왕위계승을 둘러싸고 전개된 노론과 소론의 대결을 통해서는 노론만의 一黨專制로 기울어 가는 듯하였다.

이러한 朋黨의 대립 분열과 몰락, 일당전제로의 지향에 대해서는 그 당시에도 심각한 비판과 우려가 따랐다. 이를테면, "붕당이란 국가 백년의 고질"[1]이라든가, "조정은 장차 당론으로 망하고 小民들은 군역 때문에 망하게 될 것"[2]이라는 등의 지적이 그것이었다.

《朝鮮王朝實錄》과 같은 연대기나 문집류에서는 黨弊·黨禍·黨習·黨爭 등 붕당에 관련한 부정적인 표현을 통해서 그러한 사정을 절실하게 드러내고 있었다. 특히 당쟁으로 인한 폐해의 당사자이기도 했던 李瀷의 말을 빌리면, 붕당의 반목은 "서로 원수가 되어 죽이고 죽으며 한 조정에서 벼슬하고 같은 마을에 살면서도 평생토록 왕래가 없는"[3] 지경에 이르고 있었다.

---

1) 《顯宗改修實錄》 권 24, 현종 12년 6월 무술.

2) 《英祖實錄》 권 23, 영조 5년 8월 갑자.

3) 李瀷, 《星湖先生文集》 권 30, 朋黨論, 19ㄴ(여강출판사 영인본).
그는 붕당이란 이해관계를 둘러싸고 벌이는 '큰 獄訟'으로 보고 선비로서 붕당

이제 유교적인 節制와 公論이 균형을 잃어가고 상대 당파에 대한 박해와 보복이 가열 반복되는 대신 혹 '붕당간의 견제와 비판'이라고 말할 수 있었던 소강적·조정적 국면은 찾아보기 어렵게 된 것이었다. 관작과 권세는 점차 몇몇의 문벌, 특정의 지역과 학파에 집중되고 여기에서 소외되고 세력을 잃은 양반사족들은 오히려 서로 반목과 불신의 벽을 높여 갔던 것이다. 이른바 '붕당정치'의 파탄이었다. 이렇게 되면 승패를 가릴 것 없이 양반 지배층 전체의 정치적 좌절이자 사회적 몰락을 의미할 뿐이었다. 나아가서는 과거관료제와 정치언론제도를 기반으로 하는 조선왕조 집권체제 자체가 동요하여 왕조의 존립이 위기에 몰리는 것이기도 하였다.

잘 알려져 있듯이 17세기 이후의 변동, 즉 농업 생산력의 발전과 상품화폐경제의 성장, 이에 연관된 농촌사회의 분해와 중세적 신분제도의 동요라는 측면에서만 보더라도 조선 후기 사회의 발전적 양상은 괄목할 만한 것이었다. 그러므로 이 시기의 정치이념과 정치운영은 이러한 발전의 기운에 부응하여 지도력을 발휘함으로써 구질서의 모순을 극복하고 민족사의 근대화를 주체적으로 달성해야만 되었다. 불행한 일이었지만 '당쟁'이라는 이름의 정치투쟁으로는 그러한 역사적 요청을 선도적으로 감당할 수 없었다. 당쟁은 처음부터 정치·사회적 여러 특권을 둘러싼 양반 지배층 내부의 이해관계에서 야기된 정치항쟁이었고 그런 만큼 기존 질서의 동요나 기득권의 변동은 결코 용납하지 않으려는 보수적 속성을 띤 것이었기 때문이다.

붕당의 성립이나 당쟁의 원인, 그 폐단에 대해서는 일찍이 많은 논자들이 여러 관점에서 절실하게 언급해 놓았다. 이를테면 세계관의 차이나 이해관계의 대립, 관직 경쟁과 인사 추천제도의 모순, 의리·명분과 문벌의 지나친 중시, 서원이나 정치언론의 발달, 士類의 중용, 전제군주제·양반관료제·유교정치철학의 결합 등을 당쟁의 직접 요인 혹은 관련 배경으로 꼽았다.[4] 그 모두가 정치 주체인 양반 사대부와 집권적인 정치제도, 그리고 그 이념으로

에 가담하지 않으려면 "벼슬을 버리고도 원망하지 않아야" 함을 말하였다(李瀷, 《星湖僿說》 권 7, 黨論, 5ㄴ, 7ㄱ). 붕당이 이해관계에서 비롯되는 만큼 위정자는 法을 엄중히 운영하여 賞과 罰이 공평해야 한다는 것이었다(李瀷, 《星湖僿說》 권 9, 朋黨, 46ㄴ, 47ㄱ).

4) 姜周鎭, 《李朝黨爭史研究》(서울大 出版部, 1971), 3~23쪽 참조.

의 주자학 사상에 연관되는 것들임을 알 수 있다.

최근까지의 당쟁에 관한 연구나 이해 방식은 대개 이러한 요소들에 대한 일면적이거나 분절적인 설명을 통해서 이루어져 온 인상이 짙다. 그 가운데는 세계관이나 이해관계의 대립, 토지제도와 관료제도의 모순에 특히 주목하려는 시각도 없지 않았으나 아직 당쟁의 실체를 동태적 측면에서 역사적 발전 과정으로서 파악하려는 시도에 이르지는 못하였다.[5] 일제의 식민사관 혹은 붕당망국론과 같이 편향된 인식논리가 풍미하는 가운데 정치와 사상을 사회의 내재적 발전의 현상으로 이해하려는 논리와 방법이 확립되지 못했기 때문이었다. 이제 당쟁, 붕당정치의 파탄 과정은 조선 후기 사회·경제사의 그것과 일치하는 발전적 정치사로서 재구성되어야 할 것이다. 그러자면 종래의 이 방면 연구에서 쌓은 성과, 즉 제도·사상 등의 고유한 특성을 정밀히 파악하는 일이 긴요하다. 더욱 중요한 것은 그러한 정치 상황의 현실적 조건이었던 사회·경제적 측면과 관련해서 구조적 변동 과정으로서 파악하는 일이다.

붕당을 축으로 하여 운영되던 조선왕조 정치 질서의 파탄은 임진왜란을 계기로 시작되었다. 임진왜란, 즉 '7년전쟁'의 피해와 영향이 그토록 심각했던 것이다. 우선 전쟁터가 된 조선에서는 수많은 인명이 살상·실종되고 혹은 포로로 잡혀갔을 뿐만 아니라[6] 국토가 황폐화되고,[7] 각종 시설과 문화재가 파괴·망실되었으며,[8] 사회기강과 질서의 혼란 역시 이루 다 헤아릴 수 없었다. 전쟁은 승패없이 끝났다. 그러나 가해자인 일본에서는 대규모의 체제

---

5) 이같은 접근 방법의 중요성을 시론적으로 제시한 글이 있어 참고된다.
李泰鎭, 〈朝鮮時代의 政治的 갈등과 그 해결-士禍와 黨爭을 중심으로-〉(《朝鮮時代 政治史의 再照明》, 汎潮社, 1985).

6) 임란의 인명 피해는 전쟁 포로만으로도 짐작이 되는데 군인만이 아니고 陶工·紙匠 등 각종 기술자와 부녀자 등 수만 명으로 추산된다.
山口正之, 〈朝鮮役における捕虜人の行方〉(《靑丘學叢》 8).
李崇寧, 〈壬辰倭亂과 民間人 被害에 對하여〉(《歷史學報》 17·18, 1962).
李元淳, 〈壬亂·丁酉倭亂時의 朝鮮俘虜奴隷問題-倭亂性格一貌-〉(《邊太燮博士華甲紀念史學論叢》, 三英社, 1985) 참조.

7) 임란 이전 8도의 田結 총수는 1,515,500여 결(《增補文獻備考》 권 141, 田賦考 1, 선조 10년조 15ㄱ)이었는데 柳馨遠은 왜란 후 수세 가능했던 田結數는 겨우 674,300여 결에 불과했던 것으로 파악하였다(柳馨遠, 《磻溪隨錄》 권 6, 田制攷說 下, 國朝田制附, 21ㄱ~26ㄱ).

8) 李弘稙, 〈壬辰亂과 古典流失〉(《韓國古文化論攷》, 乙酉文化社, 1954) 참조.

개편으로 德川幕府가 성립하였고 중국에서는 조선 출병으로 쇠약해진 明나라를 대신하여 만주족의 淸나라가 등장하였다. 임진왜란은 실로 동아시아 세계에 커다란 변동과 영향을 불러일으킨 것이었다.

비록 왕조가 무너지지는 않았지만 대전란의 영향이 적은 것은 아니었다. 유형·무형의 직접 피해가 엄청난 것이었을 뿐더러 16세기 후반 이래의 사회변동이 전란의 수습 과정에서 한층 가속되었던 것이다. 여기에 양반 지배층은 왕조의 재건, 집권적 지배 체제의 재정비 운동에 적극 나서지 않을 수 없었다. 왕조 체제의 붕괴는 곧 양반층 자신의 존립 기반이 무너지는 일이기도 했기 때문이다. 그러나 그 중간에 다시 병자호란을 겪었다. 병자호란은 국방·외교의 관점에서 보면 임란으로 인한 전후 수습정책이 잘못되어 간 결과라는 측면도 있었다. 또 임란 후의 긴 수습 과정에서는 정치운영의 주도권이나 정책 수행의 목표와 방법을 둘러싸고 지배층 내부에서는 학문·사상적 분기, 이해관계의 충돌이 일어났다. 붕당 사이의 정치항쟁이 임란 이후에 더욱 격렬했던 것도 이와 깊은 관련이 있었다. 이렇게 보면 임란이 불행한 일이었음은 두말할 나위도 없지만 이를 계기로 사회 각 방면에 걸쳐 전개된 변동과 새로운 모색에 대해서는 예의 주목할 필요가 있는 것이라 하겠다.

아무튼 정부와 지배층은 전후 수습, 지배 체제의 재정비를 위해서 적극적인 태세로 나서게 되었다. 나라가 망할 뻔한 위기 상황을 경험했던 만큼 그것은 당연한 일이었다. 전후복구책은 왕조의 중흥, '國家再造'의 차원에서 추진되었다.[9] 그것은 농업 기반의 원상 회복과 주자학 이념에 입각한 인륜 도덕의 재건이라는 두 개의 축을 중심으로 수행되었다. 시기적으로는 貢案改定의 논의나 훈련도감의 설치에서 보듯이 임란의 와중에서 이미 시작되기도

9) 임란에 관련한 사건·사실이나 개인의 체험을 日記·手記·詩文의 형식으로 남긴 경우가 적지 않았다. 그 가운데는 왜란 때의 良將·策士·貞臣·節婦의 행적을 선양한《宣廟中興誌》(丹室居士, 6권 6책, 일명《壬辰錄》)나 明의 군사 지원을 '恤小之恩'이라 하고 이에 대한 국왕 선조의 '事大之誠'을 칭송한《再造藩邦志》(申炅, 4권 4책)에서 보이는 것처럼 당시의 식자들은 왜란을 견디어 낸 왕조의 잔명을 中興·再造의 전기로 생각하였다.
17세기 이후 조선왕조 집권 체제의 재편성 과정을 '國家再造'運動으로 파악하는 견해에 대해서는 金容燮,《朝鮮後期 農學史硏究》(一潮閣, 1988), 11~113쪽 및 增補版《朝鮮後期 農業史硏究》2 (一潮閣, 1990), 160·411쪽 참조.

하였고 추이하기에 따라서는 均役法의 경우처럼 18세기 중엽에 가서야 일단락되는 것도 있었다.

전자와 관련해서는 대규모 양전사업에 의한 隱結의 搜括, 陳廢田의 개간과 宮房田·官屯田의 설치, 또 農書의 편찬과 농업 기술의 보급, 이앙법의 확대와 이에 따른 수리 시설의 정비를 꾀하였다.[10] 이는 농본주의에 입각한 농민 경제의 안정을 도모하여 국가의 인적·물적 수취 기반을 보장하자는 것이었다. 물론 수취 체계의 확대 강화를 위해서는 부세제도 전반에 대한 釐正策이 논의되고 시행에 들어갔다. 이를테면 貢法의 개선으로 방납의 폐단을 제거하고 均賦增稅를 달성하기 위해 大同宣惠法을 점진 실시한 것,[11] 농민층의 流離逃散에 따른 군포 부담의 편중·과중화 현상을 타개하는 방안으로서 양역 변통론·호포론이 꾸준히 거론된 것이 그것이었다.[12]

대동법은 대개 16세기 이래의 국제 무역과 국내 장시의 확대, 私商·상인 자본의 성장을 반영하는 鑄錢과 租稅金納의 배경 위에서 추진 가능한 것이었다.[13] 호포론에서 시작하여 균역법으로 귀결되는 군포·군역제 釐正의 문제는 훈련도감을 비롯한 여러 군영의 편제에서 보듯이 외적 방비나 국내의 치안 유지를 위해서,[14] 특히 병자호란을 겪은 뒤에 北伐(復讐雪恥)[15]을 표방

10) 金容燮, 《朝鮮後期 農業史硏究》 1·2 (一潮閣, 1970·1971).
———, 위의 책(1988).
李景植, 〈17세기의 土地開墾과 地主制의 展開〉(《韓國史硏究》 9, 1973) 참조.

11) 전쟁 중인 선조 27년(1594) 정월 貢案을 상정하고 '貢物作米'를 본격적으로 거론하였으나 1608년에야 겨우 우선 경기도에 宣惠法, 즉 大同法이 실시되었다. 실로 李珥가 貢案改正 문제를 제기한 것으로부터(선조 14년 5월, 1581)는 28년 만의 일이었고 전국적으로 시행되기까지는 100여 년의 기간이 걸렸다.
韓榮國, 〈大同法의 實施〉(《한국사》 13, 국사편찬위원회, 1976).
金玉根, 《朝鮮王朝 財政史硏究》 3 (一潮閣, 1988) 참조.

12) 鄭萬祚, 〈朝鮮後期의 良役變通論議에 대한 檢討－均役法成立의 背景－〉(《同大論叢》 7, 1977).
金容燮, 〈朝鮮後期의 賦稅制度 釐正策〉(增補版 《韓國近代農業史硏究》 上, 一潮閣, 1984).
방기중, 〈조선후기 軍役稅에 있어서 金納租稅의 전개〉(《東方學志》 50, 延世大, 1986).

13) 방기중, 위의 글 참조.

14) 李泰鎭, 《朝鮮後期의 政治와 軍營制 變遷》(한국연구원, 1985) 참조.

15) 李離和, 〈北伐論의 思想史的 檢討〉(《創作과 批評》 38, 창작과비평사, 1975).
洪鍾佖, 〈三藩亂을 前後한 顯宗·肅宗年間의 北伐論〉(《史學硏究》 27, 1977).

하던 과정에서 제기된 증강 방안과도 관련해서 검토되었다.

후자의 綱常·人倫의 재건은 상하관계로 질서화되어 있던 종래 신분제의 유지에 필수 불가결하였다. 전란으로 비롯된 양반들의 사회적·경제적 실세 영락이나 상·천민의 신분상승 등은 농촌사회의 피폐, 농민들의 토지 이탈 현상과 맞물려 사회불안·신분질서의 혼란으로 이어지고 있었다. 전쟁 과정에서 드러난 정부·지배층의 무능과 분열상은 스스로 자인하는 바로서 이것이 그들에게 정신적 좌절감, 특권층으로서의 자존 의식에 타격을 안겨 주었다. 피지배 대중으로부터의 불만감·저항의식을 불러일으키고 지배체제의 동요, 사회 기강의 이완 현상을 초래하는 큰 요인으로 작용한 것도 사실이었다.[16] 여기에 上下·嫡庶·班常의 차별 의식을 철저화하는 방법으로서 명분론·삼강오륜을 근간으로 하는 유교 주자학의 도덕의식·가치관념을 재확인할 필요가 있었다.

다시 말하면 명분론·강상론은 양반층 자신의 정신적 재무장을 위한 실천적 원리로서는 물론이고 피지배 농민층을 직접 통제하는 이론 근거로서의 기능도 큰 것이었다. 예컨대 전후에 즉시 논공행상[17]과 함께 효자·충신·열녀에 대한 旌表를 대대적으로 시행한 것,[18] 전쟁 중에도 인정했던 서얼의 허통과 私賤의 속오군 入屬을 종전 후에 금지한 것,[19] 양반사족들이 전란으로 약화된 재지의 사회·경제기반을 재건하기 위해 향약의 실시에 앞장선 것

---

16) 선조가 도성을 버리고 파천 길에 오르자 천민들이 掌隷院의 노비문서를 소각한 일(《宣祖修正實錄》 권 26, 선조 25년 4월), 역시 전란 중인 1596년 충청도 鴻山에서 李夢鶴이 聚兵作亂한 사건(《宣祖實錄》 권 77, 선조 29년 7월 갑술, 무인, 무자, 갑오·권 78, 선조 29년 8월 신축, 임인, 경신)은 그 대표적인 경우였다.

17) 1601년에는 戰後에 처음으로 百官에게 頒祿하였다(《宣祖實錄》 권 131, 선조 33년 11월 무오·권 133, 선조 34년 정월 임인).

18) 조선왕조는 유교국가인 만큼 임란 이전에도 孝·忠·節의 행적이 현저한 자에 대해서는 신분의 차별을 두지 않고 賞物·賞職·復戶·旌門 등의 적극적인 褒賞을 실시하였다. 綱常과 명분을 기반으로 하는 사회기강, 지배질서를 공고히 하기 위함이었다. 광해 9년(1617) 3월에는 전란 후의 대대적인 정표 결과를 《東國新續三綱行實》이라는 이름의 책으로 刊布하였다.
朴 珠, 《朝鮮時代의 旌表政策》(一潮閣, 1990), 특히 제2장 3절 〈壬辰倭亂과 관련된 旌表〉 참조.

19) 《宣祖實錄》 권 142, 선조 34년 10월 병인·권 167, 선조 36년 10월 기축, 신묘.

등에서[20] 그런 사실이 유추된다.

이 무렵의 호적 정리나 面里制 정비, 호패법·五家作統法의 시행도 그러한 규범체계의 강화와 함께 등장한 법제적 통제장치였다는 점에서는 주자학적인 사상·이념정책의 일환으로 볼 수 있다.[21]

이러한 정책들은 반드시 전쟁 피해의 복구나 사회질서의 회복이라는 차원에 한정해서 수행된 것만은 아니었다. 조선왕조는 거의 200년간의 안정기를 지나 16세기 후반기에 접어들자 사회·경제·정치·국방 등 각 방면에서 폐단이 쌓여 체제적인 모순을 드러내기 시작했고 이를 위기 상황으로 인식하는 관인 식자들은 '更張' 혹은 '變通'이라는 이름의 개선, 개혁안을 건의하고 있었다.[22] 말하자면 오랜 평화 기간의 지속과 이에 따른 사회체제의 해이, 무기력은 7년전쟁이 일어나게 된 내적 원인이었던 것이고 그런 의미에서 왜란 후 일련의 수습 정책은 그 이전에 제기되었던 여러 경장론·변통론을 수용하는 연장선상에서 추진될 수 있었던 셈이다.

그러나 왕조의 중흥, 國家再造의 길은 결코 순탄하지 않았다. 그것은 더구나 경제와 민생의 재건보다는 주자학 명분론의 확립에 더 치중하는 경향을 띠어 갔다. 선조대 말기의 10년과 광해군대 15년 동안의 정치는 일반 농민 대중은 별개로 치더라도 양반 지배층 내부에서도 합의와 지지를 이끌어 내지 못하고 있었다.

이른바 '인조반정'은 이를 잘 말해주는 사건이었다. 주지하듯이 반정세력이 광해군을 축출한 죄목은 불효와 불충의 두 가지였다. 광해군이 자신의 계모인 仁穆大妃(선조의 계비)를 폐하여 西宮에 유폐했으며, 後金(淸)과 통교함으

---

20) 이 시기 사족의 재지 기반 변동과 관련해서 향약을 다룬 논고는 다음과 같다.
韓相權, 〈16·17세기 鄕約의 機構와 性格〉(《震檀學報》 58, 1984).
金仁杰, 〈조선후기 鄕村社會 統制策의 위기－洞契의 性格變化를 중심으로－〉(《震檀學報》 58, 1984).
金武鎭, 〈조선중기 士族의 動向과 鄕約의 性格〉(《韓國史硏究》 55, 1986).
李海濬 등, 《조선후기 향약 연구》(民音社, 1990) 참조.

21) 吳永敎, 《朝鮮後期 鄕村支配政策의 轉換－17세기 國家再造와 관련하여－》(延世大 博士學位論文, 1992) 참조.

22) 이 시기의 개선·개혁논자로는 아무래도 李珥를 우선 꼽아야 할 것이다. 그 밖에 柳成龍·趙憲·李元翼·韓百謙 등도 관심 영역과 정도의 차이는 있지만 민생·국방·부세·전제와 관련한 경장론·변통론을 제기하였다.

로써 '再造藩邦之恩威'를 끼쳐 준 명나라를 배반했다고 함이 그것이었다.[23] 自然理法으로 설명되는 주자학의 강상론·명분론에 따르면 불효·불충은 곧 강상죄에 해당했고 강상범은 신분이 비록 국왕일지라도 모면할 길이 없었다. 신하된 자가 군왕을 축출했다면 이는 주군에 대한 불충, 역적 행위로서 역시 부모를 시해한 죄와 함께 하늘 아래 용서받지 못할 강상죄인으로 규정되었다. 상하관계, 특히 주군과 신하의 分限이 철저히 명시되었던 조선의 정치 질서에서 신료집단의 불충은 오히려 '반정'이라는 이름으로 정당화되고 주군은 불효와 불충의 죄목으로 숙청당해야 했던 것이다. 이렇게 될 수 있었던 배경과 의의는 깊이 음미되어야 할 일이라 하겠다.

조선왕조 집권 체제의 권력 구조, 왕권과 신권의 관계는 별도로 치밀하게 검토되어야 할 문제이지만 우선 양반 사대부층과 결합한 주자학의 강상론·명분론의 이념적 특징이 여기에 있었음은 쉽게 확인되는 바이다. 그리고 인조반정의 의의 역시 이 점과 관련해서 이해할 필요가 있을 것이다.[24] 또 광해군 축출의 실질적인 이유도 다른 곳, 즉 전후 수습책의 지지부진과 그 수습책을 둘러싼 이해관계의 대립에서 찾아야 할 것이다. 광해군을 옹립한 대북세력은 소북과 대립하고 더구나 서인과 남인 등 절대 다수의 사림층을 정권에서 배제한 채 전제군주권을 배경으로 권력을 유지하고 있었다.[25] 다수 사림의 이른바 '공론'에 의거하는 방식으로부터는 사뭇 벗어난 정치 운영이었다. 연산군이 폐위당한 사실에서 입증되는 바와 같이 사림의 지지를 획득하지 못하는 왕권의 존립이란 생각할 수 없는 일이었다. 다수의 사림이 국왕의 부덕, 즉 강상문란을 죄목으로 내세웠을 때 여기에 신하의 불충을 거론할 여지는 이미 남아 있지 않았다. 조선왕조는 李氏 왕실의 국가이기에 앞서 신하인 사대부·사림이 그들의 영원성을 보장하기 위한 체제로서 운영되는 국가였기 때문이다.

---

23) 《仁祖實錄》 권 1, 인조 원년 3월 갑진.

24) 吳洙彰, 〈仁祖代 政治勢力의 動向〉(《朝鮮時代 政治史의 再照明》, 汎潮社, 1985), 77~81쪽 참조.

25) 韓明基, 〈光海君代의 大北勢力과 政局의 動向〉(《韓國史論》 20, 서울大, 1988).
李綺南, 〈光海朝 政治勢力의 構造와 變動〉(《北岳史論》 2, 國民大, 1990).
薛錫圭, 〈光海朝 儒疏動向과 大北政權의 社會的 基盤〉(《朝鮮史研究》 2, 伏賢朝鮮史研究會, 1993) 참조.

아무튼 '인조반정'은 전후 복구, 국가재조의 문제를 둘러싸고 전개된 지배층 내부의 이견과 갈등이 대규모의 숙청으로 이어진 정변으로서 '붕당정치'의 자기 모순을 드러낸 것이었다. 또 君(王)權과 그 지지세력에 대한 반격, 즉 '반정'의 논리가 강상윤리와 명분론에서 나왔던 만큼 반정세력의 승리는 곧 명분론, 그것도 신권 중심의 명분론이야말로 조선왕조의 國是이자 정치·사회운영의 원리임을 재확인한 셈이 되었다. 말하자면 서인과 남인 일부의 연합세력은 주자학 경분론을 내세워서 전란과 체제 위기의 책임을 모두 광해군과 대북세력에 전가하여 해소시켜 버림으로써 분열된 양반 지배층의 재결속을 다짐하고 자신들의 집권 명분을 도출해 낼 수 있었다. 또 실추되었던 양반 사대부의 자존의식과 신분적 권위를 만회하고 이완된 사회기강과 지배질서가 원상 회복될 것을 기대할 수도 있었다.

그러나 이같은 윤리·명분론적 기대와 지향이야말로 그 후 국내외 정세 변동 속에서 허다한 마찰과 대립을 불러일으키는 요인으로 작용하게 되었다. 무엇보다도 병자호란을 초래하고 여기에서 척화론과 주화론이 치열하게 대립한 것이었다. 주지하듯이 명·청 왕조교체에 따른 대중국관계의 재정립문제는 인조정권 성립 직전부터 심각한 현안이 되었다. 인조정권 성립 초기 서인 집권세력은 후금의 집요한 요구와 위협에도 불구하고 '崇禎' 연호를 계속 사용하는 등 종래의 명나라에 대한 사대관계를 거듭 다짐하였다. 이러한 對後金(淸)斥和, 崇明反淸策은 두말할 것도 없이 華夷之分과 君臣父子義理를 내용으로 하는 명분론을 천명한 것으로서 앞서 광해군 시기의 그것과는 상반되는 외교방략이었다. 우려한대로 후금은 두 번에 걸친 대대적인 군사 침입으로 응수해 왔다.

병자호란은 조선의 명·청교체에 대한 개입, 즉 명분·의리를 내세워 중화주의 세계 질서의 변동 개편을 거부함에서 야기된 것이었다. 어떠한 현실적 이해관계를 고려하는 가운데서 초래된 것은 결코 아니고 오직 집권세력의 반정과 집권의 논리, 그리고 대내외정책의 근거 원리가 된 명분론의 성격이 그러했던 것이다. 그들은 그토록 확고 부동한 이론적 무장에도 불구하고 南漢山의 籠城에서는 척화의 한 길을 끝내 지켜내지 못하였다. 오히려 수많은 인명의 살상과 볼모, 시설과 물자의 손실을 초래함은 물론 국토가 적군의 말발굽에 유린당하고 국왕이 오랑캐(夷狄)에게 머리를 조아려 항복하는 수모를 겪었다. 참담한 패배의 뒷수습은 주화론에 기대어야 했으면서도 주화론과 척화론이 화해의 실마리는 끝내 마련하지 못하였다.26)

척화론과 주화론의 대립은 當爲(規範)와 存在(實際)의 모순이라는 측면이 있었다. 예컨대 후금의 군사적 압박은 조선과 명 사이에 있을지도 모를 정치·군사적 연대관계를 미리 차단하려는 의도에서 비롯된 것이었던 만큼 여기에는 실제의 상호관계를 파악하는 위에서 이해와 당위의 경중을 따져서 대응할 일이었다. 주화론에서는 명나라의 은혜를 잊지말아야 한다는 의리 명분을 당위로 하는 위에서 청나라의 군사적 침입이라는 현실을 동시에 인정하고 있었음에 비해서, 척화론은 명나라에 대한 의리와 눈앞에 닥친 오랑캐의 위협을 결코 하나의 문제로 대처할 수 없는 것으로 보는 점에 차이가 있었다. 이렇게 보면 전쟁의 일방적 패배는 관념(명분·강상)과 실제(현실)의 모순에서 기인하는 것이기는 하나 흔히 말하는 명분(도덕)과 실리(公利)의 갈등문제만은 아니었던 셈이다.

그리하여 대청정책에서 드러난 주화론과 척화론의 대립은 몇 가지 역사적 의의를 내포하고 있었다. 우선 전쟁의 참담한 패배는 집권 서인들의 명분론에 입각한 정치노선이 크게 저지당한 것을 의미하였다. 동시에 반정이라는 하나의 명분에서 출발했던 집권세력이 척화론=명분(당위)론과 주화론=실제론이라는 두 개의 서로 다른 논리와 방식으로 나뉘는 계기가 되었다. 명분이라는 절대 관념적 사유방식으로부터 현실의 경험적·상대적 사유세계로의 전환이 기약될 수 있었다. 즉 현실문제가 점차 심각해지고 또 그것이 체제적인 위기로 자각됨으로써 官人 儒者層 일각에서는 명분의 논리에 회의와 공허를 느끼면서 현실을 있는 그대로 느끼고 직시하며 실제적으로 해결해 가려는 인식 태도가 싹트고 있었던 것이다. 조선 후기의 사회변동, 구래 집권체제의 모순이야말로 이러한 사상적 전환을 선도하는 객관적·근원적 조건이었음은 물론이었다. 그리고 임란의 전후 수습과정에서 야기된 호란은 그러한 전환을 더욱 촉진시키는 계기가 되었던 것이다.

---

26) 崔韶子, 〈胡亂과 朝鮮의 對明淸關係의 變遷－事大·交隣의 問題를 中心으로－〉(《梨大史苑》12, 梨花女大, 1975).
全海宗, 〈女眞族의 侵寇〉(《한국사》12, 국사편찬위원회, 1978) 참조.

명분론적인 지향으로부터 이같은 실제론의 分岐는 곧 주자학 일색의 학문 사상 경향에 대한 비판과 반성이기도 하였다. 17세기에 일어난 脫朱子學 혹은 反朱子學에 연결되는 학풍이 이것이었다. 이를테면 先秦儒學·漢唐儒學·陽明學은 물론이고 老莊學·禪學·西學 등에 대한 관심과 연구열이 일어난 것이었다. 이른바 '實學'이 흐름을 주도하고 있었다. 그들은 명분론의 관념적 교조성을 비판하고 인간 사물 관계의 실제적·경험적 개별성에 주목하게 되었다. 명분론 일변도의 사유방식을 탈피하려는 이러한 움직임은 아직 미약하였지만 이 시기의 사회변동과 이에 관련한 정계·학계의 추이를 따라 점차 확산되어 갔다. 이에 대응하는 정통 주자학의 반발과 반비판도 거세게 일어났다. 道統說을 내세워서 주자를 聖人視하며 명분론의 정당성을 재확인할 뿐만 아니라 이와 다른 여타의 사상이나 학풍을 이단으로 규정하고 그 논자들을 斯文亂賊으로 파문하기를 주저하지 않았던 것이다.[27] 어떻든 兩亂 이후에 당쟁이 한층 치열해지는 것도 사실은 이렇게 서로 다른 사유방식의 대립 관계가 확대되는 때문이었다. 그리고 정쟁·붕당이 그러한 학문 사상적 대결 관계였던 까닭에 당시의 저명한 黨人은 거의 산림·도학자로 불리는 당대의 정치학자들이기 마련이었다.

脫(反)朱子學의 학풍과 정통주자학의 갈등은 이 시기 여러 가지 정책론을 통해서도 논점과 입장의 차이를 명확히 드러내었다. 이를테면 양란으로 인한 파괴로 농민·농업경제의 재건문제가 절실해지는 가운데 제기된 정책 논의에서는 대개 부세제도의 釐正을 통해서 대토지소유자를 견제하고 중소지주와 농민층을 보호하려는 견해와 부세제도는 물론이고 토지제도까지 개혁함으로써 대토지소유제·지주제를 해체하고 소농경제를 안정시키려는 견해로 크게 나뉘었다. 양자의 주장은 현상을 능동적으로 타개하려는 시도로서 이 시기 현상유지만을 생각하는 기득권층의 보수적 경향에 비해서는 진일보한 것이었다. 그럼에도 전자가 주자의 교시에 충실하여 지주적 입장에서 개량적

27) 三浦國雄, 〈17世紀 朝鮮における 正統と異端－宋時烈と尹鑴－〉(《朝鮮學報》 102, 1982).
金駿錫, 〈17세기 畿湖朱子學의 動向－宋時烈의 '道統'계승운동－〉(《孫寶基博士停年紀念韓國史學論叢》, 1988) 참조.

인 방법으로 문제에 대처하려는 것임에 대해, 후자는 주자의 農政論을 뛰어넘어 농민적 입장에서 혁신적 방안으로 해결하려는 것이었다는 점에서 커다란 차이가 있었다.[28)]

이렇게 토지론을 중심으로 한 정통주자학과 탈(반)주자학의 이념적 分岐는, 구체적으로 貢法釐正 방안의 귀결이었던 대동법의 시행, 軍役變通策으로서의 호포제론·균역법의 논의, 비변·치안 대책과 관련된 군제개혁·軍營增設의 문제, 또 사회 통제 수단이었던 향약·사창·호패법·오가작통법의 시행, 유통경제의 성장에 따른 국내 상업과 대청·대일교역의 조정문제, 병자호란의 무참한 패배를 설욕하기 위한 북벌(復讐雪恥) 문제 등의 현안을 통해서 심각한 의견 대립으로 나타났다.[29)] 이는 말하자면 주자학 내부에서 반주자학적 사회·경제론이 분화하는 현상이었다. 또 명분론 일변도에 반대하는 실제론이 척화론과 주화론의 갈등을 통해서 성립하던 것과도 같은 맥락이었다. 그리고 이러한 분화는 바로 주자학과 반주자학, 綱常論과 恒產論, 개량적 방법과 혁신적 방법의 대항관계를 형성하는 것으로써 결국 조선 후기 국가재조운동, 사회개혁의 방향이 크게 보수적·지주적 입장과 진보적·농민적 입장의 두 노선으로 가름해 가는 현상일 수밖에 없었다.

이리하여 당쟁의 양상은 새로운 국면으로 접어들게 되었다. 종래 명분론을 중심으로 제기되던 정치 현안이 점차 실제적인 사회·경제문제로 대치되어 가는 현상이 그 하나이고 당색의 차이를 넘어서서 정치 현안에 대한 견해와 입장이 갈리기도 하는 점이 다른 하나였다. 본시 당색은 문벌·학연·지연 혹은 姻緣과 결합하여 世傳하며 형성되었던 만큼 儒者 官人들의 政論과 정치적 처신 역시 여기에서 자유로울 수 없었고 때문에 당쟁은 집요하게 장기적인 양상을 띠지 않을 수 없었다. 그러나 사회·정치현실이 절박해지고 그 해결의 방안과 입장에서 편차가 점점 벌어지게 되자 당색과 당쟁의 테두리

---

28) 이 시기 토지문제를 중심으로 한 農政理念의 분화와 그 추이에 대해서는 다음의 글이 크게 참고된다.
金容燮, 〈朱子의 土地論과 朝鮮後期 儒者〉(增補版《朝鮮後期 農業史研究》2, 一潮閣, 1990).
———, 〈朝鮮後期 土地改革論의 推移〉(위의 책).

29) 주 12), 20), 21)의 논문 참조.

를 벗어나서 문제에 접근하는 시도가 나타나게 되었다. 예컨대 이 시기 토지론의 경우에서 그러한 사정이 분명히 드러났는데, 처음 남인계 일각에서 제시되던 반주자적 견해가 곧 소론으로 확대되고 다음에는 노론 가운데서도 동조자들이 나섬으로써 토지문제에 대해서는 마침내 당색을 초월해서 지주적 입장과 농민적 입장으로 갈리게 되었던 것이다.[30] 그렇더라도 이렇게 서로 유사한 지향점을 보이는 사회·경제론이 더 구체화되고 실현 단계에 접근하기 위해서는 그토록 높고 두터운 붕당의 벽을 넘어서 공조할 수 있는 터전을 만들어야만 했다. 다음에서 볼 바와 같이 탕평론의 대두와 그 의의는 바로 이러한 점에서도 주목되는 것이라 하겠다.

2) 탕평론의 대두

兩亂期를 거치면서 심각하게 대두된 대중국관계의 재조정 문제나 사회·경제적인 현안이 착종하는 것과도 관련해서 명분론 중심으로 전개되던 붕당간의 정치 항쟁이 점차 붕당의식을 극복하고 현실문제를 실무로서 해결해 가려는 움직임이 일어나고 있었다. 요컨대 비생산적인 당쟁을 거부하고 國富와 민생을 우선하는 정치 운영을 지향하는, 즉 반붕당·당쟁극복의 논리와 세력이 성장하는 것이었다. 이러한 반붕당·당쟁극복의 논리와 주체가 추이하는 사정, 즉 탕평론과 탕평책의 등장 과정은 이른바 '붕당정치'의 자기 모순인 당쟁의 악화와 관련되었다.

17세기는 禮學·禮訟의 시대라고 할 수 있었다. 15세기 이래로 발달해 온 주자학의 중요한 영역으로서 조선적인 예학이 학문의 큰 흐름을 이루는 가운데 많은 예학자가 배출되고 이것이 학파적인 분화도 보이고 있었다.[31] 마치 그 무렵 주자학의 理氣·人性說이 활발하게 전개되던 것과도 같은 현상이었다. 예학은 유교의 典禮를 다루는 학문이었으므로 명분론과도 밀접한 관련이 있었다. 다시 말하면 인간사회의 규범과 儀式, 意識과 행동을 규정하고

---

30) 金容燮, 〈朱子의 土地論과 朝鮮後期 儒者〉(앞의 책, 1990), 421~423쪽.
31) 黃元九, 〈李朝 禮學의 形成過程〉(《東方學志》 6, 延世大, 1963).
고영진, 《朝鮮中期 禮學思想史》(한길사, 1995) 참조.

그 當否를 치밀하게 따지는 점에서는 예와 명분이 분리된 별개의 것이 아니었던 것이다. 그리하여 명분론이 큰 쟁점으로 등장하는 것과 함께 전례문제를 둘러싸고 관인 유자들이 심각하게 대립하는 '예송'이 따라서 일어나기도 하였다.

인조반정 직후에 일어난 '元宗追崇是非'는 그 좋은 예라고 할 수 있었다. 그것은 요컨대 국왕 인조가 선조를 아버지로 불러야 옳다는 재야 예학자들의 주장과 生父인 定遠君(선조의 다섯째 아들)을 그대로 아버지로 불러야 한다는 반정공신들의 주장이 맞선 논쟁이었다.[32] 인조가 '反正'이라는 비상한 방법으로 왕위에 오른 데서 비롯된 문제였는데 전자는 왕통 계승 자체만을 중시하려는 견해라면 후자는 혈통 계승의 기반 위에서 왕통을 세우려는 입장이었다. 결과는 전자의 法統 명분에 대하여 혈통 우선의 명분을 내세운 후자의 승리로 돌아갔다. 인조의 宗法的 지위를 확립하여 반정의 명분을 공고히 하려는 반정세력의 의도가 관철된 셈이었다. 이렇게 전례와 명분은 불가분의 관계에 있었던 만큼 명분론이 크게 일어났던 시기에는 公私間에 전례문제, 즉 예송도 빈번했던 것이다.

흔히 예송이라고 하면 17세기 중엽의 '己亥禮訟'(1659, 혹은 1660년의 庚子禮訟이라고도 함)과 '甲寅禮訟'(1674)의 경우를 들게 마련이다.[33] 명분론이 주도하는 정치운영의 상황에서 예송이 일어남으로써 정쟁이 더욱 치열해지고 그 여파도 컸기 때문일 것이다. 효종의 장례문제를 둘러싸고 일어난 庚子年의 예송에서는 아직 살아 있는 大妃(인조의 繼妃 趙氏)의 服期를 朞年(1년)으로 하는 것이 옳다는

---

32) 李迎春, 〈潛冶 朴知誡의 禮學과 元宗追崇論〉(《清溪史學》 7, 韓國精神文化研究院, 1990).
李成茂, 〈17世紀의 禮論과 黨爭〉(《朝鮮後期 黨爭의 綜合的 檢討》, 韓國精神文化研究院, 1992) 참조.

33) 두 차례의 '禮訟'에 대해서는 다음의 논고가 참조된다.
姜周鎭, 〈禮訟과 南人政權의 成立과 分裂〉(《李朝黨爭史研究》, 서울大 出版部, 1971).
李迎春, 〈第一次禮訟과 尹善道의 禮論〉(《清溪史學》 6, 韓國精神文化研究院, 1989).
——, 〈服制禮訟과 政局變動－第二次禮訟을 中心으로－〉(《國史館論叢》 22, 國史編纂委員會, 1991).
李成茂, 위의 글 참조.

견해와 3년으로 하자는 주장이 대립하였다가 전자의 견해가 채택되었다. 그 15년 뒤 효종비(仁宣王后 張氏)의 장례 때에 일어난 갑인예송에서는 역시 대비 조씨의 상복을 놓고 앞서의 기년설에 근거한 大功(9개월)服과 三年說에 입각한 朞年服을 내세우는 주장이 맞섰는데 이번에는 후자가 승리하였다. 대개 전자의 기년설은 효종을 인조의 次子(장자는 왕위에 오르지 못하고 죽은 昭顯世子)로 보아 衆子(庶子)에 준하는 상복을 입으면 된다는 일부 서인 산림의 견해였고, 후자의 삼년설은 효종이 비록 차자였을지라도 왕위의 대통을 이었으므로 長子에 준하는 상복을 입어야 옳다는 남인계 예론가들의 견해였다.

국왕을 위시한 왕실의 喪葬禮는 국가적으로 중대한 典禮였기 때문에 그에 대해서는 조정의 학식있는 관인들은 물론이고 전국의 명망있는 老師熟儒·禮學者들도 자문에 응하도록 되어 있었다. 論禮가 진행됨에 따라 미세한 이견이라도 첨예하게 확대되기 십상이고 여기에 재야 유생들의 집단적인 찬반론이 가세함으로써 전례를 위한 예설은 곧장 당론이 되게 마련이었다. 당색의 차이가 예설의 논점을 서로 다르게 하고 여기에 평소의 정치적 견해나 현실의 이해관계가 겹쳐 있었던 것이다. 예송이 권력투쟁, 집권 경쟁의 양상을 띠게 되는 까닭이 여기에 있었다.[34)]

실제로 두 차례의 예송은 소수파인 남인이 다수파인 서인을 밀어내고 정권을 장악하는 직접 계기가 되었다. 남인의 삼년설이 서인의 기년설을 명분과 논리에서 압도했기 때문이었다. 물론 양론이 처음부터 정치적 의도가 분명했거나 이념상의 차이가 드러난 것은 아니었고, 또 그 논거 역시 《儀禮》·《經國大典》 등에서 이끌어 오는 점도 같았다. 대략 15년을 사이에 둔 논쟁 과정을 통해서 보면 기년설은 士大夫禮를 체계화한 《朱子家禮》에 의거하는 경향을 띠는 데 대해서, 삼년설은 《의례》의 王朝禮라는 측면에 주목하는 차이를 드

34) 禮訟이 권력투쟁의 양상을 띠어 가는 데 대한 비판론은 朴世堂의 경우에서 잘 나타난다. 그에 의하면 三年說이나 朞年說 모두 효종이 인조의 次長子라는 사실 위에서 喪服의 隆殺만을 달리 하는 논의라는 것, 그리고 상복의 융쇄만으로 이미 정해진 宗統 자체를 좌우할 수 없다는 것이었다. 그는 종통문제와 복제문제를 분리해 보는 입장에서 삼년복이니 기년복이니 하는 문제가 종통의 정당성 여부를 결정하는 조건이 될 수 없다고 주장한 것이다. 다시 말하면 예설의 번쇄한 논의에 반대하는 것이며 나아가서는 예설을 빙자한 권력투쟁을 비판한 것이었다(朴世堂, 《西溪集》 권 7, 禮訟辨 참조).

러내게 되었다. 따라서 삼년설은 王室과 私家의 차별을 분명히 함으로써 사대부층의 臣權에 대한 왕권의 존귀함을 강조하는 것으로 해석할 수 있음에 대해서 기년설은 왕실과 사가(사대부), 왕권과 신권과의 차별성보다는 치자층 일반의 보편성을 중시하는 것이라고 할 수 있었다. 미묘하게도 왕권중심론과 신권중심론의 대립점이 예송의 지렛목에 놓여 있었던 셈이다. 과연 국왕 현종과 숙종은 삼년설에 공감하고 서인을 내치는 대신 남인 등용의 결단을 내리게 되었던 것이다.

이 시기의 왕권론과 신권론은 단순히 세력균형·권력구조론의 차원을 넘어 현실문제의 체제적 대응을 가름하는 주요 지표였다. 즉 삼년설과 기년설로 맞섰던 복제 논쟁은 朱子禮說과 反朱子禮說의 갈등이라는 측면이 있었고 이것은 바로 주자학과 고전 유학의 대립으로 이어지고 있었다. 정통 주자학이 신권 중심의 정치 운영을 통해서 綱常說과 지주층 옹호의 입장을 관철해 가려는 보수적 입장을 대변하는 것이라면 반주자학은 군주권의 강화를 통하여 농민층의 恒産을 보증하려는 진보 개혁적 입장에 연결되는 것이었다. 이렇게 보면 예송의 기년설과 삼년설은 놀랍게도 각각 명분론과 지주제 옹호론, 실제론과 소농민 육성론을 내세우는 정치노선의 차이나 대립현상을 일정하게 반영했던 것이라 하겠다.[35]

인조반정 이래로 50여 년 동안 유지되어 온 서인과 남인 사이의 '견제와 비판'이라는 보합적·소강적 관계는 두 차례 예송의 결과 여지없이 깨어졌다. 주자학 명분론의 지향이 파탄에 이른 것이라고 해도 좋을 것이다. 돌이켜 보면 양반 지배층은 임진왜란의 위기 상황에서 명분론을 내세워 집권체제를 안정시키고 서인 장기집권의 기반을 확보할 수 있었으나 그 명분론적 지향은 곧 밖으로 외적의 침입을 부르는 커다란 요인이 되었고 안으로는 당파간의 정치 항쟁을 격화시키는 빌미를 만든 것이었다.

아무튼 남인은 오랜만의 정권교체에 성공하였다. 그러나 집권 남인은 정권교체의 의의를 별로 발휘하지 못한 채 오히려 淸南·濁南으로 당론이 갈

35) 예송과 권력, 정치 이념과의 관계를 이같이 상정하는 시각에 대해서는 金駿錫, 〈朝鮮後期의 黨爭과 王權論의 추이〉(《朝鮮後期 黨爭의 綜合的 檢討》, 韓國精神文化硏究院, 1992) 참조.

리어 대립하는 양상을 드러냈다. 주도권을 쥔 탁남계는 취약한 지지기반을 보강하기 위한 방편으로 척신세력과 제휴하여 도성 방위나 치안 유지를 위한 군문강화책에서 자신들의 영향력을 행사하는 데 주력하였다.[36] 정책이나 이념에서 서인과의 차별성을 보여주지 못하고 정권 경쟁의 차원에 머물러 버린 것이었다. 결국 남인들의 권력 집중에 불안을 느낀 국왕 숙종이 척신세력을 불러들이고 마침 모역설이 떠도는 것과 관련되어 남인정권은 6년만에 무너졌다(庚申換局, 1680).

경신환국의 결과 남인 집정자와 종친 4명의 賜死를 포함하여 100여 명이 遠配·杖流·削職당하였고 推鞫에서 刑杖으로 죽은 자도 10여 명이 넘었다. 남인의 실각이 이처럼 살벌한 숙청으로 이어진 것은 종래 정쟁의 조건 위에 다시 黨人·훈척·종친과 그 수하인들이 관련되었다는 모반음모설이 작용했기 때문이기도 하였다.[37] 음모설이 사실이냐 가해자 쪽의 조작이냐의 진위문제는 차치하더라도 이로써 정치투쟁의 수단과 방법이 명분론의 수준을 넘어서고 있음이 분명하였다. 그리고 환국이 거듭될수록 숙청과 보복이 더 가혹해짐으로써 이제 정쟁의 승패는 단순한 정권의 교체가 아니라 死生의 갈림길이 되었다.

다시 정권을 잡은 서인은 훈척의 병권 장악과 정탐·誣獄 등 정치 비리에 대하여 이를 비호하는 宋時烈 지지자들과 이를 비판 공격하는 소장층으로 나뉘어 대립함으로써 노·소론의 분립이 시작되었다. 여기에 이른바 '懷尼是非'와 《家禮源流》 著者是非가 가세하였다. 즉 전자는 君師父一體說·背師說을 내세운 송시열측과 父師輕重說을 들어 尹宣擧·尹拯 부자를 두둔하는 측의 대립이었고, 후자의 문제 역시 송시열의 친우인 兪棨의 것이라고 주장하는 쪽과 윤선거의 작품이라고 믿는 쪽의 싸움이었다.[38] 그러나 노·소론은 禧嬪 張氏 소생의 왕자를 元子로 책봉하려는 숙종의 계획에 반대하

36) 李泰鎭, 앞의 책 참조.
같은 남인인 淸南系 許穆의 비판은 더욱 철저하였다(金駿錫, 〈許穆의 反北伐論과 農民保護對策〉, 《島巖柳豊淵博士回甲紀念論文集》, 1991).
37) 姜周鎭, 〈宗親除去와 戚臣政治의 成立〉(앞의 책).
38) 金相五, 〈懷尼師生論의 是非와 丙申處分에 대하여〉(《論文集》 1, 全北大, 1974).
李銀順, 《朝鮮後期 黨爭史硏究》(一潮閣, 1988) 참조.

다가 남인들의 반격으로 함께 밀려난 己巳換局(1689)이나, 재차 남인을 거세하고 정권을 장악하는 甲戌換局(1694) 때까지는 아직도 완전한 분당 상태에 이르지는 않았다.[39)]

갑술환국은 정치세력으로서 남인의 몰락을 가져왔고 동시에 노·소론이 결정적으로 黨을 나누어 세우는 전환점이 되었다. 처음 환국의 수습 임무는 일단 소론에게 맡겨졌다. 척신의 득세와 그들의 병권 집중을 억제하는 대신 남인 잔여세력의 調用을 통하여 保合調劑的인 분위기를 유지하자는 것이 소론의 기본 입장이었음에 대하여, 노론이 여기에 극력 반대하고 남인 처벌을 주장함으로써 노·소론 사이에는 강·온 양론이 크게 엇갈리게 되었다. 이때부터 숙종대 말기까지는 대체로 실세에서 우세를 유지하던 소론의 보합론이 노론 강경론의 공세에 밀려 점차 비세로 몰리는 추세였다. 〈三田渡碑文〉 논쟁[40)]을 비롯해서 박세당의 《思辨錄》[41)]과 崔錫鼎의 《禮記類編》이 주자의 敎說에 저촉된다는 이유로 각각 소각 처분되는가 하면,[42)] 마침내는 이미 죽은 尹宣擧의 문집을 毁板하고 그들 부자의 관작을 빼앗는 '丙申處分'(1716)이 내려진 것이었다.[43)]

주자학을 둘러싼 비판론과 옹호론이 대립하는 斯文論爭에서 국왕 숙종은 거듭 소론 일방에게 불리한 결정을 내리게 되고 상대적으로 노론은 크게 고무되었다. 소론의 위축은 정국이 조만간 노론 일색으로 통일될 것을 예상케 하였다. 그러나 얼마 안되어 숙종이 돌아가고 경종이 즉위하자 상황은 일변

39) 이 시기 '換局'을 중심으로 한 정국 동향에 대해서는 洪順敏, 〈肅宗初期의 政治構造와 '換局'〉(《韓國史論》 15, 서울大, 1986) 참조.

40) 李銀順, 〈老少論의 時局認識論－李景奭의 政治的 生涯와 三田渡碑文 撰述是非－〉(앞의 책) 참조.

41) 《思辨錄》에 관련한 논쟁과 의의에 대해서는 다음의 연구가 참조된다.
李丙燾, 〈朴西溪와 反朱子學的 思想〉(《大東文化硏究》 3, 成均館大, 1966).
李勝洙, 〈西溪의 《思辨錄》 저술태도와 시비논의－성리학적 세계관의 변모를 중심으로－〉(《韓國漢文學硏究》 16, 韓國漢文學會, 1993).
김용흠, 〈朝鮮後期 老·少論 分黨의 思想基盤－朴世堂의 《思辨錄》 是非를 중심으로－〉(《學林》 17, 延世大, 1996).

42) 《肅宗實錄》 권 48, 숙종 36년 3월 무인, 경진.

43) 《肅宗實錄》 권 58, 숙종 42년 7월 기미, 신유, 계해·숙종 42년 8월 신해·숙종 42년 12월 을묘 및 권 59, 숙종 43년 5월 임오.

하였다. 왕위 계승자로서의 지위가 불안해 보였던 경종의 옹위자이자 그 지지 기반임을 자처하는 소론 강경파가 왕권을 배경으로 노론에 대한 일대 반격으로 나왔던 것이다. 뒷날 노론이 스스로 '辛壬士禍'(1721~1722)로 부르듯이 金昌集 등 4명의 노론 대신이 遠竄·賜死된 것을 비롯하여 많은 당인들이 박해를 받았다.[44] 그러다가 경종이 겨우 재위 4년으로 죽자 이번에는 영조의 등극을 기다리던 노론의 세상이 되고 소론에 대한 보복이 다시 시작되었다.

이렇게 숙종대 후반부터 영조대 초기까지의 30여 년에 걸쳐 일진일퇴를 반복한 노·소론 항쟁에서는 몇 가지 전에 없던 새로운 양상이 드러나고 있었다. 즉 남인이라는 대항세력이 거의 없어진 상태에서 본시 서인끼리 벌이는 대결이었다는 점, 때문에 쟁론이 더욱 치밀해지고 보복과 박해도 그 만큼 가혹해졌다는 점, 아직 명분론·강상론이 쟁론의 핵심이었지만 이미 지적했듯이 이 무렵에는 온갖 정치적 조작과 음모·모반이 반복되고 여기에 물리적인 힘, 즉 금력과 무력이 현실적인 영향력으로서 가세하고 있었던 점, 그리고 치열한 黨禍가 결국 지배층 전체를 피해자로 몰아가리라는 위기감이 고조되면서 점차 소강적·타협적 정치 안정을 기대하는 탕평론이 대두되기 시작한 점 등을 꼽을 수 있었다. 사실 탕평론의 등장 배경은 조선 후기 양반정치의 모순을 그 시기 사회·경제구조의 변동과 관련시켜 이해해야 할 문제이다. 그러나 그 직접적인 계기가 노·소론 분당에 있는 것이고 보면 탕평론의 의의는 노·소론이 분당에 이르기까지의 사상적·이념적인 분기현상을 통해서도 살필 수 있는 것이라 하겠다.

우선 禮訟期로 거슬러 올라가 보면 서인 모두가 기년설에 공감했다기 보다는 그것이 領袖 송시열의 강력한 주장으로서 남인의 삼년설에 맞서는 바람에 당론처럼 되었다고 보는 편이 더 자연스러울 것이다.[45] 典禮를 실무·실용의 차원에서 접근하는 경우와 명분과 典故에 치중하는 경우는 발상과 태도에서 차이가 큰 것이었고 이것이 예송의 본래 분위기였을 것이기 때문이다.

---

44) 이른바 '辛壬士禍'에 대해서는 吳甲均, 〈景宗朝에 있어서의 老少對立〉(《淸州敎大論文集》 8, 1972) 및 李銀順, 〈18세기 老論 一黨專制의 成立過程－辛壬士禍와 《闡義昭鑑》의 論理를 중심으로－〉(앞의 책) 참조.

45) 李成茂, 앞의 글(1992), 43쪽 및 52~53쪽 참조.

경신환국 뒤에 남인 처벌문제를 놓고 강·온 양론으로 맞섰다든가, 척신을 두둔하거나 태조의 尊號論을 들고 나온 송시열에 대해서 朴世采 등 少壯들이 반발했다든가 하는 것도 마찬가지이다. 즉 典禮의 그것처럼 병자호란의 대응 자세에서 드러났던 당위론과 실제론의 대립이라는 맥락으로 보아 무리가 없는 것이다. 무엇보다도 박세당의 《사변록》을 둘러싼 논쟁은 소론(=박세당)의 주자학 비판론에 대한 노론(=송시열)이 자부하는 정통주자학의 반격이었다.[46] 이는 주자학에 대한 반주자학의 성장, 즉 명분론 이데올로기의 동요를 반영하는 것이었고 나아가서는 노·소분당을 학문·이념적으로 집약하는 것이기도 하였다.

주자학비판론=반주자학과 정통주자학의 대립이 조선 후기 양반지배층의 현실 인식과 그 대응 방식의 차이에서 비롯되는 것이라는 점은 앞에서 거듭 말하였다. 이념과 정책 노선의 차이가 현상적으로는 노·소론의 분립이라는 형태로, 주자학과 반주자학의 갈등으로 나타난 것이었다. 그리고 그 학문·사상적 정치적 분립의 動因은 이미 李瀷이, "붕당은 싸움에서 생기고 싸움은 이해관계에서 생기는데 이해관계가 긴밀하고 오래되면 붕당이 깊어지고 견고해지는 것은 事勢가 그러한 것"[47]이라고 지적한 바와 같이 사회·경제적 이해관계에 있음은 두말할 나위도 없는 일이었다.[48]

17세기 말엽부터 18세기 중엽에 결쳐서는 '蕩平'이나 '均役'이라는 말에서 보이듯이 '平'·'均'의 의미를 담은 표현이 자주 등장하고 있었다. 붕당끼리의 격렬해지는 정쟁을 완화하고 새롭게 성장하는 서민층의 사회의식, 정치적 요구를 수용하는 한편 지주전호제의 확대와 농민층 분해에 맞물려 전개되는 수취체계·재정구조의 모순을 개혁함으로써 농민의 부담을 경감시키고 균평화하여 정치와 사회의 안정을 실현해 나가려는 분위기의 반영으로 볼 수 있었다.

이른바 조선 후기 '實學'은 이러한 정치·경제적 지향을 학문의 차원에서

46) 김용흠, 앞의 글 참조.

47) 李 瀷, 《星湖先生文集》 권 30, 朋黨論 17ㄱ.

48) 현실의 사회·경제적 이해관계가 본질적·이념적인 차이로 드러나는 경우가 토지문제였다(주 28)의 논문 참조). 특히 송시열과 박세당은 農書와 관련한 農學思想·農政理念에서도 地主的 입장과 小農的 입장의 차이를 구체적으로 드러내었다(金容燮, 앞의 책, 1988, 151~186쪽 및 195~213쪽 참조).

마련하고 있었던 것이다. 실학은 흔히 '실사구시'·'경세치용'이라고 하듯이 학문의 대상과 목표를 모두 현실에 근거하고 현실의 정치를 통해서 구현하려는, 정치·경제·사회적 현안에 대한 개혁 방안을 체계적으로 제시하는 새로운 학문 활동이었다. 실학은 학문의 내용이나 방법, 특히 학문의 목표에서 정통주자학의 그것과는 일정한 차이가 있었던 점에서 분명히 반주자학의 흐름을 주도하는 것이기도 하였다. 특히 兩亂期를 통해서 제기되어 온 國家再造論의 한 맥락은 이러한 실학과 밀접히 관련된 것이었다. 이를테면 柳馨遠이 국가재조의 전반적인 방략을 마련하는 가운데 정전제의 정신에 입각한 토지제도의 개혁을 통해서 지주제와 소농경제의 모순관계를 극복하고 이에 상응하는 새로운 정치세력의 육성과 정치 운영 방식의 획기적 전환 방안을 제시하고 있었던 것[49]은 그 대표적인 경우였다.

이렇게 보면 조선 후기 실학은 당쟁적인 정치 운영에 대항하는 정치운동의 한 형태로서 전개된 학문·사상운동이라고 할 수 있었다. 유형원이나 이익의 경우가 그렇듯이 그들 실학자들은 대부분 당쟁으로 소외되거나 당쟁적 정치운영에 실망하여 정계를 떠났다는 사실과도 무관하지 않았다. 실제로 실학의 이념은 일정하게 탕평론에 이어지고 있었다. 우선 *均*·平을 지향해서 농민적 입장과 기대를 수용하려는 태세가 그러하였다. 무엇보다도 실학은 학문의 방법과 이념에서, 탕평론은 그 정치원리·정치운영에서 정통주자학과 대립하고 있었으므로 실학과 탕평론은 통하는 것이었다. 예컨대 梁得中이나 吳光運은 정전제의 원리와 국왕 중심의 세도론을 근거로 영조의 탕평책을 적극 지지한 官人 儒者들이었는데 이들이 특히《磻溪隨錄》을 최선의 經世書로 보고 이를 왕에게 권장하였던 것은 결코 심상한 일이 아니었다.[50]

---

49) 金容燮, 〈朝鮮後期 土地改革論의 推移〉(앞의 책, 1990), 429~433쪽.
金駿錫, 〈柳馨遠의 政治·國防體制 改革論〉(《東方學志》 77·78·79합집, 延世大, 1993).

50) 金成潤, 〈蕩平의 原理와 蕩平論〉(《釜大史學》 15·16합집, 1992), 442~453쪽 참조. 양득중은 尹拯의 제자로서, '實事求是'를 강조한 영조대 소론 山林의 한 사람으로 명망이 높았으며《磻溪隨錄》도 윤증에게서 소개받은 것으로 알려져 있고 오광운은 淸南系를 이끈 許穆의 연원과 관련이 깊어 李瀷 등과도 교류하였으며 특히 유형원의 〈行狀〉을 작성하기도 하였다(朴光用, 〈蕩平論의 展開와 政局의 變化〉(《朝鮮時代 政治史의 再照明》, 汎潮社, 1985), 326~334쪽 참조).

한편 조선 후기 신분제의 동요와 관련한 새로운 정치 지향 계층의 성장은 탕평론이 제기될 수 있는 사회·정치적 배경이 되었다. 우선 농업생산력의 발전과 지주제의 확대로 농민층 분해가 촉진되어 無田無佃之民이 광범하게 방출되는 가운데 富民·饒戶 등으로 지칭되는 경영형부농·서민지주층의 성장이 괄목할 만 하였다. 이들은 상품 유통경제의 발달과 수공업·광업의 발달과정에서 등장하는 富商大賈·私匠·德大 등 상공인층과 더불어 이 시기 사회·경제변동을 선도하고 있었다. 이렇게 새로 성장하는 사회·경제세력은 그들의 역량에 상응하는 현실적 기대와 요구가 있게 마련이었다. 바로 사회의식의 변화 확대이며 신분적·정치적 지위 상승이었다.[51] 그럼에도 현실은 재정 수요의 증가분과 담세력을 상실한 영세농의 부세가 오히려 이들에게 전가되면서 중간수탈의 대상으로 떠오르게 되었을 뿐이었다. 그리하여 이들의 불만은 어떤 형태로든 정치적 지향성을 띠고 폭발할 것이 예상되었다.

이 시기의 정치적 불만은 반드시 그들 신흥의 경제세력에 한정되는 것이 아니었다. 18세기경에는 농촌사회 변동, 서민층의 신분 상승이 전개되는 한편에서는 종래의 농촌 양반층이 광범하게 몰락하고 閒遊者層[52]이 증가하는 현상이 두드러졌다. 그 가운데는 學丈·師丈, 또는 地師로서 賣文資生하며 농촌사회에 지식을 전달하고 사회의식을 자극하는 부류들도 있었다.[53] 이들 몰락 지식인들은 일단 유교 주자학을 체득하고 있었지만 그것을 수단으로 해서 현실적인 불우와 불만 의식을 표현 전달하고 있었던 점에서는 보수적인 일반 유림과는 달랐다. 토지에서 밀려난 賃勞動層을 위시해서 승려·才人·백정·巫覡 등도 현실 정치에 대해 불만을 품고 새로운 변화를 기대하는 점에서는 일치하고 있었다. 그것은 종래부터 소외되어 온 기층부 서민들의 입장과도 기본적으로 통하는 것이었다. 여기에 양반정치의 외곽을 형성하는 胥吏·武官·譯官 등도 일단 기성의 정치 질서에 불만을 가지고 당쟁적 정치 동향에 민감한 반응을 보이고 있었다.

---

51) 특히 경영형 부농의 성장과 이의 사회·경제적 의의에 대해서는 金容燮, 〈朝鮮後期의 經營型 富農과 商業的 農業〉(앞의 책, 1990) 참조.

52) 金盛祐, 〈조선후기 '閑遊者'層의 형성과 그 의의〉(《史叢》 40·41합집, 1992) 참조.

53) 鄭奭鍾, 〈資料에 대하여〉(《朝鮮後期 社會變動硏究》, 一潮閣, 1984), 17~18쪽 참조.

그리하여 이러한 정치적 불만 계층이 세력화해서 정변에 가세하거나 변란을 일으킬 가능성은 점차 높아져 갔고 그러한 사태는 현실로 나타나게 되었다. 이를테면 도성 안에서 明火賊이 銀貨를 약탈한 사건, 노비들이 香徒契를 근간으로 劍契·殺主契를 조직한 사건, 승려·지사·무당 등이 대궐 침입을 꾀한 彌勒信仰事件 등이 일어났다.[54] 저 유명한 광대 도적 張吉山 부대가 황해도를 중심으로 활동한 것도 바로 이 무렵이었다.[55] 그런가 하면 소론과 노론이 저마다 상인들의 자금을 끌어 모으고 武人·宦官을 움직여 換局을 도모한다는 告變事件이 일어나기도 하였다.[56]

잘 알려져 있듯이 영조 4년(1728)의 '戊申亂'은 이러한 불만 계층과 그 동조세력이 중앙 정계의 변동과 긴밀히 연결되어 일으킨 대규모 변란의 대표적인 경우였다.[57] 무신란 이후에도 남인의 서울 방화 계획이나 淸凉山 聚會逆謀 등 정변·민란과 관련한 크고 작은 변고가 거듭되었음은 물론이었다. 표면으로는 아직 주자학 보수주의가 완연하였지만 당쟁으로 인한 지배층의 분열과 정계의 불안정, 나아가서는 지배층 전체의 취약한 형세를 단적으로 반영하는 것이었다. 사회 저변층의 정치적 진출 시도는 거의 실패로 돌아가기 마련이었고 또 그들의 정치 관여는 특권 양반들의 하수인 혹은 방조자에 불과한 경우가 많았다. 그럼에도 불구하고 이 시기 사회 저변층의 성장, 상공인층의 대두는 양반정치의 모순을 더욱 가속시키는 한편으로 새로운 정치 질서의 지향을 그 만큼 촉진시키는 사회 동력이 아닐 수 없었다.

사회·경제적 성장을 배경으로 시작된 서민·하층민들의 정치적 지향은 탕평론이 대두하는 중요한 계기가 되었다. 우선 서민층의 사회 정치의식의 확대는 양반 중심의 정치 질서를 근본적으로 위협하는 상황을 조성하는 것이었다. 이제 정치가 더 이상 양반들만의 전유물이 아님을 일깨우는 동시에

---

54) 鄭奭鍾, 〈肅宗朝의 社會動向과 彌勒信仰〉(위의 책).
홍순민, 〈17세기말 18세기초 농민저항의 양상〉(《1894년 농민전쟁연구2-18·19세기의 농민항쟁-》, 역사비평사, 1992) 참조.

55) 鄭奭鍾, 〈肅宗年間 僧侶勢力의 擧事計劃과 張吉山-李悅·兪選基 등 告變을 중심으로-〉(위의 책) 참조.

56) 鄭奭鍾, 〈肅宗朝의 甲戌換局과 中人·商人·庶孽의 動向〉(위의 책), 94~121쪽 참조.

57) 吳甲均, 〈英祖朝 戊申亂에 관한 考察〉(《歷史教育》 21, 歷史教育硏究會, 1977).
李鍾範, 〈1728년 戊申亂의 性格〉(《朝鮮時代 政治史의 再照明》, 汎潮社, 1985) 참조.

양반층으로서는 이러한 변화에 능동적으로 대처하지 않을 수 없는 단계에 이른 것이기도 하였다. 정치 참여와 그 운영 방식 자체가 달라져야 하는 일이었다. 적어도 아래로부터의 정치적 요구를 일정하게 억제하면서 기존 양반층의 기득권을 방어하기 위해서도 그들 양반관인 전체가 공유하고 결속할 수 있는 정치 질서가 새롭게 모색되어야 했다. 이 시기 탕평론·탕평책이 제기되는 배후에는 이처럼 아래로부터의 상승 욕구와 위로부터의 위기의식이 맞물려 있었던 것이다.

그리고 종래 붕당을 중심으로 한 정치가 특권 양반층이 주자학을 기초로 운영하는 것이었던 점에서 볼 때 이에 대치할 새로운 정치원리·정치운영 방식, 즉 탕평론·탕평책에서는 명분론·군자소인론과 같은 주자학 정치 원리가 그 만큼 지양되지 않을 수 없는 일이었다. 바꾸어 말하면 탕평론의 消融保合說에는 주자학의 명분론·군자소인론을 극복하는 의미가 일정하게 내재되어야만 했던 것이다.

탕평론은 경신환국 후의 서인정국에서 처음 제기되었다.[58] 다시 정권에 복귀한 서인들은 환국으로 세력을 잃은 남인 처벌문제와도 관련해서 온건론과 강경론이 맞섰던 것이고 탕평론의 제기는 이러한 대립 국면을 조정 완화시키려는 시도이기도 하였다. 서인과 남인의 입장이 다시 뒤바뀐 기사환국 때나 재차 남인이 실각한 갑술환국 뒤에도 거듭 탕평론이 등장하였다. 이 때까지가 대개 서인과 남인 사이의 탕평을 실현하자는 논의였다면 그 뒤 그러니까 갑술환국으로 남인이 거의 배제된 숙종대의 후반에는 노·소론 사이의 탕평 논의였다. 노·소 탕평은 병신처분으로 노론 일당이 주도할 때까지 소론의 주도 아래 그런대로 지속되었다고 볼 수 있다.

숙종대 전반기의 탕평론은 아무래도 박세채가 대표적인 주창자였다.[59] 그는 윤증·남구만과 함께 서인 소장층의 지도적 인물로서 흔히 '懷尼是非'로 알려진 송시열과 윤증의 불화관계를 해소하려는 노력도 기울였다. 특히 그는

58) 숙종대의 정국동향을 특히 탕평론의 추이와 관련하여 파악한 것으로 鄭景姬, 〈肅宗代 蕩平論과 '蕩平'의 시도〉(《韓國史論》 30, 서울大, 1993)가 참고된다.

59) 박세채는 정국 동향에 따라 전후 3차에 걸쳐 탕평을 역설하였다.
《肅宗實錄》 권 14, 숙종 9년 2월 병자·권 15, 숙종 14년 6월 을미·권 27, 숙종 20년 6월 경자·정사.

탕평의 실행 방안으로서 훈척과 일부 서인들의 강경론에 맞서 남인 수용을 적극 주장하였다. 훈척세력의 정치 관여를 억제하고 당쟁으로 인한 분열과 반목을 해소함으로써 사림 중심, 士論 주도의 정치 질서를 회복하자는 것이었다. 이 무렵에는 李端夏·李尙眞·李畬·金構 등 주로 서인계 관인 유자들이 탕평의 필요성을 거론하고 己巳政局에서는 丁時翰이 남인 주도의 탕평을 주장하기도 하였다.[60] 정시한을 제외하면 대개의 논자들이 당쟁의 폐해 자체만을 우려하는 데 머물거나 노·소 보합에 국한하는 탕평을 내세우는 것과는 달리 박세채는 노·소 보합의 기반 위에서 남인은 물론 과거 북인까지도 수합할 것을 생각하였다. 인조반정으로 북인이 일소되었던 것처럼 이번에 만약 남인이 몰락한다면 사림 전체가 위축되어 정국의 경색이 가속되리라고 보는 것이었다. 주지하듯이 이러한 박세채의 우려는 그 뒤 현실로 드러났다.

돌이켜 보면 이 시기 당쟁극복론·붕당타파론은 이미 16세기 초 사림의 본격적인 정계 진출을 계기로 그 유래가 시작되었다.[61] 즉 주자학의 정치사상에 기반을 둔 사림의 정치언론·정치활동은 기성세력으로부터 붕당이라는 지목을 받게 되었고, 이에 사림은 歐陽脩의 眞朋僞朋說이나 주자의 君子小人辨을 근거로 내세워 오히려 자신들의 당파적 성향을 합리화하고 나섰던 것이다. 이러한 붕당론은 그 후 동·서 분당기에 이르러 이론적·현실적으로 변용되었다. 이 때 李珥는 동·서인의 붕당은 사림 내부의 자체 분열로 여기에 君子小人之分을 적용할 수는 없으나 동·서인이라는 명목은 일단 타파되어야 한다고 보고 兩是兩非論·保合調劑論을 폈었다.[62] 이이의 양시양비론은 그 당장에 是非明辨論者로부터 정면으로 비판당하게 되고 동·서의 대립 역시 더욱 치열해졌다. 결국 그 스스로도 '是非明辨後의 調劑收用論'으로 후퇴하지 않을 수 없게 되었다. 그러나 17세기 이후 군자소인론·시비명변론을 근간으로 하는 破朋黨論—결과적으로는 붕당긍정론—이 드세어지는 가운데 調停과 保合, 消融과 調劑를 내세우는 붕당타파론, 즉 탕평론이 형성되는 실

60) 鄭景姬, 앞의 글, 134·138쪽 참조.

61) 붕당론·붕당타파론의 추이에 대해서는 鄭萬祚, 〈朝鮮時代 朋黨論의 展開와 그 性格〉(《朝鮮後期 黨爭의 綜合的 檢討》, 韓國精神文化硏究院, 1992) 참조.

62) 《宣祖修正實錄》 권 15, 선조 14년 9월.

마리는 여기에서 찾아지는 것이라 하겠다.

박세채가 내세우는 탕평론의 이념과 방법은 멀리 이이의 그것을 계승하는 것이었다. 그는 처음에 송시열과 함께 이이의 문집을 정리하여 畿湖 서인의 이념체계를 정립해 간 핵심 인물이었지만, 그 정치 이념에서는 송시열의 주자적 붕당긍정론을 반대하고 이이의 붕당타파론을 충실히 수용하였던 것이다. 노·소론의 분립은 이렇게 서로 다른 정치이론의 추구에서도 벌써 시작되었던 셈이다. 그러나 방법으로서의 보합과 조제가 설득력을 지니고 실현되기 위해서는 그것을 뒷받침할 이론 근거가 설득력있게 제시되지 않으면 안되었다. 進賢退邪·惟才是用을 주장하는 점에서는 박세채 자신도 붕당긍정론자들과 마찬가지로 종래의 시비명변론, 군자소인론을 긍정하고 있었으므로 사정은 더욱 그러하였다.

이러한 상황에서 박세채는 皇極蕩平說에 주목하게 되었다. 황극탕평은 모두 《書經》〈周書〉의 洪範篇에 있는 말로서 황극이란 '皇建其有極', 혹은 '惟皇作極'이라고 했듯이 임금이 백성을 위해 至極한 표준을 세워 함께 그 福을 누린다는 의미인데 여기서는 淫朋과 比黨, 즉 君民의 私邪로운 黨을 경계하고 있다. 탕평은 "無偏無黨 王道蕩蕩 無黨無偏 王道平平"에서 나온 말로서 역시 偏黨을 막아야 한다는 경고가 들어 있기는 마찬가지였다. 결국 황극탕평의 정신은 왕도에 있으며 이를 위해서 군신 상하의 大公至正과 無偏無黨이 요구되는 점에 특징이 있었다. 잘 알려져 있듯이 〈洪範〉에는 유교의 정치 원리, 經世理論이 집약되어 있다.[63] 박세채가 양반 유교정치의 모순으로 드러난 당쟁의 위기를 타개하기 위한 원리로서 이를 이끌어 오려고 하는 것은 지극히 자연스러운 일이었다. 그는 이를 위해서 여러 經傳과 先儒들의 홍범 연구를 종합 정리한 저작을 냈는데 특히 여기에서 황극설의 미진함을 지적하기도 하였다.[64]

사실 16세기 후반에는 지주제의 모순을 학문적으로 접근하는 李珥·尹斗壽·韓百謙을 비롯한 일군의 학자들이 주자의 토지론을 재검토하는 가운데 箕子 箕田說·井田說 등에 주목하고 있었으므로[65] 그들은 이 과정에서 기자의

---

63) 〈洪範〉에 입각한 탕평론의 원리에 대해서는 金成潤, 앞의 글 참조.
64) 《範學全編》 6권 4책, (1684년) 목판본, 序文 참조.
65) 金容燮, 〈朱子의 土地論과 朝鮮後期 儒者〉(앞의 책, 1990), 408~413쪽 참조.

저작으로 알려진 홍범·황극설에도 자연히 관심을 갖게 되었을 것이다. 이런 점은 주자의 경제사상에 동의하여 지주제를 옹호하는 논자들이 대개 정치 운영에서도 주자학의 정치이론, 즉 시비명변론·군자소인론을 내세워 붕당간의 조제 보합에 반대하게 마련이었던 사정과 좋은 대조가 되는 것이라 하겠다. 아무튼 황극탕평론은 왕도정치를 천명하되 붕당의 존재를 부정하는 데에 그 의의가 있는 것이고 이로써 반탕평론, 주자학 정치이론에 맞서는 새로운 정치이론으로서 성립될 수 있었다.

황극탕평론이 내포하는 왕도정치·반붕당의 논리는 국왕권의 중요성을 강조하고 국왕의 정치적 조정이나 결단을 보장하는 것이 되게 마련이었다. 이러한 국왕중심의 정치운영 방식은 현실적으로 16세기 이래의 오랜 전통이 되어 온 사림 주도의 이른바 '公論'정치에 일정한 변화를 일으키게 되었다. 치열한 당쟁의 한 원인이 사림의 공론정치에 있었던 점에 비추어 보더라도 그것은 당연한 일이었다. 국왕 숙종은 기회있을 때마다 당론의 폐해를 지적하며 노·소 鎭靜을 촉구해 온 터였으므로 이제 자연스럽게 박세채의 견해를 따라 탕평교서를 반포하고 반붕당적 경향의 인사들을 銓長·大臣에 기용하면서 진정·조제로 유도하게 되었다.[66] 그리하여 숙종대 후반기의 정국은 노·소론이 일진일퇴를 거듭하는 가운데서도 南九萬을 위시하여 尹趾完·尹趾善 형제와 柳尙運·申翼相·徐文重 그리고 崔錫鼎·徐宗泰 등 주로 소론계 인사들이 탕평노선을 주도하게 되었다. 노론에서도 閔鎭長·申琓·李畬·李濡·金宇杭 등이 '鎭靜·保合優先', 혹은 '是非明辨後의 調劑'라는 방법상의 차이는 있었지만 역시 탕평에 동조하고 있었다. 말하자면 황극탕평설이 일정하게 정국운영 원리로 받아들여지면서 신료군의 일부가 국왕의 조정과 처분권을 중심으로 정국의 보합에 나서게 된 것이었다.[67]

그러나 황극탕평론은 그 이론 체계의 철저함에서 정통주자학의 정치이론,

---

66) 숙종은 탕평의 차원에서 嶺南의 인재를 수용하도록 강조한 것을 비롯해서 蕩平敎書와 蕩平備忘記를 번갈아 내렸다.
《肅宗實錄》 권 18, 숙종 13년 12월 기사·권 27, 숙종 20년 7월 병술·권 32, 숙종 24년 정월 을미·권 41, 숙종 31년 정월 경술·권 45, 숙종 33년 11월 경술·권 54, 숙종 39년 7월 갑자.

67) 鄭景姬, 앞의 글, 145~159쪽.

즉 반탕평론에 맞서기에는 아직 역부족이었다. 앞서 박세채의 지적이 암시하듯이 탕평설은 秦漢 이래로 유교정치원리로서 실제적·이론적 발전이 별로 없었다. 반면에 주자학의 그것은 漢唐으로부터 宋代에 걸쳐 발전·보강되어 온 것이었다. 뿐만 아니라 주자학은 이 시기 지배계층 전체가 거의 의심없이 지지하는 지배이념이었다. 예컨대 노·소론을 어느 정도 조정하던 국왕 숙종이 《禮記類編》시비나 《사변록》시비 등의 斯文論爭을 거치면서 마침내 노론 일방의 정당성에 동의하여 이른바 '丙申處分'을 내리게 된 것은 그 단적인 예였다. 국왕의 처분이 이렇게 내려지고 그 결과 소론이 크게 거세되기에 이른 것은 탕평론과 그 지지세력이 정통주자학을 앞세운 노론의 논리에 압도된 때문이었다. 주자학 정치론에 입각한 노론의 붕당론, 즉 君子小人辨別論·進賢退邪論은 그 만큼 요지부동의 자기 정당성의 논리이기도 했던 것이다. 그리하여 숙종대의 좌절된 탕평론과 탕평운동은 영조 초기의 정치적 전환기를 맞아 새로운 정치운영 원리로 발전해가야 할 과제로 넘겨지게 되었다.

〈金駿錫〉

2. 영조대 탕평정국과 왕정체제의 정비

1) 탕평책 시행

(1) 탕평책의 제기

18세기 조선시대 정치를 특징짓는 '蕩平'論은 주자 성리학의 기본이 되는 四書보다도 원시유학의 기초가 되는 六經 중에서 《尙書》洪範篇에 근거를 두고 있다. 군주는 탕평·정직의 정치를 행함으로써, 사회 일반의 나쁜 무리와 아첨이 통하는 기풍을 없애고, 好惡·偏黨·反側같이 사회를 혼란시키는 제반 현상들을 없앨 수 있다는 것이다. 그 논리적 근거는 군주권이 하늘과 연결되는 신성성 곧 전제적 성격이 강했던 시기를 바탕으로 하고 있다. 이는 결국 사대부에 대한 군주권의 우위를 주장하면서 집권관료제를 재정비함으로써 사회 안정을 도모하려는 정국운영 노력이었다. 탕평은 기층사회에 대한 시책에 적용될 때에는 '大同'으로 표현되기도 했다.

탕평을 표방한 정국운영 논의는 숙종 초(17세기 말)에 본격적으로 제기되었다. 당시는 붕당간의 대립이 격화되어 상호 공존 원칙이 무너져 갔던 시기였다. 그러나 이후 격렬한 당쟁을 겪고 나서, 50년 뒤인 영조대에 와서야 현실정치에 본격적으로 적용되었다.[1] 곧 이 정책은 이전 단계의 정국운영이 가지는 문제점을 전면적으로 비판하는 바탕에서 실시된 것이었다. 그러므로 그 목표를 보다 분명하게 이해하기 위해서는 앞의 숙종대와 경종대 정국운영 추이와 그 특징을 개략적으로나마 살펴 볼 필요가 있다.

숙종 즉위(1674) 이후의 甲寅禮論 논쟁부터는 기본적으로 공존하는 붕당과 붕당간의 公論 조제를 기본 구도로 해서 정치적·사회적 이해 대립을 해결한다는 정국운영 방식이 파기되었다. 그 대신 군주가 공론을 是非의 차원에서 분별함으로써 강력하게 개입하는 정치 상황이 나타났다. 이러한 정국운영은 영조 4년(1728) 무신란 다음 해에 己酉大處分으로 탕평정치가 출발하기 전단계까지 계속되었다. 곧 이 기간 동안 사림의 공론에 의한 견제와 균형의 원리가 무너진 한편, 상대당을 소인당이라고 지목하면서 군주의 권위를 빌려서 一黨이 전권을 장악하는 '換局'이라 불리는 형태의 정치적 격변이 8번 가량 일어났다. 경신환국(1680)·기사환국(1689)·갑술환국(1694) 등으로 불리는 정치적 격변이 일어날 때마다 다른 당파에 대한 보복과 살육이 잇따르는 일당 전제적 정국운영이 당연하게 긍정되는 상황에 이르렀다.

이 정치적 격변의 출발점이 된 경신환국 직후, 尹拯 같은 서인계 산림은 학문성을 높여서 당론을 타파하고 공론을 세움으로써, 진정한 사림정치를 회복해야 한다고 주장하기도 했다. 또 윤증과 가까웠던 산림 朴世采도 서인

---

1) 탕평책에 대해서는 다음의 글들이 있다.
鄭萬祚, 〈英祖代 初半의 蕩平策과 蕩平派의 活動〉(《震檀學報》 56, 1983).
———, 〈英祖代 中半의 政局과 蕩平策의 再定立〉(《歷史學報》 111, 1986).
崔完基, 〈英祖朝 蕩平策의 贊反論 檢討〉(《震檀學報》 56, 1983).
朴光用, 〈蕩平論과 政局의 變化〉(《韓國史論》 10, 서울大, 1984).
———, 〈英·正祖代 南人勢力의 政治的 위치와 西學政策〉(《한국교회사논문집》 II, 한국교회사연구소, 1985).

과 남인을 다시 조제 보합하여 다붕당정치 형태를 회복하는 길이 가장 시급히 해결해야 할 현안이라고 주장하면서, 이를 탕평의 논리로서 제시하였다. 이 주장들의 핵심은 당파간의 우열은 분명히 존재하지만, 이를 시비의 차원에서 논해서는 안된다는 것이었다. 시비의 차원은 권력을 휘두른 간신(權奸)과 그 심복하는 무리들에게만 적용해야 한다는 것이었다. 이는 율곡 李珥의 조제보합론에 근거한 붕당정치론을 수용한 견해이기도 했다. 이들은 이후 소론계의 정신적 지주가 되었고, 소론계 관료집단의 지도자였던 崔錫鼎·남구만들은 이를 받아들여 남인계 인재를 등용하려고 노력하기도 하였다. 그리고 이러한 노력에 의해서 숙종 12년(1686)과 24년에는 탕평전교가 내려지기도 하였다.

그런데 이러한 노력의 밑바탕에는 양반 문벌 중 특권적 정치집단이 붕당정치를 가탁해서 권력을 독점하려 한다는 지적이 깔려 있다는 점은 특히 주목된다. 이를 소론계 史臣은 다음과 같이 말하고 있었다.

> 사류와 훈척은 예로부터 서로 용납되지 않았는데, 어찌 (이제 와서) 배반하여 떨어져 나갈 까닭이 있을 수 있겠는가. 훈척이라는 자들은 공신가문을 지켜 주겠다는 맹세에 기대고 임금의 예우에 의지하여 총애를 믿고 공을 떠맡아서 때때로 지나치게 외람하니 경신환국 이후의 세 척리가 멋대로 방자하였는데 그 중에 金益勳이 가장 심하였다.
>
> …서인과 남인 붕당의 폐단은 실로 나라를 망하게 하는 근본이지만, 이는 한때 의견의 갈라섬으로 인한 싸움이 아니므로 …남인 당파라는 이유로 나라 절반에 이르는 인물들의 벼슬길을 막는 금고를 하는 것은 옳지 않다.
>
> 저 노론당이라는 자들은 대대로 나라의 정사를 장악해서 반대당을 참살하는 데 용감했으므로 정국이 환국될 때마다 가장 심하게 화를 당하였으므로, 개인적인 원한으로 마음이 쏠려버려서 공적인 마음은 다 없어져 버렸다. 그래서 陰陽과 黑白은 구별해야 한다는 논리를 내세웠으나 속으로는 모함하여 보복하는 계책으로 쓰여지게 했으므로, 죄가 없는 사람들도 함께 섞여 금고를 당하였다(《肅宗實錄補闕正誤》 권 14하, 숙종 9년 6월 무진).

곧 숙종·경종대의 실제 정국운영은 왕실·외척세력과 결탁한 1붕당이, 공론의 '優劣'을 조제하는 대결이 아니라 의리의 '是非'를 가리는 대결, 곧 상대 당파를 소인당으로 취급하여 제거하는 환국이라 불리는 일당 전제적 정국운영 방식을 기본으로 해서 장악하여 갔고, 이 결과 붕당 상호간의 보복과 살육도 義理라는 이름 아래 합리화되는 폐해가 야기되었다. 그리고 이는 외척집단들이 당파의 지도자 산림집단과 결탁함으로 해서 야기된 심각한 폐단이기도 했다. 이러한 정국 상황에 대하여, 기호지방 중심의 직업적 관료가문이 주도했다고 생각되는 소론당과, 영남과 기호지방의 중소지주적 사림세력을 기반으로 한 남인당이 이들 노론당을 사대부 체제를 파괴하는 소인당으로 공격하였으므로, 그 결과 치열한 당쟁이 야기되었던 것이다.

곧 몇 차례의 탕평 노력에도 불구하고, 숙종 연간의 정국운영은 국왕이 당파간에 첨예한 대립이 야기된 문제에 대해서 직접 시비 판결을 내리고 있었다. 후일 개인적인 차원의 일을 국가적 차원으로 확대했다고 비난되었던 노론과 소론의 현안문제에 대해서 내려진 국왕의 병신처분에서 잘 알 수 있듯이, 탕평의 정국운영론은 받아들여지지 않았다. 곧 한 붕당이 척신계와 결합해서 전권을 장악해가는 한편, 상대당을 소인당으로 지목하여 모든 인물들을 제거해 버리는 당쟁이 계속되었다. 거듭되는 환국과 그 때마다 시비의 차원에서 행해지는 보복과 숙청으로 해서, 노론·소론·남인 모두 다 반대당은 소인당이므로 사류로 인정할 수 없다고 하는 것을 철칙으로 하는 상태에 이르렀다. 이는 곧 군자당과 소인당 사이에는 의리의 조제나 인재의 보합이 있을 수 없으므로, 조제보합론을 내세우는 것 자체가 오류라는 견해였다. 다시 말하면, 이른바 李珥가 사림정치 추진 과정에서 나타날 수 있다고 생각한 최악의 형태인 군자당과 소인당의 대립 상황이 실제 현실이 되었다는 주장이다. 이이의 견해를 빌린다면, 진짜 붕당과 가짜 붕당의 대결양상이란 곧 사림정치가 파탄 시기에 이르렀음을 의미하는 것이다.2)

이러한 정국운영으로 인한 폐해로 해서, 경종 연간(1720~1724)에는 또다시 趙文命·金一鏡·沈檀들을 위시한 소론·남인계에서 탕평정책을 실시하자고 주장하였다. 이 때는 탕평의 표방을 빌린 붕당정치 복구론이라고 할 수 있는데, 그나마도 각 정파가 정국 주도권을 극대화하려는 정략 정도로 받아들여졌을 뿐이었다. 이것은 화해가 불가능했던 당시의 대립적 분위기 때문이었다.

---

2) 李　珥, 《栗谷全書》 권 7, 辭大司諫兼陳洗滌東西疏 己卯.

그런데 숙종 초에 탕평론이 제시된 이후는, 노론계나 남인계 모두 이 논거 자체를 시대에 맞지 않는 것으로 공격하기에는 일진일퇴 정국에 뒤따르는 혼란이 너무나 컸다. 그래서인지 노론계나 남인계에서도 탕평을 내세운 소론계의 조제보합론과 같은《尙書》洪範편에 근거하는 皇極 곧 '大中至正'의 논리를 역으로 내세워서, 자기 당파의 의리만이 황극에 이를 수 있는 길이라는 당론합리화 주장도 많았다. 그렇다고 해도 이는 고대적인 天命論에 근거하는 군주권의 정국 주도를 인정하는 논거였으므로, 결국 붕당의 공론에 의한 정국 주도를 약화시키는 논리로 기능한 셈이었다.

18세기 초반 당쟁이 격화된 것이 단순히 지배계급인 사대부 계층내의 정치투쟁 격화를 의미하지만은 않는다. 일부 새로운 중간계층들이 서울지역과 지방에서 성장해 가면서 정치참여 계층으로 자신들을 근접시켜 가는 현상이 나타나고 있었다. 당시 향촌사회에서는 농업생산력의 향상에 힘입어 향족이 성장하여 사족에 대신하여 중앙정부가 파견한 수령의 조세수취를 보조하면서 향촌 운영을 장악해 가고 있었다. 상업의 발달은 서얼·역관·상인층들을 급속하게 성장시켰고, 일부는 중앙 정계에서 군주권 또는 특권 정치세력과 결탁하여 자신의 이해관계를 당쟁에 투영시켰다. 대표적 기술직 중인인 역관 집안의 장희빈이 사대부 집안에 대신하여 왕비가 될 수 있었던 것은 당시 이러한 시대 분위기를 알 수 있게 하는 상징적인 사건이었다. 곧 중간계층의 성장 역시 당쟁을 더욱 격화시켰다.

이와 연결되는 정치·사회적 모순도 계속 증가해서, 양반 지주층의 토지겸병 및 절수의 확대, 중간수탈의 증가, 일반 농민의 군역 부담 가중같은 사태가 야기되었다. 여기에다 계속되는 흉년과 질병의 만연으로 생산담당층으로 이루어진 기층사회에서는 遊離·도망·비밀결사조직 같은 다양하고 지속적인 반발이 계속되었다.3)

그리고 이러한 기층민과 중간계층의 저항을 조직화한 反正시도가 영조 4년(1728) 戊申亂으로 폭발하였다. 이 병란은 당시 남인과 소론계의 급진 失志士族세력이 연대하였다. 그 뿐만 아니라, 당시 전국적으로 발달하고 있었던

3) 鄭奭鍾,《朝鮮後期 社會變動硏究》(一潮閣, 1985).

장시망을 이용하여 掛書·유언비어 같은 방법으로 반란의 대의를 전국적으로 선전하기도 해서, 이전과는 전혀 새로운 양상의 사회적 파문을 불러 일으켰다.[4] 이에 충격을 받은 국왕과 집권세력들은 이제까지의 정치운영 방식을 시급히 바꾸어야 한다는 점을 절실히 느끼게 되었다. 변화해가는 정치·사회적 상황에 빨리 대처해야 할 필요성 때문에, 다음 해 기유대처분으로 탕평론이 실제 정치의 운영원칙으로 적용되었던 것이다. 따라서 18세기 초반에 다시 내세워진 탕평의 정국운영론은 1차적으로는 일진일퇴하는 환국이라는 정국운영을 타파하는 것이 목적이었지만, 궁극적으로는 정국운영을 황폐화시킨 근본이 되어버린 붕당 자체를 타파해야 한다는 표방을 전면에 내세우면서 이끌어 갔다.

(2) 완론탕평파의 대세 장악과 반탕평파·준론탕평파의 연대

앞에서 서술했듯이 蕩平이라는 정국운영론은 경신환국 직후인 17세기 말부터 본격적으로 표방되었으나, 영조 5년 기유대처분 이후에야 실제 정치운영 원칙으로 적용되었다. 그런데 영조 5년 이전 단계의 탕평론은 환국으로 불리는 일진일퇴의 정국운영을 부정하고는 있으나, 사림정치의 조선적 변형이라고 할 수 있는 붕당정치 형태 자체를 부정하지는 않았다. 특히 원칙적인 붕당정치로의 복귀를 주장하고 있었다는 점에서는 환국기 一黨全權을 주장했던 붕당의 표방과 다를 것이 없었다.

영조 5년 기유대처분 이후, 가장 먼저 해야 할 일은 붕당을 타파하는 것이라는 정국운영 원칙이 전면에 표방되었다. 이러한 주장을 편 정치집단은 모든 당파에 있었고, 당시에는 온건한 주장을 펴는 정파라는 뜻에서 '緩論'이라 호칭되었다. 곧 완론의 탕평론은 붕당을 타파해야 한다는 표방이 실제로 가장 중요한 정치 현안이라는 점을 긍정하는 입장이었다. 반면에 사림의 정치원칙인 각 붕당의 義理 자체가 붕당 타파보다 더 중요하다고 주장했던 정치집단도 존재했다. 이들은 완론에 대칭되는 준엄한 견해를 펴는 정파라고하여 '峻論'이라고 호칭되었다. 완론은 붕당을 타파하는 탕평을 긍정하는 입장

---

4) 李鍾範, 〈1728년 戊申亂의 性格〉(《朝鮮時代 政治史의 再照明》, 汎潮社, 1985).

이 뚜렷했다. 그러나 준론은 반탕평론과 준론의 입장을 존중하는 탕평론(곧 준론탕평론)으로 그 입장이 구분된다.

영조 4년(1728) 무신란 이후 정국의 주도권을 잡은 완론탕평파가 내세운 붕당의 타파는, 한 당파가 전권을 장악하는 환국에 의한 정치운영 형태 뿐만 아니라 이전 단계의 정치운영 원칙이었던 붕당정치 형태 역시 부정한 것이었다. 영조대는 대체로 이러한 완론계열 정치집단을 중심으로 의리를 조제하고 인재를 보합하는 탕평정책을 채택함으로써 정국을 안정시키고 군주권을 강화하려 하였다. 곧 영조대는 완론탕평론이 실제 정치상황에 적용된 완론탕평이 실시되었다.

붕당정치 형태는 16세기 전반 己卯士林 단계에서 至治主義·公論政治의 표방과 함께 사림계 '붕당' 현상의 긍정론이 내세워진 데서 출발한다고 할 수 있다. 그리고 16세기 후반 율곡 이이가 조선적 붕당정치론을 제기한 이래 붕당정치 형태로서 정립되어 갔으며, 17세기 중반까지는 대체로 산림의 조제보합권이나 당하관 청직 주도의 관료제 운영들을 바탕으로 해서, 붕당간의 공론의 대결을 통한 조정·보합으로 상호간 견제와 균형을 이룬다는 원칙론 곧 붕당정치론이 실제 정국운영 기준에 적용되었다.[5)]

그러나 17세기 말 숙종 즉위 이후 한 붕당이 외척집단과 결탁하여 전권을 장악하는 형태로 변환함으로써 일당 전제적 체제와 정탐정치, 그리고 산림계와 외척계의 연합으로 형성된 명문벌열 곧 특권적 권력집단이 정국을 주도하는 환국정치체제로 이행됨으로써, 사림정치적 운영론은 파탄되었다. 이 때문에 18세기 중엽부터는 붕당의 타파를 정치의 첫번째 원칙으로 표방하는 탕평책이 시행되었던 것이다.

영조 연간에는 붕당의 타파와 당론의 제거가 가장 필수적 원칙이라고 인정되었다. 이를 뒷받침한 완론탕평론을 주장했던 인물들은 붕당을 군자당과

---

5) 조선 후기 사회에서의 朋黨은 정책 결정권을 가진 관료들의 대립·조화관계로 나타나는 정파(권력집단)만을 지칭하는 개념은 아니었다. 이들의 모집단인 예비관료 집단까지를 포괄하는 개념으로 사용되었으며, 이를 당시 사람들은 色目이라고 표현하기도 했다. 곧 보다 넓고 다양한 정치집단들을 포괄하고 있는 정치세력으로서, 전국적 규모와 다양한 조직으로 연결되어 있는 사회 주도세력이었던 士林이 또한 그 기반세력이었다.

소인당으로 구분하는 방식을 부정했다. 뿐만 아니라 그들 중 일부는 사대부를 구분하는 기준이었던 군자소인론을 부정하는 단계에까지 이르렀다. 老論으로서 영조 16년부터 4色의 대탕평론을 주장했던 元景夏가

> 비록 군자라도 역시 한 가지의 잘못은 있고, 비록 소인이라도 역시 작은 장점은 있습니다. 진실로 그르다면 군자를 배척해도 되고, 진실로 옳다면 소인을 써도 됩니다. 좋아하고 싫어하는 도리는 결코 편벽되어서는 안됩니다(《英祖實錄》 권 63, 영조 22년 5월 정유)

라고 한 말은 이를 잘 말해주고 있다. 사림정치에서 君子란 사대부(士類)만을 지칭하는 뜻이므로, 이는 사대부만으로 정치가 운영될 수는 없다는 의미도 된다. 또한 趙顯命이나 宋寅明 같은 완론탕평파 대신들, 그리고 이들을 중용한 영조 자신까지도 송대에 출발한 사대부 우위론의 핵심인 '名論'을 싫어했고, 또 평소에 명론의 보루인 유학자를 싫어했다고 비판받기도 했다. 실제로 조현명은 남인 金聖鐸의 상소문 내용이 당시 군주인 영조가 숙종의 庶子라는 부분을 드러냈다고 해서 명론의 죄인이라고 공격받자, "조정에 名論이 지나치게 일어나서, 국가 판결에 대한 의견이 공평함을 잃었습니다"라고 강력하게 비판하였다. 곧 명론의 목적과 국가의 목적을 대립적으로 파악했던 것이었다. 영조 역시 "나는 명론을 좋아하는 군주가 아니다"라고 하면서, 대신들의 반대를 무릅쓰고 직접 청나라 사신을 숙소까지 찾아가서 만나기도 했다. 영조 초기 완론탕평파를 지도했던 조현명의 형인 趙文命은 반대로 '청명'을 존중하기는 했으나, 黨弊의 핵심은 특권적 정치집단으로서 淸名의 전통을 앞세워서 자신의 이해를 지켜가고 있었던 世家大族[6]의 사적인 이익추구에 있었다는 점은 분명하게 지적하고 있었다.

이들 정치집단의 정치운영 모델이 통일적이었던 것 같지는 않다. 그러나 앞의 예들은 완론탕평론이 가졌던 입장이 남송대 주자성리학적 입장에서 상

---

6) 조선 후기 정치상황에서 산림과 외척의 결합으로 나타난 특권적 정치집단은 名門閥族·橋木世家·世家大族들로 불렸다. 이들은 양반문벌을 형성하여 대대로 서울을 중심으로 한 경기 지역에 거주하는 경향이 일반화 되었으므로, 이미 숙종 연간에 遐遠之人과 구분되어 京華子弟라고 불리기도 했다.

당히 벗어나 있었다는 점을 잘 말해주고 있다. 곧 영조 연간 탕평정국 하에서의 관료제 운영이 대체로 명·청대의 위계질서를 강조하는 관료제를 본받고 있었다는 특징은 어느 정도 이러한 사상적 기반이 바탕에 깔려 있으므로 가능했던 것이다.

이런 완론탕평론은 처음에는 박세채의 입장을 이어받은 소론계 조문명과 조현명·송인명 계열에서 주장하였고, 영조 즉위 이후 국왕의 강력한 지원에 힘입어 노론계 洪致中·金在魯·원경하 계열에서 수용하면서 강력한 정파를 형성해 갔다.

영조 역시 각 당의 의리론을 '黨論'이라 하여, 사적인 이익을 추구하기 위해서 각 당파가 군주를 자기 당의 당수 정도로 생각한 결과, "세 당파가 각자 스스로 군주를 택하였다"[7]는 지경에 이르렀다고 비판하고 있었다. 곧 당론이란 당파가 군주권을 무시하고 스스로 필요한 의리를 만드는 '自作義理'라고 지목하여 파기하였다. 또한 黨人은 시비를 말할 자격이 없다고 하면서, 붕당을 군자당과 소인당으로 구분하는 자체를 현실에 맞지 않는다고 지적하였다. 비록 한 아버지의 자식이라도 현명한 자식과 불초 자식이 있는데, 하물며 가족으로 전수되어 내려가기도 하는 당파의 그 많은 사람이 모두 군자이고 모두 소인일 리가 있겠느냐는 것이었다. 곧 구양수와 주자 이래의 붕당정치론을 부정했을 뿐 아니라, 율곡 이이의 붕당정치론 역시 부정한 것이었다. 따라서 뭇 별을 거느리는 북극성이나 뭇 자식을 거느리는 아버지의 권위와 같은 군주권을 중심축으로 하여 각각의 의리를 조제하고 각각의 인재를 보합함으로써 만이 하늘의 뜻을 실현하는 왕도를 공평무사하게 펼 수 있다는 것이었다.[8]

영조는 붕당만을 싫어한 것이 아니라, 사대부 정치 곧 士論 내지 청의·명분론에 의해 움직여지는 정치 자체에 문제가 있는 것으로 파악하고 있었다. 그래서 의리를 주도한다는 산림집단이 도리어 임금을 무시한다고 비난하기도 했고, "나는 명분을 좋아하는 군주가 아니다"라고 선언하기도 해서, 사관들이 "평소에 유학자를 싫어하셨다"는 비판적 평가를 실록에 올리기도 했다.

---

7) 《英祖實錄》 권 45, 영조 13년 9월 기축.

8) 朴光用, 앞의 글(1984).

영조는 만년에 탕평책 아래서 군주의 위치를 "집 짓는 데 비교한다면, 한쪽 가장자리에는 옛 재목을 쓰고 한쪽 가장자리에는 새 재목을 쓰는데, 그 위에다 대들보를 올리는 것"이라고 말하였다. 곧 각 당파의 인재들을 쓰되, 최종적인 의리는 국왕이 장악하는 것이라는 강력한 군주권 건설의 의지가 잘 나타나 있다. 그러나 영조는 실제로는 완론탕평파를 주로 중용하고, 이들을 자신의 외척으로 끌어들여서 정국의 안정을 도모하였으므로, 새 재목으로 표현되는 신진사대부 세력을 가려 쓰는 부분에서 정치적 한계성이 야기되었다. 영조 개인의 통치 스타일에서 연유된 파격적인 정국운영이 가끔씩 나타나기는 했지만, 이는 부차적이고 일시적인 현상에 지나지 않았다. 그 결과 말년의 정국은 이른바 완론탕평파의 상호 연혼관계로 형성된 새로운 특권 권력층이 정국을 좌지우지하는 상황으로 흘러갔고, 이 여파로 많은 정치적 혼란도 야기되었다.

그러나 이 시기 정국운영론은, 영조 초반부터 반탕평론이 강력한 세력을 가지고 있었고, 준론탕평론도 영조 초반부터 상당한 세력을 가지고 존재하였다. 또 이들의 정국운영 모델 역시 커다란 편차가 있었다.

영조 초반에는 忠逆과 義理를 혼란시키므로 탕평을 반대한다는 반탕평론이 우세하였다. 노론계 산림세력을 위시한 강경파와 소론계 강경파, 그리고 영조 연간 정권에서 가장 소외되었던 영남지방을 중심으로 한 대부분의 재야 남인세력은 대체로 탕평정치에 부정적이어서, 대체로 반탕평론의 입장에서 있었다. 기본적인 주장은 시비를 밝혀서 군자당이 자기 당임을 확실하게 한 연후에야 탕평이 있을 수 있다는 것이었다. 곧 당시 추진된 탕평은 붕당타파에만 촛점을 맞춘 나머지 충역과 시비를 혼란시켰다는 것이었다.

노론 반탕평론자들의 정국운영 모델은, 영조 7년(1731) 노론계 산림인 尹鳳九가 올린 다음의 상소문에서 잘 알 수 있다.

> 先正臣 송시열이 또 효종께 아뢰되 "朱子의 시대는 지금 시대와 아주 가깝고 時世의 만난 바도 지금과 꼭 같습니다. 그러므로 그의 말씀은 하나하나 다 쓸 수 있습니다"라고 하였습니다. 시대의 선후는 오백여 년이나 되고 나라의 크기로는 中華國家와 方外國家라는 구별이 있지만 주자의 말씀을 쓸 수 있음이 바로 이와 같습니다. …(노론)당이 번성할수록 국가도 더욱 안정됩니다(《英祖實錄》 권 30, 영조 7년 7월 무인).

현재 상황이 남송 때와 똑같다는 것이었다. 곧 '醇正朱子性理學'의 사회적 적용은 여진족과 대결 국면의 국가체제를 채택했던 남송 체제를 모델로 해야 한다는 점을 뚜렷하게 내세우고 있었다. 따라서 만동묘 건립으로 상징되는 尊周攘夷의 名論에 투철할 것이 요구되었고, 현실적으로는 명문 양반 문벌이 주도하는 정치체제 역시 긍정되었다. 하다못해 "임금도 군자의 당파로 이끌어야 한다"고 했던 주자의 말을 받아들여서, "나도 율곡의 당이 되겠다"고 했다는 선조 임금의 말이 후세 임금들이 본받아야 할 전형이라고 강조하기도 했다.

그러나 이후 준론을 표방하면서도 탕평정국에 참여한 노론계 인물들은 그 경향이 조금 달랐다. 예컨대 영조 중반이후 노론세력의 중요한 지도자였던 李天輔는 붕당의 타파와 氣節의 숭상을 병행하는 방향에서 조제보합의 폭을 넓히자고 주장하였다. 당시 노론계 산림으로서 중요한 역할을 한 朴弼周는 실질을 보다 강조하는 한편, 송시열이 세운 존주양이설에 비판적인 의문을 제기하기도 했다.[9] 곧 대체로는 송시열이 남긴 유언대로[10] 남송적 체제와 효종 연간의 정국운영 방식을 그대로 지켜 나간다는 정치모델의 의제적인 의미는 인정하지만, 실제 정국운영에서는 그 모델에 비판적인 분위기가 인정되고 있었다. '육경고문'을 학문의 출발로 하는 李縡와 金昌協의 학통에서, 중국 한나라의 훈고학에서 출발하여 송나라의 학문(宋學 ; 성리학)을 비판하는 실증적 학풍을 지닌 명말청초의 반성적인 經史學이나 이후의 考證學을 수용해야 한다는 학풍이 대두하면서 북학파로 이어진 것이 그 좋은 예이다. 이들은 노론의 핵심세력인 서울지역에 대대로 거주하는 京華閥閱을 그 구성원으로 하고 있었던 것이다.

소론계에서는 柳壽垣과 鄭齊斗의 경우에서 나타나듯이 명과 청의 정치운영에서 볼 수 있는 강력한 군주권과 그에 입각한 군현제적 관료제 내지 그 새로운 사회적 변화를 체계화한 것으로 평가할 수 있는 양명학적 분위기를 선호한 것 같다. 이후 江華學派와 연결되는 정파에서는 이를 지켜 나갔으나, 한편에서는 다시 주자성리학의 정통을 고수하는 입장으로 되돌아 갔다.

---

9) 朴弼周, 《黎湖集》 권 32, 三得錄.

10) 《肅宗實錄》 권 21, 숙종 15년 6월 무진.

남인계는 청류를 표방해서 淸南으로 불린 정치집단이 영조 연간부터 정계에 진출하였다. 영조 초반 청남의 지도자였던 吳光運은 '色目中名流'를 발탁하는 탕평을 실시하여 청의와 명절을 존중하자고 주장하였는데, 이는 곧 각 당파의 준론세력을 조제하는 탕평을 주장한 것이었다.[11] 이들은 기호지방 출신을 중심으로 하고 있었는데, 육경고문을 바탕으로 서한(前漢)에서 나타나는 봉건제적 분위기와 군현제적 분위기를 결합시킨 군국제적 관료제에 바탕을 두었으므로, 보다 고전적이라 할 수 있는 강력한 군주권을 선호한 것으로 보여진다. 학문적 입장으로는 숙종 연간 許穆의 학문적 입지를 따라서 六經古文을 탐구하거나 한·당대 문화를 연구하는 방향으로 체계화되었다.

국내 先代에서 찾는 운영모델은 실제 정국을 반영하는 것으로 대단히 중요하다. 노론은 앞에서 지적한대로 서인계가 북벌론을 내세우면서 의리주인을 차지하여 국가운영의 대세를 장악하여 갔던 효종 연간의 정국을 가장 모범으로 보고 있었다. 그러나 노·소론 대립 이후의 국내 정국운영의 모델은 효종 연간이 아니고, 노론의 의리를 옳다고 판정한 숙종 연간 병신처분 단계의 방식을 긍정했다고 보아야 할 것이다.

소론은 대체로 인조 연간을 선호하는 경향이 강한데, 이는 서인과 남인에 의한 붕당정치 체제가 제 기능을 발휘하였던 시기를 말하는 것이다. 이는 윤증이 박세채에게 서인과 남인의 원한관계를 해소할 수 있어야 정국이 제대로 운영된다고 주장했던 데서도 잘 나타나 있다. 이는 이이가 체계화한 이상적인 붕당정치를 바탕으로 하지만 多朋黨政治의 운영형태도 안정된 관료체제를 만들 수 있었다는 판단에서 나온 것이라 하겠다.

남인은 대체로 중종 연간에서 인종 연간 사이에 사림정치 이념이 본격적으로 내세워진 첫 단계의 시기를 특히 좋게 보고 있었다. 이는 정국운영을 주도하지 못한 소수파였던 사림계이지만 정치원칙인 의리는 주도하였으므로, 결국 크게 볼 때 국가운영의 방향을 확립했던 보다 복고적이고 이상적인 시기를 존중한 것이라고 하겠다.[12]

---

11) 재야에 머물렀으나 이들과 친밀했던 성호 이익에게서도 오광운과 같은 입장의 준론탕평론이 나타난다(李 瀷,《星湖先生僿說》권 11, 人事門, 蕩平).

12) 이상의 서술은 朴光用, 앞의 글(1985)을 주로 참조함.

그러나 영조 통치 후반기가 되면 소론계 반탕평론자들은 모두 제거되었고, 노론계 반탕평론자들의 핵심인 산림세력도 그 정치적 입지가 계속 약화되었다. 이 때부터 노론계에서도 준론탕평론이 보다 강력한 세력으로 결집되어 가게 되었다. 곧 탕평론은 이후 탕평이 진행되어감에 따라 대체로 70년간 정국의 대세를 이끌었다. 영조 연간은 '완론'을 표방한 정치집단을 중심으로 정국이 운영되었다. 영조대 후반 을해옥사 이후 정권은 대체로 노론당이 독점해 갔지만, 그럼에도 불구하고 노론당의 정치운영 모델이 전적으로 받아들여지지는 않았다. 이 때 정계에 진출했던 남인계 일각에서는 명말청초 顧炎武·黃宗羲 같은 지식인들의 반성적인 사회개혁 구상을 연구하고 있었고, 소론계 일각에서는 명·청대 관료제 사회와 황제권 문제가 연구되기도 했다. 그리고 이는 영조의 탕평책 실시에도 상당한 영향을 미쳤다. 이는 환국으로 점철된 정국운영기 전후부터 경기지역을 중심으로 형성되어 당쟁을 사적인 이익추구의 도구로 만든 특권적인 명문벌열을 견제하는 성격을 가지기도 했다. 곧 탕평정국의 목표는 붕당의 와해에만 있는 것이 아니었다. 당쟁의 폐해를 더욱 크게 한 것은 당쟁의 핵심에 특권적 권력집단이 존재했다는 데에도 있었다. 이는 영조에게 완론탕평론을 최초로 진언하여 깊은 신임을 받고, 후일 그의 딸이 효명세자의 세자빈으로 간택되기도 했던 완론탕평파의 지도자 조문명의 탕평소에도 잘 나타나 있다. 따라서 영조대 탕평 정국은 정국운영을 황폐화시킨 근본이 되어 버린 '붕당' 자체를 타파해야 한다는 표방이 전면에 내세워지면서 진행되어 갔으므로, 그 목적은 붕당을 기반으로 하는 정치구조를 변화시키려는 노력이었다. 붕당 자체를 정치세력의 위치에서 제거 내지 탈색시킴으로써 궁극적으로는 새로운 정치구조를 만들어 보겠다는 선택이었던 것이다.

이러한 탕평정책의 적용이라는 정치 현실은 당시 산업 발달로 나타난 사회변화 현실과도 연결해서 이해할 필요가 있다. 당시 농업에서는 이앙법의 전면적인 보급과 이에 따른 企業農的인 廣作의 확대, 그리고 상품작물의 재배 확대같은 생산력 향상이 일반화되고 있었다. 이는 18세기 중엽 전후 시기부터 전국적인 장시망의 활성화와 도시로의 富의 집중화 현상으로 이어지는 경제적 변동을 그 밑바탕으로 하고 있었다. 그리고 이에서 성장하는 도시와 지방의 서얼·향반·기술관료 같은 중간계층들이 관료세력과 연결되었고, 이들이 도시의 상권과 지방행정의 실권을 장악해 가고 있었던 사회계층의 변동 양상과도 무관하지 않다. 중소지주적 기반을 근본으로 하는 사대부 체제는 지주전호제의 확대로 인한 대지주와 서민지주의 대두 및 생산력 증대에 따른 상품화폐경제의 발달로 해서, 일반 백성의 파악 방식과 지방 지배방식의 변화, 국가 운영비의 합리적인 염출과 조절 같은 통치방식의 개혁을 요구받고 있었던 것이다. 이 때문에 호포제 실시 논의들이 계속되었고, 균역법을 추진하면서 '均'은 바로 '大同'정책이라고 표방하는 데까지 이르렀다.[13] 이러한 정책 변화가 탕평을 표방한 정치운영과 같은 궤도에서 나타나고 있었던 것을 주목해야 한다.

(3) 정국의 추이

제 1기는 즉위 후부터 영조 5년(1729) 기유대처분 전단계까지의 시기이다. 이 시기는 탕평을 표방하기는 했으나, 실제로는 이전과 같은 일당 전제적 환국정치의 형태를 취했던 시기였다.

소론정권하에서 즉위한 영조는 다음 해에 자신을 왕세제로 옹립해 주었기 때문에 참화를 당한 노론 1당을 중심으로 환국을 시켰다. 즉위 초에는 숙종대 처럼 환국의 정치형태를 취해서, 소론 및 남인세력은 일단 정계에서 물러나게 되었다. 그런데 이어서 영조 2년에는 신임의리 문제를 놓고 노론 任徵夏의 상소로 큰 파란이 일어났다. 이 상소문의 내용은 영조에게 씌워진 의혹을 없애려면 경종의 약점(고질병)을 중외에 공표해야 한다는 주장이었다. 이는 경종에 대한 '大不敬 大不道'로 인식되었고, 이 때 소론과 남인들은 임인년 옥사에 대한 경종의 처분을 그대로 지키는 것이 의리라고 이를 공격하였다. 이는 노론계에서 숙종대와 같은 명실상부한 일당 전제적 환국을 도모하려는 데 대한 반발이어서 정국이 대단히 어지러워졌다.

---

13) 朴光用, 앞의 글(1984), 253쪽.
이「大同」론은 양반과 평민이 함께 모인 향회라는 논의구조와 함께 19세기에는 일반 백성의 사회의식으로 수용되었다(安秉旭, 〈19세기 민중의식의 성장〉《1894년 농민전쟁연구》3, 역사비평사, 1993).

영조 3년(1727) 7월에는 淸論을 표방했으나 소론세력 중 緩論의 지도자였던 趙文命들을 중심으로 해서 丁未換局이 되고, 이로써 노론이 모두 물러나고 소론 峻論의 지도자 李光佐가 국왕의 特旨로 영상에 다시 임명되었다. 그는 당시 정치상황을 안정시키는 한편, 탕평을 정치이념으로 표면화시키기도 했다. 이 환국은 탕평을 내세웠기 때문에 소론과 남인의 보합이 가능했지만, 실은 노론의 견제를 위하여 남인을 이용한 경우로서, 소론 일당의 환국이라고 판단할 수 있다. 영조 자신은 이 전후시기에 소론 조문명 계열과 노론 洪致中 계열 같이 자신의 입장을 지지할 수 있는 정치집단의 성장을 적극적으로 지원함으로써, 결국 2년 뒤 기유대처분 이후의 탕평정국을 성공시키기 위한 준비를 진행시켜 나갔다.

다음 해 3월에 일어난 영조 4년 무신란은 경종을 시해하려 했던 음모로 지목된 이른바 三手逆案 및 경종의 갑작스러운 사망에 영조가 깊게 관련되어 있었다는 의혹 때문에 일어날 수 있었다. 이 병란은 사대부층이 주도했던 대규모의 반정 시도에서 출발하였다. 이에는 소론 및 남인의 명문 가문들이 대거 참여하였는데, 실제로 가장 강력하게 저항했던 반란군을 이끌었던 李麟佐와 鄭希良은 남인의 명문가문으로서 각각 尹鑴의 손녀 사위, 鄭蘊 봉사손의 맏아들이었다. 趙光祖의 봉사손이었던 趙文普까지도 이들의 의리에 동조하여 반정 시도에 가담했던 형편이었다. 또 許堅의 조카인 許澤, 張希載의 아들인 張輝도 참여하고 있었다. 소론 측에서는 경종비의 동생인 沈惟賢 및 평안병사 李思晟과 朴弼顯 등 이광좌의 문인들이 중심세력이었다고 기록되어 있다. 무신란에 가담했던 소론계와 남인계 급진파는 이후 완전히 몰락하였다. 이 사건의 충격으로 다음 해 기유대처분이 발표됨으로써 비로소 탕평이 정국운영론에 적용되기 시작했다. 곧 붕당의 타파를 전면에 표방하는 탕평은 무신란의 충격이 있음으로 해서 가능했던 것이다.

제 2기는 영조 5년 기유대처분 이후 영조 16년 경신처분까지의 시기이다. 무신란을 계기로, 영조는 당파적 의리 주장을 앞세우기보다 군주권 앞에서 붕당은 타파되어야 한다는 입장을 우선적으로 존중하는 완론 중심의 노론과 소론계 탕평을 강력히 추진하였다. 이 때 소론 완론 대신인 조문명·송인명은 이 변란을 안치하면서 남인에게 의도적으로 죄를 덮어씌우는 등 노론과 소론계의 보합에 의한 탕평을 추진하였다. 이리하여 영조 5년 6월경부터는 당론을 벗어나지는 못했어도 名節을 지키는 실력있는 준론을 조제보합하는 탕평을 '진정한 탕평'이라고 내세웠던 소론과 남인계 정파 역시 당론에 물들어 있다고 공격당함으로써 정계에서 물러나고 말았다. 곧 노·소 완론세력의 의리를 조제하고 인재를 보합하려는 탕평이 실시된 시기였다.

제 3기는 영조 16년 경신처분 이후 영조 31년 을해옥사까지의 시기이다.

영조 16년은 정치적으로 중요한 전기가 된 해였다. 신임옥사에 직접 관계된 당사자들이 이 시기가 되면 거의 다 사망하였다. 이후 이 때까지 인물 중심의 보합에 치우치던 탕평이 제도적으로 보완되었다. 곧 이조낭관의 通淸權과 한림의 回薦法이 개혁되어, 自代制의 전통으로 유지되었던 관료체제에서의 淸要職으로의 지위가 제거되었다. 이후 관료의 위계질서가 강화되고 탕평파 재상에게 권한이 집중됨으로써 완론 중심의 탕평파 정권이 오랜 안정기를 맞게 되었다.《續大典》도 이 시기에 편찬되었다. 또 金昌集·李頤命이 신원되어, 신임옥사로 죽임을 당한 老論 四大臣이 모두 복권되었다. 곧 이제까지 정국을 혼란시켰던 주요 쟁점이 일단 없어진 것이다. 이 시기에는 노론 김재로, 소론 송인명·조현명으로 구성된 정권이 대략 12년 정도 相府를 독점하면서 정국을 이끌어 갔다. 바로 이 시기가 영조 득의의 탕평이 실시되었던 시기였다.

이 때 완론탕평파 일각에서 제기된 '大蕩平論'은 노론계 정파에서는 처음으로 4색 당파의 조제보합을 주장한 것이었다. 곧 노론·소론·남인 연합의 정파가 탕평파 안에서 생성되고 있었던 것이었다. 이 정파는 신임옥사가 기사환국 전후의 당국자인 남인·소론에게 있다고 하는 대부분의 노론세력과, 기사환국 당시의 의리를 고수하고 있던 대다수의 재야 남인세력에게 모두 시세에 아부하는 행위라고 비판되었다. 그러나 이를 주창했던 노론 완론계열 지도자 元景夏는 노론세력이 내세운 '辨君誣'라는 표방이 곧 당론이라고 비판하였다. 오히려 영조의 임금으로서의 위치를 약화시키는 주장이기 때문이라는 것이다. 따라서 차라리 그 근거가 되는 '睦虎龍 鞫案'을 소각하고, 대신 '大訓'을 편찬하여 의리를 분명히 해서 영조의 입장을 안정시키자고 주장하였다. 이 주장은 영조의 뜻에 부합되어 그대로 받아들여져 시행되었다.

이 때문에 후일 金省行·白望 등이 영조에게 충성했다는 이유 하나만으로도 신원될 수 있었던 것이다.[14] 이 시기에 노론계 일각에서는 준론탕평론을 주장하는 세력이 성장해 가고 있었고, 청남 계열도 정치적 기반을 마련하는데 성공하였다.

이후 노·소 완론세력은 척신들이 주도하는 당으로 변해 갔다. 곧 영조 26년(1750) 균역법 실시를 전후로 해서는, 왕실 외척이 실제 정국운영을 주도하는 이른바 탕평당의 전권이라는 상태로 이어졌다. 그리고 이런 정국운영의 결과, 이후 시기 내내 왕위계승권자의 위치가 약화되고 위협받는 사태까지 초래되었다. 따라서 정조 연간에는 외척세력의 정치간여 배제를 포함해서 보다 정치원칙론에 충실한 준론계 정치집단을 중심으로 정국운영을 해야 한다는 준론탕평론이 수용되는 바탕이 마련되어 간 시기이기도 하다.

제 4기는 영조 31년 乙亥獄事에서 영조 38년 사도세자 폐출 시기까지이다.

영조 31년 2월부터 시작된 을해옥사는, 이제까지 군주권을 강화해 왔던 영조가 왕실과 가까웠던 李宗城·朴文秀 등 몇 명의 인물을 제외한 朴師緝·朴纘新 등 소론 준론의 명문 가문과 柳壽垣·沈鐠·申致運을 비롯한 우수한 학자들을 500여 인이나 사형에 처한 과감한 정변이었다. 이 옥사로 소론계는 집권 관료세력 안에서는 소수의 정파로서 존재할 수 있었으나, 준론·완론을 불문하고 자신의 色目을 더 이상 내세울 수 없을 만큼 심각한 타격을 받았다. 이후는 소론 준론의 마지막 남은 지도자였던 李宗城이 지도하는 세력과 蔡濟恭이 지도하는 청남세력이 긴밀한 동지관계를 유지하면서 활동하게 된다. 남인세력은 이후 노론세력 중 李天輔의 東黨 및 兪拓基의 中黨 계열과 일정한 유대관계를 가졌던 소론 이종성 계열과 함께 왕세자(사도세자) 보호에 진력하였다. 곧 청남세력은 이후 소론준론의 위치를 대신하여 독자적으로 준절한 의리를 지키는 준론 계열 정치집단으로서, 완론 계열 및 외척당에 대항하면서 자신의 위치를 굳혀 나가게 되었다.

---

14) 그러나 당시 일부 노론 계열, 예컨대 후일 청명당계로 이어지는 정파의 스승인 李縡 같은 반탕평파 인물이나 元景夏 같은 탕평파 인물들은 노론 내에서 특권적 권력을 유지하려고 공명을 탐하기도 했던 이들 세력과 자신의 세력기반을 변별해야 한다는 생각이 상당히 퍼져 있었음이 확인된다.

이 을해년 옥사 이후 노론계 3相政權이 장기간 계속되었는데, 이는 탕평이 표방된 영조 연간에서는 예외적인 기간이었다. 이 시기 정권은 대체로 여러 척신계가 연합하는 형태로 이끌려갔다. 이 척신정치 문제와 이 시기 전후 집권층에 불만이었던 사도세자의 처신문제로 해서, 노론계는 동당·남당·중당의 3파로 분열되었다. 당시 思悼世子 측근의 신하들 중에 소론과 남인계 인물들이 많았다는 점, 그리고 노론 재상 김재로가 세자의 정치적 경향성을 실험해보기 위해서 대리청정을 권했다는 지적들도 이 시기 전후 정치사 관계 기록에 남아 있다. 다시 말하면, 그러한 목적을 가진 왕세자 대리청정기에 이 괘서사건을 시작으로 소론계를 탄압한 옥사가 터졌는데, 옥사 당시 사도세자의 처신문제가 후일 사도세자 죽음의 한 원인이 되었다는 설도 있다.

제 5기는 임오년 사건(壬午禍變 ; 1762) 이후 정조 대리청정 시기까지이다. 이 시기는 국왕과 혼인관계에 있는 인척세력의 전횡을 초래하여 이들의 합종과 연횡에 의해 정국이 운영되는 상태에 이르렀다. 이 때 洪鳳漢을 중심으로 한 북당과 金龜柱를 중심으로 한 남당의 대립이 있었다. 이 때 이들을 외척당이라고 비판하는 정파로 노론계 일각에서의 청명당이 있었는데 중립적인 유척기 계열, 준론탕평파인 이천보 계열, 완론탕평파에서 변신한 金致仁 계열, 반탕평파에서 합류한 尹汲 계열을 중심으로 한 세력들로 구성되었다. 학통은 대체로 이재와 金昌協 및 朴弼周를 잇는 洛論계였다. 이들은 당시 외척이 주도해 간 정국을 견제·비판하였다.

또 하나의 당시 정국의 견제세력은 의리·명절의 숭상과 붕당의 타파를 병행하는 방법을 찾아서 추진하자는 주장, 곧 의리에 준엄한 인물들을 조제보합에 이르게 하자는 준론탕평을 주장하는 沈檀·吳光運·채제공으로 이어지는 淸南계열과, 이종성·박문수에서 이어지는 소론 준론계 정파들이 있었다. 이 세 정파는 당시 느슨한 연대관계를 가지고 있었다고 판단된다. 이들 준론 계열 정파는 후일 정조의 깊은 신임을 받아서 정조 연간의 집권주류를 형성하게 된다. 반면에 사도세자 사건 이후 정권을 장악한 완론 및 외척으로 구성된 세칭 탕평당 계열은 정조대 중반경까지는 권력집단에서 거의 도태되어 버렸다.

2) 정치 구조의 변동

영조 연간의 정국운영을 살펴보면, 일관되게 군주권 강화와 중앙집권적 관료제의 강화가 추구되었음을 알 수 있다. 특히 영조는 聖君政治를 실현하여 국정을 주도하는 군주가 되겠다는 구도를 제시하면서, 경연을 활성화하여 나라를 다스리는 기본 서적이라는 《大學》을 탐구하였을 뿐 아니라,[15] 힘의 논리인 覇道라고 비판받는 당태종의 《貞觀政要》 역시 읽음으로써 강력한 군주권으로 치세를 이루었다는 시기에 깊은 관심을 보였다. 이 시기가 급격한 사회계층의 변동기라는 점은 이미 많은 연구에서 밝혀지고 있는데, 영조가 추구한 정치 구조 변동은 기본적으로 이런 바탕에서 추진된 것이었다.

우선 사림정치의 상징으로서 국왕과 관료의 스승이라는 직책을 담당하였던 '山林'으로 호칭되는 유학자 집단의 정치 간여가 거의 전 시기에 걸쳐서 견제되었다. 또 이조낭관으로 대표되는 '청요직'의 통청권을 포함한 제반 권한도 영조 17년(1741) 이후 대폭적으로 혁파되었다. 이러한 관직 운영체계는 소론계 柳壽垣의 건의를 받아들인 것인데, 곧 차례차례 근무 연한대로 승진하는 명·청대 관료체제인 '序陞制' 방식을 도입하여 재상 중심의 관료제 위계질서를 강화한 것이었다. 이렇게 당상관 이상 재상 중심으로 권력이 집중된 결과 문·무반 2품 이상 제조의 합의체 기구인 비변사의 기능이 더욱 강화되어 갔다. 이를 좀더 구체적으로 살펴보면 다음과 같다.

첫째로 비변사의 강화는 영조 연간 정치구조 변동의 특징이라고 할 수 있다. 영조 연간이 되면 비변사는 의정부를 제치고 최고 정책을 입안하고 결정하는 기구로 나타나고 있었다. 이는 탕평파 대신들과 군문대장의 권한을 강화하려는 영조의 의중과도 부합되어 더욱 촉진되었다. 예컨대 영조 23년과 영조 30년에는 총융사와 금위대장이 비변사 제조에 참여하게 되었고, 영조 30년의 松坡場 폐지문제에서 보이듯이 탕평파 대신들의 의견이 더욱 결정적으로 작용하고 있었다. 이는 비변사가 정책 수립의 중심에 위치하고 있음을

15) 李泰鎭, 〈朝鮮王朝의 儒教政治와 王權〉(《韓國史論》 23, 서울大, 1990).

보여준 것인데, 특히 八道句管堂上制의 실시로 드러난다.

팔도구관당상제는 이제까지의 감사를 통한 지방 수령의 통제를 좀더 강화한 방식이었다. 수령들이 세력가와의 연결을 도모하여 감사의 통제를 벗어나려 하면서, 이권이 막대한 大邑과 비옥한 읍을 선호하고 있었기 때문이었다. 팔도구관당상제는 비변사가 중심이 되어 지방을 지배하는 제도적 장치이다. 이 제도는 숙종 39년(1713)부터 실시되었다. 각 도의 狀聞과 文報를 원활히 처리하기 위하여 팔도에 구관당상을 각각 한 사람씩 차정하고 다시 유사당상 네 사람으로 하여금 각각 2도를 관장하게 하는 체제였다.

이 제도는 영조 7년에 비로소 본격적으로 시행되었다. 비변사 당상 8인에게 각각 8도의 진휼을 담당하게 한 데서 출발하여 계속 군역 이정을 비변사에 담당시킴으로써 본격적으로 비변사가 8도를 구관하기 시작하였다. 이는 중앙정부의 지방지배력 강화를 의미하는 것이다. 각 지역 수령을 팔도구관당상의 통제하에 둠으로써 감사 중심의 지방 통치체계와 함께 지방에 대한 이중적인 통제장치를 마련한 것이었다. 이후 비변사는 지방 수령의 의천권을 계속 확대해 가기도 했다.16) 원래는 중요한 지역과 변방의 감사·병사·수령을 의천하는 것에서부터 출발했으나, 영조 말년경이 되면 양남과 호서 지방의 감사 및 6진과 江邊邑의 수령 역시 비변사에서 의천함으로써 결국 이조와 병조의 인사 권한이 대폭 축소되었다. 이는 결국 탕평파 재상들이 관료집단을 효율적으로 통제하기 위해서 비변사 권한을 강화했다는 사실을 의미하는 것이다.

둘째로, 淸要職의 혁파이다. 이는 탕평파 정권을 안정시켜서 탕평의 실효를 얻으려는 목적에서 실시되었다. 원래 청요직이란 사헌부 장령·홍문관원(홍문록과 도당록)·이조낭관·예문관 한림을 지칭하는데, 모두 사림의 공론을 정치현장에 반영하는 임무를 맡고 있었다. 이른바 '公論在下' 원칙을 지키는 사림정치의 상징적 관직이었다. 이들은 재상도 함부로 관여할 수 없는 '통청권'이라고 해서, 관직 대상자의 추천·평가권과 외부 간섭없이 자체적으로 후임자 추천권(自代制) 등을 가지는 것을 그 특징으로 하고 있었다. 관리의

16) 韓相權, 《朝鮮後期 社會와 訴寃制度》(一潮閣, 1996).

자격 심사권이 있는 장령은 과거 합격자가 아니라도 임명될 수 있어서 '산림직'으로 인식되고 있기도 했다. 또 이조낭관은 삼사의 관원 중에서만 선출되는데, 이들은 당하관 이하의 관료추천권(通望權) 외에도, 삼사관원의 피혐시에는 그에 대한 처치권을 가지고 있기도 했다. 곧 사림정치 아래서는 의리와 공론 구현의 대변자와도 같은 의미를 가졌다.

그러므로 청요직이란, 의리주인인 산림의 우익인 淸類가 자신의 뜻을 펼 수 있게 하는, 사림정치의 상징적 제도였다. 그런데 산림세력은 영조 연간에 계속 정치간여가 견제되었고, 이조낭관의 통청권 및 한림의 회천법 혁파, 균역법 실시와 함께 영조 스스로 탕평을 달성하기 위해서 고수해야 할 자신의 4대 정책이라고까지 지칭되고 있었다.

영조 17년(1741) 4월 영조는 소론계 탕평파 대신 조현명의 건의를 받아들여 이조낭관 통청의 법과 한림의 回薦法을 혁파해 버렸다.

이조낭관은 당파간의 이해관계를 대변할 수 있는 자리였으므로 그 대립이 당하관 주도의 정치체제에서는 당연히 격화될 수밖에 없었다. 그래서 탕평정국에서도 계속 정국을 흔드는 변수가 되었다. 이에 이조낭관의 추천은 이조판서와 참판이 주재하며, 낭관 전임자를 우대하는 관례를 없애 버렸다. 또한 일단 弘文錄에 선발된 사람은 번갈아 가면서 모두 이조낭관 후보자로 추천되도록 해서, 경쟁의 필요가 없어지도록 만들어 버렸다. 곧 국왕과 국왕이 직접 뽑는 재상의 권한이 강화된 것을 의미한다. 이는 실제로 당시 새로이 출발한 탕평파 김재로·송인명·조현명의 3상 정권을 안정시키는 효과를 가져왔다. 이후 영조 26년에는 이조참판과 이조참의 역시 3명 추천원칙인 三望 아닌 그 이상의 추천 원칙인 長望을 채택하였다.

사관으로서 당시 정치의 득실을 기록하고 평가하는 권한을 가진 한림의 會圈法은 전·현직 한림이 모여서 참석자 전원의 의견이 일치된 인물만을 뽑은 후에 하늘에 분향하여 고하는 만장일치 추천에 의한 자대제였는데, 이러한 관행들도 동시에 혁파되었다. 역시 홍문록과 도당록의 예에 따라 권점을 찍어서 일정한 수 이상의 추천을 얻은 후보자를 뽑아서, 최종적으로 국왕 앞에서 시험을 보아서 선발하기로 하였다. 특히 《속대전》에는 전·현직 한림들이 권점을 그르치면, 예문관 당상관들이 권점하여 후보자를 뽑도록 규정하고 있었다. 이는 기본적으로 넓은 범위에서 뽑는다는 廣選의 원칙과 재상 권한의 확대를 통한 위계질서 강화라는 방향으로 개편한 것이었다. 동시에 정치에 대한 기록과 평가를 담당하는 관료도 예전처럼 독립적인 위치에 두지 않고, 재상과 국왕이 선발권을 장악하겠다는 뜻이었다. 이후 역시 청요직으로 존중되던 校書館 兼校理를 혁파해 버렸고, 교서관 說書, 승문원 注書가 존중되자 이 역시 모두 '圈點召試法'으로 바꾸고 말았다.

이러한 청요직의 폐지는 곧 군주권과 재상권의 강화를 목표로 하고 있었다. 이는 물론 탕평파 권력집단의 강화를 목적으로 한 것이었다. 그러나 재상권을 견제할 수 있는 제도적 장치를 없앤 결과, 말년에는 이른바 국왕의 척족세력과 탕평파 대신이 결합된 '權貴'의 전권을 초래하기도 했다.

셋째로, 일반 백성들의 의견을 정치에 반영하는 방식의 하나였던 상언과 격쟁제도도 좀더 활성화되었다. 영조는 상언·격쟁을 고식적으로 처리하는 관원들의 자세를 질타하면서 백성들의 억울함을 펴야 한다고 하였다. 영조 20년 편찬된 《속대전》에서 가족이나 先祖의 신원문제, 수령의 형벌 남용문제를 상언이나 격쟁으로 호소할 수 있게 하였다. 또한 영조 47년에는 申聞鼓를 복설하였다. 이는 상언·격쟁이 빈발하는 것을 통제하려는 시책이기도 했다. 그러나 실제로는 관원들의 비리를 탄핵하는 제도로 정착되어 갔다.[17)]

탕평정국에서 실시된 위와 같은 제도개혁으로 군주권이 강화되었고, 위계질서 강화와 재상 권한의 확대 및 지방 통제력의 강화 같은 중앙집권적 관료제의 재정비가 이루어졌다. 도시와 농촌에서 성장해 왔던 향반이나 역관·서얼·상인세력 같은 중간계층과 일반 백성들의 의견을 중앙정치 구조 속에서 파악하려는 노력들도 기울여졌다.

그러나 이 과정에서 새로운 정치집단의 진출로 역할을 하던 당하관의 정치적 위치가 약화된 반면에, 국왕 측근세력은 강화되어 가는 등 지배집단 내에서의 권력기반 축소 현상이 일어났다. 그리고 이에 부수되는 권력의 정통성과 도덕성 문제가 임오년 사도세자의 죽음같이 오래 그 후유증이 이어지는 정치적 파란들을 야기시켰다.

---

17) 韓相權, 위의 책.

3) 기본 법전의 정비

조선왕조의 기본법전인 《經國大典》이 성종 5년(1474)에 반포된 이후 곧 성종 23년에는 《大典續錄》이 나왔고, 이후 중종 38년(1543)에는 《大典後續錄》, 명종 10년(1555)에는 《經國大典註解》, 숙종 24년(1698)에는 《受敎輯錄》이 편찬되면서 계속 보완되어 갔다. 특히 《수교집록》은 동일 사항에 관하여 앞뒤의 수교가 서로 모순될 경우에는 뒤의 수교가 우선한다는 원칙을 분명하게 밝혀놓고 있었다. 그러나 그럼에도 불구하고 300여 년이 지나는 동안 시대가 바뀌고 법령이 계속 증가되면서, 시대에 맞지 않거나 상호 모순되거나 번잡해진 경우가 아주 많았다. 이에 "관리들은 법을 집행하는 데 혼란스럽고 소민들은 어찌할 바를 모르는"[18] 등 법적용에 상당한 혼란이 야기되었다. 이 때문에 숙종 14년에는 박세채가 《경국대전》에 대신할 법전으로 《續大典》을 편찬하여 법제도를 새롭게 하자고 건의하였으나 당시에는 받아들여지지 않았다. 그 대신 숙종 32년 여러 법령들을 찾아보기 편하게 앞의 책들을 분류하여 하나로 모은 《典錄通考》가 편찬되었을 뿐이다.

원래 법전이란 국가의 정책을 구현하는 수단은 법에 있다는 법치주의를 그 바탕으로 한다. 이는 통일적이고 획일적인 통치를 필요로 하는 중앙집권적 통치체제를 확립하기 위해서는 필연적인 요청이었다. 영조 즉위 후 새로운 법전을 편찬해야 할 이러한 필요성들이 다시 검토되었고, 결국 영조 16년(1740)에는 《속대전》 편찬이 시작되었다. 그 기준은 《경국대전》 이후의 수교 중에서 영구히 준수할 수교를 가려서 이에 준하는 법전을 편찬한다는 것이었다. 이는 새로운 법을 만드는 작업이 아니라 구법을 새롭게 밝힌다는 입장이기도 했다. 이는 또한 우리 사회에 고유한 판례법이나 관습법을 계속 成文法으로 만들어 가는 과정이기도 했다. 드디어 7년 뒤인 영조 22년 4월에 《속대전》은 간행되어 반포되었다.[19]

이 법전은 《경국대전》의 총 213항목 가운데 이후 개정 또는 증보된 137항

---

18) 《續大典》 小識.
19) 이상의 내용은 朴秉濠, 《韓國法制史攷》(法文社, 1974)를 주로 참고함.

목과 새로이 추가된 18항목으로 구성되어 있다. 《경국대전》과 맞먹는 방대한 분량이었다. 이로써 조선 후기에 신설된 衙門들과 중앙 및 지방제도 운영에 도입된 새로운 관행들이 법제화되었다. 또한 새로운 量田法 및 宮房田 규정, 토지세·대동법을 포함한 조세제도 관련 조항, 奴婢訟 및 山訟 같이 조선 후기에 격화되어 간 사회문제 처리 규정들도 법제화되었다.

특히 중요한 부분은 기본 법제화된 신설 아문들이다. 최고 정책 결정 기구로서의 비변사, 가장 큰 세입원인 대동미 출납을 담당하는 선혜청, 조선 후기의 새로운 군사제도로 정비되어 간 5군영, 곧 훈련도감과 禁衛營·御營廳·守禦廳·摠戎廳이 비로소 대전에 수록되었다. 탕평 추진을 위해 개혁한 청요직 혁파 규정들도 역시 대전에 수록되었다. 변화된 지방 군제, 도성의 일반 치안을 담당하는 포도청 역시 이 때 수록되었다.

이 밖에 중요한 규정으로는 집약농업 진흥을 위한 堤堰을 비롯한 水利를 관할하는 堤堰司, 科擧 및 取才시험 규칙, 奴婢從母法의 확정, 銀店과 蔘商, 토지·노비 매매 관계 조항, 오가작통법이나 호적법 관행, 강상죄를 중심으로 한 새로운 범죄 처벌 규정 등이 있다.

당시 영조는 정치적으로는 '大訓', 사회적으로는 《續五禮儀》, 법적으로는 《속대전》을 3대 편찬사업이라고 하면서 자신의 사업을 다 이루었다고 자부하고 있었다.[20] 곧 《속대전》은 영조가 구상했던 새로운 조선 후기 국가체제의 법적·제도적 완결을 의미한다.

이후 정조 5년(1781)에는 《경국대전》과 《속대전》을 통합하고, 이후의 수교와 시행되고 있는 새로운 法例들을 추가하여 일관되게 정비한 기본법전을 만들기로 결정하였고, 이는 정조 9년 《大典通編》의 편찬으로 귀결되었다. 이는 균역법 실시에 따른 변화된 조세제도, 규장각 설치와 이에 관계된 초계문신제도 등의 법령을 대전에 수록하여 기본법으로 만들 필요성이 있었기 때문이었다. 《속대전》과 마찬가지로 신설된 衙門들과 중앙 및 새로운 守令考課法을 포함한 지방제도 운영에 도입된 새로운 관행들도 많이 법제화되었다. 서얼허통 관계 법규(한품서용절목 ; 정조 1) 및 노비신공 감소 규정들도 백성의

---

20) 《英祖實錄》 권 60, 영조 20년 12월 갑진.

파악방식에 대한 변화라는 점에서 중요한 의미를 지닌다. 또한 刑典의 推斷 조목에서 대전에 수록되지는 않았으나 이제까지 금지되어 왔던 금지형벌 규정을 영조 연간부터 시행되어 온 형벌의 완화라는 기본입장에서 특별히 법제화하기도 했다. 이 밖에 새로 설치된 아문으로는 새로운 도성수비체제 확립 이후 도성 중시 정책의 하나로 영조가 설치한 도성의 하천 준설을 관장하는 濬川司가 있고, 군영 관계로는 宣傳官廳이 새로이 법제화되었다.

이 역시 《속대전》 편찬 이후 계속된 탕평책으로 변화된 중앙집권적 국가체제의 신속한 기본법 전화를 의미하는 것이다. 《대전통편》 편찬 이후에 변화된 중요한 사항으로는, 정조가 마지못해 허락했던 吏曹 郎官 통청법 복구 조항이 다시 폐지된 것과, 5군영을 일원화하여 국왕의 군통수권을 강화하려 했던 장용영의 설치, 배다리 건설에서 시작하여 후일 水軍까지 관할하게 된 舟橋司의 설치, 국가가 공권력으로 도망 노비를 찾아주던 奴婢推刷法의 폐지 등이 있는데, 이 중 장용영은 결국 계속 제도화되지 못하고 순조 2년(1802)에 폐지되었다.

4) 군영 정비와 군주권 강화

병권은 정치권의 권력행사를 보장하는 제도적 장치의 하나이다. 조선왕조에서는 원래 군대의 지휘·명령권이 국왕에게 있었다. 군영은 곧 국왕의 권력행사를 보장하는 물리력이었다. 동시에 권력의 변화 과정에 따라 군대조직 역시 변화를 겪게 된다.

임진왜란을 겪으면서 국초부터의 군제인 오위제가 유명무실함이 드러나자, 선조 27년(1594) 훈련도감이 설치되었다. 인조반정 이후에는 반정공신들이 자신의 군사력을 유지하려는 문제와 맞물리면서 인조 2년(1624) 후금과의 대결 국면에서 어영청이, 같은 해 李适의 난 이후 경기도 지방군을 바탕으로 한 총융청이, 정묘호란 이후인 인조 12년에 남한산성 수비를 담당할 수어청이 설치되었다. 그리고 숙종 8년(1682) 군역변통 논의 과정에서 척신 계열의 권한이 강화되면서 금위영이 설치됨으로써 5군영제가 완성되었다. 곧 5군영제는 전체적인 계획 아래 한번에 설치된 것이 아니고, 정치적 역관계의 변화를 초래하는 격변 속에서 완성되어 갔던 것이다. 영조대에 있었던 군영의 재정비도 여타 체제의 정비와 마찬가지로 당시 정치권을 병력을 동원한 반정으로 뒤엎으려 했던 영조 4년(1728) 무신란이 결정적인 계기가 되었다.[21] 이 때부터 붕당의 타파라는 정치원칙을 긍정하는 탕평의 정치운영론이 현실 정치에 실제로 적용되었고, 이를 달성하기 위한 권력기반 강화의 토대로서 군영체제의 재정비가 시작되었다.

그런데 이 때 군영의 정비는 도성 수비체제의 확립을 중심으로 하는 중앙군영의 정비가 특징이었다. 이는 병조판서가 통솔하는 통일된 편제에 의한 훈련도감·금위영·어영청의 3군문 도성수비체제 완성으로 나타났다. 중앙군을 3군문 주축으로 구성하는 방안은 숙종 29년에 설치되었던 이정청에서 제기하였으나, 완전한 실시를 보지는 못했던 신편제이기도 했다. 이와 동시에 5군영 창설 이래 계속되어 왔던 양역(군역)변통 논의를, 균역법 실시로 확정함으로써 안정된 군사재정을 확보하였다. 그리고 각 군영의 軍權은 군주권 주도의 개혁정책을 지지하여 이를 적극적으로 추진했던 완론탕평파 세력이 장악하였는데, 그 과정에서 이들은 왕실과 연혼관계를 맺어 나갔고, 이에 따라 정치세력도 재편성되어 갔다.

영조 4년 무신란 때 淸州를 점령했던 李麟佐의 반란군은 漢城을 점령하기 위해 북진하다가, 安城과 竹山 전투에서 병조판서 吳命恒이 직접 지휘한 관군에게 패하여 그 목적이 좌절되었다. 그러나 토벌군의 편성과정에서 각 군문 사이의 일사불란한 통솔이 어려웠던 문제점이 드러났다. 또한 반란군이 도성 안 내응자의 힘을 빌리려 했다는 사실들이 드러났다. 이는 곧 도성수비의 허점이 드러난 것이기도 했다. 그래서 당시 正言 權赫이 성안에 있는 자는 朝士·儒生·坊民 모두를 行伍에 편성시키고, 대신의 영솔 아래 각기 맡은 바 城堞을 지키게 하자는 주장이 제기되었다. 이 때 도성수비체제를 강화할 필요성을 확실하게 깨달은 영조는, 이후 15년에 걸쳐서 삼군문을 중심으로 새로운 도성수비체제를 만들어 갔다.

영조 13년 11월에는 금군의 규모를 강화하는 절목의 개정이 있었다. 21년

---

21) 이하 군영 정비 관계는 李泰鎭, 〈三軍門 都城守備體制의 確立과 그 變遷〉(《韓國軍制史》 近世朝鮮後期篇, 육군본부, 1977)을 주로 참조함.

에는 도성의 보수를 위한 훈련도감·금위영·어영청 담당구역의 획정이 있었으며, 22년 12월에 도성 보수공사가 끝났다. 이어 다음 해 2월에 〈守都節目〉이 마련되었으며, 26년 9월에 그 완성을 의미하는 〈守城綸音〉이 반포되었다. 이 수성윤음은 도내 방민에게 배포되었다. 윤음에 정리된 내용을 보면, 도성의 수비를 맡은 군영은 훈련도감·금위영·어영청의 3군문이었다. 각 군문은 도성 수비를 3구분하여 담당하였는데, 도성 내의 5부 방민은 군문 구역과 거리에 따라 각 군문에 분속되었다. 그리고 각 군문은 담당한 구역을 각각 전영·좌영·중영·우영·후영의 다섯부대로 나누었다. 곧 도성 내의 5부 방민은 모두 계로 묶여져서 각 군문의 5영에 분속되었다. 또한 효종 이후 강화되었던 守禦廳은 3군문체제 확립과 양역변통 과정에서 그 편제가 자주 바뀌었다. 곧 영조 26년 7월에 廣州 留守가 守禦使를 겸하였고, 守禦京廳이 폐지되면서 수어청을 남한산성으로 옮겼다. 영조 35년에는 관원 교체의 빈번함 등의 문제 때문에 다시 수어청을 경청으로 옮겼다. 그러나 정조 19년(1795)에는 광주부가 유수부로 승격되면서 수어경청이 다시 폐지되었고, 중앙의 3군영과 달리 상비군이 거의 없이 유사시 남한산성을 중심으로 수도 외곽을 방어하는 책임이 부여되었다. 이는 3군문체제가 강화되는 과정에서 수어청이 점차 그 의미를 잃어 갔고, 이 때 와서는 그 기능이 상실되었다는 사실을 말해 주는 것이다.

영조는 禁軍廳도 개혁하였다. 이 역시 영조 4년 무신란이 계기가 되어서 개혁에 착수하였는데, 영조 13년 병조판서 박문수에 의해서 〈禁軍節目〉이 마련되었다. 이를 참고하면 중간 관직인 당상군관의 수를 15員으로 늘리고(이전은 10員) 교련관도 2窠를 늘리되(종전 10과), 이들 자리를 금군 출신에게 보장하도록 함으로써 금군의 처우를 개선한 점이 특징이다. 또한 취재에 합격한 사람만이 들어갈 수 있었던 금군을, 무반 가문의 경우는 추천에 의해서도 가능하게 하였다. 영조 30년에는 병조판서가 겸임하던 금위대장을 별도로 임명하였다. 곧 병조판서는 5군문 대장을 위에서 통령하게 된 것이다. 이 역시 재상권의 강화를 바탕으로 군주권을 강화해 간 탕평책하의 관료 위계질서 강화정책과 그대로 연결된다. 이후 禁軍廳은 용호영으로 개칭되었고, 정조는 용호영과 별도의 또다른 친위부대인 장용영을 창설하여, 이를 바탕으로 궁극적으로는 5군영의 일원화를 시도하기도 했다.

선조 27년(1594)을 전후하여 조직된 지방군제인 속오군도 17세기 중반 이후 사실상 유명무실해졌다. 중앙 5군영 강화에 군사정책이 집중된 데다가, 효종 연간부터는 속오군에 대체로 收米收布法이 적용되었기 때문이었다. 곧 실제 병력은 없는 收布軍이 된 것이다. 이러한 상황 역시 영조 4년 무신란을 계기로 그 문제점이 확연하게 드러났다. 이에 속오군도 영조 6년 9월에 20여 조의 〈束伍節目〉이 발표되면서 새롭게 정비되었다. 당시 전국적으로 대략 21만 명 이상의 규모였다고 추산된다. 기본적으로 隣里團結 魚鱗作隊를 원칙으로 하고, 營將의 거주지를 중심으로 속오군을 편성한다는 내용이었다. 기타 결원 보충, 도피자의 처리, 위법자의 처벌, 조련법, 수령과의 관계 등의 규칙이 규정되었다. 속오군 작대는 각 읍에서 명단을 중앙에 보내면, 중앙관청에서 병조의 군안 및 한성부 호적과 대조·확인해서 허위 보고 등 폐단 발생을 방지하였다. 또 束伍給保法을 적용하여 속오군에게 1保씩을 주고 烟戶·雜役을 면제하는 동시에 매달 점검을 실시하는 등 철저한 관리를 규정하고 있었다.[22)]

〈朴光用〉

3. 정조대 탕평정국과 왕정체제의 강화

1) 준론탕평과 군신 의리

(1) 준론탕평론의 적용

정조대 정국운영에도 영조대처럼 탕평이라는 원칙이 받아들여졌다.[1)] 그러

---

22) 車文燮, 〈束伍軍 硏究〉(《朝鮮時代軍制硏究》, 檀國大 出版部, 1973).
그러나 속오급보법은 영조 25년(1749)경부터는 제대로 실시되지 않았을 뿐 아니라, 농민의 조세 부담을 가중시킨 것이기도 하였다. 또한 영조 12년에는 양민의 중복된 역부담을 금지시키는 조치를 취했으므로, 이후 속오군은 대체로 私賤民으로 보충되었다. 그리고 영조 34년 전후로는 다시 收布軍으로 돌아갔다고 한다.

1) 정조 연간 탕평정국에 대해서는 다음의 글들이 있다.
鄭玉子, 〈正祖의 抄啓文臣敎育과 文體政策〉(《奎章閣》 6, 서울大, 1982).

나 동시에 정조대 탕평은 영조대의 탕평정국을 비판하면서 출발하였다. 비판의 기본 관점은 사림세력의 정치원칙인 의리문제를 중요하게 보지 않았다는 데 있었다. 그래서 권력자에 그저 추종하는 무리들을 중심으로 당색을 갖추어서 함께 추천하고 구색을 맞추어 쓰면 된다는 互擧雙對를 진정한 탕평으로 착각했고, 이 때문에 이른바 蕩平黨 만의 탕평으로 흘러갔다는 것이다. 결과는 당쟁의 폐단을 확대시키기도 했던 척신정치의 부활을 초래하였고, 척신들의 이해관계나 이합집산의 과정에서 왕위계승권자의 위치도 함께 흔들리는 등의 폐해가 다시 나타났는데, 이 점을 군주인 정조는 깊게 인식하고 있었다. 그리고 그러한 정국운영은, 사대부 뿐 아니라 일반 백성들이 세상을 살아가는 도리이기도 한 '世道' 전체를 타락시켰다고 비판하였다. 이는 완론계 정파 중심의 탕평을 비판한 것이었다.[2)]

그래서 정조대의 탕평은 정치원칙을 존중하는 淸議·峻論을 지켜나가는 정치세력을 중심으로 하는 탕평, 곧 진정한 의리에 바탕을 두는 탕평이 그 출발부터 전면적으로 표방되었다. 그리고 이로써 타락한 세태를 이상적인 시대의 수준으로까지 회복하게 한다는 挽回世道를 시대적인 표방으로 내세웠다. 이는 영조가 표방했던 聖君政治論을 보다 적극적으로 이어받은 것이었다. 또한 이미 영조 연간부터 존재해 왔지만 부차적 주장에 머물렀던 준론탕평론을 정조 연간에는 본격적으로 정국운영에 적용하겠다는 정치적 선택이었다. 동시에 영조대에 덜 존중되었던 주자성리학(宋學)적 실력을 보다 존중

———, 〈正祖朝 文化政策〉(《朝鮮後期文化運動史》, 一潮閣, 1988).
朴光用, 〈蕩平論과 政局의 變化〉(《韓國史論》 10, 서울大, 1984).
———, 〈英·正祖代 南人勢力의 政治的 위치와 西學政策〉(《한국교회사논문집》 Ⅱ, 한국교회사연구소, 1985).
———, 〈正祖연간 時僻黨爭論에 대한 재검토〉(《韓國文化》 10, 서울大, 1990).
鄭奭鍾, 〈丁若鏞(1762~1836)과 正祖·純祖年間의 政局〉(高柄翊先生回甲紀念史學論叢《歷史와 人間의 對應》, 한울, 1985).
李泰鎭, 〈正祖의 「大學」 탐구와 새로운 君主論〉(《李晦齋의 思想과 그 世界》, 成均館大 大東文化硏究院, 1992).
———, 〈正祖－儒學的 계몽 절대군주〉(《韓國史 市民講座》 13, 一潮閣, 1993).
裵祐晟, 〈正祖年間 武班軍營大將과 軍營政策〉(《韓國史論》 24, 서울大, 1991).

2) 이하 주를 붙이지 않은 내용은 朴光用, 위의 글(1984·1985·1990)에 주로 의거함.

하는 바탕을 유지해서, 군주권이 보다 넓은 지반을 가지도록 강화하겠다는 선택이기도 했다.

준론탕평론은 의리의 변별을 보다 중요시하지만, 붕당의 타파 역시 그만큼 중요하다는 점을 긍정하는 견해이다. 곧 이를 모두 이룰 수 있는 의리로써 조제하여 인재를 보합하자고 함으로써, 탕평의 근본 의미를 부정하지는 않았다. 영조 연간 노론 준론계의 핵심적 지도자였던 李天輔는 다음과 같이 사림정치의 기본 원칙인 義理와 사대부로서의 명예와 지조인 名節을 모두 지켜내면서, 동시에 붕당의 타파를 병행하는 방법을 찾아서 추진하자고 했다.

> 臣은 지금의 붕당을 없애기 전에 기개와 절개가 먼저 망해서 국가를 유지할 수 없을까 두렵습니다. …말이 黨論에 관계되어도 그 말이 옳으면 옳은 일을 하는데 해롭지 않고, 당론이 아니라도 그 일이 그르면 이를 그르다고 해야 해롭지 않습니다. …지극하고 공정하게 임하면 만물은 그대로 드러나게 됩니다(李天輔,《晉庵集》권 4, 應旨疏).

정조대 노론계 집권 주류에 이어지는 선배 정치가였던 兪拓基도 소론계 李宗城과 연합해서 척신정치에 대항하면서, "그 사람이 가진 의리가 옳으냐가 중요하므로, 그 사람이 가진 당파 색깔은 생각하지 않겠다"라고 하였다. 재야 학자로 머물렀던 성호 李瀷도 탕평의 핵심은 치우치지 않는 데 있다고 하면서, 이는 품성과 기질이 전혀 다른 북쪽 연나라 사람과 남쪽 월나라 사람이 같은 배를 타고 갈 수 있다거나, 친족과 풍습이 다른 부부가 함께 살아갈 수 있다는 사실과 마찬가지이므로, 뜻과 지력을 모아 공동의 이해를 만들어 나가야 한다고 하였다. 그는 탕평이 안되는 근본 원인은 '貴勢子弟' 곧 양반문벌 때문이라는 점도 지적하고 있었다.[3] 이러한 준론탕평론은 정조 연간 남인 계열의 유력한 정치지도자였던 丁範祖에게서도 나타난다. 그는 人心이 각각 다르지만 조화시키면 하나가 되듯이 黨心이 각각 대립되지만 조화시키면 나라를 잘 이끌게 된다고 표현하기도 했다. 요컨대 전근대 성리학적 사회의 정치원칙인 의리에 준엄한 인물들의 원칙을 조제하고 인재를 보합하는 데 이르게 하자는 주장이었다. 완론탕평론과는 환국 형태의 정국운영을 부정하는

3) 李 瀷,《星湖先生僿說》권 11, 人事門, 蕩平.

입장과, 군주권 강화와 관료제 강화를 긍정하는 입장에서는 일치하고 있다. 정조 연간에는 영조 47년(1771) 전후에 淸流[4]를 표방하면서 출발했던 노론 淸名黨에서 이어진 金鍾秀·尹蓍東 계열, 경종 2년(1722) 전후에 새로이 출발했던 淸南에서 이어진 蔡濟恭 계열, 峻少(少論 峻論)에서 이어진 徐命善·李福源 계열의 소론계 정파들이 정국을 주도하였다. 이들은 영조대에는 당색의 차이에 관계없이 모두 외척세력의 정치간여를 비판하는 정파였다는 점이 공통점이었다. 곧 외척 및 그들과 밀착된 특권적 정치집단의 정국 주도를 배척한다는 기본 입장을 표명하고 있었다.[5] 정조 연간에는 이들에서 이어진 정치집단이 정국을 주도하면서, 이들의 의리 주장이 정치 원칙의 하나로 받아들여지면서 탕평책 아래에서 조제되었다.

특히 정조는 영조 말년 척신세력의 전횡으로 야기된 아버지 사도세자의 죽음을 지켜보았고, 그후 왕세손일 때도 대리청정 전후시기에 척신계의 방해로 곤경에 처했던 사태 등의 어려움을 겪었으므로, 즉위 후 외척세력의 배제를 정치의 첫째 원칙(의리)으로 제시하고 있었다. 이는 특히 사림정치의 기본원칙과도 일치하고 있으므로, 사림계의 淸議를 존중하는 준론계 정파를 중심으로 정국을 이끌어 갔던 것이었다. 그래서 즉위 초에 영조 연간 정국을 주도했던 南黨(金龜柱 계열)·北黨(洪鳳漢 계열)으로 불렸던 외척당 세력을 모두 와해시켰다. 또한 자신의 즉위 공신인 洪國榮이 척신정치를 기도하자, 아무도 예기하지 못한 상황에서 정계를 은퇴하게 했다. 이후에도 즉위 공신인 鄭民始나 李命植들은 최고 정책 결정권을 가지는 相臣으로는 임명하지 않는다는 원칙을 지키고 있었다.

---

4) 원래 「淸流(淸類)」는 일반 사대부(縉紳)들의 입장을 대변하는 집단을 말한다. 조선에서 사림세력이 정국을 주도한 16세기 이후는, 각 붕당 안에서 사림의 전국적인 여론인 公論을 대변하여 이를 실현시키려고 노력하는 정치집단, 곧 사림정치의 正道를 걷는 정파라는 의미로 사용되어 왔다.

5) 노론 청명당 계열은 유척기·이천보·尹汲·金致仁들이 영조 연간 초기 지도자였다. 이들 중에서 다수가 경주 김씨 외척세력과 결탁되어 있었다는 주장도 존재한다. 그러나 이는 정조 연간에는 일반적인 평가가 아니었다고 판단된다. 청남(남인 청류)세력은 영조대에는 沈檀·吳光運·洪景輔·權以鎭들이 이끌었다. 소론 준론세력은 을해옥사 이후에는 李宗城·朴文秀 계열을 중심으로 존립할 수 있었다.

정조의 탕평책은 앞에서 설명한 바와 같이, 단순히 정파간의 인재 보합만을 의미하지는 않았다. 정조는 《대학》을 새로이 탐구·해석하여, 군주권 강화를 목적으로 하는 제왕학을 세웠다. 그 결과 정국운영은 군주가 주도해야 하는 것일 뿐만 아니라, 군주는 사대부를 포함하는 모든 신민을 '민은 나의 동포'라는 입장에서 일원적으로 단일하게 파악해야 한다고 생각하였다. 이는 즉위한지 20여 년이 지난 정조 22년(1798) 자신을 '모든 하천에 비치는 밝은 달'이라는 '萬川明月翁主人'으로 표현한 데서도 잘 나타난다. 따라서 淫朋으로 평가한 당시의 붕당은 당연히 타파의 대상이었다.[6] 정국운영 방식도 是非를 가리는 分別論에 입각한 일진일퇴의 정국보다 保合大和論에 입각하되 優劣을 변별해서 함께 쓰는 탕평조제의 정국을 채택하고 있다고 밝혔다.[7]

또한 유교적 통치에서는 군주가 큰 일을 도모하려는 뜻(有爲之志)이 있어야 한다는 점을 강조하였다. 이는 유학자들이 소인배로 비판했던 王安石을 긍정적으로 평가하고 있었던 데서 잘 드러나고 있었다. 개혁이 절대 필요했던 시기에 군주인 神宗의 개혁 의지를 강력하게 보좌했던 점과 개혁안의 실용성을 긍정했던 것이다. 반면에, 당시 司馬光 같은 정통 주자성리학자들이 도리어 수구적이었다는 점을 지적하고 있었다. 또한 주자성리학을 배척했으면서도 군주권 강화에 큰 공을 세웠던 王陽明의 문집을 좋아하여 탐독하기도 했다.[8] 이런 입장에서는 신하들의 정국주도를 긍정하는 제도적 장치의 하나인 붕당은, 영조와 마찬가지로, 당연히 타파되어야 한다는 결론에 이르게 되는 것이다.

편파적인 상황을 타파하려는 탕평 원칙은 정국운영에서 뿐만 아니라 사회구조 파악에도 적용되고 있었다. 정조는 서얼과 노비 역시 국왕의 신민으로서 다른 신민들과 함께 그 처지를 개선할 대책이 필요하다고 파악해서, 지위가 열악한 이들에 대한 처우 개선책을 계속 강구하였다. 특히 정조 말년에는 노비제를 완전히 혁파할 결심을 굳히기도 했다. 순조 원년(1801)에 정조의 뜻을 잇는다고 하면서 공노비가 혁파된 것은 그 부산물이었다.[9] 이 때 정조의

6) 李泰鎭, 앞의 글(1992).
7) 《弘齋全書》 권 166, 日得錄, 政事.
8) 《弘齋全書》 권 161, 日得錄, 文學.
9) 李泰鎭, 앞의 글(1993).

측신 尹行恁이 지어 바친 윤음의 내용은, 箕子와 같은 성인의 치세에는 노비가 있을 수 없다고 하면서 "군주가 백성에게 임할 때는 貴賤의 구별도 없고 內外의 구별도 없이 모두 같은 赤子이므로, 奴니 婢니 하여 구분하는 것은 하나의 동포로 보는 뜻이 아니다"[10]라고 선포하였다. 이는 전 시기까지 사대부들이 우리 나라의 노비제도는 기자시대부터 시작되는 오랜 역사성을 가졌으므로 중국 사회와 달리 세습노비제도가 존속되는 역사 전통이 있다는, 오래 계속되어 온 사회적 통념을 근본적으로 부정한 획기적인 선언이었다.

또한 정조는 재상에 대한 국왕의 인사결정권을 아주 중요하게 파악하고 있었고 이를 정국의 변화에 적절하게 이용하였다. 그래서 의리에 투철하다고 인정되어 한번 신임한 준론 재상은 반드시 8년의 기간은 중용해서 쓰되, 중용하기 전에 일정 기간 정계에서 떠나게 함으로써 그 자신의 정치적 의리를 유지하는지와 그를 지지하는 집단에서 계속 그 신망이 유지되는지를 지켜보면서, 다음 시기 정치 변화를 주도하게 하기 위한 학문적·정치적 실력 축적을 도모하게 하였다고 술회하였다.

또한 정치운영의 원칙을 가진다는 측면에서 '의리'를 중요하게 생각하고 있었지만, 당파적 의리의 경우에는 영조와 같이 정국운영을 시비의 차원으로 이끌므로 탕평정국을 파기하는 가장 나쁜 요소라고 파악하고 있었다. 예컨대 서학 신봉자들을 국가변란을 도모했던 황건적이나 백련교도와 같은 부류로 파악해서 국사범으로 처벌해야 한다고 주장했던 洪樂安에 대해서, 정조는 당시 안정을 찾아가는 남인계 채제공과 노론계 김종수의 준론계 정파가 주도하는 탕평정국을 시비논쟁으로 이끌어서 결국 환국을 도모하려 시도했다고 하여 강력히 비판하고 있었다. 이는 정조가 말년에 밝힌대로 반드시 한 부류의 역적과 다른 부류의 역적을 대비시키고 한 부류의 충신과 다른 부류의 충신을 대비시키되, 충신과 역적으로 대비시키는 정치운영은 하지 않겠다는 '以熱治熱'의 독특한 통치술에서 나온 것이었다. 이러한 전술적 고려를 탕평정국 운용에 적용함으로써 그 효율을 극대화하려 했던 것이었다. 즉위 초년에 바로 이 방식을 이용하여 홍봉한 계열과 김구주 계열을 한꺼번에 제거하

10) 《純祖實錄》 권 2, 순조 원년 정월 을사.

였고, 이후 김종수 계열과 채제공 계열을 같이 등용하였던 것이다.

학술정책에서도 남인계 서학 신봉자를 正學에서 벗어났다고 비판하는 동시에, 노론계가 심취했던 稗官小品文學 역시 정학에서 벗어났다고 강력히 비판하면서 문체반정운동을 시행하고 있었다. 특히 집권 노론계 주류가 정통 주자성리학을 내세우고 있었던 데 반하여, 집권 남인계는 시대적 변화(時變)를 존중하면서 西漢을 '大封建'·'務實' 등으로 평가하면서 실제 정치의 모범으로 제시하기도 했다. 이는 의리와 개혁을 재야 지식인의 입장에서 추구했던 明末 淸初 顧炎武나 黃宗羲처럼, 군현제와 봉건제를 절충하는 국가체제 개혁방안들을 심도있게 검토했다는 의미이기도 하다. 이로써 준론탕평이 지향했던 정치모델을 어느 정도 짐작할 수 있다.

정조 연간의 정치사는 붕당을 없애기 위한 탕평정책이 실시되었던 시기라고 평가되고 있음에도 불구하고, 실제로는 영조 연간 노론당이 승리한 후 사도세자 죽음을 놓고 새로 생긴 당파인 시파와 벽파의 당쟁으로 정치적 사건의 추이를 설명하는 것이 지금까지의 유력한 해석이었다. 이러한 통설은 탕평론보다도 당쟁론이 당시 정치사의 실체를 제대로 설명할 수 있다는 입장이다. 또 이 구분은 시세에 따라서 국왕인 정조의 뜻을 따르는 파를 시파라 하고, 이를 반대하는 노론계 주류를 포함해서 멀리 떨어져 있는 파를 벽파라고 보는 구분법이다.

그러나 시벽당쟁이란 일차적으로는 노론내의 문제에서 출발하였다.[11] 남인과 소론계는 당시 강력한 정치세력인 노론계에 대항하려면 정조의 입장을 수용할 수밖에 없었다. 곧 소론·남인을 시·벽으로 나누는 것은 무의미하다. 그런데 시파와 벽파를 구분하는 기준을 정조의 뜻을 따르느냐 안 따르느냐 하는 데 둔 것은 남인계와 소론계였다. 곧 남인과 소론계 당론서만이 노론계 주류를 벽파계로 파악하고 있었다. 노론계 당론서는 당시 노론 의리의 지도자인 산림세력을 포함해서 주류를 대체로 중도계로 파악하는 사례도 있다.

또한 정국의 추이를 살펴보면, 노론계가 시파·벽파의 명칭으로 분기되기 시작하는 출발점은 대체로 정조 8년(1784)경이며, 그 전에는 이런 당파의 명

11) 이하 시벽당쟁에 관한 내용은 朴光用, 앞의 글(1990) 참조.

칭이 존재하지 않았다는 점이 확인된다. 정조 12년(1788) 이후에는 시파·벽파의 대립 현상이 표면화되어 나타났다고 하겠다. 그러나 시벽당론에서 흔히 이야기되는 사도세자 문제에 대한 의리문제와 관련된 본격적인 대치국면은 嶺南萬人疏로 야기된 파란이 있었던 정조 16년과 17년 여름, 장용영 체제와 수원성이 완성 단계에 도달한 정조 19년 전후 시기부터였다. 이 때는 탕평정책에 커다란 영향을 줄 정도의 규모인 당쟁으로 확대되었다고 할 수 있다. 그러나 이 때도 綠林徒黨이라는 비판을 받을 정도였다. 게다가 시파와 벽파계는 반드시 당파적으로 뚜렷하게 구분이 되는 인적 구성을 가졌던 것도 아니었다. 곧 관료 縉紳간의 대립 상황에서 크게 벗어난 것이 아니었다. 이를 4색 당파가 탕평책으로 새롭게 개편되면서 나타난 붕당간의 대립 상황이라고 할 수는 없다.

시벽의 의리논쟁 문제도 그 논리가 통일되어 있지 않았다. 일반적으로는 정조의 외조부인 홍봉한에 대한 '扶洪派'와 '攻洪派'라는 기준이 그 출발점이라고 보고 있었다. 그러나 부홍파의 경우도 홍봉한의 죄상은 공격해야 한다고 보았고, 공홍파라고 해서 청의를 지키는 인물이 없었다고 하지도 않았다. 따라서 노론·소론·남인을 불문하고 대부분의 시파계는 자신을 홍봉한의 黨與도 아니고, 홍당을 공격한 金龜柱의 당여도 아닌 중도적 입장이라고 보고 있어서, 의리면에서 강경하면서도 중도적 입장을 취한 인물들은 벽파적 의리를 지녔다 해도 어느 정도 긍정적으로 보고 있기도 했다. 결국 노론계에서의 시파와 벽파를 가르는 기준은, '의리론'으로 본다면 신임의리와 임오의리를 구분할 수 있다고 보느냐, 구분할 수 없다고 보느냐 하는 차이로 판단하는 것이 가장 타당하다고 생각된다. 이는 곧 신임의리를 강경하게 지키느냐 온건하게 지키느냐의 차이라고 표현되기도 했다. 게다가 그 뭉쳐지는 집단들이 학통같은 뚜렷한 동질성을 공유했다기보다는, 왕실 외척과 연결을 도모함으로써 강화되는 성격을 가지기도 했다. 이는 결국 그 표방한 의리보다 왕실 외척을 권력집단에서 배제한 정조대 탕평정국 운영에 대한 반발이 주된 성격이었다는 점을 말해주고 있다.

곧 정조 연간의 '시벽당쟁론'은 부분적인 현상을 전면적인 현상으로 확대해석했다고 생각된다.

(2) 정국의 추이

정조 연간의 정국을 탕평정치 형태의 진전에 따라 시기를 구분하면 대체로 4시기로 나눌 수 있다.

제 1기는 대리청정(1775)에서 정조 3년(1779) 말까지라 할 수 있다. 이미 왕세손으로 대리청정하던 시기부터 준론의 의리를 한 차원 높은 단계에서 조제하고 그 인재를 보합에 이르게 하겠다는 탕평의 원칙이 선포되었다. 그래서 '혼돈의 탕평이 아닌 의리의 탕평'이 표방되었다. 그러나 실제로는 홍국영을 중심으로 청류를 표방한 노론 청명당 계열이 정국을 주도한 시기였다. 이때 홍국영은 호서지방에서 송시열의 후손인 宋德相·宋煥億과 기호지방에서 閔遇洙의 문인인 金鍾厚 같은 山林의 명망을 지닌 인물들의 지원, 그리고 궁궐 안에서 누이인 元嬪의 지원을 바탕으로 해서 노론당의 의리를 주도적으로 실행함으로써 노론계 권력집단의 주체세력으로 부상하였다. 이 시기에 영조 말년에 복관되었던 尹宣擧·尹拯 부자와 소론 3대신이 다시 추탈관작되었고, 〈탕평윤음〉에서 신임의리가 재천명되었으며, 송시열이 孝宗 묘정에 배향되었다. 또한 이조낭관 통청권을 복구해서, 영조 연간 탕평책하에서 강화되었던 재상의 권한을 당하관급에서 견제할 수 있는 제도적 장치를 복구하기도 하였다.

그리고 이러한 조치들을 바탕으로 해서 영조 연간 탕평정책의 결과로 야기되었던 폐단, 이른바 홍봉한과 김구주의 양 외척당을 와해시키고 양편의 의리를 극단적으로 표방하는 趙載翰·李德師나 沈翔雲·洪趾海 같은 세력을 모두 역적 대 역적으로 대비시켜 처단하였다. 이른바 以熱治熱의 통치술이었다. 동시에 외척 내지 부마세력과 연결하여 권력을 지켰던 洪啓禧 집안과 金尙魯·鄭厚謙·洪麟漢 등 이른바 노·소 탕평당 계열을 권력집단에서 제거하고, 이에 동조했던 홍계희와 가까운 인척인 洪啓能·洪趾海·洪量海 같은 호론계 산림 일부도 제거하였다. 전체적으로는 노론·소론·남인의 준론(청류)계가 모두 우대되었다. 또 右文政治를 표방하면서 왕실 외척과 사대부 세력의 연결관계를 차단하려는 목적을 가졌던 규장각제도도 이미 즉위년부터 계획되고 있었다. 이 시기는 홍국영 은퇴 후 徐命善 세력과 鄭民始가 홍국영을 지원했던 세력에 대해서 독립을 선언하기 전 단계까지는 그에 대립적인 정파가 거의 없었다고 할 수 있어서, 척신 김구주와 연결되었다고 의심받는 남당계가 그들 스스로 정조의 뜻을 실천한다고 주장하던 상황이었다. 곧 이 시기는 시파나 벽파는 없었다고 할 수 있다.

제 2기는 정조 4년(1780)에서 정조 12년 정월까지의 시기이다. 이 때는 서명선을 중심으로 하는 소론 준론계 정파를 강화시켜서 노론 청류계 정파와 보합하려 했던 탕평기이다. 그래서 원자 탄생을 계기로 윤선거·윤증 부자를 다시 복관시켰고, 홍국영을 전혀 예기하지 못한 상황에서 은퇴시키고, 그를 지원하던 노론 산림세력을 제거하는 데 전력을 기울인 시기였다. 이 때 산림 宋德相과 宋能相·洪量海 그리고 그 여당으로 표현되는 호서지역 노론세력의 강력한 반발이 있었다. 그뿐 아니라 任聖周·宋煥億들도 이들과 연결되었다고 비판되면서 그 정치적 입지가 약화되었다. 이 때를 전후로 괘서·유언비어·정감록 문제라든지 송덕상과 연결된 居士輩의 모역동참사건, 남인 청론계의 학문성에 관계되는 서학실천운동이 발각된 을사추조적발사건, 정조 왕위 계승의 정통성을 부정했다는 金夏材 옥사, 그리고 金鍾秀와의 연관성이 의심되는 李瑮 옥사, 常溪君 湛을 추대한 역모사건인 具善復 옥사 같은 돌발사건들이 터지기도 했다. 이는 홍국영 이후의 정국운영 문제를 놓고 노론계가 분열·대립되는 조짐들로 해석된다. 또한 영남 남인 李象靖이 산림으로 초치되기도 하고 숙종때 남인계 산림인 李玄逸이 신원되기도 하여, 남인계 전체의 관직 진출로는 전보다 개방되고 있었다.

반면에 채제공 세력은 노론계와 소론계 전체가 연합하여 공격함으로써, 남인 정치집단 내에서도 洪秀輔·蔡弘履·睦萬中 계열이 갈라져 나가 채제공 공격에 가담하는 등 청남세력이 강력하게 견제되었다. 곧 남인계가 권력 상층에 참여할 기회는 제한되었던 시기였다. 소론 준론계는 그러나 지방 사대부층의 지지라는 정치적 기반이 戊申亂과 乙亥獄事들로 해서 이미 붕괴되어 있었으므로, 이러한 권력집단만이 강화된 상태에서는 소론계 스스로 강력한 정치적 기반을 가진 노론계와 연대의 필요성을 노출시킬 수밖에 없었다. 예컨대 달성 서씨나 전주 이씨 가문 같은 경우, 영조 연간의 풍양 조씨 가문처럼 학통이나 혼인관계 또는 정치적 의리론의 측면에서 노론세력과 연결을 도모하기도 했으므로, 이후 노론계에 흡수될 수 있는 바탕이 이 시기를 전후로 하여 형성되기도 했다.

전체적으로 보면 이 시기는 정조 득의의 탕평체제를 구축하기 위한 준비기간이라고 할 수 있다. 곧 규장각의 제도 정비가 본격화되고, 《대전통편》이 완성되기도 했다. 정치금고자를 풀어주는 疏通 정책도 계속 시행되고 있었는데, 이는 사대부 내의 정치참여 자격을 넓힘으로써 국왕의 세력기반을 확대하려 한 것이었다.

제 3기는 정조 12년(1788) 2월에서 정조 18년까지의 시기이다. 이 때는 김종수로 대표되는 노론 청류계 정치집단과 채제공으로 대표되는 남인 청론(청남)계 정치집단을 보합하는 탕평이 어느 정도 성공한 시기였다. 곧 정조 득의의 정치운영 방식으로서의 준론탕평의 모습이 그대로 드러난 시기라고 할 수 있다. 이 시기에는 청남 계열과 소론의 李福源 계열이 연합하여 이러한 정조 탕평의 일각을 떠받치기도 하였다. 이 때는 재상 권한을 다시 강화하는 정치개혁을 선언하였다.[12] 따라서 이조낭관 통청권이 다시 혁파되어 청요직의 권한이 규제되고, 비변사의 권한도 중요 사항의 경우 정승이 다시 議를 붙여서 국왕에게 올리는 형태로 운영함으로써 견제되었다. 곧 국왕과 재상 중심의 위계질서를 강조하는 관료체제가 채택된 것을 의미한다.

奎章閣 기능이 활성화되고 문체반정을 표방하였으며 성균관 대사성 久任法을 실시하는 등 관료세력의 재교육을 강조해서 새로운 관학풍의 진작이 있었다. 동시에 珍山事件을 계기로 小科까지 국왕의 親試로 운영하려는 시도인 賓興科를 실시하기도 했다.[13]

또 군제는 백년 이상 계속될 수 없다고 하여 5군영제를 개편하려 하였다. 이는 장용영을 창설·강화하고 수원성 축성을 시작하는 방식으로 나타났는데, 궁극적으로는 군영의 일원화를 추진한 것이었다. 또한 서얼허통이 확대되고, 노비제도에 대한 개혁이 추진되어 공권력으로 도망노비를 찾아주는 노비추쇄법이 폐지되었으며, 도시의 새로운 상품유통체제를 인정하는 辛亥通共 정책들이 이 시기에 실시되었다.

---

12) 《正祖實錄》 권 26, 정조 12년 7월 정해.
13) 李泰鎭, 앞의 글(1992).

그러나 진산사건이 터지면서 서학실천운동에 대한 대처문제가 제기되었다. 또 사도세자에 대한 모함을 없앰으로써 군주권을 천양해야 한다는 주장이 영남만인소와 소론계 朴夏源 등 760여 인이 연명한 집단상소에서 '壬午義理'로서 표면화됨으로 해서 큰 파란이 야기되었다. 노론계에서도 朴宗岳·徐有隣·李秉模 등 정조 측근세력이 이를 지지함으로써 노론계 안에서도 상호 공격하는 등 심각한 분열이 야기되었다. 이러한 사태에 대해 노론계 강경세력은 노론 벽파계를 淫朋으로 몰아 탕평정국에서 제거하려는 음모라고 파악하였다. 그래서 의리는 하나이므로, 신임의리와 임오의리를 나누어 해석할 수 없다는 표방으로 새롭게 뭉쳐져서 강력하게 반발하였다.[14] 곧 사도세자 신원문제를 놓고 시파·벽파의 논쟁이 표면화되었던 것이다. 그 수습과정에서 정조 연간에 유일했던 노론 3상정권이 나타나기도 하는 등 이후 정국을 혼란하게 만든 사단이 생기기도 했다.

제 4기는 정조 19년(1795)에서 정조 24년 6월 정조 사망까지의 시기이다. 이 때는 尹蓍東으로 대표되는 노론 산림계의 폭넓은 지지를 받는 중도적 노론계와 채제공 지도하의 남인계를 다시 보합하려 하였고, 윤시동이 죽은 후에는 벽파의 지도자 沈煥之를 정승에 임명함으로써 시·벽의 대립상태를 역시 준론탕평의 형태로 조정하려 했던 시기였다. 동시에 이 시기는 규장각에서 성장한 국왕 측근세력이라고 할 수 있는 노론계 李秉模와 소론계 李時秀를 정승에 기용함으로써, 산림세력의 학통을 받았다고 자부하는 벽파계를 조정·견제하려 하였다.

이 시기의 초에 수원성이 준공되고 장용외영이 설치되었다. 이로써 장용영 체제가 완성되어 군권이 국왕 중심으로 일원화되어 갔다. 한편으로는 宋煥箕·李城輔 같은 벽파계에 가까운 산림세력을 다시 우대하는 정책을 펴서, 이성보의 건의를 받아 金麟厚 문묘 종사를 받아들이기도 하였다.

그러나 자신의 준론을 조제하는 통치규모를 자세히 밝힌 이른바 〈五晦筵敎〉 직후 정조가 사망함으로써, 준론의 의리를 조제하고 인재를 보합하는 탕

14) 당시 벽파의 주장은 정조의 五晦筵敎 직후 예조참판으로서 이를 비판한 이서구의 상소가 대표적이다.
李書九,《惕齋集》권 5, 筵敎頒示後言時事疏 庚申.

평은 계속되지 못하였다. 이후 정순왕대비와 연결되면서 권력을 잡은 벽파세력은 탕평정국의 구도를 일거에 폐기하려 노력하였다. 그래서 숙종 연간의 환국처럼 반대당 핵심인물들을 역적으로 몰아 제거하였다. 정국이 노론 벽파 일당 전권의 형태로 전환된 것이다. 그러나 그 후유증을 수습하지 못하여 벽파 주도 정권은 6년만에 무너졌다. 이 때 야기된 정치적 단절과 혼란상태를 수습하는 과정에서, 결국 독자적인 권력집단의 형성은 노론계 왕실 외척세력만이 가능한 세도정국으로 진행되어 갔다.

(3) 정국운영의 특징

정조대의 정국운영 역시 영조대처럼 일관되게 군주권 강화와 중앙집권적 관료제의 강화가 추구되면서, 영조 치세에 탕평정책의 성공을 위해 실시했던 제반 제도의 개혁과 운영원칙의 변화들을 대체로 그대로 수용하고 있었다. 그리고 그 바탕에서 보다 합리적인 관료제 운영을 위한 방침의 변화와 법제화 작업이 있었다.

첫째로 재상의 정책결정권 강화이다. 정조는 淸議·峻論을 표방한 관료세력을 중심으로 의리를 조제하고 인재를 보합하려 했다. 산림세력을 영조대보다 존중하기는 했으나 이는 홍국영 당시의 일이었을 뿐이었고, 정조의 통치방식은 아니었다. 곧 산림세력은 정치에 간여할 수 있었던 상황이 아니었다. 오히려 정치에 간여했던 산림 송덕상·송능상·김종후·홍양해와 이들을 지원했던 세력은 모두 의리문제에 저촉되었다고 비판을 받고 도태되었다. 반면에 이 시기에 낙론계 산림 金亮行과 호론계 산림 權震應 계열은 홍국영과 연결하여 노론정권을 만들려 했던 세력들을 비판하고 중립적 입장을 지켜서 정조의 호평을 받았는데, 이들의 후계자 중에서 후일 순조 연간 이후 정국을 주도하는 세력이 나오기도 했다. 사림의 공론을 반영하는 제도적 장치로 인정되는 당하관 청요직의 통청권 역시 영조 연간처럼 허용되지 않았다. 이조낭관의 통청권은 일시 복구되었으나 다시 폐지되었고, 한림의 자대제는 허용되지 않았다. 정조 득의의 탕평이 실시된 이후에는 영조가 탕평을 지키기 위한 4대사업이라고 표방했던 이조낭관·한림·산림·균역 시책 모두가 영조 연간에 결정된 그대로 지켜졌다고 판단할 수 있다. 반면에 영조 연간 재상권과 군문의 강화 이래 계속 강화되었던 비변사의 위상은 재상권 아래 어느 정도 통제되는 조처가 취해졌다. 비변사의 결정사항을 의정대신이 다시 議를 붙여 국왕에게 보고하는 관행이 강화되기도 했던 것이다.

여기에는 영조 연간과는 달리 외척의 정치간여 배제와 학문 정치론 등 기본적 정치의리에 투철한 세력을 중용한다는 원칙이 지켜졌다는 점도 중요하다. 곧 정조 즉위 초에 남당과 북당으로 불려지는 외척이 주도하는 정파를 모두 와해시켰다. 그리고 자신의 즉위 공신인 홍국영이 누이를 元嬪으로 들여보내 왕실 외척으로서의 입지를 만들고 산림세력의 인정을 받아서 노론계의 주도세력으로 부상하는 등 권력 독점의 뜻을 보이자 갑자기 정계은퇴를 시켜버렸던 것이다.

둘째로 중앙정부에 의한 지방지배 강화이다. 이를 위한 제도적 장치였던 영조 연간에 강화된 비변사 팔도구관당상제가 계속 실시된 외에도, 정조 연간에는 특별하게 강화된 어사제도가 있었다. 정조는 재위 25년 동안 암행어사 57회, 일반어사 56회, 도합 연평균 4.6회의 어사를 파견하였다. 이는 어느 국왕보다 많은 횟수이다. 특히 암행어사는 규장각에서 양성한 신진세력인 30대 전후의 초계문신들을 주로 파견하였다. 또한 정조 7년 이후는 대부분의 어사에게 친히 봉서를 내려 직무범위와 권한을 부여하면서 각별한 기대와 염탐 사항과 유념할 조건 등 특별한 관심 사항의 파악을 지시하고 있었다. 백성의 동향과 邑弊·民瘼의 실상을 보다 정확하게 파악하려 하였다. 또한 어사가 담당하는 栍邑 중심 뿐만 아니라 파견되는 沿路에 있는 諸邑까지 감찰하게 하였다.[15] 곧 경기도를 중심한 지방담당관 전체와 지방행정 전반을 감찰할 수 있게 한 것이다. 이는 지방수령의 보호와 견제라는 양면성이 있다. 특히 정조 연간에는 사회적 폐단과 백성의 고통을 파악하는 암행어사의 특별보고서인 별단이 중요하게 취급되었는데, 이는 民隱에 대한 파악과 해결 방안 모색이 암행어사 임무의 하나였다는 것을 의미한다. 또한 應旨民隱疏를 수집하여 지방의 행정실무를 담당한 수령·방백에게 사회모순을 진언하게 한 것도 다양한 의견을 종합해보려는 노력의 일환이었다. 곧 이를 바탕으로

15) 韓相權, 《朝鮮後期 社會와 訴寃制度》(一潮閣, 1996).

지방사회를 효과적으로 통치하려 하였던 것이다. 이는 성장하는 사회세력과 발전의 성과물에 대한 지배층의 동태적인 파악을 가능하게 하려는 의도였을 것이다.

셋째로 기층세력의 저항을 포함하는 사회변화를, 국왕이 직접 파악할 수 있도록 제도를 정비한 것이다. 가장 중요한 것은 승정원에서 담당하는 상언제도와 형조에서 담당하는 격쟁제도를 활성화하여, 일반 백성의 고통인 民隱을 직접 국왕에게 제소할 수 있게 한 것이었다. 정조 원년(1777)에는 국왕이 궁궐 밖으로 행차하는 動駕 때에 연도에서 백성들이 직접 쟁을 두드려서 억울함을 호소하는 방식인 衛外 격쟁이 허용되었다. 이후 국왕의 행차가 쉬는 곳에서 기다리고 있다가 올리는 상언과 쟁을 두드려 호소하는 격쟁이 양적으로 크게 확대되었다. 또한 정조 9년부터는 일반적인 민폐 사항도 상언과 격쟁을 할 수 있도록 하는 조치가 취해졌다. 이전까지는 죄의 억울함을 호소하는 신원 및 顯揚·立後·山訟 같은 유교적 윤리에 관계되는 문제가 위주였다. 일반 민폐의 구체적 모습은《日省錄》에 일부 수록되어 전해진다. 중심되는 내용은 三政과 잡역 같은 부세 수탈문제, 토지 소유권과 지대 같은 토지문제, 禁亂廛權과 공인권·商圈대립 같은 상공업문제, 壓良爲賤·徵債濫徵·濫刑貪贓 같은 사회문제들이 중심이었는데, 국왕이 이 문제들에 대해서 직접 파악하여 판결을 내리고 있었던 것이다. 또한 즉위 24년간 궁궐 밖으로 행차하는 기회를 이용하여 34회의 대민 접촉을 하고 있기도 했다.[16]

정조 22년에 있었던 應旨農書의 수집 역시 농촌지식인의 체험과 실력을 활용하여 小農경제의 활성화를 모색한 것이다. 이는 세종때《農事直說》편찬과 같이 우리 실정에 맞는 자체적인 농업기술을 종합화하려는 의도에서 였다.

또한 국가 공사에 주로 '募軍'을 활용함으로써, 토지에서 배제되어 떠돌아다니는 몰락 농민계층인 유이민 집단의 활용과 정착을 도모하였다. 이는 특히 수원성 축성 당시에 관료들이 건의했던 백성의 부역 동원을 거부하고 모군만을 활용하기를 고집한 것과, 수원성에 장용외영을 설치하면서 동시에 향군의 편성을 강화한 점에 그 연관관계가 잘 나타나고 있다. 考功法을

16) 韓相權, 위의 책.《日省錄》에서 3,217건,《正祖實錄》에서 2,671건의 상언과 격쟁이 접수·처리된 것으로 나타났다.

제정한 것, 그리고 정조의 죽음으로 실시되지는 못했지만 노비제도 혁파를 추진한 것도 크게 볼 때는 몰락한 생산담당자층에 대한 시책이라고 할 수 있다.

넷째로는 성장하는 중간계층을 국왕과 직접 연결되는 세력으로 재편성하는 데 관심을 보였다는 점이다. 여기에는 서학 실천운동 세력에 대한 온건 탄압책으로, 이에 연관된 남인계 인물과 역관 및 서민층을 보호한 점이라든지, 규장각을 강화한 결과 중인계층인 규장각 검서관과 평민에 가까운 서리계층에서 북학파나 위항문학을 대표하는 실력자가 배출된 데서도 잘 드러나고 있다. 또 중앙의 지방 지배 강화로 수령의 권한이 강화되는 한편 士族 중심의 향촌지배체제가 동요하고, 새로이 대두한 新鄕族과 吏族들이 수령과 연결되면서 향권을 담당하는 실력자로 대두하고 있었다는 점도 지적할 수 있다.[17] 상업정책으로 실시한 辛亥通共 정책도 이 점에서 중요한 의미를 가진다. 이는 이제까지 지주적 생산물을 취급하면서 국가재정과 밀착되어 있었던 시전상인들의 독점판매권인 금난전권을 혁파한 정책이었다. 정치적 측면에서 보면, 당시 난전 경영으로 가장 사회문제가 되었던 계층은 소상인·군소 수공업자들 및 관청의 노비·평민 출신 군사들이었으므로, 이 시책은 이들을 보호하는 의미를 가지기도 한다. 그러나 궁극적으로는 보다 활발해진 농민적 생산물을 취급하는 소상인을 포함한 성장해 가는 私商들에게 도성에서 자유로운 상업활동을 하도록 허용한 조치였다.

곧 전체적으로 볼 때, 정조대 탕평정책도 중앙집권적 관료제의 강화로 효과적인 개혁을 추진하려는 의도에서 실시되었다. 이는 일차적으로는 붕당을 와해시키고, 왕실 외척세력을 포함하는 특권적 양반 벌열가문을 설립하려는 정책이었다. 다음에는 국왕 중심으로 성장계층을 재조직하려 했던 사회체제 개편 시도가 뒤따랐다. 정조대 탕평정국에서는 새로운 청요직인 규장각 건설과 국왕 친위군영의 강화로 군주권 및 집권적 관료제의 강화가 이루어진 점, 도시와 농촌에서 성장해 왔던 향반이나 역관·서얼·상인세력 같은 중간계층의 성장을 정치구조 속에서 수용하려는 노력들이 기울여진 점, 유이민과

17) 金仁杰, 〈조선후기 향촌사회 권력구조 변동에 대한 시론〉(《韓國史論》 23, 서울大, 1988).

노비계층의 안정과 지위 향상 노력이 탕평적 정국운영론 속에서 수용되었던 점들이 특히 주목된다.[18)]

그러나 이 과정에서 규장각을 통하여 성장한 국왕 측근세력이 강화되어 가는 반면, 재야 산림세력의 지지를 받는다고 자부하는 벽파세력이 이를 강력하게 견제하는 등 권력기반의 축소와 권력투쟁 현상이 일어났다. 그런데 탕평책은 붕당 자체를 타파한다는 표방으로, 붕당이 권력집단에 대한 견제 기능을 수행할 수 없도록 하는 정국운영 원칙이기도 했다. 따라서 붕당의 지도자인 산림세력을 권력집단에서 배제하였고, 그들의 의리주인으로서의 입지에 타격을 주었다. 또 외척의 정치간여를 금지하여 관료세력과의 연결성을 차단하는 정책을 써서, 붕당을 고수하는 세력의 정치적 입지를 계속 약화시켰다. 관학 진흥책과 학연의 분열도 붕당 내의 결속을 와해시켜 갔다. 이렇게 붕당의 기능이 크게 약화된 상황에서 발생한 정조의 급작스러운 죽음은, 벽파세력이 탕평정국을 파기시키는 '환국' 형태의 정변으로 이어졌다. 그리고 이는 권력 기반 자체가 극도로 축소되어 버리는 결과를 초래하였다. 이후 국왕의 '세도' 위탁이라는 명목으로 정국운영권 자체가 왕실 외척가문 주도 아래 몇몇 경화벌열로 구성된 특권적 권력집단에만 집중되는 상황이 초래되었는데, 이것이 이른바 勢道政治였다.

2) 규장각과 왕정

정조는 자신이 훌륭한 학자이기도 했다. 즉위 초에 이미 실력 중심의 右文政治를 표방하면서, 각계 각층의 실력자를 적극적으로 활용하려는 탕평정책을 표방하였다. 특히 사대부의 문풍을 진작시킴으로써만이, 의리를 존중하는 탕평이 그 실효를 거둘 수 있다고 생각하였다. 이 정책으로 나타난 것이

---

18) 李泰鎭, 앞의 글(1993)에서는 정조 연간이 집약농업 및 상업자본의 발전으로 정치 중심지가 상공업도시의 면모를 갖추고 있었던 점, 정조 연간 노비신분 해방 추진, 서얼·역관·향반같은 성장해가는 중간 계층과 직접 연결을 도모한 탕평정책 추진에 주목하여, 시민계급이 형성되지 못한 상황에서 군주권이 일반 민인들과 직접 연결을 도모했던 계몽절대주의의 성격을 가졌다는 적극적인 평가를 내리고 있다.

청요직으로서의 규장각 설치였다.[19] 이는 영조가 실시한 청요직 혁파정책의 전면적인 폐기를 의미하는 것은 아니었다. 정조는 즉위 초 홍국영과 노론 청류세력의 건의를 받아들여, 자신의 뜻이 아니라고 밝히면서도 이조낭관의 통청권을 복구시켰다. 그러나 정조 13년(1789) 정조 득의의 탕평이 실시되자 다시 혁파해버리고 말았다. 또한 유생 교육을 담당하는 성균관의 책임자인 대사성에 윤행임·김조순·이가환 같은 자신의 측근세력을 임명하고, 장기간 근무시키는 久任法을 실시하였다. 관학풍을 진작시키려 한 것이다.

그러나 당시 우문정치의 가장 중심이 되었던 기구는 역시 규장각이었다. 규장각이란 원래 임금의 글씨를 모아두는 기구라는 뜻이다. 이미 세조 연간에 梁誠之가 그 설치를 건의하였으나 시행되지 못하였다가, 숙종 때 宗正寺에 규장각이라는 小閣을 건립하고 御製·御眞을 봉안하였으나, 제도화되지는 않았다. 정조는 즉위한 다음 날에 규장각제도의 창설을 명하였고, 6개월의 준비기간을 거쳐 9월에 어제 편찬 및 보관을 목적으로 하는 왕실 도서관으로 출발하였다. 12월에는 서적 인쇄를 담당하는 校書館이 규장각에 소속되면서, 규장각을 內閣이라 하고 교서관을 外閣이라 칭하게 되었다. 이후 정조 5년 정조의 측신인 徐命膺·채제공 등에 의하여 그 직제가 완성되면서 학술연구기관으로 되었고, 최종적인 제도 완비는《奎章閣志》가 완성된 정조 8년경이었는데, 이 시기 전후로는 정책 연구 기능까지 발휘하게 되었다.

규장각은 提學 2명, 直提學 2명, 直閣 1명, 待敎 1명으로 구성되어 있었다. 이 중 제학은 종1품으로서 재상급에서 임명되었다. 이 밖에 檢書官 4인과 檢律을 포함해서 雜職이 30여 명이 있었다.

공식적인 기능은 첫째 御製와 御眞의 봉안, 둘째는 서적 편찬·출판과 장서 구입, 셋째는 초계문신 양성이었다. 곧 도서관 기능과 학문연구소 기능을 담당하였다. 결국 문신을 양성하고, 새로운 정책과 제도를 세울 때 국왕에게 이론적 뒷받침을 제공하는 것이 기본적 기능이었던 것이다.

---

19) 규장각에 관해서는 다음의 글이 참조된다.
鄭玉子, 〈奎章閣 抄啓文臣 硏究〉(《奎章閣》 5, 서울大, 1981).
———, 〈正祖의 抄啓文臣敎育과 文體政策〉(《奎章閣》 6, 서울大, 1982).
李泰鎭, 《奎章閣小史》(서울大, 1990).

규장각 설치는 그 정치적 목적이 두 가지였다. 첫째는 새로운 청요직의 재건이었다. 사대부 자신을 지켜내는 名節과 기본 실력인 文學을 진작함으로써 정조가 표방한 학문정치에 맞는 인재를 양성하려는 것이었다. 둘째는 이로써 기대하는 효과이기도 한데, 외척세력과의 단절을 정치원칙으로 받아들이는 국왕 측근의 인재를 양성하는 것이었다. 이를 종합하면, 이미 변질·격하된 승정원과 홍문관에 대신하여 국왕의 통치를 직접 보좌하여 효과적인 정책을 수립할 수 있는 기구로서 설치한 것이었다. 이는 성균관 교육의 강화와 함께 새로운 관학풍의 진작을 통한 국가 경영을 목적으로 한 것이었다. 이는 곧 세가대족의 보합에 치중했던 영조대의 탕평정책이 외척세력이 주도하는 특권적 문벌정치로 흘러간 것을 반성하고, 사대부 일반의 보합을 우위에 두는 방향으로 전환하기 위한 제도적 장치의 하나이기도 했다는 것을 말해 준다. 이는 정조가 끊임없이 표방했던 '挽回世道'의 원칙에 비추어 볼 때, 의리를 존중하는 인재의 탕평을 통하여 재야 사대부 세력의 보합까지 달성함으로써 결국 이들을 바탕으로 한 국가체제의 更張을 목표로 하고 있다고 결론내릴 수 있다.

규장각제도 중에서 중요한 것으로는 첫째 抄啓文臣제도를 들 수 있다. 이 제도는 정조 5년(1781) 2월에 확립되어 《續大典通編》에도 수록되었는데, 그 유래는 이미 조선 초기의 賜暇讀書制度나 讀書堂의 예에서 찾을 수 있다. 초계문신은 과거를 거친 문신으로서 가장 우수하다고 인정되어 承文院에 추천되었던 당하관 이하 문신으로서 37세 이하의 사람 중에서 선발하였고, 40세가 되면 해제되었다. 초계문신으로 뽑히면, 국왕의 도서관에서 재교육을 받음으로써 국왕 측근에서 문화정책을 충실하게 보좌할 수 있도록 새로운 실력을 쌓아가는 인재로 양성되었다. 초계문신의 선발은 의정대신이 주관하였다. 그 목적은 사대부의 名節을 높이고, 이를 위하여 경학과 문학을 연마하게 하려는 것이었다. 강의는 현실에 실제 쓸 수 있도록 句讀 위주에서 탈피하여 문장의 뜻을 깊게 천착시키는 데 두었다. 초계문신에게는 신분보장과 잡무가 면제되는 특전이 주어졌다. 또한 국왕이 매달 친히 초계문신을 지도편달하였다. 실제 초계문신은 10회에 138명이 선발되었으며,[20] 이들 중에서

20) 정조 이후는 헌종대에 2차 56명이 선발되었을 뿐이다.

반 이상이 고위관직에 진출했고, 각신으로도 18명이나 진출하였다. 또한 노론·소론·남인·북인계의 우수한 인재들을 함께 선발해서, 그들 사이의 학문적 교류와 동류의식을 강화시켰다. 특히 남인계가 수용했던 서학과 노론계가 수용했던 패관문학을 모두 명청문화의 폐단으로 비판하면서 벌였던 文體反正運動은, 그 대상자가 명문벌열 출신 초계문신으로서 노론계 金祖淳·南公轍·沈象奎와 소론계 李相璜 등이었다는 점은 중요한 의미를 가진다. 이는 이 시책이 특권적 권력집단인 京華閥閱을 견제하고 변질시키는 효과도 노린 탕평책 추진을 위한 장치였다는 점을 잘 말해 준다.

둘째로 檢書官제도를 들 수 있다. 검서관은 5품으로서, 門地와 재주·文藝에 따라 전임 검서가 2명씩을 추천하면, 각신들이 시험을 보아 3인을 추천하고, 최종적으로 국왕의 낙점을 받아 임명되었다. 검서관은 정조 3년 홍국영의 건의로 설치했다고 하는데, 당시는 특별한 정치적 의미를 지니지 못했다. 그러나 홍국영이 실각한 후인 정조 5년 2월 전면적인 직제 정비가 있었고, 이 때 내각으로 그 직제가 이동되었다. 또한 서얼층을 위한 대책으로 전환되면서, 서얼층 가운데 실력자를 국왕의 측근 신하인 검서관에 임명하게 되었다. 그런데 규장각 검서는 정조처럼 규장각에서 많은 시간을 보내는 군주에게는, 승정원 승지와 같은 국왕의 비서관으로서의 역할도 하게 된다. 곧 보다 적극적으로 본다면, 서얼층 실력자들이 정책 결정 과정에 참여하는 것이 가능해졌다는 의미이기도 했다.

그 결과 서얼 출신으로서 李德懋·朴齊家·柳得恭 등이 배출되었을 뿐 아니라, 검서관을 거친 경화벌열인 李書九 역시 이들 서얼들과 친밀한 관계를 유지하는 양상이 나타나기도 했다. 이들 중에서 박제가는 해외통상론과 북학론을 주장하였고, 정조에게 '山林'의 기풍이 있다고 칭찬 받은 이덕무는 명말청초 반성적 경세가로 평가되는 고염무의 經史에 밝은 해박한 학풍에 심취해 있었고, 유득공은 북방계 역사계승의식을 재평가하는 《渤海考》를 써서 남북국시대론을 표방했으며, 보다 정통성리학을 존중했다는 成大中과 成海應 父子는 정조의 명을 받아 이서구와 함께 조선중화주의를 표방한《尊周彙編》을 편찬하였다는 사실들은 중요한 의미를 지닌다. 곧 검서관제도는 서얼 출신들의 학문을 양성하고 수용하는 통로이기도 했던 것이다. 한편 규장각

서리는 천역기술직으로서 평민 중에서도 선발될 수 있는데, 이들 중에서 金洛瑞·張混·朴允默들이 군주인 정조와 당시 재상들의 知遇를 받아, 선비를 자처하면서 玉溪詩社라는 활발한 委巷文學 활동을 하기도 했다. 이 역시 규장각 설치로 나타난 새로운 문풍 진작이 아래 계층으로 보다 넓게 퍼져가기도 하는 大同의 시대 분위기를 말해주는 경우라 하겠다.[21]

다음으로 규장각에서는 많은 서적을 편찬함으로써 당시 문화 능력을 크게 높였는데, 모든 분야에 걸쳐서 고루 출판되었다. 이 편찬 사업은 당시 청나라의 四庫全書 간행에 못지 않은 기획 아래 진행되었음을, 정조의 명으로 편찬된 147종의 도서해제집인 《群書標記》를 통해서 짐작할 수 있다. 동양의 전통 분류법인 4부법을 따라 분류하였으며, 특색있는 내용을 중심으로 소개하면 다음과 같다.[22]

유교 경전을 말하는 經部는 10여 종이 편찬되었다. 대체로 초계문신 교육 중에 만들어진 4서와 5경의 강의록이 중심이다. 곧 경전의 내용을 다시 점검하여 표준이 되는 해석을 얻으려는 노력이라고 할 수 있다.

역사 기록을 말하는 史部는 30여 종이 편찬되었다. 이 중에서 정조임금부터 쓰기 시작한 국왕의 개인 일기인 《日省錄》, 통치를 위한 귀감을 모은 《列朝羹墻錄》, 李宜顯의 저서를 증보해서 국가 중요 인물의 행적을 편찬한 《人物考》, 당쟁을 비판하고 탕평책 실시 과정을 수록한 《皇極編》, 정조 당대의 刑獄 판례(結案)를 모은 《審理錄》, 刑具 격식을 바로잡은 내용을 수록한 《欽恤典則》이 있다. 이 밖에 규장각의 중국본 서적목록인 《奎章總目》과 지방에서 간행한 서적을 해제한 《鏤板考》가 있다. 기타 관청의 제도와 연혁을 정리한 《奎章閣志》·《弘文館志》·《秋官志》·《度支志》들과, 법전류로 《대전통편》이 있다. 이제까지의 사적을 넓게 살펴서 통치규모를 파악함으로써 새로운 개혁 방향에 적응하기 위한 자료를 정리하는 노력이라고 할 수 있다.

경전 이외의 학문 서적을 말하는 子部는 10여 종이 편찬되었다. 朱子·程子·丘濬 같은 정통성리학자들의 중요한 글모음이 많은데, 이 밖에 당시 시대 분

---

21) 鄭玉子, 〈委巷詩社의 成立과 詩社運動〉(앞의 책).

22) 姜順愛, 〈正祖朝 奎章閣의 圖書編纂 및 刊行〉(《奎章閣》 9, 서울大, 1985)를 주로 참조함.

위기를 알 수 있게 해주는 책으로서 정조의 어록인《日得錄》, 우리나라의 무예 서적을 집대성한《武藝圖譜通志》, 소리와 문자를 연구하여 일원화를 도모한 정확한 음운서인《奎章全韻》, 정조가 직접 편찬한 음악서적인《詩樂和聲》, 조선중화주의 입장에서 대명의리론을 정리한《尊周彙編》들이 있다. 다방면의 학술을 제대로 파악하려는 노력이라 하겠다.

개인 문집을 말하는 集部는 20여 종이 편찬되었다. 국초 이래의 중요한 館閣文字를 모은《文苑黼黻》, 문체반정 정책 내용과 초계문신의 試劵을 붙인《正始文程》, 삼강행실도와 이륜행실도를 수정하여 합본한《五倫行實圖》, 규장각 건립을 최초로 건의한 梁誠之의《訥齋集》, 李舜臣의《李忠武公全書》및 임진왜란 유공자의 實記 등이 있다. 정조의 방대한 문집인《弘齋全書》도 정조 사후에 규장각에서 간행되었다.

규장각을 중심으로 실시된 위와 같은 정조대 문화정책은, 바로 조선 국가체제의 정비 방향과 연결될 수밖에 없다. 정조는 학문의 근본을 원시유학을 의미하는 6경이라고 보았다.[23] 곧 올바른 학문인 正學 역시 육경학을 의미하고 있었다. 다시 말하면 정조는 6경 존중과 道文一致論을 근본으로 하여, 학문의 근원인 經과 실제에 적용하는 史가 일치하는 경지인 삼대 이전의 古學을 존중하고 있었다. 그리고 거기에 도달하는 기본적인 길이 주자성리학이라고 평가하였다. 동시에 정조는 조선이 명의 정통을 계승하였으므로 지금은 조선만이 중화라는 조선중화주의를 높게 평가하고 있었다. 이는 송시열 이래 세워진 大明義理論에서 배태된 것이기도 했다. 그래서 정조는 우리 자신을 먼저 지키자는 內修外攘論을 표방하면서 正學의 수호를 내세웠다.[24] 이 입장에서 남인계 서학파에서 나타났던 서양인과의 접촉 노력 및 서양학 우선 경향과 노론계 북학파에서 나타났던 해외통상론 및 고증학 우선 경향을 모두 明·淸문화의 지엽적인 부분을 지나치게 받아들인 결과라고 평가하고 있었던 것이다. 그래서 "이미 우리 동국에서 태어났으니, 마땅히 우리 동국의 本色을 지켜야 한다"고 하면서, 학문 뿐 아니라 그릇같은 생활용품까지 중국산

23) 이하 정조의 학문 부분 중 주를 달지 않은 부분은 주로 鄭玉子, 앞의 책에서 참조함.

24)《承政院日記》1777 冊, 정조 21년 6월 24일.

을 받아쓰려 한 당시 사대부들을 사치풍조에 물들었다고 비난하였다.[25] 이를 적극적으로 평가한다면, 조선중화주의를 넘어서는 민족주의적 단계에 도달했다고 할 수도 있다. 특히 고증학의 경우 문체반정운동의 과정에서는 패관소품으로 몰아 붙이면서 새로운 견해만 추구하고 성취에만 바빠서 속임수가 많고 현란하기만 하다고 평가하였지만, 비판만 했던 것은 아니었다. 명말청초의 중요한 학자들을 비교적 넓게 검토하기도 했고, 그 중에서 顧炎武를 위시한 古學 추구자는 구분해서 평가하기도 했다.[26] 하지만 정학을 해치는 邪學으로 규정된 서학문제를 수습하는 과정에서 정치적 결정으로 내려진 서적수입 금지조치는, 19세기 우리 사회의 문화 수용능력을 대폭 좁혀놓는 결과를 초래하기도 했다.

규장각은 정조 연간에는 그 지위가 계속 강화되었다. 그와 함께 각신들은 조석으로 국왕을 문안하고, 승정원 승지와 같은 지위에서 모든 중요 회의에 참석하였으며, 登對할 때도 승정원을 경유하지 않아도 되는 특권을 가지게 되었다. 또 국왕 측근의 시종직이었으므로 언제든지 疏箚와 진언이 가능하였고, 경연관의 직책을 가졌으며, 史官 직책을 겸임하였다. 그리고 국왕의 공식 일기인 《일성록》, 각신들과 대담하는 과정에서 나온 정조의 어록인 《일득록》, 규장각의 공식 일기인 《內閣日曆》을 작성하였다. 따라서 체제 정비 이후 규장각의 기능은 이전 관료기구 중에서 승정원·홍문관·예문관·사간원·종부시들이 맡고 있었던 기능을 종합적으로 장악하는 성격을 가지게 되었음을 알 수 있다.

정조 연간에 폭넓은 기능을 발휘했던 규장각도, 군주권이 극도로 위축되어 가는 순조 연간 이후가 되면 각신에게 부여되었던 실제 권한은 모두 없어졌다. 제도 자체는 《대전통편》에 수록되어서 존속하였으나, 御製의 간행과 《일성록》의 기록 정도를 담당하였을 뿐이었다.[27]

---

25) 《弘齋全書》 권 175, 日得錄, 訓語.

26) 《弘齋全書》 권 173, 日得錄, 人物(徐榮輔 壬子錄).
곧 정조는 소론 준론계 徐志修의 손자인 서영보와 함께 고염무의 《日知錄》, 이광지의 《周易通論》, 매문정의 《梅氏叢書》 등을 검토했다고 판단된다.

27) 1864년 고종 즉위 이후 御製의 보관이 종친부로 이관됨으로써, 규장각은 순수한 왕실도서관만으로 그 기능이 축소되었다. 대한제국 시기인 1907년 11월에는 홍문관이 폐지되면서 그 기능이 규장각으로 단일화되고, 대제학의 직임이 설치됨으로써 지위가 크게 격상되었으나, 1910년 나라가 망함으로써 큰 의미를 지니지는 못한다.

3) 장용영과 군주권 강화

정조 역시 영조와 마찬가지로 탕평책을 통한 군주권 강화를 도모하였다. 이에는 물리력의 뒷받침이 절대로 필요했기 때문에 거기에 상응하는 군사제도의 개혁이 필요했다. 정조 2년(1778) 6월에 발표된 '大誥'에는 정치 개혁의 기본 원칙이 비교적 잘 표현되고 있는데, 이 때 이미 군영의 개혁을 언급하고 있었다. 곧 군영이 5개로 나뉜 것은 개인의 군대가 되는 家兵의 폐단과 통솔이 어려운 多門의 근심으로 나타나서 정치적 혼란을 가져올 수 있다고 하면서, 5군영이 체계적으로 통할되지 못하고 있는 현실을 개혁하여 일원적인 군영체제로 개편해야 함을 시사하고 있었다. 이는 軍權은 군주권 아래에서 일원적으로 통제되어야 한다는 의지였는데, 7년 후인 정조 9년에 壯勇營의 설치로 나타났다.[28] 그러나 정조가 정치의 첫째 원칙으로 내세운 척신계의 정치간여 금지는, 군영대장의 경우 예외적인 경우가 나타나기도 한다.

장용영은 처음부터 군사권의 일원화를 표방하지는 않았다. 첫 출발은 장용위란 소규모 금위부대였고, 이를 점차로 확대하여 결국 도성과 화성(수원)에 각각 내영과 외영을 두면서 기존 5군영보다 훨씬 큰 규모를 가진 군영으로 확대하였다. 그런데 이는 또한 5군영 규모의 점차적인 축소와 병행되고 있기도 했다. 드러나지 않도록 점진적으로 군사권의 일원화를 도모했던 것이다. 또한 장용영은 국왕의 아버지를 기리는 뜻을 지녔던 정조 8년의 慶科 실시 및 수원성의 축조와 밀접한 연관을 가지면서 정비되어 갔다. 정조 8년 경과는 무과 합격자가 2,900여 명에 이르렀다. 그리고 정조 9년 장용위를 시작으로 이들을 바탕으로 국왕을 호위하는 禁衛부대인 장용영의 창설이 시작되었던 것이다. 곧 군주권 권위의 재확립 의도와 밀접하게 연결되는 친위부대의 성격을 가지고 있기도 했다. 결국 경과의 성격은 규장각 설치를 통해서 붕당이나 척신의 이해관계와 연결되지 않는 친위 관료세력을 양성하려는 목

28) 장용영에 관해서는 다음의 글들이 참조된다.
李泰鎭, 〈三軍門 都城守備體制의 確立과 그 變遷〉(《韓國軍制史》 近世朝鮮後期篇, 陸軍本部, 1977).
裵祐晟, 〈正祖年間 武班軍營大將과 軍營政策〉(《韓國史論》 24, 서울大, 1991).

적과 똑같이, 중견 무반들 역시 붕당이나 척신계와 연결되지 않는 새로운 인재로 키우려는 시도였다.

정조 연간에 군사적으로 설치된 새로운 기구로는 처음에는 宿衛所가 있었다. 김구주와 홍인한, 정후겸으로 대표되는 척족세력의 방해를 뚫고 대리청정으로 왕위에 오르게 된 정조는, 당시의 공신이었던 홍국영을 도승지로 삼아 모든 정책 결정을 관할하게 하였다. 처음에는 그를 수어사·총융사에 임명하였다가, 곧 이어 궁궐 숙위를 담당하는 금위영 대장으로 임명하였다. 그리고 호위군관과 결탁하여 왕의 숙소를 침범했던 洪相範사건을 계기로 숙위소를 설치하였다. 곧 이는 척신계 등의 위협에서 스스로를 보호하기 위한 숙위체제의 강화였다. 그런데 숙위대장은 금위영 대장이 겸임했으며, 단순한 궁궐 숙위만이 아니라 도성 전체의 경비를 총령하였고, 더 나아가서 5군영까지 총괄하는 위치에 이르기도 했다. 또한 숙위소는 병조나 오위도총부의 관할에서 벗어나 있었다. 곧 숙위대장이 독자적으로 대장패와 전령패를 가지고 궁성 내외의 숙위군병 절제를 장악하고 있었다.[29] 동시에 그와 유사한 기구였던 호위청의 규모를 3청에서 1청으로 대폭 축소시켰다. 그러나 홍국영 역시 자기 누이를 元嬪으로 궁궐에 들여서 척신으로서 자신의 위치를 강화하는 한편, 숙위소를 자신의 권력강화를 위한 기구로 이용하였다. 이에 정조는 원빈이 사망한 후인 정조 3년 9월에 홍국영을 정계에서 은퇴시켰다. 이 때 동시에 숙위소도 혁파되고 말았다.[30]

이후 정조는 훈척계열의 중용을 피하기 위한 새로운 군영의 설치를 계획했는데, 이것이 壯勇衛였다. 그 기본 정신은 영조와 마찬가지로 중앙군을 조선 초기처럼 5위체제로 바꾸려는 것이었다.

정조 9년 국왕의 호위만을 전담하는 장용위라는 새로운 부대가 설치되었다. 그런데 이는 숙위소 혁파 이후 새로운 숙위체제를 모색했던 정조가 정조 6년에 무예출신 및 무예별감 중에서 장교를 역임했던 자를 대상으로 30명을 선발하여 번갈아 임금의 숙위를 담당시켰던 체제를 공식화한 것이었다. 장용위는 정조 11년경에 50명으로 보강되었고 여타의 各色標下軍과 作隊軍

29)《正宗記事》권 5, 원년 11월.
30)《正宗記事》권 7, 3년 9월.

을 갖추면서 壯勇廳 체제로 정리되었다. 이는 다음 장용영 체제의 과도기적 단계였다.

장용위는 숙위전담 장교 집단과 諸色軍에서만 京·鄕의 馬步軍을 확보하기 시작하였고, 정조 12년(1788)이 되면 장용영으로 호칭되면서 계속 확대되다가, 17년 내영·외영제가 선포되면서 제도적으로 대폭 정비되었다.

이 때 장용내영은 수도인 한성부에 설치되었는데, 제색군·마보군과 牙兵을 합쳐서 5,000명으로 계획되었다. 이 중에서 馬軍은 善騎隊 3哨 345명이었고, 步軍의 경우 京軍은 1司 5초 615명으로 편성하고 鄕軍은 4사 20초 2540명으로 편성하도록 계획되어 있었다. 이 계획은 제대로 실시되지는 못해서, 순조 2년(1802) 혁파될 때까지 대체로 마군은 1대 2초, 보군은 좌·중·우 3사 19초의 체제를 유지하였다고 판단된다. 특히 보군 향군의 경우 정조 19년까지는 좌·우 2사 10초만이 차출되었다. 그러나 이후 다양한 계기를 통해 계속 확대되어 정조 21년 전후 시기에는 좌·우 2사 16초가 되었다고 한다.

장용외영은 정조 17년 수원에 華城이 축조되고 유수부로 승격하면서 수원부를 중심으로 설치되었다. 수원유수가 장용외사를 겸임하게 하였고, 도성의 본영을 장용외영으로 부르게 되었다. 곧 사도세자의 무덤인 顯隆園과 국왕 행차시에 머무는 행궁지역에 설치된 외영은 실제로는 내영보다 중요시되었다. 외영은 화성 행궁과 성을 지키는 正軍과 守城軍, 그 수성을 돕는 4방 각 읍의 協守軍으로 구성된다. 그런데 기존의 馬步軍을 정비한 다음, 수원부 인근 지역의 入防軍과 협수군 체제를 정비하였고, 마지막으로 인근 5읍의 군총을 이속시키면서 5위-속5위로 편성하였다. 장용외영은 정조 13년 10월 그 편제를 국초의 五衛法으로 해서 완성된 것이 특징이다. 화성의 5위는 長樂衛라고도 불렸는데, 前衛(八達衛)·左衛(蒼龍衛)·中衛(新豊衛)·右衛(華西衛)·後衛(長安衛)로 구성되었다. 이는 임진왜란 이후 이제까지 군 편제에 사용되었던 戚繼光法을 버리고, 병농일치를 특징으로 하는 5위법을 이용하여 더 많은 군사를 확보하려는 목적이었다. 또한 京司에 소속되어 있던 납포군을 장용외영에 소속시킴으로써 실제 군사로서 활동할 수 있게 조처하기도 했다. 그리하여 3,000여 명 규모의 상근부대와 유사시 동원되는 수성군으로 구분되어 편제되었다. 이는 국초의 강력한 권위의 회복을 의미하는 편제였다. 이러한 과정을 거쳐서, 화성 주변의 군대 정원상의 虛額을 없애고, 京司 소속을 분리함으로써 중간 수탈을 축소하였으며, 전체적인 군비 강화를 도모하였다.

숙위체제를 비롯한 궁성 호위군의 체제를 새롭게 모색한 것은 금군 자체가 질적으로 저하되고 있는 한계 때문이기도 했다. 그래서 무과출신자로 임용함으로써 그 한계를 극복하려 했다. 이는 사도세자를 기리는 慶科에서 선발된 무사를 모두 군대에 편입시키기 위한 목적과 결합되면서 장용위를 창설하기에 이르렀던 것이다.

장용영은 그 운영비가 기본적으로 왕실 경비에서 지출되었지만, 처음 규모를 확대해 나갈 때는 주로 훈련도감·금위영·어영청·총융청·수어청·軍器寺 같은 타 군영의 재정과 군사를 이동시킴으로써 최소한의 경비로 설치하였다. 이는 여타 5군영의 규모가 실제적으로 축소되는 것을 의미한다. 이중에서 가장 정예부대였던 훈련도감에서 이동된 군사는 2,200여 명에 이르는 대규모였다. 또한 수어청은 군영의 의미를 상실할 정도의 타격을 받았다. 어영청과 금위영도 400~500명에 달하는 軍額 감소가 있었다. 곧 장용영은 그 규모 면에서 내영 하나만으로도 다른 5군영의 규모와 동일할 정도가 되었다. 이 때 호위청 역시 장용영에 합쳐졌다. 경기도 안의 군사를 하나로 묶어서 대군영을 만들려 했던 정조의 목표가 드러난 것이었다.

장용영 상층부에서 지휘를 담당했던 무반 군영대장은, 전통적 무반가문 대부분이 탈락 내지 교체되고 신흥 무반세력이 담당하는 현상을 보였다. 특히 영조대 탕평당 계열의 將臣은 정조 10년(1786) 具善復의 옥사를 계기로 완전히 제거되었다. 게다가 장용대장은 처음에는 국왕의 특지로 차출되도록 규정되어 있었다. 그리고 5군영이 中軍과 千摠을 통하는 것과는 달리 장용영은 대장의 군령이 직접 別將과 善騎將에게 전달되는 체제로 되어 있었다. 중간층위를 배제한 대장의 직접적인 군대 통할을 의미하는 것이었다. 장용대장은 정조 19년 이후에는 비변사의 천거를 받도록 되었으나, 3명 이상 추천제인 長望이었고 특지에 의한 임명이 불가능하지 않았으므로 결국 국왕인 정조의 주도하에 있었다고 보아야 할 것이다. 실제로 대장은 대체로 정조 즉위에 공이 있는 친위 관료세력이나 측근 외척의 경우는 국왕의 특지로, 신흥 무반의 경우는 장망으로 발탁되었다. 장용영의 亞將層은 각 군영의 당상 당하관이 거쳐가게 하였던 점도 주목된다. 이는 5군영의 대장으로 천거되는 자격자는 반드시 장용영 별장직을 거치도록 한 조치라고 판단된다. 이 역시 5군영이 척신계에 장악되어 왔던 경향을 장용영을 통해서 불식시키려는 의도였다고 하겠다. 곧 국왕의 친위군문으로의 성격을 강화한 것이었다.

慶科에 합격한 군관 출신 중에는 서얼·평민이 많다는 점도 주목해야 할 것이다. 이는 이들 계층 중에서 성장하는 세력을 국왕 직속으로 재편성한다는 의미를 가지기 때문이다. 화성 축성에 부역민을 동원하지 않고 유이민 계층이 중심을 이룬 것으로 생각되는 모군을 동원하여 축조하였다는 사실도 중요한 의미를 지닌다. 이들을 화성을 중심으로 경기지역 일원에 안정시킴으로써 결국 이들 중 상당수를 군사로서 편제할 수 있었을 것이기 때문이다. 이는 국왕 아래 유이민을 재편제했다는 의미가 되기도 한다. 동시에 화성의 도시화를 위해서 새로운 상권이 형성되도록 정부가 상인 계층을 지원했던 점도 중요한 의미가 있다.

이러한 군주권 강화를 위한 친위군영인 장용영은 1800년 정조의 사망과 동시에 혁파되는 운명을 맞았다. 다음 해인 순조 원년(1801) 정월 공노비가 혁파될 때, 여기서 생기는 재정 결손분을 장용영에서 급대한다는 조치가 함께 취해졌다. 군영으로서의 기능을 대폭 위축시킨 조치였다. 그리고 그 다음해 정월에는 정조의 탕평정책에 적대적이었던 벽파세력의 영수 沈煥之의 발의로 장용영은 혁파되었다. 정조의 능이 역시 화성으로 결정되었음에도, 그 능묘를 호위하기 위한 장용영은 일시적인 기구이며 후세까지 이어지는 법제가 아니라는 것이 그 논거였다. 당시 관원과 군사는, 신설된 부분은 폐지하고 다른 5군영에서 옮겨온 부분은 그대로 되돌려 보냄으로써 정리하였다. 극히 일부만이 장용외영을 대신한 摠理營에 소속되었을 뿐이었다. 장용영에 투입된 왕실의 재산을 포함한 모든 재정은 선혜청과 훈련도감을 비롯한 각급 관청에 나누어 옮겨졌다. 군영대장 역시 다시 척신계의 진출이 현저해지게 되었다. 이는 군주권의 위상이 급격하게 하락했음을 의미하는 것이었다.

〈朴光用〉

Ⅱ. 양역변통론과 균역법의 시행

1. 양역의 편성과 폐단
2. 양역변통론의 추이
3. 균역법의 시행과 그 의미

Ⅱ. 양역변통론과 균역법의 시행

1. 양역의 편성과 폐단

1) 양역의 편성

조선 후기의 양역이란 전기의 군역에서 양반층이 빠져나감으로써 남게 된 일반 양인층만이 졌던 군역을 가리키며, 부담형태도 군사활동을 하는 立役보다는 국가재정을 뒷받침하기 위한 徵布로서 부세적 측면을 강하게 지녔던 것으로 말해진다. 양역의 편성내용을 보기에 앞서 전기의 군역이 어떤 과정을 거쳐 위에서 말한 양역으로 변모되었는지 잠시 살펴볼 필요가 있다.

본래 조선시대의 군역은 "上自公卿之子 下至編氓 無不各有屬處"[1]라는 洪啓禧의 말처럼 관료나 향리와 같은 직역자 및 校生 등 면역자와 공사천의 私役 부담자를 제외하고는 양반에서 평민에 이르는 모든 신분이 부담해야 하는 身役으로서의 國役이었다. 그렇다고 하여 公卿子弟나 일반 백성이 지는 군역의 형태가 같은 것은 아니었다. 忠順衛나 忠贊衛와 같은 양반 자제를 위한 특수 병종이 일반 백성이 지는 正兵과 달리 따로 설정되어 있었다. 그러나 세조 연간의 군역균일화정책에 따라 양반도 정병·甲士의 일반 군역에 편입되어 구분은 완화되었다.

그런데 바로 이러한 시점에 와서 양반층의 군역 기피 현상이 나타나고 뒤이은 성종·중종대를 지나면서 양반층의 군역 제외는 당연시되며 군역은 양인 내에서 일반 백성들, 즉 흔히 良民으로 표현되는 신분층에게로 국한되게 된다. 왜 이런 현상이 오게 되었는지에 관해서는 世道가 변하고 기강이 무너졌기 때문이라는 당시 사람들의 일반적인 지적 이외에 구체적인 설명은 아직까지

---

1) 洪啓禧, 《均役事實》.

제시되고 있지 못하다. 다만 16세기 이래 사족지배체제의 형성에 따라 班常의 신분제가 자리잡아 가고 있는 현상과 관련지어 이해할 수 있으리라는 견해가 있고[2], 한편으로는 양반층의 왕실 지지 기능으로서의 군역에 대한 반대급부로 지급된 科田의 소멸에서 찾을 수 있다는 주장[3]도 있다. 이와 함께 충순위·충찬위 등의 특수 병종에 대한 遞兒職과 품계 지급, 관직 진출의 기회와 같은 특권이 유명무실해 가며 또 군역 균일화에 따른 양반층의 正軍役 부과와 함께 정군 징발자에 대한 반대급부였던 散官의 품계 지급 역시 소멸되어 전반적으로 군역의 질적 저하가 심화되던 현상도 함께 고려될 수 있을 것이다.

아무튼 16세기를 지나면서 양반층이 군역편제에서 빠져나감으로써 군역은 이제 일반 양인(양민)이 주로 부담하는 신역으로 굳어지게 되고 양역이란 용어가 군역의 다른 표현으로 사용되게 된다. 군역의 부담자가 양민으로 좁혀지기 시작하던 16세기의 시점에서 군역에는 다른 하나의 변화가 일어나고 있었다. 그것은 出役 형식이 立役에서 점차 收布라는 물납으로 전환되는 것이었다. 원래 5衛制의 기초로서 조선 초기의 군역은 실제 군사활동을 하는 正軍과 그 군사활동에 소요되는 경비를 담당하는 保人의 두 가지 형태로 구성되어 있었다. 따라서 순번을 정하여 교대로 일정 기간 서울로 와서 5衛의 군사로(番上) 혹은 지방이나 변경의 군졸(留防)로 복무하는 정군들은 그들에게 배속된 2~4명의 보인들로부터 포를 거두어 군사활동에 필요한 비용을 마련할 수 있었다. 그런데 비록 保布를 받는다 하여도 정군으로 볼 때 자신의 거주지를 떠나 일정 기간마다 번상하거나 유방하는 일은 귀찮기도 하거니와 고통스런 일이었다. 거기에다가 전쟁이 없다 보니까 점차 각종 使役에 동원되어 役卒化되어 가는 경향이 심해졌다. 여기서 번상병들이 보포로 사람을 사서 자신의 번상을 대신하게 하는 편법이 생겨났다. 보통 代立 또는 雇立制라고 불리는 이 방식은 본래 番上正軍과 代立人 사이의 사적인 관계였으나 이것이 점차 보편화하고 또 그에 따른 폐단이 일어나면서 국가가 개입하여, 번상을 면해 주면서 그 대신 布를 병조에 납부하게 하고(代役納布) 병조에서 필요한 군사를 포로 값을 지불하고

2) 鄭演植, 《朝鮮後期「役摠」의 運營과 良役變通》(서울大 博士學位論文, 1993), 1쪽.
3) 金容燮, 〈朝鮮後期의 賦稅制度釐正策〉(《增補版 韓國近代農業史研究》上, 一潮閣, 1984), 2쪽.

고용하게 하는 방식(給價雇立)으로 바뀌어 갔다. 이 대역납포제는 중종 36년(1541) 軍籍收布法[4]으로 법제화되어 騎兵을 제외한 步兵에서의 수포는 일반화되었다. 代納의 현상은 지방의 留防正軍에게는 放軍收布로 나타났다. 다만 방군수포는 兵使·水使·僉使·萬戶 등 군사 지휘자의 私利 추구의 방편으로 유방정군을 돌려보내고 포를 징수하는 일종의 불법행위였으므로 군적수포법의 적용 대상에는 제외되었다. 그러나 이미 중종 연간에 유방하는 군사가 없다는 탄식이 나올 정도로 방군수포는 만연하고 있었다. 이러한 군적수포법의 실시와 방군수포는 조선 초기 군역제가 표방하던 병농일치제의 동요와 병농분리가 일어나고 있음과 함께 군역의 수취 방식이 군사활동 위주의 입역에서 재정적 성격을 지니는 징포로 서서히 전환하고 있음을 말해 준다.[5]

군역제에 있어서 위와 같은 변화, 즉 양반층의 이탈에 따른 군역 부담층의 양민으로의 축소와 입역 대신 수포화에 따른 재정적 성격으로의 전환은 결과적으로 5위제 아래의 군사력을 약화시키고 국방력의 공백을 가져오게 하였다. 임진왜란은 이런 상황 속에서 발발하였다.

왜란을 거치면서 무력함이 드러난 5위제는 완전히 무너지고 그 대신 訓鍊都監이란 새로운 군사기구가 창설되어 임란 후 중앙군의 주력으로 자리잡으며 지방에는 束伍軍이 편성되었다. 그런데 이 훈련도감은 募兵制에 의해 군사를

---

4) 군적수포법이 나오기 전까지는 번상병이 중앙에 올라와서 입역할 곳의 胥吏에게 代役 價布(番布)를 직접 납부하였다. 따라서 절차가 번거롭고 또 담당 관속에 의한 남징이 자행되었다. 이런 폐단을 제거하기 위해 중종 36년 2월 임신에 梁淵의 건의에 의해 중앙에서 지방별로 군적에 실려 있는 번상보병의 수에 따라 미리 정해 놓은 가포를 할당하고 이를 지방관이 관내의 번상병에게 일괄 징수하여 병조에 보내게 하는 개선안을 마련해 실시하였다. 가포의 할당이 지방별 군적에 기초했으므로 군적수포법이라 하였다. 후일 茶山 丁若鏞은 여기에서부터 수포제가 비롯된 것으로 보고 있다(李泰鎭, 〈軍役의 變質과 納布制의 實施〉, 《韓國軍制史》 近世朝鮮前期篇, 陸軍本部, 1977) 참조.

5) 立役에서 收布制로의 전환을 이 시기의 경제적 변화와 관련지어 이해하려는 견해도 있다. 즉 16세기에 들어와 노동집약적 영농방식이 발전함에 따라 농민이나 지주 모두 노동력의 직접 징발보다는 物納의 부담형태를 원하게 되었고 같은 시기에 이루어진 상품화폐경제의 발달 또한 화폐적 기능을 수행하는 면포의 수요를 증대시켜 수포화를 촉진했다는 것이다.
윤용출, 〈壬辰倭亂 시기 軍役制의 動搖와 改編〉(《釜山史學》 13, 1981).
백승철, 〈17·18세기 軍役制의 變動과 運營〉(《李載龒紀念韓國史學論叢》, 1990), 517~518쪽.

선발, 급료를 지급하면서 장기간 군사활동을 하게 하는 일종의 직업군인제와 그 급료를 포함하여 군사활동에 필요한 일체의 경비를 국가에서 부담하는 -뒤에 가면 砲保와 軍餉保의 설치로 달라지게 되지만-養兵制의 형태를 취하고 있어 정군과 보인으로 편성되는 전기의 군역과는 체계를 달리하고 있었다. 다시 말해 일단 군역과는 무관하게 군제가 편성된 것이다.

한편 속오군은 일반 양인은 물론 兩班·儒士·鄕吏와 公私賤까지 포함하여 편성되었다. 일종의 전시동원인 셈이다.[6] 그러므로 전란이 끝나면서 양반 등은 빠져나갔다. 그러나 천인의 경우는 제외되지 않았다. 전란에 따른 인적 손실로 인해 그들을 제외하고는 속오군의 유지가 불가능하였기 때문이다. 임란 전에는 포함되지 않던 천인이 군역에 들어간 것은, 임란 후의 군역에서 보이는 하나의 큰 변화였다. 이제 군역에는 양민이 지는 양역과 천인이 지는 천역의 두 가지 형태가 있게 되었다.

전란 후의 군역에는 속오군만 있지 않았다. 5위는 폐지되었지만 거기에 속해 있던 기병과 보병, 甲士, 定虜衛 등의 군액은 병조로 귀속되었다. 그들은 번상하는 기병을 제외하고는 임란 전의 보병이 그러했던 것처럼 거주지 중심의 군적수포법에 따라 포를 바쳐야 하였다. 임란 전에는 番布 또는 代役價라 했지만 5위가 없어진 이 때에는 그저 軍布라 하였다. 이들은 뒤에 새로운 군영이 설치되면서 그 소속 軍丁과 달리 舊軍籍의 軍額으로 구별되었다. 그런데 아직 분명하지는 않으나 이들도 속오군에 속해야 했던 것으로 보인다. "번상하면 기병이 되고 돌아와 營將에 속하게 되면 속오군이라 한다"[7]라는 표현과 이를 놓고 一身兩役이 문제되었던 점이 이를 뒷받침해 준다.[8] 전란의 피해가 복구되지 않은 상태에서 군사 재정의 확보와 지방군의 정비를 함께 도모하는 과정에서 이런 무리가 왔다고 생각된다.

---

6) 그런 면에서 이 속오군은 조선 초기의 잡색군과 대비되나 잡색군은 군역에서 제외된 세력, 즉 鄕吏·牧子·校生 등과 노비를 대상(이 때는 양반도 군역을 지기에 잡색군에는 포함되지 않음)으로 한 일종의 전시대비군의 성격을 지녔기에 군역으로 보기는 어렵다(閔賢九, 〈雜色軍의 편성〉, 《韓國軍制史》 近世朝鮮前期篇, 陸軍本部, 1977, 135~137쪽).

7) 《仁祖實錄》 권 19, 인조 6년 12월 신묘.

8) 車文燮, 〈束伍軍硏究〉(《朝鮮時代 軍制硏究》, 檀國大 出版部, 1973), 208~213쪽.

군역의 이러한 양상은 군사력 확보의 한 방안으로 號牌法의 시행을 시도하던 光海朝까지 그대로 지속되었다. 그러나 인조반정으로 서인정권이 들어서면서 새로운 국면을 맞게 된다. 親明策의 표방으로 대북방관계가 악화된데 대비도 해야 했거니와 軍權경쟁이 공신세력간에 벌어진 결과로 摠戎廳·守禦廳·御營軍의 새로운 군문이 설치되었던 것이다.

인조 연간 이렇게 출발한 군문들은 뒤이은 효종의 군비강화책에 따라 정비를 거치며, 다시 현종대에 훈련도감군을 1,000명 줄이면서 대신 精抄軍·訓鍊別隊를 설치했다가 숙종 8년(1682)에 이를 합해 금위영으로 삼았다. 숙종초의 금위영 설치로 임란 이래 계속된 중앙군 강화를 위한 군영 설립은 종료되었고 5軍營體制가 성립하였다.

그런데 인조 이후 생겨난 군영들은 앞서 설립된 훈련도감의 모병 및 양병제의 형태를 취할 수 없었다. 무엇보다도 양병에 따르는 국가의 재정 지출을 감당할 수 없었기 때문이다. 우선 훈련도감부터 給保制를 다시 도입하였다. 그래서 훈련도감의 주력군인 砲手에게 지급할 料布의 재원으로서 3명씩의 보인이 설정되었다. 포수에게 딸린 보인이라 하여 砲保라고 이름하였고 매년 3필씩을 포수에게 바쳐야 했다. 또 도감군사의 숫자가 늘게 되면서 三手米만으로 부족한 料米의 확보를 위해 숙종 초 軍餉保가 설치되었다. 지방 수령은 이들에게서 매년 12斗를 징수하여 훈련도감으로 보내었다. 이제 훈련도감은 6천 명 내지 7천 명 정도의 삼수군을 양성하기 위하여 8만 석에 이르는 호조의 재정지원 외에도 4만 명이 넘는 수포(미)군을 갖게 되었다. 본래 군역과 무관하게 편성되었던 훈련도감도 결국 군역의 지원을 받지 않을 수 없었다[9].

훈련도감의 사정이 이러하였기 때문에 나머지 다른 군영들은 아예 처음부터 군역체계 속에서 군제를 편성하였다. 먼저 설치된 총융청·수어청은 경기도 내의 속오군을 주축으로 군제를 구성하였다. 따라서 여기에는 양민·공사천으로 구성된 군졸이 있었을 뿐 재정과 관련된 보인이나 수포군은 없었고 그 대신 약간의 屯田이 설정되었다.

수어청·총융청과 달리 어영청은 애초에 조선 초기와 같은 番上給保制를

9) 金鍾洙, 〈17세기 軍役制의 推移와 改革論〉(《韓國史論》 22, 서울大), 144~151쪽.

취하였다. 다만 초기의 그것과는 번상시의 왕래 비용을 부담하는 資保와 번상병에게 지급될 料米마련을 위한 官保가 설정된 것이 달랐다.

어영청의 이러한 편제는 훈련도감처럼 국가재정을 축내지 않으면서 군사력을 확보할 수 있는 좋은 제도로 평가되었다. 그래서 현종대에는 山林이던 宋時烈의 적극적인 주장으로 훈련도감군 일부를 감축하고 그 대신 번상급보제에 토대한 정초청·훈련별대군을 두었으며, 숙종 때 이것이 다시 통합되어 어영청과 편제를 같이하는 금위영으로 개편되었던 것이다.

그러나 이런 번상급보제는 많은 良丁을 필요로 하였다. 인조 말년경 1,000명의 번상병으로 된 어영청을 유지하는 데 20,000명 정도의 번상정군과 같은 수의 자보, 41,000명의 官保 등 합계 81,000여 명의 인원이 소요되었던 것이 그 예가 된다[10]. 아래의 〈표 1〉에서 보듯이 어영청·금위영의 군액만으로 5군영 전체 군액의 70% 정도를 차지하고 있는 것은, 그것이 국가재정의 부담없이 많은 군사를 확보하게는 해주었지만 한편으로는 엄청난 양정의 수요를 유발하는 제도였음을 말해주고 있다.

어떻든 숙종 초의 5군영 성립으로 중앙군제의 편성은 일단 종료되었다. 다음의 〈표 1〉은 바로 그 시점을 중심으로 그 전후의 군액을 표시한 것이다.

〈표 1〉 顯宗·肅宗·英祖 年間의 軍額

군영＼시기	현종 말·숙종 초	숙종 28년		영조 19년[1)]
훈련도감	30,000(元軍 6,000, 保人 24,000)		47,414(元軍 6,314, 保人 41,100)	44,692
어 영 청	80,080(〃 20,080, 〃 60,000)		100,028(〃 25,939, 〃 74,089)	84,805
총 융 청	15,890(〃 14,890, 〃 1,000)		24,930(〃 21,160, 〃 3,770)	5,128
수 어 청	20,000(〃 20,000, 〃 -)		29,366(〃 28,496, 〃 870)	11,638
훈련별대	54,700(〃 13,700, 〃 41,000)	금위영	89,235(〃 20,805, 〃 68,430)	83,594
정 초 청	17,920(〃 8,960, 〃 8,960)			
합 계	218,590(〃 83,630, 〃 134,960)		290,973(〃 102,714, 〃 188,259)	229,902[2)]

1) 《顯宗改修實錄》 권 10, 현종 4년 11월 무인.
申 琓, 《絅菴集》 권 4, 〈進八條萬言封事箚〉 제 5조, 定軍制.
《良役摠數》.

10) 崔孝軾, 〈御營廳硏究〉(《韓國史硏究》 40, 1983), 108쪽.

2) 총융청과 수어청은 속오군 중심으로 편성되어 良賤이 함께 포함되어 있는데 영조 19년의 경우는《良役摠數》에 의거한 관계로 천역자를 제외한 양역자 수만 기록된 것임. 따라서 천역자까지 합하면 그 숫자는 증가할 것임.

이 표를 보면 우선 5군영 성립 후 중앙군의 군액은 총계 29만 명을 넘고 있다. 임란 전의 구군적의 군액이 그대로 존속하는 속에서 이 만큼의 군액이 새로 증가한 것이다. 임진·병자의 두 차례 전란을 겪으면서 피폐한 국력 속에 이만한 군액을 확보하여 5군영체제를 갖춘 것은 當路者의 노력의 결실이라 하겠으나, 그와 동시에 그만한 양정을 확보함에 따르는 무리한 시책과 강제적인 수단 등은 또 다른 폐단을 낳고 있었다. 바로 백골징포·황구첨정과 같은 양역폐였다. 이 점은 다음 절에서 자세히 언급될 것이다.

〈표 1〉에서 또 하나 주목되는 것은 의외로 총융청과 수어청 내에 賤隷軍의 비율이 높다는 사실이다. 숙종 30년(1704)에 단행된 5군영 군액 조정 때 다른 군영이 적지 않게 감축되었던 데 비해 총융청은 23,157명, 수어청은 32,351명으로 약간 줄거나 오히려 늘었다[11]. 따라서 영조 19년(1743)의《良役摠數》편찬 당시에도 총융청·수어청은 위의 군액을 유지했으리라 생각되는데 양역자만으로 각기 5,128명, 11,638명이므로 이 숫자로만 따져 볼 때 천역자는 18,029명, 20,713명이 된다. 천역자가 양역자의 3배 이상, 2배 가량 되고 있다. 이는 속오군에서 양인이 점차 빠져나가고 공사천으로 채워져 천예군화하고 있는 일반적 양상을 보여주는 예라 할 것이다.

인조 이후 중앙군에 대한 강화로서 5군영이 차례로 설립되는 것과 함께 지방군인 속오군에 대해서도 이를 증강하려는 시도가 있었다. 그리하여 인조 때는 營將制를 실시해 그 훈련과 단속을 꾀하였으며 효종과 숙종 때는 보인을 지급하려는 계획을 세우기도 하였다. 그 결과 인조 14년(1636) 86,000명이던 군액이 현종 원년(1660) 161,928명, 다시 숙종 28년에는 188,000명으로 늘어났다. 그러나 이런 조처가 있었음에도 불구하고 속오군의 처우는 개선되지 않았으며 一身兩役의 문제점도 쉽사리 해소되지는 않았다. 다만 양정의 부족

---

11) 李泰鎭,〈三軍門 都城守備體制의 確立과 그 變遷〉(《韓國軍制史》近世朝鮮後期篇, 陸軍本部, 1977), 172쪽.

으로 양역의 폐가 심화되면서 속오군 내의 양정을 빼내어 수포군으로 삼고 대신 공사천을 채워 넣음으로써 양인의 일신양역은 점차 해소되었으나 반면에 속오군은 점차 천예군화하였으며 마침내 영조 12년(1736) 良束伍의 제외조처로 완전히 천예군이 되어[12] 양역과는 관계없이 되었다.[13]

한편 병조 소속으로 들어간 구군적의 군액도 인조 이후 정부에 의해 적극적으로 관리되었다. 우선 구군적 내에서 전란으로 인해 빠져나간 인원이 얼마인가를 파악하는 작업부터 이루어졌다. 오랜 기간의 조사 끝에 비변사에서 보고한 결과는 8도의 騎兵·步兵, 漕軍·水軍의 궐액이 인조 26년(1648) 당시로 모두 251,623명이었다.[14] 실로 막대한 숫자였다. 뿐만 아니라 도망하거나 죽어서 생기는 逃故와 60세가 넘어 군역에서 제외되는 老除로 인하여 궐액은 매년 계속적으로 발생하고 있었다. 이 궐액을 제대로 채울 수 있다면 만성적인 양정 부족과 재정난의 타개가 가능하였다. 중앙에서 지방별로 일정액수의 양정을 할당하여 궐액을 채워 넣게 하는 歲抄라는 방식은 그래서 나왔던 것이다.

세초에는 구군적의 궐액을 채우기 위해 3년마다 한 번씩 실시하는 大歲抄와 도고·노제로 인한 궐액을 매년 채워 넣는 別歲抄가 있었다. 별세초는 大邑에는 100명, 中邑 50명, 小邑 20명이 할당되는 것이 상례였으나 기근이나 흉년으로 매년 시행될 수는 없었다[15]. 그리고 바로 이 세초는 아약·백골징포의 양역폐를 야기하는 직접 원인이었다. 양정을 구하지 못하는 경우 수령들은 이미 죽은 자와 어린아이까지 군적에 올려 할당된 숫자를 채워야 했기 때문이다. 그러나 보통 15만 명 정도로 말해지는 騎步兵을 주축으로 했던 이 구군적은 전란이 끝난 지 약 1세기가 지난 숙종 28년(1702) 申琓이 올린 〈進八條萬言封事箚〉에서 다음의 〈표 2〉와 같은 명목과 군역을 포함하고 있는 것으로 나와 있다.

---

12) 車文燮, 앞의 글.

13) 그렇기 때문에 영조 24년에 편찬된 《良役實摠》에 "此案爲良役而作也 凡系奴軍不必擧論"(良役査正凡例)라 하여 속오군은 실리지 않았다.

14) 《仁祖實錄》 권 49, 인조 26년 9월 기묘.

15) 金鍾洙, 앞의 글, 157~165쪽.

〈표 2〉 舊軍籍의 軍役名目과 軍額

	명목	군액(명)	계
正軍	有廳, 騎步, 定虜, 甲士, 扈輦, 禁軍軍官, 標下雜色	59,800	343,400
保人	餘丁, 禁保, 定虜, 甲士保, 守護軍戶保, 鷹師戶保, 烽軍戶保, 騎步保人, 留防戶保, 錄事·唱準, 匠人, 生徒, 牧子	283,600	

위의 〈표 2〉에서 번상한다는 정군은 7名目 59,800명이고 군적수포법에 적용을 받아 포를 내는 보인은 14명목 283,600명이다[16]. 그런데 정군의 대부분을 차지한다고 보이는 기병은 본래 납포가 허용되지 않았고 병조의 구군적에 들어가서도 번상하여 궁궐의 파수 등에 종사하도록 되었었는데 현종 때부터 조금씩 停番收布하다가 이 표가 만들어지던 시기인 18세기에 이르면 보병과 마찬가지로 대부분 수포군이 되었다. 이렇게 본다면 위의 정군도 이름만 번상한다는 정군이지 사실은 수포군이라 보아도 좋을 것이다.

이상에서 본대로 5군영체제가 갖추어지던 시점에서 군제와 군역의 편성은 일단 완료되었다. 그것의 구체적 명목과 군액의 숫자는 뒤의 〈표 4〉에 제시되어 있다. 개별 명목에 대한 설명은 생략하고 여기서는 군사활동을 하는 정군과 布나 米를 바치는 보인의 숫자가 얼마나 되는지 파악해 보기로 한다.

우선 5군영의 경우 정군과 보인은 〈표 1〉에서 나타나듯 각기 102,714명과

---

16) 〈표 2〉의 구군적 군액의 총액이 343,400명이라는 데는 몇 가지 의문이 있다. 《仁祖實錄》 권 41, 인조 18년 12월 정미조에 보면 8도의 編伍軍(101,914명), 武士(10,717명) 및 諸色軍(299,476명)의 합계를 412,107명이라 하면서 이것은 병조의 군적에 있는 장부상의 숫자일 뿐 궐액이 많다고 했다. 그 궐액은 인조 26년 251,625명으로 집계되었다. 따라서 실제의 구군적 군액은 이 당시에 약 16만 명 정도였다고 파악되는데, 80년 사이에 343,400명으로 늘어날 수 있었을까 하는 점이다. 세초가 있지 않느냐 할지 모르나 양역폐 때문에 자주 정지되고 성과도 지지부진했다는 설명들로 보아 세초로 인해 두배 이상 증가했다고 생각되지는 않는다. 그리고 40년쯤 지난 영조 19년의 《양역총수》에는 그 숫자가 142,431명(〈표 4〉 참조)에 그치고 있는 점도 의심으로 남는다. 그 사이에 불필요한 군액의 査減이 있기는 했지만 수만 명에 그쳤을 뿐 거의 20만 명이 줄어든 경우는 없었기 때문이다. 명목을 비교해 볼 때 숙종 28년에 보이는 留防軍戶保가 영조 19년에는 보이지 않는 것이 무슨 단서가 되지 않을까도 생각하나, 현재로서는 어떤 형태로든 명확한 답을 얻기 힘들다. 그래서 다만 문제점으로만 남겨 둘 뿐이다.

188,259명이다. 다음 병조 소속 구군적의 군액은 〈표 2〉와 같이 정군 59,800명, 보인 283,600명이다. 그리고 수군 41, 400명은 "모두 納布給代하는 자로서 한명도 戰士는 없다"고 한 신완의 말대로 수포군으로 보아야 할 것이다. 이외에 各道募軍士卒·束伍軍·巡營牙兵 355,200명은 대개 戰卒로 파악되므로 정군 내지 전졸은 모두 517,714명이고 보인은 513,259명으로 합계 1,030,973명에 이른다. 나라를 통틀어 헤아리면 납포자가 50여 만명이며 전졸이 50여 만명이라는 신완의 말대로, 실제의 군졸과 수포군이 각기 50여 만명으로 반반씩이며 전체 군액은 100만 명을 넘고 있다. 15세기 말인 성종 8년(1477) 함경도와 강원도가 제외된 상태에서의 총군액이 467,719명[17]이었던 것과 인조 연간 병조 軍案의 412,107명[18]에 비교해 볼 때 약 2배 정도 군액이 늘어났다고 할 수 있다. 조선 전기의 구군적에 임진왜란 후 신군제하의 5군영과 속오군이 첨가되었기 때문이었다.

숙종 전반기에 보이는 위와 같은 군제와 군역의 명목 및 군액은 양역변통을 담당하기 위해 설치된 良役釐正廳에 의한 숙종 30년(1704)의 군제·군역의 개편조처[19]에 따라 전체적인 정비를 거치게 된다. 이 때의 개편목적은 불요불급한 군액을 줄여 도고로 인한 궐액의 충당에 제공하도록 하고, 같은 성격이면서도 편제가 조금 달랐던 어영청·금위영과 수어청·총융청을 동일한 체제로 통일한다는 것이며, 무엇보다도 훈련도감을 가운데에 두고 금위영·어영청을 좌우에 배치한 三軍門都城防禦體制를 갖춘다는 것이 핵심이었다.

그러나 이 삼군문체제는 운영되어 가는 과정에서 훈련도감 중심으로 변모되었으며 금위영·어영청의 한번의 상번군은 각기 10哨(1哨는 127명)에서 절반인 5哨씩으로 줄였다. 따라서 약 6,000명 정도의 훈련도감군에 635명씩의 금위군·어영군이 보조하는 셈이 되어 2營의 군사적 비중은 그만큼 축소되었다고 할 것이다. 거기에다가 흉년 등의 구실로 停番收布가 잦았기 때문에 이제는 신군제의 번상병마저 수포군화해가는 경향을 나타내었고, 그래서 실

17) 《成宗實錄》 권 81, 성종 8년 6월 기묘.
18) 주 16) 참조.
19) 이를 위해 마련된 절목에는 改漕軍·水軍變通節目, 五軍門改軍制節目, 軍布均役節目, 海西水軍變通節目, 落講校生徵布節目이 있다(《肅宗實錄》 권 40, 숙종 30년 12월 갑오).

질적인 중앙의 군사력은 훈련도감이 담당했다고 해도 과언이 아니었다. 그런데 이 훈련도감군은 모병에 의해 선발된 직업군인이어서 砲保를 갖고 있기는 했으나 군역과는 일단 관련이 없었다. 다시 말해 중앙의 군사력은 군역과 무관한 직업군인에게 의존하게 된 셈이다.

이와 비슷한 시기에 속오군 내에서도 앞서 밝혔듯이 良束伍 제외조치로 인해 완전한 천예화가 이루어져 속오군은 군역 내의 천인이 담당하는 역이 되었다. 중앙군은 직업군인이, 지방군은 천인이 담당하게 된 것이다. 이러한 변화는 자연스럽게 양민으로 하여금 군사비용 및 일반재정을 담당하도록 이끌었다. 아니 어쩌면 일찍이 磻溪 柳馨遠이

> 병조가 (그 소속의 군병에 대해) 각처의 파수꾼이나 사환으로 부리는 자 이외에는 모두 放軍收布하고 있다. 병조가 이러니 지방에서 이를 본뜸이 더욱 심해서 장부를 펼쳐 사람 수를 헤아려서 다달이 들어올 價布나 셈하고 있다. 지금 京外의 아문으로 방군수포하지 않은 데가 없다. 그러므로 군사라 하면 문득 포를 바치는 사람으로만 여기게 되고 보병이라 하면 사람들은 綿布로만 알 뿐 그것이 본래 군사의 이름인 줄 모른다(柳馨遠, 《磻溪隨錄》 권 21, 兵制)

고 지적한 바와 같이 군역 내의 양민 부담자들에게 수포화가 진행되어 온 결과 양역이 면포를 의미할 정도로 수포적 성격을 갖게 된 것으로 볼 수 있다. 그야 어떠하든 이제 군역 내의 천역은 지방군의 입역을 중심으로, 그리고 군역 내의 양역은 수포 중심으로 운영되게 되어서 양역의 부세적 성격이 확연히 드러나게 되었다고 하겠다.

다음의 〈표 3〉은 현종 이후 양역에서의 收布疋數를 표시해 본 것이다. 산출 근거의 상이와 당시 사람들의 부정확한 숫자 관념으로 만족스럽지는 못하나 수포의 양이 계속적으로 증가하고 있음을 확인할 수 있으며 이는 곧 양역의 수포화 경향이 그만큼 심각하게 진행되고 있음을 나타내는 것이었다. 군역의 폐가 문제되는 속에 유독 양역의 파악을 위해 영조 19년(1743) 《양역총수》와 24년의 《良役實摠》이 편찬된 이유도 그것이 국가의 재정문제와 직결되었기 때문이라고 생각된다. 참고로 《양역총수》의 내용을 명목과 인원수를 중심으로 정리하여 〈표 4〉로 제시한다.

〈표 3〉 시기별 양역 수포 총수

시 기	수포총수(필)	(수포군수)	근 거
현종 11년(1670)	445,000필		《현종실록》 권 18, 11년 10월 기해. 영의정 許積 上言
숙종 3년(1677)	600,000 〃		金錫胄, 《息菴遺稿》 권 17, 行戶布議
숙종 28년(1702)	?	(500,000명)	申琓, 《絅菴集》 권 4, 進八條萬言封事箚
숙종 37년(1711)	?	(700,000 〃)	《숙종실록》 권 50 하, 37년 12월 신사. 右尹 朴權 疏
경종 3년(1723)	1,000,000 〃		《영조실록》 권 71, 26년 6월 계사. 知敦寧 李宗城 疏
영조 3년(1727)	700,000 〃		〃 권 14, 3년 11월 갑인. 右尹 李廷濟 疏
〃 4년(1728)	900,000 〃		〃 권 15, 4년 2월 병술. 左參贊 金始煥 上言
〃 11년(1735)	986,000 〃		〃 권 40, 11년 2월 병인. 특진관 李眞淳 上言
〃 13년(1737)	700,000 〃		〃 권 45, 13년 9월 병신. 부호군 李穆 上疏
〃 26년(1750)	633,708 〃 [1]		〃 권 71, 26년 6월 경인. 左參贊 權𥛚 上疏
〃 28년(1752)	1,000,000 〃		〃 권 75, 28년 1월 을해. 兵判 洪啓禧 均役事實

1) 권적이 말한 633,708필은 실은 수포총수가 아니고 경외경비를 말한다. 권적이 밝힌 구체적 내용을 보면 5軍門 보포 456,543필, 京各司 보포 46,116필로 合 502,659필이며 여기에 諸道 경비라 하여 영남·호남·호서·경기·해서의 監·兵·水營의 소요비용 合 131,049필을 모두 합한 633,708필로 되어 있다. 그런데 왜 그런지 당장 밝힐 수는 없으나 여기에는 병조 기보병 戶保와 水軍·漕軍·烽軍호보에서 수포 숫자가 제외되어 있다. 영조 19년에 작성된 《良役摠數》에 보면 병조 기보병 호보는 약 12만 명, 수군 약 72,000명, 조봉군 약 24,000명 총 합계 약 216,000명이 된다(〈표 4〉 참조). 기보병·수군·조군·봉군 등은 1년에 대개 1필 이상씩 바치므로(예컨대 기보병은 16개월에 2필을 바치므로 1년 단위로 하면 1.5필이 됨) 최소한 216,000필, 1.5필로 보면 324,000필 정도가 된다. 이를 경외경비라고 한 633,708필에 합하면 적어도 84만 필 이상, 경우에 따라서는 967,708필이 되어 같은 시기의 홍계희가 《均役事實》에서 말한 100만 필과 큰 차이가 없다.

〈표 4〉에 보면 큰 구분으로 京案과 外案이 있다. 경안이란 중앙에 입역하거나 납포하는 양역이며 외안은 各監·兵·水營 및 諸鎭에 입역·납포하는 것을 말한다. 경안에는 모두 68종의 명목에 473,616명, 그리고 외안에는 2명목 103,892명이 속해 있다. 이로써 본다면 양역은 경안소속이 외안보다 8 : 2 정도로 압도적이다. 이는 후기의 군제가 도성방어에 초점을 맞춘 편제상의 특징으로 말미암았다고 하겠으나, 한편으로는 역 자체가 부세화하면서 중앙의 재정에 양역이 집중된 결과이기도 하였다.

〈표 4〉 朝鮮後期 良役의 所屬別 名目과 人員數

區分		所屬	《良役摠數》 英祖 19(1743) 명목	인원수 (6道)	《絅菴集》 肅宗 28(1702) 명목	인원수 (8道)
京案付	五軍營所管	訓鍊都監	砲手保	37,000 명		
			軍餉保	7,000 〃		
			龍津鎭保	120 〃		
			硫黃軍	272 〃		
			吹鐵軍	50 〃	三手軍	6,314 명
			鐵峴鎭軍	250 〃	保人	41,100 〃
			計	44,692 〃	計	47,414 〃
		御營廳	上番步軍	16,750 〃	正軍	25,939 〃
			步軍資保	17,925 〃		
			官納保	34,072 〃	保人	74,089 〃
			京案保	9,288 〃		
			別破陣保	900 〃		
			別馬隊	750 〃		
			別馬隊資保	3,750 〃		
			步軍標下	15 〃		
			步軍標下資保	15 〃		
			輜重軍	150 〃		
			輜重軍保	600 〃		
			硫黃軍	75 〃		
			採黃軍	55 〃		
			吹鐵軍保	300 〃		
			屯牙兵	160 〃		
			計	84,805 〃	計	100,028 〃
		禁衛營	上番步軍	16,300 〃	正軍	20,805 〃
			步軍資保	17,425 〃		
			官納保	44,579 〃	保人	68,430 〃
			別破陣保	900 〃		
			別驍衛	750 〃		
			別驍衛資保	3,259 〃		
			步軍標下	15 〃		
			步軍標下資保	15 〃		
			工匠保	100 〃		
			硫黃軍	71 〃		
			吹鐵軍保	30 〃		
			葛山屯募軍	150 〃		
			計	83,594 〃		
		守禦廳	山城各色軍官	4,041 〃	戰卒	28,496 〃
			松坡津軍官	225 〃	保人	870 〃

區分		所 屬	《良役摠數》 英祖 19(1743) 명목	인원수 (6道)	《絅菴集》 肅宗 28(1702) 명목	인원수 (8道)
京案付	五軍營所管	守禦廳	別破陣	2,000 명		
			馬兵	729 〃		
			部牙兵	1,323 〃		
			屯牙兵	990 〃		
			水鐵牙兵	194 〃		
			標下伏路軍	132 〃		
			京標下軍	50 〃		
			訓御軍	408 〃		
			良牙兵	334 〃		
			牙兵	1,251 〃		
			吹鐵牙兵	6 〃		
			計	11,683 〃	計	29,366 명
		摠戎廳	束伍馬軍	1,200 〃	戰卒	21,160 〃
			束伍步軍	178 〃	保人	3,770 〃
			輜重軍	250 〃		
			上番壯抄	18 〃		
			屯壯抄	142 〃		
			屯牙兵	222 〃		
			良軍需保	3,000 〃		
			標下軍	41 〃		
			吹鐵牙兵	77 〃		
			計	5,128 〃	計	24,930 〃
		小計		229,902 〃	小計	290,973(正102,714 〃 保188,259 〃)
	兵曹所管	經理廳	守堞軍官	244 〃		
			別破陣	151 〃		
			牙兵	435 〃		
			計	830 〃		
		兵曹	騎兵	65,467 〃	正軍	59,800 〃
			步兵	37,250 〃	┌ 有廳軍	
			別騎兵	1,500 〃	騎步兵	
			禁軍保	11,074 〃	定虜軍	
			衹直	1,926 〃	甲士	
			扈輦隊保	1,101 〃	扈輦軍	
			靑坡蘆原驛保	517 〃	禁軍軍官	
			京驛保	360 〃	└ 標下雜色	
			內吹戶	200 〃		
			內吹保	1,050 〃		
			計	120,445 〃		

區分		所屬	《良役摠數》 英祖 19(1743) 명목	인원수 (6道)	《綗菴集》 肅宗 28(1702) 명목	인원수 (8道)
京案付	兵曹所管	京衙門			保人	283,600 명
		觀象監	生徒	128 명	餘丁	
		掌樂院	樂生	105 〃	禁保	
			樂生保	1,220 〃	定虜甲士保	
			樂工保	2,948 〃	守護軍戶保	
		尙衣院	諸員	117 〃	鷹師戶保	
			匠人	68 〃	烽軍戶保	
			匠人保	502 〃	騎步保人	
		司饔院	諸員	815 〃	留防戶保	
			匠人	1,572 〃	錄事	
			漁夫保	70 〃	唱準	
		長生殿	匠人保	11 〃	匠人	
		司僕寺	諸員	3,448 〃	生徒	
		議政府	差備書吏	150 〃	牧子	
		中樞府	差備書吏	200 〃		
		吏 曹	留曹書吏	692 〃	計	343,400 〃
		工 曹	匠人	4,450 〃		
			匠人保	1,071 〃		
		軍器寺	別破陣保	448 〃		
			匠人保	430 〃		
		繕工監	匠人保	801 〃		
		紫門監	匠人保	44 〃		
		典設司	諸員	500 〃		
		校書館	唱準	1,705 〃		
			匠人358	〃		
		造紙署	匠人保	60 〃		
		歸厚署	匠人保	35 〃		
		內弓房	弓矢人保	20 〃		
			計	21,968 〃		
	기타	水軍	戶保	72,088 〃		
		漕軍		3,485 〃	水軍	41,400 〃
		烽軍	戶	7,777 〃		
			保	17,121 〃		
			計	100,471 〃		
	小計			243,714 〃		384,800 〃
合計				473,616 〃	合計	675,773 〃
		京畿道	監營	1,362 〃		
			諸鎭	2,335 〃		

區分	所　屬	《良役摠數》 英祖 19(1743) 명목	인원수 (6道)	《絅菴集》 肅宗 28(1702) 명목	인원수 (8道)
外案付	京畿道	計	3,697 명		
	忠淸道	監營	2,529 〃		
		中營	30 〃		
		兵營	4,723 〃		
		虞候	80 〃		
		水營	585 〃		
		虞候	20 〃		
		諸鎭			
		計	14,387 〃		
	江原道	監營	4,762 〃		
		中營	30 〃		
		諸鎭			
		計	5,688 〃		
	黃海道	監營	14,698 〃		
		中營	140 〃		
		兵營	12,123 〃		
		虞候	170 〃		
		水營	2,052 〃		
		諸鎭			
		計	29,973 〃		
	全羅道	監營	6,766 〃		
		中營	200 〃		
		兵營	10,422 〃		
		虞候	200 〃		
		水營	3,016 〃		
		虞候	177 〃		
		諸鎭	1,337	各道募軍	
		計	21,941 〃	土卒	25,300 명
	慶尙道	監營	17,221 〃	各道束伍	188,000 〃
		中營	203 〃	巡營牙兵	141,900 〃
		統營	1,143 〃		
		虞候	60 〃		
		右兵營	3,715 〃		
		虞候	236 〃		
		左兵營	2,656 〃		
		虞候	434 〃		
		左水營	617 〃		

區分	所　屬	《良役摠數》 英祖19 (1743) 명목	인원수 (6道)	《絅菴集》 肅宗 28(1702) 명목	인원수 (8道)
外案付	慶尙道	虞候	24 명		
		諸鎭			
		計	28,029 〃		
合計			103,892 〃	合計	355,200 명
總合計			577,508 〃	總合計	1,030,973[1)] 〃

1) 여기의 총합계가 《良役摠數》의 그것과 큰 차이가 나는 것은 서북지방의 군액 227,280명이 합산된 데다가, 양역으로 간주되지 않는 훈련도감의 삼수군이나 수어청·총융청 내의 천예군, 그리고 거의 공사천으로 채워져있다고 하는 188,000명의 속오군까지 함께 계산되었기 때문임.

〈표 4〉에 나와 있는 각군·아문의 명목들이 바로 양역의 내용인데, 원래는 이를 하나하나 검토해야 하지만 5군영·병조소속 구군액 등은 앞서의 서술과 중복되기도 하거니와, 또 현재의 연구수준으로서는 모두 설명해 내기 어려우므로 내용만 제시하는 데 그친다.

이상에서 조선 후기의 양역 편성을 살폈다. 그것을 요약하자면, 첫째 양역은 16세기 이래 양반층의 군역 이탈에서 비롯된 양민층만의 군역 부담, 그리고 같은 시기에 일어나기 시작하던 방군수포에 따른 부세적 기능으로의 전환이란 군역의 질적 변화에 그 기원을 두고 있고, 둘째 임진왜란 후 무너진 군제를 재편하는 과정에서 구군적 군액이 병조에 편입되고, 신군제인 5군영의 창설에 따라 그 명목과 出役 부담 및 인원수의 설정을 보게 되며, 셋째 그것이 운영되는 과정에서 군사적 기능은 쇠퇴하여 거의 소멸하는 반면 군사재정이나 일반재정의 재원으로서의 부세적 기능의 확립을 보게 되나, 바로 그러한 이유 때문에 다양한 명목의 설치와 인원수의 과다한 책정, 무리한 군포징수 등으로 여러 가지 사회문제가 일어나고 있었다고 하겠다.

2) 양역의 모순과 폐단

임진왜란으로 무너진 국방체제를 재건하는 과정에서 중앙군의 개편인 5군영 설치를 통해 편성된 양역은 많은 문제점을 안고 있었고 민생과 국가 등 사회 전반에 커다란 폐단을 불러일으키고 있었다. 먼저 양역제의 문제점을

① 양역제도 자체의 모순, ② 양역제 편성상의 모순, ③ 양역 징수상의 문제라는 세 가지 측면에서 검토하고자 한다.

① 양역제도 자체의 모순이란 양역이 이미 부세화해 버렸음에도 불구하고 균역적인 遺制에 따라 인정을 단위로 포를 거두고 있음을 말한다. 力役의 징발이라면 당연히 人丁이 단위가 되어야겠지만 物納의 경우라면 경제력에 기초하여 징수해야 마땅하였다. 그래서 다음 절에서 말해지는 양역변통론 중의 結布論者는 바로 이 점을 들어 토지로 징세 단위를 전환해야 한다고 했던 것이다. 인정 단위의 수포라 해도 그 부담이 얼마되지 않았다면 큰 문제가 아닐 수도 있었다. 사실 良丁 한사람에게 평균해서 2필 정도의 부담이란 그렇게 무겁다고 할 수 없었다. 그러나 한가족으로 본다면 부담의 중압감은 달라진다. 한 집안에 父子, 兄弟 3~4인이 양역을 진다면 쌀로 환산해 5~6석, 돈으로 계산하면 20냥이 초과되었다.[20] 후일 균역법 제정의 주관자였던 洪啓禧의 말을 빌리면 이 당시 양역을 부담하던 應役戶의 경제적 상황은 대개 並作農으로서 토지에서의 1년 수입이 평균 10석 정도 되지만 田主에게 반을 바쳐야 했으므로 실질소득은 5석(25냥) 정도였다고 한다.[21] 물론 홍계희의 이 계산이 균역법의 당위성을 입증하는 데 과장되었을 수도 있고 또 조선 후기에는 농가 부업이나 상업적 농업 등으로 다른 수입이 있어 반드시 5석 정도밖에 안될 정도로 영세하였다고만은 할 수 없을지 모른다. 그러나 무거운 세금이라고 말해지던 토지 1결에서의 법정세액이 대개 米 20斗 정도이고 당시의 관행인 養戶防結[22]에 의하더라도 미 40두(租 100두) 남짓했던 것으로 볼 때 토지를 갖지 못한 병작농이 대부분이라는 응역자에게 5~6석의 부담은 바로 생계의 파

20) 《肅宗實錄》 권 60, 숙종 43년 8월 신해.

21) 洪啓禧, 《均役事實》.

22) 養戶防結이란 농민이 田賦를 바침에 있어 자신이 일일이 운반해 납부하는 고생을 피하고 또 收納色吏들의 여러 차례에 걸친 잡다한 징수에서 벗어나기 위해 戶首를 정하여 그 호수에게 每 結當 租 100斗씩을 주어 일체의 상납에 응하게 하고 그 나머지를 호수가 차지하게 하는 방식이었다. 호수는 주로 土豪·吏胥 무리가 되었으며 이들은 지방관아와 결탁하여 이를 통해 중간 이득을 취하였으며, 한편 농민으로서는 結當 米 40斗(租 100斗)만 호수에게 내면 토지에서의 세금납부에 더 이상 시달리지 않게 됨으로써 이 양호방결은 조선 후기 농촌사회에서 관행이 되었다고 한다. 이에 관한 기록은 《承政院日記》 1070책, 영조 27년 6월 4일의 蔭武 李彦熽의 上言에 자세하다.

탄을 초래하는 원인이었다.

양역제 자체의 모순과 관련하여 또 하나의 문제점이라면 人丁 단위의 수포라면서도 신분적 요소가 작용하여 양반이 제외되고 있다는 점이었다. 애초에 양역이 양민만의 身役으로 규정되었기에 양반의 군역 이탈이 새삼 문제될 수는 없다. 그러나 정작 문제는 양반의 군역 이탈이 양역을 져야 할 양민의 피역을 유발하는 데 있었다. 양역을 부담한다는 것은 양민신분을 드러내는 것이었다. 할 수만 있다면 여기서 빠져나가고 싶은 것이 사람들이 공통적으로 바라는 바였다. 그리고 당시의 조선사회에서는 그런 길이 완전히 막혀 있지는 않았다. 쉽지는 않았지만 양반 신분을 취득하거나, 합법적으로 면역의 특전을 부여받은 유생이나 교생 등을 冒稱함으로써 그것이 가능하였던 것이다. 다만 사족지배체제가 향촌에서 위력을 발휘하던 17세기에는 그 길에 상당한 제한이 있었다. 그래서 아마도 그 시기에는 양역에서의 완전한 이탈보다는 보다 부담이 가볍고 덜 천시되는 이른바 歇役處로 투속하는 것이 더 보편적이었을 것이다.[23] 그러나 사족지배체제가 무너지고 사회경제적 변화가 본격화하는 18세기 이후 모칭 幼學이 크게 늘어나면서 호적상으로 양반을 모칭함으로써 피역하는 길이 일반화되었다.[24] 양민의 피역과 헐역처 투속은 그만큼 양역을 져야 할 양정의 감소를 초래하였다. 그 결과 홍계희의 말에 따르면 62만 호가 져야 할 양역을 10만 호가 부담해야 하는 모순이 나타나게 되었으며[25] 이것이 바로 양역폐 발생의 직접적인 요인인 양정 부족을 초래하여 백골징포·황구첨정 등의 양역의 폐단을 초래하였던 것이다.

② 양역폐 편성상의 모순이란 임진왜란 이후 군제편성에서 초래된 여러 가지 문제점으로부터 말미암은 것이었다. 왜란 당시의 훈련도감·속오군 설치도 그러하였지만, 인조 이후의 계속된 군영창설은 전쟁의 위기 속에 급하게 이루어

23) 이를테면 숙종 15년에 마련된 〈各衙門軍兵直定禁斷事目〉(《備邊司謄錄》 43책, 숙종 15년 정월 24일)이나 30년의 〈軍布均役節目〉(《肅宗實錄》 권 40, 숙종 30년 12월 갑오) 제정 등이 헐역처의 문제점을 시정하려는 노력의 일단이었다고 할 것이다.

24) 이 시기의 피역 방법에 대해 金容燮교수는 幼學·儒生의 冒稱, 校·院生의 모칭, 軍官·將校로 投屬, 璿派·勳族의 모칭과 族譜 위조와 같은 적극적 방법과, 부분적인 피역으로서는 私冒屬으로서 歇役處에 投屬하는 소극적 방법을 들었다(金容燮, 앞의 글, 215쪽~227쪽).

25) 洪啓禧, 《均役事實》.

졌으므로 처음부터 계획적일 수 없었다. 거기에다가 재상으로서 軍門 하나 장악하지 못하면 부끄러이 여겼다는 말[26]에서 보듯이 집권세력간에 벌어진 軍權 경쟁으로 군영의 설치가 좌우되는 상황에서 서로 자기 계열의 군영에 대한 지원과 특혜를 부여하였다. 특히 군문의 유지를 위해서는 군병과 보인의 확보가 필수적이었던 만큼 각 군문은 양정을 확보하는 데 혈안이었다. 그래서 나온 超法的인 조치가 直定과 自募였다. 직정이란 정상적인 행정체계를 거치지 않고 각 군·아문들이 지방관을 제쳐두고 직접 군보를 지정하여 군문에 예속시키는 것이었다. 이 방식은 李貴가 인조 초에 어영군을 抄募할 때 中軍·參議官·別將 등을 지방에 보내면서 처음 시도되었는데 이후 다른 군영에서도 그대로 채용하였다. 자모란 정군으로 하여금 자신의 보인을 스스로 모집하게 하는 것인데 그러기 위해서는 보인의 부담을 다른 역종에 비해 상대적으로 가볍게 해야 하였고 이것은 해당 군영에서 처리해 주었다.

이런 직정과 자모같은 방식은 당장 군사 調發과 양역제 운영에 혼란을 가져왔다. 조선 전기의 5위제하에서는 예컨대 義興衛에 경기·충청·강원·황해도, 龍驤衛에 경상도하는 식으로 어느 도는 어느 위에 속한다고 규정되어 있어 통제가 쉬웠다. 그런데 이제 직정·자모가 시행되다 보니까 도는 말할 것도 없고 군현마저 각 군문·아문에 소속된 군사와 보인이 뒤섞여 있게 되었다. 충청도 沃川郡을 예로 들어본다면 훈련도감·어영청·금위영·병조는 물론 掌樂院·尙衣院·司僕寺·中樞府 등 15개의 군문·아문에 모두 29종의 양역 명목[27]이 혼재되는 복잡한 현상을 나타내고 있다. 그래서 숙종 때의 신완은 만약 전쟁이 일어나 군사를 조발하게 되면 각 군문마다 자기 소속 군사를 징발하도록 수령을 독촉할 터이니 수령이 여러 군문으로부터 명령받는 것만 해도 혼란스러울 텐데 어찌 이를 일일이 분간하여 그 소속처로 나누어 보낼 수 있겠으며 7·8일이나 보름씩 걸려 요행히 군문을 찾아간들 군사 조발 기일을 놓쳐 아무 쓸모 없게 되리라고 그 허구를 격렬히 비판했던 것이다.[28] 군사확보의 방법으로 나온 직정과 자모가 도리어 군사 조발과 양역 징

27) 《顯宗改修實錄》 권 22, 현종 11년 7월 임술의 史臣의 말.
27) 《良役實摠》 권 2, 忠淸左道 沃川郡.
28) 申　琓, 《絅菴集》, 〈進八條萬言封事箚〉 五曰定軍制.

수의 혼란을 불러오고 있는 것이다. 그러므로 직정과 자모는 결과적으로 군제와 役種편성의 無定制性을 부채질하며 양역 행정의 혼란을 가중시켰던 것이다.[29]

이와 같은 군영 설치와 양역 편성의 무원칙·무정제성은 多岐한 役種의 명목 설정과 군액의 과도한 증가, 그리고 苦歇의 편차가 심한 역 부담상의 차이를 가져왔다. 앞의 〈표 4〉에서 보듯이 《양역총수》에 적힌 명목만으로도 70종에 이르는데 이것은 그래도 숙종 30년(1704)의 良役釐正廳과 《양역총수》 편찬당시의 良役査正廳에서의 査減을 거쳐 정리된 것만이었다. 숙종 28년 신완의 〈均身役〉條에 보면 관서지방의 경우 군병 명목이 100종에 가까웠다고 한다.[30] 양역 명목은 이것만 있는 것이 아니었다. 외방의 영·진·읍 또한 각종 군관·牙兵 등의 명목으로 군보를 모으고 있었다. 이들 명목은 불법적이고 은밀히 이루어져서 중앙의 통계에는 잡히지도 않았다.

그리고 이런 양역 명목의 다양성은 필연적으로 양역 명목에 따른 輕重苦歇의 양역 부담의 차이를 가져왔다. 병조의 기보병이 16개월에 한 번 번상하거나 出布함에 비해, 어영청의 騎士는 15개월에, 步軍은 48개월에 한 번씩 번상하도록 되어 있었으며, 숙종 28년 우의정 신완이 군역 가운데 가장 무겁다는 수군·조군·館軍의 부담이 1인당 3필인데 비해 가장 가볍다는 각종 명목의 군관은 3인이 1필을 낸다고 하여 무려 9배의 차이가 있음을 지적한 것[31], 그리고 실제로도 같은 시기에 양역이정청에서 파악한 바에 따르면 수군·조군의 5종목이 3필 역이고 司僕寺 諸員이 2필 반, 기보병의 戶·保, 훈련도감의 포보 등 37종은 2필, 定虜衛·漁夫保 등은 1필의 차이를 보인 것이 그 예가 된다.[32] 명목이 다양함과 出役의 차이는 양역 행정의 난맥상을 초래하였다. 특히 가장 문제가 되는 헐역처로의 투속을 불러 일으켰다. 양역에서 빠지지 못할 바에야 누구나 부담이 가벼운 역을 지려는 것이 人之常情이기 때문이다. 또 바로 이런 점을 노려서 각군·아문들은 새로운 명목과 유리한

29) 直定과 自募의 실상과 문제점에 관해서는 백승철, 앞의 글, 525~532쪽 참조.
30) 申 琓, 《絅菴集》, 〈進八條萬言封事箚〉.
31) 위와 같음.
32) 收布疋數의 차이에 따른 구체적인 役名은 백승철, 앞의 글, 523쪽 참조.

조건을 내세워 군정을 불러모으려 했던 것이다. 이처럼 상호간의 이해관계가 일치하는 가운데 투속자는 날로 늘고 그에 따라 각종 명목에 속한 군액은 엄청나게 증가하여 이미 숙종 28년(1702)경에 앞서 제시한 〈표 4〉에서 보듯이 100만 명을 넘었던 것이다. 실로 피역과 헐역처의 투속은 역의 명목을 갖지 아니한 양정의 씨를 말리다시피 하여 양정의 부족현상을 가져오게 하는 기본요인이었고, 그러기 때문에 끊임없이 발생하게 마련인 궐액의 代定을 어렵게 하여 어린아이와 죽은 자의 백골까지도 군역의 명단에서 빠지지 못하게 하는 참상을 가져오게 했던 것이다.

③의 양역 징수상의 문제란 摠額制를 말한다. 조선시대는 각 지방에 일정한 군액의 총숫자를 배정하면 어떠한 일이 있어도 그 군액에 해당하는 군보를 확보하여 번상시키거나 혹은 포를 상납해야 했다. 이를 軍摠이라 불렀다.[33] 그래서 각 읍은 궐액이 발생하면 다른 양정으로 이를 채워 넣어야 했으며 이를 위해 나온 것이 앞서 말한 세초였다. 그런데 양정이 없으면 결국 그 지역에 할당된 군포의 책임량을 채우지 못하게 되고 그 책임은 수령에게로 돌아오므로 수령들은 불법임을 알면서도 백골징포·황구첨정을 할 수밖에 없었던 것이다. 그러므로 국가에서는 때로 거두지 못한 身布를 일부 탕감해 주기도 하고 농민의 流離로 호구가 줄어든 이른바 軍多民少한 군현에 대해서는 특별히 군총수를 줄여 주거나 민다군소한 고을의 양정을 옮겨 주기도 했으나 군총제 자체를 폐기할 생각은 없었던 것 같다. 그리하여 숙종·영조 때의 여러 차례에 걸친 약간씩의 군총 조정을 거쳐 영조 24년(1748)의 《良役實摠》으로 확정된 지방 군현별 군총은 조선 말까지 유지되었다.[34]

양역의 폐는 신분적인 모순과 정치적 목적에 의한 군영 창설 및 운영에서 빚어진 피역과 헐역이 원인이 되어 양정의 부족을 자초하였고 이것이 양역의 폐를 격화시켰던 것이라고 할 수 있다.

〈鄭萬祚〉

33) 이 군총제의 原形은 世宗 때부터 찾아진다(金鍾洙, 〈17세기 軍役制의 推移와 개혁론〉, 《韓國史論》 22, 서울大, 1990, 162쪽).

34) 鄭演植교수는 앞의 책에서 良役弊의 원인이 役摠의 過多에 있다고 보고 論旨를 전개하였다.

2. 양역변통론의 추이

1) 양역변통론의 여러 형태

조선 후기의 전 기간에 걸쳐서 민생을 위협하는 가장 큰 요소는 양역이었다. 무거운 세금이라고 말해지던 토지에서의 法定 稅額도 많아야 米 24斗, 즉 1석남짓 되었다. 이에 비해 같은 시기의 양역의 부담은 한 집안에 부자·형제 3~4인이 있는 경우 쌀로 환산하여 5~6석이나 되었기 때문이다.[1]

그러나 양역이 이 정도의 부담으로만 그쳤던 것은 아니다. 도망가거나 죽거나 하는 사정으로 양역을 지던 자가 빠지는 경우(逃故) 그 부담이 죽은 자나 어린아이, 나아가 친척이나 이웃에까지 전가되었다. 이른바 白骨徵布·黃口簽丁·族徵·隣徵의 양역폐인 것이다. 법정 세액만으로도 감당키 어려운 형편인데 이러한 불법적이고 중복된 군포 징수까지 자행되었으므로 양역민의 생활 자체가 위협받았음은 말할 것도 없다. 더구나 이들 양인부담자의 경제적 처지는 대개 영세한 竝作農의 열악한 조건이었다고 한다. 양역폐는 실로 농촌사회의 피폐와 농민의 流亡을 가져오는 제일 요인이었고 국가의 존립을 위기 상황으로 몰아갔던 것이다.

그러므로 민생문제를 해결해야 한다는 면에서 뿐만 아니라 국가 위기의 해소라는 차원에서도 양역문제는 반드시 적절한 대책이 마련되어야 하였다. 효종 말년 이후부터 숙종 연간 동안 軍額의 증가로 인한 양역폐의 격화를 해소하기 위해 여러 가지 측면에서 다양한 내용이 활발히 논의되고 또 일부는 정책으로까지 실현되며, 마침내 영조대에 이르러 균역법으로 낙착되었던 良役變通論[2]은 바로 이를 위한 노력이었다. 그것은 대체로 다음과 같이 구

---

1) 《肅宗實錄》 권 60, 숙종 43년 8월 신해. 영의정 金昌集 上言.

2) 양역변통론에 대해 金容燮교수는 "피역행위를 봉쇄하고 규정을 고침으로써 良役制를 본래대로 유지하려는 것"(〈朝鮮後期의 賦稅制度釐整策〉, 《증보판 韓國近代農業史硏究》 上, 一潮閣, 1988, 423쪽)이라 하고 戶布制와 같은 대변통론은 균역제의 근본적 변혁이라 하여 양역변통론과 구별하였으며, 鄭演植교수는 "良役制 자체를 폐기하려는 것"(〈국문 초록〉, 《조선후기 役摠의 운영과 良役變通》,

체적으로 지적될 수 있다.

㈠ 良丁搜括, ㈡ 私募屬폐지론(不緊名目沙汰), ㈢ 校生·軍官汰定論, ㈣ 軍役定額論, ㈤ 減軍額論, ㈥ 軍門革罷論, ㈦ 減鎭堡·併州縣論, ㈧ 經費裁減論, ㈨ 軍·衙門直定禁止論, ㈩ 逃故里定論, ⑪ 軍丁民戶均齊論, ⑫ 擇守令(得人)論, ⑬ 減疋論, ⑭ 戶布論, ⑮ 口錢論, ⑯ 遊(儒)布論, ⑰ 結布(錢)論

이를 하나씩 간단히 설명하면 다음과 같다.

㈠의 양정수괄론이란 양정의 확보를 위해 피역 등 여러 가지 방법으로 양역을 지고 있지 않은 양정(閑丁)을 찾아 색출하자는 주장으로 閑丁搜括이라고도 불린다. 老除(60세가 넘어 양역에서 면제됨)나 逃故로 인해 군적에서 빠져나간 인원(闕額)을 채우려면 매년 상당한 수의 양정이 확보되어야 했지만 이것이 원활하게 이루어지지 못했기 때문에 각종 양역폐가 있었던 것이다. 양정수괄의 구체적인 방법으로는 숙종 초에 마련된 〈良丁査覈節目〉[3]의 예에서 보듯이 피역자의 색출을 위한 戶籍制 정비·號牌法 및 5家作統制 등이 제안되었으며 다음의 ㈡와 ㈢도 그 중의 하나였다.

㈡의 사모속 폐지론이란 중앙의 各司나 지방의 監營·兵營·水營·鎭堡 그리고 향교·서원 등에서 자체의 비용 조달을 명분으로 양역보다 적은 부담의 유리한 조건(歇役)을 내세워 양정을 모집해 차지하고 있는 私募屬(私冒屬과 混用됨)을 일체 폐지함으로써 피역의 길을 막아 양정 부족 현상을 타개할 수 있다는 견해이다.

㈢의 교생·군관태정론은 합법적으로 면제되고 있는 교생·군관과 이를 기화로 피역을 목적으로 여기에 투속한 수백 명에서 때로는 수천 명에 이르기까지 하는 정원 외의 교생·군관(額外校生)에게 모두 일정한 시험(經書考講과 試射)을 치루게 하여 불합격자인 落講生을 군역에 바로 속하게 함(汰定軍役)으

서울大 博士學位論文, 1993)이라 하여 良丁搜括이나 軍額査減같은 이른바 小變通論을 양역변통론에 포함시키고 있지 않아, 양역변통론의 개념과 범위를 달리하고 있다. 필자는 양역변통론을 "양역폐의 해소를 위해 양역제의 개선과 개혁을 주장하는 논의"로 정의하고 기본적으로 양역제의 유지라는 전제 위에서 제도와 운영상의 모순점을 개선하려는 小變通論과 양역제 자체의 철폐를 전제로 한 대변통론을 함께 포괄하여 사용하였다.

3) 《肅宗實錄》 권 5, 숙종 2년 6월 병인.

로써 역시 양정 부족 현상을 해소할 수 있다는 주장이었다. 여기에는 액외교생·군관은 모두 적발해 곧바로 군역에 태정시켜야 한다(直汰)는 원칙론과 낙강자만 태정하자는 완화론, 그리고 군역이라는 이름을 갖는 것을 죽기보다 싫어하여 교생·군관에 투속한 만큼 낙강했다고 해서 군역에 태정하지 말고 그 해의 罰布만 거두자는 현실론이 있었다. 특히 낙강자를 별도의 군관 명목속에 속하게 하여 벌포 1필을 거두자는 숙종 37년(1711) 李濡의 주장이나, 감필에 따른 재정 보완책과 관련하여 경종 3년(1723) 吳命峻이 校院生을 일부만 남기고 모두 군관으로 삼아 수포하자고 한 주장[4]은 균역법 내의 選武軍官 항목 성립의 선구를 이루는 것이었다.

㈣의 군역정액론이란 軍門·衙門別로 액수를 정하여 더 이상 濫占하거나 헐역으로 투속하는 길을 막음으로써 지방관의 양정 파악과 양정 확보를 가능하게 한다는 주장이다. 영조 19년(1743)과 24년에 각기 간행 반포된《양역총수》와《양역실총》은 숙종 이후 계속된 이런 주장의 최종적인 결실이었다.

㈤의 감군액론은 대기근과 같은 여러 사정으로 궐액을 보충할 방법이 없게 된 상태에서 각 군문이나 衙門의 군사수를 줄여 이를 해결하자는 주장이며 숙종 25년의 乙卯査正, 28년의 양역이정청 설치, 39년의 癸巳査正, 40년의 甲午査正, 영조 18년의 壬戌査正 등은 그것이 구체적인 정책으로 나타난 것이었다.[5]

㈥의 군문혁파론도 ㈤와 같은 성격이나 한 걸음 더 나아가 아예 5군영중 1개 군영을 혁파하자는 논의로서, 훈련도감과 금위영이 주 대상으로 거론되었고 숙종 29년(1703)에는 한 때 금위영이 혁파되기도 했으나[6] 宿衛를 약화시킬 수 없다는 반대론으로 바로 복구된 것이 예라고 할 수 있다.

㈦의 감진보병주현론은 外侵에 대비해 해안에 설치되었던 鎭堡를 혁파하거나 郡縣을 병합함으로써[7] 경비 지출을 줄이고 거기에 소속되었던 군사·보인으로 부족한 양정에 보충하자는 주장으로 후일 균역법 제정 당시 減革

---

4)《肅宗實錄》권 50, 숙종 37년 9월 경술.
《承政院日記》554책, 경종 3년 5월 18일 병신.

5) 減軍額論과 관련해서는 鄭演植, 앞의 책, 85~94쪽의 〈役摠의 固定〉에서 자세히 언급되어 있다.

6)《肅宗實錄》권 38, 숙종 29년 정월 병진.

7)《英祖實錄》권 36, 영조 9년 12월 정묘.

條에 일부 반영되기도 하였다.

㈧의 경비재감론은 兵曹騎步兵의 예에서 보듯이 良保에게서 징수한 軍布(良布)로서 일반 재정을 충당하고 있는 당시의 실정에서 일체의 경비를 줄이고 절약함으로써 결과적으로 재정의 여유를 가져 양정 부족 현상을 타개할 수 있다는 견해이다.

㈨의 군·아문직정금지론이란 중앙의 군·아문에서 지방의 수령을 거치게 되어 있는 원칙을 지키지 않고 직접 양정을 군·아문에 소속케 하는 脫法을 막자는 주장으로 숙종 15년(1689) 〈各衙門軍兵直定禁斷事目〉[8]으로 정책되기도 했다.

㈩의 도고이정론은 도고로 인한 궐액을 里단위로 공동 책임 지워 보충하게 하자는 주장이며 숙종 37년에 작성된 〈良役變通節目〉[9]에 의해 里定法으로 시행되었다.

(十一)의 군정민호균제론이란 고을에 따라 군정은 많고 民戶는 적다거나(軍多民少) 반대로 民多軍少한 차이가 있는 것을 시정하기 위해 군현별 군역부담자의 수(役摠)를 조절하자는 주장으로 영조 24년(1748)에 반포된《양역실총》의 편찬 목적의 하나도 여기에 있었다.[10]

(十二)의 택수령론은 양역의 폐가 良役價가 무겁기 때문이라기보다는 인징·족징으로 여러 사람의 몫을 떠맡고 있는 데서 왔다고 보고, 인징·족징을 제거하려면 무엇보다도 일선에서 양역 행정을 담당하는 수령을 제대로 골라 임명해야 한다는 주장이다.[11]

(十三)의 감필론은 양역의 근본적 대책인 대변통론이 여러 가지 사정으로 사실상 실시하기 어렵다는 쪽으로 의견이 모이는 숙종 말년에, 그 대안으로서 양역민의 현실적인 부담을 줄여 양역폐를 완화시킬 수 있다는 주장으로 대두했는데[12] 반 필 또는 1필을 줄이고 그에 따른 부족량은 재정 감축이나 새로운 稅源을 통해 마련할 수 있다고 하였다. 이 감필론은 영조 때 실시된 균

---

8) 《備邊司謄錄》 43책, 숙종 15년 정월 24일.
9) 《備邊司謄錄》 63책, 숙종 37년 12월 26일.
10) 鄭演植, 앞의 책, 106쪽 참조.
11) 《英祖實錄》 권 36, 영조 9년 12월 을축.
12) 감필론의 선구는 숙종 37년 부제학이던 柳鳳輝의 良人布였다(《肅宗實錄》 권 50, 숙종 37년 6월 경신).

역법의 출발점이 되었다는 데 큰 의미를 갖는다.[13)]

㈣의 호포론은 신분을 반영하는 人丁단위의 收布대신 그것과 관계없는 家戶단위로 수포하자는 주장으로 양반사족층에서의 出布를 목적으로 하고 있으며 가장 활발하게 제기되었으나,[14)] 사족층의 끈질긴 반대로 결국 시행되지는 못하였다.

㈤의 구전론은 신분의 구별없이 일정한 연령층(대개 16세 이상 60세까지)의 모든 남녀에게 일정량의 布나 錢을 징수하자는 주장으로 현종 5년(1664) 兪棨의 口布論에서 숙종 40년 宋相琦의 口錢論[15)]까지 여러 차례 거론되었다.

㈥의 유포론은 군역에서 빠져 閑遊하고 있는 자를 색출하여 포를 거두자는 주장으로 앞서의 ㈠㈡㈢과 같은 범주에 속한다고 볼 수 있으나, 단 ㈠㈡㈢이 수괄의 대상을 良民에 국한시키고 있음에 비해 여기서는 양반·유생에까지 대상의 신분 범위를 확대시킨 점에서 근본적인 차이가 있으며, 그런 의미에서 儒布論이라고도 불리고 대변통론에 포함되지만, 한편 그렇기 때문에 사족수포라는 같은 목적을 지녔던 戶布論에 밀릴 수밖에 없었다.[16)]

㈦의 결포 또는 결전론이란 人丁대신에 田結에다가 布(錢)를 부과하여 그 수입으로써 양역가를 전부 대체하거나(이 경우 양역 철폐) 또는 일부를 줄일 수(減疋) 있다는 주장으로 숙종 말년 金楺·李健命에 의해 제기된 이래 감필의 재정 보완책으로 가장 적극적으로 검토되었고, 결국 균역법의 주된 財源

13) 이와 관련해서는 鄭演植, 앞의 책, 139~152쪽의 〈減疋論〉 참조.

14) 양역변통과 관련하여 호포론이 처음 제안된 것은 孝宗 10년 兪棨에 의해서라고 하며(《孝宗實錄》 권 21, 효종 10년 2월 임신) 이후 균역법 제정시까지 끊임없이 주장되었는데, 그 가운데 조정에 큰 파문을 일으키고 논의를 활발하게 전개하도록 한 대표적인 것만 적어 본다면 숙종 2년 右參贊 尹鑴의 호포론(《肅宗實錄》 권 2, 숙종 2년 정월 임인), 숙종 7년 병조참판 李師命의 호포론(《肅宗實錄》 권 12, 숙종 7년 12월 갑오), 숙종 37년 王命을 받은 廟堂諸臣의 합의에서 도출된 호포론(《備邊司謄錄》 63책, 숙종 37년 7월 9일), 영조 26년 호조판서 박문수의 戶錢論(《承政院日記》 1056책, 영조 26년 5월 14일 무오)을 들 수 있다.

15) 현종 5년 2월 무오의 兪棨의 口布論, 숙종 6년 10월 신미의 호조참의 尹以道, 숙종 28년 8월 경진의 우의정 申琓, 숙종 37년 12월 신사의 右尹 朴權, 숙종 40년 9월 계해의 대사헌 宋相琦의 구전론이 유명하다.

16) 유포론에 대해서는 정만조, 〈朝鮮後期의 良役變通論에 대한 검토〉(《同大論叢》 7, 1977), 10~13쪽 참조.

인 結錢으로 반영되게 된다.[17]

이 중에서 ㊀~㊀까지는 小變通論이라 할 수 있고 ㊃~㊄은 흔히 大變通論으로 분류된다.

전자는 기본적으로 양역폐의 일차적 원인이 양정 부족과 양역제의 불합리한 운영에 있다고 보고 이것의 해소에 목표를 둔 것이었다. 즉 ㊀~㊃는 피역자나 歇役投屬者의 색출을 통해 새로운 양정을 획득하여 充軍한다는 것이며, ㊄~㊇은 군사의 수를 줄여 군사비 지출을 절약하며 동시에 줄어든 만큼의 인원을 양정으로 확보할 수 있어 양정 부족의 현상을 타개한다는 것이고, ㊈~㊀은 양역폐를 유발하는 양역제 운영상의 모순을 제거함으로써 양역 부담자의 현실적 부담을 줄이려는 데 목적을 둔 것으로 모두 종래의 양역제도 범위내에서 문제를 해결하려는 공통점을 가진다.

반면 후자는 양역제 자체의 철폐를 전제로 한 변통론이었다. 여기서는 양역의 폐단이 양정 부족에서 왔다는 점은 인정하면서도 그러나 보다 근본적으로는 양역 부담의 不均과 불공정에 그 원인이 있다고 본다. 應役戶가 전체 實戶의 1/5정도에 불과(均役事實)하다는 상태에서 그 응역호만으로서 개선을 도모한 전자의 한계는 저절로 드러난다는 것이다. 그러므로 良役문제의 바른 해결은 이러한 불균등을 해소시키는 데 초점을 두어야 하였다. 여기서 나온 결론이 결국은 良役不應者의 핵심을 이루는 양반사족층에게서 수포하는 길밖에 없다는 것이다. ㊃~㊄의 여러 형태는 단지 어떻게 하면 사족에게 신분적 우월을 손상시키지 않으면서 징수하느냐 하는 방법상의 차이에 불과하였다. 징수하는 대상이 양정이 아닌 家戶·人口·田結을 단위로 하였다는 면에서 당시 변통론자들은 이를 양역제도의 철폐로 간주하여 대변통론이라 불렀다.

이들 변통론의 구체적인 내용은 물론 시대라든가 그것을 제안하는 사람에 따라서 조금씩 다를 수밖에 없었다. 예를 들어 ㊂의 교생·군관태정론에서 講經이나 시험에 떨어진 자를 바로 군역에 充定하거나, 또 달리 罰布만 징수하는 경우와, ㊀의 감필론이라 해도 감필에 따른 부족 경비의 보충 방안을 놓고 일체의 경비 절감으로만 해결하려 하거나, 가호·토지·인구를 대상으

17) 결포론은 鄭演植, 앞의 책, 152~171쪽 참조.

로 새로운 稅源을 만들어서 보충하려는 경우가 그것이다. 그리고 ㊆에서처럼 전결을 단위로 해도 布木이나 米穀·錢貨(結布·結米·結錢)로 징수 대상을 달리하거나 또 田結에 부가되는 雜稅(흔히 雜役價라 함)를 轉用하는 차이를 나타내기도 한다. 따라서 위의 ㊀~㊆까지의 명목은 가장 대표적인 것으로 표시한 데 불과하다는 점을 이해해야 할 것이다.

이상이 대체로 효종에서 영조에 이르는 기간에 제안되었던 양역변통론의 여러 형태였다. 이들은 여러 가지가 한꺼번에 같이 제기되기도 하고 또 앞 시기에 주장된 것이 뒤에 모양을 조금 달리하여 다시 말해지기도 하였다. 그러나 그렇다고 하여 근 1세기 동안에 걸쳐 아무런 특징없이 산만하게 거론된 것은 아니었다. 대기근과 전염병으로 무수한 사망자와 유망민이 발생함을 계기로 하여 再開되곤 하였던 양역변통논의는 그러나 각 시기마다의 정치상황의 변화와 집권층의 국정 운영의 성향에 따라 일정한 경향을 보이면서 전개되었다.

2) 양역변통론의 대두

양역변통논의는 대개 현종 말년부터 표면화된 것으로 말해진다. 인조 연간부터 계속된 중앙 軍門의 강화가 役摠(군역 부담자의 총숫자)의 증가를 수반하면서 진행되다가, 훈련도감의 창설로 역총이 최고치에 이른 현종 11년(1670) 이후, 마침 불어닥친 庚辛大饑饉으로 인구가 크게 감소하여 역총제 운영에 큰 차질이 빚어지면서 양역폐가 격화되었다는 데 근거하고 있다.[18] 그러나 실록의 기록을 보

---

18) 鄭演植, 앞의 책, 27쪽 및 113~117쪽. 여기서 정교수는 양역변통론을 養兵의 지원을 위한 재정 확보와 구별하여 양역의 폐해를 제거하자는 주장으로 의미를 한정시켜서, 인조 때의 최명길, 효종 때의 김육 등에 의해 주장되었던 사족수포론을 양역변통론이 아닌 재정변통론이라 하고, 양역변통은 현종 말년부터라고 하였다. 그러나 양병을 위한 재정문제와 양역폐문제는 표리관계에 있어 구별할 필요가 있을까 한다. 최명길의 사족수포론에서 國用확보와 民生苦 해소가 함께 거론되고(《仁祖實錄》 권 6, 인조 2년 5월 임오) 金堉이 助國用과 함께 均役에서 그것의 명분을 구하고 있는 것이 그 예이다(金堉, 《潛谷先生續稿》 箚, 〈條陳時弊箚〉 및 《孝宗實錄》 권 12, 효종 5년 정월 계묘). 다만 인조·효종 때만 하여도 軍額이 그렇게 많지는 않았기 때문에 補國用에 주안점이 두어지고 있었다고 보아 이 때의 사족수포론은 양역변통론의 선구로서의 의미를 지닌다고 하는 정도로 보는 것이 온당치 않을까 한다.

면 양역폐를 시정하려는 논의는 그 이전인 효종 때부터 이미 찾아진다. 즉 효종 10년(1659) 兵曹參知 兪棨가 "今日에 逃故·老弱·隣族侵徵과 같은 軍政의 폐가 生民의 고질이 되었다"면서 이를 구하기 위한 대책으로 도고·노약에게서의 수포는 전부 면제하고 군포 2필은 1필로 줄이며 이로 인한 재정 부족은 사족에게서의 1필 수포로 해결한다는 방안을 제시한 것이다.[19] 앞서 나왔던 17가지 형태 중 ㊇의 감필론과 ㊄의 유포론의 선구라고 할 수 있다. 여기서 주목되는 것은 양역민의 부담을 줄이기 위해 사족에서의 수포를 주장한 점이다. 사족수포론은 벌써 인조 초 崔鳴吉과 효종 때의 金堉에 의해서도 주장되었다고 하며, 또 효종 5년 大司成 金益熙의 庸布에서도 나타나지만 그것은 국가재정을 보완한다는 측면에 중점을 두고 제기되었던 것이고, 양역폐의 해소 및 군역의 고른 부담(均役)문제와 직접 관련해서는 아마도 유계의 주장이 처음인 듯하다.

여기서 유계는 1필을 납포하는 사족에게는 후일 군적을 작성할 때 諸衛에 속하지 않게 하여 免役을 합법화해 주는 특전을 주어야 한다고 했다. 그의 이 주장은 조정에서의 검토에서 상반된 반응을 불러 일으켰다. 즉 영의정 沈之源을 비롯한 지중추부사 李浣, 형조참판 柳赫然, 호조참판 洪重普, 형조판서 蔡裕後, 執義 李慶徽 등은 놀고먹는 데 익숙해진 사족의 원망을 사게 될 것이라고 하여 반대하였고, 좌의정 元斗杓[20]와 이조판서 송시열, 부교리 金壽恒, 獻納 閔鼎重 등은 찬성하였다. 심지원 등의 일반 관료들은 반대한 데 비해 명분을 앞세우는 이른바 산림계로 알려진 송시열 등이 찬성한 것이다. 일반 관료들은 사족의 閑遊를 당연시하고 있으나, 유계는 사족이 당연히 군적에 들어가 군역을 져야 하지만 군역이 이미 천시되고 있는 이상 그것으로부터의 면제 대가로 1필씩을 내어야 한다는 입장이었다. 산림세력들은 정통 주자학을 앞세워 이상적인 大同社會를 추구했다고 알려지는데 이 사족수포론도 그런 측면에서 이해될 수 있는 여지를 남긴다.[21] 이러한 입장은 후일

---

19) 《孝宗實錄》 권 21, 효종 10년 2월 갑술.
유계는 〈江居問答〉(《市南集》 卷 17)에서 자신의 사족수포론을 문답식으로 풀이해 설명하고 있다.

20) 원두표는 무장출신으로서 효종의 군비강화책을 적극 지원한 인물이었다.

21) 池斗煥, 〈朝鮮後期戶布制 논의〉(《韓國史論》 19, 서울大, 1988). 그러나 士族收布를 제안했다고 하여 이들이 특권 신분으로서 양반사족의 존재를 부정했거나

숙종 때의 사족출포를 전제로 한 戶布論으로 계승된다.

비록 군액은 크게 늘어나지 않았다고 하여도 효종대의 군비확장책은 여러 가지 후유증을 남겼다. 무엇보다도 늘어난 군사비 지출을 감당하느라 호조와 병조의 재정이 거의 고갈 상태에 빠지게 된 것이다. 호조의 재정 3분의 2가 훈련도감 삼수군의 朔料로 소모된다는 지적과, 병조의 재정 부족 때문에 어영청의 上番軍에 대한 停番收布가 취해질 수밖에 없었던 사실이 이를 반증해 준다. 그리하여 삼수군을 줄여 군사비 지출을 절약하자는 주장과 함께 병조의 재정 확보를 위한 대책 마련이 강구되었다. 전자는 군제변통론의 형태로 현종 9~10년경 山黨이란 정치세력에 의해 주장되지만 현종 초부터 먼저 논의된 것은 후자였다. 병조 재정의 주된 수입원은 후일 二軍色이라 불리는 기병과 보병에서의 수포였다. 그 숫자는 임진왜란 직전 40만 명이었다고 하나 인조 26년(1648)경에는 궐액이 25만 명을 헤아릴 정도로 빠진 인원이 많았다.[22] 이 궐액을 다 충당할 수만 있다면 물론 병조의 재정 부족은 해소될 수 있었다. 그러나 기왕의 궐액도 문제였지만 매년 발생하는 도고나 노제로 인한 궐액의 代定이 더 급하였다. 그래서 인조 이래 수령에게 이것을 책임지웠다. 그것이 군현의 크기에 따라 인원을 차등있게 할당하여 궐액을 강제로 충당하게 하는 歲抄[23]였다. 효종 때까지는 이 세초로서 궐액을 채우고 부족하나마 병조의 재정을 유지해 왔다. 그러나 세초는 적지 않은 문제점을 불러왔다. 할당된 인원을 확보하지 못하는 경우 법정 연령인 16세에 미치지 못하는 어린아이까지 양정에 포함시켜(黃口簽丁) 포를 거두거나(兒弱徵布), 당연히 빠져나가야 할 사망자까지 군적에 그대로 두어 군포를 거두는(白骨徵布) 불법이 자행되었다. 이른바 양역의 폐인 것이다.

兩班身分制 자체의 철폐를 주장했다고는 할 수 없다. 유계만 하더라도 士族은 이미 이름이 천하게 되어 양민만이 지는 軍役을 지지 않는 (즉 軍籍에 이름을 올리지 않는) 대신에 免役의 대가로 1필씩을 정기적으로 납부하도록 하는 배려를 하고 있다.

22) 柳馨遠, 《磻溪隨錄》 권 21, 兵制.
《仁祖實錄》 권 49, 인조 26년 9월 기묘.

23) 歲抄에는 舊軍籍의 궐액, 즉 空戶를 3년에 한 번씩 채우는 大歲抄와 일반 군역의 逃故·老除로 인한 궐액을 매년 채우는 別歲抄가 있었다(《仁祖實錄》 권 38, 인조 17년 5월 정축).

양역폐의 근본 원인은 양정 부족에 있었고 양정 부족은 만연한 피역 현상 때문이며, 그 피역은 기본적으로 양반사족을 역의 부과대상에서 제외한 채 양민에게만 身役을 부담케 한 양역제의 모순에 원인하였다. 피역을 근절시키려면 양반사족에 대한 군역 부과가 선행되어야 하지만 지배신분층인 그들의 반대가 뻔히 보이는 이상 쉽게 실현될 가능성은 없었다. 따라서 국가로서는 아약·백골징포의 非法을 잘 알면서도 이를 묵인하지 않을 수 없었다. 현종 즉위 초 李景奭·宋浚吉 등에 의해 아약·백골징포 문제가 심각하게 거론되었지만 영의정 鄭太和가 국가 경비 때문에 세초의 인원을 줄일 수 없다고 한 것이 이를 말해 준다. 그렇기 때문에 세초의 인원 감축 대신에 災傷이 심한 곳에는 한시적으로 군포부담을 2필 내지 1필씩 경감해 주자는 의견이 나왔다(宋浚吉·趙復陽·李敏迪·許積). 일시적인 재정 결손은 감내하더라도 아약·백골이나마 일단 확보된 군역 자원은 유지해야 한다는 이해타산의 결과였다.

물론 양역폐의 고통을 덜기 위하여 養兵에 필요한 군사비를 魚鹽稅로써 보충할 수 있다는 주장(兪棨)이나 교생·군관 및 각종 헐역에 투속한 피역자를 색출하자는 良丁搜括論(南九萬·朴長遠·金壽興)과 아예 均役을 내세워 양반에게서의 出布를 주장하는 대변통론으로서 유포론의 한 형태인 士族收布(朴世堂)가 제안되기도 하였다. 그러나 현종 전반기의 이런 변통론들은 한 개인에 의한 단발성의 문제제기 정도에 그쳐서 조정의 진지한 검토는 거치지 못했다. 다만 현종 3년(1662) 영남·호남 두 지역의 군포경감자가 46,700여 명에 2,200여 통(110,000필)에 이른다고 한 데서 보듯이[24] 군포의 경감만 지역에 따라 실시되었다. 그러나 이는 양역변통론의 결과는 아니었다.

한편 군사재정의 지출을 줄이자는 면에서 급료를 받는 삼수군을 감축하고 대신 병농일치의 번상제로하여 보인으로 하여금 正軍의 군사비를 담당케 하자는 군제변통론이 현종 9년부터 강력하게 대두하였다. 이것은 이 시기 산림 출신의 정치세력이던 山黨의 영수 송시열이 우의정에 오르자 貢物裁減·奴婢從母法·泰安設倉 등의 여러 변통론을 전개한 가운데 첫머리로 나왔다. 하

24) 《顯宗改修實錄》 권 6, 현종 3년 2월 경술, 備邊司啓.

지만 이 주장대로 하게 되면 호조의 재정은 여유를 갖게 될지 모르나 번상병의 군사비 마련을 위한 막대한 보인의 확보가 필요하게 되고 그렇지 않아도 부족한 양정 확보율을 크게 떨어뜨릴 것이었다. 이는 실제로 현종 10년의 훈련별대 창설을 통해 증명되었다. 훈련도감군 1,000명 정도를 감축하는 대신 같은 인원의 훈련별대군을 서울에 주둔시키기 위해 正軍 13,700명, 보인 41,000명 합하여 54,800명의 새로운 군액이 필요했다. 1,000명 감축을 하면서도 만약 도감군을 모두 번상병으로 하는 경우 엄청난 군액이 필요할 것임은 미루어 짐작하기 어렵지 않다. 양정 확보가 어려워 아약·백골징포까지 무릅쓰던 실정을 생각한다면 이 때의 군제변통론은 오히려 양역폐의 대책과는 상반되고 있다. 이 당시 송시열이 추진하던 여러 변통론에 대해 史臣이 "조용한 가운데 깊이 생각한 끝에 일을 만들지 못하고 뜻만 크지 재주는 성글어서 끝내 이루어 놓은 바가 없었다"[25]고 평한 그대로 산림의 현실 정치 감각의 허실을 드러내고 있다.

현종 연간의 양역변통론이 본격적으로 제기되고 조정에서 검토되기는 현종 말년에 이르러서였다. 이 때는 실로 수백년 만에 처음있는 재앙이라고 말해지는 흉년을 만나 이른바 庚辛大饑饉이라는 재난이 휩쓸고 지나간 끝이었다. 양정은 고사하고 인구 자체가 516만 명(현종 10)에서 470만 명(현종 13)으로 46만 명이나 감소한 상황에서[26] 군포의 경감을 청하는 각 도의 요구가 빗발치고 있었다. 이에 따라 조정에서는 군포를 全減하자는 안(趙復陽·沈梓)도 검토했으나 1년에 징수하는 군포가 8,900통(445,000필)이나 되는데 겨우 3,000통 정도의 평소 저축으로는 도저히 국가재정을 꾸려 나갈 수 없다는 반대로 災傷정도에 따라 약간씩 경감하는 선에 그쳤다.[27] 그러나 이런 임시변통으로 해결하기에는 양역폐나 국가재정의 결손이 너무 심각하였다. 이에 한 단계 진전된 양역 논의가 이루어지게 된다. 그 하나는 李端夏에 의해 새로 제안된 良丁搜括論이고 다른 하나는 영중추부사 許積이 유계의 주장을 끌어와 제기한 士族收布論이었다.

25)《顯宗改修實錄》권 20, 현종 10년 2월 정축.
26) 이 시기의 인구 변동에 관해서는 鄭演植, 앞의 책, 45~47쪽의 통계 참조.
27)《顯宗實錄》권 18, 현종 11년 10월 정유·기해.

양정수괄론에는 허적이 호패실시안을 추가했으나 柳赫然에 의해 비판되고 校生汰定論이 보충되었다. 그러나 조정의 관심은 우선 사족수포론에 두어졌다. 그래서 영의정 金壽興이 여러 신하들의 의견을 모아 生進을 제외한 幼學 이하에 대해 한사람 당 1필을 징수하자는 안을 만들었다. 이것은 良布와 달리 身布라고 불렀고 그 대상은 양반사족 자제를 포함한 閑遊者였다. 임금으로부터 절목으로 만들어 보고하라는 하교까지 받은 이 신포론은 그러나 바로 유생에게서의 收布不可라는 대사헌 姜栢年의 강력한 반대와, 경제적으로 곤궁한 지방 양반층의 심한 반발을 받을 것이란 趙珩·閔維重·洪處亮·申汝哲 등의 우려섞인 반론으로 주관자인 김수흥 스스로 철회하고 말았다.

그 대신 이단하의 양정수괄론을 보다 구체화한 호조판서 민유중의 額外校生, 各衙門軍官·保直, 諸色無名을 모두 색출해서 군액에 충당하자는, 양반층을 제외한 한유자의 군역충정론(앞의 ㉤의 遊布論에 해당)에 조정의 의론이 모아졌다.[28]

그러나 바로 같은 자리에서 都愼徵의 服制論이 검토되고 뒤이어 甲寅禮訟으로 번져 나감으로써 양역문제는 관심에서 제외되고 말았다. 다만 이 시기 논의의 잠정적 결론이던 양정수괄론[29]이 숙종 초에 5가작통법, 호패법, 〈良丁査覈節目〉으로 구체화하여 강력한 양정수괄책을 펴게 하는 계기가 되었다는 데 그 의의가 있었다.

현종대의 양역변통론은 양역폐가 심각한 사회문제로 떠오르면서 그에 대한 대책론으로서 처음 본격화하는 단계였으므로 다양한 내용과 형태를 보이

28) 이상의 논의 사항은《顯宗實錄》권 22, 현종 15년 7월 을해.
《顯宗改修實錄》권 28, 현종 15년 7월 을축·정묘·을해조 참조.

29) 이 시기 양역 논의를 주관하던 영의정 김수홍은 조정의 여론을 수렴해 다음과 같이 잠정적인 결론을 임금께 아뢰었다.
"수십년 이래 누구나 입만 열면 거듭되는 재앙과 민생의 곤궁이 모두 신역의 폐단 때문이라고 하면서도 막상 그것을 변통하고자 하면 모두 다 그 폐단만 들먹일 뿐 대책은 제시하지 않으니 개탄스러울 따름입니다. 이제 身布를 행하기 어렵다면 새로 이사해 온 流民들에게 5家統의 통제 속에 들게 하여 통장으로 하여금 그들에게서 布를 거두게 하는 일은 그렇게 어렵지 않을 것이며, 또한 額外校生이나 閑遊하는 雜類의 수가 심히 많으니 민유중의 말과 같이 모두 군역에 충정시킨다면 비록 큰 변통은 아니라 해도 당장의 급함은 구할 수 있을 것입니다"(《顯宗改修實錄》권 28, 현종 15년 7월 을해).

고 있었으나 그런 만큼 원칙적인 수준에 머물러 깊이있는 내용과 방법의 구체성을 갖지 못했다고 하겠다.

3) 양역변통론의 전개

현종 말년의 갑인예송으로 논의 대상에서 밀려났던 양역변통론은 숙종대에 들어와 다시 일어나게 된다. 그대로 방치하기에는 양역으로 인한 민생의 피해가 너무 심각한 지경에 이르렀기 때문이었다.

그런데 우리가 잘 알고 있듯이 숙종 이후는 西人과 南人, 그리고 老論과 少論사이에 政爭이 심하였고 그런 만큼 朋黨단위의 정권교체도 빈번하였다. 양역변통론이 물론 민생문제의 해결 방안으로서 여러 사람에 의해 개별적으로 제기되는 것이기는 하나, 그러나 결국은 집권세력의 양역 대책 수립과정에서 검토되고 논의되게 마련이므로, 그것의 전개도 이러한 정치 상황의 변동과 함께 살펴보아야 할 것이다. 그것은 대체로 전기(숙종 1~20년)·중기(숙종 20~36년)·후기(숙종 36~46년)의 3단계로 나누어진다.

전기는 남인정권에서 시작하여 庚申黜陟·己巳換局·甲戌換局의 정국 변화를 거쳐 서인정권으로 귀착되는 정치적 격동기였다. 숙종 초의 집권세력이던 남인들은 아약·백골징포를 양역폐의 기본 요인으로 보고 이것의 해소를 양역 대책의 최우선 과제로 삼았다.[30] 그러므로 이 시기의 양역변통론도 자연히 이런 방향에서 제기되고 검토되었다. 그것은 크게 두 갈래로 나타났다. 하나는 아약·백골징포가 결국 양정 부족 때문에 왔다고 하여 양정의 확보를 위한 良丁搜括策의 방법과 관련된 것이었고, 다른 하나는 아약·백골징포를 줄이거나 면제하여 없애는 데서 오는 경비 부족을 충당하는 방법과 관련되었다.

앞의 양정수괄과 관련해서는 먼저 남인계 산림으로 정계에 처음 나와 여러 개혁안을 제시했던 윤휴가 〈五家統法〉 및 〈紙牌法〉을 제안하였다. 5가통이란 다섯 집을 하나의 統으로 묶어, 統(首)-里(正)-面(都尹·副尹)-邑(守令)

30) 이하의 서술은 주로 정만조, 〈肅宗朝 良役變通論의 展開와 良役對策〉(《國史館論叢》 17, 國史編纂委員會, 1990)과 鄭演植, 앞의 책을 참조하였다.

으로 조직되는 최말단의 행정단위로 삼는 종전의 5가작통법을 보완한 것이며, 지패법이란 한 지역 거주자에 대해 面里統의 소속과 統首를 밝힌 아래 戶主와 소속 개인의 인적 사항(특히 군역 관계)을 기록해 놓는 일종의 등록증 내지 신분증을 말하는 데, 이를 통해 호구 이동에 관한 파악을 쉽게 함으로써 도망하거나 몸을 숨기는 폐를 방지하여 賦役을 균등히 할 수 있다는 견해였다. 그러나 당시의 영의정 許積을 위시한 집권 관료세력은 현종 말의 경신대기근의 여파로 民의 유망이 계속되고 있는 상황의 타개를 위해서는 보다 강력한 양정수괄책이 시행되어야 한다고 주장하였다. 그리하여 윤휴의 〈오가통〉 주장은 그의 반대에도 불구하고 對民統制보다는 閑丁색출과 漏丁적발의 측면이 보다 강화되어 숙종 원년(1675) 9월 〈五家統事目〉[31]으로 확정되어 시행에 들어가게 된다. 반면 〈지패법〉은 서식의 기록 방식이 양반의 체통을 떨어뜨린다 하여[32] 채택되지 않았다.

같은 양정수괄론을 펴면서도 영의정 허적 등 집권세력의 핵심들은 당장 눈앞에 닥친 수많은 궐액을 보충할 양정의 획득을 일차적 목표로 하고 있었다. 숙종 2년 6월 병조에서 올린 〈양정사핵절목〉[33]은 바로 이들 집권세력(영의정 허적, 좌의정 權大運, 병조판서 金錫胄 등)의 양역문제에 대한 의견을 집약한 것이었다. 모두 10개조로 된 절목의 내용은 처음부터 끝까지 양정수괄을 위한 구체적인 방안을 담고 있었다. 궐액의 수는 많고 閑丁은 적으므로 부득이 11세 이상은 양역을 지게하고 과거급제자의 자제나 中庶의 자제 중 有蔭者를 가려 有廳軍으로 삼되 無蔭者에게는 역을 지게하며, 각 관청의 生徒로 이름을 걸어 놓은 자와 軍官·武學·業武들은 忠壯衛로 삼고 校生은 眞僞를 가려서 군역에 속하게 한다는 것이 그것이다. 이 〈양정사핵절목〉은 적지 않은 문제점을 갖고 있었으나 이를 전담하는 기구로 설치된 都案廳을 통해 양정수괄에 적용되었다. 뿐만 아니라 윤휴의 지패법이 양반의 체통을 떨어뜨린다 하여 반대하던 허적은 신분을 직접 노출시킴으로써 양민의 파악에 가장 효과적인 호패법의 시행을 주장하였고, 이것은 숙종 3년 〈호패사목〉[34]으로 성립하였다.

---

31) 《肅宗實錄》 권 4, 숙종 원년 9월 신해.
32) 《肅宗實錄》 권 6, 숙종 3년 3월 정축.
33) 《肅宗實錄》 권 5, 숙종 2년 6월 병인.

숙종 초의 양정수괄책으로 제기되었던 위의 여러 논의들은 각기 〈5가통사목〉·〈양정사핵사목〉·〈호패사목〉으로 확정되어 실시되었다. 그 결과 앞서 현종 말년의 경신대기근 당시 5만 명에 달했던 양역의 궐액은 숙종 3년에 1만 8천 명으로 줄어드는 성과를 올릴 수 있었다. 그러나 전례가 그러했듯이 이 때의 양정수괄도 민원을 야기하였다. 11세 이상을 군역 충정의 대상으로 삼은 자체가 아약의 폐를 시정한다는 본래의 목적과 정면으로 배치되는 것이었으며 교생·군관 및 서얼 등 한유하던 층들의 군역 충정에 따르는 불만이 크게 일어났다. 자신의 본래 의도와 달라진 5가통법과 호패법을 비판하던 윤휴가 양정수괄과 같은 무리한 방식에서 보다 근본적인 대책으로서 호포론을 제기하는 것은 이러한 배경 속에서였다.

윤휴의 호포론은 그 전모를 알려주는 기록이 남아있지 않아 호포시행에 따르는 구체적인 절차와 내용들은 알 수 없다. 그래서 실록에 나타난 호포론에 대한 그의 주장과 비판 의견에 대한 반론을 통해 살필 수밖에 없다.

양정수괄의 강행으로 물의가 일던 숙종 3년 11월, 그는 당시의 양역이 "生民의 巨害요 王政의 大弊"라 하여 이에 대한 대책을 담은 〈寬恤事目〉을 올렸다.[35] 여기서 그는 逃亡·物故·아약자에 대한 징포의 탕감이나 감면을 주장하면서 그에 따른 경비 부족은 각 관청에 저축된 것으로 보용하되 다음 해부터는 호포법의 시행으로 근본을 바로 잡고 장기적인 재정책으로 삼아야 한다고 하였다. 그런데 위의 기록만으로는 그의 호포론이 양역제 자체의 철폐를 전제로 한 대변통론인지, 아니면 도고·아약징포의 탕감·감면으로 인한 부족 재정만을 확보하려는 것인지 분명치 않다. 그의 호포론에 대한 조정의 검토에서 그가 "물고·아약에서의 징포를 먼저 탕감하고 관청을 하나 세워서 호포법을 행하며 나아가 軍兵·公私賤의 제도까지 모두 변통할 것"을 말하자 영의정 허적·병조판서 김석주·호조판서 吳始壽 등이 모두 놀라면서 "지금 논의하는 호포론은 아약·도고의 폐단을 변통하자는 데 불과한데 만약 윤휴의 지금 말대로 한다면 국가의 제도를 통틀어 고치자는 것이니 결

34) 《備邊司謄錄》 33책, 숙종 3년 정월 8일.

35) 《肅宗實錄》 권 6, 숙종 3년 11월 갑오. 〈寬恤事目〉에 관해서는 韓㳓劤, 〈白湖尹鑴 硏究〉(《朝鮮時代思想史硏究論攷》, 1996), 160~162쪽 참조.

단코 행할 수 없다"[36]고 한 것을 본다면 윤휴의 본래 의도는 대변통을 지향한 것으로 보이나, 그의 호포설을 옹호한 부제학 李堂揆가 당시의 도고·아약의 숫자가 많아야 4, 5만 명에 불과하며 이를 포로 헤아리면 10만 필 정도인데, 양민 가운데 역을 지고 있는 자나 공사천의 納貢者, 홀아비나 獨戶 등을 제외하고 역을 지지 않고 놀고 있는 20만여 호에서 1필씩만 징수하여도 그 수가 배나 되므로 매년 호포를 징수하지 않아도 재정이 충분할 것이라 하면서 出布는 당연히 公卿大臣에서부터 비롯되어야 할 것으로 본다면, 양역제는 그대로 두고 도고·아약 징포의 탕감·감면에 따른 부족 경비를 충당하려는 제한적인 의미의 호포론이었다고도 할 수 있다. 아마도 궁극적으로는 양역제에 대신할 호포제를 지향하되 시론적으로 그 의미를 한정시켜 발의한 것이 아닌가 한다.

윤휴의 호포론이 제한적인 것이든 대변통론적인 것이든 호포 부과의 대상속에 양반사족이 포함되는 것은 분명하였다. 그러므로 그의 호포설에 대한 반대도 사족의 수포문제에 집중되었다. 의정부의 의견을 대변하여 우의정 許穆은 호포에 대한 원성이 아약이나 물고에게서 징포하는 원성보다 클 것이라고 반대했으며, 심지어 대사헌 李袤는 이로 인해 赤眉·黃巢의 난과 같은 반란이 일어날지도 모른다고 극론하였다. 그리고 영의정 허적은 호포자체에는 반대하지 않으면서 다만 어린 임금이 새로이 즉위한 지 얼마되지 않아 안정이 필요한 이 때 민심의 동요를 불러일으킬 호포제를 실시하기는 곤란하다는 입장을 보였다. 선조 이후 처음 집권하여 아직은 정치 기반이 취약한 상태였기에 사족의 여론 향배에 보다 신경을 쓰지 않을 수 없었던 남인정권의 정치적 이해 타산에 아마도 더 깊은 이유가 있었다고 생각되는 허적의 시기 부적절론은 대다수 조정 신하들의 지지를 받았다.

이러한 반대론에 직면한 윤휴는 이제 자신의 주장을 보다 명백히 하였다. 반대론의 핵심인 민심동요설에서 말하는 民의 실체를 양역민(小民)과 遊士·倖民(豪右)으로 나누면서 유사·행민의 사소한 원망에 귀를 기울일 것이 아니라 아약·백골징포에 시달리는 양역민의 처지를 우선해야 한다는 입장을 분명히

36) 《肅宗實錄》 권 6, 숙종 3년 12월 계축.

했다. 민생문제 해결에 임하는 小民 위주의 이러한 개혁 자세는 사족 중심의 민심동요설을 앞세운 반대론자의 그것과는 현저한 차이를 보이는 것이었다.

윤휴의 호포설에 반대만 있었던 것은 물론 아니다. 李堂揆 외에 왕의 외척으로서 당시 정계의 실력자이던 병조판서 김석주가 이를 찬성하였다. 그는 민원이 다소 우려되는 바이지만 임금께서 행하기로 정하여 남의 말에 끌려 중단하지 않고 꾸준히 시행한다면 호포법 자체는 편리한 제도가 될 수 있다고 하였다. 윤휴와 같은 시기에 戶布議를 지어 당시의 京外 經費 60여 만 필을, 完戶와 弱戶로 나눈 40만여 호의 實戶에서의 징포로 충당할 수 있다는 구체적인 통계까지 제시했던 그의 호포설[37]은 그러나 군사력 강화를 위한 군사재정의 확보에 기본 목표를 둔 것이어서 윤휴의 그것과는 목적 자체가 달랐다. 그러므로 그는 호포론 자체에는 찬성하면서도 그 실시에는 적극적인 의사를 보이지 않았고 諸臣의 호포불가론에는 아무런 대응을 하지 않았다.

위에서 살핀대로 호포를 지지하는 소리는 약하고 시기부적절을 앞세운 반대론의 기세만 드세어지자 윤휴 스스로 호포법을 서서히 강구하자고 후퇴함으로써 좌의정 권대운의 건의에 따라 절목을 마련하는 선에서 논의는 그치고 말았다.

양역변통론이 재발되기는 경신출척으로 정권을 쥐게 된 서인에 의해 남인세력의 청산이 완료된 숙종 7년(1681)부터였다. 이 때는 마침 흉년으로 재정부족이 심각하여 賑政을 펴는 데도 궁색함을 면할 수 없었다고 한다. 여기서 당시 大老라 하며 사람들의 존경을 한 몸에 받으면서 정치에 막강한 영향을 미치던 송시열이 救民活國의 대책 마련을 촉구하면서 그 기본방향으로 改貢案·變軍制를 제시함으로써 양역 논의를 열었다.

---

37) 金錫胄,《息庵遺稿》권 17, 議行戶布議.
여기의 내용을 요약하면 다음과 같다. 10세 이상의 남녀를 대상으로 하여 8口 이상의 호는 完戶로 하고 7口 이하의 호는 弱戶로 한다. 兩界와 개성·강화·제주를 제외한 6도의 총호수가 약 100만 호인데그 가운데 公私賤·驛吏·驛奴·柳匠·鮑尺·廢疾·流丐 등을 제외하면 호포를 부과할 수 있는 호가 대략 48~49만 호가 된다. 여기서 騎兵·訓鍊別隊·御營軍·精抄軍·漕 軍·水夫·烽軍 등 正軍·戶首가 약 7~8만 호이므로 이를 제외하면 實戶가 대략 40만 호이다. 京外의 경비가 대략 60여 만 필이므로 完戶에서는 봄·가을로 나누어 1년에 2필을 거두고 弱戶에서는 가을에 1필을 거둔다.

송시열의 변군제론의 내용은 養兵에 호조의 재정 3분의 2가 되는 8만 석이 소요되어 항상 국가재정의 부족이 초래되니, 훈련도감의 長番給料軍을 점차 줄여 없애고 어영청의 번상병으로 대체하여 어영군이 늘게 되면 2개 군문으로 나누어 운영하자는 것이었다. 송시열의 이러한 변군제론은 김석주를 비롯해 金萬基·閔維重·金壽恒 등 군사권을 장악하고 있던 척신계의 즉각적인 반발을 받았다. 그들은 왕의 숙위를 單弱하게 할 수 없으며 반란으로부터의 도성방어에 필요한 군사력의 확보를 위해서도 훈련도감은 폐지될 수 없다고 하였다. 다만 양병으로 국가재정의 소모가 많다는 문제점은 인정하였다. 그러나 이를 번상체제로 대체하는 것은 12만 명의 새로운 양정이 필요하므로 불가능하다고 하였다. 따라서 결국은 양병에 필요한 재정을 별도의 稅源에서 구하지 않을 수 없었다. 그것은 요컨대 수포범위의 확대를 의미하였고 이는 사족에게서의 出布밖에는 달리 방법이 없었다. 그것은 또한 악화일로에 있는 양역의 폐를 변통하는 길이기도 했다. 앞선 시기에 여러 차례 거론되었다가 중단되곤 하던 호포론이 김석주와 김수항, 그리고 李師命 등 외척세력에 의해 재론되어 몇 달간 격렬한 찬·반논쟁을 야기했던 사정은 여기에 있다.

이 시기 호포론의 발단은 숙종 7년(1681) 12월 평안감사 柳尙運과 병사 李世華의 평안도에 대한 호포시행을 요구함에서 비롯되었다. 이에 영의정 金壽恒과 좌의정 閔鼎重은 평안도와 황해도에 먼저 시험해 보기로 하고 이를 전담할 사람으로 평소 군사재정 확보책으로 호포론을 주장하던 병조판서 김석주를 천거하였다. 그러자 司諫 宋光淵이 이튿날 바로 호포를 "백성을 동요하게 하는 정책"으로 몰아 반대론을 폈다. 조선 후기에 나온 호포론의 대표라고 할 만한 병조참판 이사명의 호포상소는 바로 그 닷새 후에 나왔다. 이사명은 김석주의 처조카이면서 동시에 娚姪婿이기도 하였으며 또 그에 의해 保社功臣에 책봉되고 과거에 급제하여 정치적으로 성장해왔던 만큼[38] 그의 호포상소의 내용이 김석주가 앞서 숙종 3년에 만들었다는 〈戶布議〉를 충실하게 따랐을 것임은 말할 것도 없다.

38) 《肅宗實錄補闕正誤》 권 12, 숙종 7년 12월 을미. 李師命의 母와 金錫冑의 처는 모두 黃一皓의 딸로 자매간이며 또한 李師命은 김석주의 매부인 趙顯期의 사위였다.

長文으로 된 그의 〈戶布疏〉[39]는 특히 그 때까지 호포반대론의 핵심적 요소였던 사족 출포로 인한 명분 붕괴설을 辨破하는 데 역점을 두었는데, 그것은 요컨대 人丁은 신분을 반영하지만 家戶는 田結과 마찬가지로 그것과 전혀 무관하며 전결에서의 出租가 하등 명분에 저촉되지 않듯이 가호에서의 출포 또한 君子·野人의 명분을 전혀 문란케 하는 것이 아님을 힘써 주장한 것이었다.

이어서 그는 각종의 병폐를 유발하는 양역의 징포를 일체 폐지하고 양역은 번상과 부방 등의 군사적 활동만으로 국한시키며 그에 따른 소요 경비는 호포에서 마련하도록 한다고 하였다. 즉 전국의 100만여 호 가운데서 노비와 병들고 유랑하며 밥 빌어먹는 등 포를 거둘 수 없는 40만여 호를 제외한 70여만 호를 둘로 나누어 8명 이상으로 된 完戶에서는 2필씩, 8명 이하의 弱戶는 1필씩 내게 한다면 1년에 80~90만 필을 거둘 수 있으며, 이것으로 良布 폐지에서 오는 경비 부족을 충당하고 지방 군사의 군사비도 마련할 수 있다고 하였다. 이와 아울러 군제도 변통하여 3개의 군영에 모두 12만 명의 번상군을 예속케 하여 12번에 걸쳐 2개월마다 교대하게 하되 3천 명은 번상하고 3천 명은 赴防케 하며 이에 필요한 일체의 경비를 호포수입으로 감당케 한다는 것이었다.

그의 호포론은 양역민에게서의 징포에 따르는 도고·아약의 양역폐를 구해야 한다는 양역변통론과 국가재정을 위협하는 양병제의 철폐인 송시열의 군제변통론, 그리고 왕과 척신세력의 군사력 강화론 등 상반되기조차 하는 여러 주장들을 호포제의 실시를 통해 일거에 해결하려 한 대변통론이라고 하겠으며, 따라서 그것의 실현 여부는 오로지 양반사족층의 반응 여하에 달려 있었다.

그렇기 때문에 이사명도 처음부터 호포가 양반사족의 신분적 우월에는 하등 영향이 없다는 점을 강조하였던 것이다. 그러나 역시 바로 이 점, 즉 사족의 출포가 호포제 실시를 가로막는 가장 큰 요인이었다. 이사명의 호포론을 포함하여 역대의 호포론 논의에서 나타난 사족출포 반대론은 대개 3가지 논리에 근거하고 있었다.

---

39) 《肅宗實錄》 권 12, 숙종 7년 12월 갑오.

그 첫째는 신분적으로 우월한 양반사족이 평민과 같이 포를 낼 수는 없다는 특권의식에서 나온 명분론이고,[40] 둘째는 대다수의 양반이 극히 곤란한 생활을 하고 있어 호포의 부담을 지기 어렵다는 實情論,[41] 셋째는 징포의 강행으로 인한 양반사족층의 불만으로 국가의 안위가 우려된다는 민심동요설이었다.[42]

위에서 살핀 이사명의 호포론이 조정의 여러 신하들 사이에 큰 논란을 불러일으키고 결국 좌절되자 호포론을 막후에서 지휘하던 병조판서 김석주는 송시열계의 군제변통론을 일부 수용하면서 실질적인 군사력 강화를 꾀하는 〈군제변통절목〉을 올렸다.[43] 훈련별대와 정초청을 합하여 번상병으로 이루어진 금위영을 신설, 훈련도감·어영청과 함께 3군영체제를 갖춤으로써 숙위와 도성방어체제를 정비 강화하면서, 한편으로서는 훈련도감군 707명을 감축하여 米 6,780석과 布 127통을 절약하고 그 만큼 양정의 여유를 얻게 하며, 정초청의 보인 5,870명을 병조로 옮겨 포 235통을 거두게 하는 내용이었다. 김석주는 호포법의 주장도 취소하였고 훈련별대·정초청의 2개 군영이 금위영으로 합쳤으므로 군문 혁파가 이루어졌으며, 또 상당수의 군액감축으로 양정의 확보도 기할 수 있게 되었다고 했으나 실은 보다 정비된 금위영을 설치하게 됨으로써 군사력 강화를 꾀한 그 본래의 목적은 달성한 셈이었다.

양역변통은 이후에도 계속 제기되었다. 그런데 이번에는 호포론이 아닌 군문 혁파와 군액 감축을 주장하는 군제변통론 위주였다. 물론 이 때의 군제변통론은 금위영의 혁파를 내용으로 하고 있어서 훈련도감을 대상으로 했던 송시열계의 그것과는 달랐다. 그리고 그것은 이 시점에서 갈라서게 된 송시열 및 척신계의 노론과 달리, 朴世采를 앞세운 趙持謙·南九萬 등 젊은 사류 중심의 소론쪽에서 제기한 것이었다.

---

40) 이것은 숙종 7년에 나온 大司憲 李端夏의 성리학적 명분론을 원용한 戶布 反對疏에서 대표적으로 드러난다(《肅宗實錄》 권 11, 숙종 7년 4월 병술).

41) 이것은 영조 26년 知敦寧 李宗城이 올린 兩班의 困窮相을 밝힌 글에 잘 드러나 있다(《英祖實錄》 권 71, 영조 26년 6월 계사).

42) 이것은 앞서 尹鑴의 호포론에 대해 대사헌 李袤가 赤眉·黃巢와 같은 반란이 있지 모른다고 한 것(《肅宗實錄》 권 6, 숙종 3년 12월 무오)이라든가 위의 이종성의 발언에서 쉽게 찾아 볼 수 있다.

43) 《肅宗實錄》 권 13, 숙종 8년 3월 갑자.

그러나 금위영 혁파론에 대해서는 국왕 숙종의 반대가 확고하였다. 20대 중반에 들어서면서 숙종은 정치에 강한 의욕을 보이며, 특히 군사권을 쥐고 있던 척신 김석주가 죽은 다음에는 국왕 스스로 군사권을 장악하여 군사력의 강화에 비상한 관심을 드러내었다. 陵幸을 빌어 중앙군에 대한 잦은 점검 및 훈련을 실시한 것이 그 하나의 예였다. 왕의 이러한 군사력 강화 의욕 앞에 소론측의 군제변통론은 더 이상 거론될 수 없었다. 그리하여 숙종 13년(1687)에는 양역폐의 완화와 군사력 강화에 필요한 양정의 확보에 더욱 박차를 가하여, 앞서 숙종 8년의 査正廳 설치 후 12년에 일단 마무리되었던 양정 색출 작업이 다시 추진되는가 하면, 각 군문의 재정이나 보인 확보와 관련되기 때문에 지금까지 묵인해 오고 있던 사모속에 통제를 가하는 〈各衙門軍兵直定禁斷事目〉[44]을 제정, 양역보다 부담이 가벼운 역(歇役)으로의 투속으로 인한 양정 부족현상을 방지하고 양정 확보를 기하려는 제도적 정비가 이루어졌다.

이상이 숙종 초에서 20년에 이르는 전반기의 양역변통론이라 하겠는데 그것은 전 시기에 걸쳐 양정 확보를 위한 양정수괄책이 진행되면서, 아약·백골징포의 폐단 제거나 군사력 강화를 위한 재정 확보에 목적을 둔 호포론이 제기되어 조정에서 활발히 논의되었으나, 결국 양반사족층의 반대로 시행 불가가 확인되는 상황이었다고 요약되겠다.

다음은 숙종 20년에서 36년경에 이르는 중반기의 양역변통을 보기로 한다. 이 시기는 전반적으로 소론이 우세한 가운데 소론내의 남구만·申翼相·柳尙運·尹趾完·尹趾善 등의 온건론자 및 특히 박세채와 그 문인들인 申琓·金構 등의 탕평론자들이 정국을 이끌고 있었다. 노론과 소론 사이에서의 중립적 자세로 인하여 양측으로부터 비판을 받음으로써 정치기반이 굳지 못하였던 그들은 애초부터 사족의 불만을 불러올 대변통론에는 큰 관심이 없었다. 그들은 '小變則小益'이라는 입장의 군제변통에서부터 출발하였다. 그러나 군문 혁파와 같은 경장책은 취하지 않았다. 그 대신 임진왜란 이후 별다른 통제없이 군문별로 제각기 달리 편성된 군액이나, 특히 효종 이후의 군비확장 때 군사 재정의 확보를 위해 군문별의 양정 모집을 허용함으로써 오게

44) 《備邊司謄錄》 43책, 숙종 15년 정월 24일.

된 양역 부담의 심한 차이와, 이로 인한 양역민의 避苦趨歇하는 혼란을 시정해야 한다는 쪽으로 의견을 모았다. 그 결과 우선 각 아문의 양역수를 정하는 〈各衙門良役定額數〉와 〈六道良役存減數〉[45]가 작성되었다. 이로써 京各司의 경우 총 27,794명 가운데 17,436명을 그 인원으로 확정하고 나머지 10,358명을 줄여서 각 도·각 읍의 궐액에 충당하도록 하였다. 이어서 5군영과 水軍 등에 대해서도 軍額釐正과 裁減을 내용으로 하는 군제변통이 시도되었다.

良役釐正廳이라는 임시 기구를 설치하여 이를 전담할 句管堂上까지 두어 가면서 강구하여 거둔 성과는 일련의 절목형태로 마련되었는데[46] 그 내용은 대개 다음과 같았다. 즉 ① 군제개편에 대해 지금까지 군문마다 달랐던 부대편제를 통일하여 용병의 효율성을 높이고 三軍門都城守備 체제를 갖추게 했다는 점, ② 군제개편 과정을 통한 군액의 재감으로 36,793명의 양정을 얻어 각 고을의 도고에 代定케 함으로써 백골징포·황구첨정의 폐단을 일시적이나마 완화시킬 수 있었다는 점, ③ 水軍의 番布 3필을 2필로 줄여 騎步兵과 같게 하였다는 점, ④ 군포의 질을 6升布 40尺으로 통일한 점, ⑤ 1필에서 3필에 이르는 각종 명목의 수포의 양을 대개 2疋로 균일화한 점, ⑥ 校生에 대한 考講을 강화하여 피역자를 색출하되 罰布 2필을 징수, 감영에서 관리하여 백골징포를 감면하는 데 보충하도록 한 점 등이다. 지금까지 논의에만 그치던 데서 처음으로 가시적 성과를 낳게 된 것이나 본질적인 개혁이라기 보다는 양역제의 모순과 폐단을 부분적으로 시정하고 제거한 데 불과하다고 하겠다. 비록 그렇다고 하더라도 ①의 군문편제의 통일과 ④·⑤의 군역균일화는 그때 그때의 필요에 따라 무질서하게 성립했던 군문과 그에 따른 양역편성의 불합리 및 불공평을 가능한 한 정리, 통일성과 均齊性을 부여하였다는 면에서 종전의 이정책에서는 찾아볼 수 없는 소중한 성과로 평가되며, 후일 영조 때 시행된 균역법은 여기서부터 출발했다고 말해지고 있다. 숙종 중기에 소론과 탕평론자들의 양역변통론이 거둔 이러한 성과는, 그러나 추진세

---

45) 《備邊司謄錄》 50책, 숙종 25년 8월 25일.

46) 이 때 만들어진 절목은 《肅宗實錄》 권 40, 숙종 30년 12월 갑오에 다음과 같이 나와 있다. 〈五軍門改軍制節目〉, 〈水軍變通節目〉, 〈軍布均役節目〉, 〈海西水軍變通節目〉, 〈校生落講者徵布節目〉.

력 스스로 인정하듯이 일시적인 데 불과하였다. 몇 년을 가지 못해 도고·아약폐에 대한 지적이 다시 빗발쳤다. 소변통책으로 치유되기에는 양역폐의 골이 너무 깊었기 때문이다.

그리하여 양역 논의는 숙종 후반기에도 계속되지 않을 수 없었다. 이 시기의 양역변통론은 숙종 37년(1711)과 40년의 두 차례에 걸쳐 일어났다. 논의의 계기는 두번 다 왕에 의해서였다. 먼저 숙종 37년 정월 새해를 맞은 왕은 백골징포의 참상을 들어 묘당에 대하여 捄弊策의 마련을 촉구하였다. 이에 따라 6개월 여의 논의를 거친 끝에 나온 묘당의 결론은 다름 아닌 호포였으며, 그나마 오늘날의 형세로는 시행하기 어려울 듯하다면서 종전대로의 양정수괄이 그래도 실현 가능한 방안이라고 하였다. 숙종 후반기의 양역변통 논의를 빛나게 한 李頤命의 丁布論은 바로 이 때 나왔다.[47]

이이명은 우선 소변통론으로서의 양정수괄이나 군액감축 따위는 고식적일 뿐이요, 柳鳳輝가 주장한 감필론은 재정부족의 난점이 있고, 遊布論은 사족·품관·閑散·군관·교생의 여러층 가운데 어디까지를 징포대상으로 할 것인가를 정하기 어려우며 호포는 等戶不均의 문제점이 있다고 하여 당시에 제기된 양역변통론을 하나하나 비판하였다. 그런 뒤에 양역제의 철폐와 그에 대신해 丁布制를 주장하였다.

그것의 주된 내용은 양반을 포함한 모든 남녀의 成丁(여자는 남편에 합함)에게서 2人 1疋씩을 징수하되, 공사천·功臣嫡長·종친·문무이품 이상, 老弱·病廢, 當番軍卒 등은 면제하고, 정포법 시행을 위한 호적제의 엄격한 운용과 정포의 징수 관리를 맡을 별도 기구를 설치하는 것이었다. 정포론은 이에만 그치지 않았다. 그 효과를 높이기 위해 훈련도감의 양병제를 번상병으로 대체하는 군제변통과 노비종모법의 부활을 통한 양민 인구의 증가, 어염세의 국가관리에 의한 군사재정의 보충 등 숙종 초 이래 제시되었던 여러 방안이 같이 시행되어야 한다고 하였다. 요컨대 이이명의 정포론은 숙종일대에 제기되었던 제반변통론을 사족까지 포함된 남녀 성정에게서의 수포를 골자로 하여 종합한 것으로서 사족수포론의 총결산이란 의미를 지녔다고 하겠다. 같은 시

47) 《肅宗實錄》 권 50, 숙종 37년 8월 갑술.

기에 右尹 朴權은 이이명의 이 정포론을 수정하여 남녀 구별없이 각기 60문, 30문씩의 돈을 내게하는 口錢論을 주장하기도 했다.

그러나 내용을 정비했다고 하여도 이 정포론 내지 구전론이 사족수포불가론의 심한 반대를 받기는 마찬가지였다. 반대론의 기본 논리는 반란우려설이었고 이번에도 그것은 효력을 발휘하였다. 그리하여 대변통 중심의 양역 논의는 일단 유보되었으며 그 대신 묘당의 제2안이던 양정수괄의 방법이 강구되었다. 그 결과는 숙종 37년(1711)의 〈良役變通節目〉과 39년의 〈良役査定別單〉이었다.[48] 이 중 후자는 군·아문의 액수를 査減定額한 것이어서 새삼스런 것이 없으나 전자는 里定法의 내용을 담고 있어서 크게 주목된다. 도고의 파악과 그 대정을 수령으로부터 면·리로 넘겨 尊位이하 有司·色掌 등으로 하여금 수행케 하는 방안인데 관의 일방적인 도고대정에서 오는 백골·아약징포의 비리를 막고 피역의 방지와 그 색출의 편의에 목적을 둔 양역 행정의 개선과 강화를 도모한 대책이었다.

유보되었던 양역변통론은 3년 후인 숙종 40년 왕에 의해 다시 촉발되었다.[49] 왕은 그 동안 논의된 소변통론의 제방식은 일단 배제하고 호포·구전의 두 가지 중에서 그 이해 득실을 따져 강구하도록 논의의 방향을 제시하였다. 이에 약 1년여에 걸쳐 묘당의 諸臣은 물론 朝野의 疏狀에서 이를 언급치 않은 것이 없다고 할 정도의 검토가 이루어졌다. 그러나 논의가 끝나는 단계에서 분명해진 것은 호포를 포함한 新法을 쉽게 시행하기는 어렵다는 결론뿐이었다. 그리하여 겨우 도고이정과 軍丁民戶均齊論과 같은 양역제 운영상의 문제점을 부분적으로 개선하는 소변통론을 취하는 선에서 그쳤다. 초기와 중기의 양역 논의를 통해 어떤 형태로든 사족에게서의 수포는 현실적으로 어렵다는 것이 당시 집권세력의 공통된 판단이었고, 따라서 왕에 의해 촉발된 이 때의 논의는 단지 그것을 재삼 확인한 데 불과하였던 것이다.

이 시기에 점차 권력에서의 우위를 차지하게 되는 노론은 한편으로는 왕의 양역변통 촉구에 응하면서도 그 주된 관심을 숙종 36년을 고비로 본격화

48) 《備邊司謄錄》 63책, 숙종 37년 12월 26일 및 66책, 숙종 39년 7월 18일 · 67책, 숙종 40년 2월 7일.

49) 《肅宗實錄》 권 55, 숙종 40년 9월 기미.

한 소론과의 집권경쟁에 두고 있었다. 그러므로 이러한 정치적 변동기에 처하여 자파에 대한 여론의 악화를 초래할 것이 분명한 사족수포를 강행할 의사는 없었던 것이다. 사정은 소론에게도 마찬가지였다. 이 시기 양역 논의의 말미에 유봉휘의 감필론이 양인포 형태로서 잠시 제시되었던 사실은 후대의 균역법 제정과 관련하여 이 시기의 양역 대책이 이러한 상황으로 인해 결국은 그런 방향으로 지향할 수밖에 없었음을 말해주는 좋은 예였다.

이렇게 본다면 결국 숙종대의 양역변통론은 그 다양한 방법론의 제기에도 불구하고, 정치상황의 불안과 권력향방의 불투명에서 오는, 그 추진세력의 권력기반 취약성으로 인하여 양역폐의 궁극적 해결책이 사족수포에 있다는 결론에는 누구나 동의하면서도 결국은 소변통에 의한 일시적 구폐책으로 시종치 않을 수 없었던 것이라 하겠다.

숙종대의 호포·구전·유포·결포 등의 양역변통 논의를 통하여 하나 분명하여진 사실은 양역폐의 시정을 위한 어떠한 근본대책의 수립도 현실적으로는 극히 어렵다는 점이었다. 이와 같이 대변통론이 양역 논의에서 점차 후퇴하고 있는 경향은 경종·영조대를 지나면서 노론이나 소론을 막론한 정권참여자들의 양역변통론에서 보다 확연해지게 된다. 특히 영조는 양역변통론이 단지 상하의 한가한 이야기거리로 되어 실효가 없음을 탄식하고 良謀善策이 있으면 진언하되 호포·결포·구전은 오늘날의 인심으로는 결코 시행할 수 없으리라고 하여 대변통의 불가를 스스로 표명하기까지 했다.

이에 숙종 37년 柳鳳輝의 良人布論에서 처음 주장되었던, 양역체제는 그대로 인정하면서 다만 2필을 1필로 하여 양역민의 현실적 부담을 줄이는 감필론이 경종 연간부터 유력해지기 시작하였다. 감필론의 강점은 무엇보다 양반층의 반발을 야기하지 않으면서도 감필로 인한 實惠를 표방할 수 있다는 데 있었다. 탕평의 가시적 성과를 양역문제의 해결 속에서 드러내고자 하던 영조가 후일 이 감필책에 토대하여 균역법의 제정에 착수하였던 이유는 바로 여기에 있었다는 것이다. 그러나 이 감필론에는 하나의 큰 문제가 뒤따랐다. 바로 감필에 따르는 재정부족을 어떻게 해결하느냐 하는 문제였다. 부족한 만큼 재정지출을 줄인다면 문제는 간단하다. 실제로 경종 원년 洪州목사이던 李廷濟는 양역변통에서 새로운 방안을 마련하는 것은 불가하며 단지 1필의 포만 거두고 부족한 것은 절약하는 도리밖에 없다고 역설하기도 했다.[50] 그러나 이는 현실적으로 불가능한 일이었다. 여기서 감필론은 그 자체로서 독자적으로 제시되기 보다는 언제나 그 부족한 재정의 보완책을 함께 수반하여 제안된다. 그 선구가 경종 원년 좌의정이던 李健命에 의해 주장된 結役論이었다.

이건명은 1필로 감하는 것은 양역 자체가 무겁기 때문이며 또 이로써 헐역처와 같게하여 결국 균일한 데 이르게 할 수 있는 장점이 있다고 하고는, 감필에 따르는 재정보완책은 앞서 숙종 말에 金楺가 잠시 거론했던 결포론에 근거하여 전결에서의 잡역가를 전용함으로써 마련하면 된다고 하였다.[51] 잡역가란 흔히 雉鷄柴炭價라고도 불리우며 수령에 대한 供上이나 지방관아에서 필요한 物種을 현물로 바로 거두는 대신 토지에 별도로 붙여서 징수하는 하나의 관행이었다. 이 잡역가는 일정한 원칙이 없이 지방 수령이 임의로 징수했으므로 지방에 따라 3~4두에서 많으면 8~9두에 이르렀다. 당시 민전에서의 법정세액이 전세·대동미·삼수미를 합해 20두가 채 못되었던 점으로 볼 때 이 잡역가의 징수량은 상당하였다.[52] 그러므로 이건명은 바로 이 잡역가를 감필로 인한 경비부족을 보완할 재정자원으로 활용하자는 것이었다. 이런 경우 종래의 잡역가는 戶役으로 돌려 1호에 2~3전씩만 징수하면 충분하다고 하였다.

이 감필결역론은 비변사의 동의를 얻어 그것의 시행이 초래할 예기치 못한 폐단에 대비한다는 뜻에서 삼남의 한두 곳에 시험해보기로 결정되었다. 그러나 곧이어 같은 노론계의 正言 柳復明과 병조판서 李晩成의 심한 배척을 받았다. 반대의 논리는 토지에서의 세금납부가 너무 많아진다는 것과 감

50) 《景宗實錄》 권 4, 경종 원년 윤 6월 병자.

51) 《景宗實錄》 권 4, 경종 원년 8월 임술·갑술.

52) 田賦總計는 시대와 지역에 따라 조금씩 차이가 있다. 숙종 43년 8월의 신해조(《肅宗實錄》 권 60)에 보이는 忠淸監司 尹憲柱의 狀啓에는 "大同一結納米十二斗 稅米及三手粮六斗許 其他雜費二斗許 本邑雉鷄價三斗 四等柴草炭炬價一斗許 總計一結一年應役 不過米二十四斗"라 되어있다. 그리고 영조 27년 6월 4일(《承政院日記》 1070책)의 公州進士 閔友夏의 上言에는 "田畓每一結 春秋大同十二斗 田稅四斗 三手粮一斗二升 合爲十七斗二升 而以其雜役 無定限之故 各邑合三稅十七斗二升及雜役價 而所捧米 自二十餘斗 至三十斗之多"라 하였다.

필한다고 하면서 결국은 부담을 전결로 전가시킨 데 불과하다는 것이었다. 이러한 배척을 받은 데다가 그 주장자인 이건명마저 곧이어 壬寅獄에 걸려 죽임을 당함으로써 감필결역론은 더 이상 거론되지 않았다. 그러나 그의 이 주장은 후일 균역법 제정을 주관하였던 홍계희에게 직접 영향을 미쳐 균역법의 내용 구성에 뼈대를 제공하였던 것이다.

양역폐의 시정과 관련하여 실현가능하고 일정한 범위 내에서나마 성과를 거둘수 있는 방안으로서의 감필에 대한 관심은 노론에 대신하여 정권을 장악하게 된 소론계에게도 마찬가지였다. 吳命峻·李眞儒의 주장 이후 처음 우의정에 오른 李光佐는 그 初政으로서 감필문제를 주로 논의하기 위한 良役廳의 설립을 추진하고 李台佐·柳鳳輝·沈壽賢·趙泰億·李眞淳·金始煥 등을 그 담당자로 하여 감필에 따른 給代財源을 강구하게 하였다.[53] 그리하여 영조 즉위 직후 소론계 여러 관료들에 의해 감필을 전제로 한 군제개편(訓鍊都監·御營廳체제, 守禦廳·摠戎廳·禁衛營혁파)·戶錢論 등이 주장되게 된다.

숙종 후반기 이후 노론·소론간의 정치적 대립은 타협점을 찾지 못하고 격화되고 있었지만, 양역문제에 관한한 숙종 말 경종대를 지나면서 어떠한 대변통론도 실시가 불가능하다는 점과 그 대신 감필이 현실적으로 가장 시행성이 높은 변통론이라는 데는 의도하지 않았음에도 불구하고 의견의 일치를 보았다고 하겠다.

영조대는 흔히 탕평책이 추진되어 노론과 소론, 그리고 남인이 함께 벼슬하였고 그런 만큼 당쟁도 많이 가라앉은 것으로 말해지고 있다. 그러나 막상 영조대의 정치현실에 들어가 보게 되면 반드시 그렇지마는 아니한 것을 알 수 있다. 각 붕당들이 조정에 함께 벼슬하고 있었던 것은 사실이지만 정국의 주도세력은 엄연히 구별되었다. 즉위 초 노론·소론이 번갈아 가며 한번씩 정권을 잡던 시기를 거친 후 탕평책이 추진되면서 영조 16년(1740)의 庚申處分을 경계로 그 이전은 소론출신의 탕평파가, 그 이후는 노론 명분 아래 탕평의 정국이 운영되다가 균역법이 시행되는 영조 27~28년경 이후는 노론출신의 탕평파 곧 탕평당이 정국을 주도하였다. 그래서 소론탕평·노론탕평이

53) 《景宗實錄》 권 13, 경종 3년 9월 임오.

란 말이 세상에 전해지기도 하였던 것이다.[54]

영조대의 양역문제 역시 이러한 정국 주도세력의 변화와 직접 연결되어 그 해결방안이 모색되고 논란되었다. 다만 전시대와 달리 양역변통 논의에 임금의 의사가 보다 크게 작용한 점이 달랐을 뿐이다.

영조 즉위 후의 양역변통론은 감필론을 중심으로 전개되었다. 먼저 대사헌 李明彦은 금위영·수어청·총융청을 혁파하는 군제변통을 통해 감필을 단행할 수 있다고 하였고, 修撰 金弘錫은 戶錢의 실시를 병행하는 감필을 주장했으며, 승지 金東弼·前判官 金萬翊 등도 이명언과 유사한 군제변통을 통한 군액감축으로 감필이 가능하다고 하였다.[55] 이런 논의들은 앞서 경종 때 설치되어 이 때까지 존속하던 양역청에 수렴되어 감필에 따른 재정보완책의 강구에 참고되었을 것이다.

그러나 이 감필논의는 곧 이은 乙巳換局으로 노론정권이 들어서면서 중단되었다. 민생문제보다 정치명분이 우선이라는 노론의 정치논리로 소론에 대한 정치공세가 격화되었기 때문이다. 그런 속에서 소론의 건의로 설치되었던 양역청마저 폐지되었다. 물론 노론측으로서도 양역대책이 없을 수는 없었다. 戶·口·遊·結의 이른바 良役四條가 시행하기 어려움으로 閑丁搜括에 힘쓸 수밖에 없다는 현실론과 함께 특히 산림으로 徵召된 韓元震에 의한 호포론의 제기가 있었고,[56] 영조 3년(1729) 초 당시의 노론 영수이던 閔鎭遠의 서얼과 액외교생에 대한 1필 징수 주장을 계기로 양역 논의가 일어나는 듯 했다. 그러나 다시 소론에 대한 공격이 재발되면서 뒷전으로 밀렸으며, 丁未換局으로 정권은 소론으로 넘어갔다.

소론정권이 들어서면서 양역 논의는 활기를 띠게 된다. 그리하여 호포·구전·유포·결포의 대변통론과 군문혁파·군제변통·군액감축·직정금지·도고충정과 같은 소변통론이 모두 거론되었다.[57] 특히 영조 3년 11월에는 영의정 이광좌의 요청에 의해 조정 諸臣이 함께 모인 자리에서 그 때까지 거

---

54) 鄭萬祚, 〈英祖代 中半의 政局과 蕩平策의 再定立〉(《歷史學報》 111, 1986).

55) 《英祖實錄》 권 1, 영조 즉위년 9월 갑자·10월 계유·기묘 및 권 2, 즉위년 11월 임술.

56) 《英祖實錄》 권 10, 영조 2년 8월 을해.

57) 《英祖實錄》 권 14, 영조 3년 11월 갑인·정사·계해 및 권 15, 영조 4년 2월 병술.

론된 모든 양역변통론에 대한 종합적인 검토와 논의가 있었다. 그러나 이 때 논의의 최종적인 결론 역시 앞선 시기와 마찬가지로 당시의 인심이나 世道로 보아 결코 실시할 수 없다는 쪽으로 가닥이 잡히며, 다만 감필에 대해서만은 감필에 따르는 선후책 마련이 당부되는 속에 도고대정의 충실한 이행이 지방 수령에게 신칙되는 몇 차례 거듭된 과정을 되풀이한 것일 뿐이었다. 그리고 그 과정에서 趙文命의 호포 때문에 고려가 망했다는 주장으로 인해 임금의 호포에 대한 집념이 포기되었다.

이후에도 간간이 제기되던 양역변통론은 다시 영조 9년에 임금에 의해 촉발된다. 이 때 영조는 자기 치세의 무성과에 초조감을 나타내어 "辛壬獄事 이래 나라 일을 한결같이 포기한 채 君臣上下가 모두 당쟁하는 것외에 한 일이 없으니 나라안의 모든 폐단이 이로 말미암았다"고 신하들을 질책하면서 변통책의 강구를 촉구하였다. 이에 따라 소론탕평의 정국에서 영의정이던 沈壽賢이 자신의 정치적 생명을 걸고 변통책 마련에 임하고 좌의정 徐命均, 우의정 金興慶, 병조판서 尹游, 호조판서 宋寅明, 이조판서 金在魯, 靈城君 朴文秀, 형조판서 李廷濟 등 공경대신들이 총동원되다시피 하여 논의했으나[58] 결과는 양역행정의 원활한 시행을 위해 유능한 수령을 선발해야 한다는 이광좌의 擇守令論을 받아들이는 외에 前日의 논의에서 한 걸음도 나아가지 못했다. 그리고 영조도 제신의 감필론에 대해서 반을 줄이면 백성들이 또 반을 줄여주기를 바랄 터이니 썩 그렇게 바람직한 방안은 아니라 하여 실망하는 반응을 나타내었다.[59] 이 때 전라감사이던 趙顯命은 대변통보다는 사모속 때문에 양역폐가 왔다고 하여 헐역처나 군문에 투속한 자 및 피역자를 색출할 것을 주장하였다.[60] 소론탕평의 실세이면서 권력의 혐의를 피해 외직에 나가 있던 조현명의 이 주장은 양역 논의의 방향을 제시한 것이나 다름없었다. 그리하여 이 문제의 해결과 관련해 8道句管堂上이 임명되며 그 결과 또 한차례의 일괄적인 양정수괄이 이루어질 수 있었다.[61] 앞선 시기에 이미 여러 차

58) 《英祖實錄》 권 36, 영조 9년 12월 을축·병인·정묘·을사·계유.
59) 《英祖實錄》 권 36, 영조 9년 12월 기사.
60) 《英祖實錄》 권 37, 영조 10년 정월 임오.
61) 《英祖實錄》 권 37, 영조 10년 정월 신묘.

례 시도되었고 그 성과가 한정적일 수밖에 없는 이러한 조처의 거듭된 시행은 양역의 폐단을 운영상의 모순에서 구하는 고식적인 견해의 소산이라고 해야겠으나, 그나마 당시의 여건에서 취할 수 있는 가능한 방법이었다는 데 당시의 정치상황이 갖는, 그리고 정치명분에서의 불리를 민생문제의 대책마련을 통해 만회하려 한 소론내지 소론탕평 정권이 갖는 한계라고 할 것이다.

사실 앞선 시기인 경종 연간 후일의 영조이던 王世弟의 반대편에 섰던 소론으로서는 영조 치세하에서는 불리한 입장일 수밖에 없었다. 따라서 그러한 불리를 상쇄하고 出仕의 구실을 마련해 줄 적당한 명분이 필요하였다. 탕평과 함께 당시 민폐의 제일 요인이라는 양역문제는 이런 경우 좋은 대안이 될 수 있었다. 소론의 영수 이광좌가 환국 후 조정에 재진출하면서 양역문제 해결을 초미의 과제로 앞세우고, 그와 일정한 거리를 두기는 했지만 소론출신의 탕평파가 주도한 소론탕평에서 양역문제가 활발하였던 것은 여기에 이유가 있었다. 그러나 바로 그렇기 때문에 양역 논의가 상하의 閑談이 되어버렸다는 영조의 탄식처럼 논의에만 맴돌고 어떤 결말을 내기는 어려웠다. 정치기반이 약한 소론으로서는 일찍이 호전론을 주장하던 김홍석이 "오늘의 정치를 담당한 사람들이 호전 등 변통책에 대해 생각지 않은 것은 아니나 감히 말하지 못하는 이유는 更張을 꺼리는 데다가 또 오늘날의 국가기강으로는 행하기 어렵다고 보기 때문이라"[62]고 비난한 바와 같이 대변통책을 정책으로 추진할 역량이 부족한 데다, 정치적 목적이 우선했기에 그런 의욕이 또한 크지 않았던 것이다.

소론탕평은 영조 16년(1740)의 庚申處分과 뒤이은 辛酉大訓으로 소론명분이 무너짐으로써 결정적 타격을 입었다. 따라서 이후의 탕평책은 노론측의 정치명분 속에서 소론출신 탕평파에 의해 추진되는 양상을 보였다. 이 시기 정계의 축은 노론계인 金在魯와 소론계인 조현명이었다. 앞선 시기의 이광좌 때와 마찬가지로 조현명 역시 10년 넘게 지켜온 자신의 탕평 참여 명분이 무너진 시점에서, 민생문제 해결을 통해 자신의 정치적 입지를 확보하고자 하였다. 그것이 徐宗玉·李周鎭 등 소론계 탕평파와 元景夏·金若魯 등 새로이 등장하는

62) 《英祖實錄》 권 1, 영조 즉위년 10월 계유.

노론계 탕평파의 도움을 받아 추진된 良丁査正이었으며 《양역총수》와 《良役實摠》의 간행이었다.[63] 이것은 또한 숙종 중기 이래 계속되어 온 衙門屬處別·지방별 양역인구의 조정과 확정작업의 총귀결이기도 하였다.

영조 26년 감필의 단행에서부터 시작되어 28년의 〈結米節目〉 완성으로 시행을 보게 된 균역법은 효종대 이래 계속되어온 양역변통론의 총결산이라고 할 수 있다. 감필결역론의 내용이 주된 골격을 이루면서 유포론이라든가 군제변통·양정수괄 등의 소변통론의 내용과 또 그런 논의 과정에서 군사재정 보완책으로 제기되었던 어염선세·은여결세 등을 國用으로 전환하자는 논의의 성과가 일정하게 반영되었던 것이 이를 말한다. 지금까지의 양역변통 논의를 살핀데서 보듯이, 결국은 양반층을 중심으로 한 여러 신분층의 이해관계 때문에 궁극적인 균역을 이루지 못하고 고식적인 선에 머물 수밖에 없었던 점을 감안한다면, 이 균역법의 한계 또한 저절로 드러난다고 하겠다. 그러나 그것은 당시로 보아서는 조정에서 취할 수 있었던 최대한의 타협점이기도 하였다.

그리고 이것은 동시에 탕평의 구체적인 성과로서 양역문제의 해결을 열망하던 영조와, 소론탕평이 무너진 시점에서 자신의 정치적 입지와 명분을 민생고의 제일 요인이던 양역문제 해결을 통해 확보하려한 조현명, 그리고 정치적 명분상의 우위를 확보한 노론계 탕평파들의 정국주도권 장악을 위한 시도 등이 함께 어울려 빚어낸 정책상의 산물이었다. 그런 면에서 후일 영조가 자신의 치적으로 자랑하던 「吏郞」·「翰林」·「山林」과 함께 이 「均役」은 탕평책의 공적으로서 기억되었던 것이다.

균역법 실시 이후 金在魯·조현명 등의 탕평 일세대가 후퇴하고 균역법 제정에 함께 참여하였던 金若魯·金尙魯·元景夏·홍계희·洪鳳漢·申晩 등의 노론계 탕평파와 鄭羽良·鄭翬良·趙載浩·金尙星 등의 소론계 탕평파가 한데 결합하여 탕평당을 이루면서 정계를 주도하였던 것도 균역법이 大同을 지향하는 탕평의 한 측면이었음을 나타내는 것이며 동시에 그것이 갖는 정치적인 성과를 말해주는 것이라 하겠다.

〈鄭萬祚〉

---

63) 《양역총수》와 《양역실총》의 내용과 그 의의에 관해서는 鄭演植, 앞의 논문, 103~109쪽에 자세히 설명되어 있다.

3. 균역법의 시행과 그 의미

1) 균역법의 제정 경위

(1) 감 필

均役法은 일반적으로 영조 26년(1750) 7월의 減疋을 의미하는 것으로 이해되고 있다. 그러나 균역법은 엄밀한 의미에서는 감필과, 감필로 인한 재정 결손을 보완하는 給代를 포괄하는 개념이다. 따라서 균역법은 영조 27년 6월의 결미 징수 결정, 9월의 〈結米節目〉 완성을 거쳐 이듬해 6월 〈壬申原事目〉의 제정으로 완결되었다고 할 수 있다.

균역법 논의는 영조 25년 8월 충청감사 홍계희의 《良役變通》으로부터 시작되었다. 홍계희는 良役을 없애고 대신에 토지에 結當 布 1疋을 부과하여 양역문제를 해결하자는 양역변통책자를 작성하여 올렸다.[1] 영조가 책자에 각별한 관심을 보임으로써, 18세기 초 숙종조 후반부터 지속적으로 제기되었던 結布論이 다시 논의되었다. 이러한 양역변통 논의를 더욱 활발하게 한 것은 이듬해의 전염병과 기근이었다. 영조 26년에는 연초부터 시작된 전염병이 갈수록 기승을 더해 5월에 이르러 사망자가 124,000명에 달하였는데, 호적에 등재되지 않은 유민들까지 합하면 최소한 30만 명이 사망한 것으로 추산되었다.[2] 설상가상으로 기근마저 심하게 들었다. 이러한 상황에서 당시 민에게 가장 고통스러운 부담이었던 양역의 개혁에 우선적으로 관심이 쏠리지 않을 수 없었다. 3월에 홍계희의 양역변통책자가 다시 논의 대상으로 떠올랐고, 持平 鄭恒齡, 同副承旨 李應協 등이 양역변통을 주장하고 나섰다.[3]

이러한 정황은 예전의 양역변통론 대두 시기의 정황과 특별히 다를 바 없었다. 그런데 예전에는 늘 유야무야되었던 양역변통 논의가 이 때에 균역법

---

1) 《英祖實錄》 권 74, 영조 27년 6월 정유.
2) 《英祖實錄》 권 71, 영조 26년 5월 병진.
3) 《英祖實錄》 권 71, 영조 26년 3월 갑인·병진.
《承政院日記》 1054책, 영조 26년 3월 25일.

으로 매듭지어지게 된 데에는 영조의 양역변통에 대한 집념에 못지 않게 戶錢에 대한 박문수의 잘못된 계산이 적잖이 작용했다. 영조 26년 5월 14일, 호조판서 박문수는 양역을 파하고 그 대신에 호를 대·중·소호로 나누어 호당 5전 이하를 징수하여 재정 결손을 충당하되 나머지 부족분은 각 아문과 궁방이 장악하고 있던 어염세를 호조로 귀속시켜 해결하면 가능할 것이라고 주장하였다.[4] 영조는 즉위 전부터 호포제를 양역변통의 최상의 방안으로 생각하고 있었다.[5] 그러나 사족층의 반발이 만만치 않은 데다가 빈한한 사족들에게 부담이 될 것을 우려하여 시행을 주저하고 있었던 것이다. 그런데 박문수가 호전 부담이 大戶에도 5전을 넘지 않을 것이라고 주장하자 귀가 솔깃하지 않을 수 없었다. 호포제는 가장 유력한 양역변통책으로 부상하였다.

영조는 박문수의 호포와 홍계희의 결포에 대한 가부를 民에게 직접 묻기로 하였다. 영조는 5월 19일 창경궁 홍화문에서 五部의 士庶와 지방에서 올라온 禁軍 등 50여 명을 불러 모아놓고 호포와 결포 가운데 어느 것이 편한지 물었다(一次臨門). 거의 모두가 호포가 편하다고 대답하였다[6]. 영조는 호포제를 단행하기로 결심하였다.

호전의 준비 작업이 즉시 시작되었다.[7] 양역을 호전으로 대신한다는 방침에 따라 전국의 軍摠과 영조 23년의 戶摠을 비교하여 호전의 액수를 계산하여 정한 〈軍戶假令草〉가 당일로 작성되었다. 그 결과 호전은 대호의 경우 1냥 5전, 소호의 경우에도 1냥이나 되는 것으로 추산되었다.[8] 호당 5전을 초

---

4) 《承政院日記》 1056책, 영조 26년 5월 14일.

5) 《英祖實錄》 권 71, 영조 26년 7월 계묘.

6) 《英祖實錄》 권 71, 영조 26년 5월 경신조의 史臣의 말에 의하면 박문수가 홍화문 앞에 모인 사람들에게 영조의 뜻이 호포에 있으니 호포를 찬성하라고 미리 지시를 내렸다고 한다.

7) 戶布를 戶錢으로 바꾼 것은 布를 거둘 때에 布의 質을 문제삼아 點退하는 폐단을 막고자 한 것이었다(《承政院日記》 1056책, 영조 26년 5월 17일).

8) 《英祖實錄》 권 71, 영조 26년 5월 19일 경신. 대·중·소호의 구분 기준이 무엇이었는지는 밝혀지지 않고 있다. 다만 이를 짐작케 하는 것은 영조 20년에 持平 任珣이 호포론을 주장하면서 5口까지를 殘戶, 10口까지를 小戶, 15口까지를 中戶, 20口까지를 大戶로 하자고 하였고(《英祖實錄》 권 59, 영조 20년 4월 기유), 영조 26년 우의정 조현명은 20口를 大戶라 한다고 하였다(《承政院日記》 1058책, 영조 26년 7월 2일).

과하지 않을 것이라던 예상이 빗나가고 말았다.[9] 호전의 시행은 이 때부터 난항에 부닥쳤다.

첫째 이유로는 호전의 액수가 결코 적지 않았다. 대·중·소호를 막론하고 호당 1냥을 초과해서는 호전을 시행하기 어렵다는 것이 지배적인 견해였다. 당시 평안도 함경도를 제외한 6도 총 호수는 134만 호로서 전국의 正軍 40만 명이 내던 포 80만 필(160만 냥)을 채우려면 호전은 호당 평균 1냥을 넘을 수밖에 없었다.[10] 더구나 134만 호 중에서도 奴婢貢과 戶役을 부담하고 있는 公私賤戶 등에는 호전을 부과할 수 없었다.[11] 대·중·소호 외에 殘戶에까지 호전을 부과한다 해도 호전의 부담은 작지 않았다.

둘째로 호전 부과의 기초 자료인 호적이 제대로 정비되어 있지 않았다. 급한 대로 우선 한성부의 호적을 살펴보니 '長安 8萬家'를 일컫는 서울의 호가 34,000호밖에 되지 않고 더구나 대·중호는 겨우 2,000호인데 잔호는 18,000호나 되는 실정이었다.[12] 이런 상황에서 호전을 시행하려면 우선 호적을 대대적으로 정비하여 漏戶·虛戶를 색출하고 戶等을 정확히 책정해야 했다. 그러나 민의 부담을 덜고자 단행되는 호포제가 대대적인 호적 정비로 인해 오히려 새로운 문제를 야기시킬 우려가 있었다. 더구나 혹심한 전염병과 기근으로 상황도 좋지 않았다.

논의 과정에서 완전한 호전의 시행은 어렵다는 것으로 결론이 모아지고 있었다. 이런 상황에서 5월 말에 領中樞府事 金在魯가 감필을 제기하였다. 예조판서 申晩과 판윤 趙載浩 등도 김재로의 견해에 찬동하고 나섰다.[13] 영조는 감필에 대해 논의해 보도록 지시하였다. 감필은 양역의 완전한 혁파를 전제로 한 개혁보다는 용이하고 절충적인 방편으로 적극적으로 검토되었다.

결국 6월 중순에 이르러 감필은 거의 확정되어 가고 있었다. 그런데 이번

9) 영조는 이 때의 결과에 크게 실망하여 "靈城君(박문수)이 호당 5전이면 된다고 아주 쉽게 말하기에 굳게 믿었는데 속은 듯하다"고 말하였다(《承政院日記》 1056책, 영조 26년 5월 19일).

10) 《承政院日記》 1056책, 영조 26년 5월 30일.

11) 《承政院日記》 1058책, 영조 26년 7월 3일.

12) 《承政院日記》 1056책, 영조 26년 5월 29일.

13) 위와 같음.

에는 1필 감필로 인한 재정 결손을 무엇으로 채우는가 하는 문제가 새로운 과제로 대두되었다. 앞서 논의되었던 결포론과 호전론 사이의 논쟁이 다시 시작되었다. 중앙 조정의 논의는 減疋結布論과 영조를 중심으로 한 減疋戶錢論으로 양분되었다.

감필호전론은 주장의 열기로나 수적으로나 열세였지만 영조의 집념에 힘입어 적극적으로 추진되었다. 비변사에서는 다시 양역가를 1필로 줄이고 그 재정 결손을 호전으로 보충하는 구체적인 방안을 강구하기 시작했다. 그 결과 영조 26년(1750) 7월 초에 〈良役變通假令節目〉이 완성되었다.[14] 절목은 호당 부담이 1냥을 넘지 않게 하여 작성되었다.[15]

그러나 절목대로 시행하더라도 5만 냥의 재정 결손은 해결할 길이 없었다. 또한 호의 파악이 가혹하여 문제가 되고 있었다.[16] 그보다 더 큰 문제는 사족층의 반발이었다. 李宗城·元景夏 등 중신들의 반론도 만만치 않았다.[17] 영조는 양역을 완전히 혁파하지도 못한 채 호전을 시행하는 데 대해 내심 마땅치 않게 생각하고 있었다.

7월 3일에 영조는 홍화문에 성균관 유생 80여 명과 5部의 坊民을 불러 모아 놓고 다시 백관·유생·민의 의향을 물었다. 이 때는 감필이나 호전의 액수에 대해서는 묻지 않고 호전의 찬반 여부만을 물었다(二次臨門). 방민들은 호전이 편하다고 답하였으나 관료와 유생들은 모두 호전에 반대했다. 영조는 사족층의 반발을 무릅쓰고 호전제를 강행할 것인지 주저하지 않을 수 없었다.

결국 홍화문에서의 詢問이 있은 지 이틀 뒤 영조는 호전을 시행하지 않는다는 윤음을 직접 썼다. 이로써 호전제는 무산되었다. 사족들의 반발로 인해 '上下均役'의 '大同之政'으로 일컬어진 호전제는 끝내 시행될 수 없었다. 그

---

14) 《英祖實錄》 권 71, 영조 26년 7월 임인조에는 〈良役節目〉의 내용이 간략하게 실려 있다. 이는 〈良役變通假令節目〉이 수록되어야 하는데 영조 28년의 〈壬申原事目〉이 잘못 수록된 것이다. 절목의 10개 조항 가운데 상당수는 아직 언급조차 되지 않았던 조항들로서, 舊 守禦廳을 均役廳으로 사용한다는 기록이나, 결미 징수에 관한 내용 등으로 보건대 〈原事目〉임이 확실하다. 이 오류로 인해 균역법 제정 경위에 대한 연구에서 많은 오해가 야기되었다.

15) 《承政院日記》 1058책, 영조 26년 7월 2일.

16) 《承政院日記》 1058책, 영조 26년 7월 5일.

17) 《英祖實錄》 권 71, 영조 26년 6월 계사.

러나 減疋戶錢 가운데 감필은 그대로 남았다. 취소된 것은 감필호전 전체가 아니라 그 가운데 호전 부분이었다. 영조 26년(1750) 7월 9일에 영조는 창경궁 明政殿에 時·原任大臣, 六曹·備邊司 堂上, 兩司 諸臣들을 모아 놓고 양역가를 2필에서 1필로 감하도록 명하였다(一次臨殿).[18] 나흘 전의 윤음에서 결정된 감필을 정식으로 공포한 것이다.

양역가를 1필로 줄이려는 감필론은 이미 숙종 말년부터 제기되어 경종조, 영조조를 거치면서 계속 다양한 형태로 제기되었다. 감필론은 특히 영조 초에 적극적으로 검토되었다. 경종 3년에 설치된 양역청은 영조 즉위 초까지 이어져, 李光佐를 중심으로 하여 감필을 집중적으로 검토하였다. 그러나 감필에 따른 재정 보완문제를 해결하지 못하여 별다른 진척을 보이지 못하던 중 이른바 을사처분으로 소론정권이 붕괴되자 양역청의 활동이 중지되고 감필론도 무산되고 말았다. 그 후 감필론은 영조 9·10년에도 집중적으로 제기되어 신중하게 검토되었으나 다시 거부되고 그 대신에 閑丁을 대규모로 搜括하는 정책이 단행되었다. 그러던 중 이 때에 이르러 결국 감필로 매듭지어진 것이다.

그러나 이 때의 조처는 단순한 감필이 아니라 1필로의 통일이었다. 숙종 31년(1705) 이정청에서 〈軍布均役節目〉의 반포로 京案付良役을 2필역으로 통일했던 조처에 이은 양역가 균일화의 최종 조처였다.[19] 감필은 경종조 李健命의 감필결포론에서 양역가의 경감과 균일화라는 이중적 효과를 노릴 수 있는 좋은 방책으로 줄기차게 주장되었다. 따라서 감필은 단순한 감필이 아니라 양인의 신역을 모두 1필로 통일시키는 방향으로 추진되었다. 즉 감필은 '均一疋'로서, 1필 이상의 역가는 1필로 내리되 1필 미만의 역가는 1필로 올린다는 것이다.

명정전에서 감필을 명하고 난 후 영조는 감필에 대해 "一國의 良民의 役을 모두 1필로 고르게 하는 제도로서 大同之政과 다를 바 없다"[20]는 敎를 내렸다. 사족과 평민이 모두 같은 역을 부담하는 '上下均役'의 '戶大同'이 아

18) 《英祖實錄》 권 71, 영조 26년 7월 기유.
19) 鄭演植, 〈17·18세기 良役均一化政策의 推移〉(《韓國史論》 13, 서울大, 1985).
20) 《承政院日記》 1058책, 영조 26년 7월 9일.

니라 평민의 범위 안에서는 모두 같은 역을 부담한다는 '一疋大同'의 균역법은 大同之政과 다름없는 것으로 표방되었다.

(2) 급대재원의 마련

감필 결과 필요한 給代財源 총액은 약 80여 만냥에 달하는 것으로 파악되었다.[21] 이듬해 영조 27년부터 감필이 시작되므로 그전까지 급대 방안을 마련해야 했다. 그런데 급대재원의 확보를 어렵게 한 것은 不犯戶結, 즉 家戶와 田結을 과세 대상으로 하지 않는다는 원칙이었다. 호전은 이미 포기하였고 결미는 영조를 비롯하여 여러 사람들이 '加賦'라 하여 반대하고 있었기 때문이다. 그러므로 최선의 방책은 경비를 줄이는 것이었다. 불필요한 관직을 없애거나, 군현을 통합하는 등의 갖가지 방안이 제기되었다. 이미 5월 말에 守禦使는 廣州留守를 겸하게 하여 도성 밖의 남한산성으로 나가게 하고, 摠戎使는 京畿兵使를 겸하게 하여 북한산성 蕩春臺에 營을 두어 불필요한 경비를 줄이게 하였다.[22] 그러나 이런 정도의 재정 절감으로 엄청난 액수의 급대가 해결될 수 없었다. 결국 대규모의 재정 개편이 불가피했다.

감필이 공포되기 하루 전인 7월 8일, 영의정 조현명이 그 첫 번째 시안으로서 〈良役變通節目〉을 내놓았다. 주된 내용은 감필·급대를 관장할 기구로 經濟司를 설치할 것, 금위영과 어영청의 군제를 개편할 것, 어염세를 징수할 것, 8도 각 읍의 환곡 중 50만 석을 경제사로 이관하여 환곡으로 운영할 것, 水軍布 급대를 위해 일부 鎭堡를 혁파할 것, 監司의 率眷을 혁파할 것, 校生·院生 및 군관을 대상으로 考講·試射를 시행하여 罰布를 징수할 것, 선혜청 稅作木과 충훈부 忠翊木을 경제사로 이송할 것 등이었다.[23] 이 절목은 비록 구체적인 액수를 밝혀놓지 않은 막연한 계획안이었으나, 이 때부터 균역사목의 윤곽이 비로소 드러나기 시작했다.

〈양역변통절목〉이 제시된 이튿날 감필이 반포되면서부터 제반 급대재원 마련 방안이 하나 둘 결정되었다. 우선 8도 감사의 솔권이 혁파되었고(移劃),[24]

---

21) 《承政院日記》 1058책, 영조 26년 7월 14일·15일.
22) 《英祖實錄》 권 71, 영조 26년 5월 경오.
23) 趙顯命, 《歸鹿集》 권 18, 良役變通節目.

7월 11일에는 '경제사' 대신 '균역청'을 임시로 전의감에 설치하도록 하고 三相이 총괄하게 하였다(設廳). 당상으로는 申晩·金尙魯·金尙星·趙榮國·홍계희 등을 차출하여 이들에게 급대책을 강구하는 임무가 주어졌다.[25)]

7월 하순에는 절목에 수정이 가해져서 〈良役變通條目笏記〉가 마련되었다. 영의정 조현명에 의해 제출된 笏記 17개 조에는 절목에서 막연하게 제시되었던 급대와 그 재원 마련 방안이 액수와 함께 한층 구체적으로 드러났다. 주된 내용은 대략 다음과 같다.[26)]

우선 병조 기병·보병과 별기병의 番次를 8番에서 6번으로 줄여 인원을 감축하고, 군포는 16개월에 2필을 내던 것을 12개월에 1필로 줄인다(減革). 훈련도감·어영청·금위영의 正軍 외에 잡다한 역은 모두 餘保로 만들어 本營의 급대에 충당한다(감혁). 선혜청의 詳定米·軍餉耗米·常賑耗米 등과 감사솔권을 혁파하여 절약된 營需米 등으로 三軍門 米保의 급대에 충당한다(移劃). 삼남·경기도의 軍作米 10만 석을 半分還穀으로 운영하여 耗穀을 軍餉米 급대에 보충한다(會錄). 이 밖에도 米保와 木保의 교체 등 급대에 관한 사항이 결정되었다.

홀기의 내용 가운데 중요한 점은 급대 수요를 줄이기 위한 조항이 최초로 설정되었다는 점이다. 京各司 匠人保와 정군 자보 및 정군이 스스로 선정하여 채우는 自望保의 감필 부분에는 급대하지 않기로 하였다. 예컨대 어영청·금위영의 자보는 1保를 더하되 정군 스스로 찾아내어 더하도록 하였다. 또한 지방의 급대수요는 스스로 해결하라는 방침이 정해졌다. 부족한 給代木은 감사가 어염세와 收布軍官의 군포 등 잡다한 수입으로 충당하라는 것이었다.[27)]

이상의 조항들은 모두 영조의 재가를 얻었다. 영조 28년 〈壬申原事目〉의 10개 조항 가운데 設廳에 이어 이획·감혁·급대·회록 등 5개 조항의 기본틀이 마련된 것이다. 그러나 이것만으로는 충분한 급대를 보장할 수 없었다. 또한 시행 세칙이 마련된 것도 아니었다. 후속 조처가 계속되었다.

---

24) 이하 ( )안의 내용은 〈原事目〉에 등재될 때의 조항 이름이다.
25) 《承政院日記》 1058책, 영조 26년 7월 11일.
26) 《承政院日記》 1058책, 영조 26년 7월 23일.
27) 漁鹽稅는 균역청으로 이관되기 이전의 것을 말하며, 軍官布도 選武軍官과는 별개의 것이다.

8월 초에는 홀기를 바탕으로 〈給代節目〉과 〈別單〉이 대강 작성되었다.[28] 이 절목에서 비로소 魚鹽·陳田·隱結·軍官이 재원으로 등장하였다. 조현명·金若魯·鄭羽良 등 三相은 절목과 별단을 올리는 聯箚에서 절목의 취지를 밝히면서 어염세의 관장 기구를 일원화하고, 진전을 개간하고, 은결을 색출해 내고, 良丁의 役을 고르게 하여 양역변통의 '根基'를 세워야 한다고 주장하였다.[29]

어염세는 5월 박문수의 호포론에서 호포제를 보완할 세목으로 거론되어 양역변통과 연계되어 논의되었다. 어염세는 일정한 과세 규정이 없고 징세기구가 다양하여 어민들이 重稅와 疊稅에 시달리고 있었으므로 이미 오래 전부터 세제 개편과 수취 기구의 일원화가 요청되고 있었다. 따라서 균역법 제정과는 별도의 당위성과 필요에 의해 개정 작업이 추진되었던 바, 7월에 박문수를 삼남에 魚鹽使로 파견하여 기초 작업에 착수하게 하였다가, 8월 초에 어염사를 均稅使로 명칭을 바꾸고 金尙迪과 李聘를 추가로 파견하여 6도의 어염세 개정을 분담하게 하였다.[30] 그러던 중 〈給代節目〉에서 균역청의 재원으로 자리잡게 된 것이다. 두 번째, 陳田 항목은 진전의 降等·續田化 등을 통해 묵은 땅의 경작을 유도하여 세수입을 늘리려는 것이다. 세 번째, 은결은 收稅實結을 장부에서 누락시킨 것으로서 수령이나 이서배의 사사로운 용도에 쓰이기도 하였지만 지방재정의 중요한 몫을 담당하기도 하였다. 이 은결을 고을 수령들로 하여금 자수케 하여 색출해 냄으로써 그 결세를 급대에 활용하자는 것이다. 네 번째, 군관은 경제력을 이용하여 양역에서 빠져나간 양인 閑遊者들에게 군관이라는 이름을 부여하고 포를 거두려는 것이다. 사목에 이처럼 여러 항목이 수록된 것은 초기에 가호와 전결에 세를 부과할 수 없다는 원칙이 확고하여 자질구레한 것들을 긁어 들여 세입을 늘리려 했기 때문이다. 그러므로 절목에 대해 李宗城은 모래알을 모아 놓은 것 같다고 평했고, 영조는 '烏合'이라 평했다.[31]

28) 《承政院日記》 1059책, 영조 26년 8월 4일.
29) 《英祖實錄》 권 72, 영조 26년 8월 을해.
30) 《承政院日記》 1059책, 영조 26년 8월 4일.
31) 《承政院日記》 1059책, 영조 26년 8월 5일.

결국 호와 결에 세를 부과하지 않은 〈均役事目〉이 완성되었다. 최초로 시행되었던 이 사목은 이획·漁鹽船稅·隱餘結·軍官布·分定 등 5개 조항으로 구성되었다. 그런데 영조 27년(1751) 사목이 반포되자 여러 가지 잡음이 끊이지 않았다. 그 가운데서도 특히 어염세와 군관포에 대해서는 반발이 커서 중앙과 지방에서 모두 어염세와 군관포를 개정, 또는 폐기해야 한다는 주장이 끈질기게 제기되었다. 그러나 이 조항들은 명분에 흠이 없고, 재원이 부족하다는 현실적인 이유로 인해 모두 강행되었다.

그러나 分定은 그렇지 못했다. 분정은 각 도 감영·병영·수영·통영 및 각 읍에서 재량껏 재원을 마련하여 지방군, 특히 수군의 급대를 채워 넣으라는 조항이었다. 당시 분정의 비중이 얼마나 되었는지는 알 수 없으나 조현명의 계획안에 따르면 지방의 각 營邑에 할당된 분정 총액은 1,144同(57,200疋)으로서 錢으로는 약 11만 4천 냥에 달했다.[32] 그런데 이렇게 많은 액수를 어떤 방법으로 조달하라는 것인지 사목에 명백히 규정되어 있지 않았다. 감영과 병영에는 재량껏 할당된 錢·木을 마련하라 하고, 각 군현에는 '이 모양저 모양으로 거두는 쌀'로 감필로 부족해진 수군의 粮米를 채우라고 지시하였다. 그러므로 반발이 없을 수 없었다.

〈균역사목〉이 반포되자마자 각처에서 원성이 빗발쳤다. 특히 경상감사 閔百祥이 통렬하게 비난하고 나섰다. 사목의 분정 조항에서 규정한 '각 읍에서 거두는 쌀'은 주로 雜役價(雉鷄柴炭價) 명목의 官需米를 지목한 것이었다. 그런데 미 8,400석이나 할당된 경상도에는 전라도나 충청도와는 달리 잡역가를 거두는 읍이 거의 없었다. 민백상은 경상도의 긴요하지 않은 鎭堡 8군데를 혁파하여 그 곳의 군보들이 내던 미·포로 분정을 해결할 수 있게 해 달라고 요청하였다.[33] 영남의 진보들을 혁파하자는 주장은 이미 전부터 박문수·조현명 등 여러 사람에 의해 끈질기게 제기되고 있던 바였다. 결국 민백상의 건의가 받아들여져 8진보 가운데 龜山鎭을 제외한 나머지 甘浦·漆浦·丑山浦·永登浦·尙州浦·曲浦·豊德浦가 혁파되었다.[34] 경상도의 경우는 이렇게

32) 趙顯命, 《歸鹿集》 권 18, 均役或問.
33) 《承政院日記》 1064책, 영조 27년 정월 4일.
34) 《英祖實錄》 권 73, 영조 27년 정월 을묘.

부분적으로 해결되었지만 다른 지역에서는 뚜렷한 대책이 없었다. 분정은 균역청에서 끝내 해결하지 못한 재정 결손 부분을 지방의 감사·병사나 수령들에게 떠넘긴 것에 불과했다. 분정이 이대로 계속된다면 지방재정이 파탄에 이를 것이 명약관화했다. 균역청 당상들도 분정이 언젠가는 폐지되어야 할 것임을 자인하고 있었다.[35)]

영조 27년 5월 영의정 김재로는 차자를 올려 분정을 폐지할 것을 주장하고,[36)] 심지어 어염·군관·분정 등에 문제가 많으므로 차라리 예전으로 돌아갈 것을 주청하였다.[37)] 영조는 舊制로의 복귀를 단호히 거부했다. 처음에는 감필을 주장했던 김재로가 復疋로 돌아선 것은 급대 재원의 확보가 그만큼 어려웠기 때문이다. 그 어려움은 '不犯戶結'의 원칙 때문이었다. 결국 구제로 복귀하지 않고 분정을 폐지하자면 그 원칙을 파기하는 수밖에 없었다. 그런데 호와 결 가운데 호는 이미 감필 이전의 여러 차례 논의에서 불가능한 것으로 매듭지어졌다. 결국 결, 즉 토지에 세를 부과하는 수밖에 없었다.

이 문제를 직접 거론하고 나선 인물은 바로 결포론을 가장 적극적으로 주장하였던 홍계희였다. 김재로가 차자를 올린 그 날 홍계희는 균역법에 '大柱'를 세울 것을 건의하면서, 6도에서 결전 5전을 징수하여 30만 냥 가량의 給代財源을 마련함으로써 분정을 폐지하자고 하였다.[38)]

한편 조현명은 《均役或問》이라는 책자를 올려 금위영과 어영청의 군제를 개혁하고 군현을 통합하여 감필로 인한 재정 결손을 메울 것을 주장하였다.[39)] 그의 개혁 방안은 지방의 어영청 군사와 금위영 군사를 모두 納布軍으로 만들고 그 대신에 서울과 경기도에서 약 1만 명의 군사를 선발하여 어영청과 금위영의 군사로 만든다는 것이었다. 한편 나머지 부분은 군현을 통폐합하여 재정 지출을 줄임으로써 해결하자는 것이었다.[40)]

---

35) 《承政院日記》 1068책, 영조 27년 5월 7일.
36) 《英祖實錄》 권 73, 영조 27년 5월 임인.
37) 《承政院日記》 1067책, 영조 27년 4월 20일.
《英祖實錄》 권 73, 영조 27년 윤5월 병자.
38) 《承政院日記》 1068책, 영조 27년 5월 6일.
39) 《承政院日記》 1068책, 영조 27년 5월 12일.
40) 趙顯命, 《歸鹿集》 권 18, 均役或問.

급대재원을 마련하는 방안이 계속 난항을 겪게 되자 6월 초에 홍계희는 〈均役節目變通事宜〉를 올렸다.[41] 홍계희는 여기서 분정을 폐지하고 절목을 개정하는 세 가지 방안을 제시했다.[42] 자신의 결전 5전 징수 방안과 함께 조현명이 《균역혹문》에서 밝힌 금위영·어영청의 군제를 개편하고 군현을 통합하는 방안, 그리고 公州進士 閔宇夏의 결전 1냥 징수 방안 등이 그것이다. 이 가운데 민우하의 방안은 이왕 결전을 징수할 바에야 결당 1냥을 징수하여 잡음이 일고 있는 어염세와 군관포를 폐기하자는 것으로서, 홍계희가 민우하와 개인적으로 만나서 들은 견해를 〈균역절목변통사의〉에서 제시한 것이다.

영조는 중대한 선택의 기로에서 다시 여러 계층의 여론을 수렴하기로 하였다. 영조는 홍계희의 〈均役節目變通事宜〉가 올려진 이튿날 명정전에서 양역변통책에 대해 문신들에게 책문으로 묻고(一次臨殿), 다시 그 이튿날 같은 장소에서 蔭官과 武臣 및 민우하를 불러 물었다(二次臨殿).[43] 그 후 6월 17일 다시 명정문에서 지방의 유생·향리·향군을 불러 모아 놓고는 결전의 찬반에 대해 물었다(一次臨門). 이 자리에서 일부 유생들을 제외하고는 나머지 서울의 유생과 지방의 향리와 군사들이 모두 결전을 찬성하였다.[44]

결국 영조 27년(1751) 6월 21일 결전의 징수가 결정되었다. 홍계희의 결전 5전을 거두는 방안이 채택된 것이다. 그날로 守禦使가 남한산성으로 나가면서 비게 된 舊수어청 건물로 균역청을 옮겨 청사와 창고를 마련하도록 하고 본격적으로 결전 징수 방안을 강구하기 시작했다.[45] 9월에 이르러 〈결미절목〉이 완성되었다. 결전은 평안도와 함경도를 제외한 6도에서 免稅田과 復戶田에서도 예외없이 거두되 米로는 2두, 錢으로는 5전을 내게 하였다. 이로써 균역법의 뼈대가 완성되었다.

균역법의 뼈대가 완성되자 홍계희는 영조 28년 정월 균역법이 제정된 경위를 간략하게 적은 《均役事實》을 왕세자에게 올렸다. 세자의 대리청정 기간 중에도 균역법에 관한 사항은 영조가 직접 처결하였기 때문에 세자에게 저간의

41) 《英祖實錄》 권 74, 영조 27년 6월 정유.
42) 《英祖實錄》 권 73, 영조 27년 윤5월 병자.
43) 《英祖實錄》 권 74, 영조 27년 6월 무술·기해.
44) 《英祖實錄》 권 74, 영조 27년 6월 임자.
45) 《英祖實錄》 권 74, 영조 27년 6월 병진.

경위를 알릴 필요가 있었기 때문이다. 영조 28년 6월에 드디어 設廳·결미·餘結·海稅·군관·移劃·감혁·給代·需用·회록 등 10개 조항의 〈原事目〉이 제정됨으로써 균역법이 완성되었다.[46] 감필로부터 꼬박 2년만이었다. 이듬해에 〈癸酉追事目〉이 제정되어 1차 수정이 가해지고 때때로 시행과정에서 고쳐진 부분들이 있었지만 모두 사소한 것들로서 전체 구조에는 변화가 없었다.

2) 균역법의 내용

균역법의 내용은 크게는 감필과 급대로 나누어지는데, 좀더 세분하면 다섯 부분으로 구성된다고 볼 수 있다. 첫째는 減疋均役, 둘째는 균역청의 설치·운영, 셋째는 군액감축, 넷째는 급대재원의 조달, 다섯째는 급대이다. 균역사목은 감필 이후의 재정 운영을 규정한 것으로서 감필균역에 관한 사항은 사목에 수록될 필요가 없었으나, 나머지 부분에 대해서는 영조 28년에 작성된 〈원사목〉에 모두 규정되어 있다. 즉 균역청의 설치와 운용은 設廳·需用 조항에, 군액감축은 감혁 조항에, 급대재원의 조달은 결미·여결·해세·군관·이획·회록 조항에, 給代는 급대 조항에 수록되었다.

(1) 감필균역

균역법의 가장 중심이 되는 내용은 감필이다. 균역법의 취지가 양호의 역부담을 줄이려는 것이었기 때문이다. 그러나 앞서 밝혔듯이 이는 단순히 역가를 경감한 것이 아니라 1필로 통일한 것이었다. 따라서 1필 미만의 역은 1필역으로 바뀌어 오히려 부담이 늘었다. 영조는 재위 27년 윤5월에 八道勾管堂上을 만난 자리에서 균역법이 역가를 반으로 감하는 조처가 아님을 명시하여 1필역을 반필역으로 내리지 못하게 하였으며[47], 전의감에 균역청을 설치할 때에도 "만약 1필 미만의 역이 있으면 반드시 양민이 역을 피하는 길이 될 것이므로 일체 痛禁하라"고 명하여 다시 한번 이 원칙을 확인하였다.[48] 즉

---

46) 壬申原事目은 《均役事目》(奎No.1124)이란 이름으로 현재 서울大 奎章閣에 소장되어 있다.
47) 《承政院日記》 1069책, 영조 27년 윤5월 2일.
48) 《英祖實錄》 권 76, 영조 28년 3월 신묘.

헐한 역으로 투속하는 길을 원천적으로 차단하겠다는 것이었다. 예컨대 選武軍官布의 징수에 대해 각처에서 비난이 일자 役價를 1냥 5전 정도로 하여 일반 軍保와 차등을 두자는 주장이 강력히 제기되었지만 영조는 이를 받아들이지 않았다.[49] 만약 선무군관과 일반 군보의 역가에 차등을 두면 '一疋大同'마저 허사로 돌아가고 양정들이 역이 가벼운 곳으로 빠져나갈 것을 우려했기 때문이다.

1필균역 정책에 의해 여러 가지 조처들이 단행되었다. 영조 33년에는 개성유수 徐宗伋이 牙兵의 역가를 1냥 2전으로 해서 均役律을 어겼다 하여 파직되었다.[50] 영조 34년(1758)에는 경상도 水軍布 1필을 5升 35尺에서 다른 군포와 똑같이 6승 40척으로 고쳤으며,[51] 또한 같은 해에 평안도의 良役查正을 단행하면서 管餉軍官의 역가를 1냥 7전에서 2냥(1필)으로 올리도록 하였다.[52]

(2) 균역청

감필이 결정된 뒤 균역법의 급대를 총괄할 독립기관으로 균역청이 설립되었다. 균역청은 영조 26년 7월에 임시로 전의감에 설치되었다가, 이듬해 6월에 舊수어청으로 옮겨졌다. 三相 중에서 선임한 도제조 밑에 제조와 낭청을 각 3員씩 두어 제조 1원은 호조판서가, 낭청 1원은 비변사 낭청이 겸하도록 하였다. 그러나 설청 초기부터 반론이 있었다. 새로운 청의 설립이 재정부담을 가져올 것이라는 이유에서이다. 그러므로 常賑廳과 합하여 선혜청의 1廳으로 부속시키자는 주장이 있었지만 채택되지 않았다.[53] 그 대신에 균역청의 郎官·吏隷 등은 모두 실직으로 겸하게 하여 균역청에서 별도의 급료가 지불되지 않게 하고, 公廨·倉庫의 보수비용이나 柴油價 등 필수불가결한 예산만 쓰도록 하였다.[54] 그러나 균역청은 영조 29년 정월에 결국은 상진청(常平廳·賑恤廳)과 합쳐져 선혜청 6청 중의 하나로 편입되었다. 이 때 제조는 모두 선혜청

49) 《英祖實錄》 권 74, 영조 27년 6월 갑인.
50) 《備邊司謄錄》 132책, 영조 33년 5월 18일.
51) 《備邊司謄錄》 135책, 영조 34년 8월 8일.
52) 《關西良役實摠》 良役查正啓下條件.
53) 《承政院日記》 1070책, 영조 27년 6월 17일·21일.
54) 《均役事目》 需用.

제조가 주관하게 하되 호조판서도 겸하게 하였으며, 낭청 한 명을 더 임명하여 상진청 낭청과 균역청 낭청이 함께 3청(均役廳·常平廳·賑恤廳)의 낭청을 兼察하게 하였다.

(3) 군액감축

군액의 감축은 사목에서 〈감혁〉조항에 오른 것으로서 급대수요를 줄이고 감축된 군보의 역가를 급대재원으로 전환하려는 것이다. 즉 감축된 인원의 역을 면제하는 것이 아니라 해당 역에 할당되어야 할 인원을 줄여서 급대수요를 줄이고, 줄인 인원은 餘保로 만들어 그들이 내는 역가를 급대에 활용함으로써 이중의 급대 효과를 얻으려는 것이다. 이와 무관하게 완전히 역에서 배제된 것은 혜민서의 外醫女保 120명뿐이었다.

〈감혁〉에 수록된 것들은 급대 절감과 소속기관의 재정에 미친 영향의 측면에서 몇 가지로 나뉜다. 첫째 병조의 경우, 둘째 삼군문·각 사의 경우, 셋째 영남 7鎭堡의 경우, 넷째 4道 營·鎭의 경우이다.

우선 병조의 경우는 소속기관의 재정수입이 감축되지 않은 경우이다. 병조 기보병과 별기병은 조선 전기의 군사편제에 따라 정군과 보인으로 구성된 戶들이 8番으로 나뉘어 돌아가면서 16개월에 한번씩 2개월간 상번하거나 또는 납포하는 군대이다. 그런데 1필균역 정책에 따라 12개월에 한번씩 2개월간 상번하거나 납포하게 되었다. 감혁 조항에서는 8번의 기보병과 별기병을 6번으로 번차를 개정하고 2번에 해당하는 인원은 급대를 위한 餘保로 전환시켰다. 기보병의 경우 산술적으로는 8번 99,771명이 6번으로 개정되어 24,942.75명이 감축되고 이 인원이 내는 1필이 병조의 급대에 쓰임으로써 49,885.5필(99,771냥)만큼의 급대가 절약된 셈이다. 이는 8번 별기병에도 똑같이 적용되어 1,500명 가운데 375명이 감축됨으로써 750필(1,500냥)의 급대가 절약되었다. 나머지 부분은 모두 균역청에서 급대 받았다. 그러므로 실제로 기보병이나 별기병의 인원이 줄어든 것이 아니므로 사목에서는 감축된 부분을 인원수로 명기하지 않고 급대하여야 할 疋數만을 적었다. 결국 병조의 감혁으로 병조의 재정적 손실은 없이 다만 기보병과 별기병의 當番 차례가 예전보다는 잦아졌다.

둘째로 삼군문과 각 사의 경우는 예전보다 재정수입이 줄어들게 된 경우이다. 훈련도감·금위영·어영청 등 3군문에서는 硫黃軍·吹鐵軍·別破陣 등 약 3천 명이, 京各司에서는 司饔院·軍器寺 등에서 약 2천 명의 군보가 감축되었다. 이들의 감혁 방법은 병조와는 다른 경우이다. 예컨대 司饔院 諸員의 경우에는 815명이 1,630필의 보포를 내고 있었는데 이 가운데 115명을 감하여 여보를 만들고 균역청에서 585필을 급대해 주었다.[55] 급대 면에서 보면 급대액이 815필에서 585필로 줄어들었으므로 230필이 절감되었고, 재정수입 면에서 보면 예전의 1,630필에서 1,400필로 수입의 230필이 줄어들었다. 즉 115명의 감축은 230필 분의 재정수입 감소와 230필 분의 급대 절감이라는 두 가지 의미를 함께 내포하고 있다. 이와 같은 방법을 삼군문과 각 사 전체에 적용하면, 삼군문에서 약 3천 명과 각 사에서 약 2천 명의 인원 감축이 있었으므로 각기 약 6천 필(1만 2천 냥), 4천 필(8천 냥) 만큼의 재정 손실 또는 급대 절감 효과가 있었다.

셋째로 영남 7鎭堡의 혁파는 영남의 분정을 해결하기 위한 민백상의 건의를 받아들여 단행되었던 것인데 결미의 징수로 분정문제가 해결되자 7진보의 수군 약 9천여 명이 금위영과 어영청의 米保로 이속되어 給代軍으로 전환되었다. 이 경우에는 징세와 경비지출의 주체인 진보가 혁파되었으므로 경상도 재정에는 변동이 없었다. 다만 혁파된 진보의 수군이 兩營의 미보로 이속되었으므로 약 9천 명의 保米 3,600석(18,000냥)만큼의 급대재원이 확보된 셈이다. 또한 3,600석을 급대해야 할 진보가 사라져 그만큼 급대가 절약된 셈이다.

넷째로는 4도 영·진의 잡다한 역들이다. 감영·병영·수영·통영·산성·진 등에서 감축된 6,671명을 餘保로 만들어 각 영·진의 부족한 급대에 충당하게 하였다. 이 경우는 삼군문·경각사의 경우와 동일하게 재정수입 축소와 급대절감이 병행된 것을 의미한다. 다만 이 부분은 중앙의 군영·각 사처럼 나머지 부족분에 대해서 급대가 별도로 행해지지는 않았다는 점이 다르다.

---

55) 사옹원 제원이 700명으로 바뀌었으므로 균역법 시행 이전의 1인당 2필에 해당하는 1,400필의 수입이 보장되어야 한다. 그러므로 남은 제원 700명과 여보 115명이 내는 보포 815필에 급대포 585필을 합하여 1,400필을 채우는 것이다.

병조 기보병과 별기병의 번차 개정을 인원으로 환산하면 총 감축인원은 46,357명으로서 이 가운데 역을 완전히 면제한 혜민서의 醫女保 120명을 제외하면 급대에 활용된 인원은 46,237명이다. 이로 인한 급대 절감 액수, 즉 급대 효과 액수는 모두 184,947냥에 달했다. 〈표 1〉은 이를 기관별로 분류한 것이다.

〈표 1〉 減 革

	總人員	給代효과	所 屬	役 名	人 員
兵 曹	(25,318명)	101,271냥	二軍色	騎·步兵	24,943명
			都案色	別騎兵	375명
三軍門	2,976명	11,904냥	訓 局	硫黃軍 등	970명
			禁衛營	吹鐵軍 등	471명
			禦營廳	輜重軍 등	1,535명
各 司	2,003명	8,012냥	工曹 등	匠人 등	2,003명
嶺南 7鎭堡	9,269명	37,076냥	甘浦 등	水軍	9,269명
4道 營·鎭	6,671명	26,684냥	慶尙道	監營 炭軍 등	3,760명
			全羅道	兵營 募軍 등	455명
			忠淸道	兵營 藥漢 등	20명
			黃海道	監營 別砲手 등	2,436명
총 계	46,237명	184,947냥			46,237명

자료 : 《均役事目》

한편 군액 감축을 소속기관의 재정수입 면에서 살펴보면 병조와 7진보의 경우에는 변동이 없었으나 삼군문·각 사와 4도 영·진에서는 재정긴축이 동반되었다. 재정긴축을 〈표 1〉을 통해 살펴보면 중앙에서는 삼군문에서 11,904냥이 줄었고, 각 사에서 8,012냥과 혜민서 外醫女保 120명 감축분 480냥의 합 8,492냥이 줄어, 도합 약 2만 냥의 재정수입이 줄어들었다. 한편 4도 영·진에는 아예 별도의 급대가 행해지지 않았으므로 재정결손을 수치상으로 확인할 길이 없으나 막대한 양에 달했을 것은 짐작하기 어렵지 않다.

(4) 급대재원 조달

가. 결미

結米는 평안·함경도를 제외한 6도의 전결에서 海邑에서는 결당 미 2두,

山邑에서는 전 5전을 거두되, 免稅結과 復戶結에도 예외를 두지 않는 것으로 하였다. 그런데 산읍에서도 돈으로 내기를 원하면 들어주도록 하여 후에는 모두 돈으로 거두게 되었다. 결미총액은 매년 37만 냥 전후에 달했는데, 5개 항목 가운데 가장 큰 비중을 차지한 세목으로서 균역청 수입의 절반에 해당되었다. 〈표 2〉는 영조 45년(1769)의 도별 결전세액으로서, 총액 37만 냥 중 약 8만 냥은 그대로 두어 지방의 급대에 쓰고 나머지 약 29만 냥이 균역청에 상납되었다.[56]

〈표 2〉 結 錢(1769년)

	경 기	충 청	경 상	전 라	황 해	강 원	총 계
錢(냥)	30,602	69,058	112,344	111,140	39,187	9,714	372,045
백분율	8.2%	18.7%	30.2%	29.9%	10.5%	2.6%	100%

자료 : 《增補文獻備考》 권 156, 財用考 3, 良役.

결미는 처음부터 '加賦'라는 비판이 있었으므로 결세가 과중해지는 것을 막기 위해 여러 가지 조처가 병행되었다. 결전징수가 결정되던 날부터 이미 각종 결세의 남징에 대한 금지조처가 행해졌다.[57] 우선 養戶防結을 일체 금지하였다. 즉 作夫制 아래서의 결세 수납에서 戶首들이 과다한 잡세를 거두는 것을 금하였다. 둘째로 궁방·아문의 民結免稅田에서는 수령이 직접 결세를 거둬 궁방·아문에서 파견된 導掌에게 지급하게 하였다. 즉 민결면세전에서 《續大典》에 규정된 결당 미 23두를 초과하여 남징하는 것을 막기 위해 도장의 직접적인 징세를 금지한 것이다. 셋째로 有土免稅와 永作宮屯에서도 결당 租 200두를 초과하여 징수하는 것을 금하였다. 넷째로는 결세가 공평하게 부과되어야 하므로 官需用 雉鷄柴炭價 명목으로 토지에 부과된 雜役米가 읍에 따라 액수가 들쭉날쭉한 것을 관찰사의 재량으로 고르게 정하도록 하였다. 잡역가의 개정 및 일원화는 전에도 몇 차례 시도되었으나 도마다 군현마다 사정이 달라 시행될 수 없었다. 결미 징수에 즈음해서도 사정은 여전하여

56) 《增補文獻備考》 권 156, 財用考 3, 良役.
57) 《英祖實錄》 권 74, 영조 27년 6월 병진.

결국은 6도 가운데 충청도에서만 시행되었다. 충청도의 경우 균역청 당상 홍계희와 전 충청감사 李益輔의 협의에 의해 영조 28년 정월에 雜役米詳定에 관한 절목이 완성됨으로써, 일률적으로 결당 미 3두를 거둬 고을의 잡역에 쓰게 하였다.[58] 그러나 詳定米 3두로는 군현의 잡역을 감당할 수 없어, 그 부족분을 결국 균역청에서 떠맡게 되어 충청도에는 균역청으로부터 매년 약 12,000냥이 지급되었다.[59]

그런데 정작 중요한 문제는 결전을 누가 내느냐 하는 것이다. 결전은 일방적으로 지주 또는 작인에게 부과되지 않았다. 균역청 당상 韓光肇·金尙星 등은 지주와 작인에게 각기 반씩 분담시키자 하였고, 결전 1냥 징수를 주장했던 민우하는 모두 작인에게 부담시켜야 한다고 주장했으나[60] 事目에서는 田主 또는 田客(佃客)의 담당 여부는 모두 元稅의 例에 따라 시행한다고 밝혀 놓았다.[61] 이러한 규정은 새로운 세의 부담자를 관례에 따라 결정함으로써 중앙정부에 대한 반발을 회피하려는 목적에서 마련된 듯하다. 그런데 당시 원세를 누가 냈는지에 대해서는 구체적인 자료가 남아 있지 않다. 丁若鏞은 경기와 북방에서는 지주가, 남방에서는 작인이 낸다는 말을 남기고 있지만[62] 막연한 말이고 시기적으로도 약간 후대의 일이다. 그러나 일반론은 말할 수 있을 듯하다. 당시 6도 수세실결 중 삼남의 수세실결이 80%를 상회하였으므로[63] 결미는 대개 작인이 부담했을 것으로 짐작된다.

결미 조항에는 陳田 조항이 덧붙여졌다. 양안에 진전으로 등재되어 있거나 10년 이상 묵혀 둔 땅을 조사하여 경작할 만한 토지는 토지등급을 낮추거나 續田으로 하여 수세한다는 조항이다. 양안에 3·4·5등으로 기록된 것은 4·5·6등으로 강등하고 6등전은 속전 6등전으로 강등하여 첫해에는 전세를 반만 거두고 결미는 3년간 거두지 않도록 하여 농경지의 개간을 권장

58) 《承政院日記》 1077책, 영조 28년 정월 25일.
《英祖實錄》 권 75, 영조 28년 2월 임인.
59) 《萬機要覽》 財用篇 3, 均役, 給代, 庚午給代.
60) 《承政院日記》 1070책, 영조 27년 6월 17일.
61) 《均役事目》 結米.
62) 丁若鏞, 《牧民心書》 戶典 稅法(下)·平賦.
63) 《度支田賦考》.

하고 그로부터 거둬들인 세입으로 재정을 풍족하게 한다는 것이다.[64)]

나. 어염세

海稅는 漁稅·鹽稅·藿稅·船稅를 통칭한 것으로 일반적으로 漁鹽稅로 불린다. 조선 후기의 어장이나 염전은 대부분 궁방 및 아문에 折受되어 면세의 혜택을 받고 있었고, 호조에 소속된 것은 극소수였다. 이로 인해 어염세는 국가재정에 큰 도움이 되지 못했고, 총괄하는 기구가 없으며, 세액에 일정한 규제가 없어 여러 가지로 문제를 야기시키고 있었다. 이에 절수와 면세의 제도를 혁파하여 국가 재정수입을 늘리려는 논의와 시도가 여러 차례 있었다. 숙종 42년(1716)에는 어염선세에 대해 활발한 논의가 일어나 이듬해에는 어염세를 총괄할 기구를 별도로 설립하고 수세에 일정한 제도를 마련한다는 구체적인 절목까지 완성하였으나 결국 취소된 일도 있었다.[65)] 어염세 개정은 영조 연간에도 간헐적으로 제기되었는데 감필로 인해 어염세가 중요한 급대 재원으로 주목되었고 어염세 개정이 시급해졌다.

어염세를 국가재정에 귀속시킨다는 방침은 영조 26년(1750) 5월 홍화문에서 호포·결포에 대해 詢問할 때에 이미 확정되었다. 그런 가운데 어염세를 국가의 수입으로 하고 이를 감필급대에 활용하자는 주장이 활발하게 제기되어 결국 8월의 절목에서 관철되었다.

어염세 실태조사와 세액의 책정은 영조 26년 8월부터 시작되어 박문수·金尙迪·李𤥽가 영동·영남, 해서·경기, 호서·호남의 均稅使로 임명됨으로써 시작되었다. 함경도와 평안도는 지역적 특성과 어염세 수입이 많지 않은 점이 고려되어 관찰사가 재량껏 작정하도록 하였다.[66)] 그러나 어염세의 책정은 쉬운 일이 아니었다. 어염세는 지역에 따라 정황에 따라 세액을 결정하는 것이 매우 복잡하였다. 〈균역사목〉에서 가장 많은 부분을 차지하고 가장 번잡했던 조항이 해세였던 것도 그 때문이다. 따라서 문제가 없을 수 없었으

---

64) 《均役事目》 餘結 附陳田.

65) 李觀命, 《屛山集》 권 7, 請沿海漁鹽別立一司主管啓.
《備邊司謄錄》 70책, 숙종 43년 정월 28일 諸道魚鹽收稅定數節目.

66) 《承政院日記》 1059책, 영조 26년 8월 4일. 金尙迪은 도중에 황해도에서 병사하여 나머지 황해도 군현과 경기의 定稅는 黃冣이 담당하였다.

며, 균세사나 관찰사의 재량에 따라 세액의 다과가 결정되는 경우도 많았다. 박문수가 담당한 영남의 어염세는 가볍게 책정되고, 이후가 담당한 전라도의 어염세는 과다하게 책정되었다는 지적이 일기도 하였다. 이로 인해 어염세의 재조정이 이루어져 주로 전라도의 어염세가 감액되었는데 전라도의 어염세가 차지하는 비중은 〈표 3〉에 나타나듯이 여전히 압도적이었다.

〈표 3〉 海 稅(1752년)

	경기	충청	경상	전라	황해	강원	평안	함경	총계
세액(냥)	6,100	11,600	27,400	42,900	10,500	5,300	5,000	5,500	114,300냥
백분율	5.3%	10.1%	24.0%	37.5%	9.2%	4.6%	4.4%	4.8%	100%

자료 : 洪鳳漢, 《洪翼靖公奏藁》 권 25, 財賦類 11, 均役 上 均役事目撮要.

그런데 어염세에 대한 가장 큰 반발은 전라도가 아니라 충청도에서 일어났다. 鹽漢들이 가혹한 징세를 감당하지 못하여 鹽盆을 부수고 떠돌아다니고 있으며, 생선과 소금 값이 폭등하고 있다는 등 갖가지 비난이 쏟아졌다. 충청감사 李益輔도 어염세 징수의 문제점을 지적하고 나섰다.[67] 그러나 여러모로 탐문해 본 결과 대개는 어장·염분 등에서 이득을 취하고 있던 양반토호들이 선동하고 있는 것으로서, 대부분의 어부·염한들은 수세기구가 일원화되고 세액이 줄어들어 균역청의 조처를 환영하고 있는 것으로 조사되어 어염세의 징수는 강행되었다.[68]

어염선세는 전국 8도에서 모두 돈으로 징수하여 금납제가 시행되었으며, 徵稅案은 式年마다 개정하도록 하였다. 영조 27년 당시 123,500냥을 거둬들였는데[69] 일부 지역에서 세가 무겁게 책정되었다는 논란이 일어 이듬해에는 약 114,300냥을 거두었다. 〈표 3〉은 이를 도별로 나타낸 것으로서, 어염세는 균역청 수입 가운데 결미 다음으로 중요한 세원이었다.

海稅를 각 세목별로 차례대로 살펴보기로 한다.

---

67) 《英祖實錄》 권 73, 영조 27년 4월 정해·계사.
《承政院日記》 1067책, 영조 27년 4월 28일.

68) 《承政院日記》 1069책, 영조 27년 윤5월 7일.

69) 《英祖實錄》 권 74, 영조 27년 6월 2일 均役節目變通事宜.

船稅로는 地土稅와 行商稅를 징수하였는데 경상도와 강원도에서는 지토세와 행상세를 별도로 징수하고 나머지 지역에서는 한꺼번에 징수하였다. 각 읍에서는 해마다 선세를 받고 새로운 掌標를 지급하여 배를 운용할 수 있게 하고 전년의 장표를 환수하였다. 장표는 선세를 낸 선박뿐 아니라 면세된 선박에도 모두 지급하여 장표를 지급받은 배는 다른 기관의 침해를 받지 않고 8도를 돌아다닐 수 있게 하되, 장표가 없는 배는 卜物과 함께 몰수하고 선주를 처벌하도록 하였다. 선세는 배의 등급에 따라 부과되었는바, 배의 등급은 길이를 기준으로 정하였다. 배의 길이는 10尺을 1把로 하는 把數로 표시하여 배의 上板에 所屬邑名·船主名·等級과 함께 새겨 놓게 하였다. 事目의 끝부분에 1/10파의 實尺을 그려 놓아 자로 삼게 하였다. 이와 같은 배의 등급 책정은 용적량은 고려하지 않고 길이만 고려하였다 하여 비판되기도 하였다.[70) 배의 등급은 경기·황해도에서는 大船·中船·小船·小小船·小小艇 등으로 5등급을 두고, 충청도에서는 1등선부터 10등선까지와 등외의 小小船으로 11등급을 두는 등 지역에 따라 달랐으며, 등급에 따른 세액은 경상도 小漁艇의 5전에서 경기도 大船의 25냥까지 각양각색이었다.

鹽稅는 鹽盆의 크기, 염분의 종류, 염분의 파손 정도, 근처 柴場의 유무 등에 따른 鹽場의 조건, 鹽井의 크기 등을 고려하여 부과하였다. 지역 실정에 따라 제염 방법과 조건이 다를 수밖에 없으므로 지역에 따라 등급 책정의 기준이 달랐다. 때로는 2등급으로, 지역에 따라 때로는 10등급으로 정해진 다양한 등급에 따라 세를 부과하였는데, 세액은 전라도 小小等盆의 1냥에서 황해도 大盆의 16냥에 이르기까지 여러 단계의 차등을 두었다.

漁稅는 우선 고기잡는 방법을 바다에 발(簾)을 세워 밀물 때 들어온 물고기를 썰물 때 발 안에 가둬서 袵桶에 몰아넣어 잡는 漁箭, 고기떼가 밀려드는 길목에 배를 나란히 세워 두고 그물로 고기를 잡는 漁條, 고기떼가 있는 곳을 둥글게 에워싸고 그물로 고기를 잡는 漁場, 고기잡이에 유리한 지세를 이용하여 고기를 잡는 漁基 등 네 가지로 나누고 그 안에서 각기 등급에 따라 세액을 세분하였다. 어전은 지역에 따라 발의 길이, 임통의 깊이, 어종,

70) 丁若鏞, 《牧民心書》 戶典 平賦 下.
———, 《經世遺表》 권 14, 均役事目追議 2, 船稅.

어획량 등을 참작하여 등급을 정하고, 어조·어장·어기에서는 어선의 수, 어선의 크기, 어선의 종류, 어종, 어획고 등 지역에 따라 기준을 달리하여 세액을 정하였다. 또한 어조·어장·어기의 어선에는 선세의 경우와 마찬가지로 매년 세를 받고 장표를 내어 주어 고기잡이를 허가하였다.

藿稅는 藿(미역)·海苔(김) 등 해조류에 부과된 세이다. 전라도의 藿田·苔田과 경상·강원도의 곽전에 대한 세는 대체로 예전의 세를 참작하여 정하도록 하였다. 당시의 곽세는 경상도가 가장 많아서 3천 냥, 강원도와 전라도가 그 다음이고 충청도는 겨우 50냥에 불과했다 한다.[71]

해세에는 정황에 따라 각종 면세조처가 행해졌다. 예컨대 江華 各 鎭의 待變船, 통영의 進上採鰒船, 충청도의 漕運護送船 등 특수한 배들은 선세를 면제받았으며, 경기도와 황해도의 土箭은 조개·게 따위를 잡는 극히 작은 규모의 것이라는 이유로 어세를 면제해 주었다.

또한 비록 특수한 예이기는 하나 일부 해세는 균역청으로 이관되지 않고 예전의 관할기구에서 그대로 징세하였다. 예컨대 통영과 좌수영에는 청어·대구 등의 進上이 부과되어 있었으므로 경상도의 漁條와 防簾 가운데 7군데는 예전처럼 통영에, 2군데는 좌수영에 소속시켜 어세를 내게 하였다.

한편 成均館이나 毓祥宮 등의 중앙 기관에는 어염선세의 급대가 시행되었다. 이들 기관은 호조 漁鹽稅錢 중에서 제수비용 등을 지급받다가, 호조의 어염세가 균역청에 이속된 뒤로 균역청에서 대신 제수비용을 지급받게 된 것이다. 이와는 달리 급대의 형식으로 상납분 중에서 덜어내어 지방에 그대로 두어 쓰게 한 〈仍留給代〉의 어염선세도 많았다.[72] 지방재정의 악화나 해당 지역의 특수한 사정을 고려해야 했기 때문이다. 대표적인 것으로는 統營給代를 들 수 있다. 통영은 삼남의 어세를 모두 관장하여 그 재정수입을 전적으로 어세에 의존해 있었는데 균역청에 어세를 빼앗기게 되자 右沿 7군데의 어세를 지급함과 함께 균역청에서 해마다 1만 냥을 획급하게 하였다.[73]

71) 《承政院日記》 1068책, 영조 27년 5월 23일.
72) 仍留給代分은 원사목에서는 海稅 조항에 수록되었으나 후에는 그 일부가 給代 조항으로 옮겨졌다.
73) 《萬機要覽》 財用篇 3, 均役, 給代, 庚午給代.

그 밖에도 함경도에서는 선세 가운데 500냥을 덜어내어 南·北兵營에 나누어 지급하게 하고, 경상도에서는 전에 본읍에서 수세하던 어장의 點船收稅와 漁條·防簾의 1/5세 가운데 총액의 1/10을 덜어내어 본읍의 需用에 보태게 함으로써 지방 실정을 참작하였다. 또한 경기에서는 3都와 永宗鎭의 待變沈醬鹽의 값을 염세 상납분 중에서 덜어내게 하였고, 평안도·함경도에서는 開市鹽·淸差鹽 등의 값을 상납분에서 덜어내어 淸使 접대 등의 특별한 목적을 위해 쓰게 하였다.74)

다. 은여결

隱餘結은 수령의 自首에 의해 색출되었다. 영조 26년(1750) 한 해 동안 함경도를 제외한 7도에서 신고한 은여결은 전세·대동·삼수미·결미 등 토지에 부과된 모든 세를 균역청에 내게 하되, 그 이후에 드러난 은여결은 호조에 속하게 하였다. 영조 29년에는 '은여결'이라는 명칭이 수세 명분에 합당치 않다 하여 호조면세결이란 뜻에서 '免稅結'로 개칭되었다. 영조 28년 당시 확보된 은여결은 22,767결이었다.

〈표 4〉 隱餘結(1769년)

구분	도	경기	충청	경상	전라	황해	강원	평안	총계
結數	水田(결)	388	521	1,949	399	907	168	2,565	6,897결
	旱田(결)	591	956	4,512	594	3,810	642	4,451	15,556결
	합 계	979	1,477	6,461	993	4,717	810	7,016	22,453결
稅入	米(석)	840	1,321	5,689	901	4,863	738	3,259	17,611석
	大豆(석)	137	255	1,203	158	973	171	494	3,391석
	折錢(냥)	4,542	7,242	31,452	4,900	26,747	4,117	17,530	96,530냥
	백분율	4.7%	7.5%	32.6%	5.1%	27.7%	4.3%	18.2%	100%

자료 : 《增補文獻備考》 권 156, 財用考 3, 良役.

* 1결 미만과, 1냥 미만은 버렸음.

* 折錢은 米 1석=5냥, 大豆 1석=2.5냥으로 하였음.

74) 《均役事目》 海稅.

〈표 4〉는 영조 45년 당시의 은여결수와 세입을 도별로 나타낸 것인데 영조 28년 당시와 거의 변화가 없으므로 그대로 인용한다.[75] 〈표 4〉에 드러나듯이 은여결은 결수로는 평안도·경상도·황해도 순으로 많았고, 세액으로는 경상도·황해도·평안도 순으로 많았으나, 은여결이 도 재정에서 차지하는 비중이 높았던 곳은 평안도·강원도·황해도였다. 이들 지역은 모두 양전이 오랫동안 시행되지 못한 곳이었고 사신의 접대 등으로 일시에 대규모의 재정지출이 행해지는 곳이었다.

은결을 신고한 읍 가운데 일부에서는 은결의 세입을 모두 균역청에 넘겨주고 나서는 재정형편이 극도로 악화되어 은결을 다시 되돌려 주어야 할 지경에 이르렀다. 예컨대 평안도가 그러했다. 평안도의 경우에는 재정형편이 염려되어 함경도와 같이 은결 수괄 대상에서 제외시키자는 논의도 있었으나 채택되지 않았고 일부는 양안에 올려 돌려주자는 논의가 있었다. 영조 26년 11월 당시 보고된 평안도의 은결은 10,900여 결이었는데 〈원사목〉 당시 마감된 은결은 7,016결이었다.[76] 즉 약 4천 결이 환급된 것이다.

또한 중앙의 독촉에 의해 과다하게 은결을 신고하여 다시 탕감된 곳도 있었다. 영조 28년에는 황해도 兎山의 236결이 조사 결과 虛結로 판명되어 탕감되었고, 31년에는 강원도 江陵의 64결이, 35년에는 高城의 10결이 같은 이유로 탕감되기도 하였다.[77]

한편 영조 30년에 황해도의 몇 읍에는 은결의 색출을 보상하기 위한 급대가 시행되었다. 즉 金川·平山·白川·文化·延安·松禾 등의 은결을 박탈한 대신 詳定米 가운데서 大米와 小米 1천 석을 덜어내어 각 읍에 지급하도록 하고, 그로 인한 선혜청의 손실은 균역청에서 해당 액수 2,350냥을 매년 선혜청에 보내 보상하도록 하였다[78]

75) 영조 28년과 45년 사이에 황해도·강원도의 토지 310결과 경기도 楊州·高陽의 田稅 부분이 탕감되었다(《萬機要覽》 財用篇 3, 均役, 免稅結).

76) 《承政院日記》 1062책, 영조 26년 11월 23일.

77) 《萬機要覽》 財用篇 3, 均役, 免稅結.

78) 《度支志》 外篇 권 4, 版籍司 田制部 2 隱結.
《均役廳事目》 給代 各軍門各司木錢給代.
《英祖實錄》 권 81, 영조 30년 2월 계사.

라. 선무군관

군관은 처음에는 '別軍官'이라 칭하였다가 영조 27년(1751) 정월에 '選武軍官'으로 개칭되었는데 어염세와 함께 반발이 컸던 항목이다.[79] 사목에서는 군관 대상자들을 "軍伍에 합당한 부유한 양민들로서 온갖 방법의 뇌물로 校生·將官에 投入하여 스스로 중인을 칭하면서 놀고먹고 있는" 자들로, 또는 "사족도 아니고 有蔭·閑散도 아닌 자로서, 軍保에는 아깝고 군관에 합당한" 자들로 규정하여 대체로 富를 바탕으로 역을 지지 않으면서 閑遊하고 있던 양인들을 지목하였다.[80] 그런데 초기의 군관 선발과정에서 수령들이 대상자가 불분명하게 규정된 상태에서 할당된 액수를 빠른 시일 내에 채우려다 鄕品·서얼들이 무더기로 선발되는 등의 사태로 전국적으로 소란이 일었다.[81] 그뿐 아니라 조정 내에서도 계속 논란이 되고 있었다. 그러나 영조와 조현명·홍계희·鄭羽良 등 균역청 당상들의 지지로 강력히 추진되었다.

영조 27년 정월에는 명칭을 選武軍官으로 바꾸면서 試才 규정을 마련하였다. 선무군관들에게는 평시에는 해마다 포 1필을 내다가, 유사시에는 수령의 親兵 역할을 담당하게 하였다. 그러므로 수령 친병으로서 기능할 수 있도록 무예를 익히게 하고, 또 한편으로는 일반 군보보다 우대한다는 취지에서 시재를 시행하게 했던 것이다. 시재는 각 읍 수령이 매년 한 차례 柳葉箭으로 시행하여 성적이 우수한 자를 선발하면, 이들을 대상으로 순찰사가 다시 시재를 시행하여 1등은 殿試에, 2등은 會試에 곧바로 응시할 수 있게 하고, 나머지 5인은 그 해의 軍官布를 면제하였다.[82]

군관포는 여타 군보포와는 달리 後錢이나 駄價를 별도로 징수하지 않았으며, 선무군관의 자손들은 다른 일반 군보의 역에 충정하지 못하게 하였다. 이러한 규정들은 모두 선무군관에 선발된 사람들의 반발을 완화하기 위한 것이었다.

그러나 선무군관은 양민의 역을 고르게 한다는 취지에서 징발된 자들로서

79) 선무군관에 대해서는 鄭萬祚, 〈均役法의 選武軍官〉(《韓國史硏究》 18, 1977)을 참조.

80) 《均役事目》 軍官.

81) 《承政院日記》 1026책, 영조 26년 11월 23일.

82) 《均役事目》 軍官.

현실적으로는 군포를 부담해야 하는 양인이었을 뿐이다.[83] 사목에서도 선무군관을 두는 뜻을 기강이 해이해지고 명분이 무시되는 것을 막기 위한 조처로 설명하였으며, 균역청 당상 홍계희는 선무군관의 창출이 양인의 신분상승으로 인한 신분제의 혼란을 막기 위한 것이라 하였다.[84] 이는 선무군관의 창출이 양인 한유자들의 신분상승을 용인한 것이라기보다는 억제하려는 것이었음을 의미한다. 평안도와 함경도를 제외한 6도 군현의 선무군관 수는 모두 24,500명으로 도별 배정 인원과 비율은 〈표 5〉와 같다.

〈표 5〉 選武軍官(1752년)

	경기도	충청도	경상도	전라도	황해도	강원도	총 계
인 원(명)	2,000	4,000	7,000	6,000	3,500	2,000	24,500명
백분율	8.2%	16.3%	28.6%	24.5%	14.3%	8.2%	100%

자료 : 《均役事目》

마. 이획

移劃의 주된 내용은 선혜청의 일부 錢穀을 덜어내어 급대에 쓴다는 것이다. 그 주대상은 선혜청의 儲置米였다. 선혜청 저치미는 留置米 가운데 營需米·官需米를 제외하고 각 군현에 보관해 둔 곡식이다. 초기에는 三南의 저치미 2만 석을 균역청에 이속시키려 하였으나, 선혜청의 재정이 염려되어 저치미 13,000석에 황해도 詳定大米 2,000석을 합하여 15,000석을 이획하기로 하였다가, 결미의 징수가 결정된 후에는 다시 저치미 1만 석으로 감축되었다.[85] 저치미의 이획은 초기부터 선혜청의 반대가 있었으나 영조의 명으로 강행되었다. 감사 솔권을 혁파하여 절감된 삼남의 영수미 1,000석도 균역청으로 이속시켰다. 한편 영조 27년(1751) 6월 명정전에서 蔭官과 武臣들을 불러 모아 놓고 詢問하는 자리에서 大殿의 月令進上을 감하여 그 米로 급대에 충당하라고 명하여 月令御供米도 이획에 포함되었다. 그 총액을 표로 나타낸 것이 〈표 6〉이다.

83) 《英祖實錄》 권 72, 영조 26년 12월 계미.
84) 《英祖實錄》 권 74, 영조 27년 6월 정유.
85) 《均役事目》 移劃.

〈표 6〉 移 劃(1752년)

	折錢(냥)	총 량	경기	충청	경상	전라	강원
儲置米	50,000(75.9%)	150,000두		45,000두	45,000두	60,000두	
營需米	5,000(7.6%)	15,000두		7,500두	1,500두	6,000두	
月令米	877(1.3%)	2,630두	2,238두	92두	300두		
稅作木	10,000(15.2%)	5,000필		1,318필	3,086필	102필	494필
總 額	65,877(100%)		746냥 (1.1%)	20,167냥 (30.6%)	21,772냥 (33.0%)	22,204냥 (33.7%)	988냥 (1.5%)

자료 : 《均役事目》, 《均役廳事目》(奎No.17253).

* 米 1두 미만은 반올림하였음.

* 折錢은 木·布 1필=2냥, 米 3두=1냥으로 하였음.

바. 회록

會錄은 예비비 항목으로 설정한 조항이다. 〈표 7〉은 도별 회록 액수를 나타낸 것이다.

〈표 7〉 會 錄(1752년)

	항 목	경기	충청	경상	전라	황해	평안	總 量	會錄額	總額
會錄	兩西監·兵營木(필)					1,500	2,500	4,000	8,000	20,900
	三南監營租 (석)		700	4,000	500			5,200	10,400	
	三局納米 (석)			500				500	2,500	
取耗會錄	軍作米 (석)	2,000	20,000	50,000	28,000			100,000	25,000	26,463
	湖南檢營米 (석)				5,850			5,850	1,463	

자료 : 《均役事目》

* 米 1석 미만과 錢 1냥 미만은 반올림하였음.

* 折錢은 米 1석=5냥, 租 1석=2냥, 木 1필=2냥으로 하였음.

회록은 흉년 등으로 균역청 수입이 부족하여 제대로 급대할 수 없는 경우에 대비하여, 현물을 營·邑에 둔 채 장부상으로 균역청 몫으로 기록해 두는 것이다. 균역청의 재력이 급대를 충분히 감당할 수 있으면 균역청 몫으로 전용되지 않고 영·읍의 경비로 활용된다. 일부는 각 도에 그대로 두고서 균역청에 회록하고, 일부 米는 半分半留의 원칙에 따라 절반만 환곡으로 대여하여 얻은 耗穀을 회록하게 해서 모곡만을 쓰고[86] 基金 성격의 元穀은 쓸 수 없게 하였다. 또한 해마다 축적된 모곡이 元數에 상당해지면 균역청에 보고한 뒤 팔아서 錢으로 회록하도록 하였다.

사. 균역청의 세입구조

앞에서 밝혔듯이 지방의 양역이나 자보·自望保 등에 대해서는 급대가 필요했으나 재원의 부족으로 급대를 할 수 없었다. 나머지 급대가 이루어진 부분에는 약 52만 냥이 급대를 위해 지출되었는데 그 재원조달은 〈원사목〉에서 결미·여결·해세·군관·이획 등 5개 조항에 수록되었고, 여기에 예비비 성격의 회록이 추가되었다. 이 가운데 회록은 특별한 경우에만 균역청의 수입이 되므로 제외하고 나머지 항목들이 각기 어떤 비중을 차지하고 있었는가를 〈표 8〉을 통해 살펴본다. 〈표 8〉은 〈원사목〉이 완성된 영조 28년(1752)을 기준으로 하여 작성되었다. 비록 결전·은여결·군관 항목의 세입통계 수치는 영조 45년의 것이지만 영조 28년 이후로 특별한 변동이 없었으므로 각 세목이 차지하는 몫을 개략적으로 살피는 데는 무리가 없다.

〈표 8〉 均役廳 稅入

	총액	결전	해세	여결	군관	이획	(감혁)
세입액(냥)		372,045	114,300	96,553	43,346	65,877	(184,947)
세 입 비 율	692,121냥	53.7%	16.5%	13.9%	6.3%	9.5%	
감 혁 포 함	877,068냥	42.4%	13.0%	11.0%	4.9%	7.5%	21.1%

자료 : 《度支志》 外篇 권 8, 版籍司 財用部 均役.
《增補文獻備考》 권 156, 財用考 3 良役.

우선 균역청의 수입은 약 69만 냥으로서 이 가운데 반은 결미였다. 홍계희의 말대로 결미는 균역의 큰 기둥이었다. 그 다음으로는 어염선세와 은여결이 큰 몫을 담당하였다. 〈표 8〉에 나타난 수치로는 어염세 수입이 은여결보다 상당히 많으나, 어염세 수입 가운데 상당량이 다시 급대 형식으로 환급

86) 〈표 7〉에서 米 105,850石 7斗의 半을 환곡으로 대여하여 1/10을 耗穀으로 징수하면, 米로는 5,292석 8두(79,388두), 錢으로는 약 26,463냥이 회록된다.

되어 실제 역할에서는 크게 차이나지는 않았다. 군관은 어염세와 함께 거센 반발을 받은 항목이지만 재정적인 비중은 상대적으로 작았음을 알 수 있다.

한편 감혁은 실제로 급대된 것은 아니지만 급대 수요를 줄임으로써 그만한 급대 효과를 가져왔다. 감혁으로 인한 급대 절감을 재정수입으로 간주한다면 그 총액은 〈표 1〉의 46,237명의 역가를 2배한 184,947냥이 된다. 그 액수는 어염세나 은여결 수입의 배에 가까운 규모로 압도하며, 결전 수입의 반에 해당될 정도로 막대한 것이었다. 〈표 1〉과 〈표 8〉을 비교해 보면 특히 병조 기보병의 番次개정은 그것만으로도 사실상 어염세나 은여결 수입과 대등한 효과가 있었음을 알 수 있다.

(5) 급 대

給代 총액은 영조 28년(1752) 당시 약 52만 냥에 달했다. 이를 상세히 표시하면 〈표 9〉 와 같다.

〈표 9〉 給 代(1752년)

	折錢總額	비율	소 속	木	錢	米	折錢額
兵 曹	130,697냥	25.0%	二軍色	48,959.5필			97,919냥
			都案色	750.0필			1,500냥
			一軍色	15,351.0필			30,702냥
			馬 色	288.0필			576냥
三軍門	252,508냥	48.3%	訓 局	35,630.0필		42,000두	85,260냥
			禁衛營	2,852.0필		239,130두	85,414냥
			禦營廳	3,090.0필		226,962두	81,834냥
各 司	30,658냥	5.9%	掌樂院등	15,329.0필			30,658냥
戶 曹	4,800냥	0.9%	漕 軍	2,272.0필			4,544냥
			水 夫	128.0필			256냥
水 軍	91,678냥	17.5%	6道·統營		91,678냥		91,678냥
鎭 堡	6,326냥	1.2%	釜山鎭	2,763.0필			5,526냥
			安興鎭	400.0필			800냥
海 稅	5,718냥	1.1%	成均館등	375.0필	4,968냥		5718냥
總 計	522,385냥	100%		128,187.5필	96,646냥	508,092두	522,385냥

자료:《均役事目》

* 1兩 미만은 반올림하였음.

* 折錢은 木·布 1疋=2냥, 米 3斗=1냥으로 하였음.

우선 급대 여부에 대해서는 세 가지 경우로 나누어 살펴볼 필요가 있다. 첫째 급대 필요량에 대해 전부 급대한 경우, 둘째 전혀 급대하지 않은 경우, 셋째 부분적으로 급대한 경우이다.

전부 급대한 경우는 병조·삼군문·각 사가 이에 해당된다. 즉 중앙 기관에는 감혁으로 일부 재정긴축이 있기는 하였으나 규정된 급대 수요에 대해서 거의 전부 급대하였다. 그 결과 〈표 9〉에 나타나듯이 실제로 급대액의 약 80%가 중앙의 삼군문·각 사·병조에 몰려 있다. 중앙 기관에 소속된 역인인데도 급대받지 못한 부분도 있었으나 이는 곧 언급되듯이 소속 기관에 재정적 손실이 발생되지 않는 경우에 한했다.

중앙기구에 대한 급대 배려는 어염선세 급대에서도 나타난다. 중앙 아문이 장악하고 있던 어염선세가 균역청으로 이속된 뒤 재정적 타격을 크게 입게 된 기관에는 균역청에서 어염선세 가운데 일부를 환급하여 주었는데 그 총액은 5,580냥에 이르렀다.[87]

급대에서 제외된 부분에 대해 중앙의 역과 지방의 역으로 나누어 살펴보면, 중앙의 경우에 병조·금위영·어영청·각 사에 41,587명분, 즉 83,174냥이 급대되지 않았다.[88] 이들은 다시 몇 가지 유형으로 세분된다. 첫째 自望保에 대해 급대하지 않았다. 자망보는 정군 스스로가 보인을 선정하여 보포를 거두는 것이므로 정군 스스로의 책임으로 돌렸다. 이로 인해 각 사의 匠人保와 병조의 靑坡·蘆原 京兩驛保 가운데 자망보가 급대대상에서 제외되었다. 둘째 자보에 대해 급대하지 않았다. 정군의 資裝을 담당하는 자보의 역가 징수는 군영의 재정과는 관계없이 정군과 정군이 소속된 군현에 관계된 문제라는 이유에서 제외된 것이다. 이로 인해 어영청·금위영의 정군자보가 급대 대상에서 제외되었다. 그 대신에 자보를 1명 늘리되 정군이 자망하여 채우도록 하였다. 결국 資保布의 결손은 정군 스스로 해결해야 했다. 셋째 烽軍保에 대해 급대하지 않았다. 봉군은 戶首 역할을 호수와 보인이 돌아가며 차례대로 담당하게 하여 급대 부족분은 戶·保 공동으로 해결하도록

87) 〈표 9〉의 海稅 급대 5,718냥 가운데 약 138냥은 호남에서 端午에 進上하는 조기알젓 값으로 지방의 「仍留給代」이다.

88) 《均役事目》 給代.

하였다. 이로 인해 峨嵯山城 봉군보가 급대 대상에서 제외되었다. 결국 어떤 경우든 급대하지 않아도 중앙 기관의 재정적인 손실은 없었다. 그 감필로 인한 경제적 부담은 정군이나 보인, 때로는 군보의 소속 군현이 떠맡지 않으면 안 되었다. 이 세 가지 사항은 이미 영조 26년(1750) 7월의 〈良役變通條目忽記〉에서 결정되었던 것들이다.[89)]

그러나 급대 대상에서 제외된 주 대상은 중앙 군영·각 사의 자보, 자망보가 아니라 각 도 營·鎭의 각종 역이었다. 이들은 거의 전부라고 해도 무방할 정도로 급대받지 못하였다. 〈원사목〉에서 단 한 줄로 수록된 이 부분은 중요한 의미를 지니고 있다. 이는 급대하지 않은 것이 아니라 事目의 표현 그대로 급대할 수 없었다. 재원이 모자랐기 때문이다. 중앙재정에 여유가 있어 지방에 급대한다면 모르되, 그럴 수 없는 상황하에서 급대한다고 해도 그 부담은 결국 지방의 영·진으로 되돌아오기 마련이다. 영·진에서 재원을 마련하여 그 영·진에 지급한다면 급대의 의미가 사라지고 만다. 영조 24년 당시 감영·병영·수영·통영 및 각 진 소속의 양역은 수군 등을 제외하면 103,892명에 달했다.[90)] 이 가운데 특별히 급대된 역은 〈표 9〉에 나타나듯이 부산진의 四色軍 2,763명과 安興鎭의 騎兵 400명뿐이다. 그 밖에는 '감혁' 조항에서 감축된 4도 영진군 6,671명분의 역가를 영·진의 급대에 사용하도록 하였을 따름이다. 나머지 인원 가운데 급대 대상이 되어야 할, 즉 균역법 이전에 역가가 1필을 초과하는 역이 어느 정도 규모였는지는 현재로서는 파악할 길이 없다. 그러나 지방기구에 상당한 재정적 압박을 가했을 것은 짐작하기 어렵지 않다.

마지막으로 부족하게나마 급대받은 것은 수군이다. 수군은 지방군이므로 급대에서 소홀히 다루어질 수도 있지만, 바다의 방비를 담당하고 있는 중요한 군대로서 중앙에서 파악하고 있는 京案付良役이었다. 따라서 절충안으로서 부분 급대를 시행한 것이다. 모두 급대하려면 6도와 통영 수군 91,678명에 대해 각기 1필(2냥)씩 급대해야 했으나 재원이 부족하여 1인당 粮米 4두만 급대하다가, 영조 28년부터 錢 1냥씩 급대하였다. 즉 半疋분만 급대한 것

89) 《承政院日記》 1058책, 영조 26년 7월 23일.

90) 《良役摠數》 天, 外案付良役都數.

이다.[91] 그런데 수군은 대개 元水軍은 역가를 바치고 해안가의 土卒들이 역가를 받고 雇立되어 수군으로 활동하고 있었다. 수군의 역가가 줄어들면 고립 수군에게 지급될 급료에 영향이 미치게 되는데, 지방기구에서 스스로 경비를 마련하여 나머지 부분을 지급하거나, 아니면 급료를 감축하는 수밖에 없었을 것이다.

한편 급대는 감필로 인한 재정결손을 채우는 감필급대와, 감필급대재원을 제공한 기관의 재정이 곤란할 경우 이를 다시 보상하는 급대로 나누어 볼 수 있다. 후자의 급대로는 漁鹽稅給代·隱餘結給代·結錢給代가 있는데[92] 어염세급대와 은여결급대는 앞에서 서술한 바 있으며 결전 급대로는 京驛位田에 대한 급대를 들 수 있다. 영조 30년에는 균역법 이전에 면세결이었던 京兩驛(靑坡·蘆原驛) 位田의 결전 가운데 3/4을 덜어내어 병조에 획급하였다.[93]

3) 균역법의 의미

17·18세기에는 농업생산력이 발달하고, 상품화폐경제가 확산되고, 지주제가 변화하고, 신분제가 동요되고 있었다. 이러한 제반 사회경제적 변화는 부세제도 및 재정제도의 개편을 요구하고 있었다. 그 결과 18세기 중엽 영조조 중반에는 국가재정의 재정비가 지속적으로 추진되었다. 영조 24년(1748) 《良役實摠》의 간행·반포, 25년 《度支定例》의 편찬, 26년의 감필로 시작된 균역법의 제정, 그리고 그 과정에서의 漁鹽船稅 조정, 28년의 貢弊釐正, 31년의 奴婢貢 감하 등 일련의 정책들이 잇달아 시행되었다. 이와 같은 영조 중반의 시책들은 재정기구를 구조적으로 개편하려는 것이라기보다는 대개 운영상의 문제점들을 개선하여 기존의 제도를 보완하려는 것들이었다. 그 가운데 균역법은 양적으로나 질적으로 가장 큰 변화였고 국가재정에 미친 파급효과가 적지 않았다. 따라서 부분적으로는 구조적인 개편이 필연적으로 동반되었다. 결국 균역법은 제도의 고수와 개혁이라는 양면성을 지닌 시책이었으며, 중세사회의

91) 《均役事目》 給代.
92) 〈原事目〉의 급대 항목에는 감필급대 전부와 어염세급대 중의 일부가 수록되었다.
93) 《均役廳事目》 結米.

발전적 해체라는 측면에서 볼 때에 긍정적 측면과 부정적 측면을 함께 지닌 시책이었다.

균역법의 시행으로 국가재정에 닥친 변화를 균역청의 설립과 중앙재정 및 지방재정의 변화로 나누어 살펴보기로 한다.

우선 재정기구로서 균역청의 등장을 들지 않을 수 없다. 균역청은 영조 26년(1750) 7월에 전의감에 설치되어 그 곳에서 급대 재원의 확보 방안이 논의되었고, 영조 27년 6월 결전의 징수가 확정되던 날에 舊수어청으로 옮긴 뒤 〈원사목〉을 완성했다. 이듬해 6월에 사목을 제정한 후로는 균역청의 주된 기능은 70여만 냥에 이르는 전곡의 징수·급대·운영이었다. 균역청은 영조 29년에 선혜청에 소속되어 상진청과 합쳐졌으나 재정규모에서 선혜청과 호조에 다음가는 기구로 부상하였다. 또한 급대 수요에 비해 수입이 월등히 많아 재정에 상당히 여유가 있었다. 따라서 양역의 감필급대를 담당한 후 균역청은 給代衙門으로 자리잡아 각종 부세제도 개편 때마다 급대를 담당하였다. 영조 31년 노비공 반필을 감할 때에 그 급대를 떠맡아 약 44,000냥분의 급대를 담당한 뒤로 영조 연간에만 총 9회에 걸쳐 각종 급대를 담당하였으며, 정조 연간에도 高陽郡軍役給代 등 3회의 급대를 담당하였고, 순조 연간에도 소액의 잡다한 급대가 계속되었다.[94] 그러나 영조 45년에는 이획이 실질적으로 사라지고 정조 연간에 이르러서는 어염세 수입이 11만 냥에서 8·9만 냥 정도로 줄어들어[95] 재정 형편이 예전 같지는 않았다. 그 결과 순조 원년(1801)의 내시노비 혁파 때에는 균역청에서 감당할 수 없어 호조에서 급대를 담당하였다.

한편 국가재정 자체에 미친 영향을 살펴보면 우선 중앙재정에는 감필로 인한 커다란 손실은 없었다. 중앙재정에서 순수한 결손이 있었다면 감혁으로 인해 삼군문과 각 사에서 약 2만 냥의 재정긴축이 단행된 것이었다. 비록 급대에서 제외된 부분도 있었지만, 앞서 밝혔듯이 자보·자망보 등에 해당된 것이었으므로 중앙 소속기관의 재정에는 손실을 초래하지 않았다.

그러나 중앙정부 전체의 관점에서 보면 재정손실은 아니었지만 중앙의 기구

---

94) 《萬機要覽》 財用篇 3, 均役, 給代.

95) 金玉根, 《朝鮮王朝財政史硏究 Ⅱ》(一潮閣, 1987), 245쪽.

가운데 균역청에 재정수입을 넘겨주어야 했던 곳들이 있었다. 궁방·아문은 해세로 인해 어염선세를 균역청에 빼앗겼고, 선혜청은 이획으로 인해 균역청에 약 66만 냥의 재정수입을 넘겨주어야 했던 것이다. 그러나 중앙 기구들은 여러모로 사정이 참작되었다. 어염선세 부분은 일부나마 급대의 형식으로 되돌려 받았다. 선혜청은 균역청에 넘겨주었던 것들을 부분적으로 돌려 받기 시작하여 영조 45년에 이르러 전액을 되돌려 받게 되었다.

우선 해세로 인한 궁방·아문의 재정손실이 어느 정도였는지는 알 수 없으나 공조·성균관·사옹원·기로소·종부시 등의 아문에는 약 5,600냥의 어염세가 급대의 형식으로 환급되었다. 불가피한 부분에 급대한 것이다. 다만 궁방이 장악했던 어염세는 환급되지 않았다. 어염세 급대에서 유일하게 언급된 毓祥宮의 경우, 호조로부터 호조의 어염세 수입 가운데서 祭需錢 500냥을 지급받다가 호조의 어염세가 균역청으로 이속되자 균역청으로부터 공급받게 된 것이지 육상궁이 직접 징세하던 부분을 균역청에 넘긴 것은 아니었다.

한편 선혜청은 균역법으로 인해 가장 큰 재정적 압박을 받게 되었다. 특히 삼남의 저치미 이획이 가장 큰 부담이었다. 저치미 이획은 초기부터 선혜청의 반대가 있었는데, 결국 영조 36년에는 저치미의 무상 이획이 취소되고 稅作木 100同의 이획도 함께 취소되었다. 비록 이획의 명목은 남아 충청도·전라도의 저치미는 계속 3군문으로 이획되었으나 이획된 만큼 균역청에서 선혜청에 돈으로 갚아야 했던 것이다. 균역청에서 米條 급대에 사용할 쌀을 선혜청에서 사서 군문에 지급한 셈이다. 영조 45년에는 감사의 솔권이 복구되어 營需米 1,000석조차 균역청 수입에서 제외되었다. 영조의 특별 명령으로 지급되던 月俸米 약 175석마저 선혜청 京畿廳의 미곡이 충분치 못하여 균역청에 이급되지 않았다.[96] 선혜청은 결국 균역법이 시행된지 10년도 채 안된 영조 36년의 시점에서 균역청에 빼앗겼던 세입의 약 90%를 되돌려 받게 되었고, 그로부터 약 10년 뒤에는 나머지 10%마저 완전히 돌려 받아 균역법 이전의 상황으로 복구되었다.[97]

급대의 측면에서 살펴보면 중앙기구는 감필로 인한 재정결손을 거의 대부

96) 《萬機要覽》 財用篇 3, 均役, 移劃.
97) 〈표 6〉 참조.

분 균역청에서 보상받았다. 급대 총액 중에서 병조·삼군문·각 사 급대가 차지하는 부분은 약 80%에 달했다. 이 가운데 삼군문과 각 사는 감혁에 의해 약간의 결손이 있었지만, 규정된 필요액은 모두 급대받았다. 나머지 18%가 조군·수군 등에 급대되었는데[98] 이들은 지방에 소속된 군역이었지만 한편으로는 중앙의 관할하에 있는 이른바 京案付良役이었다.

이처럼 중앙 재정은 감필로 인한 급대 재원 조달 과정에서 큰 손실을 입지 않았고, 또한 손실 부분에는 부분적으로 급대 조치가 행해졌으며, 선혜청의 경우는 후에 완전히 복구되기도 하였다. 또한 급대에 있어서도 전액을 급대받았다.

그러나 지방은 중앙과 전혀 사정이 달랐다. 초기의 사목에서 分定이 말썽을 빚은 것에서도 드러나듯이 결국 균역법의 감필은 지방재정의 희생으로 뒷받침되었다.[99] 지방의 영·진·읍은 급대 재원의 확보 과정에서 많은 세입을 내어놓아야 했고, 또 지방 기관에는 일부만 급대하거나 전혀 급대하지 않았다.

우선 급대 재원 마련책에서 살펴보면 은여결의 색출(餘結), 어염세의 이속(海稅), 선무군관의 징발(軍官), 兩西 監·兵營木 등과 경기·삼남 軍作米 모곡의 회록 등으로 인해 지방의 재원들이 잠식되었다. 이 가운데 은여결의 약 10만 냥은 그 전액이 지방 군현의 수입을 박탈한 것이었고, 어염세는 전액은 아니지만 그 가운데 일부가 지방 영읍의 수입으로 채워졌다. 선무군관은 직접적으로 지방재정을 잠식한 것은 아니지만 잠재적 재원을 박탈당한 것이나 다름없었다. 회록은 상황에 따라 성격이 달라질 수 있지만 결과적으로 재정 운영의 여유를 박탈당하여 압박을 받게 되었다.

반면에 지방 기구는 급대에서 소외되었다. 중앙의 기관이 감필로 인한 부분을 전액 급대받았음에 비해 수군은 반밖에 급대받지 못했고 나머지는 전혀 급대받지 못했다. 각 영·진·읍 소속의 양역에 대해서는 급대할 수 없다고 이미 사목에서 밝혀 놓았다. 급대액 중에서 차지하는 비중도 채 20%가 되지 못했다. 그나마 조군·수군 등의 경안부양역을 제외하면 중앙의 관여 없이 영읍에서 완전히 장악하고 있는 지방 군역으로 급대받은 것은 부산진의 4色

98) 〈표 9〉 참조.
99) 鄭演植, 〈均役法 시행 이후의 地方財政의 변화〉(《震檀學報》 67, 1989).

軍과 안흥진의 기병 뿐으로, 급대 총액 중에서 차지하는 비율은 1%를 약간 넘어 6,300여 냥이 전부였다.

물론 지방재정이 완전히 무시된 것은 아니었다. 급대 재원 조달 과정에서 손실이 감당할 수 없을 정도로 클 경우에는 균역청에서 급대를 통해, 또는 급대와 유사한 경로를 통해 일부를 되돌려 주기도 하였다. 통영에는 어염세를 가져간 대신 1만 냥을 획급하였고, 황해도에는 은여결을 가져간 대신 선혜청을 통해 상정미 1천 석을 획급하였다. 통영의 경우에는 1만 냥을 지급한 것은 지나친 처사라는 비판이 일어 다시 박탈되기도 하였다.[100] 그러나 나머지 경우에는 이런 조처를 기대할 수 없었다.

많은 수입이 중앙의 군영·각 사 급대를 위해 감축되고, 지방 균역에 대해서는 급대가 시행되고 있지 않은 상황에서, 지방에서는 나름대로 경비를 마련하기 위해 새로운 세원을 찾아야 했다. 결국 그 부담은 다시 민에게 돌아가게 되었다. 어염세와 군관에 대한 비난이 균역청에 쏟아졌을 때 균역청 당상 金尙星은 균역법에 대한 비판들이 균역법의 지엽적인 문제점에 집착하여 본질적인 문제점을 외면하고 있음을 다음과 같이 지적했다.

> 率眷을 없앤 불편은 감사에게 있고, 隱結의 불편은 수령에게 있고, 別軍官의 불편은 遊民에게 있고, 어염선세의 불편은 각 宮家·衙門에 있다. 그런데 지금 염려하는 점들은 제대로 짚어 논하고 있지 못하다. 내가 필경 폐단이 있으리라는 것은 營邑의 재정을 깎아 내었으니, 깎인 후로는 지탱할 수 없을 것이므로 侵漁하는 폐해가 장차 民에게 미칠 것을 말하는 것이다(《承政院日記》 1068책, 영조 27년 5월 23일).

김상성의 疏는 사태의 정곡을 찌른 것이었다. 예전 규모의 재정을 회복하기 위해서는 군현민에 대한 징세를 강화하는 것이 가장 손쉬운 일이었다. 그 양상은 여러 가지로 나타났다.

---

100) 1만 냥은 영조 29년에 박탈되었다가, 39년에는 다시 돌려주는 대신에 삼남의 統營 소속 耗米 2천 석을 균역청에 이속하게 하였고, 동 45년에 이르러 耗米의 이속을 파하는 등 몇 차례의 개정이 있었다(《萬機要覽》 財用篇 3, 均役, 給代, 庚午給代).

우선 군보의 수를 늘려 더 많은 인원에 양역을 부과하는 것이다. 이러한 경향은 이미 영조 26년(1750) 7월의 〈良役變通條目忽記〉에서 나타났다. 금위영·어영청 자보의 감필에는 급대하지 않고 1保를 더하되 군보 스스로 선정하여 채워넣게 한 것이다.[101] 군보 스스로 자보를 마련하지 못할 경우 그 부담은 본인이나 또는 소속된 군현의 부담으로 돌아가기 마련이다. 한편 전라도 陪持保는 진상 상납시의 잡비를 해결하기 위해 설치된 것인데 감필 후 급대가 이루어지지 않자 1,100명을 추가로 각 읍에 배당하여 해결하였다.[102] 군보를 늘리는 방법은 특히 순천·무안·강진 등 전라도 어촌에서의 進上物種 마련에서 집중적으로 나타났다. 균역법 이전에 읍에 어염세를 납부하던 바닷가나 포구의 어민들에게는 양역이 부과되지 않았는데, 균역법 이후에는 어민들이 균역청에 어염세를 납부하게 되어 읍의 재정에 도움이 못되는 존재가 되자 영조 30년부터는 읍의 보호를 받지 못하고 양역이 부과되기 시작하였다.[103] 진상물종은 저치미에서 會減하여 해결하고 나머지 부족한 부분은 民結이나 良人保에 부과하여 채우도록 하였는데, 浦民 중 無役者들을 늙은이고 어린이고 가리지 않고 무더기로 進上軍에 充定시키고, 더구나 규정된 인원 이외에 과다하게 충정시켰던 것이다.[104] 이는 어촌으로 도망한 피역자들을 색출한다는 명분하에 감영의 허락을 얻어 시행되었으나, 상급기관에 알리지 않고 행해진 사례들이 낱낱이 밝혀지지는 않았을 것이다.

균역법은 환곡을 늘리는 데도 영향을 미쳤을 것으로 짐작된다. 예컨대 경상도 浦項倉은 어염세 수입으로 別將·군관·下人·庫子들의 급료를 해결하였는데 어염세를 균역청에 넘기게 되자 창고에 남은 환곡 2,000석을 加分하여 그 모곡으로 급료를 해결하였다.[105] 18세기 중엽을 전후하여 지방의 감영·병영이 중앙의 통제에서 벗어나 독자적으로 환곡을 주관하는 아문으로 독립되

---

101) 《承政院日記》 1058책, 영조 26년 7월 23일.

102) 《承政院日記》 1071책, 영조 27년 7월 15일.

103) 《英祖實錄》 권 81, 영조 30년 6월 갑인.

104) 영조 25년 창설 당시 규정된 進上保 액수는 順天 100명, 務安 50명, 康津 20명이었는데 각기 650명, 412명, 786명으로 늘어났다(《英祖實錄》 권 81, 영조 30년 5월 병오).

105) 《承政院日記》 1071책, 영조 27년 7월 6일.

었고, 더욱이 대부분 半分穀이 아니라 盡分穀으로 운영하였는데 이 또한 우연한 일이 아니었을 것으로 짐작된다.

한편 균역법은 지방의 재정을 잠식했을 뿐 아니라 지방 토호들의 경제적 기반을 박탈하였다. 어염선세가 그러했고 선무군관이 그러했다. 어염선세의 이속으로 궁방과 아문이 주된 피해자로 지목되었으나 향촌의 양반토호들도 무시할 수 없는 피해자들이었다. 염전·포구·어장 등 곳곳에 있던 사족·토호들의 수입원이 박탈되었다. 그러므로 어염선세를 비방하는 자들로 지방의 토호들이 지목되었다. 선무군관도 마찬가지였다. 향청·서원 등에 私募屬으로 들어가 있던 부유한 양인들이 중앙정부의 독촉을 받고 있던 수령들에 의해 선무군관으로 선발되었을 것이다. 급대 재원의 확보 과정에서 폐지된 분정을 제외한다면 어염세와 선무군관에 가장 반발이 컸는데 특히 충청도에서 그러했다. 영조는 그 이유로 충청도에 京華士夫가 많았던 점을 지적하였으며,[106] 이에 대해서는 충청도의 어염세 실태를 파악하기 위해 파견된 御史韓光肇의 보고 내용도 동일하였다.[107]

균역법에 대한 전체적인 반응도 음미할 만한 부분이다. 균역법 제정 당시 각 도의 반응을 살펴보면 평안도와 강원도가 가장 환영하고 그 다음이 황해도이며 충청도와 전라도가 가장 불만이 많았다.[108] 평안도의 양역은 이미 경종 원년(1721)에 모두 1필역으로 통일되어 감필의 혜택도 없었는데[109] 균역법을 가장 환영하고 있었다. 이는 평안도는 토착 사족세력이 없는 지역이었다는 사실과 무관하지 않았을 것이다. 반면 많은 재원을 박탈당한 곳은 삼남인데 그 가운데 영남이 반발세력으로 지목되지 않은 것도 토착 사족세력과 관련된 것으로 짐작된다. 경상도의 경우는 어염세가 본시 가볍게 책정된 데다가, 가장 큰 문제였던 통영에는 右沿 7處의 어염세가 배당되고 어염세를 대신하여 균역청으로부터 1만 냥이 획급되었다. 그러므로 충청도나 전라도에 비하면 훨씬 손실이 적었다. 또한 선무군관의 경우 가장 큰 피해자는 부유한

106) 《承政院日記》 1067책, 영조 27년 4월 23일.
107) 《均稅行覽》 御史韓光肇書啓.
108) 《承政院日記》 1067책, 영조 27년 4월 21일.
109) 《景宗實錄》 권 4, 경종 원년 8월 계해.
《承政院日記》 1071책, 영조 27년 7월 6일.

양인 한유자들이었다. 그 불만의 요체는 부담이 아니라 군포를 내는 양역에 징발된다는 사실이었다. 즉 신분문제였던 것이다. 그런데 영남에서는 사족과 비사족의 구분이 비교적 엄격하여 양인 한유자들이 사족 행세를 하기 어려웠고 따라서 선무군관에 징발되더라도 충청도나 전라도에서와 같은 반발은 적었을 것으로 짐작된다.

균역법을 중세사회의 발전적 해체과정에서 어떻게 규정지을 것인가. 균역법이 제정된 18세기 중엽의 시점에서 양역변통은 이미 100여 년을 끌어온 숙제였다. 중앙정부는 어떤 결단을 내리지 않으면 안되었다. 양역으로 인해 농가경제는 피폐되고 이는 국가재정에도 영향을 미치지 않을 수 없었다. 조현명과 함께 균역법의 제정을 주도했던 홍계희는 《均役事實》에서 균역법 제정의 당위성을 이렇게 말하고 있다.

> 양역에 응하는 자는 10여 만 호뿐인데 10여 만 호로 50만 양역을 담당하게 하니 한 집에 4·5인이 있어도 모두 면할 수 없다. 그런데 한 사람의 身布가 돈 4·5냥인즉 한 집 4·5인에 모두 20여 냥이 든다. 이들은 世業도 없고 토지도 없는 무리로서 모두 남의 땅을 갈아 먹고 사는 바, 1년에 거두는 것이 많아야 10석을 넘지 않는데 그 반은 田主에게 돌아가니 나머지가 얼마나 된다고 20여 냥의 돈을 마련한단 말인가. 날마다 채찍질을 가해도 낼 방도가 없으니 마침내 죽지 않으면 도망한다(洪啓禧, 《均役事實》).

균역법은 그만큼 절박한 현실적 요청에 부응하려는 것이었다. 그러나 중앙정부는 이를 구조적인 개편으로 해결하지 않고 감필이라는 비교적 안정적이고 용이한 방편을 택했다. 그 결과 균역법은 미진한 대책이 될 수밖에 없었다.

영조도 감필이 양역의 모순을 해결하는 근본적인 대책이라고는 생각지 않았다. 영조는 재위 10년(1734)에 감필을 거부하면서 자신이 감필하자 하면 제신들이 반드시 말리라고 부탁하기도 하였다.[110] 김재로를 만난 자리에서는 감필이 너무 쉽게 결정되었다고 하면서 속마음을 드러내기도 하였다.[111] 영조는

110) 《承政院日記》 1056책, 영조 26년 5월 19일.
111) 金在魯, 《淸沙散錄》, 答趙左相顯命論均役.

중앙정부의 양역변통 논의에 대한 民의 크나큰 믿음을 저버리지 않기 위해서는, 호전이나 결전을 시행하지 못한다면 감필이라도 단행해야 한다고 하였다. 감필은 부득이한 상황에서 단행된 차선의 선택이었다.[112] 균역법은 양역제의 모순에 대한 응급처방일 수밖에 없었다.

그러나 영조는 감필을 미진한 조처로 인식하면서도 감필이 결정된 뒤에는 태도를 바꿔 '大同之政'과 다름없는 것으로 추켜 세우고는 이를 고수할 것을 천명하였다. 균역법 제정을 주도한 인물로는 '均役主人'으로 일컬어진 조현명,[113] 결미징수를 관철시키고 〈원사목〉 제정에 주도적 역할을 담당했던 홍계희, 처음 호포론을 제기하고 균세사로 활약하면서 조현명과 홍계희를 도운 박문수 등이 거론되었으며[114], 한편 균역청 당상으로 있던 申晩·趙榮國·金尙星·鄭羽良 등도 일익을 담당하였다.[115] 그러나 정작 균역법 제정을 주도한 인물은 영조였다. 영조는 '均役主人'은 조현명이 아니라 자신이라 자처하면서[116] 만년에는 균역법을 자신의 50여 년 치세에 이룩된 3대사업 중의 하나로 자부하기도 하였다.[117] 그러므로 영조 재위중에는 균역법에 대한 비판은 용납되지 않았다. 영조 26년 7월 감필이 결정된 뒤 보름도 채 안된 시점에서 正言 沈鏽가 감필을 반대하다가 체직됨을 필두로 하여,[118] 이듬해 6월 명정전에서 양역변통책을 묻던 날 한성판윤 黃璿이 復疋을 주장하다가 면직되었고,[119] 31년에는 執義 朴弘儁이 결전의 징수를 비난하여 島配되었다.[120] 심지어는 다시 2필로 복귀하자는 주장을 하는 자가 있으면 烹刑에 처하겠다고까지 말하였다.[121] 장령 姜必愼이 균역법에 대해 "돕는 자에게는 이익이 있고 공박하는 자에게는 해가 있다"라고 평했던 것은 당시의 분위기가 어떠했는

112) 《承政院日記》 1058책, 영조 26년 7월 5일.
113) 《承政院日記》 1068책, 영조 27년 5월 12일·26일.
114) 《英祖實錄》 권 71, 영조 26년 5월 경신·6월 계사.
115) 朴光用, 〈蕩平論과 政局의 變化〉(《韓國史論》 10, 서울大, 1984)에서는 균역법 제정이 緩論 蕩平派에 의해 추진되었음을 밝히고 있다.
116) 《承政院日記》 1068책, 영조 27년 5월 19일.
117) 《英祖實錄》 권 120, 영조 49년 6월 을묘 및 권 107, 영조 42년 10월 경신.
118) 《承政院日記》 1058책, 영조 26년 7월 19일.
119) 《承政院日記》 1070책, 영조 27년 6월 4일.
120) 《英祖實錄》 권 84, 영조 31년 5월 을미.
121) 《英祖實錄》 권 75, 영조 28년 정월 병자.

가를 직설적으로 전해 주고 있다.[122] 영조의 이와 같은 강경방침에 의해 균역법에서 여과되지 않고 그대로 남은 양역제의 모순은 오랫동안 적극적으로 거론되지 못한 채 잠복되었다.

균역법의 문제점이 표면화되고 영조 스스로 이에 대해 의구심을 품기 시작한 것은 영조 만년에 어사 沈履之가 직산의 백골징포와 황구첨정의 실상에 대해 서계를 올린 때를 전후해서였다.[123] 영조 51년에는 생선 값의 폭등이 균역법 때문이 아닌가 의심하기도 하였다.[124] 이 때를 전후하여 영조는 다시 鄕民들을 불러 모아 양역의 폐단에 대해 묻기 시작했다. 곧 이어 황구첨정·인징·족징에 대한 敎를 내리고 漁箭에 대한 사적인 수세를 엄금하였다.[125]

균역법은 앞서 밝혔듯이 양역제의 병폐에 대한 응급처방이었다. 그러므로 그 효과는 오래 지속될 수 없었다. 중앙의 통제가 이완된 틈을 타고 다시 어염세의 사적인 징수가 나타나기 시작했다. 18세기 후반부터 집단적인 避役의 한 형태인 契房村이 성행하여 역을 고르게 한다는 '均役'의 이념을 무색케 했다. 빈한한 良戶의 역부담은 다시 서서히 증가되었다. 1필 균역도 마찬가지였다. 감필을 주장했던 사람들은 모두 '一疋大同'이 역의 경감과 함께 피역과 투속을 근원적으로 막는 방안이 될 것으로 믿었다. 그러나 역가가 헐한 사모속이 다시 나타남으로써 1필 균역은 차츰 붕괴되었다. 균역법이 반포된 뒤에도 서원 등에서는 1필 미만의 역가를 책정하여 보인을 모으고 있었다. 사모속은 향촌사회의 수령·이서·민·사족·토호들의 이해관계가 복잡하게 얽혀 창출된 것으로서 중앙정부의 의지나 금령만으로는 쉽게 해결될 수 없었다.

균역법의 모순은 결국 19세기 민란에서 분출되었다. 18세기 말부터 일부 지방에서는 軍役田이나 軍布契가 관행으로 이루어지고 있었다.[126] 한편 북쪽에서는 호포제가 지방관과 군현민들의 협의에 의해 중앙정부의 간여없이 시행되고 있었다.[127] 이미 사회경제적 변화는 중세적 신분제에 바탕을 둔 부세

122) 《英祖實錄》 권 73, 영조 27년 윤5월 신사.
123) 《英祖實錄》 권 116, 영조 47년 4월 정해.
124) 《英祖實錄》 권 124, 영조 51년 3월 정축.
125) 《英祖實錄》 권 116, 영조 47년 5월 병오.
126) 金容燮, 〈朝鮮後期 軍役制의 動搖와 軍役田〉(《東方學志》 32, 延世大, 1982).
127) 金容燮, 〈朝鮮後期 軍役制 釐正의 推移와 戶布法〉(《省谷論叢》 13, 1982).

체제를 거부하고 있었던 것이다. 제도와 현실의 괴리는 여러 가지 양상의 모순을 낳았고, 오랫동안 누적되어 온 양역의 모순은 19세기 민란에서 중요한 문제점으로 대두되었다. 그러나 세도정권은 모순을 해결하려는 의지가 없었다. 결국 호포제의 시행은 대원군집정기까지 기다리지 않으면 안되었다.

그러나 균역법에는 분명 긍정적으로 평가할 부분이 있다. 감필은 비록 호포제나 결포제처럼 양역제의 완전한 혁파를 전제로 한 구조적 개편에는 미치지 못하는 조처였지만 농가경제를 적잖이 호전시킨 것은 사실이다. 감필로 인한 급대 재원의 마련을 위해 결미 등의 새로운 세목이 추가되었지만 과중한 양역가의 경감은 이를 상쇄시키고도 남았을 것이다.

어염선세의 釐正도 높이 평가할 만한 부분이다. 이미 17세기 전반기부터 지속적으로 제기되었던 문제가 균역법에서야 일단락 지어졌다. 어염세 개정은 균역법과는 무관한 독자적 당위성을 지니고 있었고 그것이 균역법과 맞물려 진행된 것이다. 영조 28년(1750) 6월의 윤음에서 어염과 은결은 균역법이 시행되지 않았더라도 단행되었을 것이라고 하면서, 어염선세를 良民과 海民 모두를 위한 '兼政'이라 표현했던 것도 그 때문이다.[128] 비록 사사로운 징세가 부분적으로 재개되기는 하였지만 균역법의 결과 해세의 징수 기관을 균역청으로 일원화시킴으로써 어민들은 궁방이나 토호의 자의적인 수탈로부터 어느 정도 보호받을 수 있었다.

한편 결미는 양역의 일부를 양인의 인신에서 토지에 옮겨 부과함으로써 부세와 신분의 상호관련을 부분적으로나마 제거하게 되어 부세체제의 전근대적 성격을 약화시킨 것으로 평가된다. 또한 양역의 모순이 경제력이 없는 민에게 과중하게 부과되어 빚어졌음을 고려할 때 결미는 균등한 과세를 실현시킬 수 있는 좋은 방편이었다. 홍계희가 양역변통을 주장하고 그 가장 좋은 방편으로 결포를 주장했던 것도 바로 그 점에 주목했던 것이다.[129] 한편 '加賦'라고 거센 비판을 받았던 결미가 시행될 수 있었던 것도 당시의 농업생산력이 이를 감내할 수 있을 만한 수준에 이르렀음을 반영한 것이 아닌가 한다.

〈鄭演植〉

---

128) 《均役事目》.

129) 《英祖實錄》 권 70, 영조 25년 8월 계미 및 권 74, 영조 27년 6월 정유.

Ⅲ. 세도정치의 성립과 전개

1. 세도정치의 성립과 운영 구조
2. 세도정치의 전개

Ⅲ. 세도정치의 성립과 전개

1. 세도정치의 성립과 운영 구조

1) 세도정치의 성립

(1) 권세가의 권력 독점

19세기 전반의 정치를 전체적으로 설명하는 데 처음으로 **'世道'라는** 용어가 쓰여진 것은 朴齊炯의 《近世朝鮮政鑑》에서였다.[1] 즉 "조선에서는 政權을 世道라고 하며 어떤 사람이나 집안이 그것을 가지는데, 왕이 세도의 책임을 명하면 지니고 있는 관직에 관계없이 의정 판서에게 명령을 내릴 수 있고, 국가의 중대사와 모든 관료의 보고를 왕보다 먼저 들을 수 있었다"는 것이다. 그러한 설명은 대개 그대로 이어져, '勢道政治'가 순조·헌종·철종 연간의 정치를 지칭하는 용어가 되었다. 다만 '세도정치'의 '세도'는 '世道'라는 말에서 왔음에도 불구하고 '勢道'라고 표기하여 趙光祖·鄭仁弘·宋時烈 등의 정치적 역할을 설명하는 데 쓰인 '世道'와 질적인 차이를 나타내는 경우가 일반적이다.

원래 世道란 세상을 세상답게 하기 위해서 세상 사람이 지켜 가는 길을 가리키는 말로, 조선 건국 이후 유교적 왕정 관념이 강화되면서 국왕이 세도의 책임자로서 더욱 중요해졌다.[2] 그러나 16세기 후반 이후 士林이 정치 주도세력이 되자 세도에 대한 책임도 국왕에게서만 구할 것이 아니라는 생각

1) 세도정치에 대한 기존 연구성과에 대해서는 윤정애, 〈정치사 연구의 동향과 과제〉(한국역사연구회 19세기정치사연구반, 《조선정치사 1800~1863》, 청년사, 1990), 37~57쪽 참고.

2) 이하 세도의 개념과 주체에 대해서는 박광용, 〈정치운영론〉(한국역사연구회 19세기정치사연구반, 위의 책), 688~693쪽 참고.

이 퍼져나갔고, 특히 유학자의 대표격이라 할 수 있는 '山林'이 정치 운영의 중심축으로 떠올라 제도적으로 그들이 정책 결정권을 나누어 갖는 것을 보장하게 되었다. 나아가 송시열 단계에 이르러서는 세도의 담당자는 '義理主人'인 산림이라고 인식하게 되었다.

조선 중기의 붕당정치적 질서에서는 勳臣과 더불어 戚臣의 정치 참여가 적극적으로 견제되었다. 그러나 노론의 권력 독점이 심화되는 과정에서, 산림세력과 왕실 외척 가문의 결합을 바탕으로 정권이 유지되는 하나의 정치형태가 이루어졌다. 붕당 및 정파 사이의 경쟁과 대립이 격화되면서 훈척세력이 兵權을 중심으로 큰 역할을 하게 되었던 것이다.[3] 그것은 扈衛大將의 경우 훈척만이 임명될 수 있다는 규정이 새로 만들어진 데 나타나는 바와 같이 공식화되기도 하였다. 특히 척신의 정치적 비중이 점점 커졌고, 사도세자의 장인 洪鳳漢과 영조의 처남 金龜柱를 중심으로 한 영조 말년 왕실 외척 사이의 대립은 순조 즉위 후 貞純王后에 의해 義理를 근간으로 한 정당한 것이었다고 평가될 정도였다.

정조는 이러한 현상을 극복하고자 왕권의 강화와 유교적 관료제의 정착을 추구하면서, 국왕 스스로 세도의 담당자이며 책임자로 나섰다. 그러나 그것을 하나의 정치체제로 정립시키지 못한 채 죽음으로써 탕평정치하에서 군주중심의 정치 운영 질서를 하나의 체제로 정립시키는 데는 실패하였다.

하지만, 순조 초년까지는 국정에서 훈척의 의미를 중시하는 인식과 함께 훈척의 정치 참여를 경계하는 전통적인 인식도 강하게 존속되고 있었다. 金祖淳은 국구가 되기 전인 순조 즉위년(1800)에 壯勇大將職을 사양하는 상소에서 훈척 양면으로 근거가 없다는 이유를 들었다. 장용대장과 같은 군문대장의 경우도 훈신 또는 외척으로서의 신분이 필요하다는 것이었다. 김조순은 이조판서를 사직하면서도 같은 논리를 개진한 바 있다. 그러나 반대로 순조 즉위 직후의 논의에서 沈煥之는 김조순을 두고 순조의 외조부인 朴準源과는 처지가 다르므로 조정의 논의에 참여하지 못할 것이 없다고 하였는데 이것은 외척의 국정 참여에 한계를 두는 입장에서 나온 말이다. 이러한 모순은 순조 즉위

3) 洪順敏, 〈肅宗 初期의 政治構造와 「換局」〉(《韓國史論》 15, 서울大, 1986), 129~199쪽.

직후 僻派세력이 주도권 장악을 위해 노심초사하고 있을 당시에 대왕대비가 박준원·김조순을 戚里 또는 척리에 준하는 위치 때문에 서용하지 않을 수 없으면서도 정조 연간에는 척리를 쓰지 않았음을 강조한 사실에서 잘 드러난다.

그러나 척신의 공식적인 정치참여가 점점 자연스러운 것으로 굳어져 갔다.[4] 순조 17년에 죽은 朴宗慶에게 붙인 史評에서는 그의 氣槪와 더불어 국왕 외조부의 아들이었다는 점을 근거로, 단시간에 정경에 승진하고 훈련대장[元戎]을 맡은 것을 당연시하였다. 한편 척신의 비공식적인 활동까지도 당연한 것으로 칭송되었다. 헌종 2년(1836) 潘南 朴氏 朴周壽가 죽었을 때에도 대왕대비는 그가 안에서 담당한 역할은 밖에서 다 알 수 없는 것이었다고 하여 내밀한 활동을 추켰던 것이다. 이러한 평가는 당시 정권을 잡았던 척신들 대부분에 대하여도 마찬가지였다.

잘 알려져 있는 바와 같이 순조·헌종·철종대에 정권을 장악한 외척은 순조의 장인인 김조순의 가문, 순조 친모의 아버지인 박준원의 가문, 孝明世子의 처가인 趙萬永 가문 등의 핵심 인물들이었다. 순조대, 특히 순조 11년의 홍경래란 이후로 김조순이 정권을 오로지하고 있었음은 더 설명할 필요조차 없는 사실이며, 김조순 사후 헌종 6년까지는 金逌根이, 헌종 친정기에는 趙寅永 및 趙秉龜가, 헌종 11년에 조병구가 죽은 뒤로는 趙秉鉉이, 철종대에는 金左根이 권력의 정점에 있었다.

당시 권력가들이 세력을 행사하던 양상은 《근세조선정감》의 내용을 통해 잘 알려져 있지만, 다음과 같은 순조 당시의 기록을 통해서도 확인할 수 있다.

> 그는 과연 어떤 인물이기에 관작을 홀로 거머쥐고 맑고 화려한 관직[淸華職]들을 주무르기를 내가 아니면 아무도 안된다고 하며, 일이 권한에 관계된 것이면 자기의 물건으로 여기고, 사방에 근거를 굳혀 한 몸으로 모두 담당하려 합니까? 세간에서 칭하는 바 문관의 권한, 무관의 권한, 인사의 권한, 비변사의 권한, 군사의 권한, 재정의 권한, 토지세의 권한, 주교사의 권한, 시장 운영의 권한을 모두 손안에 잡아 득의양양해 하며 왼손엔 칼자루를, 오른손엔 저울대를 쥐어 거리낌이 없습니다(《純祖實錄》 권 16, 순조 12년 11월 병자).

---

4) 이하 세도정치기의 정국운영과 정책에 대한 일반적인 내용은 오수창, 〈권력집단과 정국 운영〉(한국역사연구회 19세기정치사연구반, 앞의 책), 575~633쪽 참조.

이것은 순조 12년(1812) 趙得永이 박종경을 공격한 내용의 한 부분으로, 정적에 대한 개인의 평가이기는 하지만 그 이후 이른바 '權奸'들에 대한 설명의 한 전형을 이루고 있다고 해도 과언이 아니다. 따라서 여기에 나타난 권세가의 행태는 김조순을 비롯한 집권 외척의 모두에게 해당되는 것이었으리라고 생각된다.

19세기의 권력자는 비변사를 주도함으로써 일반 국정을 장악하되 대신직에 있는 측근 관료로 하여금 주요 정사를 처리하도록 하였으므로 스스로 전면에 나서서 활동할 필요는 별로 없었다. 다만 국가에 특별한 사태가 발생하였을 때에는 공개적으로 정상의 권력을 행사하곤 하였다. 예를 들어 순조 11년에 홍경래란이 일어나 그 토벌군 지휘관을 뽑아야 할 때와 같은 경우 김조순은 빠지지 않고 나타나 중요한 역할을 하였다.

외척 권력가가 막후에서 큰 역할을 하고 있었음은 정국의 중요한 고비에서 구체적으로 확인되기도 한다. 순조가 孝明世子로 하여금 대리청정을 하도록 명령을 내릴 때에 김조순은 이미 왕명에 앞서 측근 관인들을 불러 모아 의견을 조정하였다. 또 효명세자가 죽은 후 그 시기에 세력를 모았던 인물들에 대한 공격이 가해질 때 김조순은 세자의 지문을 쓰면서 자기 딸인 왕비의 말을 빌어 자기 세력의 활동을 정당화하고 관인들의 활동을 조종하였다.

(2) 왕권의 약화와 붕당의 퇴조

권세가의 권력 독점은 국왕권의 약화와 짝을 이루었다. 그러나 지금까지 언급의 여지가 없을 정도로 매우 낮았던 것으로만 치부되어 온 세도정치 시기 국왕의 위상은 그리 쉽사리 재단할 수 없는 측면을 지니고 있다. 적어도 형식의 측면에서는 앞 시기 탕평정치하보다도 국왕의 절대적 위상이 한층 강화되는 양상을 보이고 있을 정도이다.

그 예로 먼저 선대 국왕에 대한 世室의 의례를 들 수 있다.[5] 16세기 선조 이전까지의 국왕들 중에는 재위 기간이 짧은 임금은 물론 태종·명종과 같이

---

5) 조선의 경우 태조의 신위 밑에 현 국왕의 4대 先王까지를 二昭二穆으로 宗廟正殿에서 祭享하다가 代數가 다한 왕의 신위를 정전에서 永寧殿으로 옮기게 되어 있었으나, 공적이 큰 임금의 신위는 親盡하여도 위 원칙에 따르지 않고(不祧) 특별히 정전에 계속 제향하던 제도를 世室이라 한다.

긴 기간 동안 재위한 임금으로서도 제외된 이들이 있지만, 선조 이후 영조까지는 실제로 재위를 인정받았던 임금은 경종을 제외하고 모두 세실로 받들어졌다. 19세기에 들어와서도 이런 현상은 계속되어 왕으로서의 위상이 극도로 위축되었던 철종을 제외하면 정조·순조·헌종이 모두 세실로 받들어졌고, 대리청정을 하였을 뿐인 효명세자까지 고종대에 가서는 그 안에 들어가게 되었다. 국왕의 공적에 대한 평가가 훨씬 너그러워지면서 그들을 존숭하는 정도가 점점 높아졌던 것을 보여주는 것이다.

이러한 현상은 세실로 정하여지는 시기의 면에서 더욱 확연하게 나타난다. 역대 국왕이 죽어 세실로 모셔지게 되는 것은 뒷 시기로 내려올수록 점점 빨라지는 추세를 보이나 숙종까지만 하여도 몇 대 뒤에 결정되었으며, 다음 왕인 정조 연간에 결정이 된 영조의 경우에도 사후 6년의 기간이 요구되었다. 그러나 정조의 경우 죽은 해에 바로 결정되었으며 순조의 경우에도 사망 다음 해인 헌종 원년에 결정되었다. 헌종의 경우에는 철종 10년(1859)에 이루어져 늦은 감이 있으나 특별한 공적으로 들 만한 것이 없고 재위 기간도 그리 길지 않았던 것을 고려하면 18세기까지의 경우에 비해 매우 높은 대우를 받았음을 확인할 수 있다.[6]

국가 전례상의 존숭과 더불어 임금에 대한 매우 높은 평가가 일반화되었다. 앞 시기 영조가 신하들로부터 요와 순에 비견된다는 의미의 堯明舜哲이라는 존호를 받아낸 것은 강요하다시피 했던 어려운 일이었으나[7] 19세기에는 君王을 동양 전래의 이상적인 인물에 직접 비겨 높이는 일이 빈번해졌다. 순조 즉위년 11월에 李秉模는 정조의 치적을 일컬어 "요순과 짝하며 三代만큼 탁월하다"고 하였다. 조만영은 헌종 즉위년에 순조를 세실로 모시자고 하면서 그를 추키기를, "堯舜의 道心에 접하였고 曾參과 閔子騫의 효를 갖추었으며 禹王·文王·湯王의 미덕을 겸하였다"고 하였다. 철종 10년에 헌종의 世室禮를 건의한 金汶根도 헌종을 요와 순에 직접 비견하였다. 숙종 9년(1683)에 효종의 세실례를 요청한 송시열과 인조의 세실례를 건의한 金德遠이 올린 상소의 경우, 효종의 '北伐大義'와 인조의 反正을 지적할 뿐 그러한 높임말을 찾아볼 수 없

6) 역대 임금들이 世室로 받들어진 시기는 《增補文獻備考》 권 40, 帝系考 1 참고.
7) 李泰鎭, 《奎章閣小史》(서울大 圖書館, 1990), 20쪽.

는 것에 비교해 보더라도 임금에 대한 존숭이 매우 높아졌음을 알 수 있다.

한편 그 시기의 인물이 권력을 장악하고 유지하는 데에도 국왕의 권위는 커다란 역할을 하였다. 물론 19세기의 권력자는 조선 후기 사회에서 전통적으로 명분과 세력을 누려 온 가문에서만 나올 수 있었다. 그러나 그들이 자신의 힘과 권위만으로 그만한 권력을 누릴 수 있었던 것은 아니다. 김조순·조인영 등은 물론, 그 후손들까지도 그들이 국왕의 인척이거나 그 유촉을 받았다는 것을 이용하여 권력을 유지할 수 있었던 것이다. 또한 慶州 金氏 金觀柱 가문 중심의 벽파세력이 정조 후반의 열세에서 벗어나 순조 초년에 그토록 큰 영향력을 행사할 수 있었던 것은, 그들이 영조의 왕비를 배출한 이후로 적지 않은 세력을 모아 온 것도 사실이지만, 수렴청정을 하고 있는 대왕대비의 지위가 가장 직접적인 바탕이 되었다. 대왕대비가 가졌던 권위의 성격은 왕권과 다름이 없었다고 생각된다.

실제 세력의 측면에서도 일반적으로 알려져 있는 것보다는 왕권이 강력한 힘을 행사하곤 하였다. 즉위 직후의 어린 순조가 한동안 적극적이고 주체적인 역할을 할 수 없었던 것은 사실이다. 그러나 왕의 권한이 곧바로 권세가에게 넘어간 것은 아니었다. 당시 모든 정치행위의 중심은 수렴청정하는 정순왕후에게 맞추어져 있었던 것이다. 정순왕후는 스스로 女主·女君을 칭하였으며, 신하들도 그녀에 대해서 北面이라는 표현을 쓴 데에 나타나는 바와 같이 수렴청정기에 그녀는 실질적으로 국왕의 모든 권한과 권위를 지니고 있었던 것으로 보인다.[8] 그러한 권위와 힘은 개인적인 정치력에서 나왔다기보다는 당시 정치 구조상에서의 위치를 기반으로 하고 있었다. 정순왕후의 경우 중앙정국을 그토록 강력히 주도하였음에도 불구하고 일단 수렴청정을 철회하자 그 세력은 미약해져서, 국가의 대사에는 계속 참여하겠다고 撤簾할 때 천명한 내용까지도 자신의 뜻대로 하지 못하게 되었던 것이다.

순조도 때때로 정치운영에서 결정적인 구실을 하였음을 확인할 수 있다. 19세기 전반 조정 관인들 간의 정쟁에서 순조 4년(1804)부터 6년까지의 僻派 축출이 가장 급격한 변전이라고 할 수 있는데, 그 고비였던 權裕에 대한 공

8) 金用淑,《朝鮮朝 宮中風俗 硏究》(一志社, 1987), 359쪽.

격과 축출에 순조의 개인적인 의지가 강력히 작용하였다. 또 순조가 친정하면서 시작된 벽파세력 축출에 제동을 걸려 하던 洪在敏의 상소에 대해서도, 그가 명분상 대왕대비에게 의지함으로써 처리하기가 매우 미묘한 문제였음에도 불구하고 신하들의 반대를 끌어내어 그 주장을 무력화하였다. 그는 벽파세력의 의리를 재천명하여 정치적 수세에서 벗어나려 한 金達淳의 주장이 나오고 그것에 동조하는 건의가 올라오는 상황 속에서, 徐邁修 등 대신들의 의견을 꺾고 벽파에 대한 신하들의 반대를 도출해 냄으로써 정국을 주도하였다. 그는 재위 8년경부터 국정을 주도하려는 노력을 적극적이고 다방면으로 기울였다. 헌종의 경우에도 성과는 거의 거두지 못하였으나 정국 주도에 대한 강한 의지와 실천력을 확인할 수 있다.

그러나 위에서와 같은 명분이나 형식상의 높은 위상이 실제 의미를 지닌 것은 아니었다. 오랜 세월 계속되어 온 군주체제의 관성에 의하여 시행되었던 세실례 등의 전례가 국왕의 실제 권력을 보장해주는 것일 수는 없었다. 선왕을 세실로 모시는 것은 오히려 그것을 추진하는 인물의 권위를 높이는 데 이용되는 하나의 관례적인 현상이 되어버렸다고 해도 과언이 아닌 것이다.

당시의 정치 행위는 선왕의 권위에 많이 의지하였으며, 또 끊임없이 그것에 의해 합리화되었다. 김조순의 위치와 권한은 상당한 부분이 선왕 정조에 의해서 부여된 것이었으며, 스스로도 자신에 대한 선왕의 대우를 강조함으로써 권력을 유지하는 중요한 방안으로 삼았다. 벽파세력의 정치행위 역시 선왕의 권위를 크게 이용하기는 마찬가지였다. 순조 초년에 벽파세력이 時派세력을 축출할 때, 정조가 죽기 직전에 金履載를 처벌하면서 내린 하교(五晦筵教)에서 벽파의 정당성을 인정했다고 끊임없이 강조한 것이 대표적인 경우이다. 이러한 현상은 정적을 축출하는 경우에도 많이 나타났다. 예를 들어 헌종 6년(1840) 대왕대비가 李止淵·李紀淵 형제를 쫓아낼 때 그들이 익종의 죄인이었다고, 헌종 부왕의 권위를 끌어다 그 처벌을 합리화하였다.

이러한 정치 현실에서 국왕의 권위는 관념적으로 상당히 강조되고 있는 것으로 나타나지만 그것은 이미 존재하지 않는 선왕에 대한 것으로서, 화석화된 선왕의 강조가 재위중의 국왕에게는 오히려 불리하게 작용할 소지가 컸다. 그리하여 순조 32년에는 임금이 군신간의 의리(君臣之義)를 제쳐두고 스스로 신하와 '대대로 서로 친한 사람'(世好者)임을 자처하는 파격적인 경우가 나타나기에 이르렀다. 이듬해 沈象奎가 효명세자가 대리청정 초기에 자신을 처벌했던 것에 불만을 표시하며 사직할 때 순조는 자신을 용서해 달라고까지 하였다.

구체적인 정치 운영 전반에서 국왕이 그 관념상의 지위에 상응하는 권력을 행사하지 못하고 있었음은 순조나 헌종의 국정 주도 노력이 실패로 돌아가는 데서 뚜렷이 드러나는 바이다. 먼저 정치세력으로서 실세를 지니기 위해서는 무력의 장악이 필수적인 요소였다. 정조의 경우 그러한 노력이 건실한 규모와 체제를 갖춘 壯勇營의 설치로 귀결되었다. 그러나 순조 초년 벽파가 집권함으로써 장용영은 일시에 혁파되었고, 자신의 친위 군병을 강화하려는 순조의 노력은 김조순 가문 인물의 반대에 부딪혀 성과를 거둘 수가 없었다. 헌종 12년(1846)에도 국왕이 비공식적으로 설치한 궁중안의 부대(內營)가 문제되었는데, 그 곳의 구성원들은 정규부대 출신도 아닌 '민간의 의지할 곳 없는 자들'에 불과했다. 특히 "전 해의 역모사건을 겪은 후로 혁파하기가 주저된다"는 헌종의 발언은 국왕이 정규군을 믿지 못하고 신하들의 역모에 대비하여 자신의 사적 군사력을 어렵게 마련해야 했던 상황을 토로한 것이다. 헌종은 이후 摠戎廳을 摠衛營으로 강화하는 정책을 취하기도 했지만 얼마 지나지 않아 철종이 즉위한 후 즉시 폐지되고 말았다.

관념상 왕실의 고유한 행사라고 할 수 있는 국왕, 왕자의 혼사가 신하들에 의해서 좌우되었음은 널리 지적된 바이다. 어느 때라도 왕실의 결혼은 정치적 역학관계에 크게 영향을 받았지만, 순조의 결혼까지만 하여도 부단한 벽파세력의 반대 공작에도 불구하고 정조가 남긴 뜻이 관철되었다. 그러나 순조의 국정 주도 노력이 실패로 돌아간 뒤 효명세자의 결혼이, 순조가 호의를 가지고 있었다고 볼 수 없는 조득영 가문과 이루어진 것은 결코 우연한 것이 아니었다. 그것은 조득영이 맺고 있던 김조순 가문과의 굳건한 협력관계로 설명할 수밖에 없을 것이다.[9] 헌종·철종의 결혼은 당시 수렴청정하고

9) 趙得永은 벽파세력의 축출에 결정적인 계기를 마련하였을 뿐만 아니라, 박종경 세력을 견제하여 김조순 가문의 '세도권력' 장악에 큰 공을 세운 바 있다. 효명세자의 결혼은 박종경이 죽고 조득영이 유배에서 풀린 뒤 5개월만에 이루어졌다. 순조는 조득영의 처벌을 주도했을 뿐만 아니라 그를 풀어주는 데도 강하게 반대하였다.

있던 대왕대비가 결정하였다고 하지만 현실적으로 김조순 가문의 이해관계를 그대로 반영하는 것이었다. 헌종 연간 조만영 가문이 권력을 행사하고 있을 때 金在淸의 딸이 후궁 慶嬪으로 들어온 것도 신하들의 역학관계에 의해 결정된 것으로 이해되고 있다.

이와 같이 순조·헌종·철종대의 세도정치는 국왕권의 약화라는 현상을 중요한 요소로 하여 성립되었으며, 또 한편으로는 조선 중기 이후 지배계층 내 정치적 대립의 기본적인 범주였던 朋黨의 퇴조를 중요한 요소로 하고 있었다.

물론, 당시 권력을 쥔 집단이 서인, 좁게는 노론에서 나왔으므로 노론의 정치적 입장이 많이 강조된 것은 사실이다. 노론세력의 가장 중요한 명분인 辛壬義理가 기회있을 때마다 거듭 천명되었으며 앞 시기 노론의 핵심 인물에 대한 褒奬이 수시로 이루어졌다. 효명세자가 대리청정할 때는 그가 신하들을 앞질러 노론 의리를 강조하는 것이, 집권세력의 당파적 입장에 대하여 기선을 제압함으로써 그들을 견제하는 정책이 될 수 있을 정도였다. 한편 소론이나 남인으로 활동하다 처벌받은 주요 인물의 후손들에 대해서는 과거 합격을 취소하는 등 관직으로의 진출 자체를 막는 일이 많이 있었다.[10)]

노론·소론의 당파적 대립은 헌종 9년과 철종 5년(1854)에 조정으로 확대된 바 있다. 헌종 9년 11월, 徐箕淳이 지방 과거의 시제로 윤휴가 송시열을 비난한 문구를 내고 金麟厚 문집의 간행을 방해했다 하여 화양동서원을 중심으로 한 유생들이 그를 격렬히 공격하고 노론의 명분을 내세웠다. 하지만 이 때에도 붕당간의 명분 대립이 현실적인 의미를 지니고 진행된 것은 아니었다. 서기순이 비록 소론의 당색을 띠고 있었지만 당시 집권자들은 그의 행위가 소론의 당파적 행동이라는 비난을 하지 않았다. 헌종의 서기순 두둔에 대하여 좌의정 權敦仁도 찬성하였고, 서기순은 유생들의 공격에 의해 한때 유배당했지만 곧 풀려났으며 얼마 안 있어 그 딸이 헌종 계비 간택의 대상이 되기까지 하였다. 서기순을 둘러싼 당파적 논란이 중앙정국의 차원에서는

10) 일례를 들어 순조 31년 趙泰億의 후손과 金益淳의 종제가 감시 초시에서 삭제되었다. 순조 12년에 李眞儒의 동생인 李眞儉의 현손 李鐸遠이 사헌부의 관직 후보자(臺望)에 올랐다가 柳鼎養 등의 탄핵을 받고 결국 현달하지 못한 경우도 마찬가지이다.

큰 의미를 지니지 않았던 것이다.

철종 5년(1854)에 일어난 노·소론간의 분란은 비교적 규모가 컸다. 경상감사 曺錫雨가 그 고조부 曺夏望의 문집을 간행하려 했는데, 그 내용 중에 효종과 송시열의 명분을 모욕한 부분이 있다는 여론이 일어난 것이다. 문제는 지방과 성균관의 유생들에 의하여 제기되었고 三司를 중심으로 한 중앙 관인들까지 분란에 참여하여 조하망과 조석우를 극렬하게 공격하였다. 나아가 소론 출신 원임대신 鄭元容도 조석우 등을 배격하는 데 소극적으로 처신했다하여 不敍의 처분을 받았다.

그러나 이 때에도 중앙 관직자들은 논란에 적극 가담하기보다 그것을 가라앉히기 위한 노력을 많이 기울였다. 예를 들어 노론세력의 움직임에 대하여 소론인 徐念淳 등이 유생들을 무마하는 편지를 여러 차례 보내, 일을 진정시키려 하였던 것은 과거 노론·소론 사이의 대립에서는 상상하기 어려운 일이었다. 처벌받은 정원용에 대해서도 석달만에 서용하라는 명령이 내려졌고 철종 5년 12월에 유배된 조석우는 다음해 6월에 한때나마 풀려나는 등, 중앙 정부의 처벌은 그리 절실하지 않았던 것으로 나타난다. 그 이후 철종 9년 10월에 원자가 탄생하였을 때 곧바로 조하망을 복작하고, 조석우도 철종 13년에 판윤을 거쳐 형조판서에까지 오르는 것을 보더라도 이와 같은 붕당의 문제가 그 외형적인 논란에도 불구하고 중앙 정국에 심각한 의미를 지니거나 별다른 여파를 끼친 것이 아니었음을 알 수 있다.

남인의 활동이 또한 간헐적으로 중앙 정계에서 문제가 되었다. 남인이 순조 초년 벽파세력에 의해 도태되었음은 잘 알려져 있는 사실이다. 그 후 남인들의 활동은 대개 핵심 인물에 대한 처벌을 취소하고 그들을 높일 것을 건의함으로써 자기 세력의 존재를 인정받거나 정계 진출의 발판을 삼으려 하는 것이었다. 순조 연간에는 정조대 남인의 종장이었던 蔡濟恭의 伸冤運動이 계속되는 중, 때때로 그들의 정치논리가 함께 개진되었다. 그것은 현실에 대한 지극히 비판적인 인식 위에서 병농일치에 기반을 둔 오위제도의 복구를 주장하고 근본적인 문제를 결국 임금의 마음가짐으로 귀결시킨 순조 22년(1822) 9월 鄭元善의 상소에서 보는 바와 같은 전통적인 남인들의 논리를 거듭 강조하는 것이었다. 특히 순조가 국정을 주도하려는 노력을 기울일 때인 순조 8년의 柳遠鳴이나 효명세자 대리청정기의 睦台錫과 같이, 집권세력에 변화의 가능성이 있을 때면 국왕의 권한을 강력히 세워 국정을 운영할 것을 강조하곤 하였다.

그 밖에 철종 6년 3월에는 호군 柳致明이 상소하여 사도세자에 대한 합당한 전례를 올릴 것을 주장하였다가 유배당한 후, 곧 이어 영남 유생 李彙炳 등이 사도세자를 군왕으로 추숭할 것을 주장하는 상소를 올린 것이 적지 않은 논란을 불러 일으켰다.

그러나 남인들의 활동이 별다른 변화를 가져오지는 못하였다. 노론·소론에 비하여 서인·남인의 이념적인 차이가 더 컸기 때문에 이 때에도 남인들은 집권세력에 비판적 의미를 지닌 자신들의 정치적 견해를 임금에게 피력하곤 하였으나, 국왕 중심의 정치질서를 재정립하고자 한 영조나 정조의 노력에도 꺾이지 않았던 노론 핵심 가문 출신 외척의 권력 독점을 막을 수는 없었다. 더구나 당시의 집권세력은 비변사 중심의 국정 운영에서 나타나는 바와 같이 자신들 나름대로의 정치질서까지 정립시킨 상태에 있었던 것이다.

철종대에 사도세자 추숭을 주장했던 것은 정조대 남인의 논리를 답습한 것이었지만, 정조대와 달리 그것은 이미 정국운영의 핵심적인 문제일 수가 없었다. 사도세자 추숭은 이 때에도 이루어지지 않았으나, 유치명이 11월에 放送되고 12월에 직첩을 환수받은 사실에서 짐작되는 바와 같이 그 사건 역시 정국에 별다른 영향을 끼치지 못하였다.

2) 세도정치의 성격

지금까지 19세기 전반의 정치, '세도정치'에 대하여서는 그 정치운영 특히 권력의 기반과 행사가 파행적이었다고 설명해 온 것이 일반적인 인식이었다. 즉 "외척이 왕권을 누르고 발호했다"는 현상을 강조하여 그것 자체가 지극히 비정상적인 것이며 그 시기 정치의 부정적 성격을 나타내는 것이라고 설명해 온 것이다.

이러한 인식은 19세기 말 20세기 초, 고종의 처가인 민씨세력의 발호가 현실의 문제였던 시기에는 어느 정도 현재적인 의미를 지닐 수 있었다. 또한 집권세력의 부당성을 지적하고 그 지배를 비판적으로 본다는 점에서, 해방 이후의 독재 권력에 비판적인 입장을 지켜 온 지식인들 사이에서도 오늘날까지 심정적으로 지지를 얻고 있다. 그러나 19세기 전반기와 오늘날의 정치 논리는 평면적으로 대비할 수 있는 것이 아니다. 물론 인간 사회의 정치에는 지속적인 것이 있기 마련이지만, 우리가 규명하고자 하는 것은 시대의 변화이며 그 변화 속에서의 정치의 역할이기 때문이다.

역사적으로 매우 중요한 시기의 정치현상을 파행적이라고 설명하는 것으로 그친다면, 그 시기에 대한 단순한 비판을 벗어나 역사의 진행과정을 논리적으로 설명하는 것이 되지 못한다. 예를 들어 기존 '세도정치론'에서처럼 왕권의 절대성을 전제로 하여 외척의 발호를 비판하는 것은, 오히려 중세적인 기준을 가지고 그 시기의 정치사를 파악한다는 오류를 지니고 있는 것이다. 그보다 조선왕조 지배체제가 변화되어 온 맥락에서 19세기 정치사를 살피고 그것이 그 시대의 사회운영 및 뒷시기로의 이행에 가지는 의미와 시대적 한계를 지적하는 것이 우리 역사를 과학적으로 파악하는 길이 될 것이다.

(1) 정치 참여층

세도정치에서의 권력 집중은 여러 사회세력들을 중앙 정치로부터 크게 소외시킨 상황을 배경으로 하고 있었다.11) 그러한 상황은 文科의 운영 및 그것을 통하여 중앙 정치로 진출한 文臣들을 계량적으로 분석한 결과에 잘 나타나 있다. 19세기 전반의 문과는 운영상의 여러 폐단에도 불구하고 급제자의 규모가 거의 커지지 않았으며 급제자의 평균 연령도 그다지 변하지 않은 데서 알 수 있듯이 형식적인 틀은 유지되고 있었다. 정치가가 문과에 급제한 때와 중앙 정치에서 중요한 역할을 담당하는 때에는 차이가 있으므로 그 시기를 올려 잡아 정조대부터 분석할 필요가 있다. 그 때부터 철종대에 이르기까지 《國朝文科榜目》을 통해 파악되는 문과급제자의 총수는 2,755명이었다. 급제자들의 거주지를 볼 때 式年試의 경우는 평안도가 26.2%, 경상도가 22.2%, 서울이

11) 세도정치기 중앙 정치세력의 구성과 성격에 대한 연구는 남지대, 〈중앙정치세력의 형성구조〉·〈중앙정치세력의 성격〉(한국역사연구회 19세기정치사연구반, 앞의 책), 129~198쪽 참조.

18.9%, 충청도가 10.3%의 비율로 나타나지만, 別試의 경우는 서울이 53.1%, 경기도가 12.9%, 경상도가 8.6%, 충청도가 8%로서 서울 일원에 대한 집중도가 매우 높았다. 또한 식년시의 경우라 하더라도 서울 출신들은 상위인 갑과와 을과에 집중되어 있었다.

그러한 추세는 都堂錄의 운영에도 그대로 나타났다.[12] 도당록은 19세기 전반까지는 문과급제자를 대상으로 당상관이 될 일차적인 후보집단을 걸러내는 제도적 장치로서의 기능을 유지하고 있었다. 정조 4년~철종 연간의 문과급제자 중 도당록에 든 인물들은 모두 871명으로서 그 중 52.8%인 460명이 당상관이 되었던 것에 비해, 도당록에 들지 못한 1,884명의 급제자 중에서는 7.3%인 137명만이 당상관이 될 수 있었던 것이다. 도당록에 든 인물들의 거주지를 볼 때 서울이 75.8%, 경기도가 8.8%, 경상도가 6.8% 순이어서, 서울 일원에 84.7%가 집중되어 있었다. 도당록에 들어 중앙 정치 무대에서 주도적인 활동을 한 문과급제자의 3/4은 문과 응시 당시에 이미 서울에 거주하고 있었음을 의미한다. 이에 비해 황해·평안·함경도 지역의 거주자로서 문과에 급제한 인물은 도당록에 한 명도 들어가지 못하였다. 근거지를 서울에 둔 세력과 지방에 둔 세력 사이에 분화가 뚜렷하게 진전되어 있었던 것이다.

또한 정조~철종 연간의 문과급제자 수에 대해 도당록 입록자가 차지하는 비율을 지역별로 따져보면, 서울이 65.9%, 경기도가 27.6%로서 17.4%의 충청도나 15.4%의 경상도에 비교해 확연한 대비를 이루고 있다. 강원도의 경우는 30.8%로서 비교적 높은 비율을 보이지만, 급제자수가 65명의 소수에 그쳤기 때문에 그 비율이 중요한 의미를 지니는 것은 아니었다. 전체적으로 볼 때 그 시기 서울 출신 문과급제자 1,042명 중에 당상관에 올랐음이 확인되는 인물은 505명으로서 당상관 승진 비율이 48.5%였음에 비해, 경기도를 포함한 지방 거주 급제자 1,706명 중에 92명이 당상관에 올랐음이 확인되어 그 비율은 5.4%에 불과했다. 서울 출신 급제자의 당상관 승진 비율이 지방보다 9배나 되었던 것이다.

---

12) 都堂錄이란 弘文館에서 자체적으로 작성한 弘文錄을 바탕으로 고위관직자들이 참가하는 의정부의 會圈을 거쳐 이루어진 홍문관원의 후보자 명단이다.

고위 관직자로 진출하는 사람들이 지역적으로 서울에 집중되었던 것과 짝하여, 소수의 유력한 가문에 집중되는 현상이 강하게 드러났다. 정조~철종대에는 全州 李氏·安東 金氏를 비롯한 15개의 성관 출신들이 문과급제자의 31.9%를, 도당록 입록자의 53%를 차지하게 되었던 것이다.[13] 특히 그들의 거주지는 서울에 집중되어, 문과급제자와 도당록 入錄者들의 압도적인 다수를 점하고 있던 서울 지역 거주자들 중에서 이들 성관의 인물들이 차지하는 비율은 문과급제자의 54.6%, 도당록 입록자의 60.8%에 달하였다. 또한 이들 성관이며 서울 출신으로 문과에 급제한 전체 수에 대해 도당록에 오르는 수의 비율도 71.1%라는 높은 수치를 보이고 있다. 또한 그들의 문반 당상관 전체에 대한 비율은 51.8%, 가장 유력한 관서인 비변사 당상 전체에 대한 비율은 63.8%로서 역시 높은 수치를 보이고 있다.

이상의 수치에서 확연히 드러나는 바와 같이, 서울에 사는 유력한 가문 출신이라는 조건이 중앙 정치에 참여하기 위한 매우 유리한 요소가 되었던 동시에, 특정세력에 대한 정치 권력의 집중을 구조화시켰다. 조선의 정치제도가 오래 유지되어 오는 동안, 그 중심부를 장악한 중앙 정치 집단은 그것에 익숙함을 바탕으로 자기의 정치적 재생산을 구조적으로 이루어 내면서 각각 자기 가문의 기반을 넓히고 굳혀 갔던 것이다. 그리고 그들은 조선 후기에 토지 소유를 근거로 한 전통적인 양반 지주 사회가 상대적으로 약화되고 사회경제적 변화를 바탕으로 서울을 중심으로 하는 새로운 부의 원천이 생겨남에 따라 지역적으로 서울을 근거지로 하고 있었다.

세도정치기 정치 권력 담당자의 집중 현상은 그 시기의 당상관들을 분석함으로써 더욱 구체적으로 밝혀졌다.[14] 순조~철종대에는 정치적으로 중요한 역할들이 정2품 이상의 고위직으로 집중되었다. 관서로 볼 때 권력 집중의

---

13) 유력한 성관의 기준은 정조~철종대 문과 급제자의 1% 이상, 도당록 입록자의 1% 이상을 배출하는 동시에, 그 성관 문과급제자 중에서 도당록에 뽑히는 비율이 전체 평균(33.3%)을 넘는 것으로 하였다. 그것에 해당하는 성관은 全州 李, 延安 李, 韓山 李, 慶州 李, 安東 金, 潘南 朴, 豊壤 趙, 南陽 洪, 豊山 洪, 大邱 徐, 靑松 沈, 坡平 尹, 海平 尹, 東萊 鄭, 平山 申氏들이다(남지대, 앞의 글, 171쪽).

14) 세도정치기 중앙 정치집단의 구성과 성격에 대해서는 홍순민, 〈정치집단의 구성〉·〈정치집단의 성격〉(한국역사연구회 19세기정치사연구반, 앞의 책), 199~256쪽 참고.

중심은 비변사였다. 그 구성원은 都提調, 경제관계 堂上, 운영당상, 例兼堂上, 軍門大將의 다섯 부류였는데, 이 중에서 정치적 의미가 별로 없는 단순한 예겸당상과 무반 군문대장을 제외한 나머지 약 300명 정도가 권력을 장악한 정치 집단의 실질적 구성원이었다. 그러한 정치 집단의 구성 요인들 가운데 가장 큰 비중을 갖게 된 것은 혈연이었다. 실록에 등장하는 문신 당상관 737명 중에서 출신 가계가 확인되는 675명을 검토한 결과, 그들의 성관 전체는 56개였으나 그 중 安東 金, 大邱 徐, 豊壤 趙, 延安 李, 豊山 洪, 潘南 朴氏의 6개 성관이 당상관의 29.9%, 비변사 당상의 40%, 중신(종1품, 정2품) 및 운영당상의 47%를 차지하였다. 그 안에서도 점유율에 심한 편차가 있었고 정치 집단의 핵심부로 갈수록 집중의 정도가 가장 심했다. 구체적으로는 안동 김씨의 점유율이 가장 높았는데, 그 중에서도 金尙憲의 후손 및 金尙容의 후손들 두 가문이 두드러져서, 56명의 안동 김씨 당상관 중에서 김상헌계가 38명, 김상용계가 18명을 배출하였고 비변사당상은 전체 37명 중에서 각각 29명과 8명을 배출하였다. 이렇게 하나의 성관 내에서도 특정 소수 가문에 고위 관직자가 집중된 현상은 정도의 차이는 있으나 위의 다른 성관에서도 마찬가지였다.

(2) 권력의 주체

세도정치기에는 정치권력 담당자들의 사회적 기반이 전체적으로 축소되고 중앙 정치 권력이 특정한 소수 가문에 집중되는 사정을 배경으로 극소수의 권세가들이 국왕을 능가하는 권한을 행사하였다. 그러한 권세가들은 한 시기의 世道를 책임진다는 명분으로 합리화되었다. 원래 붕당정치하에서 산림이 지니고 있는 것으로 설명되던 세도를 정조는 탕평정책을 추진하면서 자신이 장악하려 하였다. 그 후 19세기 초반까지만 하여도 외척 인물이 아닌 인물들 중에도 세도를 자임하는 자가 나설 수 있는 상황이었다. 순조 초년 徐瀅修에 대한 공격에서 그가 세도를 주장했다는 평이 나오고 있었으며, 金履翼이 세도를 주장하려 했으나 남들이 밀어주지 않아서 불평이 많았다는 평가가 있었다. 그러나 김조순 등 국왕의 선택을 받은 척신들의 독점 권력이 오랜 기간 계속된 결과, 산림이 외척 권세가의 보조자로 격하되는 등 여타의 인물들

이 세도를 주장하는 것은 불가능하게 되었다.15)

19세기 전반 권력가들의 정권 장악과 유지에 공식적으로 가장 큰 기반이 되었던 것은 국왕 또는 왕실의 권위였다. 물론 그들은 조선 후기 사회에서 커다란 영향력을 행사해 온 거대 가문 출신이었지만 그러한 가문적 바탕을 지닌 많은 가문 중에서 몇 개의 특정한 가문들만이, 혹은 가장 유력한 가문이라 하더라도 특히 이 시기에 와서 전대와는 질적으로 다른 권력의 독점을 누릴 수가 있었던 것은 역시 그들이 국왕, 왕실의 권위를 바탕으로 할 수 있었기 때문이었던 것이다.

앞에서 본 바와 같이 순조 초년 김조순의 이념적 기반이나 군사적 기반까지도 무력화시킨 상황에서 벽파세력, 특히 대왕대비의 專擅으로도 김조순을 끝내 도태시키지 못했던 까닭은 대왕대비가 매양 강조하는 대로 그에 대한 정조의 유촉 때문이었다고 할 수밖에 없을 것이다. 선왕 정조의 뜻을 정면으로 어긴다는 것은 중세적인 권위를 바탕으로 권력을 행사하는 대왕대비 스스로의 기반을 허무는 일이 되리라는 것을 의식하지 않을 수 없었을 것이며, 그것은 당시 대왕대비를 축으로 하여 권력을 휘두르던 벽파세력으로서도 마찬가지였다. 또한 조인영과 그 가문이 헌종 연간에 김조순 가문을 강력히 견제하면서 커다란 권력을 누릴 수가 있었던 것 역시, 순조가 정조의 선례를 따라 그 가문에서 중심인물을 골라 헌종을 補導할 책임을 맡겼기 때문이었다.

왕실 외척 권력가들은 국왕을 가장 가까운 곳에서 접할 수 있는 특별한 신분을 적극적으로 이용하였다. 특히 순조 연간 이후로는 임금이나 왕실의 고위 인물들이 위급한 상황에 놓였을 때 약원제조 등 외에 왕실의 가까운 인척들이 '別入直'이라는 명목으로 궁궐에 들어가 대기하는 관행이 만들어졌다. 국왕에게 사적으로 접근하는 것이 권세가의 권력 독점에 힘이 되었지만 다른 한편으로는 모든 관인에게 공평히 군림해야 할 임금의 위상을 약화시켰을 것이다.

그들은 또 왕실의 전례를 주도함으로서 권력 장악에 대한 이념적 기반을 튼튼히 하려 했다. 순조의 世室禮는 헌종의 외조부인 조만영이 건의하여 실

---

15) 산림의 격하에 대해서는 유봉학, 〈18, 9세기 老論學界와 山林〉(《한신대논문집》 3, 1986), 40~42쪽 참조.

시하였고 헌종에 대해서는 그의 국구인 김문근이 발론하여 시행하였다. 이러한 정치 행위에서 의미를 갖는 것은 세실로 모셔지는 국왕의 권위라기보다는 국가 최고의 전례에 대한 추진 주체의 중요성이었을 것이다. 김조순은 領敦寧府事로서 순조 21년(1821) 3월 정조의 묘인 健陵의 이장을 공식적으로 처음 발론한 뒤 줄곧 그 사업을 주도하였고 순조로부터 공로를 인정받았다. 그는 혜경궁과 효명세자가 죽었을 때 지문을 쓰기도 하였는데 국왕의 지문을 외척 권세가가 쓰는 경우도 전대에는 별로 볼 수 없었던 현상이다.

조선 후기의 정치를 주도해 온 가문들로부터 배출된 인물들이란 점에서 세도정치기 권력가들은 서인 우위의 정치가 계속된 인조반정 이후 17세기부터 계속되어 온 정치 상황을 기반으로 하였으며, 국왕과 왕실의 권위를 이용하여 권력을 잡고 유지하였다는 점에서 중세적 정치 체제의 전통적 권위 위에 서 있었던 존재였다고 할 수 있다.

그러한 바탕에서 이 시기 권력집단의 동질성이 설명될 수 있다. 지금까지 주로 안동 김씨 가문과 풍양 조씨 가문 간의 권력 교체를 중심으로 정국의 운영을 설명하여 왔으나, 당대 핵심 가문 사이의 차이나 대립에 앞서 동질성에 더 유의해야 하리라고 생각한다. 순조 초년 벽파세력을 축출하는 과정에서 김조순·박종경·조득영으로 대표되는 그들 가문 사이에 긴밀한 협력 관계가 맺어졌거니와, 효명세자 대리청정 때 새로운 세력의 결집과 김조순 세력 견제에 중요한 역할을 한 조만영이 세자 사후의 정치적 반전에서 별 문제없이 지위를 보전할 수가 있었던 것도 그들 사이의 동질성이 바탕이 되었기 때문이다. 그 후 조만영은 순조 33년 4월에 김조순을 정조의 묘정에 배향할 것을 주장하여 실현시켰고, 새로 건립된 김조순 사당에 사액이 이루어진 후 약 반년만인 순조 34년 4월에는 김조순 계열의 관료인 심상규의 건의에 의하여 조득영에게 시호가 내려졌다.

또 순조나 효명세자는 정국 주도력을 확보하기 위한 노력을 많이 기울였지만 그 경우에도 외척 세도가들과의 노골적인 대립관계를 조성하는 것은 명분상으로도, 현실 역학 관계상으로도 가능하지 않았다. 예를 들어 세자는 대리청정기에 김조순 가문 세력을 견제하기 위한 많은 노력을 기울이면서도, 순조 27년 執義 趙璟鎭이 김유근의 처신을 공격했을 때는 본심이야 어쨌든

김유근을 간곡히 두둔하고 조경진에게 조정을 시험하려 했다(嘗試)는 죄를 들어 파직하였던 것이다.[16]

물론 외척 가문들 사이의 연합성은 시간이 갈수록 옅어져 그 대립이 격화되었다. 그러나 그 때의 대립이 특별한 논리적 기반이나 현실인식을 바탕으로 한 것이었다고 할 수는 없다. 순조 11년 평안도 농민전쟁 이후 나타난 박준원 가문과 김조순 가문의 경쟁관계나, 헌종 7년(1841) 이후 격화된 김조순 가문과 조만영 가문간의 대립 역시 개인적인 권한 남용과 탐학 등을 빌미로 공방전이 벌어진 것이었지 정치적 입지에 근본적인 차이가 있었던 것은 아니다. 헌종·철종 연간에는 김조순 가문과 조만영 가문의 핵심인사 한두 사람을 둘러싸고 극렬한 대립이 빚어지기도 했지만 양 가문의 전면전은 일어나지 않았다. 철종 초년에 조병현은 權奸이라는 공격을 받고 사사당하기까지 하였으나, 약 3년 후인 철종 3년(1851) 8월에는 그 아버지 조득영이 순조의 배향신이라는 명분 아래 죄명을 자세히 아뢰라는 명령이 내려지고 양사의 반대를 통한 얼마간의 유예기간을 거쳐 다음 해 10월에 시행되었다. 일단 힘의 우위를 확보한 후에 반대세력의 죄명을 씻어 주었던 것은 그들이 동일한 정치 기반 위에 서 있었음을 보여주는 것이다.

위에서 서술한 현상의 의미는 다음과 같이 설명할 수 있다. 조선 후기 지배계층 내부의 대립이 격화되면서 신하들은 어떠한 방식으로든 국왕권을 이용하려는 경향이 강해졌다. 왕실 외척의 정치적 역할이 커졌으며, 나아가 유력자가 외척으로서의 신분을 얻으려 노력하게 된 것은 당연한 추세였다고 할 수 있다. 훈신이 영향력을 늘리지 못하고 18세기 후반 이후로 녹훈조차 없었던 데 비하여 조선 후기의 유력 가문은 척신으로서 권력을 집중시켜 나갔다.[17]

외척 권세가의 권력이 임금의 공식적인 동의를 바탕으로 국왕의 권위를

---

16) 단, 헌종·철종의 경우에는 특정 가문과의 연합을 논할 만한 입지 자체를 갖추지 못하였다고 판단된다.

17) 임금의 인척으로 內戚이 있으나 그들에게는 권력의 집중이 이루어지지 않았다. 내척의 권력집중은 곧바로 왕통의 동요로 이어질 수 있는 만큼 정치운영에서 그들을 배제하는 것은 19세기까지도 잠재적인 동의를 얻고 있었던 것으로 보인다. 권력에서의 내척 배제는 조선 왕조체제의 틀이 계속되는 한 포기할 수 없는 선이었다고 할 수 있다.

이용하고 있었던 점은, 이른바 '세도정치'가 조선왕조의 지배체제에서 적어도 형식적인 정당성은 어느 정도 확보하고 있었음을 보여준다. 나아가 김조순에 의해서 시작된 세도정치가 비록 지배계층의 일부라고는 하지만 당시의 집권세력의 인정을 받고 있었다는 것도 주목하여야 할 사실이다. 金澤榮은 세도정치기 전반을 대단히 부정적으로 보고 있으면서도 김조순이 사대부의 지지를 크게 잃은 것은 아니라고 하였다.[18] 黃玹까지도 《梅泉野錄》에서 김조순의 능력과 품성을 평가하였고 외척이 망국을 초래하게 된 책임을 그 자손에게 돌렸다.

조선 후기 유력가문의 세력이 실질적으로는 체제 자체를 위협하는 상황을 초래하고 있었으나, 자신이 성장해 온 체제 자체를 뛰어넘을 성격을 지니지 못하고 있었으므로 그들이 시대의 변화에 전진적인 세력이 될 수는 없었다. 국권을 농단하였던 주요 권세가들이 국왕권을 바탕으로 하고 있었으므로 조선왕조의 지배계층 내부에서 새로운 왕조를 개창하거나 체제 자체를 변혁하려는 노력이 나타나기 어려웠다. 국왕이 외형적으로 점점 높이 평가되었던 예에 나타나는 바와 같이 오랜 시간 계속되어 온 당시 체제가 강고하게 유지되고 있었던 것이다.

결국 19세기 외척 가문의 전권을 당시의 관념에 비추어 볼 때 파행적인 것으로만 평가할 수는 없으며, 조선왕조 지배체제가 밟아 온 변화의 귀결로서 차분히 설명되어야 한다. 그것이 많은 폐단을 불러일으키고 국력의 고갈을 가져왔다면, 그것 역시 조선 후기 사회 정치적 변화의 귀결로서, 역사적 생명을 다한 체제의 말기적 현상으로 이해하여야 할 것이다. 물론 위와 같은 체제 동요의 근저에 사회의 변화와 새로운 세력의 성장이 동인으로 작용하고 있었음은 당연한 사실이다.

위와 같은 왕실 외척 권세가의 권력 장악을 이해하기 위해서는 국왕권 쇠퇴의 의미를 설명하여야 할 것이다. 영조와 정조가 실시하였던 탕평책은 신하들간의 극단적인 대립을 표면적으로나마 진정시킴으로써 정국의 안정을 이룩하는 데 적지 않은 성과를 올렸으나, 국왕권의 새로운 전형을 수립한다는

---

18) 金澤榮, 《韓史綮》 권 5, 순조 29년.

목적은 달성할 수가 없었다. 적어도 조선 중기 이후로는 국왕에 대한 사족의 강력한 제한이 체제화되었던 데다가, 지배세력의 당파적 결집과 주도 가문의 성장은 국왕의 전통적 권위와 능력으로 제어할 수 있는 단계를 지났던 것이다.

그리하여 국왕은 혼인관계에 있는 가문의 힘을 빌린다는 전통적인 방식을 재사용하게 되었다. 특히 정조가 말년에 세자를 당대 제일의 명문가 출신인 김조순에게 맡긴 것은 국왕의 보호를 자임하던 노론세력의 집권이 계속된 결과 빚어진 것이었지만, 이 때에 와서는 국왕이 신하에게 장래 임금의 장인이라는 특별한 지위를 부여했다는 점에서 전 시기와는 중요한 차이를 보인다. 신하들의 세력다툼보다 한 차원 높은 곳에서 그들을 조정해 나갈 자신을 잃고 유력한 인물의 힘에 의지하여 권위를 보전하여야만 했던 18세기 후반 군주의 입장을 읽을 수 있다. 나아가 순조가 김조순 가문의 권력 장악을 경험했음에도 불구하고 말년에 헌종의 보도를 그 외조부 조만영의 동생인 조인영에게 맡긴 것은 외척의 강력한 정치적 역할을 현실로 받아들인 것이라고 할 수밖에 없다. 그 다음에는 결국 효명세자·헌종·철종의 경우에 나타나는 바와 같이 거의 전적으로 관인들의 역학관계에 따라 국왕의 결혼이 결정되는 상황에 이르게 되었던 것이다.

국왕의 결혼관계에 나타나는 왕권의 변화가 위와 같다면 국가 운영에 대한 국왕의 노력도 같은 면모를 보이고 있다. 영조·정조대의 강력한 왕권강화 정책은 순조 8년(1808) 이후 국왕의 정국주도 노력, 익종 대리청정기의 새로운 권력 집단을 결집하려는 노력, 헌종 11년(1845) 이후의 정국주도 노력으로 면면히 이어지면서도 점점 약화되어 철종대에 이르면 국왕의 독자성을 거의 찾아볼 수 없을 정도가 되는 단계적 변화를 보인다. 여기에는 여러 우연적인 요소도 작용하고 있었으나, 그 본질은 왕권을 정점으로 짜여져 있던 중세적 정치체제가 그 자체가 지닌 모순의 격화로 점차 무너져 가고 있었다는 것이다. 예를 들어 순조가 벽파세력 축출에 큰 역할을 한 것은 그들이 金觀柱 가문을 중심으로 일당전제적 체제를 선택한 것에 대한 반대였지만, 그러한 순조의 행위는 결국 외척 핵심 인물에게 국가 권력이 집중되고 순조 자신을 비롯한 후대 국왕의 약화를 빚어내는 데 하나의 과정을 이루고 말았다. 순조는 단순히 어린 나이로 인해 권력가들의 꼭두각시로 떨어진 것이 아니었고, 주어진 조건속에서 국왕의 권위를 유지하기 위한 최선의 노력을 하였지만 당시의 정치적 상황이 더 이상 전통적인 국왕의 권위를 유지시키지 않았던 것이다. 그 점은 뛰어난 학문적·정치적 능력으로 정력적으로 탕평책을 추진했던 정조도 끝내 국왕의 전제권을 수립하는 데 성공하지 못했다는 사실과 관련되는 것이다.

고대국가 이후 국왕은 지배체제의 정점에 자리잡은 존재였으며, 시기에 따라서 그 권한에 많은 제약이 가해지기도 하였으나 개인적 권한을 볼 때 조선 후기에 이르도록 사회의 다른 구성원들과 비교할 수 없을 만큼 큰 힘을 행사하였다. 그러나 그러한 상황에도 커다란 변화가 일어나 정치권력 향방의 측면에서 19세기의 정치는 왕권의 약화 내지 붕괴로 특징지워지게 되었다. 이것은 어린 나이의 국왕이 즉위한 데 따른 우연적인 것도 아니며 왕조의 교체기나 정변기에 때때로 나타났던 바와 같이 일시적인 것이 아니었고, 왕조체제의 해체라는 상부구조상의 근본적인 변화 과정을 의미하는 것이었다고 생각한다.

17세기 이후로 권력을 장악하고 행사하는 데 매우 중요한 범주로 작용하였던 붕당도 이 시기에 와서는 국가 권력의 추이를 설명하는 데 그 의미를 찾아보기가 어렵게 되었다. 앞 시기 정국을 이해하는 데 가장 먼저 고려될 정도로 중요했던 노론과 소론의 의미가 크게 축소되었던 것에 대하여, 먼저 이 시기에 그 대립의 쟁점이 이미 해소되어 있었음을 지적할 수 있다. 숙종 연간에 훈척의 정치 행태에 대한 선배와 후배 관인 사이의 견해 차이에서 출발한 노론과 소론간의 대립은, 경종대 辛壬獄事에서 영조 초년의 李麟佐의 반란에 이르는 격렬한 쟁투를 초래했는데 그 중심 쟁점은 경종과 영조의 왕통을 둘러싼 것이었다. 그리고 왕통을 둘러싼 대립이란 명분상 왕조체제의 극단까지 나아간 것이었으므로 어떤 형태로든 결론을 내리지 않을 수가 없었다. 그 대립은 노론의 뚜렷한 승리로 귀결되었고, 그 뒤 정조·순조 연간을 거치는 동안에 경종과 영조의 왕통은 과거의 사실이 되어버렸기 때문에 대립의 원래 초점이 해소되었다. 또한 왕통이라는 극단을 넘어서는 다른 쟁점이 쉽게 재생산될 수도 없었다. 이 시기에 와서 붕당간의 논란이 전혀 없었던 것은 아니었지만, 그것은 앞 시기 대립의 여진에 의한 것이었을 뿐 중앙 정국에서는 실제적인 의미를 상실한 상태에 있었던 것이다.

이 시기 집권세력과 남인들의 정치적 관계도 근본적으로 노론·소론의 관계와 마찬가지였다. 지금까지는 상대적으로 남인 실학자들이 개혁적 성격을 크게 지니고 있었다고 평가하고 순조 초년 노론, 특히 벽파세력에 의한 남인 축출에 많은 관심과 의미를 두어 왔다. 그것이 조선의 자체적인 발전을 가로막는 데 중요한 사건이었다고 평가했기 때문이라고 생각된다. 그러나 남인들의 사상적 입장이 대체로 국왕권에 전적으로 귀의하는 성향을 보였기 때문에 세도정치하에서 결정적인 좌절을 한 듯하다는 견해가 타당할 듯하다.[19] 더구나 중앙정계에서 남인들 전체를 묶는 동류의식은 이미 무너져 버렸다. 예를 들어 순조 초년 서학 탄압의 과정에서 적지 않은 남인 인물들이 같은 당색의 인물들을 적극적으로 탄핵하였고, 그런 경향은 이후로도 계속되어 순조 18년(1818)에 남인 睦台錫이 丁若鏞의 放送을 취소할 것을 주장하기도 하였다.

또한 당시 집권세력이 노론으로서의 강한 결집력을 지닌 것도 아니었다. 자기 당파에 필적할 대항 세력없이 독주해 온 결과 노론 전체의 통일된 입장조차 없어졌거나, 있다 하더라도 그 시기의 구체적인 정치현실에 대한 것은 아니었다. 집권세력이 노론의 명분을 계속 강조한 것은 가능한 한 정치기반을 늘리려는 노력의 일환이었겠지만 그것이 절실한 필요에서 행하여진 것은 아니었다고 판단된다. 더욱이 정조대 이후 시파와 벽파의 대결은 그 이전의 서인 내부의 노론과 소론, 그리고 남인 사이의 대립이 재편성되는 과정이었다. 그리하여 당시의 핵심 집권세력이 당색으로 볼 때 노론임에 틀림이 없었지만, 정국운영의 기본 축이 이미 소론 및 남인과 경쟁하고 대립하던 노론이라는 붕당 범주로는 설명될 수 없게 되었다. 노론 내부에서 세력의 분기가 이루어진 것은 물론이고, 자기 세력의 유지를 위해서는 다른 당색의 인물을, 그것도 붕당의 논리가 아닌 다른 기준에서 수용하는 일이 많이 있게 되었다. 따라서 이 시기 정치를 '노론 일당 전제'라고 부르는 것도 타당하지 않다고 생각된다.

지금까지 서인과 남인, 혹은 노론과 소론의 관계에 초점을 맞추어 조선

---

19) 유봉학, 〈18세기 南人 분열과 畿湖南人 學統의 성립-《桐巢謾錄》을 중심으로-〉(《한신대논문집》 1, 1983).

후기 정치사를 설명하던 논리의 연장선상에서, 18세기 후반 이후 19세기의 정치사를 시파와 벽파의 대립이라는 틀로 설명하는 경우가 많이 있었다. 그러나 시파와 벽파 사이의 대립은 정조대 후반에 격화되어 순조 초년에 대대적인 대결을 벌인 끝에 순조 7년 李敬臣의 옥사에서 시파의 승리로 마무리되었다. 그 후 순조 12년 이래 金聖吉이 조부 金漢祿의 신원을 요구하는 격쟁을 몇 차례 감행하였고, 효명세자 대리청정기 愼宜學처럼 벽파 인물로 처벌받은 李書九를 두둔하고 그들 세력의 논리를 강조하는 인물이 간간이 나타나기도 하였으나, 그러한 움직임은 조정 관인들의 일방적인 반격을 받고 무위로 그쳤을 뿐 현실적인 역학관계에는 흔들림이 없었다.

그것은 단순히 세력싸움에서 시파가 승리하였다는 것에서 유래하는 것이 아니었다. 시파와 벽파는 영조가 사도세자를 죽인 처분의 정당성이나 사도세자와 정조의 관계를 어떻게 설정할 것인가 하는 문제들을 중심으로 대립하였다. 그러나 그들 세력이 왕조체제를 전면적으로 부정하는 단계로 나아갈 수 없었던 상태에서, 사도세자의 아들인 정조마저 죽고 왕통에 논란의 여지가 없는 순조가 즉위하자 그들의 명분은 더 이상 현실적인 의미를 지닐 수 없었다. 그리하여 시파든 벽파든 이념적으로 정체성을 가질 수가 없게 되었다. 더욱이 승리를 거두어 견제 혹은 경쟁하는 세력이 조정에 없어짐에 따라, 시파라는 범주가 기득권 수호의 차원을 넘어 적극적으로 활동하는 하나의 붕당으로서의 성격을 지닐 수도 없었다.

위와 같이 19세기 전반기에는 원론적으로 노론의 입장이 강조되고 때때로 집권세력에 맞선 소론·남인·벽파의 움직임이 일어났으나, 과거 붕당의 활동에 대비될 만한 것은 아니었다. 실제로 당시 세도가문과의 협력관계 속에서 중요한 역할을 담당하던 많은 인물들이 기존의 당색 관념으로는 소론 또는 남인에 속하는 사람들이었다. 특히 정승까지 승진하여 정국을 이끌던 인물 중에도 李相璜·朴宗薰·鄭元容 등 소론 출신이 많이 있었다. 이 시기의 노론·소론·남인 인물의 활동은 각 당파의 병진이라 할 수 있는 것이 아니고, 정치세력이 결집하는 범주로서의 붕당이 해소되어 가는 과정에서 나타난 것이었다. 철종대에 들어가서 앞 시기 남인 및 북인 핵심 인물들의 죄목들을 크게 풀어주는 것 역시 붕당의 의미가 해소되었기 때문에 가능하였다. 왕조

체제에서 성장한 붕당이 그 체제에서 가장 깊은 문제인 왕통을 둘러싸고 극단적인 대립을 벌이고 권력의 집중을 초래한 결과, 승패가 명백해지고 쟁점의 재생산이 멈춰지면서 정치집단으로서의 성격을 상실해 가고 있었던 것이다.

(3) 국정 인식과 정책

세도정치기 중앙 정치세력의 국정 인식에 나타나는 가장 근본적인 문제는 그들이 전체적인 사회 변화 속에서도 여전히 사회와 자기들 스스로를 대상화시켜 파악하지 못했다는 것이다.[20] 당시 국정의 일차적인 문제는 사회·경제적 조건의 변화 위에서 격화된 계층간의 문제, 계급간의 문제였다. 그러나 국정의 주도자들은 대체로 낡은 관념에 머물러 자기들만의 세계에 안주하고 있었다.

변화하는 사회속에서 낡은 제도가 많은 한계를 보이고 있었지만 그들은 민생의 책임을 여전히 수령에게 돌렸다. 국왕의 존재를 철저히 인민과의 관계 위에서만 설명하였던 순조 25년(1825) 沈象奎의 논리는 앞 시기에 비해 한 단계 진전된 것이었지만, 아직 정부의 어느 누구도 인민의 주체적이고 의식적인 활동을 논하는 단계까지 간 것은 아니었다. 또 민의 동향에 위기의식을 느끼고 관심을 기울인 인물들도 있었으나 전체적으로 보아서는 예외적인 경우에 지나지 않았다. 이러한 자세로는 인민들이 가지고 있는 힘을 제대로 인식할 수도 없었다. 예를 들어 李止淵은 이앙법의 효과를 인정할 수밖에 없었으면서도 그 보급의 주체인 농민을 생산력 발전의 주체로서 인정하지 못하고, 게으르고 편한 것을 좋아하는 존재로만 파악하고 있을 따름이었다.

이러한 상황에서는 설령 현실의 구체적인 문제를 논의한다 하여도 결국 관념적인 원론으로 귀결되는 일이 거의 대부분이었다. 순조 27년에 환곡의 문란상과 수령·이서들의 농간 등 현실의 문란상을 지적하던 李勉昇이 그 가장 큰 원인으로 지배계층의 사치를 지적하고 그 대책으로 "절검을 숭상하고 헛된 비용을 줄일 것이며 사치의 풍속을 금하고 내용이 없는 글귀를 줄이자"고 한 경우는 일상적으로 나타났던 것이었다. 사실 어느 시기나 사치

20) 勢道政治期 정부 정책의 성격에 대해서는 오수창, 〈주요 정책의 실상〉(한국역사연구회 19세기정치사연구반, 앞의 책), 634~685쪽 참고.

금지에 대한 주장은 수없이 나오는 것이었다. 그러나 사치를 관인들의 탐학과 부정에 대한 근본적인 문제라고 인식한 것에 비해 이 시기에 실제 취해진 대책은 순조 34년에 조정 관인들의 복식을 변통하는 절목을 제정한 것이 유일하다고 생각된다. 그나마 이 절목의 실효는 대단히 의심스럽다.

위와 같은 관념적 인식에 대해서 비판, 자성하는 의견이 없었던 것은 아니다. 순조 6년 4월 시파·벽파 사이의 분란이 일단락된 뒤 李秉模는 국가와 민생의 문제를 강조하면서, 삼정 대책에 대하여 재용을 절약하자든가 검소해야 한다는 등의 의견은 진부한 설이며 비변사의 당부가 빈소리밖에 되지 않음을 지적하고, 시행할 수 있는가를 잘 재서 절실하고 쓸 수 있는 대책을 시행하자고 강조하였다. 그럼에도 불구하고 다음 달의 經筵에서 요역과 부세를 경감할 것을 고민하는 순조에게 朴宗薰은 소비를 줄이는 수밖에 없다는 대답을 하여 민생문제 해결에 실질적인 의지가 없음을 표출하였다. 순조 8년 11월의 경연 석상에서 민간의 고통을 묻는 순조에게 韓耆裕·洪晩燮은 사치가 민을 해치는 근본이라고 하고 임금이 검소의 모범을 보이는 것이 풍속을 바로잡는 길이라는 관념적인 답변을 되풀이하였고, 거기서 한 걸음 나가보아야 수령과 감사의 선택을 올바로 하는 것이라는 주장에 그칠 수밖에 없었다. 국왕 앞에서의 논의가 추상적으로 되기 쉽다는 것을 인정한다 하여도, 1811년의 '洪景來亂'이나 1862년의 농민항쟁이 터지는 대단히 급박한 상황에서 국정의 최고 논의 석상에서 위와 같은 관념적인 논리가 대종을 이루고 있었다면 그 자체가 체제의 문제였다고 할 수밖에 없을 것이다.

19세기 전반기의 집권자들은 대개 개혁정책에 대해서 소극적이었다. 실록 찬자들은 김조순이 죽자 "功業을 자기의 일로 삼지 않아 평범한 것을 따랐다"는 평을 붙였으며, 김조순을 이은 金逌根에 대해서는 "임금을 높이고 민을 감쌌다"고 하면서 "국가의 사무와 경륜은 그가 잘하는 바가 아니었다"고 평가하였다. 순조 연간에 중요한 관직을 계속 맡았으며 영의정을 지낸 李相璜의 공적을 높이면서 鄭元容은 "성품이 更張을 좋아하지 않았다"고 평가하였다. 헌종·철종대에 큰 역할을 한 정원용 스스로가 '경장'을 당시 정치에 불가결한 것으로 인식하지 않고 있었던 것이다.

제도 정비의 필요성을 제기하는 경우가 없는 것은 아니었지만 널리 동의를 얻지 못하였다. 순조 8년 8월 軍丁 문제에 대하여 徐榮輔는 사회 변화에 부응하는 제도의 '개혁'을 논하는 데는 못 미치지만 '아직 갖추어지지 않은 제도'를 정비하자고 주장한 바 있다. 그러나 그 의견은 그 자리에서 심상규에 의해 부정당하였다. 심상규는 서영보와 함께 《萬機要覽》의 편찬을 담당할 만큼 행정실무에 밝았지만 군정에 대해 새 법을 만들 필요는 없으며 점검을 확실히 하기만 하면 된다는 입장을 보였다. 이 밖에도 국정 전반에 걸쳐 일대 변혁을 이루어야 한다는 주장이 조정 내에서 여러 번 제기된 것은 사실이지만, 그것들은 대개 정쟁의 일부로 나타난 것들로서 사회경제적, 혹은 관료체제에 대한 정책을 둘러싸고 구체적으로 주장된 적은 거의 없었다.

한편 당시대의 기준에서 '보수 원칙론자'들이라고 불릴 수 있는 관료들이 있었다. 그러나 김조순 가문의 세력을 견제하다가 축출당한 洪奭周와 같은 인물도 '경세제민의 실무(經濟事功)'에서는 물러나 있었다고 평가되는 바와 같이, 그들 역시 전통적 농업사회의 변화에 대하여 실제적인 대책을 내놓을 수는 없었다. 홍석주는 광산 개발에 대해서 "농업에 직접적인 해가 될 뿐만 아니라 서로 이익을 다투게 함으로써 도둑이 되게 한다"고 비판하였다. 그는 또한 기존의 士族의 권리를 불가침한 것으로 치부하여 아래 계층이 사족에 가탁하던 폐단을 개혁대상으로 인식하였을 뿐, 그들에게 군역을 지울 수 없다는 것을 명백한 전제로 삼고 있었다. 숙종대 이후 많은 논의가 있었고 영조도 적극적으로 추진한 호포법이 실패로 돌아간 다음에는 적어도 중앙 정국에서는 앞 시기만큼의 진보적 주장조차 나올 수 있는 상황이 아니었던 것이다.

한편 김조순 등의 집권자와 국왕의 틈바구니에서 활동하면서 기근이나 변란의 극복과 같은 국정 실무에서 큰 공을 세웠다고 평가되는 金載瓚과 같은 인물이 있다. 그가 추진한 정책에서 보이는 특징은 민간의 모순을 바로잡는 방안을 모색하되 기존 관료 조직을 이용하려 하였다는 점이다. 그는 당시 민생의 가장 큰 문제로 꼽히던 부패한 수령(貪吏)을 다스리기 위해 암행어사의 파견만이 유일한 방도라 하였으며, 환곡의 운영도 비변사 낭관으로 하여금 감시하게 하려 하였다. 그러나 제도 자체에 대한 釐整 노력이 없는 암행어사 파견이 별다른 효과도 없이 오히려 많은 부작용을 빚어냈음은 그 자신도 인정할 수밖에 없는 사실이었다. 비변사 낭관의 환곡 감시 역시 마찬가지였다.

전체적으로 민폐를 바로잡으려는 노력은 대개 이전 시기에 정해진 규정을 충실히 따르거나 그것을 강화하려 했을 뿐이며 새로운 원칙을 결정한 경우는 찾기 어렵다. 예를 들어 순조 31년(1831) 선박을 이용한 상업행위를 둘러싼 이권 행위에 대한 이정 노력도 정조대에 이루어진 《大典通編》의 규정을 재삼 강조하는 것이었다. 순조 24년에 김조순의 건의로 평안감영 各庫의 虛留가 문제되었을 때에도 감사가 자기 직책을 제대로 하지 않았음(不謹典守)이 유일한 문제점으로 지적되었다. 그 곳의 포흠에 대한 처벌이 이루어지기도 하였지만, 비변사에서 장래의 대책으로 건의한 것은 "공용의 재화가 출입할 때에 규정을 엄히 한다"는 것으로 그쳤다. 1862년에 전국적인 농민항쟁을 겪으면서 三政釐正廳이 세워져 활동한 적이 있으나 인민의 위협에 쫓긴 것이었을 뿐이며, 그나마 곧 취소된 사실은 두루 아는 바와 같다.

사회경제적인 모순에 대한 구체적인 이정 노력이 개인적인 차원에서 기울여진 적이 있다. 홍경래란 직후 평안감사로서 난의 뒷수습에 많은 역할을 한 鄭萬錫은 그 곳의 군정에 호포법의 원리를 적용하였다. 그러나 그는 홍문관의 洪羲瑾으로부터 공격을 받아 자기 방침이 결코 새로운 것이 아니라는 점을 해명해야 했다. 또 철종 즉위년(1849)에 개성유수 李是遠은 상인과 역관들이 인삼 무역에서 이권을 오로지하고 민의 부담이 가중되는 상황을 바로잡기 위하여 개성부가 蔘政에 적극적으로 개입하는 방책을 썼다. 그러나 그러한 방식은 領府事 趙寅永, 영의정 정원용 등 당대 최고위 인물들의 일방적인 공격을 받고 말았다. 이시원에 대한 공격의 논리는 상업의 자율성을 보장한다는 것 등이었으나, 기존 방식으로 경제적 부를 누리고 있는 권세가들의 기득권을 견제하려는 방식을 무위로 돌려버리는 상황이었음을 이해할 수 있다.

위와 같이 민의 입장을 반영한 전진적인 개혁 노력은 개인적인 차원의 것이라 하더라도, 정부 자체 내의 비판을 받고 무위로 돌아간 경우를 흔히 발견할 수 있다. 특히 개인적인 개혁 방안이 중앙에서 채택되어 실시된 것은 거의 찾아볼 수가 없다. 심지어 민폐를 이정하기 위한 의견 개진마저 거부되던 것이 당시의 상황이었다. 예를 들어 철종 초년에 安東 환곡의 폐단을 바로잡고자 한 李時愚의 건의에 대하여 정부는 대책의 필요성을 인정하면서도 중요한 문제를 함부로 논하는 폐단을 막는다는 이유를 들어 거부했던 것이다.

기존의 체제에 집착하는 의식은 인민의 동향에 대해서도 그대로 적용되었다. 철종 3년(1852)에 개성유수 金始淵의 명백한 탐학행위를 민이 고발하였을 때, 기강을 바로잡는다는 의미에서 그들을 처벌한 것까지는 당시의 체제에 비추어 불가피한 것이었다고 할 수도 있겠다. 그러나 철종 13년에 민이 逋欠 등과 관계된 부세행정의 문제를 항의했을 때 비변사에서는 관의 잘못을 인정할 수밖에 없었음에도 불구하고 절차를 따르지 않았다는 점을 들어 항의자들을 공격하고 처벌하였다.

세도정치기에는 국정의 문제를 구조적·공간적으로 전체적인 시각에서 파악하려는 노력이 매우 부족하였고 나아가 전체적인 차원에서의 개혁논의는 거의 찾아볼 수가 없었다. 순조 8년(1808) 국왕의 명령으로 이루어진 《萬機要覽》도 전체 국정 차원에서 군제와 재정 등에 대한 실정을 정리한 것이었을 뿐, 과감한 개혁을 전제로 한 것은 아니었다.

당시의 권력집단은 전국에 대한 균형잡힌 배려보다는 서울 중심의 정책을 고수하였다. 예를 들어 순조 9년 기근이 닥쳤을 때 국왕 순조와 같은 인물을 제외하고는 철저히 서울의 기근을 우선적으로 고려하였다. 특히 전라도의 수령들이 위급한 상황을 설명하면서 서울의 곡식을 내려보내 달라고 연명으로 호소한 데 대하여 대책을 강구해 보라는 순조의 명령이 내려졌으나 정승에 의하여 간단히 기각되어 버리고 말았다. 이것은 조선 후기에 상품화폐경제가 발전하면서 국정 전체에서 서울이 차지하는 비중이 점점 증가했기 때문이기도 하였지만 당시의 권력집단이 사회적·경제적 기반을 주로 서울에 두고 있었던 것을 반영하는 것이다.

서북인들의 정치 참여에 대한 태도에서도 집권세력이 지닌 자세가 잘 드러난다. 그들은 문무 과거에서 커다란 비중을 차지하고 있던 황해도·평안도 사람들에 대해 중앙 정치에 참여할 권한을 끝내 부여하지 않았다. 순조대의 김조순은 남인 등 다른 당색의 인물을 등용하였다는 평가를 들었지만, 여러 방면으로 요구되고 있던 서북지역 인재의 등용에 대해서는 극히 소극적인 정책을 썼다. 그는 순조 24년 당시 관서 인물의 진출에 문제가 되었던 것은 그 곳 과거 급제자들이 큰 차별을 받고 있던 것임에도 불구하고, 평안도 蔭官들에 대해 단군 사당 등의 참봉이나 典監 벼슬을 허락할 것을 그 지역 인재를 수용하는 방편으로 건의하였던 것이다. 이러한 상황은 이미 그 의미를 잃어버린 붕당에 대해서는 상당히 관대한 정책을 펴지만, 관서지방에 대해서는 그 곳의 발전된 경제력를 이용하는 것 이상의 실제적인 권한은 주지 않겠다는 자세에서 나온 것으로 보인다.

전국을 대상으로 정책을 펴려고 노력한 경우가 있었다면 그것은 국왕의 입장에서 나온 것이었다. 순조는 재위 10년의 기근에 대비하여 경강 상인들의 활동을 금지함으로써 서울의 곡식을 확보하자는 비변사의 주장에 반대되는 입장을 보였으며, 酒禁 위반자에게 속전을 받아 한성부의 구휼사업을 벌이자는 데에 대해서도 서울에만 혜택을 줄 수 없다 하여 반대하였다. 그는 정국을 주도하고자 노력하면서 전국의 민폐를 바로잡으려는 노력을 몇 차례 기울였다. 순조 8년에 《만기요람》을 편찬하게 하였고, 9년에 각 도 민폐의 내역을 모아 비변사에서 처리하게 하였으며, 또 11년 3월 전국의 민폐를 감사와 유수가 보고하여 국왕이 항상 열람할 수 있도록 하라는 명령을 내렸다. 어느 경우에도 전국적이고 종합적인 개혁이 이루어지지는 않았지만, 순조 9년의 조치와 같은 경우에는 민의 호소를 들어주려는 노력을 상당히 기울였던 것으로 보인다. 그 이후로도 헌종 11년(1845)과 철종 3년에 전국의 감사와 유수로 하여금 민폐를 정리하게 하여 국정의 참고로 삼고 비변사에서 그 대책을 마련하라는 유사한 명령이 내려지기도 했다. 그러나 성과는 확인할 수 없을 정도였다.

위와 같이 국정을 전체적으로 파악하고 해결하려는 의지와 노력이 미흡한 상태에서는 현실에 대한 적극적인 개혁 의지를 보이기보다는, 대개 현실의 논리에 안주하는 경향을 보일 수밖에 없었다. 김조순 가문의 핵심에 속하는 金履陽이 순조 16년에 “量田이니 戶布口錢이니 宮稅 減額이니 군역 혁파니 하는 것들이 모두 헛된 이야기일 뿐이며 화폐 주전만이 도움이 될 것이다”라고 주장한 것이 당시 집권계층의 솔직한 현실인식이었을 것으로 생각된다. 하지만 이 대책은 미래에 대한 전망없이 현실의 미봉에 급급한 것이었다. 특히 大錢을 주조하는 것이 비용은 적게 들면서 이익이 많이 남는다는 김이양의 판단은, 비록 그 주장이 비변사에 의하여 각하되기는 하였으나, 재정이라는 명목하에 정부나 집권계층에 돌아가는 이익이 과연 누구에게서 나오는가에 대해서는 아무런 검토도 없었던 듯하다. 즉 김이양은 개혁을 시도하기 어려운 당대의 현실을 현실적으로 이해한 듯 하지만 오히려 거기에 안주함으로써 사회의 변화에 대한 전망을 지니지 못하였을 뿐만 아니라, 당시 변화하고 있던 경제 논리를 이용하여 자기 세력의 이익을 확보하려는 방향으로 나아갔을 뿐이다.

나아가 사회의 현실 그 자체에 대한 파악이 제대로 되어 있지 못함이 곳곳에서 확인된다. 순조 9년(1809)의 기근 대책에서는 수많은 논란 끝에 평안도와 황해도의 곡식을 호조와 선혜청으로 옮기고 그 관서에서 충청도·전라도에 돈으로 내려 보내 백성을 구휼하도록 하였다. 그러나 충청도와 전라도의 기근을 구하기 위한 이 정책은, 米價가 비싼 때에 돈으로 주고 가을에 곡식으로 갚도록 함으로써 오히려 민의 부담을 크게 하는 것이라는 지적을 받아 한달만에 취소되고 철저히 詳定價에 따라 주고받도록 하였다. 이와 같이 정부 시책 전반에서 나타나는 현실과의 괴리는 곳곳에서 발견된다.

그리하여 민생의 현안이 되고 있던 사회 경제적 문제, 혹은 지배계층 충원의 문제에 대하여 전국 차원의 개혁은 시도되지도 못하였거나, 시도되었다 하더라도 시행되지 못하였다. 관인들이 특정 지방의 구체적인 문제에 대해 건의하였을 때 비변사에서 그것을 논의하여 대책을 세우는 것이 실제 이루어지던 국정 개혁 노력의 최고 수준이었던 것으로 보인다. 예컨대 순조 22년 12월에 함경감사 李勉昇의 건의를 비변사에서 논의하여 환곡으로부터 지방 과거에 이르는 15개 항목의 민폐 및 제도 모순을 처리한 것을 들 수 있다.

3) 세도정치의 운영 구조

(1) 비변사

정치구조의 측면에서 세도정치의 특징을 가장 잘 보여주는 것은 비변사이다.[21] 16세기에 임시기구로 설치된 비변사는 그 직임이 늘어나고 정치적 기

21) 이하 비변사의 조직 및 정치적 기능에 대해서는 모두 오종록, 〈비변사의 조직과 직임〉·〈비변사의 정치적 기능〉(한국역사연구회 19세기정치사연구반, 앞의 책), 491~574쪽 참조.

능이 덧붙여져 19세기 전반기에는 명실상부한 국가의 최고 관부가 되어 있었다. 비변사는 군사, 국가재정, 주요 관직의 인사, 지방 행정 등에 대해 중앙과 지방의 각급 관청으로부터 보고되는 사안에 대해 논의하여 처리 방침을 결정하고 그것을 국왕에 보고하여 승인을 받았다. 이렇게 하여 방침이 결정된 각종 사안은 다시 행정 실무 기관인 각급 관청에 내려져 시행되었다. 따라서 비변사를 장악한 정치세력은 사실상 통치 실권을 장악할 수 있게 되어 있었다.

비변사는 전직·현직 議政이 맡는 都提調, 例兼과 專任職으로 구별되는 提調와 副提調, 그리고 郞廳 및 吏胥로 구성되어 있었다. 최상층을 이루는 도제조는 전직·현직 議政 모두가 임명되는 직책으로서 비변사를 대표하였다. 그러나 전직 의정들은 능동적으로 국정에 참여하기보다는 필요한 경우에만 국정을 자문받는 위치에 있었고, 실제로 도제조로서 직임을 수행하는 것은 현직 의정들이었다. 현직 의정의 도제조 중에서도 임금을 대하는 次對 席上에서 비변사를 대표하는 것은 대개 한 사람이 맡았다.

도제조와 함께 비변사 회의와 차대 등에 참석할 자격을 갖는 비변사의 제조와 부제조를 통칭하여 비변사 당상이라고 하였다. 그 수는 17세기에는 20명으로도 너무 많다고 지적되었지만 18세기 중엽에는 30명에 이르렀다. 정조대에 20명 안쪽으로 줄었지만, 순조 연간에는 10~30명의 규모로, 헌종대에는 20~35명, 철종 연간에는 때로 50명을 넘기도 하였다. 예겸당상과 전임당상으로 나눌 수 있는데, 본래의 직책에 따라 자동적으로 비변사 당상을 맡는 예겸당상은 공조를 제외한 육조의 판서, 대제학, 四都 留守, 4군영대장 등 모두 14개의 자리로 구성되었다. 專任당상은 녹봉을 받으며 재직하는, 관직의 변화에 관계없이 장기적으로 비변사 당상으로 근무하는 직임으로서, 해당 인물의 능력이나 정치적 중요성에 의해 비변사 당상에 선임된 인물로 구성되었다. 전임당상에는 각기 특정한 도의 직무를 주관하는 八道句管堂上, 비변사의 전체적인 업무를 주관하는 有司堂上이 있었다. 이 밖에 貢市堂上·堤堰司堂上·舟橋司堂上들과, 특정한 소관 업무가 따로 없는 無任所堂上이 있었다.

비변사는 도제조와 비변사 당상들이 참가하며 '籌議' 또는 '籌謨'라고 불리던 회의를 통하여 해당 업무를 처리하였다. 예겸당상이 본래의 직책에 따라 참가할 자격을 받는다면, 전임 당상은 그 정치적 비중과 경륜에 의해 참가한다는 의미를 지니고 있었다. 지방 행정에 대한 전문적 지식의 필요성이 높아지는 상황에서 각 도별로 담당 당상을 두어 회의에 참여토록 한 것이나 공조판서를 제외한 모든 판서들이 회의 구성원이었다는 점에 나타나듯이 비변사 회의는 외형상 국가의 공적 이익을 위해 사안을 합리적으로 처리할 수 있게 구성되어 있었다.

그러나 비변사 회의는 원칙적으로 매일 열리게 되어 있었지만 이른 시기부터 간간이 열렸고 그나마 소수에 의해 주도되었다. 회의 형식은 '秘密公事'라 하여 비변사 관원 외에는 史官조차도 접근할 수 없었으며, 비변사당상이라도 집권세력에 속하지 않으면 회의에 참석하기가 매우 거북할 수밖에 없었다. 특히 정치적으로 미묘한 사안이 처리되는 과정은 철저하게 감추어진 채 권력집단의 소수 인물들에 의해 결정되었던 것으로 보인다.

비변사에서 결정된 각종 사안에 대한 의견은 국왕과의 次對에서 현직 의정이 아뢰거나, 유사당상이 '言啓'의 형식으로 보고함으로써 처리되었다. 비변사에서 결정된 사항에 대해 국왕이 개입하는 모습은 앞 시기에 비해 크게 줄어들어 있었다. 비변사는 점차 국왕에 대해 어느 정도의 자율성을 보이면서 국가 통치를 전담하다시피 하고, 그에 대하여 국왕에게 책임을 지는 기관이 되었다. 이러한 형식은 외형상 중요한 발전이었다고 해석될 소지를 안고 있다. 그러나 비변사의 운영을 실제로 장악하고 있는 것은 소수의 권력집단이었다. 그들은 자기들의 정치행위가 사적으로 이루어지는 모습을 드러내지 않고 공적 기구인 비변사를 통해 뜻을 이루고 있었던 것이다.

권력집단이 비변사를 장악하는 것은 인사권을 통해서였다. 먼저 비변사의 전임 당상들은 자체적으로 선임하여 국왕의 재가를 받았다. 비변사에서는 당상 상호간이나 도제조의 사이에 相避 규정을 적용받지 않았다. 그리하여 당대의 권세가들이 비변사 당상의 최상석을 장기간 차지하고 그의 친인척들이 도제조와 전임 당상이 되어 정치력을 발휘함으로써, 혈연관계로 맺어진 권력집단이 중앙 정치를 좌우할 수 있었다. 예겸당상의 경우에도 그 본직의 대부분이 비변사의 추천을 받아 임명되는 자리였으므로 실질적으로 비변사에서 자체적으로 선발하는 셈이었다. 이러한 비변사의 인사 구조는 비변사가 국왕에 대해 어느 정도 자율성을 갖게 된 바탕이었다. 아울러 어느 집단이 권력을 장악하여 비변사의 주요 직임을 맡게 된 다음에는 정치적으로 몰락하지 않는 한 꾸준히 권력집단을 자체적으로 재생산해 갈 수 있는 장치였다. 특히 4都 留守·평안도와 함경도의 관찰사·義州 부윤과 같이 수도 주변이나 국경지대의 정치·경제·군사적으로 중요한 지역을 맡는 관직자는 비변사 회의에서 논의하여 천거하게(議薦) 되어 있었다. 그러나 순조 초년을 넘기면서는 정상적인 의천이 행해지지 않고 도제조와 유사당상이 협의하여 후보자를 뽑았다. 이 과정을 통해 권력집단의 의견이 그대로 반영될 수 있었다.

이와 같이 비변사는 세도정치기에 조직과 기능면에서 절대적인 위치를 차지하고 있었으며 실제 활동도 언관의 견제조차 허락하지 않는 독자적인 것이었다.[22] 예를 들어 순조 15년(1815) 趙直永이 掌令으로서 홍문록 선발이 잘못되었음을 비판하자, 비변사가 다른 언관을 동원하는 일도 없이 직접 계를 올려 그의 언론활동을 비판하고 삭직시킨 경우도 있었다. 여기에 대해 장령 沈厚鎭이 부당함을 상소하였으나 이조판서 金履陽의 교체가 허락되었을 뿐 조직영의 처벌은 취소되지 않았다. 이 때 공식적으로 비변사를 대표하던 영의정 金載瓚은 비변사의 언관 공격을 정당화하는 논리를 강조하였다.

나아가 비변사는 스스로 언론활동을 대신하고 그것을 당연시하는 논리를 펴기도 하였다. 그 중에서도 가장 노골적인 정치행위인 관인에 대한 탄핵을 언관을 젖히고 적극적으로 수행하였다. 예를 들어 헌종 원년(1835) 6월 비변사에서는 진휼곡식을 낸 상인 林尙沃을 龜城府使에 의망한 것이 과하다 하여 이판 조인영을 추고할 것을 요청하였다. 조인영이 반발하자 좌의정 홍석주는 잘못이 있을 때 그것을 지적하고 경계시키는 것이 비변사의 원래 직무라고 하였다. 나아가 관인들, 특히 언관직에 있지 않은 신하들의 상소에 대해서는 그것이 국정의 구체적 사안이 아니고 고도의 정치적 활동이라 하더라도 비변사에서 검토하는 일이 많았다.

이러한 상황에서 핵심 권세가의 독점적인 권력행사가 비변사를 통하여 여러 방식으로 이루어지고 있었다. 인사나 정책의 문제는 물론이거니와, 철종

22) 이하 비변사 정치활동의 독자성과 당시의 言論에 대해서는 오수창, 〈권력집단과 정국운영〉(한국역사연구회 19세기정치사연구반, 앞의 책), 604~617쪽 참조.

연간에 慶平君이 김조순 가문을 비난한 일이 일어났을 때 비변사가 직접 나서서 경평군에게 재산을 빼앗긴 사람들을 모아 피해액을 돌려주는 등, 행정 절차를 빙자한 노골적인 정치행위를 하였던 것이다.

독자적인 권력을 장악한 비변사를 견제하려는 시도가 때때로 행하여졌다. 특히 군주 중심의 정치체제를 복구하려는 국왕과 남인들 사이에서 비변사의 활동 방식을 바꾸어 보려는 노력이 나타났던 것이다. 순조는 정치에 적극적인 관심을 기울일 무렵인 순조 7년(1807) 6월에 이조판서 李始源과 병조판서 韓晩裕를 인사 활동을 불성실하게 하였다는 이유로 수십 차례씩 추고하였다. 그 회수가 파격적이었을 뿐만 아니라 담당 승지까지 같이 추고한 것을 고려한다면, 그와 같은 조치가 단순히 개인적인 불성실에 대한 것이 아니었음을 알 수 있다. 순조의 그러한 행동은 이조와 병조의 본래 업무를 강조함으로써 인사행위의 중심을 장악하고 있던 비변사를 견제하려는 노력이었던 것으로 생각된다. 얼마 뒤 순조가 병조판서 한만유에게 그가 담당하고 있는 모든 관직의 인사에 정성을 다할 것을 새삼 타일렀고, 한만유가 김조순 계열의 무장 李得濟에 의하여 인사활동을 견제당하는 속에서도 순조 10년 11월까지 오랫동안 그 직책을 유지하였다는 것이 그 점을 반영한다. 그러나 국왕의 이러한 노력은 국정의 주도권을 장악하려는 전체적인 시도가 실패함과 함께 무위로 돌아감으로써, 비변사의 위상에 대한 변화는 이루어지지 않았다.

(2) 중앙 군영

세도정치기에도 국가의 군사력과 군사제도는 권력을 장악한 개인이나 세력의 정치적 목적을 이루기 위한 힘으로 작용하였다.[23] 그 시기 정치 상황에 따른 군사력의 변화는 순조 원년에 壯勇營이 혁파된 것으로 시작되었다. 장용영은 국왕의 친위 군사력을 강화하기 위해 정조에 의해 설치되어 튼튼한 재정을 기반으로 하고 있었다. 순조 즉위 직후 정권을 장악한 벽파는 시파가 장용대장을 맡아 중앙 군영의 군사력을 장악하고 있는 상황을 타개하기 위해, 정조 장례와 공노비 혁파로 발생한 경비를 장용영에 떠넘겨 그것을 무력

23) 이하 세도정치기 권력집단의 무력기반에 대해서는 오종록, 〈중앙 군영의 변동과 정치적 기능〉(한국역사연구회 19세기정치사연구반, 앞의 책), 425~490쪽 참조.

화하려 하였으나, 성과가 여의치 않자 상당한 부담을 무릅쓰고 장용영을 혁파하고 말았다. 이와 같은 권력과 군영의 관계는 이후로도 계속되었다.

당시의 중앙 군영으로는 龍虎營과 扈衛廳, 訓鍊都監, 御營廳, 禁衛營, 摠戎廳이 있었다. 이 중 호위청은 규모가 가장 작은 군영이고, 용호영은 군사력은 적지 않았지만 병조판서가 군사 지휘권을 갖고 재정운영도 병조에서 관장하였으므로 병조판서가 자주 바뀌던 당시 상황에서 특정 정치세력의 관여가 어려운 편이었다. 그것에 비해 훈련도감은 재정과 군사력 양 측면에서 가장 강력한 군영이었고, 금위영과 어영청도 재정에 상당한 여유가 있었으며, 총융청은 提調制의 적용을 받지 않아서 국왕과 직결될 수 있다는 특징이 있었다. 이 네 군영이 정치적인 의미를 가장 강하게 가지고 있었던 것이다.

이 시기 권력집단의 군사력 장악 현상은 군영의 지휘체계에 잘 나타난다. 예를 들어 용호영은 조선 초기부터 있어 온 부대였지만 이 때는 국왕의 명령이 용호영의 군사 개인에게 전달되는 과정에 병조판서와 別將이 끼어드는 등, 국왕 직속 군사라는 성격이 많이 약화되어 있었다. 가장 강력했던 훈련도감을 보더라도 그 군사 행정은 대체로 비변사를 거쳐 국왕의 승인을 받아 행하여졌다. 그 중에서도 실제로 지휘체계를 장악한 것은 훈련대장이었으며 비변사에서의 결정이나 국왕의 승인을 받는 일도 거의 항상 그가 담당하였다. 훈련대장은 재직기간이 길고 소속 장교에 대해 인사권을 거의 가지고 있었으므로 독자적이고 강력한 지휘권을 행사할 수 있었다. 그러한 훈련대장직은 김조순·조만영을 비롯한 권력집단의 핵심 인물들이 장기간 맡고 있었다.

중요 4군영의 군사 지휘권과 재정 운용권은 모두 각 군영의 대장에게 속하였다. 그들은 또 비변사 제조를 자동적으로 겸하여 정치 행정 기구에 참여하였다. 그런데 군영대장의 인사에서 가장 중요한 권한을 행사하는 기관은 군영대장 후보자를 결정할 권한을 지니고 있던 비변사였다. 그리고 그 안에서 군영대장 후보자의 모집단을 선발할 권한은 훈련대장이 지니고 있었다. 즉 훈련대장과 비변사는 군사력의 장악과 운영에서 물고 물리는 한 덩어리를 구성하고 있었던 것이다.

그리하여 이 시기의 군영대장들은 무신 출신이라 하더라도 김조순 가문 등과 같은 권력집단과 밀착되어 있었던 것으로 보인다. 순조 초년 벽파가 시파를 공격할 때 파직당했던 무장들은 후일 김조순이 훈련대장으로 재직할 때 스스로, 또는 그 자손들이 군영대장이나 포도대장으로 중용되었다는 점이 그 사실을 반영한다. 반대로 순조 4년(1804) 이후 벽파가 시파의 공격을 받을 때 함께 처벌받는 무장이 발견되지 않음은 정계에서 숙청당하는 벽파가 무장들과 밀접한 관계를 맺지 못하고 있었음을 보여준다. 그 후로 권력집단의 변동이 일어나면 대개 그것과 관련되어 일부 무장이 처벌되거나, 처벌해야 한다는 논의가 일어나게 되었다. 순조 12년과 13년에 무장인 李堯憲·李海愚·李得濟 등을 둘러싸고 벌어진 공방전은 조득영의 박종경 공격으로 불거진 김조순 가문 및 박종경 가문 사이의 대립과 관련된 것이다. 또한 순조 30년 대리청정하던 세자가 죽은 뒤 金鏴 등이 축출당하는 과정에서 무신 李惟秀가 파직당하고 공격받았으며, 철종 즉위 후 조병현이 죽음을 당할 때는 李應植·申觀浩·李能權·金鍵 등의 무장이 연루되어 처벌받았다.

권세가와 무장들의 연결은 순수한 군사력의 차원에서만 이루어진 것이 아니라 군영 운영에서 얻어지는 재정적 이익으로부터 큰 영향을 받았을 것이다. 때로는 박종경·조만영 등이 주도하여 훈련도감·금위영 등에서 대량의 화폐를 주조하였던 것이 그것을 나타낸다.

국왕의 군사통수권은 군인의 收布軍化와 군영체제의 발달로 五衛體制와 五衛都摠府가 본래의 기능을 상실한 지 오래였으므로 명목에 그쳤다. 국왕은 고위 무장에 대한 인사권에서 소외되어 있었다. 각 군영대장과 병조판서의 인사권을 비변사에서 관장하는 데다가 포도대장을 포함하여 각 군영의 대장직 후보자의 모집단은 훈련대장이 선발권을 행사하였는데, 비변사를 장악하고 있는 권력집단에서 훈련대장직을 독점하거나 그에 추종하는 무리들만이 훈련대장에 오르고 있었기 때문이다.

그러나 국왕들이 군사력을 장악하려는 노력을 기울이지 않았던 것은 아니다. 그들은 정조의 장용영 창설을 모범으로 삼아 독자적 군사력을 확보하려 했다. 순조는 別技軍을 훈련도감을 통하지 않고 선발하여 새 軍門의 창설을 시도하였으나 좌절하였고, 철종도 武藝別監을 60명 증액하려 하였으나 실효를 거두지 못하였다. 헌종은 조만영 가문의 협력을 얻어 摠戎廳을 摠衛營으로 개편하고 무예별감과 禁軍의 일부를 흡수 운영하는 데까지 일단 성공하였으나 갑자기 죽음으로써 총위영도 곧 폐지되고 말았다. 또한 세 왕은 오위도총부의 기능을 강화하려는 노력을 공통으로 기울였으나, 궁궐 숙위를 강화하는 정도에 그치고 말았을 뿐 군영체제의 장벽에 막혀 좌절하고 말았다. 그 밖에 국왕이 무신들과의 유대와 친분을 강화하려는 노력을 기울였지만, 중앙 군사력의 인사권이 비변사를 장악한 권력집단에 의해 행사되고 있는 한 성과를 거둘 수 없었다.

(3) 언로와 공론

원래 조선왕조의 정치체제에서 권력의 획득과 유지를 위한 공개적이고 공식적인 활동은 대개 言官에 의한 言論 활동을 통해서 이루어졌다. 언관의 直諫이 조선왕조 400년의 기틀을 공고히 해 왔다는 당시의 평가들이 빈 말만은 아니었다. 그러한 전통은 비변사가 국정의 거의 모든 권한을 집중시킨 19세기까지도 영향력을 지니고 있어서, 兩司는 홍문관과 더불어 비변사가 직접적인 인사권을 발휘하지 못하는 몇 안되는 관서로 남아 있었다. 비변사를 통해서 행사되는 독점 권력을 제어할 수 있는 가능성을 형식적으로나마 유지하고 있었던 것이다. 그 중에서도 언론활동의 본령은 司憲府와 司諫院에 있었다.

'公論'과 그것을 반영하기 위한 '言路'의 중요성은 조선왕조의 사림정치에서 끊임없이 강조되던 것이었지만, 19세기에 들어와서는 대개 원론적인 상소의 한 조목으로 제시되고 말았을 뿐이었다. 정계에서의 첨예한 대립을 둘러싸고 언론이 문제되거나 현실적인 역학 관계를 거슬러 가면서 언론 활동이 이루어진 경우는 찾기가 어려워졌다. 예를 들어 순조 18년에는 그 전에 대사헌 재직중 박종경을 탄핵하다가 유배된 조득영을 풀어주어야 한다는 여론이 일어나면서 언관의 활동을 보장해야 한다는 원칙이 매우 강조되었다. 양사는 그를 추가 처벌하라는 종래의 주장을 순조의 반대를 무릅쓰고 철회(停啓)하였고 조득영은 곧 풀려났다. 그러나 외형상 언론 활동의 원칙을 강조해 마지않는 것처럼 보이던 이 때의 언론은, 조득영이 순조 12년에 처벌당한 뒤로 거의 모든 관인들이 숨죽이고 있던중 박종경의 죽음을 계기로 일어난 것으로서, 정치적 역학관계의 변화를 즉각적으로 반영한 것일 따름이었다.

사림정치기에는 삼사, 특히 사헌부·사간원의 관원이 독자적인 언론활동을 하여야 한다는 점이 강조되었고 또 그것을 보장하기 위한 제도적 장치가 마련되어 있었다. 그들은 吏曹 낭관에 의해 주도되면서 정승과 판서에 대비될 정도의 독자적인 정치적 영향력을 행사했던 것이다. 그러나 19세기에는 이러한 원칙이 무시되고 언관의 독자적인 언론활동이 매우 위축되어 있었다. 이미 15세기 말 성종 연간에 언론활동의 소재나 대상에 제한을 가하지 않겠다는 뜻으로서의 "말의 근원을 묻지 않는다(不問言根)"는 원칙이 굳어져 사림정치기의 언론관행에 디딤돌이 된 바 있다.[24] 그러나 순조 3년(1803)에는 탄핵을 받은 관인으로부터 언론의 진원을 조사하자는 건의가 들어오고, 臺閣의 言根을 묻지 않는다는 원칙을 들어 항의하던 언관이 오히려 파직당하는 일이 일어났다. 앞 시기에 굳어져 있던 언론 활동의 원칙을 재강조해야 했으며, 또 그런 원칙을 재강조하는 것이 처벌의 대상이 될 정도로 상황이 변하였던 것이다. 또, 순조 15년에 사헌부 관인 趙直永·沈厚鎭과 비변사가 언론 문제로 대립하였을 때 영의정 金載瓚은 당시가 위기 상황임을 강조하여 자유로운 언론활동에 제한을 가하고, 언관에 대한 비변사의 공격을 "고위 관직자와 하위 관직자가 서로 견준다"는 원칙을 들어 합리화하였다. 원래 언관활동의 자율성을 보장하기 위하여 강조하던 원칙을, 오히려 그 시기 최고 권력기관인 비변사에서 언론활동을 비판하는 데 대한 논리로 내세웠던 것이다.

위와 같은 양사 위상의 변화는 그 장관의 임명에도 나타난다. 이 시기에 와서는 고위직 역임자가 대사헌을 맡는 경우가 일반화되어 있었다. 실록의 인사기록을 정리한 바에 따르면 순조대부터 철종대까지 대사헌에 1회 이상 임명되었던 인물은 186명이다. 이 중에서 정2품 이상 고위의 관직을 역임한 후에 대사헌에 임명된 경험이 있는 인물의 수는 148명에 달한다. 전체 대사헌 역임자 중의 약 80%에 달하는 숫자가 이미 판서·판윤 등 고위직을 역임한 후 대사헌에 임명된 경험을 지닌 것이다. 이전에도 대사헌직은 품계에 비해 훨씬 고위직으로서의 성격을 지니고 있었고, 판서 등을 지낸 후 대사헌에 임명되는 일이 그리 드문 것은 아니었다. 그러나 17세기의 인조 즉위년(1623)에서 효종 5년(1654)까지의 대사헌 역임자 74명 중에서 대략 40%만이

24) 南智大, 〈朝鮮 成宗代의 臺諫 言論〉(《韓國史論》 12, 서울大, 1985), 154~160쪽.

그와 같은 경험을 한 것에 대비해 보면 위의 비율이 대사헌 위상의 커다란 변화를 반영하고 있음을 알 수 있다. 이제 대사헌은 종2품이라는 원래의 품계보다 훨씬 고위직으로서의 성격을 지니게 된 것이다. 그러나 이것이 사헌부 위상의 상승을 말하여 주는 것은 결코 아니다. 조선왕조의 언론 활동이란 권력에 훨씬 접근해 있는 고위직 인물에 의하여 독점되거나 견제되는 정도가 클수록 독자성을 유지하는 것이 어려워지고 따라서 본연의 성과를 거두기가 어려워지기 때문이다. 일부 유배인들을 풀어주자는 대왕대비의 주장에 언관들이 맞서고 있던 순조 3년 11월의 예를 들면, 공조·형조의 판서를 비롯하여 광주유수·한성부판윤까지 역임한 李敬一이 대사헌에 특별히 임명되어 대왕대비의 뜻을 따라 현안 인물들에 대한 停啓를 시행하였다. 고위직 인물이 대사헌에 임명됨으로써 대왕대비의 뜻을 받들었던 것이다.

한편 언관, 특히 사헌부 대사헌의 경우 단순한 명예직으로 운영되는 경우도 매우 흔해졌다. 예를 들어 산림 李直輔는 순조 즉위 후 11년까지 대사헌에 20번 가량 임명되었으며, 산림 宋穉圭는 순조 16년부터 헌종 3년(1837)까지 30번 이상 임명되었다. 이들은 물론 직책을 수행한 일이 없다. 예전에 南臺라 하여 극히 드물게 장령이나 지평을 대우직으로 주던 관례가 있었지만, 그것이 대사헌직에까지 일상의 일로 행하여졌던 것은 정치활동의 최전선 역할을 하던 대사헌, 나아가 사헌부의 역할이 그만큼 유명무실해졌음을 뜻한다.

여기에 비해 사간원의 위상은 다른 방향으로 변화를 겪었다. 역시 실록의 인사 기록에 따르면 순조·헌종·철종대에 대사간을 1회 이상 맡았던 인물은 모두 340명이었는데 이 중에서 대사간직 품계보다 높은 정2품 이상의 관직으로 승진한 사실이 나타나는 인물은 131명에 지나지 않는다. 대사간을 역임한 인물 중에서 60% 이상의 인물이 대사간보다 비중있는 고위 관직으로 진출하지 못하고 말았던 것이다. 이러한 비율은 인조 즉위 후 효종 5년까지의 대사간 역임자 101명 중에서 같은 성격의 인물이 약 35%에 지나지 않는 것과 명백한 대비가 된다. 특히 인조대와 효종 초년의 대사간 역임자 중 1/4 이상의 인물이 이미 대사헌을 역임한 상태에서 대사간에 임명된 경험이 있었던 것에 비하여 이 시기에는 그런 경우가 거의 없는 것도 같은 상황을 반영한다. 대사헌이 고위관직자들에게 장악되어 있던 상황과 짝하여 사간원은 심각한 위상의 저하를 겪었던 것인데, 그 두 현상은 언관 본연의 임무를 다 할 수 없다는 공통의 의미를 내포하고 있었던 것이다.

위와 같은 상황속에서 언론활동은 극도로 위축되어 대왕대비나 고위 당국자로부터 오히려 그에 대한 우려가 자주 나타날 지경에 이르렀다. 이 시기의 언관들이 할 말을 하지 않는다는 비난은 수시로 발견되는 일이다. 특히 대간활동이 임금의 중요성을 강조할 뿐이지 관인 상호간의 경계가 없다는 진술은, 권력의 극단적인 집중을 초래한 정치 상황에서 언관이 임금에 대한 의례적인 활동만으로 자기 책임을 면하려 하고 있을 뿐임을 지적한 것이었다. 순조 29년(1829)에는 언관이 언관을 공격하여 체모를 어그러뜨렸다는 죄목으로 대리청정중인 세자에 의해 처벌당하는 상황이 벌어지기도 하였다. 이 때 그들은 세자로부터, 자신의 뜻에 영합하려 했다는 언관으로서의 입지에 치명적인 비판을 받기까지 했다. 나아가 헌종 14년(1848) 金興根에 대한 공격이 제기되었을 때는 국왕이 그것이 公議인가를 물었는데 兩司 관원은 왕의 부름을 어기면서 논의에 참가하지 않는 사례도 있었다. 국정의 최고 현안에 대해서 임금의 문제 제기가 있었음에도 불구하고 언관이 권력가의 위세에 눌려 논의를 회피하는 상황이었던 것이다.

다만 순조 초년까지는 비교적 언론활동의 전통을 지키려는 노력이 나타나기도 하였다. 그것은 양사의 활동에 대한 대신의 간섭을 배제하여야 한다는 주장이나, 停啓 여부는 公議에 따를 뿐이지 위로부터의 명령은 부당하다는 주장으로 나타났다. 그러나 이러한 경우에도 대왕대비로부터 과도한 말을 하였다는 비난을 듣고 겨우 처벌을 면하는 처지에 처하거나, 정계 명령을 어겼다는 죄목으로 대사간이 유배당하는 상황이 뒤따르곤 하였다. 순조 6년 4월에도 언관의 논의는 임금의 지시를 그대로 따르지 말고 公議를 따라야 한다는 주장이 나오기도 하였지만, 언관들의 이러한 주장은 이미 그들이 정국을 이끌어가는 주도적인 처지에서 나온 것이 아니라 그들의 활동에 대한 국왕이나 고위 관리들의 직접적인 간섭을 피하려는 노력에 그치는 것이었다. 그나마 헌종·철종 연간으로 들어가면서는 언관의 자율성을 지키려는 이 정도의 발언도 쉽게 발견할 수 없게 된다.

그리하여 이 시기에는 양사가 더 이상 정쟁의 일차적 담당 기관 구실을 하지 못하고 국왕이나 고위 관직자가 직접 정치적 대립을 주도하는 경향이 강해졌다. 예를 들어 순조 초년부터 철종대에 이르기까지 정국에 큰 변화가 일어날 때마다 언관이 먼저 발론하여 주도하는 경우는 거의 없었다. 순조 원년의 경우에는 삼사가 벽파세력 쪽에 서서 많은 주장을 하였지만, 영의정 沈煥之가 그 내용을 재론하여 평가와 함께 결론을 도출한 후 대왕대비의 재가를 얻어 처리하는 형식을 밟았다. 尹行恁에 대한 공격은 대왕대비가 먼저 발론하여 신하들의 공격을 이끌어 냈으며, 정조 국상이 끝난 직후에도 대왕대비가 신하들 사이의 논의를 기다리지 않고 그들의 의리에 어긋나는 인물들에게 자수할 것을 명함으로써 격렬한 정쟁을 초래하였다. 순조 친정이 시작된 후 벽파를 제거하는 金達淳의 옥사에서도 국왕 순조와 형조판서 조득영의 상소가 정국의 변전에 결정적인 역할을 하였고, 김달순에 대한 언관의 공격은 그가 배격을 받아 도성 밖으로 나간 다음에야 시작되었다.

격동기 외에 일상의 정치 과정에서도 국왕이나 고위 관직자들이 직접 신하들에 대한 탄핵을 주도하는 경향이 강해졌다. 예를 들어 헌종 13년에 李穆淵이 趙秉鉉을 탄핵하자 국왕이 먼저 이목연에 대한 공격을 신하들에게 독촉하였고 거기에 따라 탄핵이 시작되었다. 헌종 10년 4월 고위 관원 金蘭淳·李嘉愚·李穆淵 등 67인을 宗廟 親享에 불참한 죄로 잡아다 처벌한 것도 판의금부사 조병현과 원임대신 조인영 등 실권을 쥔 고위 관직자들의 주도에 의한 것이었다.

철종 연간에 이르러 언관들의 무기력은 관인들이 대간직에 임명된 후 별다른 이유도 없이 직책을 수행하지 않을 뿐만 아니라 임금의 타이름이 있어도 나오지 않는 상황에 이르렀다. 나아가 조선왕조의 지배체제에서 기강을 담당한 가장 엄정한 관서라는 사헌부가 경제적 모리 행위의 온상이 되는 상황까지 빚어지게 되었던 것이다.

위와 같은 언론활동의 위축은 단순히 조정의 사정만으로 그치는 것이 아니었다. 조정의 언관 활동의 기반을 이루는 지배계층 전반의 여론, 앞 시기에 이른바 '公論'이 지니고 있던 의미를 크게 상실하였다. 순조 9년 5월 김재찬은 유생의 상소가 삼사의 언론활동보다도 많다고 지적하였지만, 이 때 그가 지적한 것은 유생들이 疏廳을 만들고 상소를 빙자하여 전국의 읍으로부터 재화를 강제로 거두어들인다는 경제적 모리 행위로서의 유생 언론이었다. 순조 34년(1834) 3월에 심상규도 유생의 통문이 모리의 수단이 되고 있음을 공격하고 그 개혁안을 모아 시행할 것을 건의하였다.

유생 언론의 실상이 이러했기에 유생 통문에 대하여 전 시기에는 생각할 수 없었던 많은 제한이 가해져 가고 있었다. 순조 16년에는 언관인 李奎鉉은 유생이 지방에서 통문을 발할 경우에는 먼저 그 지방 유생 우두머리[掌議]의 허락을 받게 하자는 방도를 내놓았다. 비록 받아들여지지는 않았지만 유생 언론에 대한 제약이, 그것도 다름 아닌 언관에 의해서 제기될 만큼 공론의 명분이 퇴색하고 있었던 것이다. 실제로 순조 20년 5월에는 통문을 돌려 조정 관인을 시비하는 자는 유배한다는 명령이 내려졌다. 이 명령은 적지 않은 반대에 부딪혀 결국 22년 정월에 취소되었지만 유생 언론을 정면으로 부정하는 명령이 내려졌던 것 자체가 커다란 변화였다.

위에서 본 바와 같이 이 시기에는 언관의 활동이 거의 유명무실한 상태에 이르렀으며, 士論이라 표방되는 유생들의 여론이 지배 계층 전반의 견해를 대변하는 정도는 앞 시기보다 훨씬 축소되었다. 이것은 몇몇의 권력자가 비변사 등을 통하여 자의적으로 권력을 행사하여도 그것을 견제하는 일이 구조적으로 불가능한 상황이었음을 보여준다. 하지만 언관의 활동이나 유생 언론이 질적인 측면에서 그 의의를 모두 상실한 상태에 있었으나 형식적인 틀에는 커다란 변화가 없었다는 점에 유의할 필요가 있다. 핵심적인 변화를 초래할 가능성을 지닌 대책이 몇 차례 시도되었으나 전통적인 지배체제의 틀은 쉽사리 변화하지 않고 있었던 것이다. 공론과 언로의 이러한 면모는 당시의 비변사가 왕조 체제를 위협하는 기능을 행하면서도 정책기관이라는 틀을 형식적으로나마 지키고 있던 것과 더불어, 세도정치하의 권력집단이 앞 시기의 지배 체제를 근본적으로 변질시키고 있었음에도 불구하고, 그들이 전통적인 틀속에서 성장해 온 세력인 동시에 그것을 벗어버리려는 의식을 지니고 있지 못했음을 보여주는 것이다.

〈吳洙彰〉

2. 세도정치의 전개

19세기 순조대부터 철종대까지의 정치 상황에 대해서는 주로 勢道政治를 전체적으로 설명하면서 여러 외척의 권력 장악 상황을 간단히 언급해 왔을 뿐,[1] 구체적인 설명은 최근에 와서야 이루어지기 시작하였다. 이 글에서는 국왕권의 소재와 부침에 입각하여 시기를 잘게 나누어 중앙 정치의 추이를 설명하고자 한다. 권력을 주도한 외척 가문의 변동이 세도정치 시기의 정국 상황을 반영하는 것도 사실이지만, 당시는 군주체제가 유지되고 있었던 만큼 일차적으로 국왕권의 상황에 입각하여 정치의 여러 측면을 분석하는 것이 옳다고 생각한다. 순조대를 다섯 시기, 헌종대를 두 시기로 나누었으며, 권력의 소재에 별다른 변화가 없던 철종대에 대해서는 16년에 걸친 재위 기간을 전체적으로 설명하였다.[2]

1) 순조대의 세도정치

(1) 정순왕후 수렴청정기(순조 즉위년~3년)

순조 초년의 정치는 정치에 강력한 힘을 발휘하는 外戚이 있었다는 점에서는 세도정치기의 다른 시기와 마찬가지였지만, 국정 운영 방식은 순조대

1) 일정한 기준에 의하여 세도정치기를 시기구분하고 간단하게나마 정국의 추이를 개설한 논고는 유봉학, 〈19세기 前半 勢道政局의 동향과 燕巖一派〉(《제18회 동양학학술회의 강연초》, 단국대 동양학연구소, 1988)가 대표적이다. 여기서는 순조대부터 철종대까지의 정국 상황을 다음과 같이 4시기로 구분하였다. 제1기 三戚鼎立勢道期 : 순조 즉위년(1800)~순조 5년, 제2기 金·朴二戚勢道期 : 순조 6년~순조 18년, 제3기 金·趙二戚勢道期 : 순조 19년~헌종15년(1849), 제4기 安東金門勢道期 : 철종 원년(1850)~고종 즉위년(1863).

2) 勢道政治期 정국의 추이를 직접적인 서술 대상으로 삼아 구체적으로 설명한 현대의 논고는 吳洙彰, 〈정국의 추이〉(한국역사연구회 19세기정치사연구반, 《조선정치사 1800~1863》, 청년사, 1990)가 유일하다. 이 글은 주로 위 연구를 기반으로 하였다. 자료는 순조·헌종·철종대의 《實錄》과 야사집 《稗林》에 실려 있는 〈純祖記事〉·〈憲宗記事〉·〈哲宗記事〉(《大東稗林》 영인본, 探求堂, 1969)을 중심으로 하고, 당시 정치인들의 개인 기록 등을 참조하였다.

중반 이후의 정치와 성격이 매우 달랐다. 金祖淳 이후의 외척이 先王으로부터 국왕 보도를 위촉받은 사실을 바탕으로 권력을 장악한 것에 비해 순조 초년의 외척은 수렴청정하는 대왕대비의 권력을 바탕으로 힘을 가질 수 있었다. 따라서 순조 초년 貞純王后 수렴청정기 외척의 권력은 국왕권을 능가하고 그것을 억누르는 것이었다기보다는, 비록 대왕대비가 대신하였지만 국왕권과 결합되어 있었고 그것을 통하여 행사되었던 것이다.

정조 24년(1800) 6월 28일 정조가 갑자기 죽고 순조가 11세의 나이로 즉위하자 영조 계비 정순왕후가 수렴청정을 하게 되었다. 이에 老論 내부의 時派와 僻派 사이의 대립이 전면에 부각되었다.[3] 그것은 영조 말년 사도세자의 장인 豊山 洪氏 洪鳳漢을 중심으로 하는 세력과 정순왕후의 동생 慶州 金氏 金龜柱를 중심으로 하는 세력 사이의 정치적 갈등에 연원을 둔 대립으로서, 영조의 사도세자 처분에 대한 입장 차이가 대립의 명분이었다. 또한 그들 노론세력은 정조의 蕩平策에 힘입어 상당한 진출을 이루었던 南人과 충돌하게 되었는데, 특히 정조대의 정국 구도에서 상대적으로 불리한 위치에 놓여 있었던 벽파세력이 남인에 대해서 강경한 입장을 취하였다.

백관을 거느린 대신들의 요청을 따르는 절차를 밟아 수렴청정하게 된 정순왕후는 정조 사망 다음날 유례없이 빨리 3정승을 沈煥之·李時秀·徐龍輔로 새로 임명하고 정국을 주도해 나가기 시작하였다. 이 시기에 정순왕후와 함께 정국을 주도한 사람들은 친정 인물들인 金觀柱·金日柱·金龍柱·金魯忠 그리고 영의정 심환지 등이었다. 대왕대비는 국상으로 일반 정무를 처리하지 않도록 되어 있는 公除 기간중인 7월에 이미 조정의 주요 신하들에게서 '어린 임금을 보호하고 선왕이 내세운 의리를 지키겠다'는 내용의 개인별 충성 서약을 받았으며, 12월에는 정조가 내세웠던 의리를 재해석하면서 정국운영의 기본방향을 공개적으로 설정하였다. 여기서는 영조의 사도세자 처분이 부득이했음을 강조하고 그 의리를 둘러싼 대립에는 중립의 여지도 없다는 강경한 입장을 천명하였다. 앞 시기 정조의 입장은 영조의 사도세자 처분을 합당한 것으로 인정할 수밖에 없으면서도 친아버지 사도세자에 대한 자식으로

---

3) 시파와 벽파의 대립에 대해서는 朴光用, 〈정조년간 時僻 당쟁론에 대한 재검토〉(《韓國文化》11, 서울大, 1990) 참조.

서의 도리를 다해야 한다는 입장이었다. 그러나 위와 같은 벽파세력의 논리는 정조의 주장을 진정으로 이어받는 것이라는 합리화에도 불구하고 영조의 처분을 정당화하는 데 치중함으로써 실질적으로 정조의 입장을 뒤집는 것이었다. 그것은 사도세자의 친아들인 정조 치하에서는 거론할 수 없었던 내용이라 하더라도 처지가 다른 순조로서는 적극적으로 나서서 의리를 바로잡아야 한다고 주장되기도 하였다. 한편으로는 정조가 죽기 직전인 정조 24년 5월의 하교(五晦筵敎)에서 그들 벽파세력의 정당성을 인정했다는 점이 강조되었다.

순조 즉위년(1800) 10월 정조 국장이 끝난 다음날, 사도세자 신원을 주장한 정조 16년의 嶺南萬人疏에 동조했다 하여 徐有隣 형제를 李安默이 逆·邪로 몰아 탄핵함으로써 시파에 대한 벽파의 공격이 시작되었다. 그리하여 벽파는 그들의 정국운영에 장애가 되는 시파 등의 노론계 인물들을 의리에 배치되고 사도세자 추숭을 주장하였다는 죄목으로 대거 정계에서 축출하였다. 실록의 기록을 종합하면 이 시기에 徐有隣·金履翼·金履載·金履喬·申耆·李濟萬·朴聖泰·徐有聞·李義甲·鄭尙愚·金履度·李在學·沈象奎·金鍾健·李義用·沈魯崇·洪大協·朴夏源·洪志燮·金載翼·宋文輅·李羽晉·朴齊家 등이 유배되었으며, 沈樂洙·洪國榮·沈頤之·吳在文·金峙默·鄭民始 등이 관작을 추탈당했고 李祖源·沈基泰에게 削去仕版이 행하여졌다.

특히 많은 논란 속에 이루어진 조치는 사도세자의 아들이며 정조의 이복동생인 恩彦君 裀, 홍봉한의 아들이며 정조 친어머니 惠慶宮의 동생인 洪樂任, 정조가 近臣으로 육성한 尹行恁의 처형이었다. 역모 혐의에 연루되어 죽은 禶의 형이고, 湛의 아버지이며 그 자신도 역모에 추대된 혐의로 정조대부터 줄곧 공격을 받아 온 은언군은 "흉한 무리를 모으고 천주교에 빠졌다"는 공격을 받아 순조 원년 5월 사사당하였다. 이 때 홍낙임도 그 배후 조정자로 지목되어 함께 사사당하였다.[4] 윤행임은 정조의 지극한 사랑을 받았고 '선왕이 남긴 뜻'을 강조하면서 순조 초년에 세력을 행사하려 했는데, "조정 신하들을 통제하고 자기 무리를 모아 뒷날을 계획했으며 서얼 任時發·尹可基가 일으켰다는 흉서 사건의 배후"라는 죄목으로 사사하였다. 이 때 윤가기의

4) 李泰鎭·洪淳敏, 〈『日省錄』刀削의 실상과 경위〉(《韓國文化》10, 서울大, 1989), 74~76쪽.

사돈인 朴齊家도 연루되어 유배당하였다.

이와 더불어 정조 연간 정국 구도의 중요한 기둥을 이루었던 남인들을 제거하였다. 1801년 노론계 벽파세력이 일으킨 천주교 탄압에 의해 李家煥·權哲身이 옥사하였고 李承薰·丁若鍾·洪樂敏이 처형당하였으며 丁若銓·丁若鏞·李基讓·李晳·李致薰 등이 유배당하였다. 또한 직접 천주교도로 몰리지는 않았으나, 앞 시기 남인의 기둥이었던 蔡濟恭도 '의리를 바꾸고 당을 모았다'는 죄목으로 탄핵받기 시작하여 천주교도의 근본이 된다는 이유로 관작이 추탈되었다. 그러한 과정을 거쳐 남인은 중앙 정계에서 재기할 수 없을 만큼 타격을 입었고, 그 밖에 그들과 연결될 가능성이 있는 인물들도 함께 제거되었다. 남인으로는 채제공의 아들 蔡弘遠과, 趙圭鎭·李仁行·李鎭宅·李儒修·金翰東·趙時俊 등이 채제공 또는 이가환의 무리라는 지목을 받아 유배당하고, 金熙采는 삭거사판되었다. 이 밖에도 李益運이 파직, 李錫夏는 유배, 趙德隣이 추탈되었다. 김상헌의 후손이며 당색으로는 노론이지만 독자적인 입장을 지키고 있던 金建淳, 소북의 후손인 姜彝天 등이 남인과 함께 제거된 대표적인 경우이다.[5] 위와 같은 유배자들에 대해서는 순조 2년(1802)과 3년 벽파세력이 어느 정도의 자신감을 가지게 되었을 때 몇 차례의 석방조치가 내려지기도 하였으나 전체 정국의 구도를 변화시킬 정도는 아니었다.

정국을 장악하기 위한 벽파세력의 노력은 군사력 구조의 재편성과 짝하여 이루어졌다. 정조가 설정한 왕권 중심 군사력 구도의 핵심이며 김조순 계열이 장악하고 있던 壯勇營에 대하여, 즉위년의 國葬 경비와 이듬해의 호조 재정 및 內寺奴婢 혁파로 발생한 재정의 손실을 부담하도록 하여 세력을 약화하였으며 2년 정월에는 군영 자체를 혁파하였다.[6]

한편으로는 선왕의 권위를 빌려 자신들의 정치적 입지를 강화하려 하였다.

---

5) 순조 초년의 천주교 탄압과 남인·서얼 축출에 대한 최근의 논고는 다음이 참조된다.
鄭奭鍾, 〈丁若鏞(1762~1836)과 正祖·純祖年間의 政局〉(《歷史와 人間의 對應》, 한울, 1984 ; 《조선후기의 정치와 사상》, 한길사, 1994).
———, 〈순조 연간의 정국변화와 다산 解配 운동〉(《國史館論叢》 47, 國史編纂委員會, 1993 ; 위의 책, 1994).

6) 李泰鎭, 《朝鮮後期의 政治와 軍營制變遷》(韓國硏究院, 1985), 302~306쪽.

벽파세력은 내시노비의 혁파를 단행하여 당시 사회문제의 하나를 풀었다. 여기에는 더 이상 거역할 수 없는 사회적 변화를 인정하고 팽배해진 기층민의 욕구를 어느 정도라도 해소하여 그들의 호감을 얻으려는 목적이 있었으리라고 생각한다. 그러나 정치적으로는 정조의 정책을 계승한다는 점을 내외에 과시하여 선왕의 이념 위에서 자신들의 기반을 강화하고자 하는 의미가 더욱 컸던 것으로 보인다. 특히 윤행임이 정조가 추진한 서얼소통을 주장하자 그것은 제대로 시행하지 않으면서 서둘러 내시노비를 해방한 사실도 그 점을 방증한다.

이러한 사례는 순조 즉위년 11월에 정조의 신위를 世室로 모시기로 결정하는 과정에서도 볼 수 있다. 이 때는 국장이 끝난 직후였고 더욱이 서유린 형제에 대한 공격이 시작되어 경황이 없는 시기였음에도 벽파쪽에 선 산림 宋煥箕의 제안을 그대로 수용하였는데, 이처럼 선왕이 죽은 직후 바로 세실로 모신 것은 그 때까지 유례를 찾을 수 없는 일이었다. 이것 역시 정국을 주도하는 자신들의 정당성을 굳히기 위한 노력이었다.

반면에 수세에 몰린 인물들로서도 자신들의 입지를 유지하는 길은 선왕의 뜻을 강조하면서 그들의 입장을 정당화할 정책을 추진하는 것이었다. 순조 즉위 직후 윤행임은 정조가 직접 엮고 스스로 서문까지 붙여 간행하게 했다는 홍봉한의《奏藁》를 간행하자고 하여 대비의 승인을 받았다. 경황이 없는 상황 속에서 간행 사업이 추진되었으며, 또한 삼정승의 반대를 받아 즉시 취소된 것은 이 일이 지니는 정치적 성격을 잘 보여준다.

윤행임이 庶孼疏通을 주장한 것 역시 같은 성격을 지닌다. 순조 원년 정월, 홍낙임을 비롯한 시파에 대해 공격과 처벌이 한창 행하여지고 대왕대비의 천주교 탄압 명령이 내려지는 바로 그날 윤행임은 영조와 정조가 추진했던 정책을 길게 논하면서 서얼소통을 주장하였다. 이것 역시 자신이 정조의 정책을 계속해서 추진하는 주체임을 내외에 과시하여 그 정치적 입지를 굳히려는 노력이었다고 판단된다.

반대파를 누르며 정국의 주도권을 장악한 벽파세력은 특히 김조순을 견제하기 위해 노력하였다. 정조는 생전에 김조순의 딸을 세자빈으로 선택하여 재간택까지 끝낸 바 있다. 그러나 김조순은 정조의 정책을 충실히 따른 시파의 인물로서, 그에게 국왕 장인으로서의 지위를 보장하는 것은 벽파에게 큰 위험이 될 수밖에 없었다. 순조 원년(1801) 6월, 은언군과 홍낙임을 사사한 직후 대사헌 권유는 상소하여 '대대로 내려온 큰 가문'(世族巨閥) 중에 역적 은언군과 관계된 자가 있음을 지적하고 훗날의 화를 막기 위해 그에 대한 조처를 취하자고 주장하였다. 이것은 김조순이 의리를 지키지 않았다고 하면서 그 가문과의 국혼을 막으려 했던 것이라고 한다. 당시 시파 인물에 대한 공격의 선봉에 섰던 이안묵을 비롯하여 沈魯賢·鄭在民 등이 이 상소에 관계되었다. 또한 비록 순조에 의해서 부정되기는 하였으나 김구주의 아들인 金魯忠도 김조순 딸과의 국혼을 막으려고 하였다고 하며, 심환지도 그 집안과 삼간택을 할 수 없다(三揀不爲之說)고 주장했다고 한다.

그 해 10월에는 鄭日煥이 경연에서 '한 戚臣이 과다한 관작을 받았음'을 비판하고 그로 인해 빚어지는 폐단을 경계하였는데, 이것 역시 김조순, 또는 순조 친모 綏嬪 朴氏의 아버지인 朴準源을 무력화하기 위한 노력의 일환이었던 것으로 판단된다.

그러나 벽파의 이러한 기도는 성공하지 못하였다. 벽파세력 특히 대왕대비의 입장에서 볼 때, 선왕의 결정을 정면으로 뒤집는 것은 그들이 힘을 발휘하는 기반인 왕실의 권위를 부정하는 것이어서 큰 위험을 피할 수 없었기 때문이었다. 집권 관인들로서도 그들의 정치적 행위를 정당화하는 데에 형식적으로나마 선왕 정조의 권위가 필수적이었으므로 그가 남긴 결정을 쉽사리 부정할 수 없었다. 한편 현실적으로 당시 김조순을 중심으로 하는 세력은 金尙憲의 후손으로서 대대로 누려 온 명망은 물론 상당한 군사적 기반을 지니고 있었다. 그리하여 벽파세력은 장용영을 혁파하는 등 그들에 대한 견제를 가하기도 했지만 결정적으로 그 세력을 누를 수는 없었던 것으로 보인다. 대왕대비도 정조 서거 직후에 김조순이 척신 박준원과 같은 지위에 있음을 인정하면서 장영대장과 병조판서 등을 제수하는 등 그에게 베풀었던 특별한 대우를 계속할 수밖에 없었다.

김조순 역시 어려운 상황에서 자신을 지키는 방법은 은인자중하면서 자기에 대한 정조의 대우를 강조함으로써 정적들도 부정할 수 없는 선왕의 권위를 충분히 이용하는 것이었다. 이리하여 김조순은 장용영·총융청 등의 군문대장, 병조·예조·형조·이조의 판서, 비변사제조, 대제학 등을 역임하면서 위치를 유지한 끝에, 순조 2년 10월 자기 딸이 왕비로 책봉됨으로써 정조의 결정대로 國舅의 지위를 얻게 되었다.

순조 즉위 후 3년까지의 이 시기는 수렴청정하는 정순왕후와, 그의 권위를 기반으로 정권을 장악한 경주 김씨 김관주 등을 중심으로 한 벽파세력이 정조 연간의 열세에서 벗어나 같은 노론 내의 시파세력과 경쟁을 벌이던 시기이다. 이 때 정치 권력을 강화하거나 과시하고자 하는 여러 세력의 노력은 주로 선왕 정조의 이념과 정책을 이어받았음을 강조하는 것으로 나타났다.

(2) 순조 친정 초기(순조 4년~11년)

벽파세력 일각에서는 정순왕후의 수렴청정이 끝나기 전에 반대세력이 될 가능성이 있는 인물들을 미리 제거함으로써 권력기반을 튼튼히 하려는 노력을 기울이기도 하였다. 전직 현감 洪履猷의 사주를 받은 전직 군수 趙鎭井 등이 정조 연간에 김구주를 공격했던 徐有寧과 그 아들 좌의정 徐龍輔를 공격하는 상소를 올린 것이 그 한 예였던 것으로 판단된다. 그러나 이 때의 노력은 서용보가 순조 초년에 벽파세력과 타협했던 까닭에 당시 당국자들의 적극적인 협력을 받지 못하여 실패로 돌아가고, 上疏와 儒通에 연관되어 趙鎭井·洪履猷·李東萬·李榮復·金元喜·鄭在民이 유배되었다. 그러던 중 순조 4년 정월에 순조가 직접 정사를 돌보게 되면서 정국은 크게 바뀌었다.

순조 4년 4월, 전에 시파세력 축출의 선봉이었던 강진 현감 이안묵을 貪鄙의 죄목으로 공격해 유배함으로써 벽파에 대한 시파의 반격이 시작되었다. 5월에는 순조가 김조순가와의 국혼에 반대했던 권유의 상소를 次對 석상에서 제시하면서 공격을 이끌어 낸 후, 권유·이안묵 등 시벽 분쟁의 초점을 이루었던 인물들이 먼저 제거되었다. 이 때 권유는 물고당했고, 이안묵과 유생 沈魯賢·鄭在民·韓海玉 등이 처형되었으며 玄重祚·鄭彦仁·李晦祥·尹致行·洪在敏 등이 유배당했다. 권유가 탄핵받을 때 김노충이 그 배후로 지목되자 대왕대비가 다시 수렴청정할 것을 시도하였으나 그것은 김관주 등으로서도 반대할 수밖에 없을 정도로 군주체제의 정치 질서에 어긋나는 일이어서 이루어질 수가 없었다. 한편 순조 초년에 처벌받았던 시파세력이 5년 3

월과 7월 등 몇 차례에 걸쳐 대폭 풀려났다.

순조 5년(1805) 12월에 김달순은 우의정에 임명되자 곧 정조 연간에 사도세자 추숭을 주장했던 李㙖 등 영남만인소의 주모자를 처벌하고 그것을 공격했던 朴致遠·尹在謙을 褒奬하자고 주장하는 등 '벽파 의리'의 재정립을 시도하였다. 그 주장에 따라 처음에는 이우와 홍지섭에 대한 유배의 명령이 내려지는 등 상황이 유동적이었으나, 형조 참판 趙得永이 김달순을 공격하고 나선 것을 계기로 벽파세력이 패퇴하게 되었다. 김달순의 중심 죄목은 신하로서 감히 언급할 수 없는 내용을 말하여 정조의 의리를 위배했으며 과거 정조의 요청으로 영조가 파기 명령을 내린 기록을 함부로 인용하였다는 것이었다. 김달순은 中途付處되었다가 사사당하였고 金漢祿이 대역률로 追削된 것을 비롯하여 심환지·정일환·김구주도 추삭되고 金龍柱·김일주가 유배당했으며 김관주는 유배중에 죽었다. 영의정 徐邁修 역시 김달순에게 동조했다는 공격을 받아 조정에서 축출당하였다. 그 밖의 관인으로는 김달순을 공격하는 데 소극적이었다는 이유로 臺臣 李寅采 李廷輪·尹濟弘·金處巖·黃基天이 유배당하였다. 또한 李東馨은 그 기회를 이용하려는 협잡을 부렸다 하여, 李魯春은 김달순의 窩主라 하여, 張錫胤·李選·金履秀는 권유를 두둔했다는 이유로, 趙秀民은 김달순을 두둔했다는 이유로, 서매수의 아들 徐有恂과 친척 徐淇修는 서매수가 김달순을 두둔한 발언의 기록을 고치려 했다는 이유로, 李翊模는 김달순의 무리로 지목되어, 徐瀅修는 그들의 謀主라고 지목되어 유배당하였다. 한편 朴英載는 심환지를, 尹致永·尹亨烈은 韓用龜를 무리하게 공격했다는 이유로, 李基慶은 섣불리 토역을 告廟하자고 주장하다 유배당했다.

그 후 순조 7년에는 김달순의 행위가 逆이 아니라는 등의 흉언을 했다는 李敬臣의 옥사를 계기로, 벽파세력의 이념적 지주라고 할 수 있는 金鍾秀·金鍾厚 형제의 관작이 추탈되었으며, 김종수는 정조의 廟庭에 배향되었던 것에서도 축출됨으로써 순조 초년 시파와 벽파의 정치적 분란은 명분상으로도 마무리되었다. 이러한 처벌과 짝하여 한쪽으로는 서유린에게 직첩이 환급되고 홍낙임이 복관되는 등 시파에 대한 처벌이 대폭적으로 취소되고 많은 사람들이 정계에 복귀하였다.

순조 5년 정월에 정순왕후가 사망하여 벽파세력의 유력한 후원자가 사라진 상태에서, 순조는 재상들에게 김달순 처형에 대한 의견을 묻는 등 김달순을 공격하는 쪽을 적극적으로 거들었다. 그리고 벽파 몰락의 첫 신호가 김조순 가문과의 국혼을 방해하였다는 권유를 처벌하는 것이었고, 이후로도 권유의 행위가 벽파세력에 대한 공격에서 중심 주제를 이루고 있었던 것에서 김조순이 당시 정쟁에서 중요한 위치에 있었음을 짐작할 수 있다.

김조순 세력은 벽파세력을 제거하는 과정에서 순조 생모 綏嬪 朴氏의 친정인 박준원 가문의 협력을 받았다. 척신이므로 조정일에 간여하지 않겠다는 순조 초년 박준원의 발언이나 7년 10월 그 아들 朴宗輔의 죽음에 붙인 실록의 사평에 따르면, 순조 초년 벽파세력의 전횡에 대해서는 그들이 방관적인 입장을 취했으나 순조 6년의 정국 변화에서는 벽파세력을 축출하는 데 적극적으로 협력하였음을 알 수 있다.[7] 이리하여 5년 2월에 순조가 천연두에 걸렸을 때 別入直으로 궁궐에 들어가는 인물들이 김조순·박준원·박종보·朴宗慶 등 김조순과 박준원 가문만으로 구성된 데서 나타나는 바와 같이 그들이 국왕 측근으로서의 입지를 굳히게 되었다. 다만 박준원 가문은 한동안 김조순 세력과의 경쟁 관계에 놓이는 것을 피한 듯하다. 순조 10년에는 박준원의 손자 朴周壽가 그 아버지 박종보의 유언에 따라 김조순이 장악하고 있는 규장각에 들어가는 것을 극력 피하다가 한때 군수에 좌천되기까지 하는 일이 발생하였다. 이 일은 '가득차는 것을 피한 것'이라는 순조의 평가에서 나타난 바와 같이 박종보가 후손들로 하여금 김조순의 권력으로부터 일정한 거리를 두도록 했기 때문이라고 생각된다.

한편 조득영은 김달순 공격에 앞장섬으로써 벽파세력의 전횡으로부터 의리를 지켜 냈다는 확실한 명분을 공인받게 되었고, 김달순을 공격한 직후인 순조 6년 2월 순조에 의해 병조판서로 발탁되고 4월에 비변사 제조가 되었으며 10월에는 이조판서에 오르는 등 파격적인 승진을 계속하면서 커다란 세력을 행사하였다. 이것은 조득영 개인의 득세에 그치지 않고, 김조순 가문과의 협력관계 위에서 훗날 그의 8촌 형제인 趙萬永의 딸을 세자빈으로 들

7) 유봉학, 〈徐有榘의 學問과 農業政策論〉(《奎章閣》 9, 서울大, 1985), 28쪽 참조.

이게 되는 기반이 되었다.

이러한 과정을 거쳐 김조순이 권력의 주도자 자리를 굳혔고, 이후 19세기 '세도정치'의 대표적 인물로 평가되게 되었다. 그는 당시의 최고 권력기관인 비변사에서 실권을 행사하였으며,[8] 순조 즉위년(1800)에 奎章閣 제학에 임명되고 4년 이후로는 줄곧 檢校提學으로 있으면서 그 관원의 인사를 주도하는 등 규장각을 장악하고 있었다. 규장각은 당시 실제 기능은 약화되어 있었으나 선왕 정조가 심혈을 기울여 육성하였으며 특히 국왕의 近臣을 양성하기 위한 기관이었던 만큼, 그는 규장각을 또 하나의 권력 기반으로 삼고 있었던 것이다. 그는 순조 초년 심환지와 대왕대비에 의해서 장용영이 혁파당함으로써 군사적으로 견제를 당하였지만 순조 2년 10월 이후로 훈련대장을 맡아, 서울을 관할하는 유일한 군문으로 강력한 정치적 의미를 지니고 있었던 훈련도감을 이끌었다. 나아가 순조 7년 7월에는 그 때까지 처리되지 않은 장용영의 남은 군사력을 이용하여 훈련도감 군병의 증원을 이루어 냈으며, 8년 4월에는 그 재정을 늘릴 것을 요청하여 윤허받았다. 이러한 조치는 실질적으로 장용영의 내실을 회복한다는 의미를 지니고 있었다. 기반을 튼튼히 한 김조순은, 친아들인 진사 金逌根이 중전의 형제라는 이유로 京官職을 받기로 결정이 된 순조 9년 3월의 다음달에는 8년째 맡아 온 훈련대장직을 李得濟에게 물려주고 군사력의 직접 장악에서 일단 물러나는 여유도 갖게 되었다.

한편 순조는 즉위 이후 줄곧 국왕으로서의 정치적 영향력을 갖지 못했던 것으로 알려져 있으나, 한때는 적극적으로 정치적 권한을 행사하였다. 권유와 김달순을 처형할 때의 적극적인 행동이나, 대왕대비가 다시 수렴청정을 하려 할 때 그것을 무시한 사실 등에서 그러한 상황이 드러난다. 순조 7년 6월의 관원에 대한 정기 인사에 즈음해서는 근무를 소홀히 했다는 이유로 이조판서 李始源과 병조판서 韓晩裕를 수십 차례씩 推考하여 좌의정 이시수로부터 너무 가혹한 대접을 한다고 비판받을 정도였다.

국정을 파악하고 주도하기 위한 순조의 노력은 그가 19세 되던 순조 8년 이후로 확연히 강화된다. 그 해 10월에는 각 관청의 직무, 제도와 신하들의

---

8) 오종록, 〈비변사의 조직과 직임〉(한국역사연구회 19세기정치사연구반, 앞의 책, 1990), 519·520·524쪽.

출신 및 이력에 대하여 알고 싶다는 소망을 표명하였으며 재정과 부세 및 재판 등을 맡은 실무 관서에서 두세 명, 또는 서너 명의 관인을 직접 불러 국정의 실제를 파악하겠다고 하였다. 그리하여 각 관서의 실무자들을 불러 폐단을 묻는 일이 종종 있게 되었다. 특히 9년 4월에 실무자들을 불러 대화한 자리에서는 실질적인 폐단을 말하지 않는다고 한탄하고 이후로는 절실한 문제를 논할 것을 신칙하기도 하였다. 실무 관인을 불러 직접 대화하는 것은 기존 제도이지만, 특히 이 시기에 많이 이루어졌음은 국정을 주도하고자 한 순조의 노력을 보여주는 것이다.

순조 8년에는 유례없이 일시에 전국 각 도에 암행어사를 파견하여 민폐를 보고하게 하였으며, 같은 해 5월에는 국가의 재정, 군제 및 토지에 관한 내용을 파악하기 위해 徐榮輔·沈象奎로 하여금 《萬機要覽》을 편찬하도록 하였다.[9] 9년 3월에는 전국의 수령·감사·유수들에게 민폐의 내용과 그것을 바로잡아 해결할 수 있는 방안을 보고하라는 윤음을 내렸고, 11년 3월에는 임금이 항상 참고할 수 있도록 감사·유수들이 항목별로 그것을 정리하여 보고하게 하였다.

순조는 또 자신의 입지를 강화할 수 있는 군사력을 마련하려 하였다. 그는 五衛제도가 유명무실해지고 군문이 설치됨으로써 군정의 폐단이 심해졌다고 하여 군문의 설치를 부정적으로 보았는데, 이것은 김조순 또는 그 계열에 의해 장악되어 있는 군문의 상황을 비판하는 의미를 지니고 있는 것이라 할 수 있다. 그러한 인식 위에서 10년 3월에는 궁궐의 호위를 담당하는 武藝廳의 군병을 늘리려 하다가, 김조순 가문의 대사헌 金履度의 반대 상소에 부딪혀 취소하는 상황이 벌어지기도 하였다. 특히 이 때의 계획은 공식적인 논의과정을 거치지 못하고 순조가 개인적으로 추진하였다. 나아가 11년 3월에는 피폐하여 명목만이 남아 있던 五衛都摠府를 강화할 것을 명령하고, 궁궐 경비 군인들이 위엄을 갖출 수 있도록 의장을 정비할 것을 지시하였다.

각종의 講·應製·製述 등의 시행도 그러한 상황을 반영한다. 漢學文臣講, 專經文武臣講, 吏文製述 및 入直文蔭官 親試 등이 순조 11년(1811)경에 급격

9) 편찬의 구체적인 과정에 대해서는 金奎聲, 〈만기요람 해제〉(《국역만기요람》, 민족문화추진회, 1967) 참조.

히 늘었다. 실록에 의하면 순조 5년(1805)에 4회, 6년에 3회, 7년에 4회, 8년에 4회, 9년에 4회, 10년에 1회 행하여진 이러한 시험들이 순조 11년에만 윤3월부터 12월까지 86회나 실시되었다. 그 뒤 홍경래란의 와중에서는 실시되지 않다가 13년에 5회, 14년에 8회, 15년에 1회 실시된 것으로 나타난다. 이 현상은 그 시기에 순조가 하급관료들에 대한 관심을 집중시켰던 것을 반영하는 것으로 보인다. 국정에 몰두하던 순조가 자신의 노력을 뒷받침할 관인세력에 대한 필요성을 절감하였기 때문일 것이다. 같은 맥락에서 문무신들과의 각종 활쏘기 모임 등도 순조 8년경에 많이 행하여지기 시작한 것을 확인할 수가 있다.

위와 같은 순조의 노력에 대해서는 일부 신료들의 촉구 또는 뒷받침이 있었다. 8년 4월 남인인 持平 柳遠鳴이 상소하여, 영조 이후의 탕평책을 높이고, 당시의 인사를 비판하여 조정에서 소외세력이 늘어가고 있음을 지적한 후 임금이 확고한 중심을 이루어 정사를 주도할 것(建極)을 건의하였다. 대사간 李審度도 그 해 9월에 당대 시파와 벽파의 대립을 비판하고 임금이 적극적이고 강력하게 국정을 주도하라고 상소하였다. 특히 이심도는 순조 5년의 증광시에 급제하여 빠른 시간에 대사간에 올랐는데 이것은 그가 순조의 특별한 배려를 받았던 인물임을 짐작하게 한다.

위에서 서술한 바와 같이 순조가 《만기요람》을 편찬할 것을 명령한 것과 각 사의 직무 및 신하들의 출신 가문 등을 스스로 자세히 파악하고 싶다는 소망을 진술하고 실무자의 소대를 명령한 것은 이심도의 상소가 있은 지 이레만의 일이었다. 이것은 유원명과 이심도의 상소가 국왕의 노력과 짝하고 있는 것으로서, 당시 순조의 국정 주도 노력이 우연한 것이 아니었으며 미약하나마 그에 호응하는 관인들의 움직임이 있었음을 보이고 있는 것이다. 한편 이 시기 순조의 정책은 김재찬이 뒷받침하고 있었다. 그는 순조 5년에 잠깐 동안 우의정으로 있은 뒤 7년에 다시 우의정에 오르고 8년 윤5월 이후로는 영의정이 없는 상태의 좌의정으로 재직하였다. 김재찬은 김조순 중심의 세력과 적대적인 관계까지는 가지 않았지만, 순조의 독자적인 선택에 의하여 처음 정승이 되었으며 늦게까지도 순조로부터 가장 큰 신뢰를 받고 있었다.

그러나 순조와 일부 관인들의 위와 같은 노력은 순조롭게 추진될 수가 없었다. 이심도의 상소에 대해서 언관들은 그가 임금의 권한을 강조하는 '總攬'

이라는 구실하에 시파와 벽파 모두를 공격함으로써 조정 관인들을 모두 도태하려는 계획을 보였다고 맹렬히 공격하였고, 순조 스스로도 당파를 언급하였다는 죄목으로 그를 처벌할 수밖에 없는 상황이었다. 유원명 역시 그 이후 당상관으로의 승진 기회도 갖지 못한 채 실록에서 존재를 확인할 수 없게 되었다.

순조 11년의 하위 관인들에 대한 순조의 정책도 별다른 실효를 거두지 못하였다. 11년 10월 양사에서는 긴요하지도 않고 명분도 뚜렷하지 않은 講製를 너무 많이 실시한다고 순조의 행위를 비판하는 등 신하들이 임금의 노력에 부정적인 입장을 취하고 있었음을 많이 찾아볼 수 있다. 김조순은 훈련도감을 장악하고 있었고 병조판서 金履翼은 순조 8년 4월 禁衛營의 강화를 요구하는 반면, 군문에 비판을 가하고 국왕을 호위할 군사력을 강화하려는 순조의 노력은 이미 살핀 바와 같이 김조순 가문의 인물에 의하여 저지되는 상황이었다.

순조 8년에 전국에 암행어사를 보내 지방문제를 해결하려 했던 노력은 관료체제 전반의 구조적 모순을 극복하는 방안이 될 수 없었을 뿐만 아니라 오히려 대규모의 어사 파견으로 인해 폐단이 커지는 역효과를 자아냈다.[10] 9년 3월 민폐를 조사하라는 명령을 내린 후 그 해 여름에는 비변사에 지시하여 그것들을 바로잡도록 하였으나 11년 3월까지 보고가 전혀 없다가, 임금의 채근을 받고서야 부랴부랴 비변사에서 그 시행 상황을 정리하여 보고하였다. 또한 구휼과 죄수 심리 등 국정의 구체적인 면을 주재하려는 노력은, '밑의 담당자가 하면 될 일이니 국왕이 나서지 말라'는 냉소적인 반응을 초래하였다.

이 밖에 즉위 이후 비교적 순조롭던 농사 상황이 9년에 이르러 극심한 흉년으로 변한 것도 순탄한 국정의 운영에 재정적으로 커다란 어려움을 가져다주었다. 더욱이 11년 12월에 홍경래란이 일어남으로써 순조의 노력은 결정적으로 벽에 부딪히게 되었다. 이런 상황에서 순조는 정신 건강을 해치게 되어 국가운영에 일관성을 잃게 되었고, 11년경에는 결국 국사를 제대로 돌보지 못하는 상황에 이르렀다. 이후 12년 3월에 회복은 되었으나 정치력의 복구는

10) 鄭元容, 〈暗行御史桂邑之規〉(《袖香編》, 영인본, 同文社, 1971).

이루지 못하여 이전까지의 그의 노력은 끝내 실패로 돌아가고 말았다.

실패의 구체적인 원인은 당시의 권력자들이 비변사를 장악하여 국정의 대부분을 움직이는 상황에서 순조가 그들을 견제하면서 자신의 정책을 뒷받침할 관료세력을 형성할 수 없었기 때문이었을 것이다. 멀리는 홍경래란으로 나타난 민중의 동향이 지배계층 일부에서 일어난 전통적인 방식에 따른 정치적 재편성의 움직임을 좌절시킨 것이라고 할 수 있다.

순조 4년(1804)에서 11년까지의 순조 친정 초기는 김조순을 비롯한 안동 김씨 가문의 여러 인물들을 중심으로 하고 반남 박씨 박준원 가문과 풍양 조씨 조만영 가문 등이 협력하는 세력이 대왕대비의 수렴청정이 끝난 후 권력을 집중시켜 가던 시기이다. 순조도 장성함에 따라 국정을 주도하려는 노력을 다각도로 기울였으나 이미 조성된 세력 관계를 재편하는 데에는 이르지 못하였다.

(3) 순조 친정 중기(순조 12년~26년)

정조에 의해 순조의 보호자로 선택된 김조순의 관직에는 작은 변화가 있기도 했지만 권한에는 별다른 변함이 없었다. 그 친아들로 후에 한동안 김조순 일문의 중심이 되는 金逌根은 순조 12년 5월 司書로 임명된 이후 17년 5월의 이조참의를 거쳐 19년 5월에 비변사 제조가 되었고 27년까지 이조참판·대사성·대사헌 제학·선혜청 제조·판윤·예판 등을 역임하였다. 그리고 그 동생 金左根에 대해서도 순조 25년 8월 김조순의 회갑을 맞아 6품직에 서용하라는 명령이 내려졌다. 이 밖에 金履喬·金履翼·金履陽·金履度·金羲淳 등의 안동 김씨 일문과 南公轍·李相璜·심상규 등 김조순 계열의 인물들이 정계의 중심에 포진하고 있었다.

다만 '홍경래란'을 거치면서 한때 정국 변화의 가능성은 있었던 것으로 보인다. 벽파세력 김관주의 손자인 金聖吉이 그 증조부인 金漢祿의 신원을 요구한 일이 순조 12년 10월에 처음 나타난 것도 그 점을 시사한다. 그러나 김성길의 상소는 김이교·김희순·김이양의 반격을 받아 무위로 돌아갔다. 한편 순조 11년 이후로는 박준원의 아들이며 벽파세력의 축출에 참여했던 박종경이 점차 세력을 행사하려 하였던 것으로 보인다. 순조 17년 12월 그가 죽었을 때, 권세와 지위를 바탕으로 친한 사람들을 모아 조정에 갈라짐이 있었다는 사관의 평가가 붙었던 것에서도 그러한 사정을 짐작할 수 있다.[11] 이때 조득영은 순조 12년 11월 박종경의 권력과 부패를 극렬히 탄핵하다가 자신을 두둔하던 尹致謙과 함께 유배되었으며, 박종경도 이 공격으로 말미암아 훈련대장에서 사임하는 사건이 일어났다. 이 사건은 조득영이 김조순 가문과의 협력관계 위에서 박종경 세력의 도태에 나섰던 것이었다고 판단되며, 김조순이 국정에 대한 전권을 장악하는 계기가 되었다.[12] 박종경은 이후 여러 관직을 역임하고 순조 14년과 15년에는 순조가 군문대장직에 특제하기도 하지만, 김조순 가문에 대한 경쟁력은 더 이상 지니지 못하였던 것으로 보인다. 그 후 순조 17년에 박종경이 죽자 대사간 申在植을 비롯한 언관들은 물론 남공철·鄭萬錫·李羲甲·김이교·金履載 등과 少論 가문 출신의 朴宗薰까지 조득영을 용서하는 것이 公議라고 내세워, 8월에는 그를 放歸田里시켰고 19년 4월에는 완전히 풀어 주었다. 언관을 그 직분인 언론 행위로 인해 처벌한 것이 잘못이었다는 것이다. 순조 19년 8월에 들어 세자를 조득영의 8촌인 趙萬永의 딸과 결혼시키기로 결정된 것은 위와 같은 김조순 가문과 조득영 가문의 협력 관계 위에서 이해하여야 할 것이다.

한편 순조 초년 벽파세력에 의해 조정에서 대거 축출되었던 남인은 순조 14년 4월 洪時濟와 18년 9월 영남 유생들이 채제공의 신원을 요청하여 적지 않은 분란을 일으켰으나 그 후 계속된 탄원에 의하여 23년 4월에 채제공이 복관됨으로써 그들의 존재에 대한 최소한의 입지를 인정받았다. 25년 5월에는 체제공의 아들 채홍원이 형조참판으로 재직중임이 확인된다.

이 시기의 순조는 앞서 잃어버린 국정 주도력을 회복하지 못하고 국정은 답보상태에 머물러 있었다. 순조 11년 홍경래란 이전만 해도 쓸데없는 강과 응제를 너무 많이 한다는 평을 들었던 순조는 고위직, 경연관들을 막론하고 신하들과의 만남도 피하는 상태에 있었다. 15년 9월에 이시수가 임금과 신하들의 사이가 너무 벌어져 경연이 잘 되지 않고 홍문관이 비다시피 한 상황을 지적하고 왕에게 적극적으로 신하들을 접하라고 건의한 것은 그 때문이었다.

11) 이 시기 박종경과 김조순의 권력 다툼에 대해서는 鄭奭鍾, 〈순조 연간의 정국 변화와 다산 解配 운동〉(앞의 책, 1994, 517~529쪽) 참조.

12) 金澤榮, 《韓史綮》 권 5, 純祖紀.

물론 그러한 극단적인 상태가 일반적으로 내내 계속된 것은 아니어서, 각종 강이나 응제 등을 통한 하급 관인들과의 만남이 재개되기도 하였지만 전 시기와 같은 민생에 대한 관심 등이 직접적으로 표출되는 일은 이 시기에 나타나지 않았다.

다만 소극적으로 조정의 분란을 조정하거나 자신의 개인적인 권위를 펴 보이려는 노력을 조금씩 찾아볼 수 있을 따름이다. 순조는 신하들의 일치된 의견에도 불구하고 조득영을 용서하는 데 크게 반대하였는데 이것은 김조순 가문 세력의 독주를 견제하려는 의도에서 나온 것으로 보인다. 또한 22년(1822) 12월에 정조의 후궁이자 자신의 친어머니인 반남 박씨 嘉順宮이 죽었을 때에는 嚴燾·權敦仁을 필두로 한 많은 관인들이 그 장례의 절차가 의례를 넘어선다고 비판하였지만 순조는 홀로 뜻을 굽히지 않고 맞섰다. 19년 6월에는 김조순 가문의 척족정치를 비난했다가 축출당했다고 평가되는 李書九를 형조판서에 임명하여 중앙 정계에 불러들이려 하였으며, 전라감사를 맡겼다가 24년 9월에는 우의정에 임명하였다.

순조가 사람을 쓴 방향은 김재찬의 동향에서도 짐작할 수 있다. 앞 시기 순조의 정국 주도 노력을 뒷받침하였던 것으로 판단되는 김재찬은 순조 15년 5월, 이조·병조의 관리 의망에 대한 특명이 모두 '척신과 연결된 가문의 사람들'이라고 비판하였으며 그 직후 6월에는 서북 지역의 과거 합격자들을 승문원과 선전관에 소속시키는 것을 허락하자고 건의하였고, 7·8월에는 서북 양도의 문무 과거를 실시하였다. 그러나 그는 언관과의 분란을 겪고 11월에 사직하여 다음해 5월에 물러났다. 이것은 비록 소극적으로라도 김조순 가문 중심의 정국 구도를 견제하다가 정승직에서 배제된 것이라고 짐작된다. 그 후 그는 순조 17년 7월에 불려 나왔으나 계속 사직하다가 대사헌 任厚常과 분란을 겪는 등 순조로운 활동을 할 수가 없었다.

김재찬이 순조의 국정 주도 노력을 뒷받침했으나 끝내는 성공적인 결과를 거둘 수 없었던 것은, 병란과 기근을 극복하는 데 공을 세웠으나 조정의 분열을 구할 수 없었다고 그 죽음에 붙인 실록의 사평에서도 짐작할 수 있다. 또한 金澤榮이 조선의 진정한 재상은 김재찬 父子일 따름이라는 평가를 전한 데에서 나타나듯이 당시의 정치를 매우 부정적으로 보는 사람들에게서도 김재찬에 대하여 긍정적인 평가가 나올 수 있었던 것은 위와 같은 상황 때문이라고 생각한다.

이리하여 순조 19년 4월에는 사간 任燁이 '임금이 너무 침묵을 지켜 이해와 公私의 분별이 權柄으로 들어갔으며 결재가 밑에서 처리된다'고 비판하는 상소를 올리는 상황에 이르렀다. 여기에 대해 순조는 별다른 반응을 보이지 않았고 임업은 조정 신하들을 없애려 한다는 반격을 받아 유배당했다. 순조는 이런 분위기 속에서 일찍부터 세자에게 기대를 걸었던 것으로 보인다. 23년 5월 이후에는 남공철의 건의를 따라 궁중의 공식 행사와 임금이 신하들을 만나는 자리에 세자를 참여시켰다. 21년 10월에 최초로 孝禧殿에 대한 朔祭를 세자로 하여금 대신하도록 한 이후 23년 겨울부터는 국가의 모든 제례를 세자가 섭행하도록 하였다. 이러한 일들은 27년에 세자에게 대리청정을 맡기기 위한 의도적인 기초 작업이 되었다.

순조 12년에서 26년까지의 순조 친정 중기는 국정을 주도하기 위한 앞 시기 순조의 노력이 실패한 상황에서 순조의 장인 김조순이 음으로 양으로 확고한 주도력을 장악하고 행사하던 시기였으며, 그것을 위해 경쟁세력으로서의 가능성을 지닌 순조의 외가 쪽 인물들을 조득영과의 협력을 통해 억누르는 과정이 선행되었다.

(4) 효명세자 대리청정기(순조 27년~30년 5월)

현실적인 장벽에 부딪힌 국왕의 소망에 따라 순조 27년에 세자가 대리청정하게 되었지만 그것은 또한 김조순을 비롯한 유력 인사의 암묵적인 승인이 있었기 때문에 가능한 것이었다. 대리청정을 실시하라는 순조의 명령이 내려지기 전에 김조순·이상황·심상규·정원용 등이 이미 그것을 논의하였으며 거기서 대리청정에 찬성하기로 미리 의견이 조정되었던 것이다. 그러나 세자는 일단 대리청정을 시작하자 적극적으로 국정을 처리하여 나갔다. 청정 사흘만에 형조판서와 한성부 당상에 대한 인사 명령을 내리고 나흘만에 전 이조판서 李羲甲을 비롯한 金在昌·김이교 등의 고위 관료에게 감봉의 징계를 내렸다. 또한 전라감사에서 돌아와 민폐를 순조에게는 개진하지 않고 자신에게만 보고한 曺鳳振을 유배하고 그를 탄핵하지 않았다는 이유로 입직 홍문관원들을 모두 삭직하는 등 권한을 단호하게 행사하였다. 순조 19년(1819) 권력가문의 농단을 비난하고 임금의 권한을 강조하였다가 유배당한 임업을 4월에 풀어 주었는데, 이 조치도 부왕을 대신해 국왕의 권한을 강력히 행사하려는 의지에서 나온 것이라고 판단된다.

한편 소론 대신으로 영조대에 처벌받은 趙泰億의 관직과 성명을 공식적으로 언급했다는 죄로 소론 韓植林을 유배하였다. 이 때에는 경종대의 옥사를 중심으로 한 노론과 소론의 주장에 대해 노론 쪽을 정당화했던 영조의 丙申處分을 재확인하고 대신과 언관들이 그를 공격하는 데 게을렀다고 비판하는가 하면, 그 말을 따라 한식림을 공격하는 홍문관원들에게는 이미 처분이 내려진 후에 책임을 막기에 급급해 한다고 하여 不敍의 처분을 내렸다. 한식림의 처벌 또한 노론 의리를 고수하기 위해서라기보다는, 노론의 의리를 둘러싼 논란에서도 신하들에 대한 기선을 제압하려는 노력이었다고 보아야 할 것이다.

세자는 김조순 계열의 정승 심상규를, 순조의 대리명령을 그대로 받아들였으며 하교도 기다리지 않고 〈聽政節目〉을 바쳐 옛 제도와 도리를 어겼다는 죄명을 붙여 중도부처하고, 그 권세와 사치를 공격한 任存常을 이조참의에 특별히 임명하였다. 그러나 당시의 유력 인사들이 모두 대리청정에 찬성하였으며, 심상규가 세자에게 특별히 처벌을 받아야 할 만한 이유는 따로 없었다. 결국 이 조치도 김조순 가문 세력을 견제하기 위한 세자의 노력이었으며, 더 구체적으로는 대리청정이 그들의 암묵적인 승인 위에서 이루어졌다는 점을 부정하고 독자적인 입장을 세우는 데 목적이 있었다고 할 수 있다.

이러한 상황에서 김조순은 조정에서 힘을 발휘하지 못하고 소외된 상태에 놓였다. 이 때에 처음 쉴 수 있게 되어 여주 玄巖에 가서 지냈다는 점은 우연이 아닐 것이다. 그리고 당시 가문을 주도하고 있던 김유근도 대리청정이 시작된 직후인 3월에 생애 한 차례뿐인 관찰사 임명을 받아 평안도로 나가게 되었으며, 그나마 원한을 진 전직 관인의 기습을 받아 수행인을 살해당하고 돌아온 일로 조정에서도 그 처신을 공격받아 매우 어려운 처지에 있었다. 나아가 29년 7월에는 김조순의 7촌 조카인 金敎根과 그 아들 金炳朝의 권세와 탐학에 대한 맹렬한 공격이 부호군 沈英錫에 의하여 제기된 후 李游夏 등에 의해 權奸이라는 공격이 이어져, 김교근은 출사의 명령을 어기다 한때 甕津에 유배되는 상황에 처했다.

그리하여 순조 29년에는 김조순 쪽의 인물인 이상황이 4차의 上書와 10차의 呈辭 끝에 좌의정에서 물러가고, 영의정 남공철 역시 연초부터 사직을 고집하여 6월에 물러나게 되었다. 당시 李存秀가 좌의정으로 임명되었으나 곧 죽은 상태에서, 비변사에 일이 밀렸으므로 급한 일은 담당 당상관이 원임 대신과 상의하여 직접 세자 자신에게 草記로 올리라는 명령이 10월에 내려지기도 한다. 이것은 당시 권력자가 장악하고 있던 비변사가 세자의 견제로 정상적으로 운영될 수 없었고, 세자가 현임 정승들을 배제한 상태에서 국무를 직접 처리하려 하였던 상황임을 짐작하게 한다.

위와 같이 기성 집권세력을 견제하려는 노력은 다른 한편으로 자기 세력의 부식과 짝하여 이루어졌다. 순조가 정국을 주도하려 했을 때 했던 것과 마찬가지로 세자는 청정을 시작하자 각종 응제·강·제술을 급격히 늘렸다. 실록에 의하면 그런 행사는 순조 24년부터 대리청정 이전까지와 세자 사망후 순조 32년까지의 기간을 합하여 순조 26년 2월의 別試講經 한 차례 외에 한 번도 실시되지 않았으나, 대리 기간 중에는 순조 27년에 17회, 28년에 17회, 29년에 12회, 세자가 죽는 30년에는 4월까지만 해도 7회 실시하였음이 확인된다. 순조 30년 4월에 세자는 그러한 행사의 목적이 '수재를 뽑고 경술을 권장한다'는 데에 있다고 말했지만, 구체적으로는 세자가 자신의 국정 운영을 도와줄 관료들을 새로 육성하기 위한 것이었다. '爵賞이 과도하고 科製가 빈번하다'는 순조 28년 8월의 朴綺壽의 비판이나 그에 앞서 27년 8월 같은 내용의 姜泰重 상소는 그러한 정치적 의도에 대한 비판이었을 것이다. 또한 28년 11월에는 남공철과 이상황도 같은 내용을 주장하는 등 신하들의 많은 비판과 반대를 불러일으켰던 점에서도 세자의 정책이 가지는 정치적 의미를 알 수 있다. 이리하여 29년 10월에는 그간 직접 전시에 응시할 수 있는 특전을 받아 문과 합격이 보장된 인물들을 정시문과의 방목 끝에 올렸는데 그 숫자가 27명이나 되었다. 29년 12월, 이상황은 요행으로 진출하는 길이 많아 문제가 초래되고 있음을 지적하고 그것을 막으라고 건의하였다.

반면에 세자는《書經》하나를 시작한지 5년이 되도록 마치지 못할 정도로 기왕의 서연은 피하였다. 그것은 자신을 둘러싸고 있는 기존 집권세력의 인물들로부터 견제를 당하지 않으려는 노력이었을 것이다. 후에 신하들의 지적을 받은 후 비록 서연의 횟수는 늘어났으나, 별다른 열의를 기울이지 않기는 마찬가지였다.

그러나 효명세자는 당시 막강한 김조순 세력이 지니고 있는 노론 시파로서의 명분을 뒤집어엎는 과감한 정국의 전환은 원하지 않았던 것으로 생각된다. 예를 들어 순조 29년(1829) 11월 부호군 愼宜學이 상서하여 이서구를 추키면서 정조가 사망하기 직전 벽파의 논리를 공인하였다는 근거로 주장되는 '五晦筵教'의 명분을 주장하였을 때, 곧바로 국문하라는 명령을 내려 처형하였던 것이다.

관료세력의 일각에서는 세자의 위와 같은 움직임을 뒷받침하거나 자기 세력 확장의 기회로 이용하려 한 인물들이 있었다. 지평 睦台錫은 대리청정이 시작된 직후인 순조 27년 3월에 上書하여 주위의 가까운 인물을 함부로 신임하지 말 것을 건의하고 송시열의 사대론을 우회적으로 비판하였다. 노론의 명분을 위협하는 이러한 주장에 대해 세자는 '부모의 나라' 明의 사정을 함부로 인용했다는 죄를 들어 유배하였지만, 신하들의 거센 반대에도 불구하고 곧 그를 풀어주려 한 것을 보면 군왕의 독자적인 권위를 강조하는 논리에 상당히 동감하고 있었던 것으로 판단된다. 또한 29년 8월에 대사간 李寅溥는 '사람을 쓰는 데 士類와 淸議를 중시하고 임금이 국정의 절대적인 중심을 이루는 會極歸極의 道를 이루라'고 건의하였다. 이 상서는 김교근이 한창 공격받을 때 나왔는데, 그렇게 함으로써 世臣도 복을 누릴 수 있다는 표현에 나타나듯이 당시의 권력 가문을 크게 의식하면서 새로운 세력을 형성시킬 것을 주장한 것이었으며, '회극귀극의 도'란 영조나 정조가 추진했던 탕평책의 기본 정신에 해당하는 이념이었다.

이 시기 새로 결집된 정치세력의 드러난 중심 인물은 金鑑였다. 그는 순조 8년부터 12년까지의 순조의 국정 주도 노력을 뒷받침했으며 민생문제에 대한 공로를 평가받은 김재찬의 조카인 동시에 한용구의 사위로서, 순조로부터도 그 가족 관계에 따른 호의를 받고 있었다. 그는 시강원의 관인으로 세자의 신임을 받기 시작했으며, 청정이 시작된 직후에 대사성이 된 후 27년 윤5월에는 부제조로 비변사에 들어가고 이조참의·규장각 부제학·이조참판·홍문관 제학·판의금·호판·공판 등을 역임하였다. 이듬해 정월에는 병조판서, 29년 7월에 이조판서가 되어 인사권 행사에 중요한 역할을 담당하는 등 세자의 권위를 업고 국정에 큰 세력을 행사하였다. 세자가 급서한 후 김노에게 쏟아진 '세자의 政事와 명령이 모두 그의 뜻에 의한 것이며, 세자의 뜻을 가장하여 남들을 위협하였다'는 비판이나, '언행에 신하의 분수가 없고 임금의 존엄을 돌아보지 않았으며 조정 신하들을 위협하고 문무관의 인사권을 장악하여 자기 세력을 모았다'는 공격들에서 그러한 상황이 드러난다. 이 김노가 세자 대리청정기 새 권력집단 결집의 중심인물이었다.

이 시기에 洪起燮이 김노와 정치활동을 같이하였다. 그는 세자가 죽자 가장 먼저 배척을 받기 시작한 인물이며 후에는 김노의 무리로서 벽파세력의 상소를 사주하였다고 공격받았다. 한편 위에서 서술한 대로 군주의 권한을 강조한 상서를 올린 이인부도 그들의 일파이며 이인부의 상서는 김노 세력의 강화를 노린 것이라고 설명되었다. 그리고 金魯敬 또한 그들의 일파라고 지목받았다. 그는 세자가 죽은 다음 김노 등에 비해 뒤늦게 공격을 받기 시작하였고, 김노의 위협을 받아 그들 세력에 가담했다는 내용 등으로 보아 적극적인 행동을 취하지는 않았던 듯하나 어느 정도 정치적 입장을 같이 하고 있었음은 틀림없었던 것으로 판단된다.

이상의 김노·이인부·홍기섭·김노경 등이 세자가 죽은 뒤 이른바 네 간신(四奸)으로 불려졌으며, '朋比'라고 공격받았다. 그 외에 李止淵·趙秉鉉 등이 그 무리로 한데 묶여 공격받는 것을 보아, 비록 그러한 공격을 한 申允祿이 순조에 의해서 처벌을 받음으로써 공식적으로 부인되었으나, 이지연·조병현 등도 김노 등과 정치적 입장을 같이 하거나 적어도 김조순 가문 세력에 맞서는 부분이 상당히 있었음을 짐작할 수 있다. 이지연·이기연 형제가 헌종 6년(1840) 10월 김조순의 딸 순원왕후에 의하여 숙청당할 때, '세자 대리청정기에 조정 일을 함부로 한 익종의 죄인'이라는 죄명을 쓰게 되는 것도 그러한 사정을 가리킨다. 또한 세자는 정조대의 규장각신을 우대한다는 명분으로, 1806년 벽파세력의 몰락과 함께 정계에서 축출되었던 徐有榘를 순조 28년 8월에 正卿으로 뽑아 올리기도 하였다.[13]

13) 서유구의 정치적 성격에 대해서는 유봉학, 앞의 글, 28쪽 참조.

김노 등의 인물들이 활발히 활동하던 정치의 이면에서는 효명세자의 처가인 조만영가의 영향력이 상당히 작용하고 있었던 듯하다. 세자는 대리청정하던 해 윤5월에 조만영을 훈련대장에 임명하였으며, 8월에는 선혜청 제조에 들어가게 하여 대리청정기의 거의 모든 기간 재직하게 함으로써 자신의 처가에 군사력과 재정의 두 중심 기관에 대한 큰 권한을 부여하였다. 그리고 바로 이 선혜청과 훈련도감에 새로 주전한 돈 733,600냥과 利條 20만 냥을 소속시켜 재정을 강화시켰다. 개인간의 관계를 보더라도, 김노와 함께 세력을 모은 홍기섭은 趙曮의 외손자로서 조만영의 고종사촌이었다. 김노 세력의 일원으로 공격받은 이지연도 조만영 집안과 밀접한 입장에 있었고, 뒷날 헌종 연간에 풍양 조씨 가문과 권력의 부침을 함께 하게 되는 인물이었다.

김노를 중심으로 한 이 시기의 권력 집단은 자신들을 '士類', 자신들의 주장을 '淸議'라고 하여 기존 집권세력과 구별되는 성격을 강조하면서 세력을 부식하려 하였다. 앞에 소개한 이인부의 상소에서 사류와 청의를 강조하였거니와, 세자 사후의 그들에 대한 공격에서도 '사류와 청의를 칭하여 임금을 속이고 조정을 위협하였다'는 점이 중심 죄목으로 지목되었다. 김노경에게도 사류를 칭하였다는 사실 자체를 비판하는 공격이 뒤따랐다. 김노가 본래 '淸素한 가문' 출신이라는 사실도 그러한 표방의 기반이 되었을 것이며, '淸素의 가풍을 등졌다'는 홍기섭에 대한 뒷날의 공격 역시 그가 사류와 청의를 주장할 수 있었던 배경을 반증한다.

다만 이들도 노론 시파의 논리에서 벗어나지는 않았던 것으로 보인다. 위에 서술한 신의학의 상서와 같은 경우는 분명히 순조 초년 벽파의 논리를 답습하고 있으나, 세자 사후 김노 등에 대한 공격에서도 김노 세력의 하나인 이인부의 상소가 신의학의 상소를 초래하였고 그러므로 그들의 입장이 벽파세력과 같은 것이라는 논리를 개진하고 있을 뿐, 그들의 주장이 직접 신의학의 상서에 나타난 것으로 주장하지는 못하였던 것이다. 순조 초년 김달순과 이경신의 옥사를 통해 경주 김씨 김구주 가문을 중심으로 하는 벽파세력이 거의 완전하게 몰락해 버린 후에 조정에서 정치활동을 해 온 당시의 인물들 사이에서 벽파의 논리는 이미 현실적인 의미를 지니지 못했던 것으로 생각된다.

관직으로 보았을 때 이들의 동향이 쉽게 나타나는 것은 호조의 장악이었다. 대리청정 일년 만인 순조 28년(1828) 5월 이후 세자가 죽을 때까지 호조 판서직은 김교근이 한달간 재직한 것을 제외하면 김노경·김노·조만영이 맡아보고 있었다. 그리고 세자 사후 김노경·김노가 호조 또는 선혜청의 재정을 이용하여 사리를 취했다는 공격이 행하여진 것으로 보아, 그들은 호조와 선혜청을 통하여 정치 권력의 경제적 기반을 마련했던 것으로 생각된다.

세자 대리청정기 김노를 중심으로 한 새로운 권력 집단 결집의 움직임은 대리청정이 시작된 직후 매우 급박하게 일어났다. 김노경이 당시에 크게 겁을 내어 그들 세력에 합류했다는 훗날의 공격이 그 점을 보여준다. 그러나 세력의 확장이 급하게 이루어졌던 것과 같이 이들 세력은 세자가 급서함으로써 일시에 와해되었다. 세자가 죽은 뒤 김노 등을 공격하는 쪽에서는 세자가 순조 29년경에 이미 마음을 돌려 이들을 멀리하기 시작하였다고 함으로써 자기들의 행동을 합리화하였으나, 세자가 살아 있을 때에 이미 이들이 실세하기 시작했다고 볼 만한 근거는 없다.

이와 같이 순조 27년부터 30년 5월까지는 효명세자가 대리청정하면서 김조순 가문 중심의 집권자들을 견제하며 자신의 주도권을 강력히 행사하려 한 시기이다. 그러한 세자의 노력은 왕실과 인척 관계를 맺지 않은 인물들을 중심으로 권력의 새로운 인적 기반을 조성하려는 방향으로 나타났고, 조정 내에서도 김노를 중심으로 한 새로운 권력 집단이 생겨났다.

(5) 순조 친정 말기(순조 30년 6월~34년)

순조 30년 5월에 대리청정 중이던 세자가 사망하자 내의원 제조를 맡았던 홍기섭과 김노에 대한 책임 추궁을 시작으로 세자의 청정기에 정국을 장악했던 인물들에 대한 공격이 쏟아졌다. 尹錫永은 임금을 속이고 조정을 위협한 이인부의 상서와 의리를 뒤집으려 한 신의학 상서의 배후 조정자가 바로 그들이며, 세자의 권위를 업고 조정 신하들을 위협했다고 공격하였다. 특히 그들이 士類를 표방한 것은 金漢耉·김한록·김종수·심환지 등의 벽파를 이어받은 것이라 공격하였으며 그것이 신의학의 상소에 나타나게 되었다고 하였다. 6월의 홍문관 상소에서는 한 걸음 더 나아가 그러한 상소들이 순조 초년 순조와 김조순 딸의 결혼을 막으려 한 권유의 상소에 이어지는 것이라고 공격하였다. 김노·홍기섭·이인부는 '朋比로서 서로 어울렸다'고 공격받기도 하였다. 이러한 공격의 결과 김노·김노경·홍기섭 등이 유배당하고 이인부는 방귀전리되었다. 더 나아가 尹尙度는 박종훈과 申緯, 무신인 柳相亮까지 공격하였다. 이것은 김조순 가문의 金陽淳의 조종에 의한 무고로서, 세자와 국왕의 권위를 능멸했다는 순조의 단호한 태도에 의해 윤상도가 유배당하는 것으로 일단 끝났으나 김조순 가문의 경쟁세력에 대한 견제 활동을 보여주는 사건이었다.

그러나 이 시기의 정쟁이 일사불란하게 일어난 것만은 아니었다. 예를 들어 김조순의 7촌 조카인 金敎根 부자에 대한 공격이 일어나고 심지어는 그가 김노경과 결탁하였다는 비난이 있었는가 하면, 앞에서 본 바와 같이 신윤록·윤상도는 이지연·조병현·박종훈과 같은 인물들까지 김노의 무리라고 공격하기도 하였다. 이 때 이지연은 판윤에 임명되는 등 정치적 타격을 받지 않았으며, 오히려 그를 공격한 인물들이 무고한 인물을 공격한다는 반격을 받고 유배되었다.

이 때 김노 등을 축출하는 데에는 김조순 스스로가 긴밀히 참여하였다. 그는 대사헌 權丕應으로부터 김노를 공격하는 상소 초본을 먼저 받아 보고 있었음이 확인되며, 그 동안 김노 등의 활동을 견제하지 못한 관인들을 직접 나서서 공격하는 적극성을 보이기도 하였다. 그러나 한편으로는 전에 김유근을 공격하여 유배된 상태에서 효명세자의 방송 명령에도 불구하고 풀려나지 못하고 있었던 趙璟鎭을 방송하는 데 찬성하고, 김교근을 공격하였던 심영석과 심영석을 두둔한 韓鎭屎을 풀어 주자고 건의하여 자기 세력의 여유를 과시하고 김노 등에 대한 공격이 정당한 것임을 분식하였다. 屎莯

세력을 회복한 김조순 가문은 순조 33년(1832) 4월 김조순이 죽자 그의 아들 김유근이 뒤를 이어 그 정치 집단의 중심을 이루었음이 《헌종실록》에 공식적으로 언명되어 있다. 그리고 이러한 김조순 가문은 조만영 가문과의 협력 관계 위에서 정치적 기반을 더욱 안정시켜 갔다. 순조 33년 4월 예조판서 조만영이 요청하여 김조순을 정조의 묘정에 배향할 것이 결정되었고, 10월에는 김조순을 위한 사당을 짓게 해달라는 성균관 유생들의 요청을 허락하고 사액하였다. 그것과 짝하여 다음해 4월에는 가문의 요청이 올라오기를 기다리지 않고 시호를 내려 주는 조치가 조득영에게 내려졌는데, 그것은 김조순 가문 계열의 정승인 심상규의 건의를 따른 것이었다.

그러나 효명세자 대리청정기에 정치 질서를 개편하려는 노력이 실제로 커다란 변화를 이룩하지는 못하였으므로, 이 때에도 김노 등을 중앙 정계에서 축출하는 것 이상의 국정 변화는 일어나지 않았다. 이것은 당시 왕실의 두 외척 가문인 김조순 가문과 조만영 가문의 협력 및 균형 관계가 큰 원인이었지만, 순조의 역할도 크게 작용하였다. 본래 세자의 대리청정과 국정 주도 뒤에는 순조의 뜻이 있었던 만큼 그는 이 시기의 정쟁이 더 이상 확대되지 않도록 조정하였다. 공격의 전면에 나선 宋成龍에 대해 경황이 없는 틈을 타서 분쟁을 키운다는 죄목을 들어 사헌부 관원이 될 수 있는 자격을 아주 박탈하고, 특히 이지연과 조병현을 끌어 공격한 신윤록에 대해서는 유배의 처벌을 내렸다. 또한 김노에 대해서 그 가문의 공로를 내세워 신하들의 계속되는 공격을 유배에 그치는 정도로 막았으며, 이인부에 대해서도 신하들의 반대를 무릅쓰고 放歸田里하라는 명령을 내렸다. 또 신의학의 상소가 홍기섭의 공작에 의한 것이라는 주장에 대해, 그 근거가 되고 있는 포도대장 李惟秀의 행적을 조사하여 무관함을 밝히고 이유수를 풀어주었다. 그런데도 계속되는 공격에 대해서는 30년 11월에 간절한 비답을 내리고 김교근·김병조 부자와 李鶴秀를 放逐鄕里하였는데, 이후에 양사의 김노경 등에 대한 공격이 한두 차례 더 있었으나 대개 그 비답을 계기로 하여 논란은 종식되었다.

순조는 32년 7월에 세자 대리청정기의 전횡을 이유로 유배당한 김노·이인부와, 그 공격에 앞장선 宋成龍·신윤록, 그리고 김교근·김병조 부자에 대하여 방송 명령을 내렸다. 처음에는 대간의 반대로 명령이 시행되지 않았으나 8월에 양사가 그 주장을 철회하여 김노·이인부·김교근 부자가 풀림으로써 사태는 만 2년만에 일단락되었다. 김노경도 순조 33년 9월에 풀려났다.

그러나 효명세자 청정기의 정책이 실패한 대가로 순조는 김조순 계열의 남공철이나 심상규에게 극도로 자기를 낮추고서야 그들의 협력을 얻어낼 수가 있었다. 순조는 그들에 대해 '대대로 친교를 가진 사이'라고, 또는 '잘못을 용서해 달라'고까지 말하여야 했다. 그러한 과정을 거쳐 순조는 "신하들을 만나는 일이 극히 드물고 국무를 상의하는 일을 들어볼 수가 없으며 신하들의 보고 사항에 대해서는 예에 따라 재가를 내릴 뿐 한 마디 문답하는 일도 없다"는 좌의정 洪奭周의 지적이나 "국정의 온갖 손실이 임금의 어질고 용서하는 마음이 너무 심하며 침묵을 지키는 것이 너무 지나친 데에서 나온다"는 교리 柳致明의 상소에 나타나는 바와 같이 더 이상 국정에 대한 관심과 열의를 지니지 못하고 신하들과 정사를 멀리하는 무기력 상태에 빠지게 되었다.

이 시기의 정치적 분란은 일정한 한계 안에서 진행되었다. 즉 조만영 또는 그 세력권의 인물들이 세자 청정기의 정국 개편 움직임에서 적지 않게 중요한 몫을 하였음에도 불구하고 거기에 대한 공격이 일어나지 않았을 뿐만 아니라, 오히려 김노 세력에 가담한 김노경을 공격하는 경우에는 그가 조만영 가문과의 국혼에 반대하였다는 점을 죄목으로 삼았을 정도였다. 여기에는 우선 가문간의 역학관계가 전제되었겠지만, 김조순 가문이 기반으로 하고 있는 외척으로서의 권위를 조만영 등에 대해서도 부정할 수는 없었던 것을 보여준다. 결국 정쟁은 그들이 공통적으로 지니고 있는 기반을 훼손하지 않는 한계 내에서 이루어질 수밖에 없었으며, 그런 만큼 지배계층과 그 안의 집권세력 일부의 일만으로 그쳤던 것이다.

세자가 죽은 후 다시 순조의 친정이 행해진 이 때는, 가장 강력한 국왕외척 집단인 김조순 가문이 앞서 익종의 대리청정기에 조성된 새로운 정치세력을 도태하고 자기들을 중심으로 하는 권력 질서를 재정립한 시기였다.

2) 헌종대의 세도정치

(1) 헌종대 순원왕후 수렴청정기(헌종 즉위년~6년)

헌종이 즉위한 것은 그의 나이 8세 때로서, 왕실의 최고 서열에 있던 그의 할머니 純元王后가 수렴청정하는 것이 불가피한 일이었다. 이에 김조순 가문은 그들의 권력을 확고히 하기 위한 노력을 다시 활발히 기울이기 시작하였다. 그들의 세력 확장 노력은 우선 병권의 추이에서 나타난다. 효명세자 청정기 이후 훈련도감은 조만영이 거느리고 있었으며 김조순 가문 세력이 직접 훈련대장이나 어영대장에 참여하지 못하고 있던 상태에서, 순조가 죽자 즉시로 김유근이 어영대장에 오르고 원년(1835) 7월에는 김유근이 훈련대장, 조만영이 어영대장으로 마주 옮김으로써 병권의 균형을 유지하였다. 나아가 3년 2월에는 김조순의 7촌 조카인 金祖根의 딸을 왕비로 결정하였다.

한편 대왕대비는 원년 정월 국왕 외조부 조만영의 동생인 趙寅永을 이조판서에 임명하여 그에게 상당한 권한을 행사할 수 있도록 하였다. 또한 3년 10월에는 이기연과 조인영을 예조판서와 호조판서에 특지로 임명하고 정승을 이상황·박종훈·李止淵으로 임명하였다. 이후 박종훈이 한동안 국정을 총괄하다 4년 2월부터는 이지연이 담당하였다. 조인영 및 그 세력이 대왕대비 수렴청정하에서 이만한 위치를 유지할 수 있었던 것은, 기본적으로는 당시 국왕 외척세력들 간의 협력 관계가 바탕이 되었을 것이다. 그러나 좀더 구체적으로는 순조가 김조순 가문 세력을 견제하기 위하여 헌종의 보도를 조인영에게 맡긴다는 유촉을 남겼기 때문일 것이다.

그런 중에서도 내면적으로는 순원왕후의 친정인 김조순 가문이 점차 권력을 집중시키려는 노력을 기울이고 있었다. 이 시기 대왕대비 및 김조순 가문 계열의 정치운영은 沈英錫의 등용에 잘 표현되었다. 심영석은 경종대 辛壬獄事 시기에 남인으로 활동했던 沈檀의 증손자였으므로 당시 집권세력 내에서 명분상의 흠을 지적당하였던 인물로서, 효명세자 대리청정기에는 호조판서 김교근과 그 아들 김병조의 발호를 맹비난했다가 유배당했던 전력이 있다. 대왕대비는 김교근의 반발에도 불구하고 헌종 원년 정월에 그를 부총관에 발탁하였다. 물론 이것은 김교근 부자가 김조순과 그 아들 김유근 중심의 세력으로부터 어느 정도 떨어진 거리에 있었기 때문에 가능했을 것으로 생각된다. 김교근이 김조순 가문의 한 인물로서 대접받는 것에는 변함이 없었지만, 그의 부자가 익종 대리청정기 뿐만 아니라 그 사후에도 부정함을 공격받았던 사실을 보면 그들과 권력 중심부 사이의 거리를 짐작할 수 있다. 그러므로 순원왕후를 내세운 집권세력은 심영석을 발탁함으로써 별다른 댓가없이 조정에 포용성을 과시하고 자기들의 영향력을 강화하는 성과를 거두었을 것으로 판단된다. 특히 심영석은 순조 18년(1818) 5월 신임의리에서의 자신의 약점을 만회하려다 이지연으로부터 공격을 받은 바 있기 때문에, 김조순 가문 세력이 조만영 가문 계열의 인물이라고 평가되는 이지연 등을 견제하는 데 큰 역할을 할 수 있었을 것이다. 또한 제한적이나마 척족세력에 비판적이었다고 평가되는 홍석주가 아래에 서술한 바와 같이 얼마 지나지 않아 축출된다. 심영석은 순조 22년(1822) 11월에 홍석주와의 분란을 겪은 인물이므로, 심영석의 발탁은 홍석주의 축출에도 어느 정도 작용을 하였던 것으로 보인다.[14]

위와 같은 인사정책을 통해 조정에 권력의 안정이 이루어졌으며, 그러한 안정위에서 앞 시기로부터 넘어온 문제들이 일단락되었다. 헌종 원년 정월에는 윤행임의 관작을 복작하였고, 김노경·이인부·김노·송성룡·신윤록 등의 죄명을 씻고 그 중 김노와 김노경에게는 특별히 타일러 호의를 보였으며, 특히 김노경에게는 "선왕도 그 무죄함을 알고 있었으니 더 이야기를 꺼내지 말라"는 간곡한 타이름이 있었다. 그리하여 효명세자의 세력 재편 노력에 의해 빚어졌던 정쟁이 마무리되었다.

한편 헌종 2년(1836) 12월에는 대사헌으로 임명된 김노가 倭館을 이용하여 난을 일으키려 한 南膺中의 옥사를 졸속으로 처리하려 했다는 죄명으로 홍석주를 탄핵하여 삭탈관작을 거쳐 서울 밖으로 쫓아내는 처벌을 받도록 하였다. 실록에 자세한 내용이 나와 있지 않고《承政院日記》에도 홍석주의 움직임과 김노 탄핵의 중심 내용은 오려져 있어서 자세한 전말은 알 수 없으나, 순원왕후의 동생 김유근이 공초에 나오자 홍석주가 그를 拿問할 것을 요청했기 때문이라는 자료가 있다.[15] 김노 등이 당대의 집권자와 협력하여 척족세력의 일방적인 정국운영에 방해가 될 수 있는 홍석주를 축출한 것으로 생각할 수 있다. 이 때 김노의 활약 역시 대왕대비의 배려가 성과를 거둔 것으로 볼 수 있을 것이다. 그리고 홍석주의 후임으로 조만영 가문의 계열인 이지연이 우의정에 올라 한동안 국정을 주관하는 것은 홍석주 축출이 김조순 가문과 조만영 가문 사이의 동의에 의한 것임을 짐작하게 한다.

그러나 위와 같은 당시 왕실 척족세력들의 연합은 수렴청정의 종료를 앞두고 세력 기반을 굳히려는 김조순 가문의 노력에 의해 흔들리기 시작하였다.

---

14) 홍석주의 정치적 입장에 대해서는 金文植, 〈尙書 연구서를 중심으로 본 丁若鏞과 洪奭周의 政治思想 비교〉(《韓國史論》 20, 서울大, 1988), 406쪽 및《純祖實錄》 권 25, 순조 22년 11월 경진 참조.

15) 金 洸,《大東史綱》 권 12, 헌종 정유 3년.

먼저 헌종 6년 7월에 金弘根은 효명세자 사후 순조에 의해 이미 처리가 끝난 윤상도와 김노경의 죄목을 아무런 새로운 이유없이 제기함으로써, 박종훈·신위·유상량 등을 공격했던 순조 30년 윤상도의 상소를 재조사하게 하였다. 그 과정에서는 김양순이 오히려 윤상도를 조종하였음이 명백히 밝혀지고 심문 중에 물고당하는 등 김조순 가문 세력에 불리한 점이 없지 않았다. 그러나 金正喜도 김양순의 무고를 받아 유배당하는 등, 김조순 가문 세력은 자기들에 대해 경쟁 또는 견제의 가능성이 있는 세력을 축출하고자 하는 목적을 일단 이루었다. 이 때의 김노경에 대한 공격은 익종 대리청정기의 행위를 중심으로 한 것으로서, 김노경을 공격하면서 그가 김노에게 아부했다는 설을 재론한 이상황의 발언에서 보이는 바와 같이 김노경과 함께 지목받았던 김노의 명분까지도 여지없이 짓밟는 것이었다. 결국 그 이후 김노의 정치적 활동이 드러나지 않음은 물론 존재조차도 쉽게 확인할 수 없게 된다. 헌종 즉위 후의 김노의 복귀와 활동은 김조순 가문의 세력 확장 정책에 의한 일시적인 것이었음에 틀림이 없다.

그 사건에 바로 이어 헌종 6년 9월에는 대사간 李在鶴이 뚜렷한 계기 없이 이지연·이기연 형제를 공격한 것을 계기로, 沈承澤은 윤상도의 옥사를 이용하여 조정 신하들을 모두 도태하려 했다는 죄목을 이지연 등에게 무리하게 적용하여 그들을 공격하였다. 그리하여 대왕대비는 그들이 효명세자의 대리청정에 불만을 가지고 큰 죄를 지었으며 헌종대에 들어와서도 정권을 오로지 하려 했다는 모호한 이유를 들어 그들을 유배하였다. 이지연은 비록 그 동생 이기연이 김유근과 사돈관계에 있었다고는 하지만 자신의 아들이 조만영의 사위이며 조카는 조인영의 사위인 이중의 사돈 관계와, 어렸을 때부터 조인영과 맺은 우의를 통해 풍양 조씨 조만영 가문 세력에 대한 지지기반으로서의 성격을 강하게 지닌 인물들이었다.

그리고 순원왕후의 수렴청정이 끝난 직후 7년 정월에는 효명세자가 죽은 뒤 김노경의 血黨이라고 공격받았던 李鶴秀를 유배하는데, 이것은 전년에 있었던 정치적 처리의 마무리 작업이라고 생각된다. 이리하여 세자 청정기에 김노를 중심으로 세력을 모아 김조순 가문에 위협이 되거나 그 가능성을 지니고 있었던 인물들은 헌종 초년 수렴청정기의 유예기간을 거쳐 결국 조정에서 모두 축출당하였다. 그들은 김조순 가문과 조만영 가문이 어느 정도 연합하거나 대립을 유예하고 있던 동안 조정에 복귀할 수 있었지만, 양 세력의 경쟁이 격화됨에 따라 설 자리를 먼저 잃어버렸던 것이다.

어린 헌종이 즉위하고 김조순의 딸인 순조비 순원왕후가 대리청정하던 시기에는 그 친정인 김조순 가문 세력이 계속하여 튼튼한 정치적 기반을 유지하면서도, 생전의 순조로부터 헌종 보도의 책임을 위촉받은 趙寅永이 정국운영에 적극적으로 참여함으로써 그 두 세력 사이에는 어느 정도 균형이 유지되고 있었다.

(2) 헌종 친정기(헌종 7년~14년)

김조순이 죽은 뒤 그 가문의 중심인물이었던 김유근이 헌종 6년(1840) 12월에 사망하자 그 위치를 동생인 김좌근이 이어받았다. 그는 관직으로는 헌종 7·8년에 이조참판을 거쳐 왕의 인사 특명에 의해 공조판서·병조판서·이조판서에 임명되었으며 그 후 줄곧 각조의 판서직을 옮겨 다녔다. 한편 김좌근이 아직 나이가 많지 않았던 상황에서 그의 6촌 형제인 金興根이 또 적지 않은 역할을 담당하였다. 그러나 김유근이 사망한 뒤로 국정을 가장 적극적으로 주도한 인물은 순조의 유촉을 받은 조인영과 그 세력에 의해 뒷받침된 조만영의 아들 趙秉龜였다. 그리고 헌종 12년에 조병구가 죽은 뒤로는 조득영의 아들 趙秉鉉이 권력의 중심을 이루었다.

위와 같은 인물들을 중심으로 한 권세가들은 서서히 그 경쟁을 격화시켰다. "헌종이 친정을 시작한 이후 조정이 갈라서게 되었다"는 주장을 조병현이 입에 올렸다는 반대파들의 공격은, 조만영 가문 세력과 김조순 가문 세력의 정치권력을 둘러싼 경쟁 관계가 이 때에 격화되었음을 나타내는 것이라고 볼 수 있다.

조병현은 헌종 10년 4월 이후 試官으로서 응시자 閔達鏞의 과거 부정에 대한 책임으로 인해 맹렬한 공격을 받아 처벌까지 받은 일이 있었는데 이때의 조병현에 대한 공격도 단순한 과거 문제로 인한 것이 아니고, 그의 정치적 입지에 대한 공격의 성격을 띠고 있었다. 민달용이 처벌받은 지 얼마 되지도 않은 12년 정월에 그 아들 민영직에 의해 억울하다는 격쟁이 일어났고, 당사자 조병현이 나서서 그것을 조정에 보고하는 상황도 민달용 사건이 정치적 문제였음을 알 수 있게 해준다.

반면에 헌종 10년 8월에는 徐光近·閔晋鏞 등이 역모를 꾀했다 하여 조성된 긴급 상황 속에서, 대신직에서 물러나 있던 조인영과 그 계열 인물인 권돈인이 다시 현직에 복귀하였다. 이 옥사의 처리 과정에서 모의에 참여한 인물들이 김유근·김홍근을 추켰다는 말이 나와 그 가문에 적지 않은 위협을 가하고 김홍근과 김좌근이 한때나마 고향으로 퇴거할 수밖에 없었다.

또한 조인영은 그 해 정월에 권돈인에 의해 발론된 宋能相을 遺逸로 다시 인정하는 문제에 대해 조정 신하들의 의견을 모으게 하였지만, 김홍근을 비롯한 대부분의 신하들이 의견을 내놓지 않는 방식으로 반대하는 상황이 벌어졌다. 이것 역시 조병현이 공격당하는 등 수세의 입장에 놓여 있던 조인영 세력이 민진용의 옥사 사건을 계기로 공세적인 입장으로 변한 것을 보여주는 것이다. 여기에 대해 김조순 가문 쪽에서는 헌종 6년 9월 이지연 형제를 도태시켰던 이재학이 다시 나서서 새삼 이지연 등의 잘못을 거론하는 등 반격을 가하였으나 오히려 행동이 규례에 어긋났다는 이유로 자신이 방축당하였으며, 다음 달에는 이지연의 아들들에 대한 삼사의 공격이 철회되었다.

그러나 헌종 13년 10월에 前正言 尹行福이 조병현을 權奸으로 지목하여 공격한 것을 계기로 삼사와 賓廳의 탄핵이 빗발친 끝에 조병현은 유배되었다. 이 때의 죄목은 그 개인에 한정되는 것이 아니라 아들들의 진출이 너무 빠른 것이 지적되는 등 가문의 문제로 제기되기도 하였다. 이에 앞서 같은 해 7월에는 중전에게 병이 있다는 이유로 士族 처자를 후궁으로 들이라는 명령이 내려졌고, 10월에 光山 김씨 金長生의 후손인 金在淸의 딸이 慶嬪으로 간택되었는데, 이것은 당시 중전의 친정인 남양 홍씨 가문과 권력을 나누어야 할 것을 우려한 조병현의 공작에 의한 것이라는 설명이 있다.[16] 이러한 설명을 받아들인다면, 조병현에 대한 공격은 국왕의 결혼문제를 좌우할 정도로 조만영 가문의 권력 독점이 심화되는 것에 위기를 느낀 반대세력이 그 전 해에 죽은 조만영의 小祥이 지나면서 본격적인 견제 활동을 시작한 것이라고 할 수 있

16) 金澤榮,《韓史綮》권 5, 憲宗紀 丁未 13년.

다. 그러나 이 때에는 조병현을 공격하던 李穆淵까지도 그 탄핵의 문구에 허위와 불경이 있다 하여 조병현과 함께 유배되는 등, 두 세력 사이의 대립에 완충이 이루어졌던 것으로 보인다.

조병현의 축출에 반해 이듬해 7월에는 대사간 徐相敎가 김홍근을 "조정을 주무르고 임금의 권한을 억눌렀다"는 죄목으로 공격하였다. 여기에 대한 다른 신하들의 태도는 그 전년에 조병현 탄핵에 적극적으로 참여하였던 것에 비해, 헌종이 김홍근 탄핵을 이끌어 내려 했음에도 불구하고 매우 소극적이었다. 당시 관인들 사이에 김조순 가문 세력이 더 널리 뿌리내리고 있었음을 알 수 있다. 그러나 헌종은 신하들의 탄핵을 더 기다리지 않고 김홍근을 삭직하였으며 그 논의를 회피한 대사헌 徐箕淳과 대사간 權大肯을 파직하여 김홍근 세력을 견제하려는 의도를 확실히 보였다. 이 때 헌종의 명령에 대해 계속 위패하다가 李濟達·林翰洙·金昌秀 등이 유배당하고, 趙雲卿도 김홍근 공격을 멈췄다는 이유로 金應夏의 탄핵을 받아 유배당했다.

나아가 헌종 14년(1848)에 들어서, 국왕은 영의정 정원용을 파직하면서까지 여러 신하의 반대를 무릅쓰고 김홍근을 두둔한 柳宜貞을 처벌하였으며, 전해에 조병현을 공격하여 유배당한 이목연을 새삼스럽게 압송하여 조사하는 등 김조순 가문 세력의 기세를 누르려는 명시적인 노력을 더욱 크게 기울였다. 그러나 왕실의 구성으로 보나 관인 집단의 역학관계로 보나 어느 일방의 독주가 허락되지 않는 상황에서, 대왕대비 회갑 등의 경사를 이유로 그 해 12월에는 조정 권력 싸움의 초점이었던 조병현·김홍근·김정희를, 이듬해에는 이기연·이학수를 모두 왕명으로 방송하고 이지연의 죄명을 씻어 줄 수밖에 없었다. 이리하여 그간의 정쟁으로 축출 당했던 각 세력의 대부분의 사람들이 풀림으로써 다시 권력의 보합상태를 맞게 되었다.

한편 헌종은 그 나름대로 국정운영의 주체가 되려는 노력을 기울였다. 그러한 분위기는 그가 19세 되던 헌종 11년경부터 나타난다. 그 해 정월에는 국정에 소극적인 관인들을 비난했으며, 자신의 책임을 강조하면서 전국 국정의 폐단을 모아 대책을 세우라고 지시하였다. 이러한 명령은 순조가 국정 주도를 기도하던 시기에 시행한 것과 똑같은 것이었다.

헌종 11년 9월에는 선왕들의 업적을 엮은 《羹墻錄》을 경연의 교재로 하라는 명령을 내렸고 이듬해에는 같은 성격의 책인《國朝寶鑑》을 읽으면서 역대 왕정의 치적에 깊은 관심을 기울였다. 또 3품 이상 관직자의 수행원을 줄이도록 한 것도 신하들의 위세를 눌러 상대적으로 국왕의 권위를 높이려고 했던 것으로 보인다. 헌종 12년 윤 5월에 순조와 익종의 초상화를 정비하여 봉안하게 한 것도 우연한 일은 아니었을 것으로 보이며, 나아가 13년 2월에는 정조 연간에 크게 정리된 이후 진전이 없던《국조보감》의 증수를 위해 정조·순조·익종에 대한《三朝寶鑑》의 찬집을 명하였다. 한편 같은 해에는 규장각 抄啓文臣을 뽑을 것을 명령하여 초계문신제도가 정조 사후 처음으로 운영되었다. 이 때 헌종은 정조의 뜻을 본받는다고 하였는데, 그 제도를 시행한 정조의 목적은 당대의 인재들을 近臣으로 양성하는 데 있었다.[17] 이 초계문신은 그 이후 헌종 14년에 한 차례 더 뽑혔다.

헌종은 자기의 세력 기반이 될 군사력의 양성에도 많은 의욕을 보였다. 11년 무렵에는 궁중에 內營을 설치하여 그 군속을 호위에 동원하는 등, 三軍門이나 총융청과 구분되는 자신의 친위병을 양성하려 하다가 12년 초에 들어 권돈인 등의 반대에 부딪혔다. 그러나 그 해 7월에는 궁중의 경비가 소홀하다는 이유로 摠戎廳을 摠衛營으로 승격하고 그 장관인 총위사에는 2품 이상 문신으로 새로 그 직에 천망된 인물과 군문대장의 직임을 맡은 인물을 교대로 천망하게 하였다. 이후 총위대장을 역임한 자들은 李惟秀·徐憙淳·李應植 등이었다. 이 총위영이 정조의 장용영 설치를 본뜬 것임은 헌종과 신하가 모두 인정하는 사실이었다. 총위영 소속 군병은 경제적으로도 특권을 받아, 그들의 난전 행위를 둘러싸고 설립 직후부터 기존 관서들과 분란을 일으켰다.

이러한 바탕 위에서 헌종은 기존의 김조순 가문 중심의 세력에 대해서 비판적인 입장을 취하고 자신의 외가인 조만영 가문을 상대적으로 가까이 여겼던 것으로 보인다. 13년에 일어났던 조병현의 탄핵에 대해서는 오랫동안 소극적인 입장을 취하다 신하들의 줄기찬 공격을 이기지 못하여 그를 유배하였지만 그나마 14년 12월에는 풀어 주었다. 그것에 비해 이듬해 김흥근 탄

---

17) 초계문신제도에 대해서는 鄭玉子,《朝鮮後期 文化運動史》(一潮閣, 1988), 149~160쪽 참조.

핵이 일어나자 곧바로 그를 유배하고 신하들의 탄핵을 도출하였던 것이다. 또한 김홍근을 두둔하는 유의정을 정원용 등의 반대를 무릅쓰고 유배하였으며, 전 해에 조병현을 탄핵하다 유배당한 이목연과, 경빈 김씨를 들이는 데 비판적인 입장을 취하며 중전 홍재룡의 딸을 두둔한 李承憲을 잡아다 선왕을 무핍한 죄를 다시 물었다.

그러나 위와 같은 헌종의 노력은 전체 국정의 운영에 별다른 변화를 가져오지 못했다. 예를 들어 헌종 13년 5월에 헌종은 강력한 의지를 표명하면서 수령과 이서들의 탐학 행위를 방지하기 위해 그들의 부패행위에 대한 처벌을 엄하게 개정하려는 정책을 추진하였다. 그러나 수령과 이서의 탐학이 당시 국가의 제일가는 폐단으로 인식되고 있었음에도 불구하고 헌종의 기도는 신하들의 반대에 부딪혀 이루어질 수 없었던 것이 당시의 현실이었다.

이와 같이 헌종이 직접 정사를 행하던 시기에는 김좌근 중심의 김조순 가문 세력과 조인영·趙秉龜 중심의 조만영 가문 세력이 대립하였는데, 후자가 헌종의 후원을 이용하여 우위를 점한 가운데 깊어 가고 있었다.

3) 철종대의 세도정치

헌종이 재위 16년째인 1849년 6월에 후사없이 죽자, 순조비 순원왕후의 명령을 받드는 형식을 통하여 사도세자의 후손 全溪大院君의 셋째 아들로 강화도에 거주하던 19세의 李元範이 즉시 왕위를 이어받았다.[18] 동시에 순원왕후가 헌종 초년에 이어 거듭 수렴청정하게 되었다.

그 후 오래지 않아 김조순 가문과 조만영 가문간의 대립이 격화되었다. 철종이 즉위한 다음 달에 그들 대립의 초점인 조병현에 대한 공격을 姜漢赫이 다시 시작한 이후, 李廷斗·李景在 등의 삼사 관원들이 조병현 일파를 극렬히 비난하였다. 죄목은 “위력을 보이고 은혜를 베푸는 국왕의 권한을 몰래 농간하고, 재화를 탐하고, 조정을 위협하여 제약하고, 국왕을 업신 여겼다”는 것이었다. 특히 이경재는 전년에 조만영 가문의 입장에서 김조순 가문의 김

---

18) 이원범이 국왕으로 선택된 배경에 대해서는 洪順敏, 〈19세기 왕위의 승계과정과 정통성〉(《國史館論叢》 40, 國史編纂委員會, 1992), 31~33쪽 참조.

홍근을 탄핵했던 徐相敎와 그를 사주했다는 윤치영을 함께 공격함으로써, 자기들의 정치 행위가 김조순 가문과 조만영 가문의 대립임을 노골적으로 표출하였다. 그러한 공격에는 전·현직 대신인 정원용·金道喜 및 승정원과 의금부 관인까지 참여하였고 성균관 유생들은 捲堂을 일으켰다.

이 때 윤치영·서상교 외에도 금위영 대장 申觀浩를 비롯한 李應植·李能權·金鍵 등 4명의 武將이 조병현의 무리로 지목되어 함께 공격받았다. 신관호는 헌종의 약을 마음대로 짓게 하였다는 점이, 이응식은 철종을 모셔 올 때 먼저 연락하고 군사를 동원하여 직분에 어긋났다는 것이 죄목이었다. 권돈인도 신관호의 행위에 연루되어 자신의 무고함을 상소하고 고향으로 퇴거해야만 했다. 결국 대왕대비는 조병현을 유배하였다가 위리안치의 절차를 거쳐 8월에 사사하였고, 윤치영·서상교·이응식·신관호·이능권·김건 등도 유배하였다. 조병현 사사에 대한 죄명은 궁궐에 멋대로 출입하면서 임금의 덕에 누를 끼쳤고 백성의 피폐함을 초래했다는 것이었다.

반면에 비슷한 죄목으로 헌종대에 유배당했던 김홍근은 12월에 방면되어 판윤에 임명되었다. 또한 대왕대비는 순조대 윤상도 옥사의 배후 조정자로 결론이 났던 김양순에 대하여 奴戮의 처분을 내릴 것을 요구하던 삼사 언관들에게 그 주장을 그칠 것을 명령하여 철종 원년(1850) 10월에는 그 뜻을 관철하는 등, 자기 친정 가문을 위한 정치 활동을 노골적으로 전개하였다.

이리하여 김좌근과 김홍근을 중심으로 한 김조순 가문의 독주가 심화되었다. 헌종이 말년에 국왕권의 강화를 위해 추진했던 정책은 계승될 수가 없었다. 헌종이 궁중의 경비를 강화한다는 명분으로 승격시킨 摠衛營이 헌종이 죽은 다음달에 바로 摠戎廳으로 환원되는 것이 그 대표적인 예일 것이다.

철종 2년 헌종에 대한 탈상을 앞두고 제기된 전례문제는 김조순 가문이 자기들의 권력 독점에 방해가 되는 세력을 몰아내는 결정적 계기가 되었다. 그 사건은 철종이 왕통으로는 헌종의 뒤를 이었지만 家統으로는 순조의 뒤를 이어 왕위에 오른 까닭에 나타난 문제였다. 즉 영조의 다음 왕으로 추존된 眞宗이 왕통으로는 새로 즉위한 철종의 5대조가 되므로 종묘의 二昭二穆에 모셔 제사지내던 중에서 遷廟해야 할 것이지만, 가통으로는 3대조가 되어 천묘하는 것이 부당할 수도 있었던 것이다. 권돈인은 이미 헌종의 국장 당시, 魂殿 祝式에 밝혀야 할 헌종과 철종의 관계를 논의하면서 그것이 예가 없는 경우라는 것을 지적하였거니와 이 때에는 廟數에 구애되지 말고 진종을 그대로 모시자는 의견을 개진하였다. 이러한 권돈인의 주장은 헌종이 죽은 뒤 그 후사를 순원왕후의 아들로 들이기 위해 헌종의 아버지뻘인 순조의 아들 항렬에서 선택한 김조순 가문 세력 및 대왕대비 순원왕후의 처사를 典禮에 어그러진다고 비판하는 의미를 지니고 있었다.[19] 결국 제왕의 가문은 가통보다도 왕통의 統序를 중시한다는 중론에 의해 진종은 천묘되었고 권돈인에게 극렬한 공격이 가해졌다.

이것은 단순히 전례의 문제에 그치는 것이 아니라 김조순 가문의 권력 독점에 대한 견제세력을 제거한다는 의미를 지니고 있었기 때문에, 권돈인에 대한 공격은 전례문제만이 아니라 평소 행적으로 비화되었다. 나아가 조병현의 심복이었다는 신관호 등의 무장과, 권돈인의 절친한 친구인 김정희의 형제, 나아가 吳奎一과 趙熙龍 부자 등 그 친지들에 대한 탄핵이 빗발쳤다. 특히 김정희에게는 권돈인을 중심으로 붕당을 형성하여 불법적으로 조정 일에 간여했다는 죄목이 붙여졌다. 그리하여 권돈인은 철종 2년(1851) 7월 강원도 狼川에 중도부처된 후 10월에는 경상도 順興에 유배되었으며, 같은 해 7월에 김정희는 북청에 유배되고 그 동생 金命喜·金相喜는 향리에 방축되었다.

이런 과정을 거쳐 김조순 가문의 독주는 더욱 심화되었다. 철종 2년 12월에 대왕대비가 수렴청정을 마치고 철종의 친정이 시작되었으나, 그것에 앞선 윤 8월에 이미 김조순의 7촌 조카인 金汶根의 딸이 왕비로 책봉되어 있었다. 권돈인이 축출당한 뒤로 김조순의 조카인 김흥근이 한때 정사를 주도하였지만, 3년 4월에 우의정을 거쳐 4년 2월에 영의정에 오른 김조순의 아들 김좌근이 국정을 오로지 하게 되었다. 김좌근은 철종 즉위 이후 문반쪽의 관직뿐 아니라 원년 4월의 총융사, 10월의 금위대장을 거쳐 2년 4월에는 훈련대장에 임명됨으로써 군사력의 최고 실권을 장악하기도 하였다. 그 후 철종 만년까지 김좌근과 그 가문의 절친한 협력자인 정원용을 제외한 다른 사람은 한 명도 영의정에 오를 수가 없었다.

---

19) 崔完秀, 〈秋史實紀－그 波瀾의 生涯와 藝術〉(《韓國의 美 17－秋史 金正喜－》, 中央日報社, 1984), 211쪽.

이후 중앙정국에서의 김조순 가문이나 김좌근 세력에 대한 견제 내지 비판의 움직임은 철종 11년 11월 慶平君 晧가 일으킨 논란 정도가 발견될 뿐이다. 경평군은 "국가의 기둥과 주춧돌이 되는 신하를 욕하며 헐뜯고 국가와 더불어 기쁨과 슬픔을 같이하는 지위의 사람을 얽어 무함하였다"는 내용을 중심 죄목으로 하여, 대신들의 건의에 의해 작호를 빼앗기고 이름도 고에서 世輔로 바뀌고 전라도 薪智島로 유배당했으며 그 양부 豊溪君과의 부자관계도 끊겼다. 그의 비판이 누구를 대상으로 하였는가는 구체적으로 명확하게 드러나지는 않지만, 김조순 가문 인물들의 발언과 동향을 볼 때 그들의 독주를 견제하거나 비난한 언행이 문제되었음에 틀림이 없다.[20] 그가 김조순 가문의 세력이 퇴조하는 고종 즉위 직후에 풀려난 것에서도 그 점이 확인된다고 하겠다. 경평군 공격에는 김문근·김좌근 등 최고 권력의 인물들이 직접 나섰으며, 비변사까지 새삼스러이 동원되어서 경평군이 부당하게 모았다는 재산을 피해자들에게 돌려주는 일을 맡았다. 그리하여 김조순 가문의 세력에게는 별다른 영향을 끼치지 못하고 일과성 사건으로 지나갔다. 판중추부사 김좌근, 영돈녕부사 김문근, 훈련대장 金炳國, 어영대장 金炳冀, 도승지 金炳弼, 정언 金炳陸 등이 사직하고 물러났으나 언관과 대신의 전폭적인 두둔속에 철종의 간곡한 타이름을 받고 직위에 다시 나오는 것으로 마무리지어졌던 것이다.

당시의 집권세력은 철종 13년의 전국적인 농민항쟁 속에서도 오히려 정치적 공작을 이용하여 반대파를 제거함으로써 권력을 공고히 하는 방법을 썼다. 그 해 7월에 金順性 등이 역모 혐의로 처형되는 과정에서 完昌君 時仁의 아들인 종실 李夏銓이 그들에 의해 왕으로 추대되기로 되어 있었다는 이유로 제주도에 유배당하였다가 사사당하는 사건이 벌어졌다. 이 사건은 헌종이 죽은 후 철종을 추대할 때에 김조순 가문의 이해를 대변하는 정원용에 맞서 권돈인이 후사로 내세웠던 이하전을 김좌근 등의 권력가들이 제거하여 후환를 없애려 한 것이라고 평가되어 왔다. 高宗이 즉위하고 興宣大院君이 집권하자 이하전이 곧 신원된 것을 볼 때, 이른바 김순성 등의 역모 사건과 이하

---

20) 이세보의 생애와 비판의식에 대해서는 진동혁, 《이세보 시조 연구》(집문당, 1983) 참조.

전 제거가 김조순 가문의 집권세력이 권력을 유지하기 위한 공작이었음을 확인할 수 있다.

이러한 상황속에서 철종은 별다른 역할을 할 수 없었으나, 국왕의 권한을 행사하려는 최소한의 움직임은 없지 않았다. 재위 10년경에 이르러서는 나이도 들고 정사를 본 경험도 쌓임에 따라 관리들의 부정을 공격한다든가, 신하들의 근무 상황을 신칙한다든가 하는 비교적 적극적인 정치 행위를 보였던 것이다. 철종 10년(1859) 3월에 지방관의 탐학하고 비루함을 탄핵하지 않는 대각 관원은 모두 파직하겠다는 비교적 강경한 명령을 내렸고, 執義 丁載榮이 현직 감사와 병사 5명을 포함한 관리를 무더기로 탄핵하자 모두 처벌하라는 답을 내린 후, 그를 일거에 대사간에 올려 쓴 것을 그 예로 들 수 있다. 그러한 움직임은 文臣講製의 제도를 다시 실시하는 것과 짝을 이루고 있었는데, 그것은 정원용의 건의를 받아들이는 형식을 띠고 있었으나 새로운 신료세력에 대한 철종의 비교적 적극적인 관심을 반영한 것이었다고 생각된다. 나아가 12년 11월에는 김병국을 비롯한 신하들의 반대를 무릅쓰고 훈련도감의 馬步軍과 別技軍 군사를 이용하여 武監局을 가설하고 궁궐의 숙위를 엄히 하려고 시도하기도 하였다. 그러나 이러한 노력들도 별다른 성과를 거둔 것으로 보이지는 않는다.

철종대 조정의 큰 사건으로는 曺夏望의 문집 간행을 둘러싼 논란을 들 수 있다. 이 사건은 경상감사로 재직 중이던 曺錫雨가 자기 조부인 少論 조하망의 문집을 간행하였는데 그 안에 노론의 명분을 어기는 내용이 있어서 논란이 일어난 것이다. 즉 철종 5년 11월 진사 趙鍾植이 조하망 문집 중에 尹拯에 대한 제문이 '효종을 침핍하고 송시열을 무욕하여' 그것을 간행한 것이 '斯文世道의 일대 변괴'라는 비판을 한 뒤, 李遇永을 필두로 한 성균관 유생들은 문집 판본을 못쓰게 만들고 조석우를 처벌하라는 요구를 하였다. 이후 논란은 전국으로 확산되어 宋時烈과 尹宣擧의 갈등 등을 둘러싸고 영남 및 8도의 유생들 사이에 한 번의 상소에 몇 천명씩 참가하는 대대적인 상소 논쟁이 일어나고, 조정에서도 삼사의 관원들은 물론 고위 관직자들이 대거 참여하는 논란이 벌어졌다. 이 논란은 조석우가 유배당하고, 정원용마저도 조석우 등에 대한 공격에 적극적이지 않았다는 죄명으로 한때 不敍의 처분을 받는 사태로 발전하기도 하였다. 당시의 집권세력은 김좌근이 새삼스레 송시열의 華陽洞書院에 국왕의 은혜를 내릴 것을 주장하는 등 노론의 입장을 지켰다.

그 밖에 철종 6년 3월에는 호군 柳致明이 상소하여 사도세자에 대해 합당한 전례를 올릴 것을 주장하였다가 유배당한 것을 시작으로 사도세자에 대한 명분을 둘러싸고 논란이 일었다. 유치명에 대한 비판은 그의 주장이 정조가 공식적으로 행한 바에도 위배되므로 의리에 어긋나고 선왕의 죄인이 된다는 것이었다. 그러나 유치명의 주장은 같은 해 5월에 李彙炳을 비롯한 10,432인의 경상도 유생들이 사도세자의 재회갑을 맞이하여 사도세자를 군주로 추숭할 것을 주장하면서, 정조의 뜻도 거기에 있었다는 내용의 상소를 올린 것으로 이어졌다. 조정에서는 護軍 權載大 등과 같이 사도세자 추숭에 찬성하는 인물도 있었으나, 반대 의견이 주류를 이루어서 권재대에게는 즉시 유배의 처벌이 내려졌다. 반대파들의 논리는 대사헌 兪章煥의 비판에 나타나듯이 왕통은 眞宗에게 있는데 사도세자를 추숭하면 왕통이 둘이 되며, 정조도 사도세자에게 尊號를 올리는 것만은 줄곧 거절했다는 것이었다.

그러나 앞 시기의 노론과 소론의 의리, 또는 노론 벽파와 남인 중심의 명분을 이어받아 붕당세력을 바탕으로 한 이러한 분란들은 전국적인 규모의 논쟁을 불러일으켰으나 정작 조정에는 별다른 영향을 끼치지 않고 일시적인 사건으로 지나갔다. 사도세자를 높일 것을 주장하다 유배당한 유치명과 권재대가 논란이 채 가라앉지 않은 상태에 있었던 철종 6년 12월에 풀려나는 것에서도 그 점을 확인할 수 있다. 정원용도 조하망 문집의 논란이 가라앉자 철종 7년 정월에 바로 서용되었고, 6월에는 논란의 와중에서 처벌받은 유생들도 사정에 따라 용서받았다. 조석우는 철종 8년 정월에 방송되었고, 이듬해 10월에는 조하망도 복작되었다. 현실적으로 조정의 권력은 노론세력 중 극소수에 의해 실권이 장악되어, 기층세력이나 그들의 주장과는 이미 괴리되어 있었기 때문에 이러한 논쟁에 긴밀히 영향을 받을 여지가 처음부터 없었던 것이다.

이와 같이 국가 권력에 도달한 사람들의 수가 극도로 축소되고 기층사회와 괴리된 상황속에서 사회 통합은 급속도로 해체되어 갔다. 단편적으로 나타나는 자료들만을 보더라도 철종 12년에는 민심이 혼란해지고 소동이 일어나서 조정의 관인 중에도 낙향하는 자가 있음이 임금과 정승간에 논의되었으며 일본어 통역의 개인적 편지가 민간에 전파되어 민심을 흉흉하게 하는 사건이 벌어지기도 하였다. 철종 13년에 전국에서 걷잡을 수 없이 일어난 농민항쟁은 그와 같은 전반적인 사회 분위기를 배경으로 한 것이었다. 이 사태는 광범위한 사회 변화 속에 중앙정부가 딛고 있던 위치의 약화를 그대로 드러나게 한 것이었으나, 중앙 정국의 권력 관계에 커다란 변화를 불러오지는 않았다. 그것 또한 중앙 정국의 움직임이 사회의 전반적인 변화에 대해 전 시기보다도 훨씬 괴리되어 있었기 때문에, 결정적 타격이 가해져 모든 통치체제가 와해되기 전까지는 오히려 사회의 격동에 영향을 받지 않을 수 있었기 때문이었던 것으로 판단된다.

대왕대비의 선택에 의하여 불시에 왕위에 오르게 되었던 철종의 재위기간에는 대왕대비의 친정인 김조순 가문이 경쟁세력을 도태시킴으로써 헌종대 후반의 위축을 만회하고 앞 시기에 비해 훨씬 더 권력을 독점하였다.

〈吳洙彰〉

Ⅳ. 부세제도의 문란과 삼정개혁

Ⅳ. 부세제도의 문란과 삼정개혁

1. 삼정의 문란

1) 전세제도의 문란

(1) 전결세 항목의 증가

田結稅는 토지에 부과되는 세를 일컬으며, 잡다한 항목으로 이루어졌다. 田稅·大同稅·三手米稅·結作·毛糧米 등을 비롯한 수많은 항목들이 전결세를 구성하였다. 그 중에서 대표적인 것은 전세·대동세·삼수미세이며, 이들을 田三稅라 하였다. 조선 초에 토지에 부과된 것은 전세 정도였으나, 조선 후기에 다양한 형태의 부세들이 토지에 집중되면서 전결세의 항목이 많아졌다. 이들은 수취제도를 개혁하는 과정에서 만들어지거나 혹은 임시적인 필요 때문에 새롭게 항목으로 설정된 것들이었다.

전세는 결당 4斗를 거두었다. 전세에 대한 규정은 논일 경우에 쌀(米)로, 밭은 位太 내지 稅太, 즉 콩으로 세를 내도록 하였다. 그러나 수세 단위를 이용하여 세를 거두는 실질적인 과정에서는 논·밭의 구별은 이루어지지 않았다. 전세로 거두어들인 米·太는 다음해 6월까지 京倉에 수납토록 하였으며, 布·錢으로 거둔 경우 충청·전라·황해도는 다음해 3월까지, 경상·강원도는 다음해 4월까지 호조에 상납토록 하였다.

대동세는 大同法에 의하여 공물을 전세의 형태로 부과한 것이다.[1] 조선

---

1) 대동법은 광해군 즉위년(1608)에 경기에 선혜법을 실시한 이후부터 숙종 34년(1708) 황해도에 실시되기까지 100여 년에 걸쳐 점차적으로 실시되었다. 대동법과 유사한 형태로 詳定法이 있다. 이는 대동법과는 달리 군현과 토지의 종류에 따라 그 규정을 상정한 것으로, 전토가 척박하여 군현마다 사정이 다른 지역 혹은 변경 지방에서 실시되었다. 함경도는 현종 7년(1666)에 상정법이 실시되었고,

초기 민호들은 戶役으로 각종 공납과 잡역을 바쳐야 했다. 그러나 17세기 이후 국가는 대동법을 제정하여 이들을 전세화하되, 국가에서 필요한 물품은 공인들이 구매하여 마련하도록 하였다. 즉 중앙의 各司 및 궁에 현물로 바치던 공물과 세폐·방물, 일부 제향·진상물을 대신하여 각 도에서 상납된 물종(米·布·錢)을 각 사·궁·貢物主人·契 등에 지불하고, 각종 수수료와 역가도 지불함으로써 필요한 물품을 확보하도록 하였다. 이는 중앙과 지방의 재정 체계를 개편한 제도로서 국가의 수입을 헤아려 그에 따라 지출함으로써 量出爲入의 원칙하에 운영되었다.

대동법의 규정에 의하면 토지 1결당 일정한 양의 쌀을 부과·납입케 하거나 혹은 포·木·전으로 대신할 수 있었다. 이 때 토지에 부과된 양은 시기와 지역에 따라 달랐으나, 함경도와 평안도를 제외한 나머지 지역 외에는 대체로 쌀 12두 정도였다. 그런데 山郡과 沿邑 간의 미곡가가 차이가 난다든지 혹은 漕倉까지의 과다한 운반비로 실질적인 역이 커지게 되는 점 등을 고려하여 쌀 외에도 목·포로 부과하거나, 잡곡 등의 대납 혹은 대전납을 허용하기도 하였다. 이 때 각종 물품들의 상납 기한은 3~5월이었다.

대동세는 중앙 상납분과 지방 유치분으로 나뉘었다.[2] 그 중에서 대동세의 지방 유치의 내역은 곳에 따라 다르지만, 대체로 지방의 경비와 상납 물종의 수송비로 사용되었다. 이는 종전에 봉름·徭役·잡세조로 설정된 것이었으나, 兵船의 新造·改槊, 進上方物, 사객 및 감사지공, 그 밖의 비용으로 지급되고, 나머지는 科外別役責應之資로 저치되었다. 그런데 18세기 중반 이후 대

대동법을 실시하던 강원도는 숙종 36년의 양전으로 상정하게 된 후, 영조 30년(1754)에 상정법으로 전환하였다. 황해도는 숙종 34년에 상정법을 시행하였으나, 영조 23년에 대동법으로 전환하되 상정법을 가미하였다. 우여곡절을 거친 후에 공납제에 대신하는 대동법과 상정법은 평안도를 제외한 전국에 실시되었다. 대동법 시행의 주무 관청은 宣惠廳이었다. 선혜청은 大同廳과 통폐합하여 대동법을 관장하면서 중요한 재정 기관으로 등장하였다(韓榮國, 〈大同法의 實施〉, 《한국사》 13, 국사편찬위원회, 1981 참조).

2) 대동세는 공물과 진상 등을 대신한 것이었으므로 이를 마련하기 위한 중앙 상납분과 지방관청의 경비 및 잡역에 대처하기 위한 유치분으로 나뉘었다. 이는 예상되는 소요량이 결정되면 매년 선혜청에서 상납분을 결정하되, 영읍의 官需와 저치량을 조정 배분하고, 해당 지역인 도에 내려주는 새로운 예산 편성 방법이었다. 이는 대동세의 수입과 지출의 내역을 재편하는 방식이었다.

동법 시행에 따른 중앙 상납분은 점차 증가하였다. 심한 경우 전량을 중앙에 상납하기도 하였다. 반면에 지방에 남겨 놓는 유치분은 상대적으로 감소하였다.

삼수미세는 선조 26년(1593)에 훈련도감의 설치로 三手兵 즉 砲手·射手·殺手를 양성할 재원을 조달하기 위해 신설된 세목이었다. 호조가 이를 주관하였고, 함경도와 평안도를 제외한 6도에서는 1결당 쌀 2두 2승을 수세하였다. 인조 12년(1634) 삼남은 1두를 감하여 1두 2승을 수납하게 하고, 경기도는 丙子胡亂(1636년) 이후 면세되었다. 영조 36년(1760)에 삼수미는 각종 면세전에도 부과 징수토록 하였다. 삼수미는 大米 혹은 田米를 수납하도록 하였으나 황해도에는 別收米란 명목으로 1결당 쌀 3두를 더 거두었다. 이들 삼수미는 전세와 함께 중앙에 상납되었다.

이외에도 결작은 均役法의 시행과 함께 급대책으로 마련되었는데, 물품에 따라 결미 혹은 結錢이라 하였으며, 결당 쌀 2두를 걷는 것이 상례였다.[3] 이처럼 여러 형태의 세목들이 토지에 집중된 것은 이앙법의 보급, 이모작의 시행, 시비법의 발전 등 조선 후기 농업기술이 발전하여 토지의 생산력이 증대되었기 때문이다. 또한 토지는 유동성이 없어서 수세대상이 고정되어 있으며, 수세량을 확보하는 것도 다른 대상에 비하여 보다 안정적이었기 때문이다.

한편 전결세의 형태 중 부가세 명목은 전세의 수납에 소요되는 각종 경비를 충당하기 위한 것이었다. 운반비, 수고비 등의 명목 등이 대표적인 항목이었다. 전세에 한정하여 볼 때 《續大典》에 규정된 부가세의 종류는 세곡을 거둘 때 발생하는 결손을 보충하거나 혹은 곡물을 운반하였다는 명목으로 매석에 일정한 양을 더 거두었다. 加升米·斛上米·倉役價米·二役價米·倉作紙米·戶曹作紙米·貢人役價米 등이 그것이다. 19세기 초반 丁若鏞에 따르면 부가세의 명목과 세액은 계속 늘어나고 있었다. 그는 船價米·浮價米·浮價加給米·人情米 등을 거론하였으며, 그 중에서도 浮價와 관련된 것은 법외의 것으로 새로 신설된 것이라고 하면서 신랄하게 비판하였다.

전결세와 관련된 명목들은 정약용의 《牧民心書》에 따르면 각 읍에서 計版을 근거로 전세를 수납하였으며, 수납 주체와 용도에 따라 크게 구분되었

3) 군역제의 해이를 참조할 것. 결작은 이후 불법적으로 1두를 첨가하게 되어 3두를 거두는 것이 관행이 되었다.

다.[4] 수납 주체를 기준할 때 國納·船給·邑徵으로 구분되었으며, 그 중에서 국납은 전세미·대동세·삼수미·별수미 등을, 선급은 국납에 따르는 각종 부가세를, 읍징은 해당 고을의 잡다한 용도에 쓰이는 지방의 부가세를 일컬었다.

한편 읍징과 관련한 부가세 항목은 매우 복잡하고 다양하였다. 예를 들어 結斂 즉 1결당 거두는 세목의 형태로는 雉鷄柴炭價米·雉鷄柴炭不足米·書員考給條·坊主人 勤受條·雇馬租·雇馬錢·奎章閣 冊紙價錢이 있으며, 石斂 즉 1석당 부가적으로 거두는 항목으로는 看色米·落庭米·打石米·雉鷄柴炭色落米 등이, 碎斂 즉 일정한 양을 정하고 그것을 잘게 나누어 해당 지역의 결수에 부과하는 항목으로는 騎船監吏糧米·京主人役價米·營主人役價米·戶房廳不足米(傳關色·承發)·新官駄價錢·舊官駄價錢·新官衙修理雜費 등이 있었다. 이와 같은 새로운 형태의 명목들은 시대가 지나갈수록 많아졌으며 부가세의 종류와 세액을 증가시켰다.

(2) 전정의 부실

조선 후기 사적인 토지소유권에 의한 경제적인 관계가 점차 강화되고 竝作半收制를 통하여 소작경영이 이루어지면서 지주전호제는 한층 강화되어 대토지소유가 나타났다. 따라서 농민들은 점차 소토지소유 내지 전호로서 존재하는 길 혹은 유리도망하는 수밖에 없었다. 이러한 상황은 17세기 양란을 거친 후 더욱 촉진되었다.

이러한 상태에서 가장 시급한 것으로 지적된 것은 토지를 측량하는 量田事業이었다. 양전에 대한 규정은 이미 국초부터 있었다. 《經國大典》 戶典 양전조에 의하면 전세를 부과하기 위한 작업으로 20년마다 양전을 실시한 후 토지대장(量案)을 작성하여 호조 외에도 해당 도 및 읍에 보관하도록 하는 규정을 두었다. 이후 양전을 통하여 파악된 총결수 및 해당 지역의 전결수를 기준으로 그 해의 농사 사정을 반영하여, 실제 경작되고 있는 實結에 전결세를 부과하도록 하는 규정들이 만들어졌다.

16세기 이후 특히 전쟁 직후인 선조 34년(1601)의 전결수는 약 30만 결 정

4) 茶山硏究會, 《譯註牧民心書》 稅法 下 (創作과批評社, 1985).

도였다. 그것은 임란 전의 151만 결에 비하면 1/5 정도에 불과했다. 국가의 수입이 토지에 기반을 두고 있었음을 고려하면 이러한 현상은 곧 국가재정의 파탄을 의미하였다. 따라서 위기를 극복하고 적어도 국가를 운영할 재정을 마련하는 것이 가장 시급한 사업이었다. 국가는 그러한 노력의 하나로 이전의 전결수를 회복하려 하였으며, 그 중 하나가 양전을 새로 시행하는 것이었다. 아울러 경지를 확대하기 위한 개간 장려책을 강구하였으며, 그에 따른 면세규정도 마련하였다.

선조 37년에 전국적인 양전이 시작되었으며, 이어 실시된 광해군 3년(1611)의 양전의 결과 時起田 결수는 54여만 결 정도로 늘어났다. 그리고 인조 12년(1634, 甲戌量田) 삼남의 양전 이후에 전국의 전결수는 점차 임란 전의 상태를 회복하였다. 몇 차례의 전국적인 양전을 거치면서 세원을 마련하고 국가재정을 확보하기 위한 전결수 확보책은 어느 정도 주효하였다.

한편 양전의 방식 외에도 경지 개간에 대한 면세규정을 마련함으로써 전결수를 확보할 수 있었다. 陳田 개간에 대하여 인조 19년부터 3년을 면세하도록 하였고, 효종 4년(1653)에는 '隨起隨稅' 즉 경작할 때에 한하여 세금을 걷도록 하였다. 그리고 閑廣地 개간은 3년 면세하다가, 인조 25년부터 수기수세하였다. 海澤地 개간에 대해서도 17세기 초 이래 3년의 면세규정을 두었다. 국가는 이로써 경작지를 상당수 확보하였다. 이는 면세되던 토지를 수기수세의 형태로 전환함으로써 수세지를 늘려갔음을 보여주는 것이었다. 이러한 조치는 상당한 성과를 거두어 순조대에는 10여만 결이 증가하였고, 시기전도 1만 결 정도 늘어났다.[5] 이처럼 양전과 면세규정을 통하여 일정한 수준의 전결수가 확보되었다.

한편 전결세를 수취하는 방식에도 변화가 나타났다. 인조 12년에 새로운 전결세 수취 방식으로 정해진 永定法이 그것이다. 영정법의 실시로 토지의 등급은 고정되었으며 전세도 일정하게 되었다. 영정법은 이전의 연분9등제를 폐기하고 전세액의 감하를 인정한 것인데, 대체로 연분9등제하에서의 하하(下之下)로 고정시켜 4두로 정액화한 조처였다. 아울러 흉년일 경우 일부 지

5) 金鎭鳳, 〈田稅制의 改編〉(《한국사》 13, 국사편찬위원회, 1981), 118~119쪽의 내용과 표를 참조.

역에 한하여 전세나 대동세 부담량의 일부를 면제하는 조치도 취하였다.

영정법은 지주전호제의 전개를 인정한 위에서, 인조 12년(1634) 이전의 양전에서 문제가 되었던 전결의 隱漏현상과 전결에 따른 역 부담의 편중을 해결하는 데 중점을 둔 것으로 대동법의 실시와 밀접한 관련을 가지면서 시행되었다. 그러나 영정법은 조세 부담의 불균형을 시정한 것은 아니었다. 결부법의 존속과 함께 전분법이 여전히 잔존하였고, 연분마저도 완전히 혁파되지 않았으므로 수세 과정에서의 폐단은 여전하였다.

효종 4년(1653)에 수세제도의 변동과 관련하여 양전법이 개정되었다. 이전에 사용하던 隨等異尺法은 폐지되고, 통일된 기준척으로 1등 田尺을 삼되, 결부의 크기를 달리하는 방식이 채택되었다. 즉 면적을 표준으로 삼아 동일 면적에서의 수확량을 계산하고, 1등전은 100負, 6등전을 25부로 정하여 각각의 등급을 나누었다. 그러나 기존의 방식에 비해 양전법이 달라졌으나 전결 수 혹은 수세량에서 크게 차이가 나지 않았다.

그런데 전결세의 수취는 근본적인 문제에서부터 허술하게 진행되었다.《경국대전》에 20년마다 양전을 실시토록 규정되었으나, 정기적이고 전국적인 양전은 고사하고 삼남을 중심으로 한 양전마저도 선조 37년(1604), 광해군 4년(1612), 인조 12년, 숙종 45년(1719) 등 4차례 실시되는 것에 그쳤다. 이후에도 법규정에 의한 정기적인 양전은 실행되지 못하였고, 오히려 양전이 중단되는 사례가 많았다. 이는 세를 부과하기 위한 기초 자료의 부실을 의미하였다. 게다가 양전을 시행하더라도 임시 변통적이었고, 부분적 내지 소규모로 실시되는 정도에 그쳤다. 게다가 이서들이 전답 등급을 조작하는 등 여러 형태의 농간을 부려 양전의 부실에 따른 폐단들은 더욱 커졌다.

이처럼 법규정대로 양전이 실시되지 못한 것은 중앙의 양반 관료 혹은 향촌사회의 토호·부민·이서들의 반대 때문이었다. 그들은 많은 토지를 소유하거나 혹은 수세과정에서 부당하게 취하고 있는 자들로서 양전으로 말미암아 불이익을 지거나 중간 이득을 상실하게 되는 것을 우려하였기 때문이다.

그러나 그들은 이러한 것을 겉으로 내세울 수는 없었다. 그들이 양전을 반대하면서 표면적으로 내세운 것은 대체로 경작지의 모양이 바뀌거나, 양전 때의 부정 협잡의 문제 및 양전에 따른 경비의 과다함 등이었다. 결국 양전은 실시되지 못하게 되었으며, 그 결과 세의 부과가 불공정하게 이루어져 농민들은 많은 피해를 입었다. 따라서 농민들의 불만은 커졌다.

설사 중앙 정부가 均賦均役을 내세워 양전을 실시하였다 하더라도 지방의 수령이나 혹은 이서들이 양전 과정에서 마음대로 농간을 부려 전답의 등급에 차이를 둠으로써 공정성을 잃고 있었다. 따라서 중앙 정부로서는 양전을 행할 경우 전결을 다소 늘릴 수는 있었지만, 오히려 민원은 커지고 인심을 잃었다.[6)]

한편 토지는 수세를 위한 목적하에서 여러 형태로 구분되었다. 正田・續田・降等田・降續田・加耕田・火田 등이 그것이다.[7)] 이러한 구분은 양전과 연관되어 새로이 재분류되었다. 이 때 양전 과정에서 파악된 토지를 元帳付라 하며, 그 중에서 수세 대상인 토지는 實結, 면세를 받을 수 있는 토지는 免稅田・給災田 등으로 구분되었다.

실결은 수세 대상이었기 때문에 국가재정과 곧바로 연결되었고 국가 수입의 측면에서 중요하게 다루어졌다. 그러나 실결의 확보가 곧 국가재정의 호전을 의미하지는 않았다. 실결에 대하여 전세가 제대로 부과되지 않고, 오히려 실결 중에서도 면세결로 처리되는 것이 증가하게 되어 국가의 재정 부족 현상은 여전하였다.

면세전인 宮房田・屯田・各樣廟位田 등이 해마다 설치되었고, 이들은 증가하는 추세였다.[8)] 이외에도 급재전으로서 凶荒・災難 혹은 지배층의 수탈로 농민들이 전토를 경작 혹은 개간하지 않고 遊離 도망하여 발생하는 流來陳荒田이 있었으며, 敬差官이나 都事가 檢田核審하여 결정하는 當年全災田 등 각종 면세 혜택을 받는 토지들이 발생하였다.

게다가 양전시에 토지의 일부를 누락시켜 조세를 착복하기 위한 隱結, 실제의 토지 면적보다 축소하여 양안에 기재한 후 남는 부분에 대해 개별적으로

---

6) 金容燮, 〈量案의 硏究〉(《朝鮮後期農業史硏究》 I, 一潮閣, 1970).

7) 正田은 해마다 항상 경작되는 토지이며, 續田은 경작하기도 하고 휴경하기도 하는 토지로서 경작할 때만 과세되는 토지이다. 降等田은 토질이 저하되어 토지의 등급이 낮아져 세율이 감해진 토지이며, 降續田은 강등전으로서 속전처럼 이용되는 토지로 경작할 때만 과세되는 토지이다. 加耕田은 양전시에 파악되지 않은 토지를 개간하여 장부에 새로이 등재하고 새롭게 세율을 정한 토지를 말하며, 火田은 처녀지나 휴경지를 태워서 새로이 개간한 토지를 말한다.

8) 安秉珆, 〈朝鮮後期の土地所有〉(《朝鮮近代經濟史硏究》, 日本評論社, 1975).

곡물을 수취하는 餘結(누결) 등 탈세를 위한 지방 관리의 작폐 내지 지주 전호의 불법적인 수단을 통하여 탈세되는 전결들이 많았다. 조선 후기에 전결수가 증가하는 데 비해 실결이 감소한 것은 면세전 외에도 隱漏結이 증가하였기 때문이다. 면세전 내지 은루결 등의 탈세전의 증가는 국가재정의 감소 및 양전에 의한 수취의 가혹성을 초래하였다. 또한 급재전 중에서 당년전재전 이외의 재상전 감세 조항을 폐기함으로써 세제는 더욱 가혹하였다.

때로 이를 완화하기 위해 왕명으로 세목별 감면세와 분수급재를 실시하기도 하였지만 이러한 조치들은 실효를 거두지 못하였다. 오히려 각 읍의 수령과 향리가 서로 결탁하여 은여결을 만들어 사적인 이익을 챙기는 폐단이 많았다.

중앙 정부는 이러한 상황에서도 전결세의 확보가 곧 실결의 확보라고 생각하였다. 실결은 전결세의 면제 대상인 災結에 따라 달라졌으므로 중앙 정부는 급재 규정을 마련하였다. 《속대전》에 의하면, 매년 年分事目에 의거하여 급재 대상이 되는 재해의 종류를 지정하고, 해당 토지의 전결세를 면제토록 하였다. 이 규정에 의하면 실결은 재결을 확정한 후, 전체 전결에서 재결을 제함으로써 확정되었다.

호조는 《속대전》의 규정에 의하여 연분사목에 의거, 재해의 종류를 지정하였으며, 지방의 수령들은 현지를 踏驗하여 그 결과를 관찰사를 통하여 호조에 보고하였다.[9] 이후 호조는 관찰사의 보고에 기초하여 경차관이나 도사를 파견하여 답험한 후, 그 결과에 따라 세액을 정하였다. 이로써 수세실결을 확정하는 과정은 종료되었다.

그러나 그 과정에서도 문제가 발생하였다. 특히 답험 과정에는 문제의 소지가 많았다. 경차관이나 도사들이 파견되었으나, 그들은 납세결수를 늘이는 데 급급하였고 답험에 필요한 비용도 해당 고을에서 충당토록 하였으므로 결과적으로 민들의 부담을 증가시켰다. 정부는 답험 과정에서 발생하는 문제를 없애기 위하여 경차관을 파견하는 대신에, 감사가 답험을 책임지도록 하고 급재의 전과정을 주관하게 되었다. 이러한 방식은 이후 比摠制를 실시하는 기초가 되었다.

---

9) 《續大典》 戶典, 收稅.

비총법은 숙종 20년(1694)을 전후하여 시행되어, 숙종 26년 이후 본격적으로 실시되었고, 영조 36년(1760)에는 법제화되었다.[10] 해마다 호조에서 연분사목을 반포하여 재결수와 실결수를 정하였으며, 수세 총액이 결정되었다. 이러한 방식은 총액을 정함으로써 중앙 재정을 확보하려는 의도가 강한 것이었다. 중앙 정부는 이 때 모든 수세 과정에 간섭하지는 않았다. 급재를 비롯한 향촌사회에서의 수세 과정은 그 지역의 관행에 맡기고 있었다. 단 감사가 답험을 책임졌으며, 이하 향촌사회에서는 行審(답험)과 俵災의 과정을 거쳐서 급재를 실시하였다. 이 때 행심은 재해를 당한 토지와 새로 경작된 토지 등을 파악하는 執災와 집재한 내용을 관에 보고하는 報災의 과정으로 이루어졌다.[11] 이후 표재가 실시되어 호조에서 각 도마다 정해진 재결수와 실결수를 나누어주었다.

비총법하에서의 각 지방의 재실 상태를 구분하는 농형은 稍實·之次·尤甚으로 3등분되었다.[12] 비총법은 이러한 등급 구분을 토대로 도별 군현별로 전체 급재량의 수량을 상당년의 수량으로 미리 결정하고 나머지를 실결로 하여 전결세를 상납케 하는 방식이었다. 이러한 방식은 면 단위에서 이 단위까지 적용되었기 때문에 면과 리는 하나의 수세 단위가 되었다.[13]

그런데 호조가 정해주는 比年은 그 해의 실제 작황과 맞지 않는 경우가 많아 그에 따른 폐단들이 지적되었다. 답험과 급재과정에서 각종 부정이 발생할 뿐 아니라, 토호·부민·양반들이 부담해야 할 것들이 빈궁한 농민에게

10) 《大典通編》 戶典 收稅.
《萬機要覽》 財用編 2, 年分.
李哲成, 〈18세기 田稅 比摠制의 실시와 그 성격〉(《韓國史硏究》 81, 1993), 83쪽에 의하면 비총제는 17세기 말 이후 定限給災方式과 比年給災方式 그리고 收捧單子法 등 다양한 방법이 적용되다가 1730년대 관행으로 정착되고 영조 36년(1760)에 법제화되었다 한다.

11) 李榮薰, 〈朝鮮後期 八結作夫制에 대한 硏究〉(《韓國史硏究》 29, 1980), 77~178쪽에서는 수령이 행심의 주체이지만 역할을 수행할 수 없는 구조를 간략히 서술하고, 그들이 적당주의에 의하여 처신하였음을 언급하고 있다. 이 때 행심은 향촌마다 독특한 방식으로 시행되었으며, 시행의 주체는 吏廳의 監官이나 書員輩 혹은 鄕廳의 風憲·約正들이었다.

12) 最尤甚을 첨가하여 4등급으로 나누는 경우도 있다.

13) 鄭善男, 〈18·19세기 田結稅의 收取制度와 그 運營〉(《韓國史論》 22, 서울大, 1990).

전가되었고, 게다가 깃기(衿記)를 작성하고 난 후에 考卜 즉 결부의 변동을 실제로 조사하는 과정에서도 고복채를 받는 등 전결세를 둘러싼 폐단들이 발생하였다.[14] 이는 토지소유관계의 모순으로 인해 생긴 계급간의 이해관계의 차이가 심화되면서 나타난 것이었다.

한편 비총법하에서도 앞 시기와 마찬가지로 양전은 제대로 시행되지 않았으며, 그로 말미암아 경계의 파악과 전품의 파악은 부실할 수밖에 없었다. 이로 말미암아 이서층의 부정은 여전하여, 전결세를 남징하거나, 백지징세·누세·탈세 등의 행위들이 지적되고 있었다. 게다가 은결의 증가로 結摠도 감소하고 있었다.[15]

(3) 전정의 폐단

향촌사회에서 전결세를 수취하는 방식은 作夫制(주비짓기)로 이루어졌다. 작부제는 조선 전기에도 요역을 걷는 과정에서「八結出一夫」내지 統納制에서도 그 원형이 보인다. 작부제는 이후 전결세 외에도 각종 잡역과 환곡의 부과 및 징수에도 이용되었다. 작부의 단위는 법적으로 8결 혹은 4결 혹은 4결 령(零) 등으로 규정되고 있어서 반드시 8결을 단위로 작부된 것만은 아니었다.[16] 작부를 하고 나서 주비마다 戶首를 선정하여 세곡을 수납하도록 하고 호수는 佃夫 중에서 신분과 관계없이 토지의 결수가 많은 자(多結者)를 선정하는 것이 상례였다. 호수는 일차적인 수취 담당자인 동시에 납부에 대한 연대책임을 지고 있었다. 이처럼 전세의 수납은 공동납적인 형태로 운영되었다. 호수들은 대체로 이러한 과정에서 규정 외의 명목으로 세를 거두기도 하였다. 한편 호수는 세를 거두는 과정에서 납부하기를 거부하는 자(拒納者)가 발생하여 세액을 채우기 힘들 때는 대신 납부해야만 했다. 때로 이와 관련하여 결가에 대한 부당성을 주장하는 납세자와 호수 사이에 분쟁이 발생하였다.

---

14) 鄭善男, 위의 글.

15) 金容燮, 〈哲宗朝의 應旨三政疏와 「三政釐正策」〉(《增補版韓國近代農業史硏究》上, 一潮閣, 1984).

16) 작부제에 대한 연구로는 다음과 같은 논문이 있다.
李榮薰, 〈朝鮮後期 八結作夫制에 대한 硏究〉(《韓國史硏究》29, 1980).
김선경, 〈朝鮮後期의 租稅收取와 面里운영 〉(延世大 碩士學位論文, 1984).

전결세의 수납 과정에는 향촌사회의 기존 조직들이 이용되었다. 호수들은 里任의 통제를 받았으며, 이임은 面任·향청·수령 등과 계통적으로 연결되어 통제를 받는 형식을 취하였다. 이러한 전결세 수납 과정에서도 작부제의 운영에 따른 폐단이 나타나고 있었다. 養戶와 防結이 바로 그것이다. 양호는 《속대전》에 다음과 같이 규정되어 있다.

> 토호 관속들이 자신의 경작지에 민전을 合錄하고 스스로 그 세를 거두어들이면서 평민에게 쌀·콩을 加斂하여 그 수를 채우는 자와 민결을 겁탈하여 강제로 역가를 거두는 자(《續大典》 戶典, 收稅).

즉 토호와 관속들이 주체가 되어 작부과정에서 부민의 민결을 모아 자기의 戶名에 옮겨 기록하고 여러 주비의 호수직을 대행하여 돈이나 곡식을 거두어 관아에 세를 내고 남는 것을 차지하였다. 이들은 강제로 자기의 양호로 만들어 세를 징수하기도 하였다.

방결은 양호와는 달리 자신이 세를 내야 할 토지가 없더라도 경제력을 갖춘 이속이면 가능하여 자신의 몫으로 돌아오게 되어 있는 復戶·隱結·僞災 등의 총량을 토지로 환산하여 백성들이 방납하게 하거나 납세자가 결가보다 적은 값으로 빚을 끌어다 오래 묵은 빚을 값을 정해 상제한 후 가을에 작부할 때 결부를 자신의 戶名하에 移錄하고 아전이 결가를 차지하는 방식이었다.[17)]

이러한 문제점들은 기존의 작부체제에서 파생된 것으로 戶首를 두어 운영하는 방식 때문에 나타난 것이었다. 즉 호수들이 책임을 지고 전세를 공동납부하는 과정에서 현물납의 문제 및 방납 혹은 양호 등의 폐단이 발생한 것이다.

姜瑋는 전세 행정에 따른 폐단은 이외에도 다양한 형태가 있었다고 하면서 다음과 같이 전정과 관련된 여러 문제들을 제기하였다.

> 田制의 어려움은 … 疆界가 문란하고 부세불균한 측면은 고통스러운 것으로 여겨 수 차례 개정하였다. 현재의 폐단은 이에 그치지 않고 있다. 陳稅·虛卜·白徵의 폐단은 또한 논할 겨를도 없으며, 그 외에 隱結·餘結·都結·加結·宮結·屯結 등의 허다한 명목은 이미 民國이 지탱하기 힘든 폐단이다. 이에 官欠

17) 鄭善男, 앞의 글.

을 再徵하는 것, 吏逋를 代輸하는 것, 邸債를 布斂하는 것, 民庫에서 항시 쓰는 잡다한 비용, 관청의 使客들에 대하여 수시로 쓰이는 접대비는 큰 것 작은 것 할 것 없이 모두 結에 집결하였다. 1결에서 내는 것이 많으면 혹 30냥에서 40냥에 이르고 있다(姜 瑋, 《古歡堂收草》 권 4, 擬三政捄弊策).

그러한 가운데 19세기 '농민항쟁기'(소위 民亂期)의 가장 심한 폐단으로 지적된 것은 都結이었다.

도결은 전결세 수취의 변형된 형태의 하나로서, 19세기 초반의 기록에 등장하고 있다. 도결은 都捧結錢·官都結·官都戶·都戶·官養戶 등 다양하게 지칭되고 있었다.[18] 도결을 시행하기 위해서는 몇 가지 조건이 있었다. 상품화폐경제의 발달에 따른 전세의 화폐납이 우선되어야 했다. 전세의 납부는 현물납이 일반적이었으나 점차 화폐납으로 바뀌었다. 즉 부세로 쌀이나 콩 등의 곡물을 내는 대신에 결가로 계산하여 화폐로 내도록 하였다. 현물납은 전결세 외에도 다양한 부가세가 따르고 있어서 그와 관련된 폐단들이 많았으나, 반면 화폐납은 현물을 납부하는 것에 비하여 수고를 덜 수 있는 것이어서 편리하였고, 농민에게도 그만큼 이익을 주는 것이었다. 따라서 농민들도 화폐납을 더욱 선호하였으며, 화폐납은 일반화되었다.

한편 전세는 주비단위로 공동납하는 것이 관행이었다. 그 과정에서 호수는 수납을 담당하면서 부가세 형태로 중간 이득을 얻었다. 그리고 화폐납의 실시에 따라 중앙에서 필요한 물자를 구매하고 상납하도록 하는 역할도 필요하였다. 그러한 역할을 담당한 자가 방납인으로서, 그도 현지에서 현물납의 문제를 해결하는 대신에 중간에 소용되는 비용을 비롯한 중간 이득을 얻고 있었다. 이러한 측면들은 도결이 형성될 수 있는 몇 가지 조건으로 작용하였다.

---

18) 도결에 대한 설명은 다음의 논문을 참고로 작성하였다.
安秉旭, 〈19세기 壬戌民亂에 있어서의 鄕會와 饒戶〉(《韓國史論》 14, 서울大, 1986).
———, 〈19세기 賦稅의 都結化와 封建的 收取體制의 해체〉(《國史館論叢》 7, 國史編纂委員會, 1989).
鄭善男, 앞의 글.
김선경, 〈'1862년 농민항쟁'의 都結혁파요구에 관한 연구〉(《李載龒博士還曆紀念韓國史學論叢》, 1990).

즉 수령들은 전세를 수납하는 과정에서 발생하는 호수와 방납의 이익에 주목하였으며, 그들의 역할을 대신함으로써 이득을 취하려 하였다. 즉 수령들은 그 역할을 대신함으로써 기존의 호수들이 작부제 운영 과정에서 얻었던 이익을 대신 차지하려 하였다.

이와 함께 도결이 확산될 수 있었던 것은 다양한 세들이 토지에 집중되는 경향 때문이기도 하였다. 전세와 대동세, 결전 등 다양한 명색의 부세가 전결에 부과되어 일괄적으로 수납되었으며, 이외에도 각종 포흠을 비롯하여 토지에 집중되는 세목들이 증가하였다. 한편 군포의 포흠만이 아니라, 환곡의 포흠조차도 결환의 방식으로 전결에 부과되고 있었다. 이 때문에 중간 수납자인 호수들이나 방납의 주체들이 보다 많은 이익을 얻을 수 있는 조건이 주어졌다. 따라서 관에서는 그러한 이익들을 차지하기 위하여 도결을 실시하려고 하였다.

수령들은 기존의 부세제도로서는 총액제에 의한 부세량을 채우기 어려웠으므로 확실하게 수세량을 채울 수 있는 도결을 선호하였다. 게다가 자신들의 포흠마저도 도결을 이용하여 농민에게 전가함으로써 처리할 수 있었으며, 이후에 불법적이라 하여 금지조처가 있더라도 향회의 동의를 거쳐서 실시한다는 명분을 통하여 수령들은 상급기관인 감영들에 대하여 변명의 여지를 마련할 수 있었다. 도결이 형성되는 시기의 결가도 대략 8냥 정도로 그리 많은 것은 아니었다. 따라서 농민들의 입장에서도 도결을 반대할 이유는 없었다. 이처럼 도결을 실시하는 데는 농민의 이해관계만이 아니라 지방관청의 이해관계가 개입되고 있었다. 이처럼 양자의 이해관계가 얽히면서 도결이 시행되었다.

이러한 도결의 방식은 짧은 기간에 전국적으로 확대되었다. 도결은 처음부터 관의 일방적인 조치로 시작된 것은 아니었다. 수령과 향촌사회의 구성원간의 의견 조정을 거쳤다. 처음에는 관청과 향촌민들이 합의하에 도결이 실시되었다. 즉 수령과 민들의 이해관계가 일치되는 선에서 도결이 실시되었다. 전결세를 비롯한 군역·환곡·잡역 등의 포흠 등을 토지를 매개로 일괄적으로 처리함으로써 납세자와 징수자의 편의를 주었다. 게다가 민에게는 조세 부담상의 이익을 보장해 주고, 관의 입장에서는 부세의 대상을 확정하고 중간 수탈의 이익을 회수하여 지방 재정의 부족 내지 점증하는 상납액을 채울 수 있다는 현실적인 필요성 때문에 도결이 실시되었다. 그러나 도결은 법제적으로 규정된 것은 아니었으며, 불법적인 방식이었다.

일반적으로 관에 의한 부세는 향회의 논의를 거쳐서 부과되었고, 법외의 새로운 항목을 설정하여 부과하려 할 때에는 향회를 거쳐 세부담자인 '대소민인'들의 동의를 얻어야 했다. 특히 도결은 법적으로 규정되어 있는 제도가 아니었으므로 수령들은 이러한 절차를 거쳐 실시해야 했다. 세를 부담하는 자와 부과하는 자간의 타협이 필요하였다. 도결을 실시하는 초기에 내세워진 대부분의 조건은 결가로 대체함으로써 수고가 덜어진다는 점과 결가를 헐하게 하는 것이었다. 따라서 농민들도 도결이란 새로운 방식을 선호하게 되었다.

한편 도결을 시행하려 할 때, 이익을 침해당하게 된 기존의 戶首나 혹은 방납 담당자들은 이를 반대하였다. 그렇지만 그들의 반대에도 불구하고 지방 관청은 민인들의 동의를 얻어 도결을 실시하였다.

이외에도 도결을 반대하는 자들이 또 있었다. 도결은 토지소유자와 작인간에 세부담을 둘러싼 갈등을 일으켰다. 도결은 신분을 기준으로 삼은 것이 아니고, 토지에 대하여 세를 부과하였으므로, 양반 지주들은 기존에 누리던 특권을 박탈당할 수 있는 방식이었다. 게다가 수령이나 혹은 이서들이 포흠한 세마저 부담하게 됨으로써 양반들의 불만은 고조되었다. 또한 토지에 군포의 포흠이 부과될 경우 양역을 면제받던 양반층들은 반상의 구별을 요구하면서 저항하였고, 환곡의 포흠이 부과될 때 마찬가지로 저항하였다.

도결의 파행적인 운영은 많은 폐단들을 노정하였다. 관이 수세 과정에서 잉여분을 차지할 뿐만 아니라, 명분상 관청 경비, 군포나 환곡의 포흠 해결을 위해 실시하였으나, 사적인 이익을 위하여 도결이 이용되는 경우도 많았다. 게다가 수령 이서들이 세를 거두어들인 후에 그것을 사적으로 이용하면서 발생한 포흠을 다시 민간에 전가하여 부담하도록 하였다. 또한 도결을 실시한 지 얼마되지 않아서 결가가 급증하여, 민들이 부담하기에 힘들 정도가 되었다. 도결가는 처음에는 헐한 값으로 책정되었으므로, 그 과정에서 호수들은 할 일이 없어졌고 농민들은 해를 입지 않았다. 그러나 시간이 지나면서 사정은 달라졌다. 결가가 상승하면서 7~8냥 정도의 도결가가 20여 냥 혹은 그 이상이 되었다. 특히 계절적인 곡가의 차이를 이용하여 결가가 정해지는 사례가 많아지면서 결가는 더욱 증가하였다. 도결의 실시는 결과적으로 농민의 부담을 증가시키고 있었다.

도결을 처음 실시할 때에는 농민들의 의견을 구하여 이루어졌음은 앞서 언급하였다. 그러나 도결이 실시된 이후 수령들은 점차 농민들에게 기만적인 방법을 동원하였고, 각종 폐단을 일으키고 있었다.

다음은 그러한 예를 보여주는 것이다.

> 처음에는 결가를 헐하게 정하였다.… 그 후에 흉년이 들었다고 하면서 점차 결가를 늘렸으며 심지어 매 결에 20냥에 이르는 읍이 있게 되었다. 봄 이전에 거두지 못한 것을 가을에 비록 풍년이 들었다고 하더라도 그대로 봄의 가격대로 책정하여 받으려고 하였다. 결부가 이렇게 높아진 것은 진실로 고금에 없었던 것이다. 민들이 이것을 어찌 감당하겠는가?… 소위 도결의 규정은 추수 후에는 기한을 기다리지 않고 한편으로 作夫하고 한편으로 세금을 독촉함이 성화같고 … 무릇 돈을 거두고 쌓아놔 둔 후에는 관이 먼저 손을 대고 吏胥가 또한 먹으려고 하니, 이들을 挪移하고 장사하는 것도 모자라서 훔치고 빼돌리기에 이르렀다. 일년 조를 모두 잃어버리니, 곧바로 각 읍의 근심거리가 되었다. 근래에 상납한 쌀과 면은 품질이 좋지 않아서 기한이 늦어지는 것은 모두 이로 말미암은 것이다. 끝내 다시 징수하고 인득하게 되니 무사할 수 없고 폐가 없을 수 없다.… 이를 또한 엄금하지 않으면, 몇 년 되지 않아 민들의 생업이 폐하게 되는 것은 기약하지 않아도 저절로 폐하게 될 것이며, 국가의 부세는 모자랄 것을 기약하지 않아도 저절로 모자라게 될 것이다.… 신이 아뢰건대, 각 도에 엄히 명령을 내려서 지금 봄부터는 관도결의 이름을 모두 혁파하도록 하여…(《備邊司謄錄》 226책, 헌종 4년 정월 10일)

라고 하듯이, 도결은 처음의 의도와는 달리 시행되었다. 또한 여기에서 주목되는 것은 도결을 실시하여 발생된 폐단의 구체적인 내용을 지적하고 있는 부분이다. 부세의 독촉, 계절을 이용한 관리들의 장사행위와 포흠, 결가의 再徵과 국가재정의 부족 및 상납의 지연이 초래되고, 결가의 증가로 농민들의 부담은 더욱 커지는 추세였다. 이러한 문제점에 대하여 정부로서도 도결에 대한 새로운 조치가 필요하였고, 도결에 대한 논의가 나타났다.

도결 혁파에 대한 논의는 수 차례 있었다. 앞서 언급하였듯이 도결은 법적으로 용인된 것은 아니었으나, 향촌 내부의 논의에 의하여 시행되었다. 그러나 실시 과정에서 여러 가지 폐단이 속출하였다. 때문에 중앙에서는 여러 차례 도결의 폐지에 관한 조치들을 취하였다. 그러나 일반적으로 지방관들에 의하여 도결 혁파는 거부되고 있었다.

철종조에 황해도 감사였던 洪耆燮의 지적에서도 그러한 측면은 잘 드러나고 있었다.

> 소위 외읍의 도결이란 것은 곧 농민들의 뼈를 부수는 것과 같은 폐막입니다. … 작년 봄(철종 2년)에 前좌의정이 이미 (도결을) 금하도록 하는 뜻을 임금에게 아뢰어서 논하였는데 의당 즉각 봉행하였으면 효과가 있었을 것입니다. 그러나 道臣들은 마치 심상한 것처럼 보았고, 읍의 수령들은 보지 못한 듯 두려워하지 않고 예전처럼 그대로 둘 뿐만 아니라 심지어 금한 것을 무릅쓰고서 새로이 만든 곳도 있습니다. … 다시 兩南, 畿湖와 關東, 海西의 道臣들에게 다시 강력하게 알려서 금하도록 살피고, 감히 그대로 예전처럼 하지 않도록 하되, 만일 혁파하지 않아서 다시 보고가 되면, 해당 도신과 수령은 모두 법에 의하여 중하게 처벌하십시오(《備邊司謄錄》 239책, 철종 3년 8월 29일).

철종 2년(1851) 조정은 도결을 금지하는 논의를 추진시키려 하였으나, 효과를 거두지 못하였던 것이다. 오히려 관찰사나 수령들에 의해 거부당하고, 도결을 새로이 시행하려는 곳도 있었기 때문이다.[19] 도결의 폐단을 들어 법적으로 금지하는 결정이 내려졌어도 실행으로 옮기지는 못한 것이다.

앞서 살펴본 바와 같이 도결은 최초에는 일원적인 조세 운영으로서 관이나 민에게 편리하고 민에게는 조세 부담상의 이익을 보장할 수 있으며, 관의 입장에서는 부세의 대상을 확정하고 이를 통하여 부족한 재정을 메울 수 있다는 현실적인 필요성으로 만들어졌다. 19세기 이후 도결은 확대 실시되었으며, 중간 이득을 취하기 위한 방법으로서 뿐만 아니라 税의 전가를 위한 기제로 이용되었다. 19세기 중반인 헌종·철종대에는 그로 인한 폐단이 급속도로 심화되었다. 도결은 전정 문란을 초래한 요인 중에서 첫째로 지적될 정도였으

---

19) 곳에 따라서는 節目을 만들어 시행하려는 곳도 있었다고 한다.

며, 지주 전호제를 매개로 한 계급 관계의 대립을 드러내는 중요한 요소가 되었다. 전정의 폐단을 대표한다고 할 수 있는 도결은 군역·환곡과 함께 1862년의 농민항쟁을 일으킨 주요 원인 중의 하나로 지목되었다.

2) 군역제의 해이

(1) 군역제의 변화

軍役은 職役과 마찬가지로 身役이다. 신역은 개별적으로 파악된 人丁에 대하여 특정한 역을 부과하는 것인데, 군역은 그 중 군사 업무와 주로 관련된 것을 말한다. 그러나 군역이 요역화되면서 군역을 진 자들은 그 외의 업무로 국가의 토목·농경 혹은 어로 등의 생산 활동 및 운송 등도 담당해야 했다.

군역은 주로 16세 이하 60세 미만의 양인을 대상으로 부과되었다.[20] 이에 군역은 良役이라고도 하였다. 국가는 양역을 져야 하는 자들을 대상으로 대장을 작성하여 편입시켰으며, 조선 초에는 양반가의 자제라 하더라도 군역을 지게 하여 해당 관청에 속하도록 하였다. 군역을 진 자들은 正軍과 保人(혹은 奉足이라고 함)으로 구성되었다. 정군들은 중앙과 지방의 각 군영에 입역하도록 하고, 입역된 자들은 番次에 의해 上番내지 留防하였다. 한편 보인들은 정군을 경제적으로 보조하기 위하여 保布를 부담해야 할 의무가 있었다.

그런데 조선 후기에 군사제도의 개정으로 군역제의 운영도 달라졌다. 五衛制를 근간으로 하던 조선 전기의 군역제는 임란 이후에 都城 중심적인 군사 체제인 五軍營體制가 성립하면서 달라졌다. 오위제하의 戶와 保는 오군영 제하에서 거의 收布軍化되었으며, 군역제는 병농일치의 개병제에서 병농분리의 용병제로 바뀌었다. 조선 후기 군역제는 용병제를 추진하여 精兵을 양성하려는 것이었으나, 재정을 확보하지 못함으로써 番上兵과 용병이 함께 편성되기도 하였다. 이 때 병역을 지지 않는 자들은 정해진 액수의 포를 바쳐서 그 의무를 대신하였다. 이러한 군역제의 변화는 사회경제적인 변동과 함께 국가 정책의 변화에 따른 것이었으며, 군역을 진 양역층들의 대응 또한 달라

20) 《經國大典》 兵典, 免役을 보면 군사로서 면역되는 자는 나이 60세 이상인 자 및 병에 걸린 자들을 대상으로 하고 있었다.

졌기 때문이다.

한편 국가는 군포의 징수와 관련, 국가재정을 안정적으로 확보하기 위해 군현을 단위로 총액제의 운영 원리를 적용하였다. 이 때의 과제는 군역을 균평하게 부과할 수 있는 방법을 강구하는 것이었다. 이는 조선 후기 군역의 폐단과 관련된 것으로 국가의 군역 부과에 대한 군역 대상자들의 대응과 맞물려 있었다.

군역제의 운영 과정에서 군역 대상자들은 양인 계층 내에서도 구별되어 지배층인 양반들은 제외되고 있었다. 그들도 처음부터 군역을 면제받은 것은 아니었다. 양반들은 명분상이나마 조선 초에 과전법에 의하여 그들에게 분급된 토지에 상응하는 군역 혹은 직역을 부담하였다. 그러나 과전법 체제가 무너지면서 양반들은 군역에 응하지 않았으며, 국가도 양반들에게 군역을 강요할 수 없는 상황이 되었다. 따라서 양반들은 군역의 부담에서 벗어나려 하였다. 게다가 군역은 양역이었기 때문에 양반들이 거느리던 천예 등도 군역 대상에서 제외되었다. 때문에 양인 장정들에게 군역이 집중되었으며, 그로 말미암아 과중한 군역 부담에 따른 양역의 폐단이 발생하였다.

良丁인 대부분의 농민들은 과도하고 가혹한 역으로 변해버린 군역을 져야 했으나, 그 중에서 군역을 기피(避役)하는 자들이 나타났다. 정부는 피역자들을 모두 조사하여 군정으로 채움으로써 피역자 문제를 해결하려 하였다. 그러나 이는 군역의 문제를 해결할 수 있는 궁극적인 방안은 아니었다.

조선 후기의 군역제는 양인들에게 군역을 지우는 대신에 군역세로서 포를 걷는 방향으로 진행되었다. 16세기경 正軍에게도 직접적인 군역 대신에 포를 걷는 放軍收布制로 전환하면서 기존의 군역제가 무너지기 시작하여, 중종 36년(1541)에는 軍籍收布制가 정식화되었다. 이로써 군역의 운영은 '停番收布'라 하여, 지방 수령이 군역 부담자로부터 番上을 정지하는 대신 번상가로 포를 징수하였다. 이 때 걷혀진 포를 중앙에 보내면 병조는 군사력이 필요한 각 지방에 일정한 양을 보내어 군인을 고용하거나(雇立), 혹은 상비병제를 채택하도록 하였다. 이 방식은 기존 군역제를 군포제로 운영하는 계기가 되었다.

군포제로의 변화는 군제의 운영에도 변화를 가져왔다. 임란을 거치면서 훈련도감의 설치로 기존의 5위제가 점차 무너지고, 16세기 말에서 17세기 후반에 걸쳐 중앙에는 5군영체제가 성립하였다.[21] 훈련도감은 이미 부분적인 급료병제를 실시하였고, 5군영제하에서도 급료병제를 채택하고 있었다.[22] 훈련도감을 설치한 후 국가는 재정상의 어려움을 겪고 있었다. 군대에 필요한 비용을 충당하기 위한 대책으로 良保에게 이를 부담하도록 하였고, 이후에 설치된 어영청·수어청·총융청·금위영 등에서도 징포하기 시작하였다.[23]

그러나 군역은 종류에 따라 부담의 차이가 많았으며, 또한 군포를 내야 하는 양인들조차도 균일한 액수를 내지 않았다. 군역에는 고된 역과 헐한 역이 있었다. 게다가 중앙과 지방의 각 관아들은 재원을 확보하기 위하여 규정외로 사모속을 확보하고 있었다. 특히 사모속은 다른 역보다 헐하였으므로 민호들이 앞을 다투어 편입하려 하였다.

良丁들은 경제적인 처지가 불안정하였으나, 대체로 1년에 포 2疋을 내는 납포군으로 편성되었다. 그런데 군포를 징수하는 기관은 5군영만이 아니라 중앙의 관청 혹은 지방의 감영·병영 등도 각각 군포를 배당 받아 거두었다. 즉 군포의 징수는 일원적인 체계를 갖추지 못한 상태에서 다양한 통로로 거두어지고 있었다. 이로 말미암아 양정들은 때로 규정보다 몇 배의 군역을 부담해야만 했다. 게다가 양정들이 부담하는 군역도 반드시 2필역으로만 고정되지 않아 2필 혹은 3필을 내야 하는 등 일률적이지 못했다.

한편 정부는 재정 부족을 타개하기 위해 군포의 액수를 증가시켰으며, 군포를 수납하는 과정에서 실무를 담당한 수령 아전들도 농간과 횡포를 부렸기 때문에 양역의 피해는 더욱 극심하였다. 17세기 이후의 인징·족징과 함께 백골징포·황구첨정 등의 폐해는 이로 말미암은 것이었다.

이미 양정 중에서도 양반 사대부가의 자제들은 대부분 군역에서 벗어났으나, 농민들은 과도한 군역의 부담과 그에 따른 폐단에 대비하여 자구책을 마련하려 하였다. 농민들의 대응은 크게 두 가지로 나타났다. 첫째는 신분 변동

21) 중앙의 5군영체제에 비하여, 지방에는 束伍軍이 있으며 賤隷계층으로 이루어졌고 비용은 스스로 부담하도록 하였다.

22) 金鍾洙, 〈17세기 軍役制의 推移와 改革論〉(《韓國史論》 22, 서울大, 1990)에서는 17세기 5군영이 설립될 때까지 조선 전기의 병농일치제적인 군역제와 군영제의 급료병제적인 군역제의 병존을 살피고 있다.

23) 《均役事實》 均役事目.

을 통해 양역에서 완전히 벗어나는 것 즉 피역의 방법이었으며, 다른 하나는 양역에 苦重과 輕歇의 차등이 있음을 이용하여 보다 歇한 역으로 투속하는 방법, 즉 역의 부담을 줄이는 것이었다.[24]

우선 신분 변동을 통한 피역의 방법은 일반 농민들 중에서도 경제력을 갖춘 富民이 주로 이용하였다. 그들은 국가에 곡식을 바쳐(納粟) 양역에서 빠져나가거나, 校生·軍官·忠義衛로의 冒屬 혹은 '冒稱幼學'의 방법을 택하였으며, 조상을 위조하는 방법(換父易祖) 등으로 양반 신분을 칭하여 군역 부담에서 벗어나기도 하였다. 농민들이 신분 변동을 이용한 또다른 형태는 스스로 奴로 입속하는 방법이 있었다.

그들이 피역하게 된 이유는 몇 가지가 있다. 농민들은 군역으로 말미암은 부담이 너무 과중하다고 생각하여 이를 피하려고 하였다. 군역을 짐으로써 자칫 농민들 중에서 파산하는 자가 있었기 때문이다. 그들 중에는 경제적인 측면 외에도 군역을 지는 자에 대한 사회적인 대우와 지위가 열악하였기 때문에 이를 피하려는 자들도 있었다. 군역 자체가 사회적으로도 천시되고 대대로 역을 지게 되는 결과를 초래하였으므로 가능한 이를 피하려 하였다. 게다가 신분제의 격심한 변동으로 말미암아 양반으로 신분 상승할 수 있는 기회들이 주어지고 있었으므로 군역을 탈피하려는 경향은 더욱 강하게 나타났다.

이외에 과도한 양역에서 벗어나기 위한 방법으로 역의 부담을 줄이는 방법이 있었다. 이는 양역의 종류가 다양하고 그 부담도 각기 달랐으므로 그 중에서 가장 헐한 것을 찾는 것이었다. 일반적으로 사모속의 형태로 편입되는 자들이 많았다.

이러한 현상 때문에 피역 현상과 군역 부과의 편중은 더욱 심화되었다. 이로써 군역의 부담은 양인 중에서도 특히 소·빈농층들에게 집중되었고, 농민들의 유망 또한 격증하였다.

군역의 폐단에도 불구하고 정부는 재정을 확보하기 위해 군역세 징수에 군총제를 적용하고 있었다. 정부는 각 기관의 필요 경비에 따라 군액을 정하고, 각 지방의 人丁과 民摠의 多寡와 군역의 緊歇을 고려하여 정액화하고

24) 鄭演植, 〈17·18세기 良役均一化政策의 推移〉(《韓國史論》 13, 서울大, 1985).

배정함으로써 군역 부담의 편차를 없애려 하였다. 그러나 배정된 군액은 정부의 허락없이 변경할 수 없었고, 배정된 군역세도 지방의 군역민 전체가 공동책임하에 수납하여야 했다. 때문에 농민들은 궐액이 생겨도 세를 그대로 납부해야 했으며, 곳에 따라 공동책납에 대한 새로운 대처 방안이 모색되었다.

(2) 군역제 개혁

군정의 폐단에 대한 대책은 정부측에서도 마련하려 하였다. 특히 숙종 연간 수차에 걸쳐 釐正策이 모색되었다. 숙종 2년(1676) 〈良丁査覈節目〉을 마련하여, 피역을 방지하고 궐액을 보충하려고 했다. 숙종 15년에 〈各衙門軍兵直定禁斷事目〉을 마련하여 사모속의 폐단을 근본적으로 막아 보려고 하였으나, 커다란 효과는 거두지 못하였고 군역제가 갖는 제도적인 결함과 구조적 모순에서 오는 폐단은 여전하였다. 숙종 25년에는 〈各衙門良役定額數〉·〈六道良役存減數〉 등의 조치가 마련되었다.

본격적으로 양역의 폐단을 시정하기 위한 군제변통론이 크게 거론된 것은 숙종 28년이다. 양역이정청이 설치되고 이를 주관하는 句管堂上이 차정되었다. 당상으로 李濡·李寅燁·閔鎭厚 등이 차정되었으며, 그들은 숙종 29년 정월에 왕에게 양역변통을 건의하였다. 그들은 양정 부족의 원인을 군문이 너무 많고 이에 속한 군액이 과다한 데 있음을 지적하면서 개혁안을 내세웠다. 그들은 五軍營 중에서 1개 군문을 혁파하든지, 아니면 각 군문의 군액을 감축할 것을 제안하였다.

조정에서 논의를 거친 후 군액을 줄이는 것이 최종안으로 결정되었다. 이는 소속처가 없는 양정을 餘丁으로 확보하게 되어 양정 부족에서 오는 첩역·백골징포·황구첨정 등의 양역 폐해를 일시나마 완화시킬 수 있는 조치였다. 아울러 군제 정비와 군액 査減의 조치는 비로소 국가가 각 군문에 소속된 양정의 실수를 비교적 정확하게 파악할 수 있게 하는 계기를 만들었다. 즉 오군문의 戶·保의 군액을 사정하여 濫占을 막고 편제와 규모를 개편·규정함으로써 오군문에 대한 국가의 통제를 강화할 수 있게 되었으며, 각 군문에 일임되었던 양정 행정이 병조중심으로 일원화되어 통일된 정책을 마련할 수 있게 되었다. 그러나 이는 양전의 부족 현상을 일시적으로 완화하는 조치로서 소변통적인 방법에 불과하여 양역의 폐단에 대한 우려는 여전히 남아 있었다.[25]

군정의 이정과 관련하여 다음해인 숙종 30년(1704)에 <五軍門改軍制及兩南水軍變通節目>·<軍布均役節目>·<海西水軍變通節目>·<校生落講者徵布節目> 등의 조치가 취해졌다. 이는 군액의 감축과 부분적인 군제의 변통 그리고 피역자를 규제하고 응역자의 역을 고르게 하려는 것이었다. 이러한 조치들도 소폭이지만 군역제도를 변통하기 위한 것이었다.[26]

이어 숙종 37년의 <良役變通節目>과 숙종 39년과 숙종 40년의 <良役査定別單>이 마련되었다. 숙종 37년의 절목은 군정궐액이 생기면 이를 里代定으로 충당하고 피역자는 철저하게 수괄하며, 교생의 考講과 액수 그리고 군관 액수를 조정하고, '民少軍多'한 곳의 군액을 조정하고, 각 아문의 군보직정은 규정에 따라 엄히 금지하여 피역을 방지하려는 것이었다. 또한 숙종 39년과 숙종 40년의 별단은 녹사·서리·군관·군병 등의 액수를 줄여서 정하고 미진한 조건들을 보완하여 피역을 방지하려는 것이었다. 이러한 정책 중에서 里代定으로 피역을 방지하는 데 목표를 둔 점은 주목된다. 이는 민을 향리에 긴박시키는 것을 전제로 이루어진 것인데, 궐액이 생길 경우 里內에서 대정토록 한 것이었다. 주창자인 李濡에 따르면, 이정법의 이점은 逃故者의 代定을 신속하게 할 수 있고, 거짓 도고자는 즉시 드러나며, 歲抄시에 혼란을 없애고 色吏의 농간을 금할 수 있으며, 漏籍者를 적발할 수 있다는 것 등이었다.[27] 이대정을 비롯한 이 단계의 이정책은 피역을 막고 양역자를 확보하는 데 목적이 있는 것으로 보아 군역제의 변통이라기보다는 군역제를 보완 강화하려는 것이었다.

수차에 걸친 이정책에도 불구하고 兒弱·白骨·隣族徵 등의 폐단은 제거되지 않았다. 더욱이 경종·영조대에 이르러 양역의 폐단이 매우 심화되었으며,

---

25) 鄭萬祚, <朝鮮後期의 良役變通論議에 대한 檢討>(《同大論叢》 7, 1977).

26) 金容燮, <朝鮮後期의 賦稅制度釐正策－18세기 中葉~19세기 中葉－>(앞의 책, 1984), 258쪽.

27) 백승철, <17·18세기 軍役制의 變動과 運營>(《李載龒博士還曆紀念 韓國史學論叢》, 1990).

이를 수습하는 문제는 절박해졌다. 양역의 폐단과 수탈로 민들이 위기를 맞게 되자, 조정은 이러한 현상을 국가의 존망과도 관련시켜 심각한 문제로 삼았다. 이러한 분위기에서 군역제의 폐단을 이정하려는 제반 논의가 등장하였다. 대표적인 것으로는 戶布論·결포론·遊(儒)布論·口錢論 외에 戶錢論 등의 논의가 있었다. 이들 논의는 부과 대상을 중심으로 나눈 것으로 크게 主戶·主結의 형태로 생각해 볼 수 있기 때문에, 여기에서는 호포론과 결포론을 중심으로 살펴보도록 하겠다.

효종대에 이미 兪棨는 송시열과의 논의를 거쳐 군정의 폐단을 이정하려면 양반도 출포해야 한다고 하면서 호포론을 제기하였으며,[28] 鄭太和·鄭知和 등도 호포론을 내세웠으나, 숙종대 李師命에 의하여 논리적으로 구체화되어 제시되었다.[29] 숙종대에 尹鑴도 양반에게 과세할 것을 주장하여 戶布·口算之法을 제안하기도 하였고,[30] 金錫胄 등도 호포론을 주장하였다. 결포론은 金𣝕에 의하여 제기되었으며, 이어서 李健命·洪啓禧 등도 주장하였다. 그 외 유포론·구전론이 제기되었으나 크게 주목을 받지 못하였으며, 호전론도 박문수에 의하여 제시되었으나 조정에서 논의되는 정도에서 그치고 말았다.

호포론은 口布論과 함께 주장되거나, 儒布論(身布論)을 염두에 두고 양반층 내에 차등을 두고 호포를 부과하려는 의도에서 나오기도 하였다. 호포론은 군정의 폐단으로 군역세의 징수가 힘들어지면 국가재정이 부족하게 되고, 액외의 군역민이 더욱 많은 세를 내게 되면 농민들이 살아남기 어렵게 되며, 국가 및 농촌 경제를 안정시키려면 부세제도 특히 군역제 자체의 개정이 필요하다고 보았다. 그 개정 방법을 古法에 비추어 모든 戶를 세를 부과할 대

28) 池斗煥, 〈朝鮮後期 戶布制論議〉(《韓國史論》 19, 서울大, 1988).

29) 李師命의 호포론은 閑丁搜括이나 儒布論 등 人丁을 대상으로 하는 논의들이 신분론과 직결되어 兩班出布論의 한계에 부딪힌 반면, 身役이 아닌 戶調의 성격을 강조하여 호포로 대체할 것을 주장하였다. 이는 양역의 대상에 양반을 포함시키는 효과를 가져왔을 뿐 아니라 새로운 재정 자원으로서 戶布의 역할을 강조하였다. 아울러 그는 호포론과 관련하여 양역에서의 징포를 폐지하되 양역은 番上과 赴防 등의 군사적 활동만으로 국한시키고, 경비는 호포에서 마련하도록 하였다. 게다가 그는 이처럼 국가재정에도 여유를 두면서 군제를 변통함으로써 군사력을 강화하려는 의도도 가지고 있었다. 이는 기존의 양역과 관련한 논의들이 지닌 한계를 뛰어 넘는 논리였다(鄭萬祚, 앞의 글).

30) 鄭萬祚, 위의 글에서는 윤휴가 주장한 논의를 儒布論으로 파악하였다.

상으로 구분한 후, 세나 포를 부과해야 한다는 것이다. 이외에도 호포나 구전을 시행하면 小民은 기뻐하고 양반·서얼·중인 등이 불만을 가질 것이나, 士夫의 불편을 두려워한다면 그만이지만 만일에 소민의 안정을 바란다면 호포를 시행해야 한다고 주장하기도 하였다.

그러나 호포불가론도 만만하지 않았다. 이는 양반 지배층의 사회적 지위와 경제적 이해관계에 관련되는 것으로 매우 격렬하였다. 호포는 귀천을 막론하고 출포를 하여 균등한 것 같지만 자연의 이치와 상하관계의 질서를 부정하는 점에서 명분에 어긋난다고 보고 있다. 그리고 대다수의 양반들의 경제력이 대단한 것이 아니기 때문에 호포법을 강행할 경우 양반의 불만과 반발로 인심이 이산할 수 있다고 하였다. 또는 合戶의 폐해, 計口等戶方法의 불합리, 호적법의 불합리 등 호포 자체로부터 발생할 수 있는 문제점이 들어지기도 하였으며, 또는 실시의 시기가 좋지 않다거나 혹은 선조대에 행하지 못한 것임을 들어 가벼이 실시할 수 없다고 한다든지 혹은 흉작을 들어 호포제의 시행을 반대하였다. 이러한 이유로 대부분의 호포론은 시행되지 못하였다. 그 외에도 타협안이 제출되어 호포법 시행이 결정되고 절목을 작성하였다 해도, 시행 지역을 한정하여 시험한다든지 혹은 풍년이 드는 해까지 기다린다는 명목으로 지연되었다가 결국 시행되지 못하였다.

결포론은 토지에 세를 부과하여 그 재정수입으로 양역을 폐지하거나 또는 양역가의 일부를 감하자는 변통론이다.[31] 결포론은 예전에 논의되던 호포론, 구전론, 유포론 등이 사족층과 閑遊者층의 저항에 의하여 실행되지 못하게 된 사정과, 토지에 부세원을 고정시킴으로써 안정적인 부세 확보가 가능한 측면, 민의 경제력에 따라 차등적으로 세를 부과할 수 있게 됨으로써 다른 변통책에 비하여 공정한 부세를 실현할 수 있다는 점 때문에 주목을 받았다. 특히 결포론은 감필론과 연계되면서 다른 변통론과 달리 주목을 받았으며, 감필이 결정된 후 부족한 재정을 보충할 수 있는 주요한 급대 방안으로 등장하였다. 이 논의는 〈결미절목〉이 작성되고 〈均役事目〉을 완성함으로써 균역법의 급대책의 주축인 결작(米·錢)의 형태로 채택되었다.

---

31) 鄭演植, 〈18세기 結布論의 대두와 結米節目의 제정〉(《國史館論叢》 47, 國史編纂委員會, 1993)

그러나 결포론도 반대론에 부딪혔다. 당시의 농업 현실은 자영농민들이 그리 많지 않았으며, 대다수의 농민들은 지주로부터 토지를 빌려 경작하고 있었다는 점이었다. 양자 사이에는 지주전호제를 주축으로 한 병작반수의 관행이 있었다. 농민들은 지주로부터 토지를 빌려 경작한 후 생산된 소출을 지주와 반씩 나누었다. 그러므로 농민들의 수입은 많지 않았으며, 생계마저 위협받았다. 게다가 농민들에게는 이미 부과된 기존의 부역도 적은 것이 아니었다. 새로운 형태의 부세가 만들어질 경우 농민들의 생계는 더욱 위협받게 되고, 그로 말미암아 농민들은 농토를 버리고 유리하게 됨으로써 인족침징의 폐단도 커질 것이라는 것이 결포론의 반대 이유였다. 이외의 양역변통 논의들도 실시 문제가 구체적으로 제기되었을 때 반대론에 부딪혔다. 따라서 양역변통과 관련하여 군역제를 개혁하는 문제는 논의에 그쳤을 뿐 실행되지는 못하였다.

영조가 즉위한 후에도 군역제에 관한 논의가 지속되었다. 이 때 앞서의 방안들이 다시 제기되었으며, 균역론도 그 중의 하나로 제기되었다. 그러나 군역의 이정문제는 논의 차원에만 머물고 있었으며, 어떠한 결정도 내리지 못하고 있었다. 영조 중반에 이르러 이정책들이 다시 제시되었다. 영조 18년(1742)·19년의 〈良役査定別單〉과 〈良役實摠〉 그리고 영조 26년의 〈良役節目〉이 그것이다. 이후 〈關西良役實摠〉이 마련됨으로써 북부 지방에도 같은 내용의 조치를 취할 수 있게 되었다. 영조 18·19년의 이정사업은 趙顯命의 주도로 이루어졌다. 이는 각 군문과 아문의 군액과 각 지방의 군액을 조정하는 것이었다. 이 조치는 숙종조의 군액을 재조정하여 증가된 수와 額外 인원을 汰減하여, 수 만명의 군액을 줄였으나, 수포군액의 定額에 주력하였으므로 각 지방민의 부담의 경중을 조정하는 지방의 군총의 균액에 유의한 것은 아니었다. 그러므로 이러한 사정사업으로 '군다민소'한 지방에서 발생하는 군액의 폐단은 해결될 수 없었고, 이를 해결하기 위한 정부의 지속적인 보완 작업이 필요하였다.

영조 24년 〈양역실총〉이 완성되어 군역 행정의 기준이 마련되었으나, 이 또한 국가의 세입을 보장하는 선에 그쳤으며, 군정의 폐단에서 초래되는 농민의 괴로움을 덜어 주는 것은 아니었다. 그러므로 군정의 폐단을 시정하기 위해서는 이러한 이정책에만 기댈 수 없었으므로 다시 새로운 대책이 강구되었다. 영조 26년(1750) 洪啓禧가 주도하여 종래의 이정방안과 결포론을 절충함으로써 새로운 〈양역절목〉을 마련하였다. 이것이 영조 28년에 작성된 〈균역사목〉의 골격이 되었다. 이후 균역민의 납포를 1필로 줄이면서 균일화하는 조치를 취하고, 경감된 부분은 국가가 다른 방법으로 해결하도록 하여 균역법이 제정되었다.

균역법 제정 이후 정부는 균역제를 〈양역실총〉과 〈균역사목〉을 기준으로 운영하였다. 균역법을 통하여 국가는 재정을 충실하게 하고 양정의 부담을 줄여 그들의 피역과 양역의 폐단을 제거하려 하였으나, 균역법의 효과는 그리 오래 가지 못하였다. 이 법은 피역과 첨징 등의 폐단을 근본적으로 해결한 조치가 아니었기 때문이다. 균역법을 제정할 무렵부터 이러한 점들은 지적되었다. 피역자는 늘어나고 향촌사회에서는 '군다민소' 현상이 더욱 커졌으며, 균역법에 의해 1필로 균일화되었다 해도, 균역세 전체가 증가하고 균역농민들의 부담도 증가하였기 때문이다.

한편 균역법의 실시에 따라 농민들은 1년에 2필씩 내던 군포를 1필을 내도록 하였으나, 감해진 부분을 대신하여 결작(결미 혹은 結錢)·隱餘結·選武軍官布·魚鹽船稅·會錄(糶糴)·移劃 등의 방법으로 부족액을 보충하려 하였다.[32] 결작이란 평안·함경도를 제외한 전국에서 전 1결당 쌀 2두(결전은 5전)를 부과한 것이고, 어염선세는 종전에는 궁방에 속해 있던 것을 국가재정으로 돌린 것이다. 선무군관포는 양인이면서도 군포 부담에서 빠지던 한정을 선무군관으로 편성하여 수포하는 원칙을 고수하되 양인 상층에게도 수포하여 양인들의 부담을 줄이려 한 것이다.

균역법의 실시로 형식상 양인들의 군포 부담은 줄어들었으나, 결작(혹은 결전)에 의한 급대책으로 토지에 세액이 부과되어 경작지 농민에게는 전결세의 증액을 초래하였으며, 어염선세로 인하여 어부나 염부들은 離散하기도 하였다. 그리고 균역청은 급대책의 규정에 의해 환곡을 관장할 수 있는 관청으로 등장하게 되었다. 한편 정부는 수입의 증대를 위해서 양정 수를 높여 책정하

32) 균역법에 대한 자세한 내용 분석은 車文燮, 〈壬辰以後 良役과 均役法의 成立〉 上·下(《史學硏究》 10·11, 1961)를 참조.

였으므로 농민의 부담은 더욱 가중되었다. 균역법 실시 이후에도 군정의 문란으로 농민 생활은 다시 위협받게 되었으며, 군역 부담은 이후에도 여전히 문제를 일으키고 있었다. 이는 향촌사회의 공동체적인 긴박 관계를 바탕으로 운영되고 있던 군역제가 조선 후기 사회경제적 변동, 특히 신분제의 전면적 동요라는 농민층의 성장과 저항에 의하여 해체되면서 발생한 것이었다. 정부는 이러한 군역제의 변동을 현실로 인정한 후에 군역제 운영의 폐단을 줄이면서 세수의 안정을 꾀하려 하였다.

이러한 정책은 향촌민과 지방관청에 의해 적극 추진되어, 양반과 양인 모두가 출자하여 마련된 기금으로 식리사업을 벌여 그 이자로 군역세를 납부하는 軍布契와 피역자가 피역의 대가로 낸 농지를 지주제 경영을 통하여 그 수확을 군역세로 수납하는 軍役田도 나타났다. 이는 군역을 피하려는 농민층과 이를 저지하려는 정부 관청 및 잔여 농민과의 타협안으로 마련된 것이다. 이러한 모습은 군역제의 해체 경향을 인정하면서도 고리대 운영이나 지주경영을 인정하고 공동체적인 긴박 관계를 유지하려는 정책의 소산이었다. 또한 군정의 폐단이 심한 곳에 촌락민 전체에 의한 *戶斂·洞斂* 등이 행해지기도 하여 호포제적인 효과를 얻는 곳도 있었다.

한편 군역에서의 새로운 운영 형태로 군역세의 금납화를 들 수 있다. 군역세의 금납은 상품화폐경제가 발달하고 미·포의 시가가 상승하면서 가능하였다. 이로써 미·포 대신에 돈으로 내는 防納作錢이 보편화되기에 이르렀다. 군역의 금납화는 처음에는 군역민의 요구도 담겨 있었으나, 고액의 防納價로 인하여 군역민은 고통을 겪게 되었다.

정부도 국가재정 및 기생적 특권적 유통구조를 유지시키기 위하여 18세기 말에는 면작의 풍흉을 참작하여 軍保米의 금납을 허용하거나, 군포의 부분적 금납을 허용하기도 하였다. 균역법 실시 이후부터 19세기 중엽에는 군포의 부분적 금납 외에도 군보미의 금납이 전면적으로 시행되었다.

(3) 군역제의 문란

균역법 시행 이후에도 군역의 폐단은 여전하였다. 철종 13년(1862) 국왕의 책문에 답한 李象秀의 언급에 의하면 우선 군역의 폐단으로 軍籍의 문제를 들 수 있다. 그는 군적이 텅비게 되었음을 지적하고, 그 원인으로 교활한 무리들이 도망함으로써 나타난 것이라고 하였다. 그는 백성들이 고통을 받는 요인으로 이러한 문제점을 지적하였다. 백성들에게서 세금을 거두고 병사를 키우는 것은 예로부터 있었지만, 병사들에게 돈을 내게 하는 것은 우리 나라에만 있는 것이며, 또한 전대에 없던 白骨徵布·黃口充丁 즉 이미 땅속에 묻혀서 죽어 버린 귀신들이 군역을 지거나, 태어나자마자 곧바로 束伍로 편입되는 상황들이 발생하고 있음을 지적하였다. 총액제의 원리에 의하여 1丁이 빠졌을 때 이를 채워야 하는데, 오히려 재상들의 墓村이라든지, 校院의 齋生들이거나, 권세가들의 佃村, 혹은 사대부의 奴屬들은 그 안에서 빠져나가고 있었기 때문에 그는 군역제의 폐단이 나타난 것이라 하였다. 게다가 서리들은 이들이 빠져나갈 수 있도록 도와주고 있으며, 수령들은 단지 빈 군적만 쥐고 있는 상태라고 지적하였다.[33] 반면에 힘이 없는 무리들로서 자신들의 처지를 알릴 만한 위치에 있지 못한 자들은 이러한 군역을 계속 질 수밖에 없는 상황이었다. 따라서 군역의 부담은 자연 이들에게 집중되었다.

이상수는 이러한 상황에 대하여 다음과 같이 비판하였다.

> 왕은 토지를 나누었어도 백성을 나누지 않았는데, 우리 나라의 사대부들은 이에 국가와 더불어 백성을 나누고 있다. 병기를 잡고 나라를 지키는 선비들로서 여기에서 빠진 자가 10에 6, 7은 되니 이것이 어찌 나라에 常憲이 있다고 하겠는가(李象秀,《峿堂集》권 18, 雜著, 三政策).

이처럼 군역 부담의 대상자로서 빠져나가는 자가 반을 넘을 정도로 군정의 폐단이 극에 달하고 있었기 때문에 그는 국가의 방비가 허술해지고, 군기를 갖추지 못하게 되는 상황에 이르렀다고 하였다. 그러나 이러한 언급들은 대체적으로 일반민들의 고통을 말하는 것이라기보다는 국가의 군정의 운영의 문제점을 지적한 것이었다.

군역의 폐해에 대해서 잘 표현해주고 있는 것으로는 이보다 앞선 19세기 초반에 농민들이 직접적으로 입은 군역의 폐해를 생생하게 묘사한 다산 정

---

33) 李象秀,《峿堂集》권 18, 雜著, 三政策.

약용의「哀絶陽」을 들 수 있다. 이 시는 농민들에게 부과되는 군역이 너무 심하게 되자 남자가 된 것조차 원망을 하면서 자신의 성기를 도려내어서 군역을 피하고 싶어하는 한 농부의 애타는 모습을 다산이 실제로 목격하고 군정의 문제점을 지적한 것이었다.

그리고 군정의 문제와 관련하여 농민들은 생활의 피폐함을 견디지 못하고 단순히 사회 문제점을 지적하는 데 머물지 않고 실력을 행사하려는 자들이 많아졌다. 따라서 "근년 이래 부역이 많아지고 관리들은 탐학을 하니 民들이 편안하게 살아갈 수가 없어서 모두가 난이 일어나기를 생각하고 있다"라고 하듯이,[34] 군역을 비롯한 부역의 가중은 곧 농민들이 항쟁이 일어나기를 갈망할 정도까지 진전되었으며, 그러한 폐단이 전국 도처에서 일반적인 현상으로 드러나고 있었다. 순조 초의 함경도 端川과 황해도 谷山의 농민항쟁은 군정의 폐단과도 깊은 관련을 맺으면서 발생한 사건이었다. 이후 철종 연간의 농민항쟁들도 이와 같은 연속선상에서 이루어진 것이었다.

정부의 대책은 우선 농정의 문제, 부세문제 및 다른 부문에 대한 조사 과정에서 이루어졌다. 정조 10년(1786)의《所懷謄錄》, 정조 22년의〈民隱疏〉, 정조 22·23년의〈農政疏〉, 순조 9년(1811)의〈各道民弊冊子〉, 순조 11년의〈各道陳弊冊子〉등은 그러한 결과이다. 이는 求言敎·詢問·民隱에 대한 조사보고서의 형식으로 묶여진 것이다. 암행어사를 자주 파견한 것도 지방에 대한 감찰을 강화하기 위한 의도가 있었다. 그런데 정부가 군정의 문제를 본격적으로 다룬 것으로는 철종조 농민항쟁 기간에 민심 수습을 위한「三政釐正策」을 들 수 있으며, 이로써 정부의 정책은 좀더 구체화되었다.

삼정이정책은 전정과 군정·환정에 관한 이정책으로서 정부는 이를 통하여 관료 및 지방의 지식인까지도 대책을 내도록 하였다. 그러나 정부는 군역제를 이정하는 문제에 적극적으로 대응하려 하지 않았다. 황구첨정·탈역·군역의 불균을 지적하는 데 그치고 있으며, 단지 교원보솔이나 각청계방을 혁파하고 탈역을 막으려 하였다. 이 때 군역세를 수납하는 방법으로 口疤와 洞布制를 용인하고 있었다.[35] 그러나 동포제는 전국적인 규모가 아니라 지방

34) 丁若鏞,《牧民心書》28, 兵典 應變.
35)《壬戌錄》,〈釐正廳謄錄〉軍政 윤8월 19일.

의 사정에 따라 편리한 대로 실시하도록 하였다. 그나마 이 제도를 시행하기 위해서는 신분 계층간의 이해관계를 해소시켜야 했다. 특히 동포의 이름으로 양반들이 군포를 내게 하였을 때 시행 과정에 어려움이 있었다.[36] 그러나 이러한 동포제의 의미는 종래의 군역제의 해체를 초래하는 중요한 계기를 마련하였다는 점에 있다.

그러나 삼정이정책은 삼정이정청이 곧 해체되고 철종이 얼마되지 않아 죽자 실현불가능한 정책으로 남게 되었다. 다만 군정의 이정책은 고종의 즉위 후 대원군정권에 의해 변형된 형태이나마 호포제로 실시되게 되었다.

3) 환곡제의 변질

(1) 환곡제 운영

還穀은 還上 혹은 糶糴 혹은 還餉이라고도 한다. 환곡은 진휼책의 하나로 춘궁기인 봄에 관청에서 농민에게 곡식을 대여하고, 추수기인 가을에는 元穀과 함께 耗穀을 붙여서 거두었다. 이 때에 모곡은 원곡의 1/10(米 1石당 1.5斗)에 해당하는 이자의 형태로서 원곡이 줄어드는 것을 보충한다는 명목으로 환수하였다.[37]

환곡은 農糧을 대여하는 것 외에도 군향을 改色하기 위한 목적으로 이용되었다. 그런데 모곡 중의 일부를 會錄하게 되면서 환곡은 단순히 진대를 위한 목적과는 달리 운영되게 되었다. 점차 회록이란 명목하에 호조에서 모곡의 1/10을 사용하게 되었고, 상평청에서도 재정을 확보하는 데 환곡의 모곡을 이용하였다. 이후 비변사・선혜청・균역청・常賑廳 등 서울의 각 아문(京司)과 외아문인 4都・監營 등의 각급 관청을 비롯한 軍營・軍鎭 등 여러 관청들도 회록하게 되었다. 이로써 환곡은 원곡의 耗失을 보충하기 위한 목적 외에도 국가의 재정수입에 중요한 항목으로 이용되고, 각 관청들은 환곡의 분급량을 늘려 갔기 때문에 환곡의 총량은 급격히 증가하였다.[38]

---

36) 《備邊司謄錄》 249책, 철종 13년 11월 15일.

37) 耗穀이라 함은 쥐나 새들에 의해서 혹은 노적된 상태에서 상실되는 것을 보충한다는 의미를 담고 있다.

軍用을 비롯한 邑用에서부터 營用·國用에까지 재정 부문에서 환곡을 이용한 모곡 수입이 차지하는 바는 매우 컸다. 각급 관아는 환곡의 총량을 늘리면서 모곡의 수입 증대를 꾀하였으므로 환곡의 양은 거의 1,000만 석에 달하였다. 이는 모곡의 증가를 의미하는 것으로 농민의 부담을 증가시켰다.

이러한 추세와 함께 환곡 운영 과정에서 지방관청에서는 고리대적인 수탈을 동원하여 수입을 증대시켰다. 일반적인 이자율은 법제상으로 1/10이었으나 실질적으로는 長利, 혹은 甲利라 하는 고리대와 다를 바 없는 5/10 이상의 모곡이 적용되기도 하였다. 환곡을 거둘 때 耗條 외에 다른 부세와 마찬가지로 看色米·落庭米·零米 등을 비롯한 다양한 수수료들이 첨가되었다. 이처럼 환곡에서 부가세 명목이 다양하게 설정되었으므로, 실질적으로 높아진 이자율에 의한 이익을 노리는 경우도 나타났다. 뿐만 아니라 환곡을 정해진 기일 내에 갚지 못할 때에는 耗上加耗라 하여 이자율이 복리로 적용되어 고리대로서 작용하였다. 이로 말미암아 환곡 운영주체에 의한 加分은 더욱 심해졌고 분급량은 늘어났다.

환곡의 분급 비율을 일정하게 유지하고 제한하는 제도로 '半留半分'의 원칙, 즉 창고에 전체 곡식의 반은 남겨 두고 반은 나누어 주도록 규정하고 있었다. 그러나 이 제도가 점차 무너지면서 창고의 곡식을 전량 분급하는 방식인 盡分을 비롯하여 一留三分·一留二分·二留一分·定式分給 등 다양한 형태의 분급 방식이 이용되었다. 환곡을 이용한 최대한의 수입을 확보하기 위하여 점차 분급 비율을 늘리는 것이 일반적인 추세였다. 환곡은 양적인 측면이나 비율면에서도 전량분급화(盡分化)하는 추세를 보였다.

한편 군현·영진을 단위로 일정한 양의 환곡을 확보하는 방식이 적용된 반면 환곡의 편재는 고르지 못하였다. 농민이 요구하는 양보다 환곡이 적어서 진휼을 하지 못하는 경우가 있었지만, 환곡이 과다하여 농민들이 필요 이상으로 환곡을 받아야 하는 경우가 더 많았다. 특히 환곡이 과다한 지역은 환곡을 효과적으로 분배하기 위하여 강제로 대여하였으며, 결국 부세와 다를

38) 오일주, 〈朝鮮後期 國家財政과 還穀의 賦稅的 機能의 强化〉(延世大 碩士學位論文, 1984).
鄭允炯, 《朝鮮王朝 後期의 財政改革과 還上問題》(서울大 博士學位論文, 1985).

바 없는 환곡 운영이 이루어졌다. 이는 환곡의 성격이 변화하였음을 의미한다.

환곡 분급 방식도 토지에 분급되는 結還, 호에 분급되는 戶還(作統 단위는 統還)과 마을 단위로 부과된 환곡에 대해 공동으로 마련하는 방식인 里還 등 각기 다른 형태의 분급 방식이 나타났다.39) 이는 각 지방의 감사·수령들이 그 고을의 사정에 따라 환곡의 분급을 결정할 수 있었기 때문이다. 물론 이러한 과정에서 해당 민들에게 의견을 물어 보는 형식을 취하였으나 최종적인 결정권은 감사나 수령에게 있었다. 그들은 다양한 환곡 분급 방식을 이용하여 필요한 환곡을 확보할 수 있었으며, 한편으로 이를 이용하여 이득을 얻는 자도 있었다.

환곡 운영에서 새롭게 나타난 현상은 상품화폐경제의 발달에 편승한 화폐납의 도입이다. 화폐를 대여하고 곡물을 받는 錢還과 환곡의 代錢納을 허용함으로써 환곡 운영에 화폐가 사용되었다. 이로써 환곡 운영의 융통성은 커진 반면 그로 인한 폐단의 여지는 더욱 커졌다.

환곡 운영에서 감사·수령들은 지역간의 가격차를 이용하면서 이득을 얻었다. 그 중에서 '移貿立本'은 그들이 이용한 대표적인 방법이었다. 환곡을 이용하여 이득을 얻을 수 있는 방법들은 매우 다양하였다. 특히 수령·이서들은 온갖 편법을 이용하였다. 정약용은 수령과 이서가 환곡을 이용하여 이득을 얻기 위한 방법들을 열거하였다. 그 때 이용된 편법들로는 反作(臥還)·加分·虛留·立本·增估·加執·暗留·半白·分石·執新·呑停·稅轉·徭合·私混·債勒 등이 있었다고 한다.40) 이 방법들은 감사·수령·이서들에 의한 포흠을 농민들에게 전가하거나 사사로운 이익을 취하는 방법으로 이용되었으며, 농민층을 극도로 피폐시켰다. 이로 말미암은 환곡의 총량도 1,000석 가까이 되었던 것이 점차 허류화되었으며, 실제 환곡의 총수를 감소시키고 있었다.

그러나 환곡은 이미 재정수입의 상당한 부분을 차지하고 있었으므로 수입

39) 梁晋碩, 〈18·19세기 還穀에 관한 硏究〉(《韓國史論》 21, 서울大, 1989).

40) 정약용은 수령이나 이서에 의한 불법적인 환곡 이용을 주체에 따라서 각각 나누어 설명하였다. 그러한 행위들의 각 항목에 대한 설명은 《牧民心書》에 자세하게 기록되어 있으며, 이와 관련하여 자세히 설명한 논문으로 愼鏞廈, 〈丁若鏞의 還上制度改革思想〉(《社會科學과 政策硏究》 3-2, 1981)이 있다.

감소에 따른 부족분을 환곡 자체의 운영에서 해결해야 했다. 결국 이러한 측면은 농민들에 대한 수탈의 강화를 초래하였다. 또한 환곡 부담자 중에서도 향촌사회의 유력자나 양반지주·토호들은 환곡 부담에서 벗어났으므로 결국 분급대상자가 축소되어, 농민에게 부담이 더욱 편중되었다. 또한 정규적인 부담 외에 부가적인 비용을 요구하여 환곡의 고리대화는 더욱 촉진되었고, 환곡 운영은 극히 문란한 상태가 되었다.

이러한 환곡의 폐단은 환곡 운영 과정에서의 문제점들로 말미암아 나타나고 있었다. 그러한 문제들은 몇 가지로 나누어 살펴볼 수 있다.[41] 우선 '取耗補用'하는 과정에서 환곡의 폐단이 발생하였다. 환곡은 진대적인 기능을 가지고 있었으나, 모곡의 일부를 국가의 경비로 사용하게 되면서 환곡은 재정적인 의미를 지니게 되었다. 이로써 환곡은 진대만이 아닌 국가 재용의 일부로 사용되었고 없어서는 안될 상태에 이르렀다.[42] 심지어 국가의 경비를 마련하기 위하여 환곡을 이용한 영리 행위까지도 서슴지 않았다. 이는 환곡 운영을 통한 수입이 없으면 所管穀을 출자한 각급 관아와 군영은 유지가 어려웠기 때문이다.

중앙과 지방의 각 기관은 모곡을 최대한 확보하려고 하였다. 이로 말미암아 취모보용의 취지는 점차 무너졌고, 환곡은 관리들이 사적인 이익을 취하는 수단으로 이용되었다. 따라서 환곡의 총량을 늘리기 위해 加作을 행하였고 그로 말미암아 환곡의 폐단은 점차 커졌다.

또한 지방관들은 농민들을 취모의 대상으로 삼았으며, 농민에게 환곡을 강제로 대여하였다. 이로 말미암아 민에게 강요된 모곡은 환곡의 부세화를 가져왔다. 이 또한 환곡의 폐단을 초래하는 원인으로 작용하였다.

둘째, 환곡은 군현·영진 단위의 환총제로 운영되었으며, 이로 말미암아 폐단이 발생하였다. 환곡은 관청들의 수입과 직결되고 있었으므로, 환총은 한번 정해지면 그 양이 많다 해도 줄이는 것은 힘들었다. 환총제의 실시 결과

---

41) 이하 金容燮, 〈朝鮮後期의 賦稅制度釐正策〉(앞의 책, 1984), 337~350쪽의 내용을 중심으로 구성하였다.

42) 정약용이 "국가의 재용이 반은 부세에 의지하고 반은 환자에 의지한다"고 했을 만큼 환곡은 국가재정에서 없어서는 안 될 중요한 항목이었다.

지역간의 환곡 부담의 불균현상이 나타났으며, 환곡의 부담이 많은 지역에서는 難捧·隣徵·族徵 등의 현상이 나타났다. 우선 지역 혹은 계절적인 곡물가의 차이를 이용하여 환곡을 作錢함으로써 환곡의 불균형이 이루어졌다. 감사·수령·이서들은 이를 이용하여 移貿를 함으로써 지역간 환곡의 편재는 더욱 불균등하게 되었다. 환곡 편재의 불균등 현상으로 지역에 따라 농민들이 부담해야 하는 환곡의 양은 각기 달라졌으며, 그로 말미암은 부세불균의 현상이 나타났다. 특히 '還多民少'한 지방에서의 환곡을 받은 자들이 환곡을 갚지 못하거나 족징·인징 등의 이유로 농민 부담은 수십 석에 이르렀다.

환곡의 지역간 불균형은, 중요 지역에는 많은 양의 환곡이 설치되었지만 벽지에는 적은 양의 환곡이 설치되면서 나타났다. 그리고 지방에 따른 곡가의 차이가 많았으므로 곡가가 높을 때에는 모곡을 징수하면서 작전하는 경우가 많고 곡가가 낮을 때에는 곡식으로 받았다. 또 대체로 연안지방에서는 환모를 작전하고 있었으며, 산간지방은 곡물을 그대로 쌓아 두고 있었다. 이로써 지역에 따라 환곡의 편재가 불균형하게 되었다. 연안지방은 작전 때문에 곡식이 모자라는 현상을 보이고 산간지방은 환총이 많아지고 있었다.

또한 농민은 많은 양의 환곡을 강제로 배당받아야 했으며, 고리로 운영되는 모곡을 내야 했으므로 농민층들의 가계 운영은 힘들어지고 환곡의 모곡을 내지 못하거나 아니면 유망하게 되어 그에 따른 부담이 향촌민들에게 전가되었다. 그 과정에서 吏逋·民逋에 의한 포흠으로 환곡은 이름만 남은 상태였다.[43]

셋째, 환곡 배정에서 頉戶로 말미암은 폐단을 들 수 있다. 탈호는 부세화된 환곡을 배정받지 않고 빠져나간 호를 말한다. 환호층은 대부분의 양반층과 진대를 받는 층들을 제외한 모든 사람이 대상이었다. 환곡은 이미 부세와 마찬가지로 운영되고 있었으며 부담으로 인식되었으므로, 환곡을 받지 않으려는 층들이 늘어났다.

환곡 운영 과정에서 빈농들에 의한 탈호는 어쩔 수 없는 것이지만 특권층에 의한 탈호는 심각한 것이었다. 환곡이 많은 지역에서 이러한 현상은 두드

---

43) 환곡의 포흠과 관련하여 19세기의 환곡을 다룬 글로 宋讚燮, 《19세기 還穀制 改革의 推移》(서울大 博士學位論文, 1992)가 있다.

러졌다. 實戶들이 환곡의 분배 대상에서 벗어나려는 것이었기 때문에 더욱 문제가 컸다. 이는 군현의 환총이 일정하고 戶摠은 일정한데, 환곡 부과시에 면제 혹은 탈면으로 그 대상이 줄어들었다는 것을 의미하였다. 이는 곧 환곡의 부과 대상에서 빠져나가는 자들 때문에 남아 있는 호들이 모든 부담을 져야 하는 것을 의미하였다.

탈호는 다양한 신분층에서 나왔으나 문제가 되는 층은 대부분 지방행정을 담당하거나 혹은 영향력을 미치는 자들이었다. 부유한 양반이나 이속 혹은 상민 중에서도 부민층은 뇌물을 주어 벗어나고, 양반층과 부민층이 짜고 탈면하거나, 양반을 모칭 혹은 관청 기관이나 양반가에 투탁한 자 그리고 왕실 장토의 작인들이 탈면하였다. 심지어 契房을 통하여 집단적으로 면제를 받기도 하였다. 따라서 환곡을 부담하는 계층은 점차 축소되었으며, 경제적으로 몰락한 양반들과 함께 대부분 빈곤한 상민 혹은 천인을 포함하는 일반 농민층 즉 소민층에게 환곡 부과가 집중되었다. 특히 환곡의 양이 극대화된 지역에서 환곡을 분급받지 않는 탈환층이 늘어날 때, 농민층은 가계 유지가 힘든데다 환곡의 편중된 부과로 말미암아 고통과 피해를 심하게 입었다.

넷째, 환곡의 운영에 '作錢代捧'이 허용됨으로써 곡물만이 아닌 화폐가 이용되었으며, 그로 말미암은 폐단이 발생하였다. 작전대봉은 모곡을 금납으로 해결하는 과정에서 비롯되었으나, 각급 관청들이 수입을 증대시키기 위한 영리 활동을 할 수 있도록 하였다. 조선 후기는 상품화폐경제의 발달에 편승함으로써 환곡의 운영 과정에서 많은 잉여를 취할 수 있었다. '耗穀作錢'은 '穀賤邑'보다 많은 이득을 얻을 수 있는 '穀貴邑'을 중심으로 행해졌다. 각급 관아들은 재정수입을 환곡에 의존하는 바가 컸으므로 이러한 현상을 이용하였다. 그 결과 환곡이 편중되는 폐단이 초래되었다.

환곡의 모곡을 작전하기 위해 국가는 곡물의 일정한 가격을 정함으로써 상정가를 제시하였다. 그러나 지방관들은 상정가를 따르지 않고 '高價執錢'하는 것이 일반적이었다. 즉 낮은 가격으로 분급하고 높은 가격으로 집전하여 곡물의 시가에 따른 차액을 노렸다. 이와 유사한 방법으로 상정가에 加捧하거나 添捧한다든지, 혹은 곡물이 많을 때 시세보다 고가로 징수하거나 반대로 곡물이 귀할 때 시가대로 징수하기도 하였다. 관에서는 이러한 방식을 취

대한 이용함으로써 수입을 늘렸다. 반면에 환호들은 작전할 때 수납과정에서의 부담이 늘어났다.

'고가집전'은 잉여가 많았기 때문에 각 관아에서는 원래 작전할 수 있는 것 외에 加作(加數執錢)도 하였다. 이 때 '가수집전'한 곡물은 원래의 상태로 채워야 했지만, 이것마저도 곡물의 가격차를 이용하면서 헐가로 계산하여 채워 놓았으며 그 사이에도 잉여를 사용할 수 있었다. 이러한 방식을 '加作立本'이라 하였다. 이 방식은 환폐 중에서 가장 두드러진 것으로서 환곡을 계산할 때 다른 곡식을 개입시켜 잉여를 취득할 때 이중의 효과도 얻을 수 있었다.

이와 유사한 방식으로 곡물을 이용하는 방법 중의 하나가 單代이다. 단대는 원래의 곡식 대신에 대체하는 곡물로 채워야 하는 것인데 이를 대상 곡물간의 교환 비율에 의하지 않고 1대 1로 대응하도록 하는 방식이다. 이는 지방관이나 이서들이 효과적으로 잉여를 늘려 나갈 수 있는 방식 중의 하나였다.

이러한 가작입본의 방식은 해당 지역 내에만 한정되어 이루어진 것이 아니라 다른 지역과도 확대 연계되었다. 이것을 '移貿立本'이라 하였다. 이무는 지역간의 환곡의 불균형을 시정하기 위하여 혹은 災年의 구황을 위하여 마련된 것인데 이윤을 늘리기 위한 상행위에 이용되었다. 관이 이를 행함으로써 결과적으로 농민에게 피해를 주었으며, 이무가 이포를 메우기 위하여 행해질 때 그 폐해는 매우 컸다. 환곡에 화폐를 이용함으로써 발생한 폐단은 이무입본으로 절정에 이르렀다.

다섯째, 환곡의 운영이 산만하고 부실하였다. 환곡 수입은 국가 수입의 중요한 재원이고, 환총이 많았을 때는 한때 거의 천만 석에 이르렀다. 따라서 환곡의 대여, 취모 및 관리 등은 합리적이고 조직적이어야 했으나 그 결과는 정반대였다. 이러한 현상은 구관관아가 많아 재정 체계가 여러 계통으로 분산되어 있는 것과도 관련이 있었다. 게다가 환곡의 명색이 많아서 그 운영 또한 복잡하였다. 각 기관들은 여러 읍에다 환곡을 배치한 것이었으나, 고을 개개의 입장에서 보면 여러 종류의 다른 환곡들이 배정된 셈이었다. 게다가 지방 관아도 자체의 경비를 마련하거나 수입을 늘이기 위하여 환곡을 늘리거나 혹은 私還을 별도로 설치하였다. 따라서 환곡을 직접 운영하는 지방 관아는 명색이 복잡할 정도로 각기 다르고 會付하는 내용과 기관이 다르다 해도, 창고를 충분히 갖추지 않은 한 여러 종류의 환곡을 하나의 창고에 보관하여 운영하여야만 했다. 이는 복잡 다양한 명목의 환곡을 혼란하게 만들면서, 환곡 운영 전반을 문란하게 하는 요인이 되었다.

환곡 운영상의 문제는 책임자인 수령에게도 있었다. 지방의 환곡을 실질적으로 담당하는 자는 지방 관속이었으며, 환곡 운영을 감독하고 통제하는 자는 수령이었다. 수령들은 지방 관속들의 농간을 알지 못하는 경우가 많았으며, 때로는 이서층과 마찬가지로 자신이 직접 환곡을 이용하여 농간을 부리기도 하였다.

환곡 운영의 부실로 환총을 제대로 유지하기가 힘들었다. 특히 19세기 초에 환총의 감소는 눈에 띨 정도였다. 흉년인 경우 진대를 행한다든지 혹은 耗穀作錢·元穀賣用 등의 사정으로 환총의 감소가 발생하였으나, 포흠이나 舊還의 탕감 등으로 인한 환총의 감소도 큰 비중을 차지하였다. 환곡은 이미 재정과 밀접한 관련을 맺으면서 이용되었으므로, 정부로서는 그대로 방치할 수도 없었으며, 그렇다고 관청의 재용을 줄이는 방법으로 대처할 수도 없었다.

결국 정부는 모곡 수입의 감소를 보충하기 위한 방법으로 환곡 자체를 이용하는 방법을 모색하였다. 이는 농민들이 환곡 운영의 부실에 따른 피해를 다시 지게 되는 것이었으므로 부담의 가중을 의미하였다. 이를 보완하기 위한 조치로 국가는 포흠 즉 조세를 포탈한 부분 혹은 제대로 거두지 못한 부분을 찾아내려 하였다. 그러나 포흠곡을 거두어서 채울 가능성은 거의 없었다. 포흠의 다수를 차지하는 吏逋를 보더라도 일차적으로 犯逋者가 年限 안에 기한을 정하여 除耗排捧할 수 있도록 하였으나, 포흠곡을 거두는 것은 거의 바랄 수 없는 것이었다. 그리고 流亡戶의 경우도 마찬가지였다. 결국 이러한 포흠은 인징·족징의 형태 혹은 포흠을 전가하는 형태로 농민들에게 돌아갔다. 따라서 포흠을 거둠으로써 환곡의 감소를 보충한다는 것은 미봉책에 불과하였다.

이렇듯 환곡은 진대의 방식이나 혹은 부세의 방식 모두에서 결함을 드러내고 있었다. 환곡은 운영 과정에서 쉽게 수탈할 수 있도록 제도적으로 뒷받침되어 있었다고 하겠다. 그러한 문제의 해결은 곧 환곡의 폐단을 제거하는 것이었으며, 그로 인한 사회 혼란을 막을 수 있는 방법이기도 했다. 그러나 그에 대한 대책은 제대로 이루어지지 않았다. 환곡에 대한 당시의 지식인과 위정자들은 이러한 현실을 미리 지적하였다. 정약용은 환곡에 대해 "이것이 賦斂이지 어찌 賑貸라고 하겠는가 이것이 勒貸이지 어찌 부세라고 하겠는가"라고 말할 정도로 환곡의 운영은 악화되었으며,[44] 결국 환곡은 19세기 농민항쟁의 주요 원인으로 등장하게 되었다.

철종 13년(1862) 농민항쟁기에 삼남 지역의 민들이 공통적으로 지적한 문제 중의 하나는 환곡의 폐단이었다. 그 중에서 從時價·移貿·加作 등은 가장 큰 문제였다. 19세기 중반에는 그러한 폐단들이 극도로 심화되어 심각한 사회문제를 야기하고 있었던 것이다. 특히 환곡의 作錢으로 말미암아 다양한 형태의 문제점들이 나타났으며, 그로 말미암아 환곡의 폐단은 극대화되었다.

우선 환곡에서 상정가와 시가의 차이를 이용하여 차액을 얻는 방법이 주로 채택되었으며, 영읍에서는 시가를 적용함으로써 지역을 달리하여 執錢과 立本을 거듭하면서 그 과정에서 발생하는 차액을 얻는 移貿의 방법이 동원되었다. 이러한 방법을 이용하여 얻을 수 있는 이익이 점차 커지자 정해진 이외의 환곡을 이용하는 加作행위가 점차 커졌다. 감사·수령들은 이 방식을 이용하여 사적인 이익을 취하였으며, 환곡의 포흠은 일상화되었다. 이서들마저도 환곡을 사적으로 이용하고 횡령하는 것을 크게 거리끼지 않을 정도였다. 환곡은 관이 주관하는 것이었지만 감사·수령·이서들이 주체가 되어 농간을 부릴 수 있는 여지가 많았다.

실제 철종 13년 晋州에서 우병사인 白樂莘의 탐학으로 보고된 내용을 보면 환곡을 이용하여 私用한 것이 조사된 것만도 19,497냥에 이르고 있다.[45] 백낙신의 포흠은 엄청난 양에 이르고 있었으나, 진주목사인 洪秉元은 환곡포흠을 도결로 해결하려 하였다. 게다가 舊京邸吏인 梁在洙는 관청의 곡식을 이용하여 사공들이 상납할 때에 채무로 빌려주어 줄어든 것을 보충한다는

44) 茶山硏究會, 《譯註牧民心書》, 穀簿 上 (創作과批評社, 1985).

45) 자세한 내용은 철종 12년 겨울에 還穀作錢으로 高價取剩한 것 4,100여 냥, 兵庫錢 3,800여 냥을 作米한 1,266석 10두를 兵庫捄弊米라 하여 總外加分하고 가을에 받을 때 每石 당 5냥 5전씩 執錢하여 立本으로 매석 당 3냥씩을 제외한 나머지 3,166냥, 또 그 해 가을의 取耗色落價錢 가운데 私用한 1,465냥 등이다.

명목으로 철종 8년 봄에 移貿米 8,000석의 代錢 24,000냥 중에서 14,000냥을 債錢取去하고 나머지 10,000냥은 右漕倉 屬邑에 나누어 주어 取殖하다가 13년에 그 資金 10,000냥 마저 가져갔는데, 配納하려고 한 항목에 대해서는 해마다 耗를 합산하여 사공 등에게 白徵하는 등 복잡한 형태로 환곡을 최대한 이용하여 횡령하고 있었다.

이러한 환곡의 포흠의 형태는 다른 곳에서도 크게 다르지 않았다. 1862년 尙州와 星州의 逋還이 4만 석이었으며, 그 무렵에 진주 근처의 조그마한 고을인 단성과 적량진의 환곡이 10만 석 정도였고, 군위의 환곡이 8만 석이라고 하는 것을 볼 때, 이러한 현상은 일반적인 것이라 해도 과언이 아니었다. 이들 지역에서는 소위 '徒擁虛簿'라고 표현되듯이 실제의 환곡과 장부에 기재된 환곡과는 현격한 차이를 보이고 있었다. 즉 환곡을 이용한 관리들의 포흠이 이들 지역에서 극도에 달하였음을 알 수 있다. 이러한 포흠의 발생은 환곡을 허류화시켰으며, 환총만 극대화시키고 있었다. 따라서 환곡 장부와 환곡의 실제량은 일치하지 않았다. 그로 인하여 환곡의 분급과 수납에 따른 폐단은 여전하였으며, 그에 따른 악순환이 지속되었다.

그런데 이들 포흠곡은 수령과 이서들 자신의 포흠으로 처리되지 않았다. 포흠곡은 거의 민간에 전가되었으며, 향촌민들은 그 부담을 그대로 져야만 했다. 이 때 포흠곡을 처리하는 방식은 환곡 혹은 도결을 이용하였다. 결국 포흠은 戶나 전결에 집중되었고, 포흠을 전가받는 층(還戶)들의 불만은 커졌다. 이 무렵 진주나 단성·상주지역에서 포흠곡을 토지에 전가하여 모자라는 환곡을 채우려는 사건이 있었다. 농민층들은 환곡의 포흠으로 발생한 곡물에 대하여 "포흠곡은 당연히 관리에게서 받아 내야 한다. 어찌 민간에게 옮겨서 징수하려 하는가"라고 하였다.46) 이는 환곡의 포흠을 부담하는 문제에 대하여 수령·이서와 농민 간의 갈등이 표면화한 것이었다.

한편 철종 13년 농민항쟁의 과정에서 포흠의 전가와 관련하여 민간의 갈등이 빚어지기도 하였다. 상주의 예처럼 환곡의 포흠을 전가하는 대상에 따라서 부담자가 달라졌기 때문에 그와 관련한 大民과 小民 간의 대립이 드러

46) 《備邊司謄錄》 226책, 헌종 4년 정월 10일.

나기도 하였다. 이는 환곡의 포흠을 호환의 형태로 각 민호에 분급할 것인가 혹은 결환의 형태로 토지를 소유하고 있는 자에게 부과할 것인가를 선택하는 과정에서 나타났다. 부과하는 방식에 따라서 부담자가 결정되었기 때문에 환곡 포흠의 처리에 계급간의 이해가 달라졌다고 하겠다.

환곡의 폐단에 대한 대책들은 이미 농민항쟁기 이전에도 논의가 진행되고 있었다. 환곡제의 이정에 대한 논의는 두 가지 측면에서 이루어졌다. 하나는 영리화되고 부세화된 환곡제를 제도 자체를 근본적으로 개혁하려는 것으로 대변통의 방향에서 논의되었다. 다른 하나는 현재의 환곡제도를 그대로 유지하고 부분적으로 개선하려는 소변통적인 방향에서 논의되었다.

조선 후기 환곡의 폐단에 대한 본격적인 논의는 효종조 金應祖의 건의로부터 시작되었다고 할 수 있다. 그는 환곡의 회록을 둘러싼 논의를 제기하였으나 환곡의 폐단을 제거하지는 못하였다. 그 외에 사창제 및 상평창제가 제기되었으나, 현실적으로는 현재의 환곡제를 그대로 유지하는 선을 벗어나지 못하였다.

이후 영조 45년(1769)에 '還多民少'와 '還少民多'라는 불균형한 지역간 환곡의 편재를 시정하려 한 〈各道還穀釐正節目〉을 마련하였다. 그러나 이러한 조치도 얼마간의 효과를 얻는 데 그쳤으며, 오히려 이전의 이무를 조장하는 결과를 가져와 그 폐단을 가중시켰다.

정조 19년(1795)에는 환곡제의 이정문제를 직접적으로 논의하려 한 還餉策問이 내려졌다. 그 외에도 歲首求言 및 대소 관료들의 所懷疏, 求民隱綸音과 應旨民隱疏 및 勸農政求農書綸音·應旨進農書 등을 통하여 환곡과 관련한 대책들을 구하려 하였다. 이처럼 정부측이 환곡제의 개혁의 절실함을 느끼고 그에 대한 대책을 자주 묻고 있었음을 볼 때, 환곡의 폐단과 불합리성이 어느 정도인가를 짐작할 수 있다.

18세기 후반 환곡의 폐단과 관련하여 제시된 것은 대변통과 소변통의 방식이었다. 대변통의 방법으로는 平糴制(상평창제)와 사창제가 제기되었다. 그 중에서도 사창제는 주자학의 입장에서 서 있던 당시대의 지식인들에 의해 제기되었다. 일부 지역에서 사창제가 시행된 사례도 있었지만, 사창제는 국가재정과 관련하여 환곡의 기능을 대체할 수 없다고 보아 크게 주목받지 못하였다. 소변통의 방법은 환곡을 그대로 두고 그 폐단만을 고치려는 것이었다. 이는 환곡제의 세칙을 고치는 수준이었다.

정약용도 이러한 수준에서 「還餉議」을 제시한 바가 있다. 그는 환곡의 곡종법·환분법·분류법 등을 조정한 위에서 관리 기구를 호조·감영으로 통합하고 곡명을 일원화하며, 환곡의 배정을 호총상의 매호에게 3석으로 한정 균일화하여 환곡의 운영상에서의 불합리와 불균을 제거하려고 하였다. 그러나 이 때 제시된 환곡이정책은 어떠한 방법도 채택되지 못하였으며, 현상적인 문제점들에 한하여 대처하는 수준이었다.

순조대에 사회적 모순이 심화되면서 순조 11년(1811) 평안도 지방에서 농민항쟁이 폭발하였다. 정부는 이와 관련하여 대책을 세우려 하였다. 求言敎를 통한 時務疏 혹은 陳弊冊子를 작성케 하였다. 이미 순조 초년에 사창제 실시와 관련한 논의 후에 사창절목을 만들어 양남·양서 4개의 도의 몇몇 지방에 실시하기도 하였다. 그러나 사창제는 지방관청의 수입원이 상실 내지 감소를 감수해야 하는 계층들에 의하여 실시 초부터 반발을 받았다.

한편 환곡의 폐단과 관련하여 종전부터 주장되던 환곡제의 부분적인 수정을 주장하는 자도 있었다. 환곡의 폐가 불균형·불합리한 운영에 있다고 보고 호총과 곡총을 비교하여 조절하되, 京司의 수용은 穀在邑에서 '從實作錢' 하도록 하고, 곡부의 명색을 간소화하도록 하자는 것이었다. 이처럼 환곡에 대한 대책은 철종 연간까지 간헐적으로 제기되고 정부에서는 암행어사의 파견 등을 통하여 시정하는 정도에 그쳤다.

철종 초에 다시 환곡의 폐단을 고치기 위한 방책을 묻는 求言敎가 내려졌으며, 각 지방에서는 糴弊矯捄別單을 마련하여 환호와 탈호를 중심으로 한 환곡의 불균문제를 제기하였다. 이 때 환곡의 폐단과 관련하여 환곡의 減摠이 제기되었으나, 감총의 문제는 정책적인 면에서 주요한 쟁점은 되지 못하고 말았다.

환곡의 폐단에 따른 구체적인 해결책의 모색은 철종 13년 농민들의 항쟁을 겪으면서 가능하였다. 농민항쟁의 원인을 삼정의 문란에서 찾았으며, 환곡이 그 중에서 가장 큰 요인으로 지목되었기 때문이다. 진주농민항쟁을 조사하기 위하여 안핵사로 파견된 朴珪壽의 장계 등에서 환곡의 문제가 크게 거론되었고, 특별 기구를 통한 대책을 마련하려 하였다. 그리하여 삼정이정청이 세워지고 국왕은 삼정책문을 내리고 의견을 구하게 되었다. 이러한 과정을 통하여 이정청당상이 그 내용을 검토하고 이를 바탕으로 하여 좌의정 조두순이 정책의 기초를 마련하고 이것이 「삼정이정책」으로 인준되었다.

趙斗淳은 이 때 환곡에서의 급대방안을 위주로 하여 '罷還歸結'의 원칙을 내세우고 모곡 수입을 대체하여 전결에다 대신 부과하려 하였다. 파환귀결의 방식은 환곡을 폐지하는 의미를 지닌 것으로 불법적인 수탈을 없앨 수 있으며, 토지에 세를 부과하여 전세로 대체함으로써 불합리한 환모를 징수하지 않더라도 재정수입을 보장받을 수 있는 것이었다. 단 당시의 관행은 토지에 부과하는 세를 작인들에게 전가하는 경우가 많았으므로, 이 또한 농민에게 부담으로 작용할 수 있었으며, 파환귀결은 환곡의 진대 기능을 폐기하는 것을 의미하였으므로 이러한 문제를 해결해야 했다.

파환귀결의 원칙은 농민항쟁이 진압될 무렵 재검토되었으며, 이전과는 다른 측면에서 재조정되었다. 영부사 鄭元容이 〈三南還政捄弊節目〉을 작성하는데 참여하였으며, 그 내용은 각 도의 허류곡의 2/3을 탕감하고 환총을 다시 책정하고 열읍의 환총을 戶의 다과에 따라 재조정하여 불균을 시정하고, 환총의 加減移動을 막고 이액도 조정하며 斂散을 盡分으로 하려는 것이었다. 삼남에 대한 조치에 이어 관동지방에 대해서도 〈關東捄弊節目〉이 마련되었고, 고종대에 이르러 관서지방에도 〈關西還弊捄弊節目〉을 마련하여 환곡의 폐단을 해결하려 하였다. 그러나 이러한 조치들의 한계 때문에 환곡의 폐단은 여전하였으며 허류곡의 탕감이 문제로 등장하기도 하였다.

〈梁晋碩〉

2. 삼정개혁론의 전개

1) 19세기 전반기의 삼정개혁론

조선 후기 「三政」은 정부가 조세의 형태로 민간에서 거두어 들였던 항목 중에서 田結稅를 거두는 문제와 관련한 田政, 軍役稅의 수취와 관련한 軍政 그리고 還穀(혹은 還政)이라 불린 3가지 정책을 하나로 묶어 일컫는 말이다.

조선 후기 부세항목은 삼정 외에도 雜役稅가 있었으나, 삼정은 여러 형태의 부세 중에서 가장 대표적인 것이었다. 18세기 이후 국가가 거두어들인 수입의 대부분은 전결세·군역세·환곡에서 조달되었으며, 세 항목들은 자연스럽게 국가의 중요한 재원으로 인식되었다. 때문에 삼정을 통하여 조선 후기 부세정책의 대체를 살필 수 있다고 해도 과언은 아니었다.1)

그런데 부세불균과 과도한 수취로 말미암은 삼정의 파행적인 운영은 광범위한 농민층의 경제적인 몰락과, 유리를 촉진하였으며, 신분제의 동요 현상 등 사회적인 문제도 야기시켰다. 뿐만 아니라 지주·전호 간의 갈등을 심화시켰다. 농민층은 끝내 정부의 과도한 수취에 대하여 시정 혹은 수취제도의 개선을 요구하면서 농민항쟁을 일으켰다. 이 때 농민들이 내세운 내용은 대체로 삼정의 폐단을 이정하는 데 집중되었다. 이는 조선 후기 부세가 삼정을 중심으로 이루어지면서, 상호 연관되었으며, 조선 후기 사회의 구조적인 모순과도 직결되고 있었기 때문이다.

부세 운영에서 드러나는 문제점들은 18세기 후반 이후 더욱 명확해졌으며, 그로 인한 폐단은 더욱 커졌다. 정부는 그에 대한 대책을 강구하고, 논의를 주도하였다. 이 때 부세제도를 둘러싸고 다양한 논의가 진행되었으며, 三政釐正이 중심이 되었다.2)

우선 전정의 문란에 따른 이정책은 2가지 측면에서 제기되었다. 量田制와 收稅制가 그것이다. 양전제는 조선 후기 토지 소유의 불균형과 관련하여 토지를 재분배하기 위한 전정 개혁의 중심적인 과제로 등장하였다. 그리고 수세제는 전세 행정을 의미하며, 양전을 한 후 각 지방의 結摠을 확정하고, 그

---

1) 조선 후기 수취제도의 연구와 관련하여 연구사를 정리한 것으로는 다음의 글들이 있다.
   鄭演植, 〈조선후기 부세제도 연구현황〉(근대사연구회 편, 《韓國中世社會解體期의 諸問題》, 한울, 1987).
   方基中, 〈收取制度·民亂硏究의 現況과 국사 敎科書의 敍述〉(《歷史敎育》 39, 1986).
   韓榮國, 〈朝鮮後期 收取制度와 그 硏究〉(《朝鮮後期 社會經濟史硏究入門》, 民族文化社, 1991).
2) 이 글은 18세기 이후 19세기 초반까지의 三政을 포함한 부세제도 이정책을 다룬 논문인 金容燮, 〈朝鮮後期의 賦稅制度 釐正策〉(《增補版 韓國近代農業史硏究 -農業改革論·農業政策-》 上, 一潮閣, 1984)에 크게 의존하였음을 밝혀 둔다.

것을 토대로 각 지방의 세를 민에게 배정하고 징수하는 과정으로 이루어졌다. 특히 수세제는 양전제에 기초를 두고 있어서 양자는 서로 연관되었다.

조선의 양전제는 結負制에 기초를 두고 있었다. 결부제하에서는 농지의 肥瘠 여하에 따라 같은 면적도 그 결의 실적이 달라졌다. 때문에 공정한 수세를 하기 위해서 자주 양전을 실시하여 수시로 소출과 농지 면적을 파악해야 했다. 양전이 부실할 때 기형적으로 수세제가 운영되거나, 수세하는 과정에서 폐단이 발생하였기 때문이다.

이에 양전의 필요성 내지 양전법의 개정 논의가 제기되었다. 양전의 필요성은 양안의 문제점과 관련되어 제기되었다. 양안을 토대로 세를 부과해야 했으나, 오랜 기간 양전이 실시되지 못하여 田品·地形·地目이 바뀌어 양안은 실제 모습을 제대로 반영하지 못하였다. 또한 양안의 문란과 백지징세의 문제가 발생하였으며, 부세부과가 균평하게 못한 점이 지적되었다. 아울러 隱結·漏結이 많은 점과 농지의 경계와 소유권 분쟁들이 적지 않게 발생하고 있었다. 이외에도 정규적인 결세가 아닌 새로운 형태의 결렴이 부가되면서 농민의 세부담은 한층 커졌으나, 정부는 세입의 감소로 재정상의 어려움을 겪고 있었다. 이러한 문제점들은 양전의 필요성을 더욱 절실하게 하였다.

더욱이 오랫동안 전국적인 규모로 양전이 실시되지 못하고 있었다. 양전의 부실은 전정의 폐단을 심화시켰으며, 삼정의 폐단과 연계되면서 사회 혼란의 요인으로 작용하였다. 게다가 농민들의 저항이 빈번해지면서 정조·순조 연간에는 전정 이정책으로서 양전문제가 진지하게 강구되었다. 이외에도 전반적인 수세문제와 연계시켜 토지제도 개혁을 주장하는 논자들도 등장하였다.

18세기 후반에 추진된 양전 방안은 점진적인 査陳과 改量이었다. 정조 3년(1779)에 양전을 행하지 않더라도 양전의 효과를 거둘 수 있는 방법이라 하여 점진적인 사진의 방식이 채택되었다. 정조는 이를 효과적으로 추진하기 위해 수령이 직접 조사하도록 명령하였다. 이 외에도 道臣들에게 일임한 개량의 방법도 점진적으로 시행하려 하였다. 정조대는 해당 지방이 원하는 바에 따라 사진과 개량을 선택·시행할 수 있도록 하였다.

순조대에는 앞서의 방안들을 종합하려 하였다. 도신·수령들에게 시행의 방법을 일임함으로써, 현지의 사정에 알맞는 방안을 모색하여 편한 대로 점진적으로 이정토록 하였다. 이 방식은 부분적인 성과를 걷은 데 그쳤다. 양전의 명령이 내려졌지만 지방에서 시행되지 않은 예가 많았다.

한편 개량이나 사진으로 인한 폐단이 드러나기도 하였다. 이는 결부제하에서 전정의 폐단을 고치려 할 때의 한계였다. 결부제를 개혁하지 않고 효과적으로 양전을 시행하려면 전국적인 규모로 양전을 시행하는 수밖에 없었다.

전국적인 양전 논의는 순조 19년(1819)에 제기되었으며, 그 결과 이듬해에 양전사업을 본격적으로 추진하는 움직임이 나타났다. 護軍 李止淵이 양전을 주장하고, 영의정 徐龍輔는 그것을 뒷받침하면서 양전의 불가피성을 강조하였다. 정부 대신들은 원칙적으로 찬성하였고, 양전을 시행하기 위한 방법과 시기를 논의하였다.

전국적인 규모로 양전을 하되 기한을 정하여 점진적으로 시행한다는 결정이 내려졌다. 그 과정에서도 실시 시기와 관련하여 재정·기강·민정·年事 등이 문제가 되었다. 이에 국왕은 전국적인 양전을 하되 도 단위로 시행하도록 하였으며, 우선 양남에 시행하도록 하였다. 그러나 이러한 조처마저도 추진 주체들의 퇴진과 시기의 부적당함을 이유로 곧 중단되었다.

한편 전정의 폐단을 근본적으로 검토하려는 논의도 있었다. 이는 부세의 균평을 기하고, 객관적이고 합리적인 세제의 원칙을 새로이 만들어, 그에 입각하여 운영 방법을 모색하자는 것이었다. 이는 頃畝制에 입각한 양전 시행론으로서 丁若鏞과 徐有榘 등은 대표적인 논자들이다.[3)]

정약용의 지적에 따르면 결부법은 농민에게 공정한 세를 부과할 수 없을 뿐 아니라 결부제하에서 田品과 年分의 원리가 서로 섞이면서 그 결함들이 중첩되고 있었다 한다. 그는 결부법의 한계를 극복하기 위해서는 농지

---

3) 金容燮, 〈茶山과 楓石의 量田論〉(위의 책)에 따르면 茶山 丁若鏞과 楓石 徐有榘의 농정에 대한 立論은 우리의 농업 현실을 바탕으로 체계화되고 봉건적인 경제 체제를 타파하고, 농업 근대화를 위한 논의로서 그 완성을 본 것이라고 하여 매우 긍정적으로 평가하고 있다. 이 때 제시된 양전책들을 크게 유별하여 따로 다루지 않고 다산의 주장만을 위주로 설명하려 한다. 유봉학, 《燕巖一派北學思想 硏究》(一潮閣, 1995)에 따르면 서유구는 〈擬上經界策〉에서 궁극적으로 屯田論을 담고 있는 자신의 농업정책론을 펼쳤다. 그의 농업정책은 田制의 更張, 量田法 講究, 農政에 대한 措處 등이 내용의 큰 틀을 이루고 있다. 그의 논의는 후대에 많은 영향을 끼쳤다.

면적을 객관적으로 파악하고 세액을 부과할 수 있는 경무제를 실시해야 한다고 주장하였다. 아울러 그는 새로운 양전법으로 전국의 농지를 정방형의 형태로 파악하려는 方量法과 그에 의하여 작성된 지적도를 작성하는 魚鱗圖法을 제시하였다.

이러한 정약용의 구상은 井田制의 시행을 전제로 한 농업 개혁 특히 농지의 재분배를 둘러싼 토지개혁과 관련을 맺으면서 제시되었다. 그의 토지개혁 구상은 삼정 특히 전정의 폐단과 밀접하게 연계되었다. 그의 구상은 17세기 이후의 제반 논의에 대한 종합적인 검토와 비판 위에서 이루어졌다. 이 때 제기된 토지개혁론으로 井田論·均田論·限田論 등이 있었으나, 실시 여부에 대한 당시 논자들의 의견은 크게 달랐다.[4] 그 중에서 정약용은 이들 논의들을 검토한 후 일차적으로 협동농장제를 구상하여 토지문제를 해결하기 위한 閭田制를 제시하였다.[5] 이후 그는 조선사회의 정치·경제·사회 전반에 걸쳐 새로이 체제 개혁을 구상하여 정전제를 제시하였다. 그는 정전제를 현실적인 제약은 있다 해도 실시 불가능한 제도로는 여기지 않았다. 그는 점진적인 방법으로 정전제를 실시할 수 있으며, 이로써 토지소유관계의 변동을 꾀할 수 있다고 생각하였다.

그는 당면문제인 삼정 중 전정의 문란을 해결하기 위해 정전제의 원리인 九一稅法을 도입할 것을 주장하였다. 그의 주장은 토지문제, 농업문제, 조세문제를 해결하려는 것이었고, 궁극적으로 정전제를 실시하려는 것이었다. 그의 토지개혁론은 19세기 후반 농민항쟁기의 책문에 답한 〈應旨疏〉에서도 유

---

4) 朴贊勝, 〈丁若鏞의 井田制論 考察－《經世遺表》〈田制〉를 중심으로－〉(《歷史學報》 110, 1986), 107~108쪽에 따르면, 17세기 이래 토지개혁론을 둘러싼 논의와 주요한 논자들은 다음과 같다. 朱子의 井田難行說을 井田不可行으로 이해하고 이를 토대로 부세제도의 제도 개선을 주장한 韓元震·宋時烈 등이 있었으며, 井田制의 실시를 가능하다고 보았던 丁若鏞·李恒老 등을 비롯하여, 정전의 실시는 현실적으로 불가능하고 그의 취지를 살리는 방향에서 均田制를 주장한 柳馨遠, 토지 매매를 제한함으로써 均田을 실시하려는 李瀷, 토지소유의 상한선을 정한 限田制를 주장한 朴趾源·徐有榘·徐應淳 등이 있었다. 같은 맥락에서 田政의 개혁과 관련하여 17·18세기 토지개혁론을 함께 살핀 연구로는 李哲成, 〈17·18세기 田政運營 改革案의 理想的 原型〉(《民族文化硏究》 26, 高麗大, 1993)가 있다.

5) 愼鏞廈, 〈茶山 丁若鏞의 閭田制土地改革思想〉(《奎章閣》 7, 서울大, 1983).

사한 대책, 혹은 같은 유형의 대책이 제시될 만큼 후대에 영향을 끼쳤다.

다음으로 군역제의 동요에 따른 이정책을 들 수 있다. 임란 후 군사제도의 변동에 따라 군역제의 내용도 변하였다. 조선 후기 군역제는 군역대신에 포를 거두었으며, 재정적인 측면에 중점이 주어져 군역의 개념이 변질되면서 많은 폐단을 낳았다. 이는 조선 후기 사회의 혼란을 초래하고, 농민들의 저항을 일으킬 만큼 심각한 상태에 도달하였다. 위기 의식을 느낀 지배층은 새로운 대책을 마련하려 하였으며, 그 과정에서 수습 방안이 논의되었다.

이 때 지배층들은 크게 3가지 방향에서 수습 대책을 제기하였다. 우선 피역행위를 봉쇄하고 규정을 고쳐 기존의 군역제를 유지, 재건하려 하였다. 다음은 현실적으로 모순이 많고 불합리한 군역제를 전면적·근본적으로 변혁하여 새로운 제도를 마련하려는 것이었다. 마지막은 현실적으로 변동하고 있는 군역제를 인정하고, 폐단을 최소화하여 수세의 안정을 꾀하려는 것이었다.

그 중에서도 군정이정책은 개혁론의 차원에서 제기되었으며, 戶布(錢)論·結布(錢)論·口錢論(丁布論)·游(儒)布論이 주류였다.[6] 숙종대를 거쳐 경종과 영조대에 이르면 군정의 폐단은 더욱 심해지고, 그것을 수습하는 문제가 한층 절박해졌다. 앞서의 개혁안들은 관료들의 반대로 실행할 수 없게 되자, 소극적인 개량책인 減疋均役論을 이은 균역법이 최종적인 안으로 채택되게 되었다.

군역제는 균역법 제정 이후 〈良役實總〉과 〈均役事目〉을 중심으로 운영되었다. 이 조치들은 額內의 국역과 사모속의 역가를 동일하게 하여 歇役으로 투속함으로써 발생하는 역폐 및 피역과 부세불균의 현상을 제거하려는 것으로 일시적인 성과를 거두었다. 그러나 〈양역실총〉과 〈균역사목〉은 각각 수

---

6) 良役變通論·均役法을 중심으로 한 그간의 연구 성과는 대략 다음과 같다.
朴廣成, 〈均役法施行이후의 良役에 대하여〉(《省谷論叢》 3, 1972).
車文燮, 〈壬亂以後의 良役과 均役法의 成立〉 上·下(《史學硏究》 10·11, 1977).
鄭萬祚, 〈朝鮮後期의 良役變通論에 대한 檢討－均役法 成立의 背景－〉(《同大論叢》 7, 1977).
———, 〈肅宗朝 良役變通論의 展開와 良役對策〉(《國史館論叢》 17, 國史編纂委員會, 1990).
金容燮, 〈朝鮮後期軍役制 釐正의 推移와 戶布法〉(《省谷論叢》 13, 1982).
金鐘洙, 〈17세기 軍役制의 推移와 改革論〉(《韓國史論》 22, 서울大, 1990).
金玉根, 〈조선시대의 군역과 균역법〉(《한국의 사회와 문화》 18, 韓國精神文化硏究院, 1991).

포군의 정액과 수포의 균일화에 주력한 것이었고,[7] 한편으로 국가의 세입을 보장하는 선에서 마련된 것이었다. 따라서 피역을 근본적으로 막지 못하였으며, 부분적으로 피역자를 사출하는 효과를 거두는 데 그쳤다.

이후 사모속의 폐해는 다시 광범해졌고, 민의 역부담도 늘어갔다. '軍多民少'라는 편중된 부세부과 현상을 극복하지 못하고, 첩징의 폐단도 크게 개선되지 않았다. 균역법 이후에도 피역현상과 첩징과 같은 군역제의 폐단은 철저하게 제거되지 못하였다. 군역을 진 양인의 고통은 전과 크게 다를 바 없었고, 군정의 폐단이 커지면서 오히려 고통을 가중시켰다. 이로써 군정문란 현상은 다시 재연되었다.

균역법은 역을 고르게 하여 모든 양인의 역부담을 균등히 하지도 못하였으며, 수포의 균일화를 추진하면서 1필로의 경감 조치를 취한 조치였지만, 이러한 것도 점차 무너져 버렸다. 실질적으로 균역세가 증가하여 군역을 진 농민들의 부담은 늘어났으며, 그로 말미암아 농민 경제는 파탄상태였다. 다산 정약용의 詩 〈哀絶陽〉도 이 시기 군정의 폐단을 극렬하게 비판한 것이었다.

균역법 이후에도 정부가 양역 이정문제를 당면 정책으로 삼지는 않았으나, 삼정을 비롯한 각종 부세문제와 관련하여 관심을 보이고 있었으며 농민층의 동향에도 관심을 갖고 있었다. 정조·순조 연간의 농정에 대한 求言敎·詢問·民隱에 대한 조사 보고서의 지시 등과 정조 10년(1786)의 《所懷謄錄》, 정조 22년의 〈民隱疏〉, 정조 22·23년의 〈農政疏〉, 순조 9년(1809)의 〈各道民弊冊子〉, 순조 11년의 〈各道陳弊冊子〉 등은 그러한 측면을 잘 보여주고 있다. 게다가 암행어사를 자주 파견하여 실제 현장에서 이루어지는 행정을 감시·파악하려고 하였다.

그러나 순조 초 함경도 端川의 농민항쟁은 군정의 폐단과 관련하여 발생한 사건이었으며, 순조 11년 평안도 지역에서 발생한 농민항쟁도 군정을 포함한 삼정의 문란이 중요한 원인이었다. 그러나 군정의 폐단에 대한 정부의 대책은 기존의 방식에서 크게 벗어나지 않았다. 폐단이 심한 곳을 대상으로 호포론을 제기하거나 혹은 지역에 따라 부분적으로 실시하는 정도였다. 이것마

---

7) 鄭演植, 〈17·18세기 良役均一化政策의 推移〉(《韓國史論》 13, 서울大, 1985).

저도 제도 내에서 크게 문제가 되지 않는 범위 내에서 허용되었다. 같은 맥락에서 軍布契·軍役錢 등의 편법도 제도의 근간을 무너뜨리지 않는 범위 내에서 정부가 묵인하였다. 이는 미봉적인 대책이었으나, 삼정이정책에서 口疤 혹은 洞布制를 제시하는 토대가 되었다.

마지막으로 환곡의 이정을 둘러싼 논의를 들 수 있다. 환곡은 18세기에 들어와 환곡의 양이 급격히 늘어나고, 운영의 문제와 관련하여 그 폐단들이 거론되었다. 이 때 기존의 운영 방식을 개선하려는 논의도 있었으나, 보다 근본적으로 대처하기 위한 새로운 제도를 모색하려는 움직임들이 나왔다. 이 때 새로운 제도로 거론된 이정책은 조선 초 이래 자주 거론된 社倉制·常平倉이었다.

조선 후기 진대를 위해 이용되던 환곡이 재정에도 사용되면서 환곡 운영에 따른 폐단이 발생한 것 외에도 감사·수령·이서 등이 운영 과정에 개입하고 있었으므로, 환곡의 운영은 더욱 복잡한 양상을 띠게 되었다. 이로 말미암아 환곡 운영 과정에서 수많은 형태의 부정행위들이 나타났다.

환곡의 폐단은 취모보용과 환총제에 따른 환곡 부담의 증가, 환곡의 면제·頉還에 따른 환곡 부담의 편중, 곡물과 함께 화폐를 이용하는 것 등이 원인이었다. 이러한 문제점들은 환곡의 비정상적인 운영을 초래하였으며, 그에 따른 폐단을 가중시켰다.

18세기 중후반에 이르러 지역마다 환곡을 보유한 양이 크게 차이가 났다. 이와 관련하여 환곡이 많은 곳이나 적은 곳은 물론하고 환곡의 분급과 관련된 문제들이 늘 지적되었으며, 아울러 환곡의 移轉·移貿하는 문제가 제기되었다.

특히 정조 연간에는 환곡 운영의 문제가 광범하게 논의가 될 만큼 환곡의 폐단이 더욱 커졌다. 전정·군정의 문제와 함께 환곡의 폐단이 사회적인 문제로 떠올랐으며, 국왕은 거의 모든 구언교·윤음 등에서 그러한 문제를 언급하였다. 특히 정조 19년의 還餉策問은 환곡의 폐단이 심화되자, 왕이 단일 항목에 대한 대책을 집중적으로 묻는 것이었다. 정조대의 응지농정소는 광범위한 대책을 논한 것이었으나, 그 중에 환곡도 주요한 항목으로 등장하였다. 이외에도 개별적으로 환곡의 이정을 논하는 경우가 종종 있었다.

환곡의 이정은 오랜 기간 크게 2가지 방향에서 논의되었다. 환곡제도 자체를 근본적으로 변혁하려는 것과 현행 환곡제를 유지하면서 문제되는 부분을 개선하려는 방식으로 나뉘었다.

우선 환곡제의 이정방안으로 토지개혁을 전제로 한 平糴(常平)制·社倉制의 실시를 주장하는 자들이 있었다. 평적제는 상평창제도를 개편하여 환모수입에 대한 급대방안을 마련하고, 구전이나 호포 등 별도의 조치를 취하자는 것이다. 사창제를 주장하는 측은 환곡제는 혁파하고, 급대방안으로 정부가 출자하여 商屯·營屯 등을 설치함으로써 세를 거두어 환모의 수입을 대신하자는 것이었다. 이들 방안은 피폐해진 농민경제를 안정시키고 농민을 구제하는 것이 목적이었다.

한편 소변통의 방안은 환곡제의 기능을 살리면서 기존의 폐단만을 고치는 방안이었다. 환모수입이 이미 국가재정의 상당한 부분을 차지하고 있었으므로 대변통의 방식은 급대방안이 문제였다. 따라서 환모 수입을 보전하면서 운영하는 방식에서 해결점을 찾는 자들이 있었다. 그들은 환곡 문란의 원인으로 지적되는 수많은 환곡 구관아문을 호조로 일원화하고, 穀名도 통합하여 합리적으로 경영하는 방안을 대책 중의 하나로 제시하였다. 그러나 이러한 제안들은 그야말로 논의에 그쳤으며, 어떠한 조치도 이끌어 내지 못하였다. 때문에 환곡의 이정문제는 여전히 남게 되었다.

순조대에도 여전히 부세문제에 대한 대책들이 강구되어, 구언교에 대답하는 형식의 時務疏를 제출하도록 하거나 혹은 陳弊冊子를 작성하기도 하였다. 그 중에 환곡의 이정방안도 포함되었다. 한편 순조 4년(1804)과 5년 사이에 대변통의 하나로 제시된 사창제를 실시하려는 시도가 있었다. 우의정 李敬一이 朱子의 사창제와 조선의 환곡제를 종합하여 취모를 하는 사창제를 제언하였다. 이는 정조대에 진행되던 논의를 일보 전진시킨 것이었다. 사창절목을 만들어서 논의를 거치고 정부는 이를 시험적으로 양남·양서에서 실시키로 하였다.

그런데 이러한 의견은 감사들의 반대에 직면하였다. 관이 주도권을 향촌민들에게 넘겨줄 때 수많은 폐단이 발생할 것이라는 것이었다. 관이 관장하던 운영권을 넘겨주었을 때, 鄕君子들은 사창을 빙자하여 小民들을 핍박하게 되며, 관의 명령을 어기는 폐단이 발생한다는 것이었다. 그들은 민정을 내세워 반대하기도 하였다. 대소의 민정이 엇갈려서 강제로 실시하는 것은 어렵고, 흉년인 때를 당하여 斂民을 논할 때도 아니라는 것이었다. 그러나 실질적인 이유는 사창을 실시할 때 환곡에 의존하던 지방 관아의 재정수입이 감소하게 되고 생활 수단의 하나로 삼고 있던 지방관청의 이서들의 이해가 엇갈리게 되는 까닭이었다. 이 논의 또한 철종조까지 진전을 보지 못하였다.

한편 소변통은 좌의정 徐邁修에 의하여 제기된 것으로 기존의 논의를 크게 벗어나지 않았다. 그들이 지적한 환곡의 폐단은 당시의 폐단으로 들어지는 모든 내용을 포괄하였다. 환총을 둘러싼 지역간의 불균, 환곡 분급 대상의 선정과 그에 따른 불균, 상정가 등의 운영의 불합리, 운영상의 부실 등이었다. 말하자면 환곡의 폐단은 환곡의 불균과 운영의 불합리화에 있다고 파악하였다. 그러나 그들은 환곡의 폐단을 근본적으로 고치는 것보다 지엽적인 현상을 치유하는 정도에 머물고 있어서 문제는 여전히 남았다. 우선 곡총과 호총을 비교하여 균평하게 하고, 京司에서 필요한 경비는 穀在邑에서 '從實作錢' 해야 한다는 것이었으며, 穀簿의 명색은 간소화해야 한다는 것이었다. 이 방안은 현상적으로 드러난 환곡의 폐단을 제거하려는 소극적인 방법이었다.

특히 환곡 운영의 폐단과 관련한 농민들의 소요가 점차 현실적으로 드러나고 있었다. 순조 11년 谷山지역 농민들의 항쟁은 대표적인 예이다.[8] 이후에도 환곡의 폐단은 여전하였으나, 정부는 처방을 내리지 못하고 있었으며, 논의마저도 제대로 추진하지 못하였다. 철종조 초반에 환곡의 減摠에 대한 언급과 환곡의 폐단을 고치려는 시도가 있었지만, 이것도 부분적으로 문제를 고치는 수준에 그쳤다. 이러한 상태에서 환곡의 폐단은 더욱 커졌다.

한편 이러한 환곡의 폐단과 관련하여 종합적으로 문제를 제기하고 그에 대한 대책을 논한 자로서는 정약용을 들 수 있다.[9] 그의 환곡에 대한 개혁

8) 金容燮은 谷山의 농민항쟁을 軍政의 폐단과 연관지었으나, 韓相權은 〈1811년 황해도 곡산지방의 농민항쟁〉(《역사와 현실》 제5호, 한국역사연구회, 1991)에서 농민항쟁의 주요한 원인으로 還穀의 문란을 들고 있다.

9) 丁若鏞의 환곡에 관한 개혁론을 다룬 연구로는 다음과 같은 것이 있다.
愼鏞廈, 〈丁若鏞의 還上制度改革思想〉(《社會科學과 政策研究》 3-2, 1981).
韓相權, 〈18·9세기 還政紊亂과 茶山의 改革論〉(《國史館論叢》 9, 國史編纂委員會, 1989).
鄭允炯, 〈茶山의 還上改革論〉(《茶山의 政治經濟思想》, 창작과비평사, 1990).

론은 還上論, 還餉議,《經世遺表》의 〈倉廩之儲〉,《牧民心書》의 〈穀簿〉를 통하여 그의 환곡에 대한 인식의 변천이 잘 나타나 있다.[10] 그는 환자론과 환향의에서는 원칙적인 측면에서 환곡을 논의하였고, 〈倉廩之儲〉에서는 환곡과 상평창제도를 골격으로 삼아 부분적으로 사창제를 보완하는 내용으로서 이상적인 환곡 개혁을 주장하였다. 한편 〈穀簿〉에서는 현실적인 측면에서 환곡운영을 개선하려는 의도하에 수령의 환곡 관리를 우선하였다.

한 개인에게 있어서도 환곡 운영에 대한 대책의 방향이 달라질 만큼 18·19세기 환곡 운영은 크게 변화하고 있었다. 정부는 이러한 변화를 쫓아가지 못하고 부분적으로 절목을 마련하거나 혹은 암행어사를 파견함으로써 감시하는 수준에 머물고 있었다.

앞에서 살핀 바와 같이 조선 후기 논자들은 사회의 제반 문제점을 지적하고, 그것을 분석하여 개혁의 방향을 세웠다. 이 논의들은 조선 후기 사회 개혁에 대한 대안으로 자리를 굳혔으며, 개혁론으로 유형화되었다. 당시의 현상적으로 드러나는 폐단에 대한 논자들의 지적은 거의 유사하였다. 그러나 동일한 사회현상에 대하여 사회를 진단하고 처방을 내리는 것은 각기 달랐다. 이는 사회 개혁에 대한 입장의 차이로 나타났다. 이는 부세제도의 문제를 해결하기 위하여 보다 근본적인 처방을 요구하는 大變通(大更張)의 측면과 부세제도에서 폐단을 일으켜 문제가 된 부분에 한정하여 처방을 하는 것이 별 무리가 없다고 주장하는 小變通(小更張)의 방식으로 나뉘었다. 이로써 각각의 방식에 따라 조선사회의 개혁에 대한 가능성과 그 한계는 규정되었다. 이 중 어떠한 논의도 각각 한계를 지니고 있었으며, 그 한계는 곧 조선 후기 제한된 범위 내에서 사회 개혁을 추진하려는 지배층들이 지닌 역량의 한계이기도 하였다.

한편 농촌사회는 농민층 분화의 촉진으로 크게 동요하는 모습을 보이고 있었다. 신분제의 해체 과정에서 새로운 사회계층들이 등장하고, 농민계급이 재구성되었다. 그들은 사회적·경제적 이해관계를 중심으로 심각한 계급적

---

10) 이외에도 정약용의 환곡에 대한 인식을 살펴볼 수 있는 것으로는 〈應旨農政疏〉 〈公州倉穀弊政〉 〈夏日對酒〉 등이 있다. 정약용의 환곡의 인식에 대한 변화는 韓相權, 위의 글에서 자세히 다루었다.

대립을 일으키고 있었다. 지주와 전호, 부농층과 빈농층, 雇主와 피고용자층의 알력과 대립의 심화가 그것이었다. 이러한 측면은 抗租로 집약되었고, 나아가 농민항쟁 내지 농민전쟁으로 이어지기도 하였다.

정약용이나 서유구의 농업개혁론은 19세기 전반 조선사회의 전반적인 틀에 대한 검토를 거쳐 완성되었다고 하겠다. 그들은 사회의 모순을 근본적으로 해결하면서 새로운 사회를 건설하였다. 그러나 그들의 농업개혁론은 실천으로 옮기지는 못하였다. 결과적으로 농민경제의 파탄과 계급간의 대립은 수습되지 못하였다. 19세기 중엽 이후 사회 모순이 폭발하게 되었으며, 전국적인 농민항쟁과 농민전쟁이 일어났다.

19세기 중엽 이후 농민항쟁이 자주 발생하게 되면서, 농민경제의 안정과 농업 개혁에 대한 요구는 더욱 커졌다. 정부는 철종 13년(1862)의 농민항쟁과 관련하여 그 수습책을 구체적으로 강구하기 위하여 三政策問을 제기하였으며, 위정자와 지식인들은 그에 대한 응지삼정소를 수집하고, 그를 바탕으로 三政釐正廳의 대책을 만들었다. 이 과정에서 논의된 개혁 방식은 앞서 제시한 두 가지 방향으로 나뉘었다. 이 때의 개혁 방안은 단순히 前代의 정약용이나 서유구 등의 방안을 적용하려는 차원에서 벗어나 나름대로의 방안을 마련하려 한 것이었다. 물론 이들이 제시한 개혁 방안은 논자들이 당시 사회에 대한 진단, 그리고 자신이 처한 정치적·사회경제적인 처지에 따라 달라졌으며, 토지제도 및 그와 관련한 경제제도·신분제도 등에 대한 논의도 다양하게 제기되었다.

특히 19세기 초반 삼정운영이 극한 문란상을 보이는 상황에서, 삼정의 폐단을 극복하기 위한 개혁책들은 이미 산발적으로 제기되었다. 미봉책이긴 하지만 정부도 폐단을 일으키거나 혹은 심각한 문제로 제기된 것에 대해서는 부분적인 수정을 가한다든지 아니면 어사를 파견하거나 수령으로 하여금 그 원인을 조사하도록 하였다. 그러나 정부의 이러한 조처에도 불구하고 19세기는 '민란의 시기'라고 할 수 있을 만큼 전국 각지에서 농민항쟁이 끊이지 않았다. 특히 이 시기의 농민항쟁의 원인으로 지목된 것은 삼정의 문란이었다. 따라서 정부는 그에 대한 대책을 강구하지 않을 수 없는 상태에 직면하였다.

2) 1862년 농민항쟁기의 삼정개혁론

(1) 삼정에 대한 책문

철종 13년(1862) 전국적인 농민항쟁이 일어나자, 국왕과 정부는 그에 대한 수습책을 마련하려 하였다.[11] 철종은 같은 해 6월 12일 삼정책문을 내려 대책을 강구토록 하였다. 위정자와 지식인들은 그에 답하는 應旨上疏의 형식으로 三政疏를 작성하여 같은 해 6월에서 윤8월까지 제출하였다. 국가가 어려운 일을 당할 때 해결 방안을 모색하기 위해 지배층의 견해를 광범하게 수렴하고 이를 정책에 반영하기 위해 임금이 대책을 묻는 것에 대한 대답 형식의 글이 응지상소이다. 철종은 말년에 유례가 없는 전국적인 규모의 농민항쟁이 발생하자, 이를 수습하기 위해 求言敎를 내렸으며, 사대부층은 그에 대한 수습 방안을 진언하였다.

농민항쟁은 삼남지방을 중심으로 발생하였다. 철종 13년 2월 4일 경상도 丹城을 필두로 晋州에서 농민항쟁이 일어났으며, 2월 18일에서 23일 사이에는 대규모의 농민 봉기가 이어졌다. 이어서 가을에는 중부지방과 북부지방에서도 농민들의 항쟁이 발생하였다.[12]

관아를 습격하고 官長을 축출하거나, 印符를 빼앗고 鄕權을 탈취하거나 혹은 문서를 불지르고 옥을 부수고 죄수들을 풀어 주었으며, 朝官 및 양반들에 대하여 구타를 하거나 혹은 향리들을 박살내거나, 혹은 부민들의 가옥을 부수고 재물을 탈취하는 사건들이 벌어졌다. 지방에 따라서 농민항쟁의 양상은 달랐으나, 농민들은 자신의 요구 사항이 관철되지 않을 때 시정을 요구하는 과정에서 이러한 행동을 취하였다. 처음에는 관의 잘못으로 민들이 억울하게 당하게 되자, 농민들은 자신들의 요구 사항을 적어 소장을 올려 해당 관청이나 혹은 상급 관청에 대하여 잘못된 부분을 시정할 것을 요구하였다. 그런데

---

11) 이 글의 三政策問과 그에 대한 應旨疏의 내용 분석에 대한 기술은 金容燮, 〈哲宗朝의 應旨三政疏와 「三政釐正策」〉(《增補版 韓國近代農業史研究》, 一潮閣, 1984)에 의존하였으며, 이용되지 않은 자료만 부분적으로 더하였다.

12) 망원한국사연구실 19세기농민운동분과, 《1862년 농민항쟁》(동녘, 1988)에 따르면, 농민전쟁이 발발한 지역은 72개 지역으로 확인되고 있다.

일련의 절차를 거친 그들의 요구를 수령이 받아들이지 않게 되자, 농민들은 관에서 처리할 의사가 없음을 확인하고 마침내 항쟁을 전개하였다.13)

지방관들은 농민항쟁이 일어났음을 중앙 정부에 보고하였고, 정부는 진상과 원인을 파악하여 대책을 세우려 하였다. 경상감사 李敦榮은 우병사 白樂莘의 보고에 의거하여 진주농민항쟁은 統還과 都結에 대한 영읍의 逋弊矯捄에서 발생하였다고 정부에 보고하였으며, 전라감사 金始淵도 益山농민항쟁의 원인을 조사한 후 도결의 폐단을 들었다. 이후 다른 지역에서 발생한 농민항쟁의 원인으로 보고된 것들도 이러한 내용을 크게 벗어나지 않았다.

정부도 이것으로 농민항쟁의 전모가 밝혀진 것으로 생각하지는 않았다. 정부는 按覈使를 파견하여 그들의 보고를 받음으로써 농민항쟁의 실상에 접근하려 하였다. 진주안핵사 朴珪壽는 按覈狀啓와 查逋狀啓를 통하여 농민항쟁의 실상과 지방 관리들의 還穀逋欠 문제를 구체적으로 열거하였다. 그는 연이은 再啓를 통하여 우병사 백낙신의 탐학한 모습을 나열하고, 그것이 농민항쟁의 직접적인 동기가 되었음을 보고하였다. 이는 진주농민항쟁이 발생한 지 한달 반이 지난 4월 4일의 일이었다.

그러나 정부는 여러 차례의 보고에도 불구하고 아직 농민항쟁의 진상을 정확하게 파악하지 못하였고, 그 원인에 대한 정확한 진단도 내리지 못하여 농민항쟁에 따른 대책을 세우지 못하고 있었다. 정부 대신들은 여러 곳에서 올라온 보고를 토대로 환곡을 매개로 한 농민 수탈과 탐관오리들의 농민침학 때문에 농민항쟁이 발생하였다고 보아 이를 시정하려고 하는 정도였다.

우선 영의정 金左根의 계언에 따라 대책이 마련되었다. 그것은 외읍의 吏額은 줄이고, 錢 400냥을 축낸 逋吏는 皇律에 의하여 다스리며, 貪墨한 長吏도 황률로써 치죄하며, 환곡의 운영에는 폐단이 있으나 還耗는 지방관청의 경비를 조달하기 위한 것이므로 없앨 수는 없다고 하여, 이러한 폐단에 대한 처리 방안과 그 대책을 널리 물을 것을 결정하였으며, 이 밖에도 장시·포구의 무명잡세, 제언·전답에서 늑탈하는 폐단 등을 혁파케 하는 것이었다. 그러나 이러한 조치도 근본적인 대책은 되지 못하였다.

---

13) 賦稅運營과 관련 呈訴, 農民抗爭으로 진행되는 과정은 高東煥, 〈19세기 賦稅運營의 변화와 呈訴運動〉(《國史館論叢》 43, 國史編纂委員會, 1993)을 참조.

이후에도 각지에서의 농민항쟁은 지속되었다. 5월에는 懷德을 비롯하여 公州·恩津·連山·扶安·金溝·淸州·懷仁·文義 등에서 농민항쟁이 발생하였다. 정부는 농민항쟁이 확산되는 상황에 대한 보다 근본적인 방안을 마련하지 않으면 안되었다.

박규수도 지방의 실정을 관찰하고 난민의 동태를 목도한 안핵사로서 제언하였다. 그는 자신의 보고서 외에 지방의 보고서를 토대로 삼남에서 발생한 농민항쟁의 원인을 종합적으로 파악하려 하였고, 그 결과 5월 22일 상소문에서 '삼정문란'이라고 하여 막연하지만 포괄적으로 제시하였다. 그는 "還餉의 폐단이 그 중에서 으뜸이다"라고 하여,[14] 삼정 중에서 특히 환곡의 폐단을 우선으로 꼽았다. 그러나 그가 환곡을 비롯한 전정·군정 등의 문제와 관련시켜 언급한 것은 사태의 일 측면을 지적한 것이었다. 그는 이미 철종 6년(1855)에 암행어사로서 농민들의 실태를 파악하면서 당시 폐정의 원인으로 삼정을 지적한 적이 있다. 이번 농민항쟁의 배경으로 삼정문란을 지적한 것도 이에서 크게 벗어난 것은 아니었다.

이후 각 지방에 파견된 선무사나 암행어사 등의 복명서에서 제시된 원인도 이러한 범주를 벗어난 것은 아니었다.[15] 농민항쟁의 원인에 대한 정부의 공론은 '삼정문란'으로 귀결되었으며, 그러한 차원에서 대책이 마련되었다.

한편 농민항쟁의 원인을 삼정문란으로 파악한 박규수는 그 수습책을 삼정이정에서 찾으려 하였다. 그는 삼정 중에서 문란이 가장 심한 것은 환향이므로 삼정을 이정하기 위해서 환곡을 중심적인 문제로 다루어야 할 것임을 강조하였다. 나아가 "혹 司나 局을 설치하여 많은 사람들의 의견을 모으고, 많은 대책을 채집하여 논의를 거쳐 지당한 것을 구하여야 한다"[16]라고 한다든지, 혹은 "따로 一局을 열어서 (인재를) 골라 (일을) 맡겨서 모든 것에 이치를 갖추도록 한다. 혹 옛 것으로 인하여 修飾하거나 혹은 옛 것을 본받아서 더하거나 빼고 윤색하고 두

---

14) 《承政院日記》 2651책, 철종 13년 5월 22일.
朴珪壽, 《瓛齋集》 권 6, 請設局整釐還餉疏.

15) 각 지역에 파견된 선무사·안핵사·암행어사의 명단은 鄭元容, 《袖香編》 6, 釐整廳設始에 자세하다.

16) 《承政院日記》 2651책, 철종 13년 5월 22일.
朴珪壽, 《瓛齋集》 권 6, 請設局整釐還餉疏.

루 자세하게 한 후에 먼저 1개의 道에 시험을 해보고 다음에 널리 행하도록 한다"[17]라고 하여 구체적인 방법을 건의하였다. 특별 기구를 만들어 문제를 연구하고 중론을 모아서 수습책을 마련하자는 그의 건의는 즉각 채택되었다. 정부는 박규수의 건의를 삼정 전반에 걸치는 문제로서 받아들이기로 하였다.

이에 삼정을 이정하기 위한 敎가 내려졌으며,[18] 이어서 三政釐正廳이 설치되었다.[19] 위원으로는 鄭元容·金興根·金左根·趙斗淳 등을 이정청 總裁官, 金炳翊·金炳國 등의 정부대신들을 이정청 당상관으로 임명하였다. 삼정문란을 초래한 당시의 정부대신들이 그것을 개혁할 위원으로 선임되었는데, 이는 이후 삼정이정청의 한계로 작용하였다.

그 후 삼정이정청은 윤8월 19일까지 지속되면서 농민항쟁의 수습을 위한 방략을 강구하였고 그것은 마침내 삼정이정책으로 완성되었다. 이러한 방략은 이정청의 위원들만 참여한 것이 아니라 중론을 구하는 방향으로 결정되었다. 앞서 박규수의 의견과 김좌근의 환폐를 교구하는 방략으로 중론을 구하자고 제시한 점이 일치되었기 때문이다. 삼정이정책을 작성하기에 앞서 여론을 모으는 작업이 선행되었다. 三政策問과 應旨三政疏가 그것이다.

삼정책문의 방침이 공포된 것은 6월 10일이었다. 이날 철종은 교를 내려서 이정청에서 삼정 교구의 방략을 강구하는 것은 朝家의 대변통에 속하는 것이므로 여론을 널리 구하여서 반드시 이치에 맞는 타당한 것을 마련하지 않으면 안된다고 전제하고, 그러기 위해서는 전국의 정치인·지식인 즉 문음의 당상·당하·참하 및 생원·진사·유학들로부터 試策의 형식으로 그 의견을 들을 것임을 밝히고 있다. 이 때 讀劵官은 이정청의 總裁官이 겸임할 것이며, 응시인의 제술은 試場에서는 제목만을 받아서 물러가 10일간을 기한으로 집에서 제술하여 바치도록 하되 試劵은 태학에서 모아서 보고케 한다는 것이었다.[20]

그리고 시책을 실시하는 6월 12일에 시장에 나오지 못한 지방 인사들의

---

17) 《哲宗實錄》 권 14, 철종 13년 5월 계해.
18) 《承政院日記》 2651책, 철종 13년 5월 25일.
《哲宗實錄》 권 14, 철종 13년 5월 병오.
19) 《哲宗實錄》 권 14, 철종 13년 5월 정미.
20) 《日省錄》 철종 13년 6월 10일.
《哲宗實錄》 권 14, 철종 13년 6월 신유.

의견을 듣기 위한 방안도 따로 마련하였다. 즉 이정청으로 하여금 서울의 시장에서 제목을 내세웠던 책제를 베껴서 전국의 8도에 내려보내고 각 지방민으로 하여금 이에 대한 방략을 짓도록 한 다음 읍에서 收券하고 도에서 모두 모아 올려 보내도록 하라고 하였다. 이 때 각 지방으로부터 올라오는 시권은 거리의 원근을 고려하여 올려 보내는 기한을 이정청으로부터 공문이 도착한 일자를 기점으로 70일의 여유를 주었다. 더욱이 지방에는 조정에 나아가 벼슬을 하지 않았으나 학식이 높은 儒賢들이 있으므로 국왕은 이들이 시책에 응해 줄 것을 바랐다. 그래서 이들에게는 따로 교를 내려서 지방관으로 하여금 이를 傳諭하도록 하고, 평소에 '窮經力行'하여 강구하였던 방략을 삼정구폐책으로 진언해 줄 것을 당부하였다.[21)]

이리하여 삼정구폐를 위한 구언교는 서울의 시장이나 지방관을 통해서 전국의 정치인 및 지식인들에게 전달되었다. 그러나 이 때 국왕이 하문한 것은 삼정의 근본적인 개혁 즉 경제체제의 혁신 방안을 요구한 것은 아니었다. 이는 조두순이 代製한 策題에 보이듯이 삼정하의 질서를 유지하기 위한 개선방안을 요구한 것이었다. 철종은 삼정을 중심으로 한 조선의 법제를 '良法美制'라고 자부하였고, 게다가 삼정은 본래 나라와 국민을 위하는 뜻에서 나온 것이라고 하여, 이것이 없으면 나라를 유지할 수 없고, 민들은 의지할 곳이 없어질 것이라고 하였다. 그러나 '法久弊生'이라고 하여 삼정이 오랜 기간 운영되면서 백성들이 삶을 유지하기 어렵게 되고 나라가 기울게 되었으니, 이를 矯革하지 않을 수 없다는 것이 국왕의 생각이었다.

이러한 국왕의 책문에 대하여 응답한 건수는 6월 22일 본청에서 考試를 보고 收券한 것이 900여 장이나 되었고, 나중에 낸 것이 100장이었다. 이어 25일에는 52장을 취하였다고 한다. 결국 삼정책에 대한 대책으로 제시된 응지상소문은 1,050건을 넘었으며, 이를 編次하여 왕에게 아뢰었다고 한다. 지방의 여러 券도 함께 올려서 편차를 하도록 하였다고 하는 것으로 보아 대규모로 응지상소문들이 작성되었음을 알 수 있다.[22)]

---

21) 《日省錄》 철종 13년 6월 12일.
《哲宗實錄》 권 14, 철종 13년 6월 계해.

22) 鄭元容, 《袖香編》 권 6, 釐整廳設始.

(2) 삼정개혁방안

국왕의 삼정책문에 대하여 응지상소자들은 삼정문란에 대한 대책, 농민항쟁 수습책 및 나아가 농민경제를 안정시키기 위한 새로운 방안을 제시해야 했다.[23] 그들이 제시한 수습 방안은 논자에 따라 다양하였다. 이들 방안들은 상소자들의 학문의 심도, 사회 개혁에 대한 의욕, 삼정문란이나 농민항쟁에 대한 이해의 정도, 그들의 사회적 처지의 차이에 따라 달랐다. 따라서 응지상소는 내용에 따라서 몇몇 형태로 나눌 수 있다.

제시된 내용은 응지상소자들이 삼정문란의 형태와 농민항쟁의 원인에 대한 이해의 정도에 따라 차이를 보였으며 크게 2계통으로 나뉘었다. 응지상소들에 제시된 견해는 三政矯捄와 관련하여 이 시기의 세론을 반영하고 있었다. 하나는 구제도를 그대로 두고 두드러지게 드러나는 큰 폐단만을 제거하려는 것이며, 다른 하나는 여러 가지 폐단과 농민항쟁을 초래한 구제도를 일거에 혁신하자는 견해이다.

전자는 전정·군정·환곡의 3가지 제도를 그대로 두고 그 안에서 그것을 개선함으로써 농민층을 무마하려는 것이다. 전자는 국왕이 책문을 통하여 질문한 문제의 시행 가능성의 여부를 둘러싸고 다시 의견이 나뉘었다. 후자는 삼정을 어떤 형태로든 근본적으로 개혁함으로써 목적을 이루려는 것인데, 개혁의 정도를 어느 정도까지 추진할 것인가를 놓고 의견이 양분되었다.

가. 삼정운영개선론

삼정운영개선론은 국왕의 삼정책문에 대한 답변으로 농민항쟁을 수습하기 위해 삼정제도 자체를 바꿀 필요는 없다는 내용의 삼정교구책이다. 이를 주장하는 논자들은 삼정의 문란은 정치인과 관리들의 부정으로 나타났으므로, 삼정의 폐단을 바로잡기 위해 운영 과정에서 생기는 문제를 해결하는 것이 급선무라고 보았다. 따라서 삼정은 제도 자체가 결함을 가진 것은 아니라고 보았다. 그들에 따르면 삼정의 문란에 따른 폐단은 그에 따른 문제만 해결하면 된다는 것이었다.

---

23) 철종 13년(1862) 농민항쟁기 三政策問에 대한 일부의 應旨上疏는 《三政策》 1·2(亞細亞文化社, 1986)로 영인 간행되었다.

이는 삼정의 운영상의 문제일 뿐이며, 제도를 바꾸어 해결할 것은 아니라는 것이다. 즉 수취체제와 관련한 부세제도를 고칠 필요는 없다고 보았다. 논자들은 삼정에 대하여 '나라를 운영하고 백성을 다스리는 큰 길' 혹은 '금과옥조같은 나라의 좋은 법'이라고 하였다. 이는 '솥에 三足이 있는 것과 같다'거나 혹은 '상하가 서로 필요로 하는 것이 마치 차에 두 개의 바퀴가 있는 것과 같다'고 하듯이 없어서는 안되는 제도로 언급할 정도였다.[24)]

운영개선론자들은 삼정의 구체적인 내용에서도 제도적인 문제는 없다고 보았다. 즉 전정은 양전과 동시에 전품의 등급이 마련되기 때문에, 국가가 전세를 지나치게 받거나 민이 억울하게 징수당하게 된 것은 아니며, 군정은 사람의 생사와 허실을 해마다 살피고 있으므로 군정이 도망할 염려는 없으므로 나라의 국방은 공고하다고 하였고, 환곡은 진대로써 흉년에도 민이 굶주리지 않게 하며 군향은 국가에 변이 생겨도 충분한 곡식을 저장할 수 있게 한 것이라고 하였다. 이로써 국가는 국가다운 모습을 보이고, 민은 민다운 생활을 하게 되었다는 것이다. 논자들은 삼정은 국가와 민에 대하여 매우 큰 기여를 한 것으로 보았으며, 그런 의미에서 삼정은 움직일 수 없는 經法으로 생각하였다. 즉 삼정은 국가 경영의 근간이며, 국가가 오랫동안 유지된 것도 삼정을 중심으로 한 정령과 기강이 제대로 세워진 까닭이었다 한다. 삼정은 제도 그 자체는 국가를 유지하는 기본이 될 정도로 중요한 역할을 하였다고 보았다.

논자들은 삼정의 폐단은 제도 자체의 문제가 아닌 운영 과정의 문제로 파악하였다. 이는 삼정을 운영하는 치자들의 문제라고 본 것이다. 그 중에서도 수령들이 '사리를 쫓고 의리를 좋아하지 않는 것'을 주요한 요인으로 지적하였다. 논자들은 이러한 분석을 토대로 삼정의 폐단에 대한 대책을 세웠다. 결론은 운영의 개선이란 측면을 벗어나지 않았다. 폐단을 고치려면 '윗사람들이 의리를 중히 하고 이득을 가볍게 하는 데' 있다고 보았다.

따라서 삼정문제의 해결은 인재를 키우고(興人材), 그 일에 알맞은 사람을 기용하는 것(得人)과 그가 민을 제대로 다스릴 수 있는가의 여부에 달린 것

---

24) 權周郁, 《逋庵集》 권 4, 對三政策.
申錫愚, 《海藏集》 권 10, 三政大對.

으로 보았다. 이는 임금이 어떠한 사람을 수령으로 임명하는가와 그 수령의 자질문제였다. 그리고 수령이 삼정을 제대로 운영할 수 있는가의 문제였다.

논자들은 제도가 아닌 운영의 결함에 초점을 두었으므로, 문제가 되는 부분을 일정한 기준하에 고칠 것을 주장하였다. 일정한 기준이란 본래의 제도는 그대로 유지하되, 그 테두리 안에서 결함을 시정하자는 것이었다. 그러므로 삼정의 폐단을 개선하되, 구제도의 기능을 회복하는 문제와 운영을 개선하기 위한 방안을 마련하는 것이 주가 되었다. 그 방안들은 대체적으로 점진적인 방식을 택하면서, 농민의 부담을 가볍게 하여 생계를 유지할 수 있도록 하려는 것이었다.

그들이 모색한 방법은 삼정을 규정한 기존 제도의 기능을 회복하고 운영상의 문제를 개선하려는 것으로, 내용은 전정·군정·환곡 등 구체적으로 나누어 제시되었다. 우선 전정에서는 농민의 부담을 경감하기 위하여 법에서 정한 세액 이상을 넘지 않도록 하는 것이 문제였다. 전결 자체에서 발생한 폐단만이 아니라 군정·환곡에서 도결·加結 등의 이름으로 과도하게 첨가되는 세목들이 많아 전결에 부과되고 있던 세들은 농민에게 큰 부담이 되었다. 이에 대한 대책은 우선 토지에 대하여 부과되는 세를 토지대장과 大典에 의하여 법제상의 규정대로 수납하고 은결을 제거하여 농민의 부담을 종전에 비하여 반으로 줄이자는 것이었다.

또한 규정대로 양전을 함으로써 부세불균이나 豪强들의 토지점탈을 시정해야 한다고 하였다. 양전의 방법은 전국적인 규모가 아니더라도 군현단위로 수령들이 책임을 지고 부분적으로 양전을 추진하거나, 여의치 못할 때에는 '逐庫査陳'하여 세원을 정확하게 파악함으로써 부세를 공평하게 부과하자는 것이었다. 아울러 호강들이 점탈한 것도 사실대로 타량하여 부세불균을 시정하고 농민이 피해를 입지 않게 하면서 국가의 재정수입을 늘리려 하였다.

군정 문란에 대한 대책으로 군역에서 도피한 장정에 대한 査括을 주장하였다. 군역 대상자 중에서 특히 부민층은 여러 가지 방법으로 군역에서 빠져나가고 있었으며, 그 결과 남아 있는 빈민층들에 역이 가중되었다. 이로 말미암아 황구첨정·백골징포·족징·인징·첩역 등의 폐단이 나타나고 있었다. 이러한 문제점들은 전결에 역이 부과되는 상황에서 군역의 폐단 외에 전정의 폐단을 유발하고 있었다. 이러한 상황에서 삼정 개선론자들은 군역의 기능을 제대로 되살리기 위해 폐단의 원인인 피역자들을 조사하여 충역시킬 것을 주장하였다.

그러나 이러한 방법도 현실적으로는 문제가 있었다. 額外校院生·山直·廊屬·모칭유학자 등 피역자들을 모두 조사하여 충역시키는 것은 매우 힘든 일이었다. 특히 모칭유학자들을 선별하는 어려움이 있었다. 이들은 재력을 이용하여 향촌사회에서 실질적인 역할을 하는 자들인 경우가 많았으므로 가려내기가 힘들었다. 게다가 幼學은 실제 양반층인 경우가 많았으므로 양자를 구분하여 모칭유학자를 사괄하는 것은 신중을 기하여야 했다. 이러한 어려움 때문에 版籍을 조사하여 공평하게 처리하자는 의견을 제시하거나, 혹은 모칭유학자는 아예 사괄의 대상에서 제외하자는 의견도 있을 정도였다. 이 방법으로도 군정 기능이 회복될 수 없다고 판단한 경우에는, 다른 재원을 가지고 충당하거나 혹은 다른 지역을 편입시켜 해결하는 방식을 제시하였다.

그러나 그들은 동시대에 제론되거나 혹은 시행되었던 戶布法·洞布法·結布法에 대해서는 찬동하지 않았다. 이 방법들은 현존하는 제도를 그대로 적용하는 것이라기보다 제도적인 변혁을 수반하는 것이었으므로, 삼정 개선론자들의 주장과는 상반되었다.

그들이 주장한 환곡에 대한 대책은 환곡 본래의 기능을 살리기 위해서 본래의 규정을 잘 준수하고 그간에 발생한 여러 가지 폐단과 그 운영상에서 드러난 불합리한 측면을 제거해야 한다는 것이었다. 법에 폐단이 생겼다고 해서 법 그 자체를 해체할 수 없는 것과 마찬가지로 환곡의 폐단이 많아져 유명무실해지고 있다 해도 환곡을 폐지할 수 없다는 것이다. 백성들이 환곡에 대하여 원망하는 것은 還耗에 대한 것이 아니라 백징과 불균의 폐단이므로 제도 자체를 폐지한다면 민원의 소재를 제대로 파악하지 못하는 것이라고 주장하였다.

이들이 내세우는 환곡이정방안은 환곡 출납대장을 살펴 吏逋 중에서 징출할 수 있는 것과 蠲蕩할 수 있는 것은 처리하고, 포리로서 정도가 심한 자는 처벌한 후 환곡제도의 정상적인 운영을 위해 엄한 규정을 마련하고 새로이 기강을 세우자는 것이었다. 이외에도 포흠자에 대한 응징과 인징·

족징 등의 불법적인 징수를 하지 말 것이며, 권력층과 결탁하여 환곡을 받지 않는 폐단을 제거하여 인민 모두에게 고르게 나누어 주되 마을에서 빈부에 따라서 公議로서 분급하고 관에서는 단지 耗穀만 징수하도록 하자는 의견도 있었다.

이들은 혹은 상평창·사창제의 논의 등 급격한 개혁론에 대해서 반론을 폈다. 우선 환곡을 폐지하더라도 國穀을 비축하지 않을 수 없다 하고, 호렴이나 결렴, 구렴의 방식은 민에게서 더욱 정확하게 세를 징수하는 방식에 불과하다고 규정짓고 있다. 그들은 현재 斂民의 방식을 생각할 때가 아니므로 捄弊의 방안을 마련하여 환곡의 폐단을 시정해야 한다고 하였다.

호포제적인 방식을 택할 경우 보포의 징수 외에 다시 호포를 더하여 징수하게 되며, 게다가 양반층들이 出布應役하는 결과를 가져오게 되어 양반에 대한 대우가 소홀하게 되고 조정의 존엄이 서지 않게 된다고 하였다. 또한 환곡을 분급할 때에 호의 등급설정에 농간이 발생하여 공정하지 않게 되는 점을 들었다. 그들은 결포제의 시행에 대해서도 반대하였다. 농민항쟁의 원인이 결세의 과중함에 있었다고 하고, 더 이상 토지에 세금을 더하는 결과를 가져오는 결포제는 시행해서는 안된다고 하였다. 즉 給代를 하기 위해서 軍, 田으로부터 보충하는 것은 단지 다른 명목으로 바꾸어 농민을 수탈하는 것에 불과하다는 것이었다.

아울러 환곡의 폐단을 바로잡기 위해 줄곧 논의가 되어 온 상평창·사창제의 논의에 대해서도 시행 불가를 주장하였다. 상평창은 取耗하는 제도가 없으니 급대방안이 되지 못하며, 사창제는 취모는 있어도 민심이 옛과 같지 않아서 시행하기 어렵다고 하여 반대하였다.

나. 삼정부분개혁론

응지상소자들 중에서는 삼정개혁을 주장하는 자들도 많았다. 그들은 삼정의 운영과 제도 자체의 결함뿐만 아니라, 농민항쟁이란 현재의 사태와 관련하여 고식적인 대책은 문제의 해결책이 될 수 없다고 보았다. 즉 현재를 비상시국으로 파악하여 보다 근본적인 해결 방안을 찾으려 하였다. 그들이 제시한 방안은 개혁의 정도에 따라 삼정의 부분적인 개혁론과 전면적인 세제

개혁론으로 나뉘었다.[25)]

부분개혁론은 삼정의 구제도에서 발생한 폐단을 제거하고 그것을 개선 유지하되, 지엽적인 개선만으로써 해결이 안될 만큼 폐단이 심한 부분은 해당 법 자체까지도 개혁하자는 것이다. 즉 삼정 중에서 개선할 것은 개선하고 개혁하고 변통해야 할 것은 이를 개혁하고 변통하자는 것이었다. 이들은 기본적으로 삼정의 체제를 벗어나지 않았으나, 구래의 제도를 고수할 수만은 없다고 판단하고 그 개혁이 필요한 부분은 개혁해야 한다고 주장하였다. 이 방안은 구제도를 고수하려는 삼정개선론과 전면적인 개혁을 주장하는 전면개혁론을 절충하면서 신중한 태도를 보였다.

그들도 삼정의 폐단으로 민의 고통이 더욱 심해져 농민항쟁이 발생한 것으로 보았다. 그들은 농민항쟁을 진정시키기 위해서는 폐단을 제거하고 고통을 해소시켜야 하며, 그 방법은 삼정제도의 개혁이라고 보았다. 논자 중에서 宋來熙는 祖宗之法을 잘 계승하고 준수하고, 구법을 가벼이 고칠 수 없다고 주장하는 삼정운영 개선론에 대해 비판하면서, "지금 1政의 폐단을 제거하지 못하고, 1民의 고통을 해결하지 못하는 것은 전하가 前規를 고수하고 변통을 하지 않으려고 하는 까닭에 있다"라 하여,[26)] 국왕의 삼정이정책에 대한 소극적인 자세마저도 지적하였다.

논자들은 법을 아무리 잘 만들어도 시대의 변화에 따라 폐단은 생기게 마련이라고 하였다. 조종지법을 잘 잇는 자는 사세에 따라 이를 변통하고 구제를 고집하지 않는다는 것이다. 따라서 삼정체제 내에서 제도를 변통함으로써 폐단을 제거하려고 할 때, 변통이 크면 클수록 이득이 있다고 생각하였다. 아울러 그들은 법 자체의 문제점을 고치기 위한 변통을 주장하면서, 삼정 운영상의 문란으로 야기되는 폐단에 대하여 묵과하지 않았다. 그들은 조종지법 자체로서 폐단이 생기기에 앞서서 그것을 운영하는 관리에 의해 폐단이 생겼음을 지적하고 이를 시정하도록 요구하였다.

---

25) 삼정개혁론의 주류는 부분 개혁을 주장하는 측이었으며, 그 수도 전면적인 세제개혁 주장자들에 비하여 압도적으로 많았다. 삼정개혁론은 많은 정소자들이 동조하여 삼정개선론만큼 큰 세력을 형성하였다. 그러나 그들의 견해가 전적으로 일치된 것은 아니었고, 매우 다양한 논의들이 전개되었다.

26) 宋來熙, 《錦谷集》 권 2, 應矯弊傳敎疏.

문제되는 법에 대한 부분개선 혹은 부분개혁을 주장하는 이들 논자들의 특징은 법의 폐단이나 운영상의 폐단을 막론하고 개선이 필요한 것은 개선하고, 개혁이 필요한 부분은 개혁하자는 것이었다. 그들의 지적은 반드시 하나의 문제에 집중되지 않았으며, 또 개선할 부분과 개혁할 것에 대한 의견도 일치한 것은 아니었다. 전정은 개선하고, 군정과 환곡은 부분적으로 개혁하는 안이 대체적인 경향이었다.

우선 논자들은 전정의 문제점을 개선함으로써 폐단을 제거하려 하여, 그 내용은 대체로 삼정개선론의 방안과 유사하였다. 즉 세율을 조정하고, 양전하는 문제 등을 거론하였다. 그들은 전결에 세를 과중하게 부과하는 것을 금하고, 세율을 새로이 조정하여야 한다고 하였다. 특히 도결을 혁파하고 전세를 낮추어서 재조정하려 하였다. 도결은 법으로 정해진 세법은 아니었으며, 삼정문란을 집약적으로 드러내고 있었다. 전세 이외에도 환곡과 군역에서 발생한 포흠마저도 토지에 집중시켜 도결의 형태로 거두었으므로 농민들의 부담은 가중되었다. 그들은 이러한 측면 때문에 도결을 시정해야 할 것 중의 하나로 보았다.

논자들은 도결을 혁파하는 것만으로 효과를 기대할 수 없었으므로, 보다 적극적인 조치로서 세율을 낮추어서 정액화하는 법적 조치가 필요하다고 하였다. 宋近洙는 "《大典通編》에 실려 있는 것에 의하여 維正之例를 정하고 잡다한 명색으로 수세장부(計板)에 넣지 못하도록 한다면, 結政의 문란은 바르게 되는 것을 기대하지 않아도 저절로 바르게 된다"라고 하였듯이,[27] 법전의 규정에 따른 세의 징수를 주장하였다. 물론 군정과 환곡을 바로잡은 후에, 그것을 실시하고 그로부터 이징되는 것과 각종 잡세를 막으면 전정의 문란은 시정될 것이라고 하였다.

한편 李瑀祥은 전결당 정액화된 세액 특히 금납세액을 정하여 서리와 민들에게 주지하도록 하여, 관리가 수탈하는 근거를 막을 것을 제안하였다. 이와 관련하여 서리층에게 필요한 급료를 지급하여 부정하지 않아도 살아갈 수 있도록 할 것과 미곡상인들이 곡가를 조정하여 이득을 보는 것을 막도록 제언하였다.

---

27) 宋近洙, 《立齋集》 권 11, 三政說.

그런데 양전할 것을 거론하는 경우도 있었다. 전정을 바로잡으려면 부세불균의 폐단을 시정하여야 한다고 하고, 개량의 필요성을 주장하는 자도 있었다. 숙종대에 제시된 兪集一의 方田法이나 그와 유사한 형태인 정약용·서유구의 양전 방략을 제언하기도 하였다. 이 때 필요한 인재는 얻을 수 있는 것이라고 보았고, 경비는 結當 분배하는 방식, 결민에게 排斂하는 방식, 환곡의 견감 혹은 탕감분으로 대체하는 방식, 혹은 火田稅나 은·누결로써 충당할 수 있다고 보았다. 한편 농민항쟁의 상황에서 커다란 역을 시행할 경우 문제가 생길 것을 염려하여 점진적인 개량을 말하거나, 좀더 신중한 논자는 최소한의 '逐庫査正'이나 査陳을 강조하기도 하였고 아울러 궁가나 권세가에서의 민전약탈을 금하도록 건의하기도 하였다.

군정의 이정방안으로 부분개혁론자 중에서도 삼정개선론자처럼 피역한 장정들을 조사하여 군정의 폐단을 고쳐야 한다는 견해도 있었다. 그러나 대부분의 논자들은 폐단이 많은 군포제를 대신할 수 있는 새로운 방식으로 호포제나 동포제 혹은 결포제를 제시하였다. 그들은 양반들은 면역되고 평민인 장정들만 응역하게 되자, 평민들도 신분 상승을 통하여 피역을 꾀하면서 군정의 폐단이 발생한 것으로 보았다. 따라서 모든 민호들이 고르게 역을 지게 하는 방법을 제시한 것이 이것이다. 이 방식은 전정 개혁안에 비하면 혁신적이었다.

호포론자들은 국가가 징수해야 할 세액을 호단위로 분배하여 京外를 막론하고 고르게 거두도록 함으로써 서리들의 농간을 막고 민들만 고통을 받는 것을 없애자고 하였다. 그리고 동포론자들은 각 군현에서 고을의 세액을 各洞에 분배하여 그 동으로 하여금 균납하게 하려는 것으로 모칭유학자나 권세가의 그늘에 도피한 피역자들이 빠져나갈 수 있는 구실을 없애려 하였다. 이들 방법은 요행히 면제를 받거나 혹은 첩징하는 폐단 즉 부세불균하는 폐단을 없애려는 것이었다.

李震相은 호포제적인 개혁안을 제시하였다. 그것은 환곡을 혁파하고 군제는 精兵主義로 개혁하고 군호 이외의 모든 호에 대하여 戶賦로서 2냥씩을 고르게 징수하도록 하는 내용이었다. 鄭基雨는 각 면, 각 동의 호수의 다과에 따라 군포를 각 동에 평균 분배하고 양반호도 그 대상으로 삼아 포를 거두게 하는 방식을 제시하였다. 이 때 대장은 동단위로 따로 두어, 농민들도 그 내용을 알게 하여 편중되지 않게 하자고 하였다. 이외에 李參鉉은 洞布의 법을 시행하고, 雜奪의 이름들을 없앨 것을 제안하였으며, 李瑀祥은 삼남지방에서 행해지던 예를 들어 軍伍制와 동포제를 병행할 것을 건의하였고, 南秉哲은 군제 자체를 矯革하지 못한 현재 상태에서는 사괄 이외에도 삼남지방에서 널리 행해지고 있는 동포제나 役根田 징포제를 당분간 그대로 두는 것도 좋다고 하였다.

그러나 호포제나 동포제는 양반의 응역 여부라는 문제와 직결되었으므로 이견도 있었다. 호포제나 동포제를 시행하여 양반층도 실제 역을 지고 있는 예를 들어 자연스럽게 이를 받아들이기도 하였으나, 신분제사회에서 명분의 혼란을 초래하고 이해관계가 상충되는 점을 들어 반대하는 측도 있었다.[28] 절충안으로서 양반이 포를 징수당하여 명분이 혼란하게 되는 것을 막기 위해 평민만을 대상으로 동포제를 시행하자는 柳重教의 안도 있었다.

한편 호포제 및 동포제의 한계를 제시하면서 결포제를 제시한 논자들도 있었다. 그들에 따르면 호포제는 요역제로서 고르게 부과하지 못하는 측면이 있다고 보았다. 身과 戶는 흩어지고 모이는 것이 일정하지 않아서 부세대상으로 삼기에는 안정적이지 못하다는 것이었다. 따라서 이동이 불가능하고 숨을 수 없는 토지를 대상으로 세를 부과하는 것이 군역의 폐단을 제거할 수 있는 방법이라고 보았다. 이는 토지 소유의 다과에 따라 세를 부과하여 원리상으로는 고르게 세를 부과할 수 있는 방법이라는 것이었다. 그러나 논자 중에는 군포가 토지에 부과됨으로써 지주층이나 부농층 등 토지가 많은 자들은 결과적으로 한 사람이 몇 사람의 역을 대신 지는 것이 되어 부당한 피해를 받게 된다는 점을 들어서 결포제를 반대하는 자도 있었다.

이러한 군정 개혁안들은 결국 신분제적인 틀을 뛰어 넘는 것이었으므로, 양반층을 비롯한 기득권층의 반대에 부딪혔다. 앞서의 개혁 방안 외에 移來移去하는 유리민을 조사하여 문제를 해결하려는 방법도 제시되었다.

환곡에 대해서도 혁신적인 방안이 제기되었다. 취모보용을 위주로 하는 환곡

28) 閔胄顯에 따르면 호포제가 실제 시행된 지역에서 貧殘한 班戶는 역을 지고 饒實한 平民들은 역을 지지 않게 되는 예가 있었다 한다. 그는 이로써 명분을 내세우면서 小民들이 역을 져야 한다고 하였다.

제도를 진대기능을 위주로 하는 상평창이나 사창제로 전환하여 환곡 변통을 모색하려는 것이었다. 이들 논자들은 환곡제도를 개혁한 후의 급대방안에 대하여 이견을 보였다. 상평·사창에서 거두어들인 모곡으로 해결하는 측과 새로운 세제를 만들어 戶·結·里 등에 부과 징수함으로써 해결하려는 의견이 있었다.

전자는 취모보용을 인정하는 것에서 출발하고 있다. 우선 환포의 欠縮分을 보완하여 이를 사창제로 전환시킨 후, 총수를 파악하고, 군읍의 대소와 양곡을 나누게 하고, 군읍에서는 이를 동리에 고르게 나누어 향민들로 하여금 사창제를 운영케 한다는 것이다. 그 과정에서 매년의 모곡을 상납토록 하는 것 이외에 관은 다만 감독만 하게 한다면 公私가 모두 편하게 될 것이라는 것이었다. 이외에도 같은 맥락에서 제시된 것으로 환곡이 국가의 경비에 이용되고 있는 현실을 감안하여 갑자기 파할 수 없다고 보고, 필요한 경비를 정확하게 파악하여 그에 상당하는 모곡을 거둘 수 있도록 원곡을 전국에 균등히 펴서 상평법으로 운영하고, 후에 다시 사창법으로 전용하여 향민으로 하여금 자치적으로 운영케 하자고 하는 의견도 있었다. 삼정운영 개선론자들이 인심이 옛과 같지 않기 때문에 사창제를 실시하기가 어렵다고 비판하는 것에 대하여, 사창제 실시론자들은 기우라고 주장하면서 향촌민들이 자금을 모아 契를 조직하여 운영하고 있는데 그 규율은 軍中과 같이 매우 엄격하다는 것이었다. 이와 같은 방식으로 운영할 때 관곡을 자본으로 한 사창은 운영 가능하다고 보았다.

후자의 경우는 새로운 세제를 만들어서 현실화하여 공정하게 운영해야 한다고 보았다. 환곡은 단연코 혁파해야 하지만 진대를 폐할 수 없으므로 상평창이나 사창제는 받아들여야 한다는 점에서는 일치하였지만 재정 수입과 관련한 방안에서 차이를 보였다. 京司·外營의 재원은 없앨 수 없으므로 戶와 結의 수 및 소용되는 경비를 헤아려서 배정하자는 것이다. 혹 환곡과 유사성을 지닌 상평창을 설치하는 것이 좋다고 보고, 時宜와 古制를 참작하여 전결에서 고르게 징수하여 급대방안으로 삼자는 의견도 있었다. 이외에도 같은 맥락에서 환곡제도를 변통하여 元摠에 해당하는 모곡 부분을 戶·結·里稅로 전환시키려는 논자들은 많았다. 이 때 급대방안은 양전 후에 조사된 은결로 충당하거나, 혹은 둔전을 설치하여 경영함으로써 그 수입으로 충당케 하라는 것 또는 비용을 아끼고 그것을 해결하는 방식이 제시되었다.

부분개혁론은 새로운 제도의 모색 외에도 삼정이정을 위해 삼정의 운영 방침을 크게 변혁해야 한다는 점이 강조되었다. 삼정의 폐단은 운영 과정에서 주로 야기되었고, 관리들의 자의적인 처리 때문이라고 보았다. 이에 새로운 운영 방침을 세우고 관리들을 견제해야 한다고 하였다. 구체적으로 민을 삼정운영에 참여시키는 방법이 제기되었다. 민이 참여하게 되면 관리들의 무질서한 운영을 견제하여 마음대로 처리되는 폐단을 시정할 수 있다는 것이다. 이는 조선사회가 농민 통제나 농촌 자치를 위한 향청·향약 등의 기구가 있었으므로 민들의 지방자치에 대한 의식은 높았으며, 그러한 바탕 위에서 삼정운영에 민이 참여하자는 것이었다.

특히 사창제와 동포제는 민들이 삼정운영에 참여할 수 있는 기회를 제공하는 것이었다. 사창은 향촌사회의 자치적인 기구로서, 관에 의한 환곡의 운영을 민에 의한 자치적 운영으로 전환한 것이며, 동포제는 동단위로 배당된 포를 동에서 부세를 균평하게 부과하도록 각자 자치적으로 운영하는 것이었다. 이 제도들은 민들이 그러한 운영에 적극 참여할 수 있음을 의미하였다.

이와 같이 부분개혁론자들은 사창제와 동포제를 중심으로 삼정운영의 개혁을 논하였다. 그러나 그 중에는 전정에서도 유사한 방식으로 시행하자는 의견도 있었다. 전세를 금납으로 부과할 경우 시가보다 고액으로 부과하는 것을 막기 위하여 수령들에게 엄하게 명령을 내려서 시가보다 높게 받지 못하도록 하고 민들로 하여금 회의를 하여 이를 절충하게 하자는 것이었다. 이외에도 삼정 운영시 田·軍·還에 관한 장적을 관과 민이 각각 1부씩 보관하고 매년 연말에 이를 상호 대조하여 그간에 부정이 있을 경우에 이를 밝혀 내도록 하자는 자도 있었다.

다. 세제개혁론

세제의 이정과 관련하여 삼정을 한꺼번에 전면적으로 개혁하려는 논자들도 있었다. 奇正鎭과 金允植을 비롯한 소수의 주장이었으나, 주장하는 바는 매우 강경하였다.

기정진은 萬世經法은 아니라는 점에서 군포와 환곡을 혁파하자고 하고, 唐

의 租庸調의 세법에 의거하여 정부 대신들이 의논하여 새로운 제도를 마련할 것을 건의하였다. 그는 사대부층이 신분을 이유로 면세되고 있는 현재의 실정을 완곡하게 비판하여 "唐에서 戶·調를 시행하는데 사족들만이 면제받았다는 것은 들어본 적이 없다"라고 하였다.[29] 그의 방안은 구체적인 것은 아니었으나, 신분 관계에 따르는 부세불균을 시정하기 위해 새로운 세법에 이를 반영하자는 것이었다.

김윤식의 개혁방안은 기정진에 비하여 보다 분명하였다. 그는 군포와 환곡을 혁파하고 모두 전세에 통합하자고 하였다. 그는 나라를 다스리는 자는 불균한 것을 시정해야 한다고 전제하고, 삼정의 문제와 관련한 최대의 폐단은 부세불균이라고 하였다. 그의 삼정의 개혁방안은 이러한 방향에서 제시되었다.

그는 우선 당면 과제인 양전에 均産을 위한 최선의 방법인 兪集一이 제시한 方田法을 이용하자고 하였다. 그는 농민경제를 균산화하는 방법으로 정전론·균전론·한전론 등의 토지 재분배론이 있지만 현재는 시행 불가능하기 때문에, 세원을 명확히 파악하기 위한 최선의 방안으로 방전법을 제시하였다. 만일 방전법을 통하여 양전사업이 종료되면 삼정 중 군포와 환곡을 혁파하여 전세에다 포함시키려 하였다. 그의 구상은 삼정의 세를 결렴으로 통합하고 단일화하려는 것이었다.

그는 養兵하는 비용을 正稅 중에서 마련하고 군포를 영원히 줄여주면 점차 그 제도가 옛것에 가까워진다고 하였으며, 환곡도 정세 중에서 부과하여 혁파할 것을 주장하였다. 다만 賑政을 위해서 사창제를 설치할 것을 제언하여 환곡의 폐지로부터 발생할 수 있는 문제를 해결하려 하였다. 그의 제언은 모든 부세의 형태를 결렴의 형태로 전환하자는 것으로, 지역에 따라 이미 시행되는 곳도 있었다. 군포의 일부가 이미 결렴화되고, 환곡도 결렴으로 시행되고 있었다. 결국 이는 군포나 환곡의 수취가 일부 결렴화된 것에서 더 나아가 전면적으로 시행하자는 것이라고 할 수 있다.[30]

---

29) 奇正鎭, 《蘆沙集》 권 3, 壬戌擬策.

30) 김윤식의 결렴에 대한 생각은 현실적인 측면 외에도 이미 그의 스승인 兪莘煥으로부터 합리성에 대하여 충분히 들었던 것으로 보인다. 그는 이러한 제안에 대하여 확고한 신념을 가졌다고 하겠다.

그런데 삼정의 세를 단일화하여 전결에다 모두 부과하는 것은 실질적으로 삼정 수취체제의 폐기를 의미하였다. 이 방식은 토지가 많은 자에게는 세금의 부과가 많아지고, 토지가 없는 자에게는 세금을 부과하지 않는 방식이었으므로 부세의 원칙으로는 공평한 것이었다. 이는 지주층 혹은 부농층에 대한 토지 소유 억제 방안이면서 농민층을 위하는 방안이었다. 이 방안에 대하여 빈농층을 대변하는 자들은 당연히 환영하였으나, 지주·부농층을 대변하는 자들은 반대하였다. 부농층을 대변하는 자들은 군포가 전결에 이징되었을 때 넓은 토지를 가진 자들은 한 사람이 100사람의 세금을 지게 되는 것이라 하며 불공평하다고 주장하면서 지주들을 옹호하였고, 또한 환곡의 경우에도 결환을 시행할 경우 富戶들은 몇 년 지나지 않아서 없어질 것이라고 말할 정도였다.

이처럼 군포나 환곡을 전결에 이징하는 문제는 농촌사회에서 지주와 無田者, 부농층과 빈농층의 이해관계의 대립상을 반영하는 것이기도 하였다. 따라서 부세를 전결에 이징하려 한다거나 혹은 삼정을 전면적으로 바꾸어야 한다고 보는 입장은 삼정개혁론 중에서 매우 진보적인 견해였다.

라. 토지개혁론

농민항쟁에 즈음하여 국왕이 삼정이정의 방안을 요구한 의도는 수취 질서를 재건하기 위한 것이었다. 그런데 삼정개혁론은 농민항쟁을 수습하기 위한 방안으로서 충분한 수습책은 되지 못하는 한계 때문에, 본질적인 문제에 접근하기 위해서는 방향을 달리하여 문제에 접근하려는 논자들이 있었다.

그들은 농지에서 배제된 농민들에게 산업을 주는 문제 즉 토지소유관계를 재조정하는 문제를 제기하였다. 이는 삼정책문에서 요구하는 논점을 벗어난 것으로, 제론한 呈疏者가 많지 않았다.[31] 그들은 농민항쟁의 원인을 토지소유문제나 농민층 분화의 문제에까지 연관시켰다. 그들은 삼정의 개선이나 세제개혁은 농민항쟁을 수습하는 방안이 될 수 없다고 보고 근본적인 해결책을 찾았다. 그것은 현재의 토지소유관계를 재조정하는 방향이었다.

그들은 해결책으로 두 가지 방법을 제시하였다. 우선 사적인 토지소유권

31) 曺垣淳,《復菴集》권 4, 均田論.

위에 성립하고 있는 토지제도를 개혁하여 농민에게 토지를 재분배하여 농민 경제를 안정시키는 방법으로, 許傳·申錫祜·奇陽衍 등이 주장하였다.[32]

허부는 당시를 '민과 국가의 안위와 존망이 걸려 있는 커다란 분계점'이란 인식에서 출발하였다. 그의 이정방안은 철저하게 민 중심으로 나아가야 하며, 근본적인 개혁이 되지 않으면 안된다는 것이다. 그는 개혁의 이상적인 틀로 중국 고대 성현들이 다스리던 시대인 三代를 표준으로 삼았다.

그는 정부의 삼정책문과 삼정이정책은 기본적으로 민을 위하는 것이 아님을 비판하고, 또 농민항쟁을 진압하고 안핵하는 방법도 농민항쟁의 수습을 위한 진정한 방안은 아니라고 비판하면서, 토지개혁 방안을 제언하였다. 그는 양전을 실시하여 토지를 정확하게 파악한 후에 모든 농민에게 재분배하고, 환곡제도는 혁파하여 상평창과 사창제로 개편하며, 군포제는 폐지하되 병농합일의 제도로 개편하여 京兵에게는 군전을 지급하고, 鄕兵은 항시 농사에 종사하되 위급한 일이 있을 때에는 적을 막도록 하자고 하였다.

그의 토지개혁론은 民田과 公田에 대한 대책으로 나뉘었다. 민전에 대하여 그는 恒産田을 중심으로 한 토지 분배를 주장하였다. 그는 기초작업인 양전을 통하여 頃畝를 정하고, 부세의 등급을 매기고 양안상의 기록을 명확하게 한 후, 官은 契券을 발행하자고 하였다. 이로써 개인의 토지 소유권을 확정하여 농간을 방지하는 대책이 마련되었을 때, 이후 토지 분배를 추진하자는 것이었다. 그러나 그것은 지주층이나 부농층의 토지를 강제로 수용하여 재분배하는 것은 아니었다. 그의 토지분배론은 토지 소유의 상한선을 정하여 매매과정에서 제한을 두고, 토지를 방매하더라도 항산전만은 매도하지 못하게 한 限田論이었다.

이 제도는 점진적인 토지 재분배론으로 토지 소유의 정도를 조정하는 방식이었다. 모든 농민들이 일정한 면적의 토지를 고르게 가지도록 한 것은 아니었으나, 대지주 혹은 대농의 토지 집적을 억제하고 부농층들이 적정한 농지를 소유하는 방향에서 토지개혁을 추진하려는 것이었다.

---

32) 奇陽衍의 토지재분배론은 井田制의 이념을 적용하는 방식으로 제시된 限田論으로서 許傳·申錫祜와 유사한 형태이나, 세부적인 면에서 차이가 있다. 여기에서는 자세한 서술을 생략한다.

한편 토지개혁은 농업 경영과 연계되었다. 노동력과 농지 면적을 참작해서 고용하는 법을 정하도록 하고, 가족 노동으로 경영 가능한 농지 외의 것은 고용 노동으로 경영하는 것을 허용하여 부농들에게 유리한 방식을 제시하였다. 이 제도는 민들의 재산 즉 토지 소유를 점차 고르게 하고 이로써 부역도 균평하게 하려는 것이었다.

한편 公田 즉 국유지에 대해서는 고대의 정전제의 이념을 따라 100畝에 해당하는 농지를 배당하고, 그 밖의 공동 경작지를 마련하여 그 소출은 정부에 납부하도록 하자고 하였다. 이는 국가나 왕실이 지주로서 농민에게 지대를 징수함으로써 왕실과 국가가 규탄의 대상으로 되자 그 모순을 제거하고 균산화된 농민경제를 이루려는 것이었다.

한편 그는 군제를 개혁한 후에 京軍에게 양병을 위한 뜻에서 군전을 지급할 것을 제안하였다. 단 군전은 경기 근처의 토지로 지급하되 만일 권세가의 땅이라면 다른 지역의 것과 교환하여 지급하자는 것이었다. 그리고 吏胥層에 대해서는 그 부정을 막기 위하여 생활을 보장하는 장치로 祿田을 지급할 것을 제언하였다. 이 때 이서들에게 지급되는 토지는 양전을 한 후에 수괄된 은결로 지급하면 된다고 하였다.

신석호의 견해도 앞서의 안과 크게 다를 바 없으며, 방법을 달리하는 정도였다. 그는 농민경제를 근본적으로 안정시키기 위한 근본적인 개혁 방안이 필요하다고 하였다. 그는 정부가 목전의 위급함을 모면하려고 임시변통적인 미봉책에만 머물러서는 안된다고 하고, 삼정의 수취체제를 토지개혁의 전제위에서 새로운 체제로 개편할 것을 주장하였다.

그도 고대의 정전제의 이념만을 받아들이되 기존의 결부제도와 관련시켜 제안하였다. 그는 정전제하의 100畝가 곧 현재의 1결이라는 인식에서 일정한 결, 즉 80결을 1部, 8결을 1統으로 향촌사회를 재편하고, 농가 1호당 1결을 지급하자고 하였다.

한편 토지 분배는 각 농가마다 노동력과 口數의 차이가 있음을 참작하여 차등을 둘 것을 제안하였다. 즉 농가의 인구 규모에 따라 상농·차상농·중농·차중농·하농으로 나누어 토지를 지급하자는 것이었다. 만일 인구가 상농의 규모를 넘을 때에는 약간의 토지를 더 지급하고, 하농 규모 이하는 다른 호와 합하여 중농 혹은 하농 정도로 새로이 구성한다는 것이었다.

그 후 통에는 統長, 부에는 部監을 두어서 각각 통과 부를 관장토록 하고, 국가의 세는 정액제로 하되 대장을 만들고 고지서를 발행하여 京營과 官村에 각각 1건씩을 비치하여 吏와 民들이 모두 그 내용을 주지하도록 함으로써 이·민의 협잡을 제거하고 豪富가 지나친 부를 누리거나 빈궁한 자들이 굶거나 얼어죽는 일이 발생하지 않도록 하자는 것이었다. 그리고 앞서의 재편된 향촌 조직을 기초로 하여, 통 단위마다 儒戶를 제외한 농민에게 3인의 軍을 출정케 하며, 환곡제도는 혁파하여 결세로 개정하고 매결 10두의 세를 춘추로 분납케 한다는 것이다.

또다른 토지개혁론의 유형으로 姜瑋의 견해가 있다. 그는 토지의 사적인 소유권은 그대로 두되 현재의 지주제를 조정·개혁하여 지대의 수취율을 낮추어 지주층의 농민 수탈을 경감시킴으로써 농민경제를 안정시키려는 것이었다.

그도 농민항쟁은 농민층 분화와 그 몰락 과정에서 발생하였다고 생각하였다. 특히 지주와 전호 간의 대립, 나아가 계급 대립적인 측면에서 농민항쟁을 이해하여, 삼정이정책을 수습책으로 삼으려면 농민층 입장에서 근본적으로 해결해야 한다고 하였다. 그는 개혁의 시기를 바로 농민항쟁이 일어난 현재라고 생각하였다. 그래서 그는 "지금 이 시기는 巨姓·大族·豪民들의 세력으로는 小民들의 무리들을 이길 수 없다. 또한 지금 소민들은 궁핍하고 괴로운 것을 이기지 못하여 그 독함을 부리고 있으며 많은 호민들이나 거족들이 이들을 대적하지 못하고 있다. 이 기회를 타야 할 것이다"라고 하였다.[33] 그는 국왕이 이러한 기회를 놓치지 말고 삼정을 개혁하는 호기로 삼아야 된다고 주장하였다. 그는 근본적으로 문제를 해결하지 않고 지엽적인 문제를 부분적으로 개선하는 것은 국가재정이나 농민경제의 안정에 별로 효과가 없다고 하였다.

그가 제시한 구체적인 방법은 군정을 주축으로 하면서 병농일치의 원칙하에서 귀천을 불문하고 누구나 균일하게 그 세를 부담하는 새로운 戶·口·

---

33) 姜 瑋, 《古歡堂收草》 권 4, 擬三政捄弊策.

田의 세제를 마련하고 지주제를 개혁하는 것이었다. “국가를 다스리는 것은 3가지가 있는데, 실은 단지 兵政만이 있을 따름이다”라고 하는 그의 언급은 이를 단적으로 보여주는 것이다.[34)]

그는 현재의 八結作夫制 원칙은 정전제와 통하는 것으로 보았다. 그는 8결을 단위로 兵馬를 내도록 하는 방식을 제안하였다. 세제는 국초에 정해진 什一稅의 원칙을 좇아 시행을 하되 일체의 다른 부세는 인정하지 않는다는 것이다.

아울러 지주들에 대해서도 과도하게 거두지 말 것과 結에 부과하는 것도 국가에서 정해진 것 이상을 거두지 않게 하여 농민들의 부담을 줄이려 하였다. 그의 지주제 개혁방안은 지대의 수취율을 법으로 조정하여 농민의 부담을 경감함으로써 목적을 달성하려는 것이었다.

그런데 소작 농민층을 위주로 한 그의 방안에는 극복해야 할 문제가 있었다. 양남지방의 농업관행은 전세를 작인에게 전가시키는 것이었기 때문이다. 더욱이 그가 농민항쟁의 원인을 지주층의 수탈에 대한 소작 농민층의 저항에서 찾고 있었기 때문에 이러한 문제점들은 시정되어야 했다. 즉 작인에 대한 지대의 경감뿐만 아니라 결세를 작인에게 전가하는 것을 금지함으로써 소작 농민들이 생활할 수 있도록 조건을 만들어 주어야만 했다.

이러한 방안도 농민층이 곧바로 토지를 가질 수 있는 것은 아니었고, 단지 지세를 낮추려는 것이어서, 현실적으로 크게 분화된 농촌 경제를 당장에 균산화할 수 있는 것은 아니었다. 그의 지주제 개혁론은 농민경제의 안정을 위해 세정 운영문제를 보완해야 했다.

그는 농민층의 경제 정도를 참작하여 부과하기 위한 세정 운영책으로서 십일세법을 제시하였다. 그것은 십일세를 거두되 1결당 일정한 액수를 정하고, 이를 결세와 호세로 나누어 각각 정액화하여 거둔다는 것이었다. 구체적인 내용은 결세는 토지 면적에 따라 세를 내도록 하되, 호세는 토지 소유량에 따라 上戶·中戶·下戶로 호의 등급을 나누고 차등있게 포를 거두게 한다는 것이었다.

---

34) 위와 같음.

이는 소농 혹은 빈농층보다는 지주층 혹은 부농층에 대하여 중과세함으로써 이들이 토지를 겸병하는 것을 억제하려는 것이었다. 이는 지주제 개혁을 위주로 하면서 세제개혁이라는 측면을 함께 도입한 것이었다. 강위의 생각은 이로써 세제를 확립하고 국가의 모든 재정을 새로운 세제에 의하여 충당하려는 것이었다. 한편 취모보용하던 환곡제도는 혁파하되 진대 기능을 지닌 상평창, 사창제만을 남기는 방안을 제시하였다.

앞서 살핀 바와 같이 토지개혁론은 주장하는 자들은 비록 적었으나, 종전의 토지개혁론의 바탕 위에서 농민항쟁이라는 새로운 국면을 맞아 현실적인 어려움과 사회적 모순을 타개하려는 것이었다. 이는 앞서의 모든 논의에 비하여 보다 근본적인 측면에서 사회개혁을 주장한 논의로 주목된다.

3) 삼정이정론의 반영

이정청에서 방력을 작성한 것은 철종 13년(1862) 8월 27일부터였다. 총재관 趙斗淳은 중론을 모아서 이정사업의 방향을 정해야 한다는 방침을 정하였다. 그리고 그 원칙하에 절목을 만들고 공포할 것을 건의하였다. 국왕의 허락을 받은 후 조두순은 절목을 작성하는 일을 맡고, 이정청은 이 안을 중심으로 정부의 방략을 다듬었다. 이러한 작업은 8월 말에서 윤8월 19일까지 이정청이 해체되는 동안 그 윤곽이 잡혔다.

이 안은 대체로 조두순의 견해가 반영된 것임과 동시에 응지소에 제시된 의견들을 절충하는 방식이었다. 우선 조두순의 삼정이정에 대한 입장 가운데 전정은 구래의 제도를 그대로 유지하면서 그 폐단만을 시정하려 하였으며, 군정은 구제도를 기본으로 하되 부분적인 개혁도 시도하되, 환곡제는 근본적으로 개혁하려는 것이었다.

전정에서의 개혁방안은 13개 조항으로 되어 있다. 이는 모든 科外의 징렴을 금지하는 것, 都結·防結의 금지 등 수세의 문제점을 제거하면서 규정된 田制에 따라 운영하려는 것이었다. 따라서 그는 전세제에 대해서는 온건한 방법으로 폐단만을 제거하고, 이정사업으로 확대되는 것은 원하지 않았다. 그 결과 전정의 폐단과 관련되어 제기되던 양전론에 대해서는 부정적인 입장을 보였다.

군정의 개선 방안은 5개 조항으로 구성되었다. 유아·노인에 대한 부세를 금지할 것, 모칭유학 등의 탈역을 막을 것, 군현의 군액을 재조정할 것 등의 내용이었다. 군정의 방안은 대체로 기존의 운영체제를 유지하는 것이었다. 단 구파와 동포제를 현실에 맞게 시행할 수 있도록 하는 규정을 두면서 부분적인 개혁을 제시하였다.

환곡의 개혁은 23개 조항으로 삼정이정방안 중 가장 많은 내용으로 이루어졌다. 특히 환곡의 개혁과 관련된 조치는 대변통에 해당하는 내용을 담고 있다. 그 핵심은 '罷還歸結'이었다. 취모보용의 기능을 지닌 환곡제도를 혁파하고 그 급대방안으로서 전세의 형태로 '時起田結'에서 2냥씩을 징수하도록 한 것이었다.

삼정이정책은 결국 전정과 군정에서 기존의 운영을 그대로 유지하면서 군정에서의 부분적인 개선, 환곡제의 변통을 절충하는 내용으로 이루어졌다고 할 수 있다. 따라서 삼정이정책은 응지소에서 제기된 운영개선론과 부분개혁론을 절충한 것이었다고 하겠다. 이와 같은 삼정이정책도 그나마 시행되지 못하고 구상안에 불과한 상태로 끝이 나고 말았으며, 이와 관련한 대책과 조치들은 고종조에 시간적인 격차를 두면서 부분적으로 시행되기에 이르렀다.

〈梁晋碩〉

3. 부세제도 개선의 한계

1) 삼정체제의 구조적 모순

조선 전기에는 租庸調制度를 이상적 원형으로 하여, 田·身·戶에 각각 세를 부과하였다.[1] 이것은 조선왕조가 부세를 매개로 하여 토지와 농민에 대

1) 《世宗實錄》 권 32, 세종 8년 4월 신묘.

한 직접적인 지배를 실현하려는 것이었다. 그러나 16세기 이후 사적인 토지 소유권이 성장하고 신분제를 바탕으로 하는 역제에 변동이 일어나면서, 전결과 호구에 대한 개별적·인신적 수취는 어려워졌다.

이에 양란을 거친 조선 후기에는 田政·軍政·還政의 삼정체제가 부세 수취제도로 자리잡았다.[2] 삼정체제는 16~17세기 사회경제적 변동에 따라 국가적 차원에서의 양안 및 군·호적 작성이 힘들어진 상황을 배경으로 성립된 조선 후기의 부세체제였다. 그러나 삼정체제는 조선 전기와 마찬가지로 세입을 헤아려 지출을 결정하는 量入爲出이라는 재정 구조상의 특성과, 米·布 납부를 원칙으로 하는 현물성, 그리고 각급 기관이 독자적인 징세·지출권을 갖는 분산성의 특질을 그대로 지니고 있었다.[3] 따라서 현물 납부 및 부세의 상납 시기가 서로 다른 것을 이용하여 시가 차익을 노리는 각종 폐단을 비롯하여 중앙 재정과 지방 재정 간의 상납분과 유치분을 둘러싼 갈등 및 지방 재정 보충책의 편법성에서 기인하는 수탈 등은 여전히 일어날 수밖에 없었다.

또한 삼정체제는 군·현단위의 총액제 방식에 의해 운영되고 있었다.[4] 총액제는 조선 정부가 토지와 호구에 대한 개별적 파악과 수취가 힘들어지자 삼정에 대한 군·현단위의 조세 납부 책임을 강화함으로써 안정적인 부세 수입을 보장받고자 하는 수취정책이었다. 전정의 比摠制, 군정의 軍摠制, 환정의 還摠制가 그것이다.

그러나 부세 수취의 전제 조건인 양안과 군·호적 작성이 이루어지지 않은 상황에서의 총액제 운영은 다음과 같은 문제를 낳고 있었다. 첫째 총액제는 정부가 확보해야 할 일정 규모의 부세가, 각 군·현별로 확정되고 이를 각 군·현이 완납하는 부세 수취방식이었다. 따라서 군·현 혹은 면·리가 부세책납의 기초 단위가 되면서 지역간 부세불균 현상은 더욱 심

2) 조선 후기 부세체제는 전정·군정·환정과, 이 시기 크게 늘어난 雜役稅 및 荒政도 함께 이해되어야 한다. 특히 황정은 전정·군정·환정과 더불어 四政으로 표현되기도 하였다(《四政考》 朝鮮民政資料叢書).

3) 金玉根, 《朝鮮王朝財政史硏究》(一潮閣, 1984).
方基中, 〈19세기 前半 租稅收取構造의 特質과 基盤－貨幣收奪 문제를 중심으로－〉(《國史館論叢》 17, 國史編纂委員會, 1990).

4) 金容燮, 〈朝鮮後期의 賦稅制度 釐正策〉(《增補版 韓國近代農業史硏究》 上, 一潮閣, 1984).

화되었다. 둘째 부세제도의 신분적 불평등 구조를 심화시켰다. 일정액의 부세를 책납하는 한 권세가들은 수취 대상에서 빠지거나 이를 농민에게 전가시킬 수 있었고, 지방관의 포탈도 구조적·항시적으로 가능하였기 때문이다. 셋째 結納化·金納化가 촉진되면서 이를 이용한 새로운 폐단이 야기되었다. 19세기 都結은 그 대표적인 예이다. 즉 지방 수령들은 조세의 결납화와 금납화 경향을 배경으로 하여, 각종 부세를 토지에 부가하고 그 총액을 채우려는 방편으로 도결을 이용한 것이다. 그러나 도결은 규정된 액수 이상의 도결가를 거두는 파행적 운영으로 이어짐으로써, 그 이익은 관이나 호수배들이 차지한 반면 부역의 부담은 농민에게 전가되어 사회적 모순을 증폭시켰던 것이다.

삼정체제의 이러한 구조적 문제는 세도정권기에 접어들면서 극명하게 표출될 수밖에 없었다. 세도정권은 규정보다 많은 부세를 농민들로부터 거두어 갔지만, 이는 국가재정을 확충시킨 것이 아니라 오히려 국가재정의 파탄을 초래하고 있었다. 수탈된 부세가 세도 가문과 그와 결탁된 세력가에게 흡수되거나 중간 수탈구조를 통해 빠져나갔기 때문이다. 당연히 세도정권은 농민들의 강력한 반발에 부딪치게 되었다. 「민란의 시대」가 시작된 것이다. 그리고 그 민란은 철종 13년(1862) 농민봉기로 절정을 맞았다.

철종 13년 농민항쟁은 국가 권력과 신분제를 기축으로 하여 구축된 조선의 부세체제가 근본적인 개혁의 필요에 부딪혔음을 뜻하는 것이었다. 그리고 그 개혁은 신분제의 굴레를 벗고 새로운 생산 관계를 형성해 감으로써 부세의 평등 과세와 공평 부담을 실현하는 방향으로 자리잡아야 했다. 삼정이정책은 이러한 상황에 직면한 조선 정부가 체제유지적 자구책으로 내놓은 대안이었다. 즉 삼정이정책은 삼정의 구조적 모순에 대한 농민들의 개혁 요구와 정부 당국자·학자·농촌지식인 등의 각종 개혁론이 집약, 표출된 것이었다.

따라서 이 글에서는 우선 전정·군정·환정의 구조적 모순을 구체적으로 밝히고, 이를 바탕으로 삼정이정책에서 제시된 개혁의 방향 그리고 개혁의 정도를 파악함으로써, 19세기 후반 부세제도 개혁의 실상과 한계를 밝히려 한다. 이는 갑오개혁기 근대적 조세제도 성립의 배경을 이해하는 데도 도움이 될 것이다.

2) 전정이정책과 정책의 추진

(1) 전정의 구조적 문제와 이정책 수립

19세기 전정 폐단은 토지대장으로서의 量案과 실제 경작지 현실과의 괴리, 그리고 총액제 운영의 구조적 모순에서 발생하고 있었다. 양전은 결부제에 의거하여 토지의 경계·등급·陳廢·소유권자 등을 조사하는 전통적인 토지 파악 방식으로서, 이를 통해 작성된 양안은 전결세 수취의 기초 대장이었다. 그러나 조선 정부 차원에서 시행된 전국적 규모의 양전은 숙종대 삼남 양전을 끝으로 19세기까지 한 번도 시행되지 않았다. 그 결과 字號와 地番이 뒤섞이고 田等이 서로 바뀌었으며, 부호들은 이를 틈타 토지를 겸병하였다. 경작지와 陳田의 구분이 불가능해지고, 양안상에 등록되지 않은 隱餘結이 구조적으로 생겨나는가 하면, 이서층에 의한 남징·백징·누세·탈세가 만연하였다. 궁방전·아문둔전을 비롯한 각종 면세전의 확대는 수세결수의 감축을 초래했을 뿐만 아니라, 양안에 의한 전결세 수취를 더욱 혼란케 하였다. 이에 양전의 필요성은 19세기 전정 개혁론으로서 강하게 제기되었다.[5] 양전을 통한 토지 소유자와 납세자의 확인, 결부 재조정에 의한 부세의 공평 부과가 전정 개혁의 선결 과제로 인식된 것이다.

한편 19세기에는 각종의 부세가 토지에 부과되는 結斂化 현상과, 화폐경제 발전에 따른 조세금납화 현상이 뚜렷해지고 있었는데, 이는 18세기 이래 전정의 총액제 운영과 관련하여 여러 가지 폐단을 낳고 있었다.[6] 즉 이 시기 전결세는 이미 大同米, 三手糧米, 결전을 비롯해 크고 작은 부가세가 40여 종에 이르렀다.[7] 여기에다 같은 수세 대상의 토지라도 실제 경작되고 있는

5) 金容燮, 〈純祖朝의 量田計劃과 量田釐正問題〉(《金哲埈博士華甲紀念 史學論叢》, 知識産業社, 1983).

6) 전정의 총액제 운영은 전세를 비롯한 노비신공, 어염세 등에까지 확대되고 있었다. 이에 관해서는 다음의 글이 참조된다.
李哲成, 〈18세기 田稅 比摠制의 實施와 그 성격〉(《韓國史硏究》 81, 1993).
全炯澤, 《朝鮮後期 奴婢身分硏究》(一潮閣, 1989).
金義煥, 〈17·18世紀 鹽稅政策의 變動〉(國民大 碩士學位論文, 1994).

7) 丁若鏞, 《牧民心書》 戶典 稅法 참조.

時起田結에는 각각 出稅出賦・免稅出賦・免賦出稅・免賦免稅의 토지 종류가 있어, 결세의 종류와 부담이 서로 달랐다. 또한 전결세는 상납 수단이 지역에 따라 米・木・錢으로 서로 달랐으며, 상납 시기도 대동과 전세가 서로 달랐다. 특히 대동을 중심으로 화폐 납부가 허용되자 지역에 따라서는 상정가가 아닌 시가로 作錢되면서, 차익을 노린 防納이 성행하고 있었다. 전결세는 상납 관청 및 그 기한에도 서로 차이가 있었다. 전세는 호조, 대동은 선혜청, 결작은 균역청에 납부되었고, 삼수미는 호조의 별영에 귀속되었다.[8] 이렇듯 각종 부세의 결렴화와 더불어 결세 종류와 부담의 상이, 상납 수단과 상납 시기의 차이, 그리고 재정 기구의 분산성 등 제반문제는 시기전결에 대한 정부 차원의 총체적인 관리와 재정 기구의 통일을 필요로 하고 있었다.

또한 조선 정부는 군・현단위의 수취 관행을 그대로 인정함과 동시에 조세금납화의 추세를 받아들여 안정적인 총액 수취를 목표로 하였다. 이에 수취의 기초단위가 守令－吏胥－戶首－結民으로 짜여지면서, 호수와 수령・이서배들의 영향력이 강해지게 되었다.[9]

호수는 각 읍의 토지를 일정 단위로 묶어 납세자가 내야 할 조세를 모아서 관에 바치는 사람들이었다. 이들은 조세 수납 과정에서 할당액을 채우고 나머지는 자기들이 차지하여 이익을 볼 수 있었다. 자연히 토지에 부과되는 부세액 곧 結價는 관이 정한 것보다 높아질 수밖에 없었다. 尙州에서는 토호대민이 스스로 호수가 되어 관에서 정한 결가 외에 더 거두어 들이고는, 혹 그 중 가난한 농민이 결가를 내지 못하면 돈을 빌려 내주고는 높은 이자를 받았다.[10] 결가는 星州의 경우 1결당 30냥에 달했는데 이는 농민의 부담 능력을 훨씬 뛰어 넘는 것이었다.[11]

총액제하에서 각 지방관은 중앙에 책납해야 할 부세액과 더불어 자신의 소용 경비를 마련하고, 또한 미처 거두지 못하거나 관리의 逋欠(조세 포탈)으

---

8) 徐榮輔・沈象奎,《萬機要覽》財用編 참조.
9) 高錫珪,《19세기 鄕村支配勢力의 변동과 農民抗爭의 양상》(서울大 博士學位論文, 1991).
10)《日省錄》철종 13년 7월 8일.
11) 망원한국사연구실 19세기농민운동분과,《1862년 농민항쟁》(동녘, 1988).

로 부족된 물자를 채워넣어야 했다. 이 때 가장 빈번히 활용된 것이 환곡 운영을 통해 이자 수입을 얻어, 그것을 각종 경비에 보태어 쓰는 방식이었다. 그러나 19세기 중반 이후 관리와 이서배들의 포흠이 심각해지자, 환곡 운영을 통한 이자 수입도 기대하기 어려운 상황이 되었다. 이에 각 도의 監·兵·水營은 포흠분을 농지에 부과하여 결렴화하였다. 晋州에서는 환곡의 포흠분을 결렴하여 철종 6년(1855)부터 10년까지 4년간에 걸쳐 1결당 2냥씩 183,900여 냥을 농민으로부터 수탈하였다.[12] 군포도 '軍多民少'의 현상으로 책정액을 채워낼 수 없게 되자 부족분을 토지에 부과하기도 하였다.

都結은 이렇게 환곡과 군포의 포흠분을 토지에다 부과하여 거두려는 과정에서 이루어졌다. 그런데 도결은 점차 지방의 수령이 전세·대동세 외의 제반 結役까지를 일괄적으로 징수하는 것으로 변화하면서, 결세가 지나치게 높게 매겨지는 사태가 벌어지고 있었다. 철종 13년 晋州牧에서 가장 큰 문제가 되었던 것이 바로 도결과 결렴의 문제였으며, 開寧에서도 현감 金厚根이 부임한 지 3년 만에 도결의 잉여분 11,485냥과 도결 문서상의 1,773냥 5전을 착복하여 문제가 될 만큼 도결의 폐해는 컸다.[13]

결국 도결은 호수가 차지하던 몫이나 방납 과정에서 얻어지는 잉여분으로 조세 부족분을 충당하려는 본래의 취지를 벗어나 수령들이 직접 도결제를 운영하면서 잉여분을 늘리는 방안으로 변하고 있었다.[14] 이 때문에 결가는 계속 증가했고 향촌 제세력의 불만은 높아 갔다.

우선 향반과 이서·토호층의 불만이 높아 갔다. 이들은 도결의 시행으로 호수가 되어 부세 수납 과정에서 누릴 수 있었던 이익을 빼앗겼기 때문이다.

12) 《備邊司謄錄》 25책, 철종 10년 6월 19일.

13) 《日省錄》 철종 13년 7월 8일.

14) 安秉旭, 〈19세기 賦稅의 都結化와 封建的 收取體制의 해체〉(《國史館論叢》 7, 國史編纂委員會, 1989).
김선경, 〈'1862년 농민항쟁'의 도결혁파요구에 관한 연구〉(《李載龔博士還曆紀念韓國史學論叢》, 한울, 1990).
鄭善男, 〈18·19세기 田結稅의 收取制度와 그 運營〉(《韓國史論》 22, 서울大, 1990).
고동환, 〈19세기 부세운영의 변화와 그 성격〉(《1894년 농민전쟁연구》 1, 역사비평사, 1991) 참조.

도결은 토지를 기준으로 부세가 과세됨으로써 농민의 부담을 경감시킬 수 있었다. 그러나 호남·영남과 같이 결세를 농민이 부담하는 지역은 결세 증가를 농민이 떠맡음으로써 오히려 조세 부담을 증가시켰다.

이상과 같은 전정 운영의 구조적 모순은 급기야 농민봉기로 터져 나오게 되었다. 철종 13년(1862) 전국적 규모의 농민봉기가 일어나게 된 것이다. 조선왕조는 농민봉기가 일어나자 모두 13조에 달하는 田政捄弊策을 제시하고 수습에 들어갔다.[15]

기존 전결세 수취의 구조적 모순을 극복하고 농민봉기의 근본 원인을 치유하기 위해서는, 응당 양전을 통한 전결의 총체적 관리와 수취 관행에 대한 근본적 개혁 방안이 포함되어야 했다. 그러나 조선 정부는 전정의 '目下急務'가 양전에 있다는 것을 인식하면서도, 양전은 졸지에 시행하기 어렵다는 입장을 분명히 하였다. 결국 조선 정부가 제시한 이정책은 전정 운영의 개선책에 머물렀다. 이정책으로 제시된 주요 내용도 첫째, 田三稅 외에 科外로 결세화한 각종 명목의 부세를 혁파한다. 둘째, 간민과 이서배에 의한 전세와 대동세의 방납과 도결을 금한다. 셋째, 兩稅의 作錢邑은 호조와 선혜청의 상정가에 의하고 시가에 따르지 않는다. 넷째, 각 궁방의 면세결에서는 규정 외의 加徵을 금한다. 다섯째, 수세 과정상의 각종 역가 및 비용은 규정 외 남징이 없도록 한다는 등 수취 과정상의 현상적 문제의 치유책에 그치고 있었다.[16] 田政捄弊策은 대변통이 아닌 소변통의 방향에서 자리잡아 가고 있었던 것이다. 따라서 전정의 구조적 문제는 19세기 후반에도 극명하게 노출될 수밖에 없었다.

(2) 정책 추진의 실상과 한계

철종 13년 농민항쟁에 직면하여 정부가 내놓은 전정이정책은, 양전을 통해 토지 소유권자와 납세자를 확인하고 전결의 소유에 따른 공평 부세를 실현하는 방향에서의 개혁이 아니었다. 단지 토지로 집중되는 규정 외의 결세 증가를 막고, 중간 수탈 구조를 배제시키며, 권력적 수탈을 방지하는 선에서

15) 金容燮, 〈哲宗朝의 應旨三政疏와 '三政釐整策'〉(《韓國史硏究》 10, 1974) 참조.
16) 《壬戌錄》, 〈釐整廳謄錄〉 윤8月 19日 참조.

현상적 치유를 꾀했던 것이다. 따라서 19세기 결렴화·금납화 추세에 편승한 전정 폐단은 그대로 재현되었다.

특히 도결은 1862년 농민봉기 이후에도 전정 운영의 모순과 폐단을 집약적으로 보여준다. 즉 조선 정부가 도결 금지령을 내렸음에도 불구하고 결가는 군현 또는 도 단위에서 독자적으로 책정되어 농민으로부터 일괄적으로 징수되고 있었다. 그러나 도결에 의한 결가의 책정은 중앙 정부에서 공식적으로 인정한 것이 아니었고, 따라서 결가는 지역적 차별을 보이게 되었다. 또한 납세자에게는 결가가 한꺼번에 부과 징수되었으나, 지역에 따라 현물을 상납하는 本色上納과 화폐로 내는 代錢納이 각기 달리 적용되었고, 대전납의 경우에도 시가로 할 것인지 아니면 상정가로 할 것인지에 따라 부담에 큰 차이가 있었다.[17]

결가가 항목에 따라 화폐 또는 현물로 따로이 상납되거나 지출되었기 때문에 이는 곧 각종의 방납 행위와 중간 농간으로 이어졌다. 지방관과 이서층은 군·현에서는 高價로 執錢하고 漕倉 근처에서 쌀로 바꾸어 상납하였으며[18], 선주는 미가가 높은 곳에서 내다 판 뒤에 미가가 낮은 곳에서 쌀을 사들여 다시 상납하기도 하였다.[19] 방납에 의해 농민의 부담은 가중되고, 서울의 미가가 상승하는가 하면, 상납된 米·木의 품질이 크게 떨어지고, 상납이 지체되는 등 폐단이 발생하였다.[20] 조선 정부의 이정책에도 불구하고, 도결·방납을 비롯한 전정 운영상의 폐단이 재현되고 일반화된 것이다.

도결은 한편으로 보면 신분제 붕괴와 화폐경제 발전에 따른 조세 수취제도의 자연스러운 변화 현상이었다. 군포와 환곡의 결렴화는 조세 부과의 신분적 차별성을 극복하는 것이었고, 금납화는 보다 넓은 단위의 지역별 결가

---

17) 시가와 상정가의 차이에 의한 군·현별 분쟁은 철종 13년(1862) 농민봉기 이후 1894년 갑오농민전쟁에 이르기까지 결가의 고액책정을 문제삼아 전국적으로 일어나고 있었다. 1875년 울산에서는 결가의 고액책정을 문제로 농민항쟁이 일어났으며, 1884~1885년 여주에서는 금납결가를 현물납세로 돌린 데 대하여 농민층의 봉기가 일어났다(李榮昊, 《1894~1910년 地稅制度 연구》, 서울大 博士學位論文, 1992 참조).

18) 《日省錄》 고종 11년 2월 5일.

19) 《日省錄》 고종 8년 12월 23일.

20) 《日省錄》 고종 3년 3월 26일, 고종 15년 2월 17일 및 고종 19년 9월 5일 참조.

책정으로 지역간 수취 차별성 해소의 전망을 지니는 것이었기 때문이다. 그러나 전정에 대한 근본적 개혁이 전제되지 않고는 도결가의 고등화 현상과 상납제도 전반에 걸친 폐단이 시정될 수는 없었다.

결과적으로 大院君 정권하의 전정 개혁은 이정책의 소변통적 범주에 구애됨으로써 이전의 상황을 극복하지 못하였던 것으로 평가된다. 그러나 이 상황은 다른 한편으로는 조선왕조 재정의 전체적인 개혁을 필요로 하는 시대적 상황을 자연스럽게 조성하고 있었다.[21] 그것은 은행 설립과 화폐 유통의 활성화를 기반으로 한 금납조세의 실현 그리고 조세 수취의 지역적·신분적 차별성을 극복할 수 있는 근대 재정 구조의 수립과 조세제도의 실현이었다. 갑오개혁기의 지세제도 개혁은 이와 같은 19세기 전정 개혁의 실제와 한계라는 시대 상황을 통해 준비되고 있었던 것이다.

3) 군정이정책과 정책의 추진

(1) 군정의 구조적 문제와 이정책 수립

조선 왕조의 軍政은 정확한 軍案에 의거하여 군역을 부과하되, 수시로 양역사정을 실시함으로써 군역민의 부담을 공평히 하려는 방향에서 이루어지고 있었다. 그러나 人丁에 특정한 역을 부과한다는 측면에서 군역도 분명 중세적 수취체제의 성격을 띠고 있었다.

16세기 이후 군역은 인정에 대한 신분적·경제적 억압제도로의 성격을 보다 분명히 해 나갔다. 즉 조선 초기에는 명분상으로나마 양반들도 군역 혹은 직역을 부담하였으나, 차츰 군역은 양인만이 지는 역과 동일시되었고, 上番立役을 통해 실현되던 것이 대부분 납포군화된 것이다.[22] 나아가 18세기 무렵에는 군포가 입역자의 파악을 전제로 수취되지 않고, 각 지역에 할당된 軍摠을 준수 상납하는 총액제로 운영되었다.[23] 따라서 양역에서 벗어나려는 여

---

21) 왕현종, 〈한말(1894~1904) 지세제도의 개혁과 성격〉(《韓國史硏究》 77, 1992). 李榮昊, 앞의 책.
22) 車文燮, 〈壬亂以後의 良役과 均役法의 成立〉(《史學硏究》 10·11, 1961).
23) 金容燮, 〈朝鮮後期 軍役制의 動搖와 軍役田〉(《東方學志》 32, 延世大, 1982).

러 가지 형태의 피역 현상이 일어나는가 하면 조금이라도 역가가 가벼운 곳으로 투속하려는 현상이 나타나면서 '군다민소'의 폐해가 초래되었다.[24]

영조 26년(1750)에 실시된 均役法은 18세기 중엽 이후 한계점에 도달한 군정의 모순을 대변통이 아닌 소변통의 입장에서 극복하려 한 일시적 개선책이었다. 즉 균역법을 전후한 시기에는 군포를 양반과 양인의 구분없이 戶나 口를 단위로 부과하자는 대변통론의 戶布論이나 口錢論도 대두되었다.[25] 그러나 균역법은 양반 不役論을 고수한 상태에서, 연간 2필의 군포를 1필로 줄이고 절반으로 떨어진 군포 수입을 結作米와 海稅·隱餘結稅·選武軍官布에서 보충케 하는 정책이었다.[26]

따라서 균역법이 시행된 지 얼마되지 않아 군정의 폐단은 재현되었다. 재력이 있는 부민과 요호들은 군안에 들어가는 것을 싫어했으며, 결국에는 모든 수단을 강구하여 군역으로부터 빠져나갔다. 유학을 모칭하고 勳裔로 위장하거나 군관이 되어 군역을 피하였다. 군안에 등록되어 자신의 군역뿐만 아니라 피역자의 몫까지 이중 삼중으로 떠맡아야 했던 가난한 농민들도 무거운 역을 피해 각급 관청에 투탁하거나, 양반가의 묘지기나 산지기·행랑살이 등으로 군역에서 빠지고 있었다.

한편 균역법 실시 이후의 피역 현상은 개인적 차원을 넘어 집단적 차원에서 구조화되는 현상을 보였다. 즉 균역법 이후의 군포 수취는《良役實摠》에서 정한 京外 군안의 군액이 점차 고정화되면서, 군총에 의한 총액 징수가 이루어지고 있었다. 그러나 각종 피역으로 闕額이 증가하고, 군포 수입 가운데 중앙으로 상납되는 비율이 높아지자, 지방 및 각급 관청은 재정 압박을 받을 수밖에 없었다. 이에 지방 및 각급 관청에서는 여러 가지 명목의 세원을 창출하여 독자적인 재원을 마련해 나갔다.[27] 校院保率·各廳契房 등은 각 읍 단위에서 私設하였던 재정 보완책이었는데, 부담이 다소 적었기 때문에 정규

24) 鄭演植, 〈17·18세기 良役均一化 政策의 推移〉(《韓國史論》 13, 서울大, 1985).
金友哲, 〈均役法 施行前後의 私募屬 硏究〉(《忠北史學》 4, 1991).

25) 鄭萬祚, 〈朝鮮後期 良役變通論에 대한 檢討－均役法成立의 背景〉(《同大論叢》 7, 1977).

26) 鄭演植, 《朝鮮後期 '役摠'의 運營과 良役變通》(서울大 博士學位論文, 1993).

27) 鄭演植, 〈均役法 시행 이후 地方財政의 變化〉(《震檀學報》 67, 1989).

군액으로 편성된 군역민이 여기로 모여들게 되었다. 그 결과 한 읍의 궐액이 10중 7, 8에 이르고 군안은 허록될 수밖에 없었다. 여러 형태의 피역과 역가가 싼 헐역으로의 투속은 결국 황구첨정·인징·족징·첩징 등의 폐단을 다시 일으켰고, 가난한 농민들은 군안에 남아 군역을 지는 것을 死地에 나가는 것으로 인식하게 되었다.[28]

이렇듯 19세기의 軍弊는 군포 수취의 신분적 성격, 군적의 허실화 그리고 총액제 운영 방식의 모순에서 비롯되고 있었다. 이에 향촌에서는 중앙에 상납하는 군포를 마련하기 위한 공동납적인 군포 납부 체계가 생겨나고 있었다. 한 마을의 上族과 下族 모두가 원금을 마련하고, 그 이자로 군미와 군포를 납부하는 軍布契나 토지를 마련하여 부담하는 役根田의 방식이 나타난 것이다. 또한 모자라는 군역을 전체 洞民이 채워넣으려는 洞布와 토지에 부과하는 형태인 結布制가 시행되기도 하였다.[29] 그러나 이러한 군포 납부 방식이 신분제에 입각한 군역 운영의 원리를 완전히 부정한 것은 아니었다. 이는 오히려 군역 부담의 지역적 불균을 심화시키고 서리의 농간을 불러 일으켜, 농민층의 부담을 가중시키는 결과를 초래하였다.

결국 조선 정부는 철종 13년(1862) 농민 저항에 부딪치면서, 군정에 대한 전면적인 재검토를 하지 않을 수 없었다. 이 때 제시된 군정 구폐책을 정리하면 다음과 같다. 첫째, 양역 대상의 연령을 정확히 준수하여 寃徵이 없도록 한다. 둘째, 중앙정부가 파악하지 못하는 募入軍官은 모두 原籍으로 환원시킨다. 셋째, 교원보솔·각청계방은 혁파하고, 모칭유생·가탁훈예는 구별하여 군액에 충당하며, 墓村成戶도 출역토록 한다. 넷째, 原額의 充丁을 기하되 구파(名疤) 혹은 洞布의 이점을 헤아려 군정을 운영한다. 다섯째, 각 읍의 군총과 호수에 따라 군액을 조정한다. 여섯째 폐단 재발시 처벌 규정 등이다.[30]

조선 정부가 제시한 군정이정책은 두 가지 측면에서 요약할 수 있다. 우선 중앙 정부가 파악하지 못하는 歇役 및 避役의 여러 형태를 모두 폐지함으로

28) 《備邊司謄錄》 24책, 철종 5년 윤7월 13일.
29) 方基中, 〈조선후기 軍役稅에 있어서 金納租稅의 전개〉(《東方學志》 50, 延世大, 1986).
30) 《壬戌錄》, 〈釐整廳謄錄〉 윤8월 19일.

써 지방 단위로 지속되어 온 '군다민소'의 폐단을 시정한다는 것이다(첫째·둘째·셋째·다섯째). 다음은 군역 부과 방식에 있어서 종래 개별 수취를 원칙으로 하는 구파법과 19세기 후반 이미 상당 지역에서 관행화되고 있던 공동납부 방식으로서의 동포법을 향촌민의 의견에 따라 적용할 수 있는 자율권을 주는 것이다(넷째). 전자는 피역 행위를 봉쇄하고 기존의 군역체제를 재건하려는 것이었으며, 후자는 현실적으로 변동하고 있는 군역 수취방식을 용인하면서 군포 수입의 안정을 꾀하려는 것이었다.

요컨대 철종 13년(1862) 농민항쟁을 계기로 하여 조선 정부가 제시한 군정구폐의 지향은 명분론 고수와 현실 수용이라는 두 가지 측면을 모두 드러내고 있었다. 지방 재원 확보를 위해 마련되었던 사모속·계방 등 일체 명색을 혁파함으로써, 군정에 대한 중앙 정부의 통제를 강화시키고 각종 폐단을 제거하여 기존의 군역제를 고수하겠다는 것은 전자의 측면이며, 구파법을 부분적으로나마 포기하고 일반민의 군포 납부 대응책으로서 이루어지고 있던 동포법을 공식적으로 인정하였다는 점은 후자의 측면일 것이다. 따라서 전체적으로 볼 때 군정이정책은 군역제를 근본적으로 개혁하려는 것은 아니었으며 민란의 수습책으로서도 불충분한 소변통론적 지향을 보이고 있었다. 그러나 그 가운데 동포제의 실시를 공식 인정한 것은 군역이 점차 신분적 부세의 성격을 벗을 수 있는 단초를 마련했다는 점에서 나름대로 의미를 지니고 있었다.

(2) 정책추진의 실상과 한계

철종 13년 농민항쟁 후 실권을 장악한 대원군은 이정책의 테두리 안에서 군폐를 제거하고자 하였다. 즉 良丁의 査括을 실시하는 한편 수포 방법으로서 구파와 洞布制를 적극 시행하여, 새로운 발전의 면모를 보인 것이다.[31]

사괄작업은 校院祠宇의 私募保率과 각급 관청의 契房 그리고 사대부의 墓村養戶를 중심 피역처로 인식하여 꾸준히 진행하였다. 그러나 피역자에 대한 사괄은 완벽하게 수행되기가 어려웠으며, 따라서 대원군 집권하에서도 군역

31) 金容燮, 〈朝鮮後期 軍役制釐正의 推移와 戶布法〉(《增補版 韓國近代農業史硏究》 上, 一潮閣, 1984).

민의 피역 현상은 계속되었다.[32]

사괄 작업이 실효를 거두지 못할 경우, 구파에 의한 수포는 불가능했다. 따라서 동포제가 용인되어 시행되었다. 동포제는 이미 19세기 초반 피역 저항에 따른 군적의 허액화와 정해진 액수의 군전과 군포를 수취해야 하는 총액제의 모순을 배경으로 현실에 적용되고 있었다. 즉 동포제는 '計名定布 計布定價'하던 군역 수취 방식이 '革軍錢 定戶布'하는 방식으로 전환된 것으로서, 양반층에게도 재정적 부담을 지울 수 있었다. 때문에 小民은 동포의 시행을 원했고, 大民은 그에 반대하여 다툼이 일어나고 있었다. 결국 身布로부터 동포로의 전환은 군역의 개별 인신적 수취의 원칙이 깨지고 모든 신분층의 공동 부담형태로 진전될 전망을 지닌 것이었다. 대원군대에는 이러한 동포제가 곳곳에서 군포 수취 방식으로 받아들여지고 있었던 것이다.[33]

그러나 동포제는 피역이나 移居의 원인을 제거하지 못하면 그 효과를 기대하기 어려웠다. 양반가로의 투탁이나 계방과 같은 피역처가 존재하고, 타읍으로의 이거가 이루어지는 한, 동리내 혹은 동리간 세부담의 불균형은 필연적이었기 때문이다.[34] 게다가 동포제의 실제 운영에는 대민·중민·소민 등 신분계층에 따라 부담에 차이가 존재하였다.[35]

이에 대원군은 고종 8년(1871) 신분에 구애없이 균일하게 세를 부담하는 戶布法을 실시하였다.[36] 이 호포법의 골자는 양반호는 奴名으로 포를 내고, 소민은 직접 출포하는 것이었다.[37] 대원군의 호포법은 군액을 조정하고,

---

32) 《高宗實錄》 권 7, 고종 7년 정월 10일.
《日省錄》 고종 7년 정월 10일.

33) 宋亮燮, 〈19세기 良役收取法의 변화-洞布制의 성립과 관련하여-〉(《韓國史硏究》 89, 1995).

34) 《日省錄》 고종 4년 9월 17일.

35) 宋亮燮, 앞의 글, 184~191쪽 참조.

36) 戶布法에 대한 연구는 다음이 참고된다.
韓㳓劤, 〈大院君의 稅源擴張策의 一端-高宗朝 洞布·戶布制 實施와 그 後弊-〉(《金載元博士回甲紀念論叢》, 1969).
金容燮, 〈朝鮮後期 軍役制釐正의 推移와 戶布法〉(《省谷論叢》 13, 1982).
李鍾範, 〈19세기 후반 戶布法의 運營實態에 대한 검토〉(《東方學志》 77·78·79, 延世大, 1993).

37) 《日省錄》 고종 8년 3월 25일.

양반호에도 세를 부과함으로써, 군역민 개개인이 부담하던 세액의 경감을 가져왔다. 그러나 구래의 軍保布制가 폐기되고 모든 호가 차별없이 호포전을 내는 새로운 부세제도로서의 호포세가 신설된 것은 아니었다. 즉 班民은 奴名으로 포를 내는 재정적 보조 역할에 불과했고, '役'은 여전히 양인이 부담하였기 때문이다. 결국 대원군대의 호포법은 신분 질서와 명분을 지키는 선에서 시행된 것이었다.[38] 바로 이 점이 조선 후기 군정 개혁의 한계점이었으며, 신분제 성격을 벗어 버린 結戶稅制度로의 전환은 갑오개혁을 기다려야 했다.

4) 환정이정책과 정책의 추진

(1) 환정의 구조적 문제와 「파환귀결책」

삼정체제의 가장 큰 특징은 환곡이 국가재정의 부족분을 충당하는 세원으로 등장하였다는 점이다. 환곡은 본래 국가의 예비곡을 이용하여 봄에 식량 또는 종자를 대부하고 가을에 元穀과 耗穀을 거두어 농민의 재생산을 보조하는 장치였다. 이 때 모곡(耗條)은 환곡 운영의 자연 감소를 보충하는 방편으로 수취하는 것이었는데, 17세기 초 그 일부가 재정 보용책의 일환으로 會錄되면서, 환곡은 부세화의 길을 걷기 시작하였다.[39]

이에 17~18세기 중앙과 지방의 각 아문은 기존의 환곡을 늘리거나 혹은 새로운 환곡을 설치 운영함으로써 환총은 급격히 증가하였다.[40] 또한 이식수입을 늘리기 위해 전체 곡식의 절반은 남겨두고 절반만 분급하기로 되어 있는 半留半分의 원칙이 지켜지지 않고, 환곡이 加分 혹은 盡分되는가 하면,

---

38) 金容燮, 앞의 글(1982) 참조.

39) 宋贊植, 〈李朝時代還上取耗補用考〉(《歷史學報》 27, 1965).
그러나 환곡은 19세기 전반까지 부세적 기능과 함께 진휼적 기능이 함께 존재했음을 주장하는 논자도 있다(文勇植, 〈19세기 前半 還穀賑恤機能의 變化過程〉, 《釜山史學》 19, 1990).

40) 환총은 18세기 초 약 500만 석에서 19세기 초에는 약 1,000만 석으로 증가되었다. 오일주, 〈朝鮮後期 國家財政과 還穀의 賦稅的 機能의 강화〉(延世大 碩士學位論文, 1984) 참조.

회록률도 점차 높아져 갔다. 가분과 진분은 자연히 환곡의 분급률을 높이고, 분급률의 증가는 민의 부담을 더하는 결과를 가져왔다.[41] 환곡이 고리대적 수탈의 도구가 되었던 것이다.

한편 환곡은 군·현 단위의 환총제로 운영되면서 여러 가지 폐단을 낳았다. 원래 要地要路와 僻地와는 설치시부터 환총에 차이가 있었다. 그러나 각급 아문에서 모곡을 징수할 때 곡가가 높은 곳에서는 돈으로 바꾸어 수용하고 곡가가 낮은 곳에서는 그대로 積置하여, 환곡의 양은 적은데 분급 대상자는 많은 '還少民多'와 그 반대 현상인 '還多民少'의 불균이 생기게 되었다. 지역간에 불균등한 환총을 변동시키기는 쉬운 일이 아니었다. 이에 '환다민소'한 지역의 민은 수십 석에서 많게는 100석에 이르는 환곡을 억지로 받아, 고리로 그 이자를 납부해야만 했다. 이 때문에 19세기에는 환곡으로 유망하는 자가 속출하였고, 미처 거두지 못한 미봉액이 크게 늘면서 환곡은 허류화하였다. 미봉액의 처리를 위해 '減價作錢'과 移轉 등의 대책이 시행되었으나, 이는 오히려 폐단만 가중시키는 결과를 초래하였다.[42]

또한 환곡은 진휼곡과는 달리 환곡을 갚을 능력이 있는 '受還戶'와 그렇지 못한 '不受還戶'를 가리고 다시 수환호에 등급을 매겨, 이에 따라 환자를 분급하였다. 그런데 환곡의 부세적 기능이 강화되자, 권력과 富力을 갖춘 자는 환곡의 대상에서 빠져나가기 시작했다. 환곡의 분급대상에서 빠지는 頉還層이 증가하자, 환곡은 자연히 상환능력이 없는 가난한 농민층에게 집중되는 폐단을 낳았다. 이에 강제성을 띤 분급 방식이 나타나기 시작했다. 수환호가 아닌 統戶 즉 전체 민호에 환곡을 분급하는 統還과 토지를 대상으로 환곡을 분급하는 결환이 일반화되었다. 환곡의 분급과 수봉을 각 면·리에 자율적으로 맡기는 里還의 방법도 강구되었다.[43] 그러나 어떠한 방식이든 간에 부호들이 還戶에서 빠짐으로써 부담은 가난한 농민이 떠맡고 있었다. 따라서 거두어들일 수 없는 환곡의 양이 늘어나게 되었다.[44]

---

41) 宋讚燮, 《19세기 還穀制 改革의 推移》(서울大 博士學位論文, 1992).
42) 金容燮, 〈還穀制의 釐正과 社倉法〉(《東方學志》 34, 延世大, 1982).
43) 梁晉錫, 〈18·19세기 還穀에 관한 연구〉(《韓國史論》 21, 서울大, 1989).
44) 宋讚燮, 앞의 책.

환폐는 상품화폐경제 방식이 이용되면서 가중되었다. 각급 관아가 '耗穀作錢'을 통해 잉여를 취하려 한 것이다. 예를 들면 환곡을 거둘 때 정해진 상정가보다 높은 가격으로 거두는 '高價執錢'이 행해지는가 하면, 환곡의 작전 과정에서 규정량 이상을 작전하는 加作도 널리 행해졌다. 분급 과정에서도 봄·가을의 곡가 차이를 이용하여, 상정가보다 훨씬 낮은 가격으로 나누어 주는 錢還이 시행되었다. 이는 허류가 심한 상태에서 耗條를 제대로 취할 수 있는 수단이기도 하였다. '加作立本'과 '移貿立本'은 상품화폐경제를 이용한 수취 과정과 분급 과정이 연결되면서, 고리대적 수탈을 강화한 대표적 예로서, 이 시기 환폐의 근원으로 지적되기도 하였다.45)

본래 부세의 명목이 아닌 환곡이 부세로 기능함에 따라, 환정은 국가재정에서 전정 다음으로 큰 비중을 차지하면서 없어서는 안될 존재가 되었다.46) 그러나 이로 인한 농민의 부담은 일년 농사 수입이 거의 환곡의 부담으로 돌아간다고 할 정도로 극심한 것이었다.47)

결국 19세기 환정은 환곡의 진분화·허류화가 심화되면서, 환곡은 분급되지 않고 가을에 이자곡만을 거두는 부세화의 길을 걷게 되었다. 환곡의 이와 같은 운영은 농민경제의 파탄을 초래하였고, 종국에는 철종 13년(1862) 전국적인 농민의 저항에 부딪히게 되었다.

당시 환곡개혁론은 환총의 규모를 줄이고 신규를 작성하여 환곡제 본래의 의미를 살려가자는 개선론도 있었으나, 대부분의 경우에는 운영의 한계점에 다다른 환곡제의 근본적 개혁을 요구하고 있었다. 조선정부의 삼정이정책도 이러한 개혁론 속에서 罷還歸結로 결론지어졌다. 파환귀결은 환곡제를 영원히 폐지하고, 개혁의 걸림돌이었던 모곡 수입의 감소에 대한 급대는 8道 4都의 모든 時起實結에 1결당 2냥씩 거두어 보충하는 것을 골자로 하고 있었다. 아울러 남은 환곡은 일단 돈으로 거두었다가 다시 곡식을 마련하여 유치키로 하였다.48)

파환귀결은 이정절목에서 '대변통'이라고 자부할 만큼 획기적인 조치였다.

---

45) 《備邊司謄錄》 24책, 철종 5년 8월 29일.

46) 金玉根, 앞의 책에 의하면 조선 후기의 세입규모 구성비는 결세 46%, 환모 36%, 신역 16%, 잡세 2%였다.

47) 《備邊司謄錄》 19책, 순조 4년 10월 11일 및 24책, 철종 3년 7월 21일.

48) 《壬戌錄》, 〈釐整廳謄錄〉 임술 윤8월 19일.

빈부와 다과의 구별이 어려운 戶를 대상으로 한 戶斂이 아니라 토지를 대상으로 한 결렴을 택하였기 때문이다. 가난한 농민의 입장에서는 모곡 수취를 통한 불법적인 수탈을 당하지 않아도 되었다. 정부로서도 부과의 대상이 확실한 결렴을 통해 재정 수입을 보장받을 수 있었다. 전정과 군정의 이정책이 소변통론 범주에 머문 것에 비하면, 환정의 파환귀결은 환곡의 문제를 정면으로 해결할 수 있는 방책이었던 것이다.

(2) 정책추진의 실상과 한계

철종 13년 전국적인 농민항쟁을 겪으면서 조선정부는 환정의 파환귀결이라는 방책을 내놓았다. 이는 조선정부가 환곡의 부세화, 총액제 운영, 환총의 지역간 불균, 신분·빈부 간의 부담 차별, 상품화폐경제에 편승한 폐단 등 18~19세기에 걸쳐 만성화·고질화·대형화된 환정의 폐해가 이미 부분적 이정만으로는 극복할 수 없는 한계점에 다다른 것을 인식하였기 때문이다. 이에 환곡의 耗條가 부세화되는 추세를 그대로 받아들여 토지에 부과하는 파환귀결이 결정된 것이다.

그러나 파환귀결은 다음과 같은 요건이 뒷받침되어야 소기의 목적을 달성할 수 있었다. 첫째, 결렴으로 재정의 보용은 가능했으나 환곡이 담당하는 진휼적인 기능과 예비곡의 역할을 대신할 제도가 필요하였다. 이정절목은 예비곡의 필요성에 유의하여 恒留穀을 두었으나, 항류곡은 분급운영을 하지 않았기 때문에 실제 구빈의 기능은 영원히 폐지시킨 것이었다. 아직 환곡에 의존해야 하는 가난한 농민의 경우 이는 큰 타격이 아닐 수 없었다. 둘째, 파환귀결로 인한 결전의 담세자를 분명히 규정해야 했다. 이정절목은 결전의 부과를 균역법의 예에 따를 것을 명시하고 있다. 균역법의 규정은 결전의 부담을 지주와 작인 간의 지세 부담자로 결정하고 있었다. 따라서 삼남과 같이 지세가 작인에게 전가되는 지방의 농민에게 파환귀결은 환영할 만한 조치가 아니었다. 셋째, 파환귀결은 양전을 비롯한 부세 수취 구조의 전면적인 개혁이 뒷받침되어야 했다. 파환귀결은 결국 결가의 증가를 가져오게 되기 때문이다. 비록 국가가 田三稅 외의 부과를 모두 금지한다고 했으나, 지방재정의 갖가지 명목이 토지에 부과되고 있었으므로 규정대로 실현되기는 어려웠다. 부세제도 전반의 개혁없이 실행되는 결렴은 오히려 농민항쟁의 원인인 결가 상승을 부채질할 우려가 있었으며, 지주와 작인 모두로부터 불만을 살 수 있었다.

이러한 이유로 파환귀결은 시행 초부터 반대에 부딪혔다. 실제로 파환귀결에 대한 불만이 집단적인 저항으로 나타나기까지 했다.[49] 결국 파환귀결은 시행 후 3달을 넘기지 못하고, 옛 규정에 의거한다고 결정됨으로써 이전의 제도로 환원되었다.[50] 그러나 폐단이 많은 환곡제를 그대로 시행할 수는 없었다. 이에 환총을 재조정하여 부분적으로 환폐를 줄이는「蕩逋均還」정책이 시행되었다.

〈還政捄弊節目〉을 통해 삼남과 관동에 시행된 탕포균환 정책은 각 도 허류곡의 일정 부분을 탕감하고 환총을 재책정한 후, 각 지역의 환총을 '戶數多寡 計戶大小'에 따라 재조정함으로써 불균이 없게 하려는 것이었다. 이를 통해 환총이 적지 않게 줄고 지역간의 불균형이 조정될 수 있었지만 신분간의 불균문제 즉 頉戶의 문제는 해결하지 못한 채 한계로 남았다.

대원군 정권에 들어와서도 환곡에 대한 개혁작업은 계속되었다. 환곡의 허류를 탕감하고 토지에 일정한 세를 부과하는 〈蕩還歸結〉의 방식이 그것이다. 충청도의 경우 철종 13년(1862)의 탕포균환조치로 38만여 석이 탕감되고 22만여 석이 實留穀으로 기록되었다. 그러나 그 가운데 분급되는 것은 3만 석에 불과하고 19만 석은 빈 장부였다. 이에 조선정부는 19만 석을 탕감하고 모조의 결렴화 방식을 채택하였다. 평안도의 경우에도 비슷한 조치가 취해졌다. 평안도의 환총 82만 석은 대부분 허류 또는 포흠이었는데, 고종 2년(1865) 〈關西還弊矯捄節目〉이 작성되면서 환곡 운영이 모두 정지되고 토지와 호구에 일정한 세를 거두는 방식이 채택되었다. 평안도의 이같은 대책은「파환귀결(호)」의 내용을 담고 있는 것이었다. 이처럼 농민항쟁 이후의 환곡 대책은 지역마다 일정한 것은 아니었지만, 충청도와 평안도에서와 같이 환곡 유지의 지향을 보이면서도 토지에 과세되는(歸結) 경향을 보이고 있었다.

그러나 경복궁 영건과 丙寅洋擾 등 재정의 확대가 시급했던 상황에서 조선정부가 환곡의 탕감에서 오는 재정적 손실을 감당하기는 어려웠다. 이에

49) 宋讚燮, 앞의 책.
50) 《承政院日記》 2657책, 철종 13년 10월 29일.

대원군은 환곡의 복구와 社倉制를 통해 환곡을 유지 운영하면서 재정의 결핍을 극복하고자 하였다. 대원군은 고종 3년에 內帑金 30만 냥을 경기·삼남·관동 등지에 분배하여 別備穀(丙寅別備穀)을 마련하였다. 병인별비곡은 전액 분급하여 그 모조를 환총에 덧붙이도록 하였다. 그리고 흉년에도 停蕩되지 않도록 하였다. 이어 이듬해인 고종 4년에는 當百錢 150만 냥을 삼남과 황해도에 분배하여 호조 별비곡 50만 석을 마련했다. 그리고 그 모조는 작전 상납하여 호조의 수입으로 충당하였다. 또한 고종 10년에는 평안도에 癸酉別備穀을 마련하고 중앙의 재정으로 활용하고자 하였다. 이러한 별비곡은 사창제로 운영되었다. 사창제 운영의 골자는, 첫째 面民이 그 운영을 맡아 이서가 관여치 못하게 한다는 것과, 둘째 환곡의 분배를 동 단위로 신분과 관계없이 빈부에 따라 균분한다는 점이다.

사창제가 실시된 지역은 병인별비곡·호조 별비곡이 설치된 지역을 포함하였으므로 평안·함경도를 제외한 전국이었다. 그러나 이 사창제는 몇 가지 심각한 문제를 안고 있었다. 첫째 사창곡 설치 과정상의 문제점이다. 즉 정부가 사창곡을 마련하여 분급한 것이 아니라, 각 도별로 돈을 분급하고 그것으로 원곡을 마련하려 하였다. 이 틈을 노려 상정가 이하의 돈을 지급하고 원곡을 채워 넣으려는 고리대적인 불법이 자행되었다. 둘째 신분관계의 긴박이 잔존하였다. 사창제 운영의 책임자인 社首를 大民 중에서 차정한다든가, 원곡 및 모곡을 거둘 수 없게 된 指徵無處의 경우 洞民이 공동 책납토록 규정하는 등 신분제적 요소가 남아 있었다. 셋째 사창제는 본래의 사창제와는 달리 耗條 및 色落條(곡물의 품질 검사와 마질에서 축날 것을 대비해 더 받아들이는 곡물)를 거두는 등 환곡제를 유지하려는 입장에서 운영되고 있었다. 따라서 舊穀과 社倉穀의 이중 운영에서 오는 폐단이 발생하였고, 마침내는 사창곡이 중앙재정으로 직접 획급되기도 했다. 사창제는 대원군이 국가재정의 위기에 직면하여 별비곡을 설치하고, 환곡제 강화의 방향에서 운영함으로써 결국 그의 하야 후인 1880년대에는 거의 소멸하였다.

이렇듯 19세기 후반 환곡제 개혁의 실상은 이정책에서 제시된 파환귀결의 원칙에 비추어 많은 한계를 지닌 것이었다. 그러나 다른 한편으로는 적지 않은 의미를 지니고도 있었다. 즉 환곡의 부세적 기능은 농민들의 저항을 받으면서 파환귀결의 방향에서 운영되다가 갑오개혁기에 結稅제도로 수렴되었다. 또한 진휼의 역할은 별도의 사환미를 설치하여 운영하는 社還制로 귀결되었다. 결세제도는 환곡을 포함하여 새로이 결세의 수취체계를 세운 것이었으며, 사환제는 환곡의 취모보용 기능을 제거하고 그 운영을 향촌민에게 일임하는 새로운 지방제도의 시행과 맞물린 것이었다.[51] 요컨대 환곡제는 19세기 후반 몇 차례의 농민항쟁에 부딪히면서 변화하는 가운데 근대 재정제도와 지방제도 확립의 역사적 배경을 이루었던 것이다.

〈李哲成〉

51) 宋讚燮, 앞의 책.

Ⅴ. 조선 후기의 대외관계

1. 청국과의 관계
2. 일본과의 관계
3. 서양과의 관계

V. 조선 후기의 대외관계

1. 청국과의 관계

정묘·병자호란 직후 조선과 청의 관계는 전시대에 비하여 매우 긴박하였으며, 정치·군사·경제 그리고 문화면에서 그 어느 시기보다 강한 예속성을 지녔다. 1644년 入關한 청조는 중국 전역의 평정과 몽고문제에 주력하면서 조선에 대한 정책은 다소 완화된 면을 보이기 시작하였다. 이 시기의 조선과 청의 관계는 청측에 의하여 주도되고 진행된 것이 대부분이었다. 조선과 청 양국 사이에는 군사적인 큰 충돌은 없었지만, 정치적으로 청의 요구(羅禪정벌시 군사요청)나 독단적인 행동(白頭山 定界碑 건립시)에서 벗어날 수 없었다.

한편 문화적으로 보면 조선의 지식인들은 처음에는 청의 문화를 오랑캐의 문화로 보고 그 유입을 배제하기도 하였으나, 18세기에 이르러서는 이용후생의 측면에서 도입하기 시작하였고, 청을 통한 신학문 즉 서양문화에의 관심도 커지게 되었다. 그리하여 조선과 청의 관계는 대체로 청문화의 조선 유입이라는 측면이 주가 되겠지만, 문화 교류란 반드시 양면성을 지니고 있으므로, 양국관계는 상호 영향의 측면에서 각 방면에 대해 관심과 시야를 넓혀 연구되어야 한다.

1) 호란 후 대청관계의 수립

두 번에 걸친 청의 조선침략(1627·1636)은 조선의 對明事大에 쐐기를 박았고 청과 군신의 의를 맺게 하였다. 양국 사이에 체결된 조약(1637. 1. 30)은, 明의 연호를 버리며 국교를 끊고 명에서 받은 誥命冊印을 청에 바치며(2조), 청의 正朔을 받고 聖節·正朔·冬至·千秋·慶弔 등에 貢獻의 禮를 행하며 사신을 보내 奉表하되 이들 儀節은 명과의 舊例와 같이하고(4조), 청의 征明出兵 요구시 이를 어기지 말 것이며(5조), 明人의 逋逃를 容隱하지 말 것(7조) 등이 주요 내용으로, 이는 조선의 대명관계를 의식하여 명과의 일체의 관계를 끊도록 한 것이었으나 잘 지켜지지는 않았다.

예를 들면 청의 연호인 崇德이 대소문서에 쓰이고 5월 말까지는 曆書에까지 사용되었지만, 祝辭(1638. 4. 壬子條, 校書博士 李休의 上疏) 중에는 명의 연호가 사용된 예가 있으며, 인조 17년(1639) 정월 원단에는 명을 위한 望闕禮가 행하여졌다. 그리고 이러한 禮는 이후에도 계속되었을 것으로 추측된다.

또 인조는 명에 호란에 대한 보고를 하려고 崔鳴吉 등을 불러(1636. 2. 9) 비밀리에 椵島를 통하여 알리려고 하였으나 시기적으로 이르다는 의논으로 연기되기도 했다.[1] 그 후 조선의 대명관계는 청이 입관하고 명이 완전히 멸망(1662)한 이후 공식적인 관계는 끝났지만 숭명배청 의식은 상당히 오랫동안 유지되었다. 조선 지도층의 의식 가운데에는 비록 국가는 망했더라도 '대의명분' 즉 의리는 지켜야 한다는 극단적인 명분론이 전개되었는데, 이것은 단순한 대명사대의 의식에서가 아니고 중화적인 질서에서 소중화로서의 조선 존재의 사고가 바탕에 깔려 있는 것이다.

그러나 현실적으로 다가온 대청관계는 표면상 사대의 예로서 군신관계·인질·助兵·被虜 송환·瓦爾喀人 쇄환·통혼·歲幣·修城·대일무역 등 여러 문제가 제기되어 조선은 많은 어려움에 당면하게 되었다. 이 가운데 세폐는 인조 15년(1637 ; 청 태종 2년)·16년에는 면제되었고, 청 태종 연간 두 번 감면이 있었으나 대부분 과중하게 부과되었다.

인질은 인조 23년에 放還되었고, 조공관계는 역대 어느 시대보다 전형적인 하나의 형태를 이루게 되었다. 助兵問題는 전쟁 직후(3. 20) 인조가 영의정 金瑬·좌의정 洪瑞鳳·우의정 李聖求 및 이조판서 최명길을 인견한 장소에서 논의되었으나 마땅한 안이 마련되지 못하였고, 인조 17년에 요청이 있었으나 이행하지는 않았다. 인조 18년에는 청이 錦州衛를 공략할 때 戰船과 양

1) 崔韶子, 〈胡亂과 朝鮮의 對明淸關係의 變遷〉(《梨大史苑》 12, 1975), 53쪽.
4월 15일에 大司憲 金榮祖는 明朝에 빨리 陳奏할 것을 요청하였고, 최명길도 의견을 같이하였다(《承政院日記》 권 57, 인조 15년 4월 15일).

곡을 요청하여 林慶業으로 하여금 戰船 120척, 군사 6천으로 助戰케 하였다. 이 때도 조선은 명에 은밀히 알렸고, 이로 인하여 인조 20년 최명길과 임경업이 심양에 압송되었다. 임경업은 호송 도중 명으로 도주하였으나, 북경 함락 때 다시 청군에 잡혔고 조선으로 압송되어 친국 도중에 사망하였다.[2)]

이 당시(인조 15년~17년 ; 1637~44)가 조선의 대청관계가 가장 어려웠던 시기로, 당시 청은 조선에 매우 위압적인 태도를 취했다. 그러나 입관 후 점차 완화적인 관계로 발전하였다. 1644년 청의 입관은 현실적으로는 여진족의 중국 지배를 성립시켰고, 명왕조 회복을 시도하는 일부 復明運動者 즉 황실의 후손은 江南지역에서 활동을 전개하였지만, 조선과 청 양국관계는 정상화되면서 앞서의 전쟁시기에 비하여 현저하게 다른 양상을 띠게 된다. 물론 상호간의 경계심이나 적대적인 감정이 사라진 것은 아니지만 청의 관심의 대상이 중국으로 확대되면서 경제적으로나 군사적으로 조선에 대한 강요는 다소 감소되었고 일단의 체계를 갖추게 되었다.

청과 조선의 관계는 대등한 관계라고는 할 수 없지만, 교역과 그 밖의 특수한 경우를 제외하고는 대부분 使行의 내왕에 의하여 제기되고 처리되는 조공관계였다. 청 황제나 조선 국왕의 의사는 문서로서 구체화되어 사행은 그 문서를 전달하는 임무를 가졌다.[3)] 청은 조공문제를 제도적으로 잘 구비하여 법제적인 면에서나 실제면에서 세부적으로 자세히 규정하고 있었다. 그리하여 역대의 왕이 중국의 책봉을 받고 그 연호를 사용하여 형식적으로는

---

2) 崔韶子, 위의 글, 54쪽.
———, 〈中國側에서 본 丁卯·丙子 兩役〉(《梨大論叢》 57, 1990), 139~140쪽.
田川孝三, 〈瀋獄問題について〉(《靑丘學叢》 17, 1934).
張存武, 〈淸韓關係 1636~1644〉 下(《故宮文獻》 4-2).
劉家駒, 〈淸初徵兵朝鮮始末〉 上·下(《食貨月刊》 12-10·11·12, 1983).
洪淳昶, 〈丙子胡亂 以後의 國內外 情勢〉(《丁仲煥博士還甲紀念論文集》, 1974), 194쪽 등 참조.

3) 《同文彙攷》에 수록된 문서는 淸代 특히 인조 이후 韓中관계의 중요한 내용을 제시하여 준다. 1787년 初刊 이후 補刊하여 1881년에 이르렀다. 全帙은 10부분으로 나눌 수 있는데 주로 淸과의 來往文書, 崇德年間來往文書, 對淸使行錄, 詔勅錄, 聞見事件, 日本과의 來往文書, 淸에 대한 西洋事情報告 등이다. 구체적인 것은 全海宗, 《韓中關係史 硏究》(一潮閣, 1970), 63~64쪽 및 崔韶子, 〈淸朝의 對朝鮮政策 ―康熙年間을 中心으로―〉(《明淸史硏究》 5, 1996), 21~44쪽 참조.

종속국이었지만, 실제로는 내정이나 외교에 아무런 제약을 받지 않았으며 자주적이었다고 본다.

청대 조선과의 관계를 조공관계에서 보면 전형적 조공관계와 준조공관계로 구분할 수 있는데, 전형적인 조공관계는 (1) 경제적 관계－공물과 回賜 (2) 의례적 관계－封典을 비롯하여 양국간의 의례적, 형식적 관계 (3) 군사적 관계－상호 청병 및 출병 (4) 정치적 관계－연호·역의 채용·내정간섭·인질 등이며, 준조공관계는 (1) 정치적 관계－주로 境界 및 越境 등에 관한 문제 (2) 경제적 관계－교역 (3) 문화적 관계－사상·종교·문화·기예 등이다.

청대의 조공의 종류, 임무, 구성, 貢路, 청의 대조선 사행 빈도수, 조공품목 등에 관하여 보면 다음과 같다.[4)]

使行의 종류는 청 태종 2년(인조 15년 ; 1637) 이후 입관까지는 冬至·正朝·聖節·歲幣의 사행이 정기적이었으며 겸행하는 경우가 많았다. 이들 사행은 인조 23년(1645)에 동지사의 일행에 합병되어 청 말까지 동지행은 매년 보내졌고, 이 동지행은 歲幣行 또는 年貢行이라고 불렀다. 합병된 正朝行·聖節行은 사행의 명칭으로는 소멸되었는데 聖節使의 명칭은 정조 7년(1783)·순조 9년(1809)·순조 19년·철종 11년(1860)에 예외적으로 나타나기도 한다.[5)] 그 밖에 청대에 있었던 사행의 명칭은 謝恩使·陳奏使(奏請使)·陳賀使·陳慰使·進香使·辨誣使·告訃使·問安使·參覈使 등이 있고, 또 略使로 賚咨行·曆行·進鷹行의 3가지가 있었다.

사은사는 청이 조선에 대해 고마운 처사를 행했을 때 그 인사로 가는 것이고, 진주사는 기별해야 될 일이 있을 때 임시로 보내는 것이다. 진하사는 청황실에 등극이나 또는 皇帝七旬賀儀 같은 경사가 있을 때, 진위사·진향사는 喪故가 있을 때 한 번에 두 가지 명목의 사신을 보내는 것이 전례였다. 辨誣使는 오해나 곡필이 있을 때 사실을 밝히기 위해 파견되는 사신이고, 문안사는 청황제가 자기 선조의 분묘가 있는 조선 국경 부근의 盛京 등지에 행차했을 때 起居問安을 하기 위해 行在所로 보내는 사람이며, 참핵사는 罪

4) 全海宗, 위의 책, 30~32쪽.
5) 全海宗, 위의 책, 61~62쪽.
金聖七, 〈燕行小攷〉(《歷史學報》 12, 1966), 8~9쪽.

人 會査 등의 특별 사건이 있을 때 지정된 현지로 특파하는 사신이다.[6] 따라서 조선의 事大使行은 대체로 동지사·別使·賚咨行·역행의 네 가지로 나눌 수 있는데 성절사와 역행만은 매년 정기로 파송되었다.

각 사행의 임무는 복잡하였지만 表咨 등 사대문서의 전달과 조공품의 진상이 주임무였다. 이 때에 사신은 주체적으로 일을 처리하는 것이 아니고 '人臣無外交'라는 원칙에서 중국 황제와 조선 국왕의 의사가 표현되고 있는 문서를 전달하는 임무만을 가졌다.

사행의 구성 및 인원은 종류에 따라 다르지만 대부분 使 2명(正·副)·書狀官 1명·大通官 3명·押物官 24명으로 구성된 正官이 30명이며, 이들을 포함해서 전체 일행은 200~300명 내외였고, 정사·부사·서장관을 3使라고 한다. 서장관은 매일의 기록을 맡고 귀국 후 국왕에게 견문사건을 보고할 의무를 가지며 일행의 감찰을 겸하며 渡江時 人馬卜馱을 점검하였다. 대개 사행원은 파견 시기보다 미리 임명되었으며, 사행원 중 상당수는 이미 중국에 내왕한 사람들로 麟坪大君 같은 이는 10여 차례 사행으로 갔었다.[7]

청대의 貢路는 명대와 큰 차이없이 주로 육로를 이용하였는데, 이는 해로에 비하여 편리하고 단거리여서 시일이 훨씬 단축되었기 때문이다. 주요 경유지로는 平壤·義州·鴨綠江·鳳凰城·連山關·遼東·瀋陽·廣寧·沙河·山海關·通州·北京이었다. 총 3,100리로 약 40일의 여정이었으나, 실제로는 왕로는 50~60일, 귀로는 50일 정도 소비되었으며, 북경에서의 체류는 5개월 내외였다.

이들 사행은 의주에서 도강하기 전에 정관 이하 사행의 인원·마필·세폐·여비 기타 물품의 적재량을 국왕에게 보고하는데, 이것을 渡江狀이라고 한다. 또 柵門에 도착하였을 때도 같은 사항을 만주측 지방관에 보고하였는데, 이것이 책문보고이다. 심양 도착 후 방물의 일부는 遼東都司를 통해 북경의 황제에게 전송되었다.[8]

---

6) 金聖七, 앞의 글, 9~10쪽. 賚咨行·曆行·進鷹行 등에 관하여는 10쪽 참조.
全海宗, 위의 책, 61~62쪽.
7) 全海宗, 위의 책, 64쪽. 상세한 내용은 65쪽 도표 '遣中使行의 人員構成' 참조.
8) 全海宗, 위의 책, 67~68쪽.
金聖七, 앞의 글, 15~20쪽.

사행은 북경에 입경한 다음 날 예부에 表咨를 전달하고 朝賀時에는 미리 그 演儀를 행한 후 조하하였다. 세폐와 방물은 처음에는 예부에 呈納하였는데, 順治 이후 內務府에 表奏文을 보낸 후 내무부가 査收할 것을 황제에게 상주하여 批下된 후에 수납하여 內帑의 諸庫에 보관하였다. 그리고 황제는 국왕에 대한 回賜를 비롯하여 사행의 正官 전원과 從人 30여 명에게 하사품을 주었다. 사행의 임무가 끝나서 북경을 떠나려고 할 때에도 鴻臚寺에 통보하고 예부에 가서 소정의 의식을 행하였는데, 후에는 回咨文을 받는 것으로 그쳤다. 사행원은 이 같은 공적활동 외에 사적으로 중국학자와 접촉하여 학문적 교류도 하였다.

사행의 빈도수는 청 초 특히 숭덕 연간에는 연평균 7차 이상이었으나 그 후 점차 감소하여 康熙 연간에는 연 2차~3차 정도로, 평균적으로 보면 연 3차의 사행이 보내졌다. 이렇게 사행의 빈도수는 謝恩行을 제외하고는 시대적으로 그 수가 점차 감소되었고, 각종 사행의 총수도 점차 적어졌지만 입관전을 제외하면 차이가 많지 않았다. 이는 의례적으로 규정된 경우(進賀·陳慰·進香·告訃 등과 年貢)의 사행은 감소될 성격이 아니기 때문이었다.[9]

시기별 사행빈도

年代	1637~1644 (8년간)		1645~1722 (78년간)		1723~1795 (73년간)		1796~1874 (79년간)		備考
	總使行數	年平均使行數	總使行數	年平均使行數	總使行數	年平均使行數	總使行數	年平均使行數	
各種朝鮮使行	36	4.50	243	3.11	185	2.53	175	2.21	兼行包含
朝鮮 謝恩行	13	1.62	76	0.97	93	1.27	113	1.43	
朝鮮 陳奏行	8	1.00	30	0.38	19	0.26	8	0.10	兼行包含
淸 勅 使 行	18	2.25	91	1.16	33	0.45	23	0.29	

(국사편찬위원회, 《한국사》 12, 1977, 396쪽 참조)

9) 全海宗, 위의 책, 68~74쪽. 상세하고 구체적인 자료는 〈시기별 使行頻度數〉(71쪽) 및 〈淸의 對朝鮮使行의 시기별 빈도수〉(75쪽) 참조.

반면 청의 대조선 사행은 청의 조선에 대한 적극적인 간섭을 뜻하는 것으로, 연평균 1차 정도의 조칙을 받았는데 2/3는 칙사에 의한 것이며 나머지 1/3은 조선 연행사절에 順付된 것이다. 청 초에는 빈도가 많았지만 乾隆 후기에는 순부의 경우까지 합쳐서 30년간에 6차밖에 없었다. 칙사는 특별한 명칭이 없었으며 그들의 임무는 조선의 연행사행의 그것과 상관된 것이었다. 다만 그 중에서 進賀·陳慰·問安·節使·倭情·洋船情形은 조선의 일방적 임무이고, 그 밖의 것은 대부분 쌍방의 상호적인 것이다. 칙사 일행은 대개 24~26명이 일반적이며 여기에 약간 추가되는 경우도 있었다. 칙사의 영접은 조선에서는 매우 중요한 사건의 하나였다. 그리고 재정적으로도 큰 부담이 되는 일이었다.[10)]

조공제도의 가장 중요한 기능 가운데 하나는 조공사절이 중국에 가서 조공을 바치고, 또 중국의 사절이 조선에 오면 중국이 조선의 국왕에게 回賜하는 일이다. 청대를 통하여 5번이나 재편된 《大淸會典》 3차의 〈事例〉 및 〈則例〉 또는 《通文館志》를 보면 조공품의 품목이나 수량은 시대에 따라 차이가 있었다. 청조에서 요구가 많았던 품목과 수량은 雍正대에 이르면 대폭 감소되어 1728년의 定額이 1894년까지 계속되었다. 건륭 연간 세폐와 방물의 품목은 별 변동이 없었으며, 1795년에는 「皇后方物永行停止」라 하였으나 그대로 실시되지 않아 1801~3년에 진헌한 예도 보인다.

조선은 세폐 외에도 황제·황태후·황태자에게 방물을 進呈해야 하는 등의 많은 부담을 진 데 반해, 청의 회사는 그 1/10에도 못미치는 작은 것이었다. 또한 청의 칙사에 대한 조선측의 부담 역시 매우 큰 것이었다. 뿐만 아니라 사행의 내왕과 관련하여 많은 예단이나 경비 부담, 後市나 변경에 있어서의 開市가 국가경제에 미치는 폐단과 손실도 매우 컸다.[11)] 그러나 청도 국가재정상 이득을 본 것은 아니었다고 한다.

---

10) 全海宗, 위의 책, 75~76쪽.

11) 全海宗, 위의 책, 79~107쪽.
《仁祖實錄》 권 15, 인조 5년 2월 병자.
全海宗, 〈淸代韓中關係의 一考察〉(《東洋學》 1, 檀國大, 1971) 참조.

2) 심양에서의 소현세자

병자호란의 결과 조선의 세자[12]가 인질로 8년이나 청의 수도인 심양에 가 있었다는 사실은 그 예가 흔치 않은 일로서 17세기 중엽 양국간의 정치문제로 대두되었다. 세자의 인질문제는 청으로서는 조선의 조약 준수를 보장받고 조선의 대명정책을 견제한다는 의미에서 중요한 조건이었다.

인조 15년(1637) 정월 30일 인조가 청 태종 앞에서 굴욕적인 항복의 의식을 행한 후, 세자는 그대로 청 진영에 들어갔다가 2월 5일 돌아온 지 3일 후 청의 九王인 睿親王 도루곤(多爾袞)에게 인도되어 회군하는 청군을 따라 북행하게 되었다. 일행은 세자와 嬪, 鳳林大君, 判書 南以雄 이하 관원 180명이었다.

이들 일행이 심양에 도착한 것은 4월 10일이었고, 인조 23년 2월 영구 귀국하기까지 거의 8년을 만주의 심양에 머물렀다. 소현세자는 귀국 후 2개월 만에 갑자기 사망한 비운의 왕세자였다. 그는 약 1개월씩 2번(1640. 3~4, 1643. 1~2) 서울에 머물렀던 기간을 제외하고는 생애의 중요한 시기를 대부분 인질로서 생활하였다.

조선의 세자가 이렇게 인질로서 심양의 瀋館에서 지냈다는 것은 한중관계사에서 그 유래가 없는 일로서, 청조는 인질인 소현세자를 통하여 조선의 대청관계를 견제하고 압박하였으며, 조선의 대명관계를 억제시키고 단절시키는 효과를 얻었다. 이미 1636년 3월 20일 조선과 국교를 단절하고 조선을 멸할 것을 고려하면서 인질로서 왕자나 대신을 연행할 것을 논의한 사실[13]에서 보면 병자호란 이전부터 인질이라는 문제에 깊이 관심을 가지고 있었음을 알 수 있다.

반면 조선은 소현세자나 그 밖의 인질을 통해 청조의 사정을 탐지하거나 청의 대조선 정책을 견제한다는 것은 거의 기대할 수 없는 현실이었다. 그러나

---

12) 昭顯世子(1612년 3월~45년 4월)는 仁祖와 仁烈王后 韓氏 사이의 장남으로 이름은 溰이고 1625년 세자로 책봉되었으며 그의 嬪은 右議政 姜碩期의 딸이었다.

13) 《滿文老檔》 太宗朝, 天總 10년 3월 20일.

인조는 蘇武[14]의 예를 들어 소현세자에게 큰 기대를 걸기도 하였다. 여하튼 소현세자의 문제는 그가 인질이라는 위치를 벗어나지 못하였고, 그의 역할이나 역량이 비록 표면적이고 구체적이지는 못하였다 하더라도 한중관계사에서의 그의 위치는 나름대로 평가되어야 할 것이다. 청과 조선의 초기 관계에서 조선이 청에 군사적으로나 정치적으로는 억압되고 예속되었다 하더라도 문화와 경제 기타 부문에서는 청 조정에 영향을 미쳤고 이런 요소들이 청의 중국 진출에 한 부분이 되었을 것이다. 소현세자와 도루곤과의 관계를 통해 그 예를 찾아 볼 수 있다.

이들은 8년간 심양관소에서 생활하게 되는데, 한때 조선사신 접대관인 東舘에 거주하다가 5월 7일 준공된 심양관소로 옮겼고 그 곳에서의 생활은 인질로서 출입의 제한은 받았지만 그 이외 큰 불편은 없었다. 이에 대해 "인질은 그 자체가 일종의 제약을 주는 정략적인 것으로, 심양에서의 세자 및 대신 등은 청·조선 양국 모두에 어려운 위치에 서지 않을 수 없었다. 청의 이러한 정책은 이들을 단순히 인질로서 잡아 놓은 것뿐만 아니라 양국 교섭에서 조선에 대한 견제에 효과가 있었다"[15]라고 표현하고 있다.

여하튼 어려운 중간 위치의 소현세자는 청과 조선 간의 문제를 중재해 갔으며, 양국으로부터 다 좋은 반응을 얻지 못하였다. 그의 심양생활은 출입의 제한을 받았고 초기에는 언어가 불통하여 황제와의 대화에서 어려움을 겪었다. 入瀋한 이후인 7월 청조가 그와 봉림대군에게 蒙書를 학습시키려 했을 때 언어가 통하지 않아 할 수 없다고 거절한 일도 있었는데, 이는 언어를 이유로 그들 요구에 응하지 않았던 것으로 보인다.[16]

청으로서는 이들과의 친선 도모와 관계 원활을 위해 제사, 몽고 부족들의 조공, 명나라 장군의 투항으로 인한 회합에 반드시 참석시키고, 매월 5일·15일·20일의 왕이나 장군의 청황제에 대한 조회와 소연에도 반드시 참석시켰다. 또 睿親王 도루곤을 비롯한 왕족은 세자를 초청하여 연회를 베푸는 등

---

14) 前漢 武帝 때 匈奴에 사절로 갔다가 單于의 母를 漢에 납치하려던 계획에 참가, 失敗한 후 온갖 고초를 겪고 곤경에서 19년을 지내다가 흉노와의 화친으로 昭帝 때 돌아온 인물.

15) 田川孝三, 〈瀋舘考〉(《小田先生頌壽紀念朝鮮論集》, 京城, 1934), 489쪽.

16) 《瀋陽日記》 丁丑年(인조 15 ; 1637) 5월 9일·26일, 7월 21일.

인간적인 친숙의 기회를 마련하는 데 주력하였다.[17] 이러한 청의 태도에 대하여 세자가 강경 일변도로 대처한다면 양국관계는 더 불편하게 될 것이므로 세자는 좋은 뜻으로 대하였다. 그러나 그들의 세자에 대한 불만은 조선에 대한 간접적인 불만의 표시였다. 그들은 助兵이나 군량 및 向化人(조선에 있는 兀良哈人으로 각지에서 조선인과 婚娶하여 일반민 같이 지내는 사람)의 쇄환 등과 같은 문제 때문에 조선에 대하여 불만을 갖고 있었다. 그리고 조선에 대한 불신은 瀋館의 세자에게 西行을 명하기도 하였다. 세자는 자기의 신분이 '講學視膳而已'이며 본래 국정의 법은 간여할 수 없다고 곤경에 처할 때마다 책임을 회피하였다.[18] 세자와 비교적 친숙하였던 아지제(阿濟格)가 "황제가 무슨 일을 분부할 때마다 세자는 무릇 임의로 혼자 결정할 수 없고 다만 본국에 전보할 수 있을 뿐이라고 말하나, 이후 만약 황제의 명이 있으면 모름지기 그 뜻을 알고 좋게 대응하여야 할 것이다"[19]라고 말하고 있는 것을 보아도 평상시 세자가 조선과의 일에 직접 나서지 않으려고 했었음을 알 수 있다.

향화인의 쇄환을 독촉하는 것을 세자가 본국에 전달하지 않자 龍骨大는 심한 불만을 표하기도 하였으며, 1638년 9월 명나라 정벌에 5천 병력을 출정시키라는 청의 요구도 막으려 하였으나 힘들었고, 이런 일이 있을 때마다 중간에 있는 그의 입장은 난처하였다. 청조는 세자를 중간에 세우면 조선이 좀더 잘 응해 줄 것이라고 생각하였고, 조선은 세자가 중간에 있으면 청의 요구를 덜 반영하여도 될 것이라고 생각하여 세자는 늘 양국의 중간에 끼어 어려운 처지였다. 1640년 4월 명나라 정벌시 조선 공미를 군량으로 하려 하였을 때도 같은 결과였다.[20] 황제는 자신의 분부를 항상 세자가 막으려 하는 것을 매우 불쾌히 여겼다. 황제는 세자가 자기의 독자적인 재량으로만 판단하지 말고 우선 본국에 통보하여야 한다고 생각하였다. 그리하여 분부가 있을 때는 함부로 거부하지 말고 선처하는 것이 상책이라고 충고를 하기도 하였다.[21] 이

---

17) 金龍德, 〈昭顯世子研究〉(《史學研究》 18, 1964), 439쪽.
18) 崔韶子, 〈淸廷에서의 昭顯世子〉(《于湖全海宗博士華甲紀念史學論叢》, 一潮閣, 1979), 379쪽.
19) 《瀋陽狀啓》 庚辰年(인조 18년 ; 1640) 7월 20일자.
20) 金龍德, 앞의 글, 442쪽.
21) 주 19) 참조.

러한 양국관계는 瀋獄事件(1642) 때도 마찬가지였다. 이렇듯 황제나 황실 인물들은 세자의 소극적인 태도에 불만스러워 했다.

반면 조선의 반응도 매우 회의적이었다. 소현세자가 청국에 가기 전 이들 부자관계가 어떠하였는지 정확하게 알 수는 없지만, 인조 23년(1645) 귀국 후 인조는 소현세자에게 상당히 복합적인 감정을 가지고 있었던 것 같다. 초기에는 그의 귀국을 요청하는 사신을 심양에 보내기도 했지만, 그가 청 조정에서 책봉을 받고 일시 귀국하는 시기에는 인조와 세자 두 사람 사이의 갈등은 심화되었다. 또 심양관의 규모나 역할이 커져서 교섭이나 교역에 관한 일이 많이 취급되면서 이들 부자 간의 관계는 더욱 미묘하게 되었다. 인조는 세자에 대하여, 세자는 이미 심양에 오래 머물렀기 때문에 청나라 사람과 같아져 田獵戎馬之間을 출입하고, 講學을 전폐하고, 오로지 貨利에 힘쓴다[22]고 비판하기도 하였다.

세자가 청의 요구를 막지 못하고 청의 뜻대로 움직인 것 같이 보였던 것도 무리는 아니었으며, 세자의 권한이 늘고 또 친청적으로 되어 가자 인조의 瀋館에 대한 감시는 더 심해졌다. 두 사람의 관계는 2차 瀋獄 이후 그 균열이 더욱 심해졌다. 이 때도 세자는 적극적으로 청측을 설득하거나 항의하는 것이 아니고 냉담한 태도여서 인조의 심관에 대한 의혹은 날로 깊어 갔다. 이 시기 소현세자는 양국의 중간에서 청이나 조선 어느 쪽으로부터도 인정받지 못하고 있었다. 이러한 상황의 이면에는 소현세자가 성격상 능수능란하지 못하였고 어느 쪽에도 기울어지지 않는 비교적 공정한 입장에서 사리를 판단하고 처리해 왔던 사례들이 있었기 때문으로 그가 친청적이었다는 국내의 비판도 없지 않지만 그렇게 단정하기는 어렵다.

소현세자의 심관생활(1637~45)은 인질이었기에 자의적이고 자발적인 면모를 엿보기는 어렵지만 《淸太宗實錄》·《瀋陽狀啓》·《瀋陽日記》 등에서 외형적으로 제한된 활동들이 나타난다. 그는 청측의 요구에 의하여 의례적인 행사에 참여했

---

22) 《仁祖實錄》 권 46, 인조 23년 4월 무인.
崔韶子, 앞의 글(1979), 380~381쪽.
당시 瀋館은 단순히 質子館이 아니라 대사관 이상의 정부 대리기관이었으며 세자의 지위도 국왕 대리를 방불케 하였다. 청이 필요한 물자의 많은 부분을 접수하고 조절하며 本國에 전달하는 기관이었다.

고, 西征 및 수렵에도 참여했다. 또한 청이 조선과의 현안문제를 세자와 함께 의논, 해결하려고 할 때 그 역할을 담당하였다. 반면 조선은 청측의 요구에 대하여 세자를 통해 답하거나 해결한 것은 거의 없었던 것 같다. 따라서 소현세자의 위치는 대체로 청측의 대조선문제의 중간 역할을 담당한 것이지 조선의 대청문제의 중개 역할을 할 위치는 아니었다.

세자의 활동을 《심양장계》나 《심양일기》를 통해 보면 먼저 명나라 정벌을 위한 문제로 助兵·軍糧·向化와 관련된 것들이고, 그 밖에 친명적인 대신의 처벌이나 選侍女 入瀋 문제들이었다. 그러나 이러한 현안문제들은 세자가 조선의 입장을 청에 설명하는 것이 아니고, 청의 입장을 조선에 반영해야 하는 것이었다. 그러므로 그는 책임있는 대답은 회피하고 어려운 일이 있을 때마다 자기는 視膳 외에는 아무 일도 할 수 없고 본국에 알리겠다는 정도로 비협조적인 대답을 하여 청의 비난을 사고 있다. 그러나 황제를 비롯하여 제왕들의 개인적인 관심과 필요에서 나온 것일 경우는 세자가 본국에 요청하여 공급하였다.

그가 참여했던 의례적인 행사 가운데는 매월 5·15·20일 각 왕·왕자 및 장군 등이 황제에 대한 조회의 예로서 眞瓜宴이라는 小宴을 행할 때 여기에 가끔 참여하였음이 《심양일기》에 기록되고 있다. 또 별일이 없는 한 제사, 몽고 부족들의 조공, 명장의 투항으로 열린 각종 회합에 참석하고 있다. 그 밖에 조선문제와 관련하여 이들 인질을 불러 사연을 베푸는 경우 참석하였다. 그리고 예를 마친 후 소현세자와 봉림대군은 황제의 요청에 따라 從人 중 善射者·角戱者를 선발하였던 일도 있었다. 이러한 의례적인 행사에는 청 조정을 움직이는 주요 인물들이 다 모이는 기회로 대체로 諸王·貝勒·貝子 등과 三順王,[23] 조선국 왕세자 및 次子, 몽고 부족들의 왕들이 참여하였다.[24]

세자는 대명정벌을 위한 西征에 2회에 걸쳐 참여했다. 즉 1회는 1641년 태

---

23) 三順王은 청에 투항한 明將으로 후에 중국정벌의 주역인 恭順王 孔有德, 懷順王 耿仲明, 智順王 尙可喜 등을 이른다.

24) 崔韶子, 앞의 글(1979), 381~382쪽.
諸王, 貝勒, 貝子, 蒙古 諸部의 왕들 및 藩屬의 왕들이 참석하는 정례적인 의식과 행사는 朴趾源이 熱河를 방문하였을 때에도 행해졌는데, 淸朝는 이러한 의식을 통해 주변 지역과의 유대를 공고히 하고 그들의 동태를 파악하여 세력을 견제시키는 데 이용하여 왔다.

종을 따라 錦州·松山 정벌, 2회는 1644년 睿親王 도루곤의 征明軍을 따라 山海關~北京 정벌에 참가했다. 봉림대군은 그에 앞서 1638·39·41·44년에 걸쳐 모두 4회의 對明西征에 참여했지만 세자는 稱病하고 마지막 2번만 참여하였다. 1644년의 경우 산해관 입관 및 북경 입성이었다는 점을 감안하면 앞서의 전투 참여와는 좀 다른 성격으로 볼 수 있다. 특히 1641년의 錦州·松山 등지 정벌에 세자가 참여했을 때는 창졸간에 가게 되어 겨울 장비를 갖추지 못하여 얇은 옷을 입고 있어 무척 고생이 심했다는 기록이 있다. 이를 볼 때 세자의 참여는 처음부터 계획되지 않았던 것이거나 또는 계획이 있었다 하더라도 참여하지 않을 의사를 더 많이 가지고 있었던 것으로 예측할 수 있다.[25]

또 수렵에는 1638년부터 43년까지 5차례 참여하였는데 騎射의 기풍을 통해 무력을 과시했던 것이지만 그런대로 부담없이 참여했던 것 같고 그 규모는《심양일기》에 의하면 50여 명쯤 되었던 것 같다.

청은 소현세자에게 각 왕이나 장군들과의 사교를 금지시키고 하인잡배의 언행은 물론 비밀리에 국정의 누설 등에 신경을 썼고, 조선 사신이 심양에 들어왔을 때는 반드시 별관 혹은 西館에 머물게 하여 이들이 곧바로 瀋館에 들어가는 것을 허락하지 않았고 임무를 마친 후에 심관에 들도록 하였다. 뿐만 아니라 청 조정의 인물들과 접촉하는 것도 제한하였는데 세자가 주로 만날 수 있었던 사람들은 多爾袞(도루곤 ; 누르하치의 14子)[26], 代善(다이산 ; 누르하치의 2子), 多鐸(도도 ; 누르하치의 15子), 阿濟格(아지제 ; 누르하치의 12子) 등 황실 인물들과 英俄爾岱(잉굴다이)였다. 이들은 모두 호란과 관련하여 조선과 밀접한 관계를 맺었던 인물인데,《심양상계》나《심양일기》에서 일반적으로 황제를 중심으로 동쪽에는 九王(도루곤 ; 다이곤)·十王(도도 ; 다탁), 서쪽에는 虎口(하오게 ; 태종의 長子)·要土(요토 ; 대선의 장자)·頭頭(두두 ; 杜度)가 있다고 하였다. 이들은 입관 전 청 조정의 실력자들로 도루곤·도도·아지제는 모두 누

---

25)《瀋陽狀啓》辛巳年(인조 19년 ; 1641) 9월 2·10일자.

26) 多爾袞(1612~1656)은 누르하치의 14子로 정치적으로나 군사적인 면에서 당시의 실력자였고 順治帝 즉위(1644년) 후 攝政으로 실권을 장악하였으며 조선으로부터 義順公主를 妃로 맞아들이는 등 조선과는 밀접한 관련을 가진다.
崔韶子,〈淸初의 王位繼承과 多爾袞〉(《梨大史苑》9, 1970).
——,〈淸代 韓中通婚考〉(《梨大史苑》7, 1968) 참조.

르하치 사망시 순장된 大妃 烏剌納剌(우라나라 ; 孝烈武皇后)의 소생이다. 그리고 당시 누구보다 실력자이자 실권자로 행세한 인물이 도루곤이었다는 점을 감안하면 소현세자가 도루곤과 일정한 관계를 유지하였다면 심양에서 활동하는 데 큰 어려움은 없었을 것이다. 세자는 1644년 입관 과정에 참여하였고 북경 입성 후 귀환이 결정되었지만 이것을 태종 사망 후 도루곤이 공표하였다든가, 또 북경(1644. 9. 19~11. 26)에서 세자와 서양인 선교사 아담 샬(Adam Schall)과의 만남을 주선하고 서양 문물의 흡수 등에 관해서도 서로 논의했을 것이라는 사실이 이 두 사람의 관계를 말해 준다. 그러나 세자와 도루곤의 관계는 그 친분 정도와 비례하여 주변에게는 꺼림칙하고 위협적인 존재로 이해되었을 것이고 도루곤은 세자를 통해 조선에서의 세력을 확대하려는 저의도 있었을 것이다.

세자가 귀국한 것은 1645년 2월 17일인데 순치제는 중원이 평정되었으므로 조선국 인질인 세자 李𣳾를 귀국토록 했다. 여하튼 소현세자는 귀국 후 곧 병사하였기에 모든 가능성과 그에 대한 비판적 의견은 동시에 의혹 속으로 사라졌다.[27]

청은 소현세자를 대조선문제 해결의 중개적 위치로 생각하여 그를 통해 조선과 좀더 원활한 관계를 시도하려 했다. 그러나 소현세자 자신은 "세자란 視膳 이외에 다른 일을 할 수 없다"는 입장에서 청의 대조선 정책 수립에 별다른 조언을 주지 않았다. 결국 그가 처한 인질이라는 묘한 위치 때문에 자신의 역량을 발휘할 기회를 얻지 못하였다. 그러나 도루곤과 관계가 비교적 가까웠으므로 청 조정에서의 그의 활동과 행동은 표면적이지는 아니라 하더라도 활력을 가질 수도 있었을 것이다. 그리하여 태종 사망 후 도루곤과 함께 했던 세자의 행동은 그 이전과는 다르게 자의적이었을 가능성도 있다. 바로 이 점에서 아담 샬과의 관계를 유추할 수 있을 것이다. 그리고 만약 그가 귀국 후 곧 사망하지 않았다면 그는 조선의 대청외교에 유화적인 면을 보이면서 진보적인 새로운 문물에 관심을 가져, 물론 많은 반대도 감수해야 하겠지만, 조선의 장래에 변화를 가져오지 않았을까 보여진다.

---

27) 《淸世祖實錄》 권 11, 順治 원년 11월 경술.
《仁祖實錄》 권 45, 인조 22년 12월 무오.

3) 1650년대 이후 북벌론과 나선정벌에의 출병

청의 현실을 파악하고 조선의 대청관계를 누구보다도 유화적으로 이끌어 나갈 수 있었던 소현세자가 급서하자, 인조는 '國有長君論'을 내세워 봉림대군을 세자로 책봉하였다. 그가 바로 1649년 즉위한 孝宗(1649~59)이다.

효종은 즉위 후 곧 강경책인 대청 무력정벌을 시도하는 북벌론을 결의하고 그 계획과 준비에 힘을 기울였다. 그는 소현세자와 함께 심양에서 생활을 하였기 때문에 청 조정의 사정을 잘 알고 있으면서 개인적으로 청에 대한 적개심과 복수심이 대단하여, 인조의 배청숭명정책을 실현하는 데 가장 적합한 인물이었다. 소현세자와 봉림대군은 8년을 함께 심양에서 보냈는데 무엇이 이 두 사람의 대청정책에 차이를 가져왔을까. 두 사람의 당시 현실에 대한 인식의 차이에서 각각 유화책과 강경책을 생각한 것인지, 아니면 성격에 기인한 것인지는 고려해 볼 필요가 있다. 그러나 그 당시 청 조정의 실력과 내부 사정 및 군사력을 감안한다면 강경한 대청 무력정벌은 사실상 현실성이 희박한 것이었다.

효종 통치연간의 북벌론은 4기로 나눌 수 있는데 ① 즉위년 5월부터 1651년까지 모색기, ② 1652년부터 57년까지 추진기, ③ 1658년부터 59년 3월까지 침체기, ④ 1659년 3월부터 5월까지는 재추진기이다.[28] 효종은 10만의 정예 포병을 양성하여 기회가 오면 중원으로 쳐들어갈 것을 구상하였는데, 북벌을 담당할 인물로 척화파를 심중에 두었다. 그리하여 효종은 산림인 金集·宋時烈·宋浚吉 등을 중용하고 영의정이었던 金自點 일파를 축출하였다. 김자점은 李聲長을 사주하여 새 임금이 훈신들을 몰아내고 신진사류를 중용하여 장차 병사를 일으켜 북쪽으로 쳐들어 가려 하고 있다고 청나라에 밀고하였

---

28) 李京燦, 〈朝鮮 孝宗朝의 北伐運動〉(《淸溪史學》 5, 韓國精神文化硏究院, 1988, 195~241쪽 참조.
禹仁秀, 〈朝鮮 孝宗代 北伐政策과 山林〉(《역사교육논집》15, 역사교육학회, 1990).
車文燮, 〈孝宗朝의 軍備擴充〉(《朝鮮時代軍制硏究》, 檀國大, 1977).
李離和, 〈北伐論의 思想史적 검토〉(《창작과 비평》 10~4, 1975).
심민식, 〈효종조 북벌론의 성립과정에 대한 연구〉(高麗大 碩士學位論文, 1987).
李迎春, 〈尤庵 宋時烈의 宗主思想〉(《淸溪史學》 2, 韓國精神文化硏究院, 1985).

다가 축출되어[29] 훈구세력의 몰락을 자초하였다.

당시 북벌론의 대표는 효종과 송시열인데, 이들 두 사람은 북벌을 해야 한다는 점에서는 의견이 일치되었지만 그 배경과 방법론에서는 차이가 있었다. 효종 즉위년에 송시열은 己丑封事 상소를 올려 북벌을 위한 방법으로 正君心·安民을 먼저 수행해야 할 과제로 보았다. 반면에 효종은 직접적인 군비 확충을 통해 북벌을 이루려는 주장을 하였다. 이는 그 나름의 급박한 현실 인식에서 나온 것이기는 하지만 그의 성격에 기인하는 바도 컸다. 이 때문에 일부 연구자들은 북벌론과 관련하여 그의 다혈질적인 성격을 논하기도 한다.[30]

또 治人의 문제에서 효종은 修身으로부터 치인으로 이행하는 유교의 통치에 이의를 제기하지는 않았다. 그러나 효종은 치인의 상대적 독자성을 강조하고 상황 인식이 매개됨으로써 치인을 보다 중시하였다. 자신은 수신을 기다리지 않고 그대로 치인이 가능하고 북벌은 치인의 실천적 과정이라고 하였다. 반면에 송시열은 치인이란 단지 後末일 뿐 수신이 모든 일의 先本적인 것이라 보았다. 즉 수신이 치인의 선결과제이며 북벌은 단지 治者 즉 효종의 수신의 자연적인 결과에 불과하다고 하였다.

또 효종의 복수는 인조의 치욕을 갚고자 함이고 호란에서 당한 국가적 굴욕과 민족적 치욕에 대한 국왕으로서의 복수와 설욕이며 인질생활에서 받은 수모와 박해에 대한 개인적인 복수였다. 따라서 명을 위한 복수의 뜻은 없었으며 그 허구성이나 존재마저 부정하였다. 반면 송시열은 명나라를 위한 복수이고, 설욕은 三田渡의 치욕을 씻고자 함이었다.

대명·대청관에서 효종은 명이나 청은 이민족 국가로 복수의 대상이지만 우리보다 우수한 문물제도가 있다면 수용해야 된다는 개방적 대외관을 지녔다. 반면 송시열은 명을 中華이며 君父의 나라이고 선진 문명국이라고 했던 것에 비해, 청은 오랑캐로 군부의 원수이며 금수와 같은 미개국이라는 것이다. 즉 효종이 실리주의자라면 송시열은 명분주의자라고 보아야 할 것이다. 복수의 방법은 효종은 무력적 수단 즉 정벌을 구상하였는데, 송시열은 사상적 수단으로 복수를 바라는 尊中華 攘夷狄의 春秋大義였다.

---

29) 李肯翊,《燃藜室記述》권 30, 孝宗朝 故事本末, 金自點獄 淸使査問.

30) 禹仁秀, 앞의 글, 100~101쪽.

軍備觀에서 효종은 降雨之備였고 '不可已論'으로 직접 무예를 익혀 준비한 반면, 송시열은 自焚之禍로 인식하였고 忍痛含寃하여 때를 기다려야 한다는 것이었다.[31] 이렇듯 이들은 목적은 같았지만 방법론이나 사상적인 면에서 차이가 있었다.

효종은 자신의 북벌 의지와 계획이 청의 의구심을 자아낼까 염려하여 기밀 유지에 신경을 쓰고 사신 접대나 세폐보내는 것에 만전을 기함으로써 분쟁의 빌미를 사전에 막고자 노력하였다. 그러나 호란 이후 조선사회에 반청풍조가 만연하여 청나라 사신이 도착하는 곳마다 척화설이 나돌아 그들의 신경을 자극하였고 금지된 군비를 시행함으로써 청의 감시를 받았다. 이러한 상황에서 1650년 3월 청의 칙사가 查問하러 오는 사태까지 발생하였지만, 이 일은 영의정 李景奭 등이 義州로 귀양가는 선에서 일단락되었다. 그 후 효종의 북벌계획은 한때 주춤하였고 청은 온갖 명목으로 사신을 보내 조선정부를 감시하였다. 효종 원년과 2년에 각각 9회, 7회 청의 사신이 파견되었다는 사실로도 그들의 감시 정도를 짐작할 수 있다. 효종 2년(1651) 청의 실권자인 섭정왕 도루곤의 사후 두 번 세폐를 감면받고 사신의 파견 횟수도 줄었다. 이는 중국 본토 내에서의 질서회복과 더불어 완화된 것이다.

효종이 본격적인 북벌준비를 한 것은 즉위 후 3년부터인데 북벌 진영을 구축하기 위한 인물로 병조판서 朴遾를 임명하였으나 1년 후 사망함으로써 신임 병조판서 元斗杓와 李浣이 담당하게 되었다. 효종은 특히 武士선발에 힘을 기울여 대신들에게 책임지고 무사를 몇 사람씩 천거토록 하였으며, 효종 4년 9월에 시행된 觀武才에서 최우수자에게 파격적으로 守令을 제수하였다. 효종 5년에는 지방 북벌준비 사업을 전담할 전위대인 營將制度를 부활시켰고, 監司와 兵使에게 각각 전술 전략권과 군사 지휘권을 전담시키고, 유사시에 문무관의 연합작전체제로 전환토록 함으로써 야전전략의 극대화를 도모하였다. 즉 특별히 선발한 무사들을 수령이나 병사·水使·營將 등에 임명하여 지방에서의 북벌준비 사업을 전국적인 규모로 추진하게 하였다. 그리하여 효종 6년(1655) 9월 효종은 세자와 원두표·이완 등과 어영신군·지방군 등

31) 李京燦, 앞의 글, 186~194쪽 참조.

1만 3천여 장병을 거느리고 노량 백사장에서 군사 퍼레이드를 벌임으로써 북벌 진영의 위용을 과시하였다.32)

한편 효종은 북벌사업의 준비로 즉위 후 3년 6월 친위대인 어영군을 증원한 데 이어 제도개혁을 단행하였고 어영청의 구성원 番上·給保 등의 체제를 개편하여 하나의 독립된 군영으로 확장시켰다. 동시에 禁軍제도를 개혁하여 기마병을 600騎에서 1,000기로 증가시켰다. 또 심양체류 중 세 번에 걸쳐 참여했던 征明戰의 종군 체험을 살리고 자신의 대청 군사 지식을 최대로 활용하여 전술과 병기의 장단점을 비교하고 그 취약점을 개선하려 하였다. 이는 청군의 ① 기마전에 필적하기 위한 기존의 기마전법 보강 ② 전투에 불편한 견갑과 장갑의 제거 ③ 평야전에서 유리한 긴 화살 제작과 近射法 연마 ④ 청군 병기에 대적하기 위해 보병은 長柄劍, 기병은 短柄劍으로 대체 ⑤ 비바람에 무용지물인 현행 수어청 火炮隊를 射炮參半隊로 전환하여 전천후 군대로 양성 ⑥ 군병에게 木楯을 무장시켜 청병의 화살 및 돌을 방어케 한 것33) 등이었다.

효종의 10만 북벌군 양성은 대사헌 金益熙의 養兵論에 근거한 것으로 병농분리를 선결 과제로 30세 이상 귀족자제·충의품관·교생·서얼, 25세 이상의 不科業者 등으로부터 매년 1인당 정포 2필씩 거두면 10만의 군병을 기를 수 있다는 것이었다. 그러나 신료들의 반대로 실행은 보지 못하였다. 또 차선책으로 효종 7년 노비 추쇄사업이 시도되었으나 이 역시 대신들의 반대로 좌절되었다.

사실 북벌운동의 추진 과정에서 효종은 산림의 등용을 꺼렸고 적지 않은 부작용과 시행착오도 있었다. 조정에서도 문무대신의 대립이 깊어지면서 문치위주의 기존의 전통적 통치체제에서 효종의 무치주의는 간접적 비판의 대상이 되었다. 효종의 문신 냉대와 형벌 또한 그러했고 그의 전제정치에 대한 비판도 일어나기 시작하였다. 당시의 조선내 사정은 북벌론을 실천할 경제력

32) 李京燦, 위의 글, 201·204·205쪽.
《孝宗實錄》 권 15, 효종 6년 9월 경술.

33) 李京燦, 위의 글, 208쪽.
《孝宗實錄》 권 9, 효종 3년 9월 임신·권 17, 효종 7년 10월 정축 참조.

이나 군사력이 부족하였고 여론의 절대적인 지지를 얻은 것도 아니었다.

여하튼 효종 10년 건강이 회복되면서 송시열과 독대를 하였는데 효종은 불안정한 중원 정세, 청 조정의 기강 해이, 崇文賤武의 풍조 성행과 중국 同化, 북부 중국(요동·심양)의 무방비, 한인과 조선 被擄人의 대응 등의 외적 조건과 그리고 자신의 지모, 양호한 건강, 군사 지식 및 중국 지형의 숙지 등의 내적 조건들이 북벌에 유리하다는 사실을 주지시켰다.[34] 이러한 효종의 제안에 대해 송시열은 구체적인 대안을 제시하지 못하였고 두 사람의 이견도 좁히지 못하였다. 독대 이후 효종은 친정체제를 강화하면서 북벌 준비사업을 추진하였다. 그러나 효종 10년 5월 4일 급서함으로써 1650년대의 북벌론은 일단 좌절되고 말았다.

효종 재위 10년간의 북벌론은 이민족인 청의 침략으로 겪은 국가적 굴욕과 민족적 치욕에 대한 복수에서 비롯되었지만 유비무환의 국방 의식을 고취시켰다. 그리고 이는 정치적·사회적 대립이 심화되었던 당시 조선사회에 국론 통일의 명분을 제공했고 왕위 계승의 명분과 왕권을 강화시키려는 의미도 있었다. 그러나 당시 국내의 정치·사회·경제의 현실을 참작할 때 북벌론의 시행은 어려운 것이었다. 바로 이러한 효종의 북벌론이 羅禪정벌의 요인의 하나가 되었다는 점도 부정할 수 없다.

청조가 흑룡강 방면의 나선(羅刹, 羅車, 羅沙, 羅叉, 老察, 羅先, 虜車라고도 쓰며 러시아어의 譯字임) 정벌을 위해 조선에 군사력을 요청한 것은 효종 5년과 9년의 일이다. 2번에 걸친 군사 파견에 앞서 1650년대의 중국내 사정과 러시아의 시베리아 진출, 흑룡강에서의 청조와의 문제 등에 관하여 간단히 소개하면 다음과 같다.

청조의 중국 입관시 황제는 順治帝(1644~1661)로서 통치 초 어린 나이였기에 섭정으로 도루곤과 지르가랑(濟爾哈朗)이 정치를 도왔고 특히 도루곤이 실권을 장악하고 모든 것을 주도하였다. 그러나 1651년 도루곤의 사망으로 吳良輔가 지르가랑과 순치제의 통치를 보좌하게 되었다. 순치제는 학구적이고 의식있는 젊은 황제로 1651년까지도 한자나 중국어를 잘 몰랐으나 몇 년 안 되어서 공적인 보고서에 평을 할 수 있을 정도로 한자를 읽고 쓰는 실력이

34) 《宋書拾遺》 권 7, 雜著 幄對說話.

늘었다. 그리고 중국 문학작품이나 禪宗의 불교 서적을 읽을 수 있게 되었고 특히 서양인 선교사 아담 샬과 친숙한 관계를 유지하고 서양 문물을 습득하였다. 1644년 입관 이후 순치제는 우선 북경을 중심으로 한 화북지방을 청의 세력권으로 끌어 들였고 李自成 등 반란자들을 진압해 갔다. 그리하여 1년~2년 후 청은 청에 투항한 명나라 降將들의 도움으로 대략 강남지방까지 평정할 수 있었다. 그러나 復明運動者들 즉 명 황실의 후손들이 南京·福州·肇慶 등지에서 명조 회복을 시도하였고, 그 중 臺灣으로 건너간 鄭成功 일족의 복명운동을 제외하고는 1661년 서남지역에서의 桂王의 복명운동을 마지막으로 일단락된다. 이렇게 청조는 중국내 세력의 확보에 주력하였다.

대외적으로는 1642년 청조에의 복속을 인정하는 다라이 라마의 북경 방문, 1653년 유구왕의 조공, 마카오를 중심으로 무역 활동을 하던 포르투갈의 광동 진출, 1655년 러시아 무역 사절의 북경 방문, 1656년 화란 사절(Peter de Coyer, Jacob de Keyzer)의 북경 방문 및 1658년의 1貢 결정 등[35]이 있었다. 이로써 청조는 중국 지배를 확립했고, 더불어 서양 제국 및 주변국가도 교역을 중심으로 청조와의 관계를 새롭게 시도하였다.

러시아가 흑룡강 주변에 등장한 것은 1650년경이었다. 러시아는 유럽 국가중 가장 후진적이고 발전이 늦었던 나라로 17세기 초 로마노프 왕조가 성립되어 유럽 북동부에서 발전하기 시작하였지만, 시베리아 진출은 그 이전 이미 1580년대 이후 코자크(Cossack)에 의하여 시작되었었다. 예르마크(T. Yermark)가 우랄산맥을 넘어 시베리아 진출을 시작한 데 이어 탐험가, 일확천금을 꿈꾸는 자, 정치범, 기타 수형자들이 시베리아로 흘러 들어가 러시아인들은 1세기도 못되어 태평양 연안에까지 진출하게 된다. 1643년 야쿠츠크(Yakutsk)의 지사 골로빈(T. A. Golovin)이 여러 원정대를 파견하였는데 그 중 포얄코프(V. Poyarkov)는 興安嶺을 넘어 흑룡강 하구에 도달하였다. 하바로프(E. Khavarov) 등은 흑룡강 탐험을 계획하여 1650년 흑룡강에 도달하여 索倫部를 함락시켰다. 1651년 雅克薩城을 함락시키고 흑룡강 右岸에 알바진(Albazin)城을 건설하여 그들의 군사기지로 삼게 되었는데, 러시아인들에게 흑룡강 연안

35) A. Hummel ed. *Eminent Chinese of the Ch'ing Period*, Government Printing Office, Washington, 1943~44, p.256.

은 무진장의 금은 광업, 풍부한 가축 떼 등 살기 좋은 부유한 곳으로 인식되고 있었다.

한편 청조는 만주를 선조의 발상지로 중시하였는데 러시아가 이 지역에 진출하여 축성을 하고 흑룡강 지류인 송화강에서 물자를 약탈하는 일이 자주 일어났다. 따라서 청조는 1652년 7월 沙爾虎達(사이호달 ; 梅勒章京)·海塔(해탑 ; 甲喇章京)과 尼噶禮(니갈례)에게 영고탑에 주둔하면서 관병을 다스리게 하였다.[36] 그런데 두달 후 영고탑의 海塞(해삭 ; 駐防寧古塔章宗, 海色으로도 표기)이 布福(포복 ; 捕牲翼長) 등을 보내 군사를 이끌고 흑룡강의 烏札拉村에서 羅刹과 전투하였으나 패배하였다. 그 후 1653년 5월 沙爾虎達을 영고탑 지방을 지키는 將(昂邦章京鎭守)으로 삼고[37] 다음 해 明安達禮(명안달례 ; 尙書都統)에게 북경수비대를 이끌고 가서 러시아군을 격파시킬 것을 명하였는데 이 때 조선에 원병을 요청하게 된 것이다.

흑룡강 상의 러시아 정벌과 관련하여 조선이 원병의 요청을 받은 것은 禮部差官 韓巨源을 통한 咨文이다. 조선의 접반사들은 청의 차관이 온 목적이 請兵에 있다는 것은 알았으나 러시아와의 충돌에 관한 사실은 몰랐었다. 자문의 내용은 조선은 鳥槍善手 100인을 뽑아 회령부에 보내 昂邦章京(앙방장경)의 지휘하에 나선정벌을 위하여 3월 10일에 영고탑에 도착하라는 것이었다. 효종이 나선이 어떤 나라인지 물었더니 韓巨源은 영고탑의 곁에 별종이 있는데 이들이 나선이라고 하였고,[38] 北道의 邊將을 보내 줄 것을 청하였다. 효종은 영의정 鄭太和와 논의하여 渡江 후 군량을 우려하고 北虞候 邊岌을 보내기로 결정하였다.

---

36) 《淸世祖實錄》 권 66, 順治 9년 7월 정해.
37) 《淸世祖實錄》 권 68, 順治 9년 9월 병술·권 75, 順治 10년 5월 갑술.
《平定羅刹方略》 順治 9년 9월 병술·順治 10년 5월 갑술 참조.
38) 《孝宗實錄》 권 12, 효종 11년 2월 계해.
申 瀏, 《北征日記》(申基碩 譯, 探求堂, 1980), 16~20쪽.
Lo~shu Fu Comp, *A documentary chronicle of Sino~Western relation(1644~1820)*, Rainbow Bridge Book Co. 1975, Taipei, pp.14~15.
특히 鳥銃에 관하여는 李康七, 〈朝鮮孝宗朝 羅禪征伐과 被我鳥銃에 관한 小考〉(《古文化》 20, 한국대학박물관협회, 1982), 15~18쪽 참조.
조선과 청조측의 자료에 관하여는 稻葉岩吉, 〈朝鮮孝宗朝における兩次の滿洲出兵について〉(《靑丘學叢》 15·16, 1934) 참조.

이에 1차 원병은 변급의 인솔로 3월 26일 두만강을 건너서 4월 16일 청병 3천과 함께 영고탑으로 향하여 27일 厚通江(松花江)에 이르렀고 28·29일 러시아군과 접전하게 되었다. 이 때 조선의 군사력은 100명의 조총수, 20명의 火兵, 30명의 隨率로 150여 명의 인원과 마필 및 군량 10일분(회령~영고탑까지)이었다. 당시 러시아군은 많은 사상자를 내고 好通(佳木斯)까지 후퇴하였는데 조선측은 사상자가 없었다고 한다. 5월 초에 주위 5里에 土城을 쌓아 놓고 16일 回軍하여 6월 13일에 영고탑에 돌아와 21일 전원 무사히 귀국하였다.

1차 출병에 관하여 《淸實錄》에는 별반 언급이 없고 《孝宗實錄》이나 《承政院日記》·《同文彙考》 등만이 참고자료로서 활용될 뿐인데 청조가 어떤 배경에서 요청을 한 것이며 조선군의 역할이 어떠했는지 또 어떤 효과를 거두었는지 구체적으로 알기 어렵다. 그러나 2차 출병(1658)에 관하여는 참여하였던 申瀏 장군의 《北征日記》와 裵是愰의 《北行日錄》 및 《車漢日記》를 통해 당시의 상황이 생생하게 전해지고 있고 《청실록》이나 魏源의 《聖武記》(卷 6, 國朝俄羅斯盟聘記)에서 순치 15년에 高麗兵을 조발하여 이들을 쫓았다고 하고 있다. 그러므로 1658년의 출병을 통해 그 전쟁의 전모와 의의 등을 파악할 수 있을 것이다.

나선과의 전투 다음 해인 1655년 청조는 尙書都統 明安達禮로 하여금 송화강 깊숙이 들어 온 나선을 몰아내고 呼瑪爾河口에 있는 그들 근거지를 추격하게 하였다. 57년에는 沙爾虎達(鎭守 寧古塔 昂邦章京)이 출정하여 尙堅烏黑에서 싸웠다. 그러나 흑룡강에서 나선의 세력을 제압하지는 못하였던 것 같고 58년에는 재차 조선에 출병을 요청하였다.

청국은 칙유에서 '조선 국왕 李淏는 이제 나선이 우리 변경을 침범하여 生民을 못살게 굴어 토벌하려 하니 만주 군사를 내는 데 앞서 빨리 조총을 잘 쏘는 鳥鎗手 200명을 선발하여 모든 필요한 물자를 완전히 준비하여 적당한 관헌의 통솔하에 5월 초순까지 영고탑에 도착하도록 하라'는 것이었고, 예부의 공문에는 특히 군량의 준비에 대하여 강조하였다. 식량의 현지 조달이 곤란하니 조선군의 식량은 조선국이 스스로 변통하되 왕복 일자를 계산해서 운반함이 좋을 것이라는 사이호달의 의견에 따라 통지한다는 것이었다. 이에 대해 효종은 조선이 자체 부담하라는 칙서와 예부공문에 대해 사정은 딱하지만 응할 수 없

다고 거부했다가 回啓(1658. 3. 7)에서 내용대로 거행하겠음을 말하였다.[39]

2차 출병에서는 신유(咸北兵馬虞候)를 총병관으로 조총수 200명과 哨官旗鼓手·火丁 등 60여 명과 필요한 물자를 준비하고 군량은 1차 때의 84일 선례에 따라 3개월 분의 양을 가지고 5월 초 두만강을 건너 영고탑으로 향하였다.[40] 조선군은 6월 5일 庫魯河에서 승선하여 하류를 따라 三姓지방을 거쳐 송화강 본류로 나가 6월 10일에는 흑룡강의 합류천에 이르렀다. 이 때 스테파노프(O. Stepanov)의 함대와 만나 격전을 하였는데, 조선 조총수의 위력을 과시하였고 나선의 지휘관 스테파노프는 전사하였다. 조선군도 8명이 전사하였지만 큰 전과를 세웠다.

청의 출병 요청은 2차 때 더 분명하지만, 그들이 말한대로 나선이 청나라 변경을 괴롭히는데 자신들의 힘만으로는 어렵기 때문에 협조를 요청한 것이다.《북정일기》에 의하면 曰介·介部潫·愎介 3국은 본래 영고탑의 부용국인데 청의 통일 후 藩邦으로 있었으나 車漢國(러시아)의 진출 후 청과의 관계가 끊어져 曰介 출신의 사이호달을 시켜 이 지역을 평정하게 하였으나 성공하지 못하자 조선에 출병을 요청하였음을 알 수 있다. 또 지리상 영고탑에서 가까운 곳이 함경북도의 회령이라는 점도 작용하였다. 2차 출병시의 군대를 보아도 짐작되지만 참가 군사는 북경의 일부 정병을 제외하고는 만주지역과 가까운 등주나 심양 그리고는 청의 지배하에 있는 몽고군이나 조선군이었다. 출병 요청은 청조로서는 당연한 요구였으며 효종의 대청 북벌의 의지를 꺾고 조선을 시험해 볼 수 있는 좋은 기회였다.

한편 조선 출병의 전과는 1차 때에 비하여 2차 때에 더 컸다는 것이 청측 사료에서나 참전 지휘관들의 일기를 통해서도 나타난다. 특히 신유의 작전 성공이 크게 기여하였다. 전투가 본격화된 것은 6월 10일부터인데 처음 청군은

---

39)《淸世祖實錄》권 115, 順治 15년 2월 병술.
《同文彙考》原編 76, 軍務.
申 瀏,《北征日記》(飜譯本, 1980), 18쪽.

40) 이 때의 군사력을 영고탑정병 6만, 북경정병 5만, 심양군사 8천, 登州군사 8천, 몽고군사 8천이며 정박해 있는 배는 18여 척이었다고 한 것은 通官을 통해 신유가 알아본 것이다(《北征日記》 5월 11일조 참조). 그러나 실제 종군한 군사는 5천이고 적군은 천여 명이라고 하였지만 정확히는 알 수 없고 군량은 差官 李一先이 처음 5개월 분을 요구하였었다.

전면전으로 많은 병력을 잃었으나, 그 후 조선군은 적을 유인해 오면서 풍세와 풍향까지 이용하고 敵船의 포의 구조·화력·탄알의 양까지도 추량하여 14일 火攻法으로 나선의 함대를 격파시키는 데 결정적인 역할을 하였다.[41] 이 전투에서 나선군은 일단 흑룡강 상에서 퇴각하였으며 조선군도 송가리 강구에 돌아왔으나(6. 24) 청측은 나선의 재침을 우려해 1659년 봄까지 주둔하면서 이 지역을 지켜 줄 것을 요청하였다. 이에 신유와 사이호달 간에 논란이 오갔으나 敦拜(돈배; 瀋陽昂邦章京으로 부원수) 등의 도움으로 11월 18일 영고탑을 떠나 12월 12일 회령으로 귀국하였다. 이 나선정벌에의 출병으로, 특히 2차 때 조선군의 역할이 결정적으로 승전에 기여하였다.

이 두 번의 출병은 조선으로는 예기치 못한 일이었지만, 조선의 군사력 특히 조총수가 흑룡강 유역에까지 진출하여 실력을 발휘하였고, 러시아군과 처음으로 교전하여 큰 전과를 올렸다는 점에서 그 역사적 의의를 찾을 수 있다. 그러나 북벌을 준비하던 효종 연간에 있었다는 사실은 생각하기에 따라서는 상호 모순적인 측면을 보여 주는 것이다. 그리고 효종의 적극적인 북벌 준비가 없었다면 출병 요청을 거절할 구실도 좀더 컸던 것이 아닌가 생각되므로 효종의 북벌정책의 평가에서 재고의 여지를 가진다.

그 후 조선의 북벌론은 1670년대에 가서 재개되지만 1650년대에 비하여 그 규모나 성과는 크지 못하였다. 효종의 북벌 계획은 와해되었지만, 현종(1660~74)과 숙종(1675~1720) 연간에도 북벌 논의는 계속되었다.

1673년 羅碩佐의 북벌 요청은 실현되지 못하였지만, 67년 長津別將이 설치되었고 74년에는 茂山에 새로운 鎭을 설치하고 僉使를 북의 三峯坪으로 옮기는 한편 魚面堡를 厚州로 이설하였으며 萬戶를 僉使로 승격시키는 등 북방의 개척과 방어를 위한 시설을 진행시켰다. 북벌론은 숙종 즉위 초(1675) 尹鑴에 의해 논의되었으나 許積의 신중론과 대립되어 구체화되지 못하고 四郡을 復設하여 압록강 방면까지 北擴을 위한 노력을 시도하였고 4군은 그 뒤 폐지되었으나 백두산 정계비 査定 후 다시 복설의 여론이 일어났다.

특히 1670년대의 조선의 북벌론은 청조의 三藩의 亂(1673~81)으로 중국내

41) 稻葉岩吉, 앞의 글, 54~55쪽.
申 瀏,《北征日記》, 95~105쪽 참조.

불안을 틈타 일어난 것이 특징이다. 滅滿興漢의 기치하에 吳三桂(平西王)·尙可喜(平南王)·耿繼茂(靖南王) 등 明의 降將들이 광동·운남·복건 등지에서 일으킨 반란은, 발생 4개월 뒤 청에 入朝하였던 사신에 의해 조정에 알려졌다. 이것은 일본이 중국내 정세 변화를 소상히 알고 있었던 것에 비해 한발 늦은 것이다. 또 반란 7개월 만에 臺灣에서 복명운동을 하던 정씨 일가의 鄭經(조선측 기록에는 鄭錦)이 조선을 칠 것이라는 소식이 대마도 太守 平義眞으로부터 전달되었다.

한편 康熙帝(1662~1722)는 兵部 요청에 의하여 삼번의 난을 진압하기 위해 조선 조총의 取用을 구상하였는데, 현종이 사망함으로써 연기되었다가, 숙종 즉위년(1674) 入朝한 진위사 겸 진향사 일행을 만난 자리에서 이 문제가 다시 거론되었다. 조선에게 축성을 허가하는 대신 화포 50여 포의 급여와 원병 요청[42]을 하였던 것이다. 숙종은 관계 대신들을 소집하여 논의하였으나 반대 의견이 중심이 되었다. 그 이유는 毛文龍의 출병 요청시 파병한 것과는 다르다는 것이고 삼번의 난이 명조 재건을 내세웠다는 점과 청이 앞으로 오래 지속될 수 없으리라는 판단하에 명이 다시 회복될 경우 설득할 명분이 없다는 것이었다.

그러나 허적은 청의 요청을 거절할 경우 일어날 사태를 우려하여 파병할 형편이 되지 못한다는 이유를 들어 거절해야 될 것이라고 하였다. 예조판서인 權大運도 조선이 자강책이 없이 청병을 거절할 경우, 청의 위협을 어떻게 방어해야 할지 우려하였다. 이렇게 의견이 분분하였는데 修撰 任相元은 찬성한다고 파병할 수도 없고, 반대한다고 기존의 관계를 단절할 수도 없는 것이 조선의 입장이지만, 조선의 당면한 어려운 실정을 내세워 현실 정세하에서는 도저히 청병에 응할 수 없다는 확고한 입장을 전언해야 된다고 하였다.[43] 결국 반대론으로 기울어져 파병하지 않았으며, 청조는 그 후 재차 요구하지 않

---

42) 《肅宗實錄》 권 1, 숙종 즉위년 11월 병인.
《備邊司謄錄》 31책, 숙종 원년 3월 20일.
李肯翊, 《燃藜室記述》 권 31.

43) 《肅宗實錄》 권 1, 숙종 즉위년 11월 임신.
조선측에서 鄭錦이라고 불리우는 인물은 鄭成功의 아들 經(一名 世藩, 兒名 錦舍)을 이른다. A. Hummel, 앞의 책, p.111쪽 참조.

았고 유보적인 입장을 취하였다.[44]

한편 북경에서는 조선이 鄭錦과 함께 청을 침입할 움직임이 있다는 소문도 있었다. 당시 이런 와언은 조선에도 유포되고 있었다. 사실 대만의 정금 선박이 일본을 내왕하는데 제주는 그 통로였기 때문이다. 삼번의 오삼계와 정금은 排淸의 연결 고리를 가지고 있었으므로, 윤휴 등은 북벌론을 주장하고 정금과의 통교를 주장하였다. 윤휴는 청에 대한 복수를 주장하면서 정금이 현종 15년에 조선을 침략할 것이라는 소문에 큰 관심을 보이면서, 정금의 조선 침입설을 청에 통보하여 국력 강화의 명분으로 역이용하고 조선이 먼저 정금에게 사신을 보내 성의를 표하면서 그의 침입을 모면하자는 것이었다. 윤휴의 이러한 주장은 청이 반드시 패배할 것이니 정금과 통문하여 사전에 그의 침입을 막자는 것이었다.[45] 이러한 의견은 허적의 강한 반대로 철회되었지만 그 여파는 상당한 것이었고 동조하는 여론도 컸다.

한때 청 조정에서는 조선이 반란세력과 연합할 것을 두려워하였는데, 정금의 海商들이 조선의 笠帽를 사 가지고 가서 청군과 對戰할 때 그것을 쓰고 조선의 복색을 차려 입고 있었기 때문에 조선은 청으로부터 連兵의 의심을 받기도 하였다.[46] 정금의 이러한 위장 전술은 윤휴의 주장대로 조선에서 먼저 통신사를 파견했다면 예측할 수 없는 사태가 일어났을 가능성도 있다.

이와 같이 1650년대에 이어서 70년대에도 북벌론이 재개되었지만 실천의 가능성은 희박했고 명분론적인 측면도 강하였다. 그러나 청조가 삼번의 난을 진압하여 중국전토에서 세력을 완전히 확립하게 되고, 80년대에 이르러 주변 지역에까지도 통치권을 확립시킴으로써 대조선 정책도 일단 안정되었다. 이

---

44) 《肅宗實錄》 권 3, 숙종 원년 5월 갑술.

45) 洪鍾佖, 〈三藩亂을 前後한 顯宗~肅宗年間의 北伐論〉(《史學硏究》 27, 1977). 韓沽劤, 〈白湖尹鑴硏究〉(《歷史學報》 19, 1962) 참조.

46) 《肅宗實錄》 권 4, 숙종 원년 6월 경신.
청의 조선에 대한 의구심은 여러 가지 면에서 나타나는데 병력이 南征에 투입되어 만주 방비를 아동들에게 맡기면서 조선 침략에 대비해 栢峴(영고탑 남방 일일 정도 거리)방비에 동원하였고 매월 봉황성일대에 군병을 파견하여 압록강 하류를 순찰시켰다. 또 숙종 3년 청의 지도 밀반출사건 등도 그 예이다(《肅宗實錄》 권 3, 숙종 원년 5월 갑술 · 권 5, 숙종 2년 12월 신미 · 권 6, 숙종 3년 5월 임오 및 《備邊司謄錄》 31책, 숙종 원년 5월 19일 · 33책, 숙종 3년 5월 7일 등 참조).

후 양국관계는 새로운 형태로 발전하게 된다.

4) 백두산 정계비 문제

영토란 국가와 국민 사이를 연결하여 주는 주요 요소로 국가 권력의 기초가 되며, 그 관할권은 국경을 경계로 이루어진다. 또 국경선이란 역사적으로 볼 때 영구 고정성의 개념보다는 이동적 개념이 컸다. 경계획정을 위한 전쟁도 적지 않았으며 이런 경우 전승국 측에서 일방적으로 자국에 유리하게 영토 확대 확보를 위한 국경선을 수정하는 것이 보통이다. 그러나 대개의 경우 그 경계선이 불분명할 때는 상대국과의 상호 교섭에 의한 조약과 같은 협정을 통해 이루어지며 그런 경우 자연·지리적 조건, 역사적 영유권과 실질적 거주민의 현황들이 참작된다.[47)]

조선의 변경은 백두산 동쪽의 동북지방과 압록강 연안지방을 지칭하는데 조선과 청국 간의 국경획정론은 인조 5년(1627) 정묘호란에서 비롯된다. 호란의 결과 체결한 강화조약에서 "조선국은 金國과 더불어 서약한다. 우리 두 나라는 이미 화평과 우호를 강구하였으니 이후 두 나라는 이 서약에 준하여 각기 경계를 封하여 지킨다"[48)]고 하늘에 제사를 지내고 서약을 하였으며, 두만강과 압록강 對岸에 封禁지대를 설정하고 양국인의 거주를 금하여 무인지대의 국경지역을 이루게 되었다. 여기에서 강역 엄수는 영토 확보 관할의 의미보다는 월경을 엄금한다는 의미였다.[49)] 그런데 1644년 청조의 입관 이후 본연의 근거지인 만주는 점차 空曠해져 갔으며 선조 발생의 성지라는 명목으로 인적을 용납하지 않는 봉금지대로 묶였다. 청이 이 지역에 봉금 國境帶를 설치한 중요 원인은 한인이나 조선인이 이입하여 청을 위협하는 세력이 될 것을 우려하였기 때문이다. 그러나 1680년대에 들어서면서 청 조정은 삼번의 난을 진압(1681)하고 대만을 평정(1683)하여 중국 지배의 기틀을 완성시

47) 柳炳華, 〈國際法上 영토의 개념 및 그 권한〉(《영토문제연구》 창간호, 고대민족문화연구소, 1983), 73~100쪽 참조.

48) 《仁祖實錄》 권 15, 인조 15년 2월 신유.

49) 金聲均, 〈朝金間犯越刷贖還問題酬略考〉(《史學硏究》 18, 1969) 참조.
崔韶子, 〈中國側에서 본 丁卯丙子兩役〉(《梨大論叢》 57, 1990), 131쪽.

켜 가면서 주변 지역에의 진출, 정리가 구체적으로 이루어지기 시작하였다.

흔히 백두산 정계비의 건립배경으로 1710년 渭原人 李萬枝가 월경하여 採蔘한 후 淸官을 살해한 사건을 들고 있다. 그러나 청으로서는 초기부터 백두산(長白山)을 신성시[50]하였으며 강희제 역시 같은 관심을 보였다. 강희제는 1677년 內大臣 覺羅武默納과 侍衛 費耀色들을 불러 장백산은 祖宗 발상의 땅인데 지금 이곳을 확실히 아는 사람이 없으니 烏喇장군에게 명하여 도로를 자세히 아는 사람을 앞세우고 현지를 답사하고 오라고 하였다. 그리하여 무묵납 등이 다녀온 후인 1678년 정월 장백산의 神을 封하고 동시에 五嶽과 동일하게 제사지내게 되었다. 1684년 11월에는 內閣學士 范承勳을 장백산에 보내 제사지내게 하였으며 그 등산로를 조선 경내에서 찾으라고 하였다. 그리고 1691년에는 북경에 갔던 우리 사신의 장계 중에는 "청황제의 명령에 의하여 영고탑 경유로 장백산에 갔던 대신 5명을 조선으로 보내 압록강을 거슬러 올라가 장백산을 다시 살피게 하였는데 조선 지방관은 이 지역 지리를 잘 모르고 있었으므로 淸人이 이곳을 답사한다"는 내용이 있었다. 그러나 이는 국방상 중요한 국내 요지, 즉 교통로를 알려 주게 되는 것이므로 그 목적이 《大淸一統志》를 편찬하기 위한 것이라 하더라도 이에 협조할 수 없다는 조선 조정의 반발이 있었고, 1692년 2월 취소되었다.[51]

그러나 백두산 정계비 설치와 관련하여 현실적으로 중요한 문제는 封禁 국경 지역이 산삼의 다수확 지역이라는 점이었다. 인삼 채취를 위하여 월경하여 양국간 외교문제를 일으키는 경우가 많았는데, 청조는 1664년 議政王貝勒·貝子와 大臣들의 회의에서 조선인이 越界해서 채삼이나 벌목을 하지 못하도록 조선 국왕에게 이첩해서 엄히 다스리도록 하라고 결정한 바가 있고 우리 조정에서도 이를 준수해 처벌하였다.[52] 그런데 숙종 때 이르면 월경사건이 너무 많아 조선과 청국 간에 중대한 문제가 되었다. 1680년~1712년까지 33년 동안 18번의 월경사건이 있었는데 숙종 6년(1680)·11년·16년의

50) 백두산을 신성시한 것은 여진의 시조 布庫里雍順의 전설에 기인한다. 그 전설의 내용은 劉鳳榮, 〈白頭山定界碑建立과 간도문제〉(《백산학보》 13, 1972), 77쪽 참조.

51) 《同文彙考》 原編 48, 疆界.
《康熙實錄》 권 152, 康熙 30년 7월 기축.

52) 劉鳳榮, 앞의 글, 79쪽.

경우는 청국으로부터 죄인을 심판할 칙사가 와서 숙종과 동석하며 월경사건을 처리하기도 하였다. 특히 숙종 11년의 三道溝 월경사건은 首犯 韓得完 등 25명이 월계하여 청국관원에게 상해를 입혔다는 것인데, 조선 조정에서는 사건의 중대함을 감안하여 범인의 체포는 물론 관계 지방관까지 구금하자 자살자가 속출하였으며 조선의 국왕에게도 벌금 2만냥이 부과되었다. 이 때 북경에 갔던 陳奏使 鄭載崙은 이의 부당성을 지적하는 辯解書를 예부에 제출하였다가 분노를 사서 양국관계가 악화되기도 하였다. 숙종 16년의 厚春事件, 20년의 慶源사건, 37년의 渭原사건은 칙사가 오가는 사태로 발전하였다. 사실 조선인의 만주로의 월경도 문제지만 청인의 조선으로의 월경도 많았는데 그 경우는 대개 수십 명씩 집단 월경하여 조선측 파수병 또는 관원을 납치해 갔지만 조선으로서는 그들을 처벌할 수 없었다.

한편 청조는 국내 안정 및 영토 확대 등이 이루어지면서 예수회 선교사들의 측지 기술을 이용해서 중국의 전 영토를 실측하여 지도 작성을 구상하고 있었다.[53] 만주와 내몽고 일대의 실측은 1709년 레지스(Regis), 자르뚜(Jartoux), 후리델리(Frideli) 등에 의하여 시작되었다. 그런데 만주지역의 측량과 지도 작성에는 두 나라가 확정한 국경선을 그려 넣어야 하므로 청은 조선에 지리학자를 파견하여 조선 조정이 보관중인 지도를 복사하여 가지고 가서 두 나라의 국경을 작성하였다[54]고 한다. 그 구체적인 진행 과정이나 내용에 관하여는 알 수 없지만, 이러한 만주지역의 실측이 백두산 정계비 설치에 있어서 하나의 계기가 되었음은 말할 것도 없다. 이어 강희제는 1711년 5월 대학사에게 유시하여, 장백산의 서쪽은 중국과 조선이 압록강을 경계로 삼고 있는데 토문강은 장백산 동쪽 변방으로부

53) 康熙帝의 勅命에 의하여 중국에 머무는 선교사들의 각 지역 측량은 1708년에 시작되어 1717년에 〈皇輿全覽圖〉가 완성되었다.

54) 이 때 청은 測地審判部 관리를 조선에 파견하였다고 한다. 1735년 듀알트(Du Halde)의 《中國帝國全誌》(Description de L'Empire de la Chine et Tartarie Chinoise)에 첨부된 레지스의 비망록 중 '조선에 관한 지리적 고찰'에서는 당시 국경선은 봉황성 동쪽에 있는 柵門임을 표시하고 서북쪽의 국경은 봉황성의 동편이고 동북쪽 국경은 흑산산맥으로 이어지는 영역이라고 하였다
梁泰鎭, 《韓國 邊境史硏究》(법경출판사, 1990), 15~17쪽.
金得榥, 〈조선의 북방강계에 관하여〉(《백산학보》 41, 1993), 138~139쪽.

터 동남쪽으로 흘러 바다로 들어가니 토문강의 서남쪽은 조선에 속하고 동북쪽은 중국에 속하여 역시 이 강으로 경계를 삼도록 하였다. 그러나 압록강과 토문강 사이의 지역은 어디에 속하는지 확실히 알지 못하므로 穆克登(烏喇總管)을 파견하여 국경을 조사하게 하였다.[55]

조선은 백두산 정계비의 건립(1712년 5월 12일) 직전인 2월 24일 청 예부의 咨文을 받았는데 그 내용은 "작년 8월 목극등이 봉황성으로부터 장백산에 가서 변경을 조사하려고 하였으나 도로가 멀고 수로 역시 험난하여 목적지에 도달하지 못하였다. 올 봄 해빙기를 기다려 다른 司官과 함께 의주로 가서 작은 배를 타고 강을 거슬러 올라갈 터인데 부득이 할 경우 토문강까지 가서 우리 지방을 답사할 것이다. 하지만 우리 쪽 도로가 요원하고 지방이 험난하여 가는 길에 저해가 있을 때는 조선국에 명령하여 준비케 하라"는 것이었다. 그리고 3일 후인 2월 26일 의주부윤의 牌文이 上送되었는데 목극등이 백두산을 답사하고자 출래한다는 것이었다.[56] 다음 날 숙종은 대신들과 備局諸臣을 인견하고 이 문제를 논의하였는데 응할 수밖에 없다는 의견(戶曹判書 金宗杭, 司直 金錫衍)과, 도로 험난을 이유로 불가하다는 回咨論(右議政 趙相愚, 吏曹參議 李光佐 등 다수)이 있었으나 응하기로 결정하였다.[57] 목극등 일행은 홍경방면으로부터 압록강에 이르러 10일간 강을 거슬러 올라가 厚州에서 조선 사신과 만났고, 다시 4일간 올라가 惠山鎭에 이르러 여기에서 육로를 택하였다. 목극등은 조선의 접반사와 청의 일부 종관을 茂山으로 먼저 출발케 한 후, 남은 종관과 조선 접반사·군관·차사관·통관 등과 더불어 백두산 산정에 이르러 그 해 5월 15일 정계비를 세운 후 무산으로 갔다. 당시 접반사 朴權 등은 산정에 오르지도 못하고 정계비 설치는 목극등의 조처로 이루어져 국경이 일방적으로 정해진 결과가 되었다. 접반사 박권과 함경 관찰사 李善溥는 백두산에 올라가 정계비를 세우는 데에 동참하지 않아 많은 비판을 받았는데, 이것은 청측의 저지라기보다는 이들의 소극적이고

55) 《康熙實錄》 권 246, 康熙 50년 5월 계사·8월 신축.
《淸史稿列傳》 朝鮮, 康熙 50년 5월.
56) 《肅宗實錄》 권 51, 숙종 38년 2월 정축.
《同文彙考》 原編 48, 疆界.
57) 《肅宗實錄》 권 51, 숙종 38년 2월 경진.

무책임한 태도 때문이었다. 당시 수백 명의 목극등 일행은 천리경·量天尺 등 査境測量 장비 및 정밀 지도제작 기사를 동반하고 필요한 물자를 가지고 와 폐를 끼치지 않으려 하였다. 반면 조선측은 접반사 박권, 筆生 蘇爾昌을 비롯하여 통역·군관·居山察訪·안내·家奴 등 70명이었으나 박권이나 이선부는 정계비 수립에 직접 참여하지 않고 통역 등의 실무자만 참여시켰다.[58] 목극등의 의지는 대단하여 적극적인 자세로 임하였으며, 일행 중에 정밀 지도제작 기사를 동반하고 지도를 작성하여 자국의 영토 관할지를 고정화시키려고 하였다.

백두산 정계비는 압록강과 토문강의 두 江原의 중간에 築土立柵하고 세웠다. 비석의 크기는 높이 2.55척, 너비 1.83척으로 비면에 大淸이라고 횡서하고 그 아래에

烏喇總管穆克登奉
旨查邊至此審視西爲鴨綠江
東爲土門故於分水嶺上勒
石爲記
康熙 五十一年五月五日

이라고 縱書하고, 이어서 淸의 筆帖式 蘇爾昌 通官二哥, 朝鮮軍官 李義復 趙台相, 差使官 許梁 朴直常, 通官 金應憲 金慶門이라고[59] 새겨 넣었다.

당시 백두산 정계비 건립과 관련하여 우리 나라 식자간에는 깊은 우려와 반발이 심했다. 당시의 상황을 알 수 있는 자료로 박권의 약 5개월간의 일기인 《북정일기》가 있는데 이를 보아도 극히 피동적인 자세로 참여했음을 알 수 있다. 또 당시 수석 역관인 金指南의 《北征錄》은 약 3개월간(2. 24~6. 3)의

58) 朴容玉, 〈白頭山定界碑건립의 再檢討와 間島領有權〉(《백산학보》 30·31, 1985), 225~226쪽.
趙 珖, 〈朝鮮後期의 邊境意識〉(《백산학보》 16, 1974), 164~165쪽.
梁泰鎭, 앞의 책, 46~48쪽. 당시 등산하였던 譯官 金慶門의 《白頭山定界碑建立實況記》(국토통일원, 1978)를 이용하여 조선측 수행원에 관한 것을 밝혔다.

59) 劉鳳榮, 앞의 글, 88~89쪽.
李瑄根, 〈白頭山과 間島問題〉(《歷史學報》 17·18, 1962).

제반 사정을 기록하였는데 국경획정시 견문한 압록강·두만강의 원류문제와 지리 등 地志 관계를 기록하였고, 그의 아들 金慶門은《白頭山定界碑實況記》를 남겼다. 이 백두산 정계비는 그 후 조선 실학자들의 논란의 대상이 되었고 어느 면으로는 토문에 대한 해석(청은 두만강으로, 조선은 송화강 지류로 보는) 차이에서 간도 영유권의 문제로 발전하여 현재까지 학자들간에 논쟁의 대상이 되고 있다.

1712년 백두산 정계비의 설치는 양국 합의에 의한 것이 아니라 거의 청의 일방적인 조처였다. 이 문제는 1670년대 후반부터 제기되었으며 1680년에 사행의 일원이 조선정부에 알려왔다. 청조정은 지도의 작성과 경계 확장에 적극적인 관심을 보여온 데 반해, 조선 정부는 소극적이고 무관심한 태도를 보였다. 정계비의 설치는 현실적으로는 월경문제가 계기가 되었지만, 청조가 선조의 땅으로 만주를 중시해 왔다는 점과 중국 전토를 실지 측량하여 지도를 작성하는 과업의 일환이었고 경계를 일단 설정한다는 의미를 지녔던 것이다.

5) 조선과 청의 문화적 관계

조선은 중국과 상당히 오랫동안 역사적으로나 지리적으로 밀접한 관계를 맺어 왔고 비중의 차이는 있지만 서로에 영향을 미쳐 왔다. 그런데 중국과 조선 양국 간의 문화적 관계에서 문화의 전달자는 중국이 아닌 조선의 사행들로 이들의 왕래 및 기타 교류에 의하여 문화 전파가 이루어졌다. 이는 일본이나 주변 국가의 경우도 유사하다. 이것은 중국적인 세계질서 속에서 중화와 주변국가 관계로 설명할 수 있는데, 동아시아 문화권의 특징이라고도 말할 수 있다. 그리고 문화의 전파가 주변지역에 이르면 매우 변질된 형태로서 지엽적인 면에 치중되는 경우도 있었다. 그러나 조선은 중국의 높은 수준의 문화를 유입하여 조선적인 특색을 지닌 문화로 발전했으며, 어느 면으로는 이를 더욱 심화시켜 그 수준이 중국을 능가하는 경우도 생겼다.

조선은 청조가 이민족의 왕조이며, 청 초에 정묘·병자호란의 두 번의 전쟁을 치르자, 明에 대한 환상을 가지고 스스로 小中華로서의 긍지와 명분으로 청 문화를 더욱 더 멸시하고 무시하였다. 그러나 17세기 후반 이후 현실적인 중국 지배자로 청조를 인정하지 않을 수 없게 되었고 청조가 전통적인 중국 문화의 계승자·발전자로서의 위치를 굳혀 나감에 따라 조선의 지식층도 청조 문화를 수용하지 않을 수 없는 사태로 발전하였다.

조선과 중국 간을 공적 또는 사적으로 오가면서 문화를 전파한 사람들은 사행과 그 일행으로, 전시대에는 조선에 대한 견문이나 기록을 남긴 중국인들도 있지만, 대부분 주로 조선측 사행들이 중심이다. 사행의 기록만이 당시의 모든 것의 전모를 밝혀 주는 것은 아니지만 특히 청대에는 큰 역할을 하였다. 공적인 보고서로 사행은 의주에 도착한 때나, 도강한 후, 또는 入柵했을 때라든지 수시로 장계를 띄워 일행의 안부를 전하고 또 특수한 견문을 기록하였다. 그 외에도 서장관은 매일의 일을 기록했다가 돌아온 후 승정원에 제출하여야 하고 또 首譯과 협력하여 따로 견문 別單을 적어서 조정에 속보하기로 되어 있었다. 이것은 주로 청나라의 기밀을 탐정하는 것으로 그 재료를 얻기 위해 序班輩(胥吏)에게 뇌물을 쓰는 일도 있었다.

그리고 사적인 기록으로는 사신과 그 수행한 사람들의 기행록이 있다. 명대에는 《朝天錄》·《朝天日記》·《赴京日記》라고 하여 天朝인 중국에 朝覲한 기록이라는 의미였는데, 청대에는 《燕行錄》·《燕行日記》 혹은 《飮氷錄》(1649, 鄭太和의 使行錄)·《西行日記》·《熱河日記》(1780, 朴趾源의 일기)·《薊山紀程》(1803, 徐長輔일행에 대한 기록) 등이 있는데 燕行은 燕京인 북경에 사행한 기록을 뜻한다. 청대의 257년간(1637~1893) 매년 정례적 사행이 연 2회 이상으로 총 514회 이상이었고, 기타 別使 賚咨行 등 임시 사행을 고려하면, 사행마다 기행록이 있었다고는 단정할 수 없지만 수백 종의 연행록이 있었을 것이다. 또 문화 유입에 직접적인 것으로 北京貿書도 있다.[60] 이들의 기록을 통해 조선 지식층의 중국문화에 대한 관심 정도 및 청조의 정치나 문화에의 비판도 엿볼 수 있고, 청조 치하에서의 漢人 사대부의 조선 지식인에 대한 관심과 호의도 엿볼 수 있다.

양국 간의 문화적인 관계는 두 시기, 즉 청의 초기와 중기 이후로 나뉜다. 초기에 비하여 중기 이후로는 조선과 청의 문화적 관계가 깊어지는데, 그것은

60) 金聖七, 앞의 글, 46~48쪽.
黃元九, 《燕行錄選集 I》 解題 (민족문화추진위원회, 1976), 1~4쪽.

청이 經世致用學 및 考證學이라고 하는 새로운 분야를 개척하였다는 점과 동시에 조선의 관인 문사들이 비록 청을 이적시하여도 현실적으로 중국 문화의 계승자를 달리 설정할 수 없는 까닭으로 그 태도가 완화될 수밖에 없었기 때문이다.[61] 현실적으로 조선과 청의 관계는 청 초 정묘·병자호란의 두 번의 전쟁, 전쟁 직후의 긴장된 실질관계, 인질문제, 출병문제, 백두산 정계비 문제 등 긴장의 연속이었던 것이 18세기에 접어들면서 일단의 소강상태로 접어들었고 명조에 대한 더 이상의 환상은 사라졌고 청조가 중국의 유일의 왕조로서 중국 문화의 계승자로서 자리를 굳혔기 때문이다.

조선 후기의 문화를 중국 문화와의 관련에서 살펴볼 때에 네 갈래로 생각할 수 있는데 朱子學·陽明學·西學·경세치용의 학문이 그것이다. 주자학과 양명학은 청 초기에 있어서 무시할 수 없는 것이기는 하지만, 조선 후기의 그것들은 청 초의 중국 영향의 결과는 아니며 그 이전 시기에 학문적 접촉의 결과가 조선왕조의 중기 또는 후기에 발전한 것이다.[62] 서학은 임진왜란 때 일본군 종군신부였던 세스뻬데스(G. de Céspedes)를 통해 조선왕조가 최초로 접하게 된 것으로 고려할 수도 있지만, 직접 연관이 있었던 것 같지는 않다. 그리고 일본에 피랍된 많은 조선인들이 천주교에 귀의하여 천주교 교리서가 조선어로 번역은 되었지만 이 경우도 조선과 직접 연결된 것은 아니었다. 조선인이 서양의 학술을 접하게 된 것은 명말에 중국을 통해서였다. 선조 36년(1603) 사신 李光庭이 마테오 리치(Matteo Ricci, 利瑪竇)의 〈坤輿萬國全圖〉를 가져왔을 때, 李晬光이 이를 보고 감탄하였으며 그의 《芝峰類說》(1614)에서 마테오 리치의 《天主實義》나 《交友論》 등에 대한 존평적 소개를 하였다. 그 후 인조 8년(1630) 陳奏使로 청에 간 鄭斗源은 孫元化를 만나기도 하였으며, 마테오 리치의 천문서·遠鏡·천리경 및 알레니(J. Aleni)의 《職方外紀》·《西洋國風俗記》 등, 紅夷砲·자명종을 도입하기도 하였지만, 중국이나 조선의 국내외 사정이 복잡하여 큰 영향을 받지는 못하였다. 그 후 인조 23년 소현세자가 귀국하면서 아담 샬로부터 천문·算學·聖敎正道書籍·輿地球·天主像 등을 얻어 가지고 입국하였으나 금서로 빛을 보지 못하였고, 그 후로는 18세기에 들어와

61) 全海宗, 〈胡亂後의 對淸關係〉(《한국사》 12, 국사편찬위원회, 1977), 402~403쪽.
62) 全海宗, 위의 글(1977), 403쪽.

1704년에 사행한 李頤命이 북경에서 예수회 선교사 수아레즈(Suarez)·괴글러(Köegler) 등에게서 천문·역법이나 曆算·천주교 관계 서적을 도입하였고, 金昌業·李宜顯·洪大容 등도 북경방문시 천문이나 역법에 관한 관심을 표시하였다[63]고 한다. 이렇듯 청을 통한 서학의 도입은 소현세자에 의하여 신학문으로 시도되었지만 그의 사망으로 실현되지는 못하였고, 연행하는 사행들을 통해 다시 시도된 것은 18세기에 들어와서의 일이며 점차 실학자들의 관심의 대상으로 등장하게 되었다. 그러나 서양 종교가 조선인들 사이에 알려지게 된 것은 18세기 후반이었다.

청과의 문화적 관계 가운데 가장 두드러진 양상은 청 초의 경세치용의 학풍과 그 후 고증학풍이 영·정조대 새로운 학풍의 발흥에 미친 영향이다. 물론 영·정조대의 신학풍의 발흥에는 내재적인 여러 가지 요인이 작용하였을 것은 부정하기 어렵지만 청대 학술의 영향이나 자극 역시 과소 평가할 수는 없다. 중국에서 청 초에 일어난 학술 사조의 특색은 宋明理學 즉 주자학이나 양명학에 대한 반동으로 시작하여 空疏無根한 訓詁詞章의 폐습을 타파하고 修己治人의 실학을 수립하는 데 있었다. 명대의 양명학이 도덕 차원의 知行合一의 관념이었다면, 청 초의 경세학은 정치 차원의 政敎合一로서 '유교' '실학' '경세학'의 개념도 그 시대적 내용이 변하게 되었다. 유교의 기본 개념은 수기치인을 출발점으로 하여 실학을 목표로 지향하고 있지만, 청대에 와서는 수기(도덕) 중심으로부터 주자학·양명학의 치인(政治)으로 그 중심이 옮겨지게 되었다. 그리고 실학이란 空(虛)言이 아닌 실사의 학문을 뜻하며, 인식만이 아닌 실천(行)이 요구되고 실사의 실행에도 도덕적 실행과 정치적 실행의 차이가 구별되었다.

즉 청 초의 개념으로는 실사의 지식과정인 고증은 경세학의 도구는 되지만 그 학문자체는 아니었다. 또 실천주의도 실학의 불가결한 속성이긴 해도 그것이 도덕적 실천인 경우에는 경세학이 아니었다. 이렇듯 명말청초 이후 경세학의 개념은 정치적 실천을 핵심으로 보는 것이다. 따라서 청 초의 경세치용학은 고증학과는 성격이 다르다. 고증학은 경세학에서는 박학의 도구에

63) 崔韶子, 〈西學受容에 관한 問題〉(《梨大論叢》 36, 1980 ; 《東西文化交流史硏究》, 三英社, 1987, 205쪽).

지나지 않았지만 그 뒤 독립된 학문으로 발전함에 따라 그 개념에 몇 가지 독자적인 특징을 갖게 되었다. 그것은 고전에서 實事求是를 추구하는 문헌학적 실증 귀납에 몰두하고 학문이 사상 생활과 분리되어 경학이 청 초의 경세적 경사학과는 달리 몰가치한 것이라는 지적도 있다. 또 고증학은 그 범위를 경학 이외의 여러 분야로 확대시켜 특히 考證史學·諸子學이 발달하게 되었다.[64] 따라서 이러한 배경의 청대 학술은 주자학이나 양명학에 대해 비판적 입장이었다. 한편 조선에서의 주자학은 중국보다 더 부동의 위치에 있었음에도 비판의 대상이 되었는데, 그것은 왜란과 호란 등의 국난 이후 점차 회의가 일기 시작했고, 중국의 명청교체로 기존의 사상체계에 불만을 느끼게 되었으며, 청대 학술이 宋明理學에 대한 반동이었다는 점도 작용한 것이다.[65]

이같이 중국을 통한 서학의 섭취와 청대 학술 및 학풍의 도입으로 조선에서는 신학풍이 조성되었다. 그리고 특히 18세기 청의 전성기인 강희 말년에서 건륭 연간에 연행한 인사들인 徐命膺·洪良浩·홍대용·朴趾源·朴齊家·李德懋·柳得恭·金正喜 등 쟁쟁한 학자들의 역사·지리·언어·금석·경학 등 학술의 제분야와 경세치용의 학에 대한 업적을 보면 조선 실학에 미친 청대 학술의 영향력을 이해할 수 있다.

그러나 조선 실학이 청대 학술의 모방이나 재생이 아니라는 점은 다음과 같은 사실에서 알 수 있다. 경세치용의 학과 관련하여 청은 건륭 연간에 경세치용의 학에서 고증학으로 전이하였는데, 조선은 연행 인사의 대부분이 고증학의 팽배시기에 중국을 방문하였으나 실학의 양면인 고증학과 경세치용·利用厚生을 모두 수용하였고 조선에서 두 가지 측면이 동시적으로 나타났다는 점이다. 그리고 중국의 실사구시는 經에 기초한 것이고 고증학적 경향이 강하였던 것에 비해, 조선에서는 반드시 고증을 뜻하는 것이 아니고 경세치용에 중점을 두었다는 점이다. 또한 조선의 실학은 그 특징의 하나를 역사·지리·금석학에 두었는데, 중국에서는 이러한 학문들이 하나의 부분에 지나

64) 曺秉漢, 〈淸代의 思想〉(《강좌 중국사》 Ⅳ, 지식산업사, 1989), 263·266·270쪽.
赤塚忠 金益治 外, 조성을 역, 《中國思想概論》(이론과 실천, 1987), 323~324쪽.
梁啓超, 《淸代學術概論》(臺北, 中華書局), 6~22쪽 참조
全海宗, 앞의 글(1977), 403~404쪽.

65) 全海宗, 앞의 글, 405쪽.

지 않았다는 점이다.[66]

마지막으로 18세기 후반 연행하였던 북학파, 그 중에서도 홍대용·박제가·이덕무·박지원 등은 중국에 대한 학문적 관심과 그것의 조선사회에의 수용, 특히 이용후생 부분에 많은 관심을 가졌다. 홍대용은 서구과학 중 천문·역법에 관심이 많았으며 지구와 지전설, 인력과 무한우주설을 주장하여 주로 과학적인 측면을 논하였다. 한편 박제가는 구체적인 대안까지는 제시하지 않았지만, 특히 이용후생적인 측면에서 구체적으로 수레·船·城·壁·궁실·교량 등 일상생활의 문제들을 비교하고 조선의 폐단을 지적하였다. 또한 農·蠶·科擧·軍事 및 사회경제 분야에서는 부국을 강조하고 실용을 내세우면서 보다 적극적인 청 문물의 도입을 주장하였다. 그에 비하여 이덕무는 청의 출판문화의 다양성이나 중국 문인들과의 교류 및 서양 문화에 대한 호기심을 주로 언급하였는데 특히 顧炎武에 심취하였다. 그는 청의 학술이나 문학은 긍정적으로 평가하였지만 청조에 대한 강한 비판정신을 보다 명확히 보여주었고, 청의 은부함에 대한 충격이나 흠모는 보이지 않았고 경제나 진보한 생산기술에도 관심을 두지 않았다.

이에 비해 박지원은 당시가 청의《四庫全書》편찬과 관련하여 언론 통제가 심한 시기였음에도 간접적인 표현으로 기회가 있을 때마다 다양하게 서술하였다. 그는 정확한 관찰력과 박학다식 및 끊임없는 호기심으로 통제를 받지 않을 정도의 정치적인 관심사와 관리등용제 등 건륭 통치의 이모저모를 기록하였다. 그리고 사회경제의 실상과 신기한 풍물, 예를 들면 곡물운송선, 시신 귀향선박, 莊의 형태, 교량, 市肆, 店舍, 전당포, 관혼상례, 전족과 辮髮 등 보고 느낀 것은 하나도 빠짐없이 기록하였다. 또 천주교, 천문, 지전설, 음악, 서양화 등의 서학을 매우 정확하고 세밀하게 기록하였다.[67]

---

66) 全海宗, 위의 글, 407~408쪽.
　　──, 〈淸代學術과 李朝實學〉(《東亞文化의 比較史的 硏究》, 一潮閣, 1976).
　　──, 〈淸代學術과 阮堂〉(《韓中關係史硏究》, 一潮閣, 1970).
　　藤塚隣, 〈淸朝文化と李朝の學人〉(《淸朝文化東傳の硏究》, 國書刊行會, 1975) 등.

67) 全相運, 〈湛軒 洪大容의 科學思想〉(《李乙浩博士停年紀念實學論叢》, 1975).
　　朴星來, 〈洪大容의 科學思想〉(《韓國學報》 23, 1981).
　　金泰俊, 《洪大容과 그의 時代》(一志社, 1982).
　　朴齊家, 《北學議》(이익성 역, 을유문화사, 1989).

이렇듯 북학파의 대표적인 학자들은 연행을 통해 청조의 문화와 신학문으로서의 서학 등 많은 내용을 조선에 전하고 조선의 변화와 발전에 기여하였는데 이들의 견문은 단순한 견문의 단계를 넘어 그 수용을 주장하여 당시 사회에 직접 또는 간접으로 공헌한 바가 매우 컸다.

〈崔韶子〉

2. 일본과의 관계

1) 왜란 이후 조일 통교의 회복

선조 25년(1592 ; 임진)과 30년(1597 ; 정유)의 두 차례에 걸친 豊臣秀吉(토요토미 히데요시)의 조선 침략은 조선 전기 200여 연간의 우호관계를 단절시킨 것은 물론, 조선의 인적·경제적 기반을 흔들어 놓았다. 전국 328개의 관읍중 50% 이상이 일본군에 유린당했으며, 그 과정에서 7만 명에 달하는 전사자와 실종 군인이 발생했고, 15~20만 명에 달하는 인구가 일본에 포로로 붙잡혀 갔다. 그 결과 가족 관계가 파괴된 것은 물론, 인구의 감소를 가져 왔다. 또 전답은 임진왜란 이전의 1/5 수준인 30만 결로 줄어들고,[1] 생산시설이 거의 파괴됨으로써 전쟁 피해는 전국민적인 것이었다.

전쟁 직후 조선에는 일본에 대해 같은 하늘 아래 함께 존재할 수 없는 불구대천의 원수라는 국민적 정서가 팽배해 있었다. 이에 임진왜란 이전과 같은 통교관계를 회복하기에는 많은 시간이 걸릴 것으로 생각되었으나, 조선과 일본의 강화 교섭은 의외로 빨리 진척되었다. 종전 이후 불과 수년만인 선조 40년(1607)에 국교 회복 교섭이 타결되어 조선에서 回答兼刷還使라는 외교사

崔博光, 〈李德懋의 中國體驗과 學問觀〉(《大東文化硏究》 27, 成均館大, 1992).
李慧淳, 〈李德懋의 入燕記小考〉(《朝鮮朝 後期文學과 實學思想》, 정음사, 1987).
崔韶子, 〈18세기후반 조선 지식인 朴趾源의 對外認識 : 《熱河日記》에서 본 乾隆年間의 中國〉(《梨大論叢》 61-1, 1992).

1) 국방부 전사편찬위원회, 《임진왜란사》(1987), 268~269·285쪽.

절이 일본으로 파견되었다. 그리고 광해군 원년(1609)에는 己酉約條가 체결되어 일본 및 대마도와의 통교·무역에 관한 틀이 마련되었다.

종래 국교 회복 교섭에 대한 연구를 보면, 일본에서는 대마도의 자의적인 의지나 막부의 적극성, 또는 明 중심의 책봉체제하에서 조선의 대일외교가 明에 의존하고 있었음을 강조함으로써 조선의 대일정책과 교섭 의지를 상대화하는 경향이 있었다.[2] 이러한 연구에서는 조선이 막부정권을 상대로 통교관계를 재편하는 데 있어서 조선의 번병으로서 기미정책의 대상이 되어 왔던 대마도의 존재 및 위치에 대해서는 고려되지 않았다.

여기에 비해 한국에서의 국교 회복 교섭에 관한 연구는 현재 수량적으로 그다지 많지 않다. 그러나 대일 통교 교섭의 주체 및 상대·교섭 기술·통교정책·통교 체제를 검토함으로써 조선외교의 독자성과 주도성을 밝혀가고 있다. 통교 체제에 비중을 둔 연구에서는 회복된 조일 양국의 관계를 '中華的 交隣體制의 부활'로 보고, 이것을 명에 의한 외교적 종속이 아니라 대일본관계에서 조선이 주도권을 갖기 위해 이용한 외교이념으로 설명하고 있다.[3] 또 조선 전기 이래 '羈縻'와 '對等'의 외교이념을 바탕으로 조선 주도의 독자적인 통교 관계를 형성해 온 조선의 전통적인 대일정책을 존중한 연구에서는, 임란 이후의 대일본관계 역시 중화적 교린체제(책봉체제)에 구애받지 않는 것으로 설명하기도 한다.[4] 그리고 국내의 내정을 대일정책 수립과 관련시켜서 본 연구에서는 왜란 이후 남인 정권의 퇴진과 서인 정권으로의 교체를 대일정책 수립의 중요 변수로 파악하고 있다.[5] 최근의 이러한 연구를 통해서는 통교 정책 수립에 있어서 인과관계가 점차 선명해지고 있음을 성과로 지적할 수 있겠다.

---

2) 中村榮孝, 〈交隣關係の復舊〉(《日朝關係の研究》 下, 吉川弘文館, 1969).
田中健夫, 〈鎖國戎立期における朝鮮との關係〉(《中世對外關係史》, 東京大, 1975).
ロナルドトビ, 〈初期德川外交政策における'鎖國'の位置づけ〉(社會經濟史學會編, 《新しい江戸時代史像を求めて》, 1977).

3) 孫承喆, 《朝鮮時代 韓日關係史硏究》(지성의 샘, 1994).

4) 閔德基, 〈조선후기 朝·日講和와 朝·明관계〉(《國史館論叢》 12, 國史編纂委員會, 1990).

5) 홍성덕, 〈17세기초 對日政策의 확립과 그 성격〉(《전국역사학대회 발표 요지》, 1996).

(1) 17세기 初 국교 회복 교섭과 대일본정책

가. 17세기 初 국교 회복 교섭

임진왜란 이후 조일 간의 국교 회복을 위한 노력은 일본군이 철수한 직후부터 시작되었다. 초기 단계에서는 대마도가 일방적으로 사자를 파견해 왔으며, 명군의 조선 잔류, 대일감정의 악화와 정국 혼란 등으로 대일정책이 구체화되기까지 시간이 걸렸다.

대마도는 선조 32년(1599) 6월 源智實(미나모토 도모미)로 하여금 柳川調信(야나가와 시게노부) 명의의 書契를 부산첨사 李宗諴 앞으로 가져와 조선 사절의 일본 파견을 제기하고 조선의 피로인을 송환해 옴으로써 일본측의 강화의사를 알려 왔다.[6] 이 때 원지실은 조선인 피로인과 함께 명의 포로도 데려왔는데, 이들의 송환문제가 있었으므로 종전 협상은 조선 주둔 명군과 일본측 사이에서 이루어지게 되었다. 대일본교섭에서 조선의 독자적 정책 결정이 명군에 의해 방해를 받게 되자, 조선 정부는 일본에 대한 적대감이 가시지도 않은 단계에서 강화문제가 제기되게 된 책임을 임란시 정국운영의 핵심이었던 柳成龍에게 물었다. 유성룡에 대한 책임 추궁은 북인들이 남인세력을 제거하고 정국을 주도하기 위한 요소가 많았기 때문에, 당시 정국은 전란후 강화 교섭에 대한 대처보다는 정권 쟁탈이 되풀이되는 양상이었다.

그런데 선조 33년 4월에는 대마도가 調次(石田深右衛門)를 파견하여 대마도주 宗義智(소오 요시토시)·柳川調信 및 小西行長(코니시 유키나가)·寺澤正成(테라사와 마사나리)이 각각 연서한 서계를 가져와 조선측 사절의 파견을 재촉하는 한편 강화를 요청하였다. 이 때의 서계에는 講和가 德川家康(토쿠가와 이에야스)의 의지라는 것이 표현되어 있었다. 조선은 바로 다음 달인 5월에 회답을 하기로 결정하였으며, 6월에는 金達을 대마도로 보내 예조참의의 회답을 일본측에 전달하였다. 일본의 일방적인 강화 요청에 대한 조선측의 회답은 이것이 처음으로, 강화의 조건으로 被虜人 송환을 전제하는 한편, 일본과의 강화에 대해서는 明의 허락이 필요하다는 입장을 설명하였다. 그러나 명은 이미 1599년부터 조일관계가 명을 위협하는 것이 아니라면 간여하지

---

6) 《宣祖實錄》 권 115, 선조 32년 7월 신유.

않는다는 불간섭 원칙을 분명히 하고 있었다. 그럼에도 불구하고 조선은 일본의 강화 요청에 대해 조선의 직접적인 의사 표시를 삼가고, 명의 권위를 빌려 교섭을 지연시키는 '借重之計, 遷就之計'를 취하였다.

조선이 명의 허락이라는 조건을 달기는 했지만 일본과의 강화교섭에 의사 표시를 한 것은, 선조 33년 2월 郭再祐가 선조에게 상소를 올려 일본과 강화함으로써 백성을 안정시키고 자강함으로써 일본의 재침을 막아보자는 자강론이 배경이 되었다. 이어 8월에는 李德馨이 대마도에 대한 기미정책과 차중지계의 필요성을 제기하였다.[7] 이렇게 대일정책이 모색되는 가운데 조선은 9월 대마도에 보내는 답서에 조선인 피로인의 쇄환에 진력하여 성의를 보이는 것이 許和를 부여받기 위한 조건임을 제시하였다.[8]

한편, 일본에서는 풍신수길계와 덕천가강계의 싸움인 關原(세키가하라)의 전투로 인해 일본측의 사자 파견이 한동안 두절되었다. 그러다가 선조 34년 4월 일본이 조선인 포로 河東 校正 姜士俊을 송환해옴에 따라 강화 교섭이 재개되었다. 그리고 같은 해 6월에는 대마도 사자 橘智正(다치바나 토모마사)가 피로인 250명을 송환하면서 강화를 요청하는 종의지·유천조신·사택정성의 서계를 가져 왔다.

그러자 7월 조정에서는 2품 이상의 중신들이 모여 대일정책을 논의하였으며, 일본과의 강화보다 대마도에 대한 許和에 비중이 두어졌다.[9] 조선이 막부보다는 허화를 통해 대마도를 먼저 기미권 안에 편입시키기로 한 것은 관원의 전투로 인한 일본 정국의 혼란과 정보의 부재 속에서 대마도가 왜구로 집단화할 가능성이 있었고, 전쟁 직후 일본과의 관계 개선을 반대하는 국민적 정서 등을 고려했기 때문이다. 명군의 철수로 인한 국방력의 공백, 대마도의 일본 재침 위기 조성, 대마도에 대한 조선 전기 이래의 전통적 인식의 영향 속에서 서인정권은 국력 회복의 한 방법으로 대마도에 대한 허화부터 결정했던 것이다.

그리고 8월에 예조판서 柳根을 명에 진주사로 파견하여[10] 허화에 대한 허락

7) 홍성덕, 앞의 글.
8) 《宣祖實錄》 권 129, 선조 33년 9월 신축.
9) 《宣祖實錄》 권 139, 선조 34년 7월 기해.
10) 《宣祖實錄》 권 140, 선조 34년 8월 기사.

을 요청하였다. 이는 참전국인 명을 배제한 채 일본과 강화 교섭하는 것에 대한 명의 힐책, 또는 대마도의 무력 도발시 명의 조선에 대한 책임 전가를 회피하기 위해서였다. 또 한편으로는 스스로 기미의 주체로서 국력 회복을 도모하고 허화 부여가 가능한 시기에 대비하려는 하나의 외교기술이기도 했다.11)

명에서는 뜻밖에도 허화를 허락하지 않았다. 이는 명이 조선의 대일외교에 대해 보여 주던 불간섭 원칙에서 본다면 어긋나는 것이었으나, 명이 대마도를 일본으로 오해했거나, 또는 조선과 일본의 강화에 대한 명의 책임 회피 등으로 추측하고 있다.12)

한편 이 당시 기미정책을 바탕으로 한 대마도와의 관계 개선만이 남방의 안전을 보장하는 것은 아니라는 인식은 중신들간에 존재하고 있었다. 일본 중앙정권과의 관계도 언젠가는 해결해야 할 과제로 인식하고 있었다.

조선의 대마도에 대한 기미정책은 일단 수립된 이후 일관되게 추진되었다. 선조 35년(1602) 정월 休靜의 서장을 지참한 全繼信과 孫文彧을 대마도에 파견하여, 허화에 대한 명의 허락을 얻어 내기 위해서는 대마도의 공순함이 필요함을 계속 강조하였다. 그리고 일본의 재침설에 대한 정보와 강화 요청의 진의도 확인해 오도록 하였다. 이에 5월·7월·8월·12월 대마도에서는 강화를 요청하는 사자가 피로인을 데리고 도항하였다.

그런데 같은 해 4월에는 加藤淸正(가토 기요마사)이 조선을 거치지 않고 강화 교섭을 요청하는 서한을 명에 직접 보냈다. 이에 명은 조선이 대마도를 통해 추진하는 일본과의 강화 교섭을 불신하게 되었으며, 그 결과 강화의 조기 실현이 어렵게 되었다. 그러자 대마도는 선조 36년 3월 橘智正을 파견하여 허화를 요청하고, 가등청정의 서한에 대한 사죄 및 덕천가강의 재침 위험이 있음을 시사하였다.13) 그리고 6월에는 대마도 사자 橘智久편에 덕천가강의 수압이 찍힌 宗義智의 서계를 보내 대마도가 덕천가강으로부터 조일 양국의 강화교섭을 위임받았다는 것을 부각시켰다.14)

---

11) 閔德基, 앞의 글, 177~184쪽.
12) 위와 같음.
13) 《宣祖實錄》 권 160, 선조 36년 3월 경진.
14) 《宣祖實錄》 권 163, 선조 36년 6월 기해.

10월에는 薩摩(사츠마)에 억류되었던 피로인 金光이 외교승 玄蘇(겐소)의 강화 요청을 담은 서계를 가지고 귀국하였다. 김광은 조정에 상소를 올려 일본의 동향을 보고하는 자리에서 덕천가강의 집권과 강화 의지를 전달하였다. 그는 일본의 재침 가능성도 배제하지 않았는데, 이유는 과거 풍신수길의 잔당세력에 대한 배려 때문으로, 덕천가강이 강화를 명의 결정에 따라야 한다는 조선의 주장은 평계이므로 다시 출병하지 않으면 안된다고 했다는 것도 아울러 전하였다.[15]

김광의 상소로 대일본정책의 방향을 전환해야 할 필요성을 자각한 조정은 대마도에 대한 허화를 전제로 한 대일정책으로부터 德川幕府를 의식한 대일정책을 구사하기 시작하였다. 선조 37년 6월 조선의 대일외교에 대한 명의 불간섭 원칙이 재차 확인됨에 따라, 유정 및 일본 사정에 밝은 손문욱을 探賊使로 대마도에 파견하여 김광의 정보를 확인하기로 했다.

유정이 대마도주 종의지 앞으로 가져 간 예조참의 成以文의 서계에는 대마도에 대한 허화 및 開市(무역)를 허락하는 한편, 일본 정부의 강화요청은 피로인 송환 등의 誠意 표현이 전제되어야만 명나라 황제의 허락에 따라 강화로 연결될 수 있다고 되어 있었다.[16] 조선은 '明朝借重之計'를 일본 중앙정부에 대해서도 적용하였다. 선조 38년 3월 유정 일행은 京都(쿄토)에 가서 덕천가강을 만나고, 4월에는 피로인 3,000여 명을 인솔하여 데리고 왔다.[17] 그러나 조선은 덕천가강이 강화를 요청한다면서 강화에 관해 언급한 書狀 하나도 건네주지 않았음에 주목하고, 그가 강화를 원하고 있다는 대마도의 주장을 불신하기에 이르렀다. 조선은 강화교섭 요청이 대마도의 자의에 의한 것이라는 판단하에, 선조 39년 2월 대마도를 통하지 않고 직접 막부(加藤清正)에 사자를 보내어 막부의 강화교섭에 관한 진의와 일본의 국정을 탐색하기로 했다.[18] 조선은 일본에 보낼 서계를 작성하여 발신인은 朝鮮國禮曹判書官銜로, 수신자는 日本國執政大臣으로 설정했다. 그리고 덕천가강이 먼저 國

15) 《宣祖實錄》 권 172, 선조 37년 2월 무신.
16) 《通航一覽》 卷 27, 朝鮮國部 3 修好始末, 慶長 9年夏條, 314쪽.
17) 《宣祖修正實錄》 권 175, 선조 38년 4월.
18) 《宣祖實錄》 권 199, 선조 39년 5월 을유.

書(先爲致書)를 보내 오고, 성종과 그 왕후 및 중종의 능묘를 파헤친 犯陵賊을 보내 온다면 강화에 응할 용의가 있다고 하였다.[19]

그러나 이는 대마도의 반대에 부딪혀 결국 실현되지 못하고 말았다. 이유는 조선이 막부에 직접 차관을 파견한다는 것 자체가 대마도의 강화교섭 행위에 대한 불신을 의미하기 때문이었다. 그리고 차관 파견으로 조선정부와 일본의 중앙정권이 직접 교섭하는 루트가 형성될 경우, 조선과의 독점적 교역 관계에 악영향을 줄 것이라는 판단에서였다. 대마도는 조선에 차관 파견 계획의 중지를 요구하는 한편, 조선이 제시한 2건의 대행을 조선에 약속하였다. 조선측이 당초 계획을 바꾸어 대마도의 요구를 수용했던 것은, 만약 조선정부가 의도하고 있는 막부정권과의 직접 교섭을 막부가 거부할 경우 외교상 주도권을 상실할 우려가 있다고 판단했기 때문이다.[20]

나. 제1회 회답겸쇄환사 파견을 통한 국교회복과 대일본정책

전근대 동아시아 세계에서는 강화가 성립되지 않은 상태에서 어느 한쪽이 상대국에 국서를 보내는 것은 상대국에 대한 항복을 인정하는 행위로 이해되고 있었다.[21] 따라서 조선이 일본에 대하여 제시한 강화 조건인 先爲致書는 일본이 임진왜란의 침략행위를 사죄해야만 강화에 응할 수 있다는 강한 의지를 나타낸 것이라 할 수 있다. 그리고 犯陵賊의 쇄환 요구도 범릉적을 개인적인 범죄가 아니라 國賊으로 취급할 것을 명백히 한 것으로, 이 조건의 이행 역시 임진왜란에 대한 사죄의 의미가 있었다.

조선이 제시한 2가지 조건은 선조 39년(1606) 8월 全繼信의 대마도 파견으로 일본에 전달되었다. 교섭은 의외로 빨리 진척되어 11월에는 대마도 사자 橘智正이 정식으로 덕천가강의 국서와 범릉적 대마도인 2명을 데려 왔다.[22] 죄인은 위범이라고 밝혀졌지만, 명분상 조선의 요구가 관철되었고 교섭의 주도권을 조선이 가질 수 있게 되었으므로 강화에 응하여 사절을 파견하기로 결정하였다.

---

19) 《宣祖實錄》 권 199, 선조 39년 5월 기묘.
20) 홍성덕, 앞의 글.
21) 《宣祖實錄》 권 199, 선조 39년 5월 경진.
22) 《宣祖實錄》 권 205, 선조 39년 11월 정축.

덕천가강이 항복을 스스로 인정하는 의미의 '선위치서'에 응하면서까지 조선과의 강화에 응한 것은 조선과의 강화로 豊臣政權의 대외적 과제를 청산할 수 있었기 때문이다. 그리고 대내적으로는 조선과의 강화를 굴욕으로 여기는 일본 내 반대세력을 설득하여 덕천막부의 정당성을 확보할 수 있으리라고 믿었기 때문이다. 이에 막부는 대마도주 종의지에게 강화의 대행을 명령하였다.

마침내 선조 40년 정월 12일 강화를 위해 일본에 파견하는 조선측 사절단이 한양을 출발하였다. 사행명은 덕천막부 장군 국서에 대한 회답과 납치된 피로인의 쇄환 등, 전후 처리를 위한 回答兼刷還使였다. 조선이 사절명을 통신사라고 하지 않은 것은 '賊中의 情形이 미심해서'에서 알 수 있듯이, 豊臣秀賴(토요토미 히데요리)의 생존에 따라 일본 정세가 변화할 수 있다는 인식하에 유동적으로 대처하기 위해서였다. 정사 呂祐吉을 비롯한 406명의 사행은, 5월에 江戶(에도)에 도착하였으며, 6월에는 선조의 회답 국서를 전달하고 일본측의 답서를 받아, 7월에는 피로인 1,418명과 함께 한양에 돌아와 복명하였다.[23)]

그런데 조선측 사행이 받아 온 일본측의 국서는 덕천가강의 국서가 아니라 그 아들 德川秀忠(토쿠가와 히데타다)의 것이었다. 조선측 사행이 大坂(오사카)에 이르렀을 때, 돌연 駿河(스루가, 현재 靜岡縣)의 덕천가강으로부터 대마도주(宗義智, 소오 요시토시)에게 그 자신은 장군직을 아들인 秀忠에게 이미 계승하였으므로 조선의 사행으로 하여금 에도의 수충에게 가서 예를 행하게 하라는 명령이 전달되었기 때문이다. 사행 일원의 반대가 있었으나, 조선 국왕의 국서를 전달해야 한다는 사행의 목적을 달성하기 위해서는 이를 받아들이지 않을 수 없었다.

회답겸쇄환사의 복명 후 조선 조정에서는 이들이 수충의 답서를 받아 온 것에 대해 문책하자는 논의도 있었으나 큰 문제가 되지는 않았다. 이로써 마침내 임진왜란으로 단절되었던 양국의 교린관계가 회복되게 되었다.

(2) 기유약조의 체결과 통교체제의 확립

선조 40년 회답겸쇄환사의 파견으로 양국 간의 교린관계가 회복되기는 하였

---

23) 慶暹, 《海槎錄》(《海行總載》 국역본, 권 2, 민족문화추진회), 325, 330~331쪽.

지만, 이는 일본 내의 유동적인 정세 변화 및 南倭北擄라는 17세기 초 동북아 정세 속에서 보국안민을 위해 중앙정권 차원에서 우호를 확인하는 수준이었다. 무역 등을 포함한 교린체제 재편성이라는 과제는 광해군 원년(1609) 己酉約條가 성립되어서야 비로소 해결되게 되었다.

조선은 선조 37년(1604) 6월 대마도에 유정과 손문욱을 파견하여 허화를 전하면서 이미 開市(사무역)를 허락한 바 있었다. 그런데 조선이 무역을 허락했음에도 불구하고 대마도는 조선에 사자를 보내 무역액을 증가시키려는 노력을 보이지 않았다. 대마도가 교역을 둘러싸고 조선과의 논의를 시도하게 되는 것은 선조 41년 '일본국왕사'의 파견때부터로, 광해군 원년 3월에는 대마도의 외교승 玄蘇(겐소)가 324명의 사절단을 데리고 부산에 왔다. 이 때 부산에서는 국왕사에 대한 접대와 더불어 선위사 李志完과 외교승 현소 사이에서 비로소 교역을 위한 기유약조가 체결되었다.

약조의 내용은 다음과 같다.[24]

㉠ 조선에서 접대하는 예는 국왕사신과 대마도주의 특송과 대마도 受職人으로 합하여 3례에 한정한다.
㉡ 국왕사신에게는 本船과 副船만을 허가한다.
㉢ 대마도로부터의 세견선은 20척에 한정시키며, 이 속에 특송선 3척을 포함시킨다. 대선은 6척, 중소선은 각각 7척이다.
㉣ 대마도주에게 매년 1번 歲賜米·豆를 100石 급여한다.
㉤ 수직인은 매년 1번 來朝하되 대리인의 파견은 허락하지 않는다.
㉥ 戰前의 수직인은 죄의 면죄를 다행으로 알고 이의를 제기해서는 안된다.
㉦ 배의 길이가 25尺 이하를 소선, 26·27척을 중선, 28~30척을 대선으로 한다. 船夫로는 소선이 20인, 중선이 30인, 대선은 40인으로 하며, 이 규칙을 어겨서는 안된다.
㉧ 조선에 파견하는 모든 배는 대마도주의 文引을 지참해야 한다.
㉨ 대마도주에게는 전례에 따라 圖書(銅印)를 지급하기로 한다. 견본은 校書館,

---

24) 《光海君日記》 권 17, 광해군 원년 6월 정축.
《通文館志》 권 5, 交隣 上, 萬曆 己酉約條.
《增正交隣志》 권 4, 光海元年己酉改定約條.
《朝鮮通交大紀》 권 5, 萬松院公 己酉約條.

그리고 부산포에 주어 그 진위 확인시에 대조한다.

㈥ 문인을 지참하지 않고 부산포 이외의 지역으로 접근해 오면 賊으로 간주한다.

㉪ 過海料(來船手當)로 대마도인에게는 5일 분을, 대마도주의 특송선사에게는 10일 분을, 일본국왕사신에게는 20일 분의 식량을 지급한다.

㉫ 왜관에 체재하는 기일은 대마도주 특송선을 110일로 하고, 나머지 세견선은 85일로 하되, 표류인 송환차왜와 각 항별 차왜는 55일로 한다.

㉬ 기타의 세목은 전규에 따른다.

13개 항목에 달하는 약조의 특징은 대략 세 가지로 요약할 수 있다.

첫째는, 대마도의 세견선수를 20척으로 감소시키고 세사미두의 양을 조선 전기 癸亥約條의 절반 수준으로 줄임으로써 대마도에 대한 교역량을 제한하였다.

둘째는, 조선 전기의 교역체계인 文引·圖書·受職人制를 그대로 답습하면서, 15세기 초부터 일본내의 각종 통교자를 통제하기 위해 대마도의 宗氏에게 渡航文書의 발행권을 위임하던 문인제도를 통해 외교창구로서의 대마도 종씨의 위치를 더욱 확고히 하였다. 이 규정에 따르면 실제로는 한번도 파견된 적은 없지만 일본국왕사선까지도 대마도의 문인을 받아와야 했다.

셋째는, 국왕사선을 제외한 巨酋使 등 일본의 특정세력이 파견하는 사자에 대한 규정을 없애는 대신 모든 규정을 대마도 종씨에 귀속시킴으로써 통교 루트를 일원화하였다.

이상을 정리해 보면, 기유약조는 임진왜란 전까지 대마도와 맺었던 약조들을 집약하여 대마도를 조선의 기미권 안에 재편입시키기는 했으나, 대마도가 요청해 올 교역관계 확대 요구를 최대한 억제한 것이었다. 그러나 한편으로는 대마도를 통한 일본 막부와의 간접 통교 루트를 설정함으로써, 새로 개편된 외교 체제 속에서 무역을 비롯한 대마도의 기득권을 보장한 것으로 조선 후기 조일관계의 기본 골격을 제시한 것이었다.

(3) 통교 회복 직후 조일 교린관계의 실태

가. 제2·3회 회답겸쇄환사의 파견과 대마도의 국서 위조

조선은 선조 40년의 통교 재개 이후 광해군 9년과 인조 2년(1624)에도 피로인 송환을 위한 회답겸쇄환사를 일본으로 파견하였다.

이 때 일본과 주고받은 외교문서는 무려 11통이나 되었는데, 조선은 일본측의 외교문서에 대해 막부장군이 먼저 國書를 발급하되 반드시 '日本國王'호를 사용할 것 등, 일정한 서식을 요구하였다.

그런데 앞서 보았듯이 조선 후기 양국 간의 통교는 대마도를 통해서 이루어지는 간접 통교체제였기 때문에, 조선측 외교사절의 일본 파견을 위한 교섭도 막부의 명을 받은 대마도가 대행하였다. 조선 전기 계해약조 이래 조선과 일본 사이에서 양국의 교섭 창구 역할을 해 온 대마도는 나름대로 교섭기술을 축적할 수 있었는데, 양국의 외교적 마찰을 막고 평화를 유지하는 것이 바로 대마도의 이익을 지킬 수 있다는 것이었다. 대마도의 이러한 인식때문에 3번에 걸친 회답겸쇄환사 파견시 오고간 11통의 국서는 대부분 대마도에 의해 위조되고 있었다.

선조 40년(1607) 제 1회 회답겸쇄환사가 가지고 간 조선측 국서는 대마도에서 삭제한 글자가 24자나 되며, 새로 써넣은 글자는 18자나 되었다.[25] 개작의 대상이 된 것들은 조선이 일본측에 제시한 조건과 관련이 있었다.[26] 선조 40년의 국서는 회답겸쇄환사라는 사행 명칭에서 알 수 있듯이 당연히 답서의 형식으로 작성되어 있었다. 그런데 앞서 보았듯이, 駿河(스루가, 현재 靜岡縣)의 덕천가강으로부터 대마도주(宗義智, 소오 요시토시)에게 조선의 사행으로 하여금 에도에 있는 장군(덕천수충)에게 가서 예를 행하게 하라는 명령이 전달되었다. 사행 일원의 반대가 있었으나, 조선 국왕의 국서를 전달해야 한다는 사행의 목적을 달성하기 위해서는 답서를 來書로 고치지 않으면 안되었다. 그 결과 답신을 보낸다는 의미의 奉復이 먼저 글을 올린다는 뜻의 奉書로 바뀌었다. 장군의 외교칭호도 조선측이 제시한 '日本國王'이 아니라 '日本國源秀忠'으로 되어 있었다. 뿐만 아니라 예물의 품목과 수량을 적은 別幅의 내용도 변경하여 인삼 50근을 200근으로 고쳤다. 조선의 의도와는 전혀 다른 내용이 되어 버린 것이다.

대마도는 이미 조선 초기부터 일본에 왕래하는 각종 일본인에 대한 통제를 조선으로부터 위임받고 있었다. 그 과정에서 조선으로부터 銅印(도서)을

25) 孫承喆, 〈朝鮮後期 脫中華의 交隣體制〉(《講座 韓日關係史》, 玄音社, 1994), 365쪽.
26) 《宣祖實錄》 권 200, 선조 39년 6월 계해.

받아 書契나 文引을 작성함은 물론, 필요에 따라서는 도서 및 서계도 허위 작성해 왔다.[27] 대마도는 조선의 3사와 상담한 끝에 서계 및 別幅의 내용을 새로 조정하였으며, 개작된 국서에 찍을 德有隣이라는 조선 국왕의 도장도 대마도에서 위조하였다. 위작된 국서는 조선측 사행이 에도에 입성한 후 장군을 알현하기 직전에 바꾸어졌다.

이렇게 해서 선조 40년의 회답겸쇄환사가 7월에 귀국하여 선조에게 복명하는 자리에서는 뜻밖에도 막부장군의 답서가 제출되게 되었던 것이다. 조정에서는 일본측에 개서를 요구하지 않고 그대로 받아 온 사절에 대하여 처벌할 것을 요구하는 의견도 있었으나, 선조의 용서로 가벼운 처벌에 머물렀다.

이 때문에 국서 개작문제는 아직 양국 간의 외교문제로까지 확대되지는 않았으며, 그 후 제2·3회 회답겸쇄환사의 파견시에도 국서 위조가 계속해서 10여 차례나 더 행해졌다. 조선은 국교 재개 교섭 이후 일관해서 장군의 칭호를 일본국왕으로 해 줄 것을 원하고 있었는데, 아마도 명을 중심으로 하는 책봉체제에 일본을 편입시킴으로써 전쟁 위협으로부터 벗어나 동양 3국의 평화 내지는 공존을 모색해 보려고 했던 것 같다.[28] 일본은 명으로부터 책봉을 받지 못했으며, 더구나 당시 일본의 일각에서는 천황을 일본국왕으로 인식하기도 하였으므로 막부장군을 함부로 일본국왕으로 기재할 수 없었다.

조선측이 문제삼은 서식 및 외교칭호의 문제는 당시 동아시아 통교체제 및 일본 내부 사정과도 관련되는 부분으로, 조선과 막부 당사자간에 합의가 이루어지지 않는 한 근본적으로 해결될 수 없는 문제였다. 이는 결국 조일 양국의 교섭창구로서 양국의 사정을 잘 알고 조선 전기 이래 교섭기술을 축적해 왔던 대마도에 의해 국서 위조라는 방법으로 해결될 수밖에 없었던 것이다.

나. 통교재개 직후 교역의 특징과 실태

기유약조로 양국의 교역관계가 곧바로 재개되지는 않았다. 광해군 2년(1610) 9월 倭館 開市에 관한 약정으로 왜관 교역에 관한 규정들이 정해진 후에야 가능하게 되었다.[29] 광해군 3년 9월 처음으로 대마도의 세견선이 파

27) 田代和生・米谷均, 〈宗家舊藏「圖書」と木印〉(《朝鮮學報》 156, 1995), 93~95쪽.
28) 孫承喆, 앞의 책, 193~195쪽.
29) 《光海君日記》 권 33, 광해군 2년 9월 경술.

견됨으로써 조선과 대마도 간의 교역이 본격화하게 되었으며,[30] 무역 이윤은 대마도 재정의 중요 요소였다.

그러나 이 시기 교역은 근대적인 의미에서의 무역과는 성격이 달랐다. 순수하게 경제적 이윤을 추구하는 상거래가 아니라, 기유약조에서 조선과의 교역이 허락된 선박(세견선·수도서선)이 사송선의 형식을 띠고 왔으며, 조선국왕에게 進上 예물을 바치고 숙배식을 올려야만 필요한 물건을 回賜의 형식으로 받아 가는 것이었다. 조선의 입장에서 본다면 무역이라기보다는 조공적 外交儀禮를 통한 물자의 교환 형식이었으며, 조선이 상국의 입장에서 遠人을 구휼한다는 遠人厚待의 방침 아래 이루어진 교역이었다. 외교와 무역이 뒤섞여 있는 형태의 것이었다.

무역은 부산의 왜관이라는 한정된 공간에서 정부 주도로 이루어졌으며, 크게 4종류의 무역이 이루어졌다. 하나는 앞서 든 세견선사가 가져오는 진상 예물과 조선측의 회답 예물에 의한 조공의례적인 진상무역이고, 다른 하나는 이러한 의례적인 절차를 치른 후 부수적으로 이루어지는 공무역으로 조선의 관아에서 필요로 하는 銅·錫·丹木을 일본으로부터 구입하였다. 조선측 상인들과 일본(대마도) 상인들의 사무역도 있었을 것이나 사료상으로는 확인할 수 없다. 그리고 한편으로는 공사무역으로 충족되지 못하는 물건, 또는 막부장군에 대한 헌상이나 大名에 대한 선물로 매(鷹)·말(馬) 등을 요청하기도 했는데, 이것들은 대마도가 공사무역과는 별도로 求請하는 형태로 조선에 요구하였다.

조선이 일본에 주는 회답 예물은 조선에서 나는 토산물이 주종을 이루었으며 木棉이 많았다. 목면이나 면포는 통교 재개 직후 회사예물로서 가장 비중이 큰 품목이었으며, 1620년대 후반부터 10년 동안은 해마다 증가 추세에 있었으나 인조 16년(1638)부터 회사 예물에서 자취를 감추기 시작한다.[31]

회사 예물의 종류는 전쟁 직후 생산 시설의 파괴로 인해 대마도가 요구하는 물건을 제대로 공급할 수 없었으므로 물품의 수량과 내용도 유동적일 수밖에 없었다. 세견선사의 진상에 대한 회답예물에 한정해서 볼 경우, 조선은 대략 16가지의 물품을 지급하였다. 이는 《통문관지》나 《증정교린지》에서 규

---

30) 《朝鮮通交大紀》 5, 慶長 16년조.

31) 《對馬島宗家關係文書－書契目錄集》 1(國史編纂委員會, 1990), 1～57쪽.

정하고 있는 人蔘・虎皮・豹皮・白綿紬・黑麻布・白苧布・白綿紬・黃毛筆・眞墨(참먹)・鷹子(매)・花席・油芚(종이)의 12가지보다 4종이 더 많았는데, 추가 품목인 照布・米・黃燭・黃蜜은 정례적으로 지급하는 물건은 아니었다. 그리고 종래 세견선과 특송선에 대해 지급한 회사 예물 가운데 정례로 굳어져 있었다고 하는 인삼・호피・표피・백면주・흑마포・백저포・백면포・황모필・진묵・응자・화석・유둔도 통교 재개 직후 대마도로부터 별도의 요구가 있는 경우에 한하여 지급되었다. 이러한 예물의 품목이 정례화되는 것은 목면이 공무역에 대한 결재수단으로 쓰이게 되는 인조 16년부터로 보이며, 전쟁 직후 무역은 아직 안정되지 못했다고 생각된다.

2) 17세기 중반 조일 통교체제의 개편

17세기 초 만주에서 後金의 세력 팽창은 조선에 큰 위협이었다. 인조 5년 정묘호란 이후 심해진 군사적 압박과, 인조 14년 병자호란 이후 조선에 대한 사대관계 요구는 조선의 대일정책 수립에 영향을 미쳤다. 명의 멸망 이후 조선은 청과 사대관계를 유지하기는 했으나, 임란 이후 일본과의 통교 회복을 되도록 청에 은폐하려 했으며, 청과 일본과의 통교 교섭에도 비협조적이었다. 책봉체제라는 중국 중심의 외교체제를 유지한다는 통교 이념이 조선으로 하여금 대청관계나 대일관계에서 정치적・경제적 부담을 증가시킬 수 있다는 인식이 있었기 때문이라고 생각된다.

한편 이 시기 일본에서 폭로된 國書改作事件(柳川一件)과 兼帶制도 양국의 통교체제가 개편되는 큰 계기로 작용하였다. 국서개작사건 이후 막부장군의 습직 때마다 파견되는 통신사행은 청의 군사적 압박이 가중되는 가운데 자리잡혀 갔다. 그러나 명의 멸망 이후 조선과 일본에 존재하게 된 청에 대한 멸시는, 양국관계를 통교 이념보다는 자국의 내정이나 현실을 충분히 반영한 통교체제로 전환해 가는 계기가 되었다. 그리고 통교 초기에는 왜란 후 경제시설의 파괴로 일본측 사행에게 예물 등을 제대로 지급하지 못해 다른 물건으로 대체하는 경우가 많았으나 17세기 중반 이후부터는 생산 시설의 복구로 무역도 안정되는 추세에 있었으며, 겸대제 실시로 무역제도 및 외교사행에 대한 정비가 가속화되었다.

종래 연구 가운데는 개편된 통교체제의 바탕이 명 멸망 이후 양국 간에 존재하는 자민족 중심주의에 있음에 유의하여 탈중화적 교린체제라 정의한 경우도 있다.[32] 현재 명청교체기에 일어난 국서개작사건이 조일통교체제 개편의 계기가 되었다는 것에는 많은 연구자들이 동의하고 있으며, 새로운 시론들이 모색되고 있다.

(1) 국서개작사건과 통교루트의 일원화

17세기 중반의 國書改作事件(柳川一件)은 대마도주의 가신이면서 풍신수길 정권 이후 일본의 막부정권과 긴밀한 관계에 있던 柳川(야나가와)家에 의해 폭로되었다. 1630년대 이후 막부가 대외무역을 독점해 감에 따라 언젠가 대조선통교도 막부가 장악하리라고 전망한 유천家는, 조선과의 통교관계가 막부 주도의 직교체제로 전환될 경우, 대조선관계에서 대마도주를 제외시키기 위해 인조 13년(1635) 3월 마침내 통교 재개 이후 대마도에서 국서를 개작해 왔다는 전대미문의 사건을 폭로하였다.

국서개작사건은 조일 양국에 큰 파문을 일으켰다. 우선 막부는 이 사건의 수습 과정에서 뜻밖에도 유천家가 아닌 대마도주를 선택함으로써, 도주의 지위를 안정시키는 한편 대조선통교 루트를 대마도주 宗家로 일원화시켰다. 이 과정에서 외교문서 작성을 맡아 왔던 유천家 및 以酊菴 승려들이 처벌을 받게 됨에 따라, 대마도는 막부에 외교문서를 작성할 수 있는 전문인력을 요청하였다. 막부는 京都의 5山僧을 대마도의 이정암에 파견하여 2년씩 윤번으로 근무하게 하여 조선과 주고 받는 외교문서의 작성 및 검열을 맡아보게 하였다. 이것이 소위 '이정암 윤번제'라는 것으로, 막부는 국서개작사건 이후 대마도주를 통한 간접통교 방식은 기본적으로 견지하였으나 대조선교섭에 간여할 수 있는 계기를 마련할 수 있게 되었다. 이러한 변화는 인조 13년 12월 부산에 온 대마도 사자 玄方(겐포오)에 의해 알려졌다.

조선도 국서개작이 일본에서 문제가 되자 예의 주시하였다. 교섭루트의 변경에 따라 대일정책을 새로 강구해야 했기 때문이다. 조선은 조선 전기 이

32) 孫承喆, 앞의 책, 197~227쪽.

래 유천의 외교실무 능력을 평가하여 流芳院送使라는 圖書船을 허락하였으며, 임란 이후 피로인의 송환에도 성의를 보였기 때문에 대일본 교섭에 있어서 신뢰도가 높았다. 그런 만큼 인조 10년에는 당상역관 韓祥을, 인조 13년에는 洪喜男을 대마도에 파견하여 사건 처리의 추이와 막부의 의도 파악에 노력하였으며, 유천家의 몰락 이후의 사태에 대응하려 했다. 그 결과 조선은 막부정권에는 통신사를 파견하여 우호를, 대마도에는 문위행을 파견함으로써 대마도주를 통한 교섭루트의 안정에 노력하게 된다.

(2) 통교체제의 개편

가. 통신사행

막부는 국서개작사건 이후 인조 14년 2월 대마도주 宗義成(소오 요시나리)을 통해 조선에 일본의 태평 축하를 위한 사절 파견을 요청해 왔다. 조선은 통신사의 파견 여부를 놓고 논의를 거듭했으나, 결국은 남변의 안전과 대마도주 종씨를 통한 교섭루트의 안정을 위해 사절을 파견하기로 하였다. 인조 14년은 조선에 대한 후금의 정치적·군사적 압박이 심해지던 시기였다. 후금은 국호를 청으로 고치고 조선과의 관계도 형제관계에서 사대관계로 변경할 것을 요구하였으며, 불응할 경우 군사적으로 침략할 의사가 있음을 내비쳤다. 청에 대한 위기감 속에서 조선은 통신사의 파견을 수락하였다.

인조 14년 병자 통신사의 초빙 교섭은 대마도가 맡았으나, 일본의 일방적인 서식 개정을 바탕으로 교섭이 이루어졌다. 예를 들면 명의 연호 대신 干支 앞에 龍集 등을 쓰던 것을 天皇의 연호로 변경한 것과 조선측 국서에 사용하는 장군 호칭을 大君으로 해 줄 것 등이었다. 조선은 처음에 일본의 의도에 의혹을 품었으나, 일본 연호나 대군 호의 사용은 국서개작사건 이후 대조선통교체제의 정비에 따른 막부의 내부 사정에 의한 것으로, 용어 자체에 상대국에 대한 우월을 나타내는 의미는 없다고 판단하였다. 뿐만 아니라 이러한 용어 변경은 명의 책봉이 불가능한 상황 속에서 일본이 취할 수밖에 없는 방법이라고 인식하였다.[33] 그리하여 인조 14년 4월에는 洪喜男을 대마도에 파견하여 통신사 강정절목을 정하고 용어 개정에 합의를 하였다. 8월에

33) 孫承喆, 위의 책, 215쪽.

는 정사 任絖을 비롯한 478명의 외교사행이 전쟁 이후 처음으로 通信使라는 명칭으로 일본에 파견되었다.

이 당시 차후의 외교사행 파견에 대해 조일 양국 간에 어떤 약조나 규정이 정해진 것은 없었다. 단지 회답겸쇄환사라는 전후 처리를 위한 사행과는 달리, 상호 양국관계의 우호를 위해 朝鮮國王과 日本國大君이라는 중앙 정부 차원에서 통신사의 파견이 가능하다는 전례가 만들어진 셈이다.[34)]

조선통신사의 일본 방문은 일본의 입장에서 볼 때 막부장군의 권위를 확립할 수 있는 절호의 기회였다. 통신사 초청에 따른 경비는 관동 및 서남 일본 영주(大名)의 경제력을 동원하였으며, 그 과정에서 그들을 통제할 수 있는 제도적 장치를 마련할 수 있었다. 또 일반 민중들에게는 화려한 외국 사절단의 행렬을 보여 주고, 민중들은 이를 확인하면서 중앙 정권으로서의 막부의 권위가 정착되어 갔다. 막부가 통신사를 통해서 거두어들이는 정치적 효과는 큰 것이었기 때문에 막부 초기에는 통신사 초빙에 큰 관심을 가지고 있었다. 막부의 제3대 장군 德川家光(토쿠가와 이에미츠)은 이러한 일본 내의 정치적 상황과, 명청교체기 조선이 안고 있는 청에 대한 위기감을 이용하여 丙子 통신사가 파견된 지 7년 만인 인조 21년(1643)에 또다시 그 아들(德川家綱 ; 토쿠가와 이에츠나)의 탄생 축하를 위한 명목으로 조선에 사절 파견을 요청하였다.

조선은 장군 아들의 탄생을 축하하기 위한 사절이 파견된 전례는 없으나, 명의 책봉체제 붕괴 이후 청에 대한 위기감 속에서 보국안민과 일본과의 관계 안정을 위해서는 파견하는 것이 유리하다고 판단하여, 일본의 요청을 받아들였다. 회답겸쇄환사 파견 이후 통신사행의 파견이 비교적 쉽게 이루어질 수 있었던 것은, 양국 모두 명청교체라는 국제 환경의 변화 속에서 안으로는 내정을 확립하고 밖으로는 새로운 통교관계의 안정을 모색할 필요가 있었기 때문이라고 볼 수 있다.

일본은 조선을 유일한 通信의 나라로 여겨 효종 6년(1655)부터는 막부장군의 습직이 있을 때마다 조선에 사신의 파견을 요청해 왔다. 조선은 전례를 존중하여 그 때마다 통신사를 파견하였으며, 순조 11년(1811)의 辛未 통신사를 마

---

34) 荒野泰典은 국서개작사건 이후 형성된 막부의 대조선외교체제를 '大君外交體制'라 한다(《近世日本と東アジア》, 東京大, 1988, 191~222쪽).

지막으로 모두 12번이나 파견하였다. 조선은 조선 전기 사행로가 왜군의 침략로가 되었던 것을 염려하여 일본국왕사의 조선 파견을 허락치 않았기 때문에 통신사는 조선에서 일본으로 일방적으로 파견되었다.

통신사행은 선린우호를 상징하는 외교사행으로 예조참의급 정사를 비롯하여 400~500여 명의 규모로 파견되었으며, 체재 기간은 6~12개월 정도였다. 대마도에서 에도까지 가는 통신사 행렬의 규모는 통신사행을 비롯하여 이를 수행하는 대마번사, 그리고 접대를 맡은 지방의 藩士까지 합하면 2,000명 이상이 동원되었다. 체재 기간 동안 통신사 일행은 에도를 방문하여 막부장군을 직접 만나 조선 국왕의 국서를 전달하고 또 접대를 받았다. 그리고 각지의 일본인들과 주자학·문학·의학·미술 등 각 분야에서 활발한 문화교류를 하였다. 이들의 접대를 위해 지출하는 일본측 총경비는 대략 銀 100만 兩, 동원 인원 33만 명, 말 7,600두에 이르렀다.

통신사행의 파견은 명청교체라는 동아시아 국제관계의 변동 속에서 조일 양국이 정부 차원에서 신뢰를 확인하고 평화를 유지할 수 있는 유일한 방법이었다. 때문에 19세기 중엽 그 운용이 다소 왜곡되기는 했어도 파견 자체가 폐지되지는 않았다.

〈표 1〉 통신사행

횟수	연 대	사절 명칭	인원	정사	사행 기록	기 타
1	선조 40년(1607)	회답겸쇄환	467명	여우길		국교회복
	慶長 12	수호		경 섬	해사록	
	(정미)			정호관		
2	광해군 9년(1617)	회답겸쇄환	428	오윤겸	동사상일록	伏見행례
	元和 3	大坂평정축하	(78)	박 재		
	(정사)			이경직	부상록	
3	인조 2년(1624)	회답겸쇄환	300	정 립		
	寬永 1	家光습직축하		강홍중	동사록	
	(갑자)			신계영		
4	인조 14년(1636)	태평축하		임 광	병자일본일기	통신사 호칭
	寬永 13			김세렴	해사록	
	(병자)			황 려	동사록	일본국대군호
				(권 식)		日光山 유람
5	인조 21년(1643)	德川家綱	477	윤순지		東照社 제사
	寬永 20	탄생축하		조 경	동사록	
	(계미)			신 유	해사록	
				(박안기)		
					계미동사일기 (미상)	

횟수	연 대	사절 명칭	인원	정사	사행 기록	기 타
6	효종 6년(1655) 明曆 1 (을미)	德川家綱 습직축하	485 (100)	조 형	부상일기	東照宮 배례 大猷院 제사
				유 창		
				남용익	부상록	
				(이명빈)		
7	숙종 8년(1682) 天和 2 (임술)	德川綱吉 습직축하	473 (112)	윤지완		
				이언강		
				박경준		
				(성 완)		
					동사일록(김지남) 동사록 (홍우재)	
8	숙종 37년(1711) 正德 1 (신묘)	德川家宣 습직축하	500 (129)	조태억	동사록	新井白石의 외교의례 개혁
				임수간		
				이방언		
				(이 현)		
					동사록 (김현문)	
9	숙종 45년(1719) 享保 4 (기해)	德川吉宗 습직축하	475 (109)	홍치중	해사일록	
				황 준		
				이명언		
				(신유한)	해사록	
					부상기행(정후교) 부상록 (김옹)	
10	영조 24년(1748) 寬延 1 (무진)	德川家重 습직축하	475 (83)	홍계희		
				남태기		
				조명채	봉사일본시견문록	
				(박경행)		
					수사일록(홍경해) 일본일기 (미상)	
11	영조 40년(1764) 寶曆 1 (갑신)	德川家治 습직축하	477 (106)	조 엄	해사일기	崔天淙 피살사건
				이인배		
				김상익		
				(남 옥)		
					계미사행일기(미상) 일본록 (성대중)	
12	순조 11년(1811) 文化 8 (신미)	德川家齊 습직축하	328	김이교		대마도 역지통신
				이면구		
				(이현상)		
					동사록(유상필) 도유록(김청산)	

* (숫자)는 대판 체류

* (인명)은 제술관

나. 문위행

조선은 장군이 있는 에도에 통신사를 파견하는 것과는 별도로 대마도에도 정부차원에서 問慰行이라는 외교사절을 파견하였다. 이는 조선과 일본의 중앙 정권이 직접 통교하는 직교체제라면 생각하기 어려운 것으로 특별히 주목해 볼 필요가 있다.

문위행은 국서개작사건이 해결되면서 에도에 갔던 대마도주 宗義成(소오 요시나리)이 대마도에 돌아와 조선에 축하 사절을 요청하자, 인조 14년(1636) 특별히 당상역관 홍희남을 보내 대마도주를 위로한 것이 계기가 되었다. 조선은 柳川(야나가와)家의 제거 이후 종래대로 대마도를 통한 간접 통교체제하에서 통교 실무자가 된 대마도주와의 관계를 지속적으로 유지할 필요가 있었다. 역관 홍희남 일행의 파견을 계기로 대마도주가 江戶參勤을 마치고 대마도로 돌아올 때마다 파견되던 문위행은, 사역원의 당상역관이 정사로 파견되었기 때문에 渡海譯官이라고도 하였다.[35] 문위행은 통신사에 비하여 규모가 작지만 대일본통교에서 대마도가 차지하는 비중이 컸기 때문에 사실상 통신사의 파견이 중지되었던 1860년대까지 50여 회나 파견되었다.

문위행은 대마도주의 환도를 위로하는 것 이외에도 대마도주가 및 장군가의 경조사에 대한 축하와 위로를 비롯하여 외교 현안의 교섭, 또는 통신사 파견에 앞선 강정절목을 교섭하기 위해 파견되었다. 임란 이후 조선은 일본 국왕사의 조선 파견을 거절하고 있었기 때문에, 대마도가 막부를 대신하여 크고 작은 사자를 파견해옴으로써 외교적인 사안을 처리하였다. 문위행의 대마도 파견은 대마도의 사자 파견에 대한 대응의 의미도 있었다.

문위행의 왕복시에는 반드시 대마도의 사자(裁判)가 호송을 하였으며, 대마도 체재기간중의 접대 비용은 대마도가 그 일체를 부담하였다. 문위행의 파견이 가장 빈번하였을 때는 17세기 중엽부터 말엽까지(제21대 도주 宗義眞)로 조선과의 무역이 활발하여 번의 재정이 풍부했기 때문이다. 조선과의 무역 쇠퇴로 번의 재정이 악화된 18세기 말엽 이후에는 막부의 사적 용건을 수행한다는 이유로 막부로부터 재정원조를 받는 사례도 생겼다.

(3) 겸대제 실시와 외교 사행의 정비

가. 겸대제

1630년대에는 소위 兼帶制라 하여 통교체제의 정비와 아울러 무역적 측면에서도 변화가 있었다.

---

35) 《交隣志》, 問慰各年例.

광해군 원년(1609)의 기유약조는 조선과 일본 간의 통교·무역에 관한 틀을 설정하였을 뿐, 세칙은 제시되지 않았다. 구체적인 접촉시 발생하는 폐단이나 현안에 대해서는 조선과 대마도가 교섭하여 그때 그때마다 약속을 정하지 않으면 안되었다. 대마도는 광해군 3년 조선에 처음으로 세견선을 파견한 이래 20여 년 동안, 세견선 이외에도 필요에 따라 수시로 사자를 파견해 왔다. 양국 간에 가장 먼저 현안문제로 대두된 것은 바로 이러한 대마도 사자의 접대에 들어가는 조선측의 경제적 부담 증가였다. 이 문제를 해결하기 위하여 조선측이 제안한 것이 겸대제로, 기유약조의 범위 내에서 사송선의 파견 횟수를 줄이고 교역 방법을 변경하자는 것이었다.

겸대제의 교섭 경위를 구체적으로 알 수 있는 기록은 그다지 많지 않다. 《증정교린지》에 따르면 인조 13년(1635) 역관 홍희남이 馬上才를 보여 주기 위해 에도에 갔다가 돌아오는 길에 대마도에 들러 대마도주를 설득하여 타결한 것으로 되어 있다. 내용은 2가지로 요약할 수 있는데, 하나는 일본에서 오는 도항 使船에 대한 접대 형식의 개선책을 제시한 것으로, 조선에 도항할 수 있는 대마도 세견선의 숫자를 줄였다. 종래는 외교문서(서계)를 지참한 정관 및 그 일행이 승선한 20척의 세견선이 조선에 도착하면, 조선국왕에게 진상이라는 조공적 의례를 치른 후에 각 사선마다 무역이 허락되었다. 그러나 겸대제에서는 제1특송선사가 제2·제3특송선사의 외교문서를 함께 가지고 오도록 함으로써 제2·3특송사의 파견은 생략하도록 한 것이었다. 세견선의 경우도 마찬가지로 제1선에서 제4선까지만 따로 접대하고, 나머지 13척(제5~17선)에 대한 서계는 제4선사가 함께 가지고 오도록 하였다.[36] 그 결과 세견선 20척 가운데서 접대를 받을 수 있게 된 사자는 제1특송선사를 비롯하여 제1·제2·제3·제4선 송사의 5선에 지나지 않게 되었으며, 15척의 사선에 대한 접대 부담이 줄어든 것이다.

그리고 교역방법도 달라졌다. 겸대제에서는 각 사선에 배당된 진상·회사물과 공무역 물품은 의식을 치를 때 물목(別幅)만 교환하고, 실제 교역품은 訓導나 別差가 왜관의 대관에게 1년 단위로 결재해 주기로 한 것이다. 그리

36) 《增正交隣志》 권 1, 겸대.

고 求請物이나 잡물도 쌀로 환산해서 지급하기로 하였다.[37] 즉 종전에는 사선이 오갈 때마다 무역할 물건을 실어 날랐는데, 무역 결재가 1년 단위로 이루어지게 됨에 따라 외상거래도 가능하게 되어 경제적 거래 행위의 성격이 그만큼 강화되었다고 보아야 할 것이다.[38]

겸대제 실시로 조선에 도항하는 사송선은 서계와 별폭만 지참할 뿐, 무역의 임무에서 벗어나게 되었으며, 무역에 관한 부분은 대관이 취급하게 되었다. 무역 절차가 간소해짐은 물론, 외교와 무역의 업무가 분리됨으로써, 외교와 무역을 구분하기 어려웠던 전근대적 요소는 조금 퇴색하게 되었다.

겸대제는 인조 15년 5월부터 시행되었으며, 조일관계가 파탄에 이를때까지 양국 간의 무역은 기본적으로 이 겸대제의 틀 안에서 이루어졌다. 또한 교역방법의 변화로 인해 외교사행의 파견에도 많은 변화를 가져왔다.

나. 연례8송사의 성립

겸대제의 실시로 세견선의 도항 횟수가 줄어듬에 따라 일본에서 조선으로 파견할 수 있는 사선의 수는 受圖書船(以酊菴·萬松院·副特送船使)을 포함하여 8선으로 줄었다. 따라서 조선이 실질적으로 형식을 갖추어 접대하게 된 사선은 8척이 되므로 이를 가리켜 年例8送使라 하였다.

연례8송사에 대해서는 겸대할 배뿐만 아니라 각 사선의 도항 시기에서부터 왜관에 체류하는 기간에 이르기까지 자세하게 규정하였다. 도해 시기는 각 사선마다 다르게 정했으나 늦어도 8월에는 도항을 완료하도록 하였다. 이는 해류나 바람 등 해상 조건과도 관련이 있었으며, 대마도인의 왜관 체류가 어느 한 시기에 집중되므로 해서 조선의 부담이 늘어나는 것을 조정해 보려는 의도도 있었다고 생각된다. 그러나 이러한 규정에도 불구하고 대부분의 일본(대마도) 사선들은 지급물을 받지 못했다는 이유를 들어 체류 기한을 넘기면서까지 왜관에 남아 있는 경우가 많았다.

---

37) 위와 같음.
38) 鄭成一, 《조선후기 對日貿易의 전개과정과 그 성격에 관한 연구》(全南大 博士學位論文, 1991), 65쪽.

〈표 2〉 연례8송사의 도항

渡鮮月日	送使 명칭	兼帶	寄乘	船數	왜관체류일수
1월	歲遣 제1선 送使			本 船 1 水木船 1	85일
	歲遣 제2선 送使		歲遣 제3선 送使	本 船 1	85일
	歲遣 제3선 送使			本 船 1	85일
2월	以酊菴送使		歲遣 제4선 送使	本 船 1	85일
		歲遣 제5~17船送使		本 船 1	
3월	제 1特送使	2·3特送使 中絶船		本 船 1 水木船 1	110일 110일
6월	萬松院送使 (平彦三·彦滿送使)			本 船 1 水木船 1 (本 船 1)	85일 (85일)
8월	副特送使			本 船 1 副 船 1 水木船 1	110일

다. 차왜의 정비

겸대제 실시로 연례8송사제가 정착되어 감에 따라, 대마도에서 해마다 조선에 파견해 오는 사자의 수도 이전에 비하여 줄어들었다. 그 결과 종래 특송선이 해 오던 일들, 즉 일본 국내에서 발생한 여러 가지 일을 비롯하여, 장군가 및 대마도주가의 경조사를 조선에 알리는 등의 여러 안건들은 수시로 파견하는 임시 외교사절인 差倭를 통해서 수행하게 되었다. 증가일로에 있는 각종 차왜의 역할이 정착되자, 조선은 이를 외교사절로 인정하여 17세기 말에는 이들에 대한 대략의 응접 기준을 마련하였다.

대마도는 대마도 차왜의 파견 목적·중요도에 따라 대마번주의 서계를 예조참판 또는 예조참의 앞으로 가져 왔다. 예조참판 앞으로 보내는 차왜에 대해서는 중앙관청에서 접위관을 선발하여 사자에 대한 접대를 맡도록 했는데, 조선은 이를 大差倭라고 하였다(대마도에서는「참판사」라 함). 참의 앞으로 보내는 사절은 小差倭라고 하였으며, 사절단의 구성·접응 내용·체류기간 등에 차등을 두어서 접대하였다.

〈표 3〉 대차왜

大 差 倭(참판사)	접대 연도
通信使請來差倭(修聘使)	인조 14년(1636)
關白生子告慶差倭(慶誕使)	인조 19년(1641)
陳賀差倭(陳賀使)	효종 원년(1650)
關白告訃差倭(大訃使)	효종 2년(1651)
關白承襲告慶差倭(大慶使)	효종 2년(1651)
來歲當送信使差倭	효종 4년(1653)
通信使護行差倭(迎聘使)	효종 6년(1655)
圖書改請差倭(圖書使)	효종 9년(1658)
島主承襲告慶差倭(告襲使)	효종 9년(1658)
通信使護還差倭(送聘使)	숙종 8년(1682)
島主退休告知差倭(退休使)	숙종 18년(1692)
島主攝政大差倭	숙종 21년(1695)
關白立儲告慶差倭(立儲使)	숙종 31년(1705)
關白生孫告慶差倭	영조 14년(1738)
關白退休告知差倭(退休使)	영조 21년(1745)
退休關白告訃差倭	영조 27년(1751)
通信使請退差倭(延聘使)	정조 12년(1788)
通信使議定差倭(議聘使)	정조 15년(1791)

〈표 4〉 소차왜

小 差 倭	접대 연도
問慰官護行差倭	인조 13년(1635)
島主告還差倭(告還使)	인조 14년(1636)
漂人領來差倭(漂差使)	인조 23년(1645)
島主告訃差倭(告訃使)	효종 8년(1657)
裁判差倭(裁判)	숙종 6년(1680)
關白儲嗣告訃差倭	숙종 9년(1683)
退休島主告訃差倭	숙조 28년(1702)
舊島主告訃差倭	영조 36년(1760)

〈표 3・4〉를 보면, 대차왜는 장군가의 길흉・대마번주 宗家의 家督 상속에 관한 것・통신사 관계가 주요 임무였으며, 소차왜는 조선국왕의 흉사・대마번내의 통보・표민의 송환을 그 임무로 하였다. 소차왜 가운데 裁判은 公作米 교섭을 비롯하여 조선과의 사이에 중요한 외교 사안이 발생했을 때 파견되던 사자였으므로 외교적 능력이 특별히 요구되었다. 또 이들 대소 차왜 가운데 가장 조선과의 왕래가 빈번하였던 것은 어로 활동을 하다가 해류・태풍 등의 해난사고를 당해 일본의 연해 포구에 표착한 조선인을 송환해 오는 표인영래차왜(표차왜)였다. 조선인 표민은 연중 발생하고 있었기 때문에 표차왜 들은 1년에 평균 2~3회 정도 파견되었다고 보아진다.

이들 차왜에 대한 접응은 대마도주가 파견하는 세견선보다 정중한 대접을 받았다. 대마도측이 진상하는 얼마되지 않는 물품에 대하여 조선에서는 예조참판・예조참의・동래부사・부산첨사・접위관・堂上差備官의 명의로 人蔘・木棉・筆・墨・紙・扇・魚・酒 등 많은 회사품을 주었다. 뿐만 아니라 正官이하 伴從에 이르기까지 차왜에 대해서는 향연을 베풀고, 체제 비용으로서의 雜物을 쌀・콩으로 지급해 주었다. 특히 사행들이 받는 잡물은 대마번사의 중요한 수입 가운데 하나로 대마번에서도 인정하였다.

(4) 왜관 중심의 통교・무역과 조일 교섭체계의 형성

조선의 예조(참판・참의・좌랑)와 대마번이 외교창구가 됨에 따라 일선에서의 교섭체계도 차츰 자리잡혀 갔다. 우선 임진왜란 이후 조선이 일본인들의 상경을 금지함에 따라 일본 사자나 상인들의 숙소였던 한양의 東平館도 폐쇄되었다. 광해군 원년(1609)에 설치된 부산포 왜관이 일본인들과의 유일한 통교・무역의 장이 되었으며, 東萊府가 대일교섭 창구의 최일선이 되었다.

동래부의 대일교섭 사무를 위해서는 중앙의 사역원에서 통역관(倭學譯官)이 동래부 및 부산첨사영에 파견되어 왜관의 일본인과 일상적으로 접촉하였다. 그리고 일본측 사행을 접대할 경우에는 사자의 경중에 따라 京鄕에서 接慰官을 따로 정해 동래부에 파견하여 일본측의 사안을 듣기도 하였다. 이 밖에도 小通事라 불리우는 倭學生徒들이 왜관 내의 통사청에 근무하면서 각종 실무에 참가하였다. 이 가운데 대일교섭에서 실질적으로 비중이 있었던 것은 일본어를 구사했던 왜학역관으로, 訓導와 別差는 왜관에 수시로 출입하면서 예조나 동래부사가 일본에 보내는 공적인 외교문서 및 지시에서부터 사적인 서한까지를 왜관측에 전달하였다. 그리고 대마번주의 서계나 왜관에 파견된 사자의 서한도 조선측에 전달하였다. 그러나 이들의 역할이 단순히 전달에 그치는 것은 아니었다. 일본측의 외교문서나 교섭 사안을 처음으로 접할 때 이를 동래부사에게 전할 것인가 또는 퇴각할 것인가에 대한 일차적인 판단이 요구되기도 하였으며, 조선 정부의 외교문서나 동래부사의 서한, 또는 의사를 왜관측에 전달할 때에는 그들의 외교적인 능력이 요구되기도 하였다. 이들은 조일 간의 무역에도 간여하였다. 조선 상인과 대마도 상인간에 이루어지는 공무역시에는 왜관의 代官에게 훈도와 별차 명의로 무역대금을 결재해 주었다.

왜관이 대조선교섭의 최일선 창구가 됨에 따라, 왜관에도 館守를 비롯하여, 裁判·年例送使·대소 사자(差倭)·代官·東向寺僧·通事 등 대마도의 役人들과 상인들이 각자의 일을 마칠 때까지 상주 또는 단기간 체류하였다. 대마번에서는 인조 15년(1637)부터 관수를 총책임자로 하여 왜관을 총감독·관리하는 한편, 각종 사자들의 조선과의 교섭에 편의를 도모하도록 하였다.

그런데 이 당시 동래부와 왜관이 최일선의 교섭창구가 되었지만 동래부사가 관수나 사자를 직접 대면하여 교섭을 하지는 않았다. 이러한 절차로 인해 조선 후기 260년 동안 동래부사와 왜관의 관수는 동래부가 대마도 사자를 위하여 베푸는 연회석상이 아니면 직접 대면할 기회는 별로 없었다. 그러나 동래부사는 훈도와 별차가 가지고 온 일본측 외교문서나 교섭사안을 접수할 것인가 말 것인가의 여부를 판단하여, 啓聞의 형식으로 이를 중앙에 보고하였다. 그리하여 동래부에서 작성한 狀啓는 경상감사를 거쳐 예조와 비변사를 통해 국왕에게 전달되었으며, 이러한 교섭 절차를 轉達이라 한다.

동래부라는 특수성 때문에 대일교섭 사무를 맡고 있는 동래부사는 변경에 위치한 다른 어느 지방관보다도 책임이 무거웠으며, 중앙 정부의 대일정책에 어느 정도 기여하느냐에 따라 승진하기도 하고 또 가차없이 파면을 당하기도 하였다.39)

3) 17세기 후반 이후 조일 통교양상의 변화

왜란 이후 반세기가 지나 17세기 후반이 되면, 조선은 청의 정치적 안정으로 정치·군사적 위협을 덜 받게 되었다. 그 결과 조일 양국 간의 외교나 무역도 다른 시기보다는 비교적 안정기를 맞이 할 수 있었다. 통신사행의 파견과 문위행 및 대소 사자의 왕복으로 양국 간에 축적된 신뢰는 평화로 귀결되었으며, 조선은 이미 일본의 무력을 더 이상 두려워하지 않게 되었다.

지금까지의 한일관계사 연구는 통교체제라는 틀에 변화가 보이는 것에 주목하여, 주로 왜란 직후 국교가 회복되는 시기나, 17세기 중반 국서개작사건 및 겸대제 이후 통교·무역체제가 개편되는 시기, 또는 19세기 초반 통신사 빙례 개혁을 계기로 양국관계가 변질되어 가는 3시기를 검토의 대상으로 삼아 왔다. 이러한 연구에서는 인조 13년(1635) 국서개작사건 및 겸대제를 계기로 재편된 통교·무역의 틀이 개항을 전후한 시기(明治정권 성립기)까지 별 변화없이 유지되는 것으로 이해하는 것이 일반적이었다.

이는 통교·무역체제라는 틀에 한정해서 볼 때 본질적으로 틀린 것은 아니다. 그러나 그 안을 들여다보면 통신사가 파견될 때마다 외교의례에 변화가 있었으며, 이것이 양국관계에 미묘한 갈등을 가져 오기도 하였다. 한편 활발한 무역 증대와 아울러 민간 차원에서의 다양한 접촉은 무역 담당자나 무역량의 추이에 변화를 가져와 제도 안에서 이루어지고 있는 무역을 불안정하게 하는 계기로 작용하였다.

17세기 말에서 18세기의 이러한 변화는 통교체제의 틀을 위협할 정도의 것은 아니었다. 그러나 숙종 37년(1711) 일본측이 자신들의 내부사정으로 일방적으로 시행한 외교의례 변경은 19세기 통신사행에 대한 인식 및 운용에 변화를 가져오는 계기가 되었다. 또 중앙정부 주도의 통교 외곽에서 이루어지는 민간 차원에서의 사적 접촉을 둘러싸고는, 조선정부가 몇 차례에 걸친 약조의 보충·개정을 통해 통교제도를 정비해 감으로써 대일관계에 있어서 정부가 주도권을 유지하려고 노력하였다. 따라서 19세기에 보이는 조일관계

39) James B. Lewis, 〈壬辰丁酉倭亂以降江華島條約以前の朝鮮からみた對馬〉(《地方史硏究》 232, 41-4, 1991), 37~53쪽.

의 변화 및 조선의 대일정책을 이해하기 위해서는 먼저 17세기 말에서 18세기에 일어난 외교적 마찰이나 접촉 양상들을 주목해 볼 필요가 있다.

(1) 1711년 신묘년 통신사에 대한 의례 변경과 그 의미

17세기 후반에는 왜란 직후 피로인의 송환과 같은 조일 간의 외교 현안은 줄어들었다. 1640년대 이래 일본에서도 막부장군의 권위가 점차 확고해짐에 따라, 통신사에 대한 관심도 퇴색해 가게 되었다. 통신사는 전례를 존중하여 의례적으로 보내는 관행으로 여겨지게 되고 부수적인 기능이었던 문화교류에 오히려 중점이 두어지게 되었다.

그런데 숙종 37년 신묘년 조선이 막부의 제 6대장군 德川家宣(토쿠가와 이에노부)의 습직을 축하하기 위해 통신사를 파견했을 때, 일본은 뜻밖에 외교의례를 일방적으로 변경하였다.

일본측의 외교의례 변경은 장군직 습직 직후인 1709년 6월부터 新井白石(아라이 하쿠세키)에 의해 추진되었다. 장군의 외교 칭호를 大君에서 日本國王으로 부활시킨 것을 비롯하여, 장군직 계승권자(若君)에 대한 예물 정지, 禮曹로부터 막부 老中에게 보내는 書契와 幣帛 정지, 막부 사자가 통신사의 客館을 방문하는 것의 금지 및 방문한다 하더라도 통신사 일행은 階下 迎送할 것, 國諱 사용의 금지, 조선 國書의 正使 전달 및 4拜禮 요구 등이었다. 이는 유교 경전에 바탕을 둔 것으로 통교 재개 직후 임기응변적으로 마련된 외교의례를 수정하여 표면상 대등 외교(敵禮)·간소함을 추구하고는 있었다. 위의 요구는 빙례 내용 자체에 조선을 멸시하는 부분은 없었으므로 조선은 조선에 불리하지 않다고 판단되는 것은 부분적으로 수용하기도 하였다.[40]

그러나 위의 항목들은 조선과 사전에 어떤 협의도 없이 일본측이 일방적으로 변경한 것으로, 통신사가 조선을 떠나기 전에 대마번의 재판이 口頭로 동래부사에 알려 왔다. 가장 논란의 여지가 많았던 것은 장군의 외교칭호를 大君에서 日本國王으로 고쳐 달라는 復號문제로, 新井白石은 일본에서는 대군이 천황을 의미하는 것이며, 조선에서는 왕자의 칭호이기 때문에 대등외교

40) 閔德基, 《前近代東アジアのなかの韓日關係》(早稲田大學出版部, 1994), 322~345쪽.

에 어긋난다고 하였다.

일본의 일방적인 외교의례 변경에 대해 영의정 徐宗泰를 비롯한 조정의 의견은 인조 14년(1636) 병자통신사 이후 사용해 왔던 대군호를 상호 이해없이 바꾸는 태도는 조선을 지휘하는 자세로서 엄중하게 배척해야 한다고 하였다.[41] 그러나 숙종은 일본국왕이란 室町(무로마치)막부와 조선이 통교할 때 사용한 적이 있으며, 옛 칭호를 다시 부활시키는 復號에 해당하므로 굳이 문제삼을 것이 없다고 판단하였다. 그 결과 처음에는 반대가 중론이었지만 국왕의 호로 변경해 줄 것을 요구하는 것은 일본 국내의 제후에게 장군의 권위를 과장하려는 데 있으므로, 이를 거절할 경우 일본과의 사이가 악화될 것이라는 국방상의 이유와 帝王의 道를 명분으로 내세워 일본의 요구를 수용하기로 하였다.[42] 이러한 판단하에 조선측에서는 국서를 다시 작성하여 부산에서 출발을 대기하고 있는 통신사 일행에게 급히 전달하였다.[43]

빙례 개혁을 주도한 신정백석은 甲府藩의 번주에서 일약 6대 장군이 된 덕천가선의 막부안에서 권력기반을 확고히 하기 위해 제도정비에 착수하는 한편,[44] 통신사 의례의 개혁을 통해 기존에 장군이 가지고 있던 권력에다 고대 천황의 권위를 더 부여하여 장군의 帝王化를 꾀하려 하였다.[45]

통신사 일행은 대마번의 교섭으로 결국 막부의 요구를 받아들이기는 했지만, 趙泰億을 비롯한 3使 일행은 귀국 후 조선의 國體를 손상시켰다는 이유로 삭탈 관작되는 등의 처벌을 받았다.

신정백석이 제안한 막부장군 중심의 빙례 개혁은 조선측의 반발은 물론, 일본 자체에서도 비판을 받았다. 동시대 인물로 대마번의 유학자였던 雨森芳洲(아메노모리 호슈)와 中井竹山(나카이 치쿠잔, 1789~1800) 등 소위 명분론자들은 復號論을 신랄하게 비판하였다. 신정백석은 大君은 유교 경전에서 天子를 이르는 말이므로 폐지해야 하며, 王은 漢代 이래 천자를 칭하는 칭호가 아니므

41) 《備邊司謄錄》 제62책, 숙종 37년 6월 3일.

42) 위와 같음.

43) 《肅宗實錄》 권 50, 숙종 37년 5월 을묘.

44) 新井白石은 '武家諸法度'라는 국내의 영주 통제법을 고쳐 장군의 지배력을 강화함으로써 元祿시대 이래의 文治정치 및 장군의 전제화를 실현하려 하였다.

45) 閔德基, 앞의 책, 331쪽.

로 사용해도 상관이 없다고 주장하였다. 그러나 명분론자들은 국왕=천황=천자라는 일본의 전통적인 통념과, 왕도 유교 경전에서는 천자를 의미하고, 대군도 漢 이후에는 천자를 칭한 적이 없다는 예를 들어 반론을 제기하였다.

신정백석의 외교의례 변경이 일본 국내외에서 반대 여론에 부딪히자, 앞으로 통신사 초빙시 숙종 37년(1711)과 같은 형식의 의례를 다시 치를 수 없다는 것은 분명해졌다. 우삼방주는 통신사 의례의 변경이 자칫 잘못하면 외교적 마찰을 가져올 수 있다는 인식하에서 통신사 정지론을 주장하기까지 하였다. 조선의 국체를 손상시키는 빙례를 앞으로도 계속해서 에도에서 치룰 경우, 조선측의 반발로 막부장군의 권위에 손상을 가져올 수도 있음을 우려했기 때문이다. 그 결과 숙종 45년, 제8대 장군 德川吉宗(토쿠가와 요시무네)의 습직시 통신사가 일본을 방문했을 때에는 다시 숙종 8년의 구례대로 빙례를 치르게 되었다. 구례로 복원되기는 했지만 그 후 통신사 파견에 대한 회의적인 인식은 일본 국내외에 존재하게 되었다. 조선에서는 영조 40년(1764) 通信副使의 서기였던 元重擧가 통신사행의 수행인원이 너무 많아 민폐가 많으며, 하속배들이 행패를 부려 사행의 위신을 손상하는 일이 많은 점, 商譯들의 권한과 대마도와의 유착 관계, 그리고 사행시의 막대한 교역 물품으로 재정 손실이 많은 점을 들어 통신사 개혁안을 제시하기도 하였다.[46]

신정백석은 1711년의 聘禮 개혁이 국내외의 반대에 부딪히자, 곧 조선 멸시에 바탕을 둔 대마도 易地論을 내놓았다.[47] 19세기 일본에서는 대조선정책에 영향력을 발휘할 수 있는 권한을 가진 막부의 老中 등이 이러한 통신사 회의론에 영향을 받음으로써 외교의례의 왜곡을 초래하게 된다.

(2) 17세기 후반 조일 양국민의 접촉과 대일정책

가. 왜관을 둘러싼 접촉의 다양화

겸대제 실시 이후 대마번에서는 각종 大·小差倭를 왜관에 파견하여 조선 국왕의 경조사 및 외교 현안을 타결하였다. 물론 이들의 도항시에는 상인들도

---

46) 河宇鳳, 〈元重擧의 日本認識〉(《李基白敎授七旬紀念 韓國史學論叢》, 一潮閣, 1994), 1258~1261쪽.

47) 閔德基, 앞의 책, 359~360쪽.

따라와서 교역에 참여했는데 왜관에서는 한달에 6번 開市(사무역)가 있었으며, 이 밖에도 별개시가 열렸다. 17세기 후반에는 조일 간의 무역이 가장 활발하여 대마번이 대조선무역(사무역)으로 가장 많은 흑자를 보던 시기이기도 하다.[48]

사행의 빈번한 왕래와 교역의 활발함으로 인해 기유약조 이래 유일한 통교·무역의 장이 되었던 부산의 왜관은 이와 관련된 대마도인으로 연중 북적대었다. 왜관 안에는 일정기간의 수행임무를 마치고 돌아가는 외교사행을 비롯하여, 2~3년씩 장기 체류하는 대마번의 役人과 상인까지 포함하여 대체로 1년에 400~500명을 넘는 사람들이 집단으로 거류하고 있었다. 이는 대마번 인구의 1.5%에 해당하였으며, 대마도 성인 남성의 5%에 달하였다.[49] 왜관은 유일하게 외국인이 집단으로 거류하던 곳으로 商館이면서 거류 공간으로서의 성격을 함께 지니고 있는 곳이었다. 그 결과 왜관의 대마도인들과 주변의 조선인들 사이에 접촉할 수 있는 기회가 이전보다 많아지면서 크고 작은 마찰이 끊이지 않았으며, 이는 왜관의 경관 및 교섭체계와도 관련이 있었다.

조선은 광해군 원년(1609) 동래부 두모포에 왜관을 설치하여 일본과의 통교·무역을 위한 유일한 장소로 삼았다.[50] 그러나 일본이 네덜란드나 중국 상인들에 대해 그랬던 것처럼, 왜관을 고립된 지역에 설치하지는 않았다.[51] 조선은 이러한 왜관에 동래부나 부산첨사영의 譯官을 들여보내 외교 교섭을 하도록

48) 17세기 말에서 18세기 초에 걸쳐 대마도가 대조선무역으로 벌어들이는 무역 이윤은 연평균 1,723貫 244몸메 (元方役)이었다(田代和生, 《近世日朝通交貿易史硏究》, 創文社, 1981, 260쪽).

49) 田代和生, 위의 책, 176~177쪽.

50) 삼포왜란 이후의 부산포 왜관은 임진왜란으로 폐쇄되었다. 왜란 후 국교재개 교섭시에 일본 사신의 숙소가 필요하게 되었는데, 옛 왜관이 없어졌기 때문에 절영도에 임시로 왜관을 설치하여 6년간 사용하였다. 1609년 기유약조 체결 후에는 두모포에 새로운 왜관(현 부산시 구관 일대)을 설치하여 1678년까지 72년간 사용하였다. 두모포 왜관은 약 1만 평 규모로 수심이 얕고 남풍을 정면으로 받았기 때문에 선창으로 부적합하였다. 이에 1678년에는 부산포의 草梁으로 왜관을 이전하였는데 10만 평 규모로 1872년 명치정부에 의해 접수될 때까지 거의 200년 동안 외교 및 무역 업무의 중심지가 되었다.

51) 일본은 네덜란드나 중국 상인들이 거주하고 무역을 할 장소로서, 1641년에는 長崎(나가사키)의 出島(데지마)라는 섬에 네덜란드 商館을, 1689년에는 신치(新地)에 唐館이라는 中國商館을 설치하여 격리 수용함으로써 일본인들과의 자유로운 접촉을 막았다. 이유는 밀무역 방지와 기독교 금압, 일본 여성과의 풍기문란 등을 막기 위함이었다.

하였다. 무역에 있어서도 조선으로부터 상행위를 허락받은 상인만이 대마도인들과 거래를 하도록 하였다. 왜관 거류 대마도인들의 왜관 문밖 출입은 제한되어 있었으며, 왜관이 비록 조선인 민가 가운데 자리잡았다고 하더라고 왜관 주변의 조선인들과 대마도인들과의 자유로운 접촉은 원천적으로는 봉쇄되어 있는 상황이였다.

그러나 그럼에도 불구하고 왜관의 대마도인들과 왜관 주변의 조선인들은 실제로 접촉할 수 있는 기회가 얼마든지 있었으며, 접촉도 여러 형태로 이루어지고 있었다. 대마도인들은 근무중 사망한 선조들의 묘소를 참배하기 위하여 1년에 몇 번은 왜관 문밖을 나설 수가 있었다. 묘소 왕래시에는 도중에 있는 조선 민가에 들러 담소를 나누기도 하였으며, 왜관 주변에는 서투르나마 일본어를 할 줄 아는 조선인들도 생겨났다. 중앙의 위정자들은 이러한 접촉 과정에서 조선의 정보가 새어 나간다고 인식하고 있었다.

또 왜관의 대마도인들은 왜관 문밖의 朝市에서 조선 상인으로부터 아침 저녁으로 먹는 야채와 어물 및 쌀을 구입하였는데, 이 또한 조선인들과 접촉하기 좋은 기회였다.

한편 앞 절에서도 지적했듯이, 조일 교섭은 동래부사와 왜관 관수가 직접 교섭하는 체제가 아니었기 때문에 생기는 양국민의 마찰도 접촉의 기회가 되었다. 대마도는 교섭 사안의 해결이 늦어지거나 왜관 체재에 필요한 물건(五日粮 및 炭柴)들이 조선으로부터 신속히 지급되지 않을 경우, 관수를 비롯하여 재판 및 기타 역인들이 조선인 관리를 직접 만나 해결한다는 명분으로 왜관 거류 대마도인을 집단으로 이끌고 나와 동래부나 부산첨사영에 가서 항의하는 경우가 있었다. 조선은 이러한 집단행동을 欄出(闌出)이라 하였으며, 동래부의 군졸 및 관리들과 곧잘 몸싸움을 하였다. 이러한 집단 항의로 인한 마찰이나 소동은 조선의 관심을 끌기 위한 교섭기술의 하나이면서 동시에 조선인과 일본인이 접촉할 수 있는 기회도 되었다. 인조 4년(1626) 동래부사 柳大華 때에 1특송사 연향시 만송원 송사가 무리를 끌고 가서 公貿木을 지급해 달라고 공갈 협박한 것을 비롯하여, 순조 24년(1824)까지 왜관 거류 대마도인의 난출 행위는 대략 32회 정도 있었다.[52] 난출을 통한 접촉은 자칫 잘못하면 조일 양국의 마찰로 불거질 수도 있었기 때문에 조선이 꺼려

하는 접촉중의 하나였다.

이 밖에 왜관 안에서 이루어지는 대마도 남성과 조선 여성 사이의 交奸도 큰 문제였다. 조선 전기에는 대마도 남성들이 개항장에 가족을 데리고 와서 살림을 할 수 있었으며, 조선인들과 잡거가 가능하였다. 그러나 조선 후기에는 이를 우려하여 대마도인의 가족 대동을 허락하지 않았기 때문에, 왜관에는 대마도 남성들만이 단신으로 파견되어 장기 체류하였다. 대마도 남성들이 때때로 조선 여인을 왜관으로 유인하여 간음한 교간 사건은 현종 2년(1661)을 비롯하여 철종 10년(1859)까지 모두 10회 정도가 기록에 남아 있으나, 실제로는 이 숫자를 훨씬 웃돌았을 것으로 여겨진다.[53]

그리고 왜관 이외의 연해지역에서는 태풍이나 해류 등의 해상사고를 당한 조선인이 본의 아니게 일본에 표착함으로써, 또는 일본인들이 조선에 표착해 옴으로써 연해의 양국인이 접촉하는 사례도 빈번히 발생하였다. 조선인의 일본 표착은 1년에 평균 3회 정도 발생하고 있었으며, 조선 후기 270년간 약 967회에 걸쳐 1만 명에 가까운 漂民이 일본으로부터 송환되었다. 또 반대로 조선에 표착한 일본인은 114회에 걸쳐 1,000명이 넘는 사람들이 일본으로 송환되었다. 조선측 표민 가운데는 전라도 및 경상도 어민이 숫적으로 많았다. 이들 가운데는 일본인과의 밀무역을 위해서 원양 항해를 나섰다가, 또는 일본에서의 후한 대접을 노리고 의도적으로 표류하는 사람들도 섞여 있었다.[54] 조선 정부는 표민 가운데 고의적으로 표류하는 사람들이 상당수 있다는 심증은 있었으나, 이를 확인하기란 어려웠다.

이렇게 왜관 주변 및 연해 지역에서의 여러 가지 접촉에서는 국가 기밀이 누설될 수도 있었으며, 불미스러운 사고가 생길 수도 있었으나 통제가 쉽지는 않았다.

---

52) 《邊例集要》 권 13, 欄出.

53) 《倭人作拏謄錄》(서울大 규장각) ; 《增正交隣志》 권 3 館宇 ; 《交隣志》 禁條 ; 《邊例集要》 권 14 雜犯 ; 《分類紀事大綱》(〈交奸一件〉, 국사편찬위원회・일본국립국회도서관) 참조.

54) 池內 敏, 《近世朝鮮人漂着年表》(1599～1872), 1996.
李 薰, 〈조선후기 日本人의 朝鮮 漂着과 送還〉(《韓日關係史硏究》 3, 1995), 90쪽.

나. 왜관 금제의 강화 및 대책

왜관 주변 및 변경 지역에서 조일 양국민의 접촉이 양과 질적인 면에서 다양해짐에 따라, 조정의 위정자들은 이를 조일 간의 통교·무역체계를 위협하는 '사건'으로 인식하였다. 조선인 여성과 왜관 거류 대마도 남성과의 교간 및 혼혈아의 출생 등은 조선의 윤리·도덕·신분체제를 무너뜨리는 한편, 조선 내의 정보 유출 등 안보를 위협하는 것으로 인식되었다. 또 왜관 문밖의 朝市나 왜관 내의 사무역에서는 조선정부가 금지한 물건도 거래되는 등, 밀무역의 기회로 이용되기도 하였다. 조선은 왜관과 그 주변 조선인들간의 접촉 빌미를 만들지 않기 위해 왜관을 둘러싼 禁制 및 처벌 규정 등, 일본과의 약조들을 강구하지 않으면 안되었다. 숙종 4년(1678) 두모포 왜관을 草梁으로 옮긴 것도 이러한 대책의 하나로 볼 수 있다. 17세기 후반 이후에는 일본의 무력에 대한 공포감이 옅어지고 북방의 위험도 없어진 탓인지 조선의 주도하에 왜관을 둘러싼 통제 규정들이 정해졌다.

조선이 왜관 통제의 필요성을 절실히 느낀 것은 현종 7년 두모포 왜관을 거점으로 하는 대규모 무기 밀무역 사건이 계기가 되었다.[55] 조선은 숙종 4년 왜관을 민가가 거의 없는 초량의 용두산 자락으로 전격적으로 옮김으로써 조선인들과의 접촉을 막고 왜관 통제를 강화하려 하였다. 초량의 왜관은 두모포 왜관보다 면적이나 시설로 볼 때 10배(10만 평) 정도로 넓어졌으며, 조선이 왜관에 친 담의 길이는 29km에 달했다. 그리고 1년 후인 숙종 5년에는 동래부사 李瑞雨가 왜관의 관수 橘盛眞과 협의하여 왜관의 동서남북으로 界限구역을 정하여, 대마도인에 대해서는 이 경계구역 안에서만 출입을 허용하였다. 숙종 8년 임술통신사 일행이 일본에 갔을 때에는 아예 왜관 禁制를 약조로 정하여 범법자는 국적을 가리지 않고 처벌하기로 했다. 이 내용은 이듬해인 숙종 9년 비문으로 작성하여 왜관 앞에 세워 대마도인들로 하여금 숙지하도록 했다. 소위 癸亥約條라 불리우는 이 약조의 내용은 다음과 같다.

㉠ 禁標로 정한 경계 밖을 대소사를 막론하고 闌出하여 범월하는 자는 동일죄

55) 張舜順, 〈조선후기 倭館의 설치와 移管 교섭〉(《韓日關係史硏究》 5, 1996), 104~106쪽.

로서 논한다.
㉡ 路浮稅가 적발될 경우, 준 자나 받은 자를 모두 동일 죄로 처벌한다.
㉢ 開市에서 各 房에 몰래 들어가 밀매를 하는 자는 상호간에 동일죄로 다스린다.
㉣ 五일마다 잡물이 지급될 때 왜인은 色吏·庫直·小通事 등을 절대 구타해서는 안된다.
㉤ 양국의 범죄인은 모두 왜관 문밖에서 처형한다.[56]

난출 금지를 어길 경우 대마도인도 治罪하겠다는 의지를 분명히 한 것을 비롯하여, 조선 상인이 일본측으로부터 융통해 받던 밀무역 자금인 노부세는 주는 자나 받는 자를 모두 처벌하도록 하고, 사무역(開市)시 각 방의 출입을 금지한 것은 그 당시 조일간의 현안문제였던 밀무역을 방지하기 위한 것이었다.

계해약조의 실효성 등에 대해서는 의문의 여지가 있다. 그러나 왜관내 외국인에 대해 처음으로 조선의 범죄율에 따라 처벌할 것이 약조로서 정해졌으며,[57] 민간인 차원에서 사적으로 이루어지고 있던 양국민의 접촉을 중앙 차원에서 통제해 보려는 강한 의지가 반영되어 있었음을 알 수 있다.

계해약조 制札碑가 세워진 이후에도 왜관 거류민의 문밖 출입 및 밀무역에 따른 폐해는 여전했던 것 같다. 숙종 35년(1709)에는 동래부사 權以鎭의 건의로 왜관 출입식을 정해 대마도인의 왜관 문밖 출입을 재차 금지하였다. 뿐만 아니라, 조선 여인과 왜관 거류 대마도 남성과의 交奸 역시 엄한 처벌에도 불구하고 계속되었다. 교간사건에 연루되었던 조선 남성은 왜관 밖에서 효수형을 당하였으며, 여성은 유배형을 당하였다. 이에 비해 대마도측은 교간이나 밀무역을 둘러싼 범죄의식의 여부에 대해 조선과 일본의 풍습 및 인식이 서로 다르다는 이유로 교간 당사자의 신병을 조선측에 인도하지 않았기 때문에 처벌이 제대로 이루어지지 않았다.[58] 그러나 숙종 37년 신묘통신

56) 《邊例集要》 권 5, 約條 임술 정월.
57) 이를 근대적 의미에서 치외법권의 박탈로 볼 것인가에 대해서는 좀더 재고의 여지가 있다.
58) 대마도측은 일본이 長崎(나가사키)에 개설한 네덜란드와 중국의 상관 역시 부산포의 초량 왜관과 마찬가지로 네덜란드나 청의 남성들만이 와서 집단으로 거주하고 있으나, 막부측에서 일본인 여성(遊女)의 정기적인 출입을 인정하고 있기 때문에 교간은 죄가 될 수 없다고 주장하였다.

사 파견시에는 조선의 건의로 정사 조태억과 대마번주 사이에 倭人潛奸律이 정해짐으로써 왜관 거류 남성을 처벌할 수 있게 되었다.[59]

그리고 아주 일시적이기는 하지만 조선은 영조 4년~20년(1728~1744)의 17년간 연해 지역에서의 표민의 발생을 억제하기 위해 표민 및 표민이 발생한 지역의 지방관을 처벌하기도 하였다.[60]

왜관에 대한 계한구역의 설정, 대마도인의 왜관 밖 출입 억제 및 교간에 대한 약조는 모두 조선측의 건의에 따라 정해졌다. 그러나 이러한 약조가 정해졌다고 해서 왜관 거류 일본인의 난출행위나 밀무역·교간·표민의 발생이 근절되지는 않았다. 그리하여 숙종 36년에는 왜관에 출입하는 단 하나의 문인 設門(6간)이 만들어졌다. 1730년대 이후의 왜관은 읍성체제를 모방하여 높이 6척, 둘레 1,273보의 돌담이 왜관 주위에 생기고, 돌담 밖에는 6개의 복병막이 설치되어 일본인들이 밖으로 담을 넘어 나오지 못하도록 하였다. 정조 9년(1785)에는 별차 金健瑞가 왜관의 관수와 협의하여 왜관 거류인들로 하여금 큰 길 이외에는 한 걸음도 나가지 못하게 하였다.

조선 후기 대일정책의 본질은 물론 중앙 정부가 주체가 되어 통교·무역을 독점하는 데 있었으며, 이러한 통교체제는 기본적으로 유지되었다. 그러나 18세기 말까지 왜관을 둘러싼 금제 조항들이 대마도와의 약조라는 형태로 계속해서 정해졌던 것은 왜관 주변 및 변경 지역에서 조일 양국민의 사적인 접촉이 교류의 차원까지는 이르지 못했다 하더라도 여전히 지속적으로 이루어지고 있었음이 다름아니다.

4) 19세기 조일 통교체제의 왜곡

조선은 순조 때 거듭되는 가뭄과 홍수로 국가재정의 궁핍과 함께 기아민이 속출하여 사회체제가 동요되는 등, 심각한 사회문제가 대두되고 있었다. 그러나 대외관계에 있어서는 朝淸 양국 간에 燕京使로 상징되는 사대관계가 안정되어감에 따라 일본과의 관계에 있어서도 특별히 긴장을 느끼지는 않았

59) 孫承喆, 〈《倭人作拏謄錄》을 통해서 본 倭館〉(《港都 釜山》 10, 1993), 24~30쪽.
60) 《漂人領來謄錄》(서울大 규장각), 15책, 1728년 3월 1일 및 20책, 1744년 8월 23일.

으며, 오히려 서구세력에 대한 대처가 대외관계에서 큰 비중을 차지해 갔다. 통신사를 통해 일본의 국정을 탐색할 필요도 없어져 갔으며, 통신사 파견 때마다 대대적으로 이루어지는 詩文 贈答을 통해서 일본에 대해 문화적 우월감 내지는 멸시감이 자리잡아 가고 있었다.

일본 역시 19세기에 들어 異樣船의 출몰이 잦아지면서 대외적으로 서구세력에 대한 위기와 관심이 커져 갔다. 미국에 의해 개항된 이래 서양 열강과의 접촉과 조약 체결 경험은 대외관계에 있어서 조선의 비중이 상대적으로 낮아지는 결과를 가져 왔다. 그리고 대마번의 대조선 사무역도 다른 시기에 비해서는 침체상태에 있었다.

조일관계에서 보이는 긴장감의 이완과 희박해져 가는 관심은 국서개작사건 이후 양국의 교린관계를 유지하는 중요한 축이었던 통신사 의례를 변경시키는 계기가 되었다. 통신사 빙례 장소를 에도에서 다른 장소로 변경하는 易地 문제가 이 시기의 현안으로, 순조 11년(1811)의 신미통신사, 1840년대의 大坂(오사카) 易地聘禮 교섭은 교착을 거듭하였다. 그러나 이것을 곧 교린관계의 파탄으로 보기는 어렵다. 이 시기는 표면적으로는 기유약조 이후 통교체제가 유지되면서, 19세기 중반 막부 말기의 정치적 변화와 대마번의 이해관계가 맞물리면서 안으로 통교체제의 변화가 진행되던 시기라고 할 수 있다.

현재 19세기의 조일관계에 대해서는 연구 성과가 그다지 많지 않다. 통신사 파견시 외교의례 변경에 주목하여 敵禮(대등)를 바탕으로 한 교린관계에 모종의 변화가 일어났다고 보는 것에 동의를 하고 있는 정도로, 아직 이러한 변화가 메이지정권 수립 이후 전근대 통교체제가 붕괴되는 것과 어떻게 연결되는지에 대해서는 구체적인 설명이 부족한 형편이다. 이는 전근대 조일간접 통교체제 속에서 대마번의 위치와 역할을 소홀하게 다루어 왔기 때문이라고 생각된다.

(1) 통신사 의례의 왜곡

가. 1811년의 대마도 역지통신

순조 11년 신미년 조선이 막부의 제11대 장군 德川家齊(토쿠가와 이에나리)의 장군직 계승을 축하하기 위해 통신사를 파견했을 때, 일본은 뜻밖에도 외교의례 장소를 에도에서 대마도로 변경하였다. 소위 易地通信 또는 易地聘禮라고도 불리우는 이 의례는 단지 장소의 변경만을 의미하는 것은 아니었다. 국서의 전달식을 비롯하여 외교의례 전반의 변화를 포함하는 것이었다. 전례에 어긋난 만큼 일본이 역지통신을 제의해서 조선이 이를 수락할 때까지 무려 20여 년이나 걸렸다.

구체적으로 교섭 경위와 변경된 의례 내용은 다음과 같다.

조선은 정조 10년(1786) 대마번이 막부의 제10대 장군 德川家治(토쿠가와 이에하루)의 사망을 정식으로 알려오기도 전에 이미 동래부를 통해서 그 소식을 알고 있었다.[61] 그런데 막부의 통신사 초빙 과정을 보면, 장군이 습직한 지 1년 후인 정조 12년 3월에서야 처음으로 통신사 초빙을 지시하고 있으며, 이 때의 방침은 전례(에도 방문)에 따른다는 것이었다. 그러나 실제로 통신사 초빙에 관한 영향력을 행사하고 있었던 老中 松平定信(마츠타이라 사다노부)은 6월에 통신사의 파견을 연기해 줄 것을 대마번에 지시하였다.[62]

일본은 1783년 이래 계속되는 재해와 흉작으로 막부 재정의 궁핍은 물론, 쌀값 폭등으로 인해 1786년에는 전국적으로 농민 폭동이 확산되고 있었다. 노중 송평정신은 막부 재정의 회복을 위하여 영주의 검약 등을 내용으로 하는 寬政개혁을 추진하였으며, 그 과정에서 통신사 초빙 시기를 연기하도록 지시했던 것이다.

송평정신의 이 결정은 中井竹山(中井積善, 나카이 치쿠잔)의 영향을 크게 받은 것이었다. 중정죽산은 1711년 新井白石의 '일본국왕'호 復號論을 신랄하게 비판하였다. 그러나 통신사의 일방적인 일본 파견이 '敵禮'적 입장에 어긋난다든가, 조선이 고대 이래 일본의 속국이었음을 내세워 통신사를 접대하는 데 드는 비용을 절감하자는 것에 대해서는 크게 평가하고 있었다. 그는 특히 통신사의 방문시 詩文의 증답과정에서 보이는 통신사의 일본인 멸시 태도를 근본적으로 막기 위해서는 역지빙례가 필요하다는 것을 시사함으로써 신정백석의 발상을 그대로 답습하였다. 이러한 조선멸시관은 당시의 현실과 차이

61) 《正祖實錄》 권 22, 정조 10년 10월 병오.
《備邊司謄錄》 169책, 정조 10년 12월 11일.
62) 《通航一覽》 卷 33, 朝鮮國部 9, 宗氏通信伺並掛合.

가 많은 것으로서 덕천막부 초기 이래의 祖法을 변경하기 위해 의도적으로 내세운 명분이었다.[63)]

1789년 대마번이 막부(노중)의 지시에 따라 예조참판 앞으로 보낸 서계에는 경제적 궁핍을 이유로 통신사 초빙 시기를 연기해 줄 것을 요청하고 있었다.[64)] 동래부사 金履禧의 계문을 받은 비변사에서는 처음에 통신사의 파견을 연기하는 것은 전례가 없다 하여 서계의 접수를 거부하였다. 그러나 정조는 사행의 파견 자체가 잘못된 것은 아니라는 이유로 서계의 접수를 허락하였으며, 연기 연한을 일본에 묻도록 하였다.[65)]

막부는 교섭을 진전시키지 않다가 정조 15년(1791) 11월에야 2년 만에 대마번으로 하여금 조선과 역지빙례에 대한 교섭을 하도록 지시하였다.[66)] 당시 비변사의 당상회의에서는 조선이 교섭을 전면적으로 거부할 경우 대마번의 안위가 위태로울 수 있다는 대마번의 간청에 따라, 역지통신에는 찬성하지 않지만 파견 시기를 연기하는 것에 대해서는 문제삼지 않는다는 방침을 세웠다.

그 후 역지통신이 다시 거론된 것은 정조 20년 8월 도해역관 朴俊漢이 장군 아들 竹千代(타케치요)의 사망, 대마번주 宗義功(소오 요시카츠)의 습직을 축하하기 위하여 대마도를 방문했을 때였다. 박준한은 역지빙례를 조정에 건의하여 이를 실시하게 해 준다고 대마도와 약속하고, 대마번으로부터 銅鐵 2천 근을 사례로 받았다. 박준한은 통신사의 정사를 3명에서 2명으로 줄이고, 예단 인삼은 종래의 1/3로 하며, 통신사의 인선을 7~8년 뒤로 미룰 것 등을 약속했다. 대마번에서는 이를 戊午協定이라고 하는데, 어디까지나 역관과 대마번과의 개인적인 약속일 뿐, 조선 정부와 막부와의 약속은 아니었다. 그러나 순조 2년(1802)과 5년에는 이 협정을 바탕으로 通信使講定裁判(戶田賴母)과 왜학 훈도(崔瑂·朴致儉·崔國禎) 사이에 〈通信使行節目〉이 작성되게 되었다. 이 일은 결국 위조 서계였음이 밝혀져 이에 연루되었던 崔瑂·최국정과, 서

63) 閔德基, 앞의 책, 361~365쪽.

64) 《通信使草謄錄》(규장각 도서번호 15067) 기유 3월 7일.

65) 《交隣志》 信使各年例, 正宗10年丙午關白家治卒子家齊立不請通信使.

66) 三宅英利, 《近世日朝關係史の硏究》(文獻出版, 1986), 572쪽.

계를 위조한 朴潤漢·金漢謨 등이 초량의 왜관 앞에서 사형을 당하였다.[67]

이후 역지빙례 교섭이 정식으로 다시 추진되게 되는 것은 순조 9년(1809) 7월로, 당상역관 玄義洵과 崔昔 등을 대마도에 파견하여, 역지빙례가 막부의 지시임을 확인하는 한편, 대마도에 파견되었던 막부 관리(遠山左衛門尉)와의 사이에 제1차 교섭이 비로소 전개되었다.

이 때 대마번이 역관에게 제시한 기본 방침은 대마번주 宗氏의 저택에서 國書 전달을 대행하고, 장군의 대리인인 上·副使가 장군을 대신하여 통신사 일행을 접견하는 등, 14가지에 달하는 講定節目은 新禮와 省弊가 골자를 이루었다.

순조 10년 부산에서는 대마도 사자와 강정역관과의 사이에 제2차 교섭이 있었으며, 모두 28개조에 달하는 信行節目이 강정되었다. 새 절목에서는 국왕과 장군의 書契式·諱字·忌日을 비롯하여, 문화교류를 행하는 能文·書畵·上上官 등의 사행원수가 줄어들었다. 그리고 장군에 대한 예단도 반 정도로 줄어들었다. 또 에도로 갔을 때 준비해야 했던 막부장군의 친족(御三家)과 막부 각료(노중) 및 以酊菴과 萬松院에 대한 예단·私信을 준비하지 않아도 되었다.[68] 이와 같이 많은 신례가 등장하는 것은 빙례 장소의 변경에 따른 당연한 결과였으며, 조선측에서 볼 때는 경비 절감의 효과가 있었다.

마침내 순조 11년 3월에는 정사 金履喬 이하 336명이 대마도의 府中(후추, 현재 이즈하라)에 도착하였다. 조선 국왕의 國書를 전달하는 傳命儀는 5월 대마번주의 저택에서 있었으며, 국서는 에도에서 파견되어 온 막부 사자(小笠原忠固·脇坂安董)에게 전달되었다.[69]

순조 11년의 역지빙례에서는 국서 교환시 문제가 되었던 4배례는 조선측의 요구가 관철되어 하지 않아도 되었기 때문에 개선된 부분이 없지는 않았다. 그러나 그 이전의 통신사행과 비교해 볼 때, 장군을 직접 만나지도 못했으며, 馬上才도 없었다. 학술·문물 교류도 대마번 주변 등으로 한정되어 이전

67) 長正統, 〈倭學譯官書簡よりみた易地行聘交涉〉(《史淵》 115, 1978), 95~131쪽.

68) 〈信行節目〉에 대해서는 《通信使謄錄》과 《邊例集要》 등에 자세하며 모두 28개조로 되어 있었다.

69) 《文化信使記錄》 49, 四度御行禮御當日之覺書(國史編纂委員會, No. 1039).

에 비해 미미한 것이었다. 겨우 통신사를 파견하는 관행만이 유지된 기형적인 의례로 조선측은 외교의례면에서는 양보를 한 셈이었다.

조일 모두가 역지통신을 원하고 있었지만, 교섭 타결에 20년을 소비하면서 기형적인 통신사 의례를 치루게 된 일차적인 원인으로는 우선 전례를 갑자기 중단할 수 없다는 전근대 외교의 관행을 들 수 있겠다. 그러나 보다 중요한 것은 중국을 중심으로 한 동아시아 3국 관계의 안정 속에서 2세기 이상 지속된 평화로 양국 간의 긴장이 이완되어 서로를 경계하고 감시하는 상황이 느슨해지자, 재정 파탄에 직면한 양국은 통신사행에 드는 재원의 마련을 결국 경제적 부담으로 여기게 되었다는 것이다. 정조가 역지통신이 경비 절감의 효과가 있음을 알면서도 전례를 내세워 역지빙례를 거부한 것은 조선의 명분이 유지된 단계에서 주도권을 쥐고 교섭을 타결시키기 위한 것이었다고 생각된다. 19세기의 양국관계를 규정하는 요인으로는 경제적 부담이 중요 변수로 작용하게 되었다고 할 수 있다.

예를 들면 순조 8년(1808) 도해역관이 대마도에 가서 막부 역인과 제1차 교섭시, 조정은 소위 '폐해 16조'라 하여 中絶五船의 폐지를 비롯하여, 공무역에서의 결재 수단으로 쓰이던 公作米 단가의 인상을 요구하도록 지시했는데, 이는 그 동안 조선이 대일통교의 창구 역할을 한다는 차원에서 대마번에게 경제적으로 베풀어 온 우대 조치를 삭감한 것이었다.

나. 대판(오사카) 역지통신 교섭과 좌절

순조 11년의 신미 통신사행 이후 1868년 막부가 붕괴될 때까지의 60여 년 동안, 일본에서는 막부장군의 습직이 4차례나 있었다. 장군의 사망과 明治維新(메이지이신)이라는 일본 내의 정치적 변동으로 통신사 파견은 결국 실행되지 못했으나, 막부가 붕괴될 때까지 통신사 초빙을 둘러싼 교섭은 계속 진행되고 있었다. 이 때 일본측이 제시한 의례는 1811년에 이어 大坂이나 대마도에서 치른다는 易地聘禮였다. 이에 대해서는 양국의 재정 궁핍 및 1811년 이후 조선멸시관을 바탕으로 한 막부의 대조선정책이 큰 이유로 지적되어 왔으나, 이보다는 19세기 동아시아를 둘러싼 외교관계의 변화 및 막부의 내정개혁 등이 큰 변수로 작용하였다.

헌종 3년(1837) 9월 제12대 장군 德川家慶(토쿠가와 이에요시)의 장군직 습직 이후, 막부는 대마번주에게 대마도에서 통신사 빙례를 치를 것을 지시하였다. 이는 헌종 7년에 조선으로 전달되었으며, 영의정 趙寅永은 역지빙례가 전례에 어긋난다는 것을 들어 거절하였다. 그러나 헌종 8년 정월에는 조선도 재정 형편이 곤란함을 이유로 헌종 12년에 치를 것을 허락하였다.

그런데 막부에서 老中 水野忠邦(미즈노 타다쿠니)이 실권을 장악하면서부터 사태가 변하게 되었다. 그는 막부장군의 권력 강화와 재정 위기를 극복하려는 의도에서 天保改革을 추진하였으며, 19세기 이후 재정 절감적 측면에서만 고려되어 오던 통신사 초빙에 관한 계획을 대폭 수정하여 통신사의 빙례장소를 大坂으로 변경하기로 결정하였다.

노중 수야충방은 순조 11년의 신미 통신사행이 경비 절감에 별로 효과가 없었음을 잘 알고 있었다. 통신사의 대마도 유치에 대한 대가로 막부로부터 대마번에 막대한 원조금(금 2만 냥)이 지급되었으며, 통신사의 道中, 登城時의 행렬도 생략되었기 때문에 장군 권위와 관계되는 정치적 효과도 거둘 수 없었다. 노중 수야충방은 1811년의 대마도 역지빙례보다 비용을 절감하고 조선을 후대할 수 있으며, 재정의 궁핍으로 통신사행을 에도까지 불러오지 못한다면, 대판까지 만이라도 오게 하여 부분적이기는 하지만 통신사 빙례에 대판 이남의 서국 영주들을 동원함으로써 막부장군 권력을 강화한다는 방침이었다.[70]

헌종 9년 11월 대마번은 노중의 지시에 따라 대마번의 通信使講定大差倭(家老, 幾度八郎左衛門)를 조선에 파견하여 대판 빙례를 전하였다. 조선은 처음에 거부의 뜻을 보였으나, 1846년에 치르기로 되어 있는 빙례를 10년 더 연장하여 1856년에 치른다는 것을 조건으로 대판 빙례에 응하겠다고 합의하였다. 그러나 1852년 에도에서 화재가 발생함에 따라 통신사 파견 시기는 다시 1861년으로 연기되었다.

그런데 철종 4년(1853) 3월에는 뜻하지 않게 제12대 장군이 통신사 빙례를 치르지도 못한 채 사망함으로써 대판 역지빙례는 무산되게 되었다. 7월에는 德川家定(토쿠가와 이에사다)이 제13대 장군에 취임하였으므로 1855년부터는

---

70) 池內 敏, 〈朝鮮信使大坂易地聘禮計劃めぐって〉(《日本史硏究》 336, 1990), 72~73쪽·75~77쪽.

13대 장군의 습직에 대한 통신사의 방문이 원점에서부터 다시 논의되게 되었다. 대마번은 막부측의 원조금을 얻기 위하여 13대 장군의 축하를 위한 통신사 빙례는 대마도에서 치를 것을 건의하였으며, 통신사를 1866년에 파견하기로 합의가 이루어졌다.[71]

그러나 철종 9년(1858) 7월 제13대 장군이 사망하고 德川家茂(토쿠가와 이에모치)가 제14대 장군이 되었다. 이에 조일 양국에서는 철종 12년부터 통신사 파견문제가 다시 논의되기 시작하였으며, 조선은 고종 3년(1866)의 빙례를 다시 10년 후인 1876년까지 연기하기로 결정하였다.[72]

고종 4년 3월에는 대마번이 제14대 장군의 사망과 제15대 장군 德川慶喜(토쿠가와 요시노부)의 장군직 습직을 알려 왔다. 또 10월에는 막부장군이 정권을 京都 朝廷에 반환한 太政奉還이 있었다. 이는 막부가 12세기 이래 정치활동에서 배제되어 온 천황에게 정권을 다시 되돌려 준 것으로, 조선과 덕천막부와의 통교관계가 일단은 단절되게 되었음을 의미한다. 이로 말미암아 통신사 파견에 대한 교섭은 더 이상 이루어지지 않았으며, 결국은 순조 11년(1811)의 신미 통신사가 마지막 통신사행이 되어 버렸다.

헌종 3년 이후 막부가 무너질 때까지 장군의 습직이 4번이나 거듭되는 동안 통신사에 대한 빙례 장소가 대마도－대판－대마도로 변경되는 등, 외교의례가 굴절을 거듭했던 것은 어디까지나 일본 내의 정치적 상황의 변화로 인한 것이었을 뿐, 막부의 대조선정책이 조선멸시관에 바탕을 두었기 때문은 아니었다. 대판 역지빙례의 입안자인 막부의 노중 수야충방에게는 적어도 1811년의 대마도 역지빙례를 추진하던 노중 송평정신이 갖고 있던 것과 같은 조선멸시관은 없었다.[73] 거듭되는 화재와 기근, 농민의 폭동으로 실추된 막부의 권위를 회복하고 막부장군 권력의 강화를 도모해야 한다는 국내 사정의 긴박함을 극복해 보려는 취지에서 본다면, 대판 역지빙례는 오히려 통신사를 통교 재개 초기에서처럼 정치·외교적 측면에서 취급한 점도 있었다.

순조 11년의 대마도 역지빙례와 헌종 3년 이후 대판 역지빙례 교섭을 보

---

71) 〈書契〉 1855. 3, 예조참의 李秉文의 奉書(國史編纂委員會, No. 8727).

72) 〈書契〉 1864. 8, 예조참의 尹致賢의 奉書(國史編纂委員會, No. 9015).

73) 池内 敏, 앞의 글, 72~73쪽.

면, 통신사 빙례는 점점 국서와 예물을 교환하는 절차로서만 인식되어 외교의례가 왜곡되었음을 부인할 수 없다. 그러나 양국 모두 통신사 의례 자체를 폐지하려는 발상은 없었으며, 막부가 붕괴될 때까지 우호와 신뢰를 바탕으로 하는 정부 차원에서의 교린관계는 유지되고 있었다고 보아진다.

(2) 조일 교린관계의 변화

전근대의 상호 신뢰를 바탕으로 한 양국관계는, 일본에서 명치정부가 수립된 이후 침탈·피침탈 또는 불신·멸시의 관계로 변질되어 가게 된다. 그러나 이러한 변화는 앞에서 설명한 역지빙례, 즉 정부 차원에서 이루어진 통신사 의례의 왜곡만으로는 설명할 수 없다. 양국의 변경으로 존재하면서 자립할 수 없는 경제구조를 가지고 있던 대마번의 이해가 일본 내부의 정치적 변동과 맞물리면서 통교체제 개편에 장애가 되고 있었다.

대마도는 양국의 변경에서 교섭 창구 역할을 하면서 양국으로부터 경제적으로 많은 기득권을 부여받고 있었다. 그러나 조선은 조일관계가 안정되어 감에 따라 기회있을 때마다 우대조치를 삭감하려 하였다. 조선이 순조 11년 신미통신사 파견시 의례 장소를 대마도로 변경하는 것을 수락하는 조건으로 대마번에 요구한 폐해 16조의 개선이 그 좋은 예이다. 이러한 조치들은 18세기 이후 계속되는 대조선무역의 침체로 곤란해진 대마번의 재정을 더욱 심각하게 하는 것이었다.

한편 일본에서는 1854년 미국에 의해 개국한 이후 기존 막부가 취해 오던 외교관계 및 대외정책에 변화가 생겼다. 서양 여러 나라와의 통상 및 외교가 증가하면서 막부에는 外國奉行이라는 직책이 생겼으며, 유일한 通信의 나라였던 조선의 비중이 낮아졌다. 그 결과 양국 외교의 중요성을 바탕으로 주어진 대마도에 대한 특권은 조일 양국 모두에게 관철시키기 어려운 상황이 되어 가고 있었다.

이러한 시대 상황과 막부의 외교정책 변화를 읽은 대마번의 일부 세력은 藩의 존속을 꾀하기 위하여, 조선과의 교섭을 막부가 직접 떠맡을 것을 제의하였다. 대마번이 조일 간접 통교체제 속에서 대조선외교를 대행하는 조건으로 누려온 기득권을 포기하는 대신 막부를 상대로 경제적인 보상을 받아내자는 것이었다. 이는 막부에 대한 移封 및 원조 요구로 구체화되었다.

이봉이란 막부가 대마도 전역을 직할지로 삼아 開港하는 대신 대마도에게는 九州 지역 안에서 10만 석에 해당하는 땅을 달라는 것이었다. 막부는 대마도의 개항을 내정하였으나, 攘夷派의 압력으로 결국은 이봉이 실패하게 되며, 막부는 조선문제를 다시 대마도에 위임하였다.

그러나 막부가 조선과 직접 통교해 보려는 시도를 아주 포기한 것은 아니었다. 고종 3년(1866) 막부는 以酊菴 윤번제를 폐지함으로써 조선과의 直交를 염두에 두고 있었으며, 대마도에 외국봉행을 파견하겠다는 지시를 내렸다. 이에 막부는 1866년 丙寅洋擾로 인한 조선과 프랑스 간의 충돌을 막부에서 직접 사자를 파견하여 조정함으로써 조선과의 직접 외교를 맺는 계기로 삼고, 막부의 외교적 지위를 상승시킴으로써 지방 영주 위에 군림을 시도하려 했다.

막부의 사자 파견 계획은 1867년 10월 마지막 장군의 太政奉還과 12월 京都 조정의 王政復古 선언(明治維新)으로 막부가 폐지됨에 따라 무산되고 말았다. 그 결과 막부 말기 직교체제로의 전환 시도는 실패로 끝났으며, 조선과 일본 간의 간접 통교체제는 당분간 유지되었다. 기유약조에서 정해진 대로 대마번이 조일 양국의 통교를 담당하는 상태에서 명치(메이지)정부가 들어선 것이다. 막부가 조선과의 직접 통교체제를 시도하는 가운데 대마번이 기득권을 잃지 않으려고 막부를 상대로 정치적 운동을 벌이는 과정에서 형성된 중앙 정부와 대마번 사이의 긴장은 기본적으로 명치정부에 들어가서도 계속되었다.[74]

5) 개항 전후 양국관계의 추이와 전근대 통교체제의 붕괴

1868년 일본의 明治維新은 조선과의 관계에 많은 변화를 가져 왔다. 막부시대에는 대마번을 통한 간접 통교이기는 했지만 양국 간에 신뢰·敵禮(대등)를 바탕으로 하는 교린관계가 유지되었다. 그러나 명치정부가 조선을 상대로 직접 통교체제로 개편해 가는 과정에서는 정권 담당자들 간에 조선에 대한 불신·멸시가 확산되면서 침탈·피침탈의 관계로 변질되어 가게 된다.

---

74) 玄明喆, 〈文久元年對馬藩の移封運動について〉(《日本歷史》 536, 1993).
———, 〈幕末～明治初 對馬藩 처리에 대한 考察〉(《日本歷史研究》 2, 1995).

한일 양국관계가 침탈·피침탈의 관계로 변질되게 되는 것에 대해서는 종래 대원군의 쇄국정책, 또는 외교일선에 있던 동래부 역관들의 직무 태만 등으로 설명하는 경향이 있었다.[75] 그러나 이 당시 교섭과정을 보면, 조선은 양국관계가 파탄에 이르지 않도록 대마번을 설득하고 있으며, 표류민 송환과 세견선 무역 등 최소한도의 통교 루트는 열어 놓고 있었다. 뿐만 아니라 고종의 親政 이후 개항정책을 취함에 따라 명치정부와의 교섭에도 성의를 보였다.

양국관계가 교착·파탄에 이르게 된 데에는, 명치정부 초기 정권 담당자들의 조선 멸시관을 비롯하여, 조선과의 통교 개편이 시도되는 가운데 기득권을 잃지 않으려는 대마번이 명치정부를 상대로 정치적 운동을 벌이는 과정에서 형성된 중앙 정부와 대마번 사이의 긴장 관계가 악영향을 미쳤다. 그리고 무엇보다도 서구 외교원리를 배운 일본이 조선에 대해 무력 개항정책을 추진한 것이 원인이 되었다.

최근 국내에서 전근대와 근대 한일관계의 단절성 내지는 계속성을 밝히기 위한 관심이 높아지면서, 개항기를 전후한 시기 양국관계의 변질을 대마번 및 명치정부의 내정 변화로 인한 일본의 대조선정책 변화로 보려는 견해가 제시되고 있다.[76] 그러나 아직 침탈이 시작되는 시기나 전근대 통교체제가 붕괴되는 시기, 또는 변질된 통교 관계의 성격에 대해서는 의견이 통일되어 있지 않은 상태이며, 새로운 시론들이 모색되고 있는 단계이다.

(1) 개항 전 일본에서의 정치적 변동과 대마번의 조일 통교 대행

일본은 명치정부 수립 직후 외국과의 친교를 선포하고 외교권을 장악하는 데 힘을 기울였다. 왕정 일신을 계기로 모든 외국과의 교제를 京都 조정이 담당하는 것을 원칙으로 하되, 대조선문제는 막부 때와 마찬가지로 대마번의 家役으로 삼고 대마번주를 外務事務局輔에 임명함으로써,[77] 대마번과 정부(外國官)의 공조체제를 내세웠다. 이는 잠정적인 조치였으나 대마번의 입장에서 본다면, 막부 말기 이래 대마번이 의도하고 있던 새로운 영지의 확보는

75) 田保橋潔, 《近代日鮮關係の硏究》 上·下(宗高書房, 1972).

76) 玄明喆, 〈개항전 한·일관계의 변화에 대한 고찰〉(《國史館論叢》 72, 1996).

77) 《朝鮮外交事務書》(成進文化社, 1971) 권 1, 명치 원년 무진 3월 23일, 신정부가 대마번주 宗義達에게 내린 太政官의 達(지시), 69~70쪽.

커녕, 외교개혁으로 책임만 늘고 대가가 없을 수도 있었다. 이를 우려한 대마번은 1868년 윤4월 구막부군과 정부군의 전쟁이 한창일 무렵 가신 大島友之允(오시마 도모노죠)으로 하여금 명치정부에 청원서를 제출케 하여,[78] 대조선 통교·무역을 포기하는 대가로 구막부시대에 대조선통교·무역에서 취해 왔던 기득권을 최대한 보상받으려 하였다. 이로 인해 명치정부는 조선과 직접 통교·무역을 하기 위해서는 대마도에 대한 보상문제를 어떤 형식으로든 처리하지 않고는 안될 문제로 인식하게 되었다. 그러나 신정부 초기 외국관은 대조선외교에 대한 교섭 기술이 축적된 상태도 아니었으며, 재정 확보가 어려운 상황에서 대마번에 대한 보상도 쉬운 문제가 아니었으므로, 한일 국교의 형식과 국체에 관계되는 사항은 국내 평정 이후 지시할 것임을 정하였다.[79] 이러한 상황 속에서 명치정부는 대마번으로 하여금 조선에 대해 왕정복고 사실을 통지하도록 하였다. 대마번의 대조선교섭은 명치정부로부터 기득권을 최대한 보상받으려는 그들의 이해관계와도 맞물려 왕정복고를 조선에 알리는 순간부터 교착으로 이어졌다.

대마번은 종래의 교섭 절차에 따라, 裁判(川本九郞左衛門)을 부산에 보내 신정부 성립을 알리는 先問書契를 보내는 한편, 곧 이를 정식으로 알리는 大修大差使(樋口鐵四郞, 히구치 데츠시로)의 파견이 있을 것임을 알려 왔다.[80]

종래 선문서계는 '皇'·'勅'과 같은 용어를 비롯하여 위협적인 언어가 구사되어 있었기 때문에 조선이 이것의 접수를 거부했으며, 이는 근대적 외교관계로의 변화에 적응하지 못하는 조선외교의 완고함 등으로 설명되어져 왔다.[81] 물론 이것은 일본측이 제시한 견해였으며, 한국 학자들도 그렇게 이해해 왔다. 그러나 위의 서계는 새로운 용어가 등장하는 것 이상의 문제를 담고 있었다. 대마번주의 외교칭호를 일방적으로 변경했으며, 문서의 날인은 조선에서 받아간 圖書 대신 명치정부의 新印을 사용했고, 조선과 대마도의 관계를 '私交'로 표현하여 '以私害公'할 필요가 없다는 등, 종래의 외교관계를

78) 《朝鮮外交事務書》 1, 79·83~90쪽.
79) 《朝鮮外交事務書》 1, 179~180쪽.
80) 《朝鮮外交事務書》 1, 211~213쪽.
81) 田保橋潔, 앞의 책, 149~182쪽.

일방적으로 파기한 것이었다. 대마번과의 교섭에 임한 동래부의 훈도 安東晙은 이들의 주장을 받아들이지 않았으나 보복조치로 갑작스레 무역을 단절(撤供撤市)하지는 않았다. 고종 5년(1868) 12월 대마번에서 대수대차사가 파견되었을 때도, 동래부에서는 정부의 지시를 받아 오히려 대마번을 회유하는 한편, 전례에 어긋난 선문서계의 개찬 및 대차사 서계의 퇴각을 요구하였다.[82]

대마번은 조선의 改撰 요구를 무시한 채 조선의 거절 답신을 요구하였는데, 명치정부에 대해서는 서계 전달의 어려움을 강조하여 보상을 받아내고, 조선에 대해서는 일본 조정의 무력을 배경으로 조선과의 관계에서 더 많은 특혜를 받아내려는 계산이었다.[83]

조선이 서계 개찬을 요구하는 가운데, 일본에서는 1869년 5월 13일 외국관이 대조선외교를 접수해야 할 것임을 강력히 시사하였다.[84] 대마번은 보상이 해결되지 않은 시점에서 외국관이 대조선통교를 접수하겠다는 의사를 내비친 것에 대해 반발하는 한편, 교섭이 지체되고 있는 것은 조선의 고루하고 완고함 때문이며, 그렇기 때문에 조선과의 교섭은 대조선 통교기술을 축적해 온 대마도가 아니고서는 해결할 수 없음을 역설하였다.[85]

일본측 서계의 접수를 둘러싼 교섭이 난항을 거듭하는 가운데 일본에서는 1869년 6월 명치정부가 版籍奉還을 허가한 것을 계기로 대마번주가 嚴原(이즈하라)藩의 지사가 되고, 7월에는 외국관이 外務省으로 개편되었다. 신정부로서 자신을 갖게 된 명치정부는 마침내 대마번을 통한 조선과의 교섭을 부정하고 외무성 관리의 파견을 결정하였다. 1869년 9월 太政官은 대마번에 조선과의 교제는 일체 외무성 소관이므로 대마번의 宗氏는 조선에 사절을 파견하지 말라는 지시를 내렸다.[86]

물론 이에 대해서는 대마번의 반발이 있었으나, 명치정부가 처음으로 파견한

82) 《日省錄》 고종 6년 12월 13일.
83) 玄明喆, 앞의 글(1996), 261~263쪽.
84) 《朝鮮外交事務書》 1, 201~203쪽.
85) 《朝鮮外交事務書》 1, 205~249쪽.
86) 《日本外交文書》 1(韓國篇), 147쪽 ; 《朝鮮外交事務書》 1, 255~261쪽.
물론 이 때(1869. 9. 18) 메이지정부는 대마번을 무마하기 위하여 35,850石을 지급하였다.

외무성 관리 森山茂(모리야마 시게루)·佐田白茅(사다 하쿠보) 일행이 1869년 11월부터 1870년 3월까지 대마도 및 부산에 직접 파견되어 대마도 처리에 대한 전망 등을 조사하였다.[87] 이들 외무성 관리는 조선문제에 대해 처음으로 외무성에 보고했는데, 좌전백모는 외무경(澤宣嘉)에게 30개 대대를 파견하여 조선을 공격할 것을 건의하였다.[88] 외무성 관리가 귀국한 후 1870년 5월에는 주일 독일공사 브란트가 부산항 시찰을 위해 부산 해역에 나타났다. 동래부사 정현덕·부산첨사 조의현은 독일 군함에 타고 있던 일본인이 대마번 통역이라는 것을 확인하였으나 이는 조선 정부에 큰 충격으로 받아들여졌다. 조정에서는 곧 대책회의를 열어, 대마도에 엄중한 항의서를 보냈으며,[89] 위정척사가 강화되는 가운데 '倭洋一体'라는 분위기가 확산되고 있었다.

한편 일본에서는 외무성 관리 좌전백모 등이 청에서의 天津사건을 계기로 다시 조선을 위협할 것을 건의하였으며, 명치정부는 征韓을 위해 군대·군함·군자의 준비가 필요함을 역설하는 의견서를 제출하였다.[90] 일본 내에는 전쟁 분위기가 확산되고 있었으며, 외무성 관리로부터는 대마번의 처리 및 왜관 접수에 대해서도 상당히 구체적인 의견이 제시되었다.[91]

그러나 외무성은 왜관 통역 浦瀨(우라세)의 보고서를 검토한 결과, 조선측이 전쟁보다는 합리적인 외교를 원하고 있음을 파악하고, 외무성 관리 吉田弘毅를 파견하여 조선과 교섭할 것을 결정하였다.[92] 외무성 관리 일행은 조선에 도착 후 훈도와의 면회를 요청했으나, 훈도는 대마번의 절충 역할을 기대하고 있었다. 이는 대마번이 명치정부의 조선 침입론을 강조하고 절충역으로서 대마번의 존재를 조선에 인식시키려는 책략의 결과였다고 추측된다.[93]

일본정부의 대조선정책은 1871년 辛未洋擾를 계기로 방향을 전환하게 된다. 당시 부산에 주재하고 있던 외무성 관리 吉岡弘毅에게 내린 지침에는 조선과

87) 《朝鮮外交事務書》 1, 438~447쪽.
88) 《日本外交文書》 1(韓國篇), 239쪽.
89) 《承政院日記》 고종 7년 5월 12일.
90) 《朝鮮外交事務書》 1, 587~592쪽.
91) 《日本外交文書》 1(韓國篇), 249~250쪽(外務權大丞 柳原前光의 '朝鮮論稿').
92) 《朝鮮外交事務書》 1, 593~595쪽.
93) 玄明喆, 앞의 글(1996), 261~262쪽.

미국과의 충돌에 일본이 말려들지 말 것을 충고하였다. 일본은 가까운 장래에 조선이 개국되리라고 예상하고, 그 때 일본이 불리함을 초래하지 않도록 조·미 마찰을 방조하도록 지시했던 것이다. 이 단계에 오면 일본은 조선보다는 미국 등의 서방을 우호관계로 인식하고 있었으며, 자신을 조선과 서양 사이에서 벌어진 충돌을 중재하는 역할이 아니라, 서양 열강의 안내자로서의 역할을 수행할 것을 지향하고 있었다. 일본은 서양과의 외교 경험을 축적해 가면서 조선과의 관계도 서구 외교 원리를 이용하여 풀어가려고 했던 것이다. 그러나 표면적으로는 아직까지 대마번이 대조선 외교창구의 역할을 하고 있었으며, 구막부시대 이래 교린관계하에서의 일상적인 교류는 유지되고 있었다.

(2) 왜관 침탈과 조일관계의 변질

1871년 일본에서는 막부시대의 藩을 폐지하고 縣을 두는 廢藩置縣이 단행되었다. 외무성은 이를 계기로 조선과의 통교에서 이전보다 더 주도권을 발휘하게 되었다. 대마번은 1871년 9월 伊万里(이마리)縣에 병합되고 번주 宗義達(소오 요시아키라)은 외무성원으로 편입되어 外務大丞에 임명되었으며, 명치정부는 대마번 처리를 위해 대마번의 부채를 상환하였다. 구대마번은 이러한 변화를 조선에 알려 왔으나, 조선은 종래대로 대마번을 통한 교제를 주장하였다. 특히 명치정부의 岩倉具視(이와쿠라 토모미)를 단장으로 하는 사절단의 구미 파견을 계기로 조선문제를 외무성 관리 길강홍의가 책임을 지게 되자, 대마번의 정치적 입장은 약화되었다.[94]

이런 가운데 1872년 정월에는 조선과의 외교관계 회복을 위해 외무성 관리 森山茂(모리야마 시게루)·廣津弘信(히로즈 히로노부)이 구대마번사 相良正樹(사가라 마사키)·浦瀨裕(우라세)와 함께 부산에 파견되었다. 이후 왜관측은 외무성 관리의 책임하에 훈도와의 교섭을 시도하게 되며, 외무대승 종의달의 서계를 지참해 온 상양정수는 동래부사(정현덕)와의 면담을 요구하였다. 훈도와 별차는 교섭에 소극적이었으며, 조선 조정은 왜관의 훈도 安東晙을 통해 왜관의 상황을 보고받는 정도였다.

---

94) 《朝鮮外交事務書》 3, 757쪽.
《日本外交文書》 1(韓國篇), 355쪽.

조선과의 교섭이 지체되는 속에서 외무성 관리는 4월에 왜관 정리의 필요성을 외무성에 건의하였으며,[95] 왜관 관수 深見正景(후카미 마사카게)은 교착을 타개하기 위해 5월 상양정수 등을 이끌고 동래부 관아에 가서 집단 시위(난출)에 들어갔다. 대수대차사가 가져온 종의달의 서계 접수를 요구하는 왜관측의 난출은 조선측의 저지로 10일 이상 끌었으나, 결국 동래부사와의 면담은 이루어지지 못했다. 그 대신 차비관 韓寅鎭이 동래부사의 접견 거부 이유를 적은 각서를 왜관측에 전하였다.

왜관측의 난출 소식을 접한[96] 조정에서는 이러한 사태를 막지 못한 동래부사 정현덕에 대한 처벌 여부가 논의되었으나,[97] 고종은 죄를 묻지 말라는 전교를 내렸다.[98]

한편 왜관에서의 난출이 문제가 되고 있을 때, 명치정부는 5월 28일 부산 초량의 왜관사무를 외무성 소관으로 하고, 외무성 직원이 아닌 구대마번사들의 퇴거·귀국을 명하였다. 뿐만 아니라 대마번의 대조선무역(세견선의 파견, 공무역)을 중지하는 대신 대마도에 5,000원(일본 통화)을 지급하였다.[99] 그리고 기타 구대마번이 대행하던 조일 상호간의 표류민 송환 업무도 長崎(나가사키)현으로 이관시킴으로써,[100] 대조선 외교의 일원화가 급진전되었다. 1872년 9월에는 외무대승 花房義質(하나후사 요시타다)이 파견되어, 館守 深見(후카미)을 외무성 9등 출사로 임명하여 館司에 보임하고, 구대마번사를 귀국시켜 버렸다. 이는 외무성이 대마번으로부터 왜관을 접수한 것으로 대마번의 외교권이 상실되었음을 의미한다.[101]

동래부사 정현덕의 장계로 외무성의 일방적인 왜관 접수 소식을 접한 조선

95) 《日本外交文書》 1(韓國篇), 371쪽.
96) 《日省錄》 권 123, 고종 9년 6월 7일.
97) 위와 같음.
《承政院日記》 고종 9년 6월 7일.
98) 《日省錄》 고종 9년 6월 8일.
《承政院日記》 고종 9년 6월 8일 및 6월 11일.
99) 《朝鮮外交事務書》 4, 247~267쪽.
100) 위와 같음.
《日本外交文書》 1, 378~382쪽.
101) 《朝鮮外交事務書》 1, 413~415쪽.

조정에서는 일단 수백 년 동안 지속되어 온 대마번을 통한 조일 간접통교 방식은 단절된 것으로 파악하고 외무성 관리를 귀국시키기로 결정하였다.[102] 조선은 대마번이 교섭창구로서 기능하지 않는 한 초량 왜관을 폐쇄하여 원래대로 초량읍으로 환원시킬 생각이었다. 명치정부의 왜관 접수는 일본측에서 봤을 때 외무성이 조선과의 외교·무역을 직접 취급하기 위해 대마번을 처리하는 차원에서 시행된 것이라고 할 수 있다. 그러나 이를 조선의 입장에서 보면 왜관을 침탈당한 것이나 마찬가지였다. 이에 조선측의 입장은 강경하였으며, 외교의 개혁은 있을 수 없다고 판단하여 구교를 준수하든가 단교를 하든가 양자 택일을 한다는 반응이었다. 외무대승 화방의질은 조선측의 항의 때문에 교섭을 진전시키지 못한 채 부산을 떠났다. 그러나 1873년 3월 부산에 파견된 외무성 7등 출사 廣津弘信은 초량 공관을 완전히 접수하여 大日本國公館이라 명칭을 바꾸고 관수 심견을 면직시켰다. 이에 조선은 종래 동래부의 훈도를 통해 왜관측 사안을 받아들이던 공적 교섭 루트를 중단시켜 버렸다.

명치정부(외무성)의 왜관 침탈로 왜관 기능이 정지되고 조선이 교섭루트를 폐쇄한 것은 사실이지만, 이것으로 양국 간의 국교가 완전히 단절된 것은 아니었다. 왜관 침탈 이후에도 한편에서는 표류민 상호 송환 등의 일상적인 교류가 이전까지와는 다른 루트로 지속되고 있었다. 1873년 6월부터 그 이듬해 정월 사이에 일본은 14건의 조선인 표착 사건 중 10회에 걸쳐 조선인 표민을 송환해 왔다. 송환 비용도 아직까지는 일본측이 부담하였다.[103] 조선은 이들의 송환을 거부하지는 않았는데, 이렇게 일본측과의 교류가 여전히 이루어지고 있었던 것은, 당시 일본이 조선 조정-명치정부(외무성)라는 통교 루트의 개편을 위해 전략상 구막부시대 이래 교린외교의 구태를 최소한도로 유지하려고 하였기 때문이다. 따라서 상호 신뢰를 바탕으로 하는 교린관계는 단절되었으나, 최소한의 교류는 유지되고 있었다고 할 수 있다.

(3) 조일수호조규 성립과 전근대 조일 통교체제의 붕괴

조선에서는 1873년 12월 大院君의 실각과 함께 대일교섭 교착에 대한 반

102) 《日省錄》 고종 9년 10월 3일.
103) 池内 敏, 〈倭館と漂流民の明治維新〉(《日本史硏究》 411, 1996), 30~31쪽.

성이 대두되고 있었다. 개항정책의 대두로 그간의 대원군외교에 대한 책임 추궁이 있었으며, 그 결과 고종 12년(1875)에는 동래부사 정현덕과 훈도 안동준이 처벌을 받았다. 일본은 조선 내에서의 이러한 정권 교체를 서계 접수 및 무역을 재개할 수 있는 계기로 여기고 있었으며, 1874년 6월에는 서계 접수 교섭을 위해 외무성 관리 森山茂(모리야마 시게루)를 부산에 파견하였다. 그러나 일본 내부적으로는 아시아 침탈의 일환으로 조선에 대한 무력 개항 정책이 이미 1874년 2월부터 大久保利通(오쿠보 도시미치)・岩倉具視(이와쿠라 토모미) 등에 의해 추진되고 있었다. 이는 조선의 경계를 요하는 일로, 1874년 6월에는 일본의 대만 공략 사실이 조선에 전해졌으며, 일본이 프랑스와 미국의 군사적 지원으로 조선을 침공한다는 유언비어도 나돌았다. 뿐만 아니라 청국신문에 일본의 征韓論이 소개되었다.

조선은 일본의 이러한 움직임을 주시하면서, 고종의 친정을 계기로 신동래부사 朴齊寬으로 하여금 초량 공관의 분위기를 살피게 하고, 동래부 비장 南孝源으로 하여금 예조판서 趙寧夏의 지시에 따라 森山茂를 만나 교착 상태를 풀 수 있는 방안을 협의하게 함으로써 양국의 통교 교섭이 이루어질 수 있는 분위기 조성에 노력하였다. 그리하여 1875년 2월에는 삼산무 일행이 부산에 서계(외무경・외무대승)를 지참해 왔는데, 이 때의 서계는 원문이 일본문인 것을 비롯하여 외무성 도장이 찍혀 있었으며, 조선을 위협하는 용어가 기재되어 있었다. 이에 조선 조정 일각에서는 서계 배척론이 대두되었으나 고종의 개항정책을 고려하여 퇴각을 보류하기로 하였다. 그러나 6월에는 2품 이상의 관리들에 대한 의견 조사 결과 배척론이 우세해짐에 따라 서계를 퇴각하기로 하였으며, 1875년 7월에는 외무성 관리 삼산무 일행에 대한 연향시 양복 착용문제에 부딪혀 교섭은 교착상태에 빠지게 되었다.[104)]

그 결과 조선의 노력에도 불구하고 삼산무는 武威를 배경으로 한 정한을 결심하였으며, 이를 외무성에 보고하였다. 일본은 대조선 무력 개항정책에 따라, 서계 접수 교섭이 교착을 거듭하면서도 추진중이던 1875년 5월과 6월에도 함대를 부산에 보내 측량과 시위행동을 했었다. 1875년 9월 외무경은

---

104) 金義煥, 《朝鮮近代 對日關係史硏究》(景仁文化社, 1974), 355~374쪽.

마침내 삼산무의 의견을 받아들여 그에게 교섭을 포기하고 귀국하라고 명함과 동시에, 군함 雲揚號(운요오호)를 조선의 서해안으로 이동시키라는 지시를 내렸다. 그 결과 같은 달 20일에는 강화도에서 무력 도발사건이 발생하였다. 이 사건 후 명치정부는 조선에 사절을 보내 개항을 강요하기로 결정하였다. 조선은 일본과 무력 분쟁시 조선이 단독으로 무력 대결할 수 없고, 청의 지원이 어려우리라고 판단하여 일본의 강압적인 개항에 응할 수밖에 없었다. 그리하여 고종 13년 2월에는 접견대관 申櫶과 尹滋承이 일본측의 무력 위협하에 일본측의 서계를 접수함과 동시에 黑田淸隆(쿠로다 카요타카)·井上馨(이노우에 카오루)과의 사이에 朝日修好條規가 맺어졌다.

조일수호조규는 일본이 주장하는 萬國公法의 논리를 바탕으로 이루어졌는데, 제1조에 조선을 독립국으로 인정하여 양국관계가 독립국끼리의 약속에 의해 규정된 조약임을 강조하였다. 일본은 조약 체결 이전에 森有禮(모리 아리노리)를 청에 파견하여, 청이 조선의 내정·외교에 대한 간섭을 하지 않는다는 약속을 받아냄으로써 이 약조에 청이 개입하지 못하도록 하였다. 조약에 조선이 독립국임을 명시한 것은 전근대 중국 중심의 책봉체제라는 동아시아 국제관계 속에서 청의 간섭을 배척하기 위한 논리로 이용하기 위해서였다. 뿐만 아니라 일본은 이 조약 체결시 명치정부의 법률 고문인 브아스나드(Boissonade, Gustave Emile)로부터 강화도 무력도발사건의 배상에 대신하여 수호조약을 체결하고 무역을 확장하도록 하라는 자문을 받았는데, 이를 그대로 시행하였다. 따라서 13개의 구체적인 항목에서는 영사재판권·무관세·최혜국 대우·개항장의 확대 등이 체결됨으로써 조선에 대해서는 아주 불평등한 내용으로 되어 있었다. 그 결과 이 약조로 인해 조선과 일본 간에는 정치·경제적으로 침탈·피침탈이 구조화하게 되며, 왜관 침탈 이후에도 미미하게나마 유지되고 있었던 교린의 구태가 완전히 없어지게 됨으로써 전근대 통교체제는 완전히 붕괴되고 말았다.

1879년 일본의 琉球(류우큐우, 현재의 沖繩縣) 침략 이후 조선에 대한 무력 침탈정책이 추진됨에 따라, 표류민의 송환이라든가 왜관 처리문제 등도 과거와 같은 국가 간의 신뢰·撫育의 차원에서는 더 이상 이루어지지 않게 되었다. 표류민의 송환도 국가의 보호가 아닌 개인의 경제적 능력이 송환의 주요 변수로 등장하게 되며, 왜관문제도 租借의 차원에서 새롭게 대응하지 않으면 안되게 되었다. 즉 조선과 명치일본과의 관계는 조일수호조규를 계기로 전근대 교린관계와는 전혀 다른 국면을 맞이하게 된다.

〈李 薰〉

3. 서양과의 관계

조선 후기에 이르러 지리 지식의 확대와 더불어 조선인의 서양에 대한 인식이 점차 넓어져 갔다. 그리고 서양 여러 나라를 중심으로 하여 진행된 '지리상의 발견' 이후 조선의 존재도 점차 서양 여러 나라에 알려지게 되었다. 이 과정에서 조선과 서양은 일정한 상호관계를 맺게 되었다. 물론 한국의 존재는 대략 9세기 중엽부터 사라센 상인들에게 알려져 있었다. 사라센 계통의 여행가나 지리학자들은 신라나 고려의 존재를 자신의 책에서 언급했고, 사라센인들이 남긴 이 기록은 유럽에도 전해졌다. 이를 통해서 유럽인들은 한국의 존재를 희미하게나마 이해하고 있었다.[1] 한편 마르꼬 폴로(Marco Polo, 1254~1324)의 《東方見聞錄》에는 高麗의 중국음인 까올리(Caoli)가 한 번 언급되어 있으나 그 지리적 위치에 대해서는 설명되어 있지 않았다.[2]

그러나 15세기 이후 '지리상의 발견'에 따라서 유럽인들의 시야는 전 지구적으로 확대되었다. 유럽의 항해자들은 인도와 말라카 해협을 거쳐 동양으로 진출해 왔다.[3] 16세기에는 스페인과 포르투갈인들이 동아시아에까지 진출했다. 당시 유럽인들은 포르투갈 항해자나 스페인의 선교사들을 통해서 조선에 관한 토막지식들을 확보하게 되었다. 그 후 17세기 중엽에 이르러 네덜란드인들이 동양무역에 있어서 포르투갈 세력을 물리치고 패권을 장악하게 되었고, 프랑스의 중국 진출도 강화되었다. 18세기 이후 영국인들도 동아시아 지

1) 金定慰, 〈中世 이스람 文獻에 비친 韓國像〉(《韓國史硏究》 16, 1977), 29쪽.
2) Marco Polo, *The Travels*, London ; Penguin Classics, 1965, p.118.
3) Parry, *The Age of Reconnaissance*, New American Library, Bergenfield, 1964. p.258 f.

역의 진출 과정에서 조선에 대한 관심을 강화시켜 나갔다.

그리고 19세기 프랑스 선교사들이 조선에 입국하여 선교한 이후 조선에 관한 유럽인들의 지식은 확대되어 갔다. 이 과정에서 조선에 관한 소식들이 유럽에 더욱 널리 전해지고 조선에 관한 전문서적들이 나타나게 되었다. 유럽인들은 중국이나 일본에 관한 기록의 일부를 통해서 조선의 존재를 새롭게 인식하기 시작하다가 19세기 직후부터는 조선에 관한 전문적인 서적들이 출현할 정도로 그들의 조선에 대한 인식은 강화되어 가고 있었다. 이 과정에서 '隱遁國' 조선은 세계사의 일부로 편입되어 갔다.

한편 조선왕조는 건국 이래로 事大交隣의 틀 속에서 중국을 중심으로 한 동아시아 질서 속에 안주하고 있었다. 그러나 17세기 이후 새로운 지리 지식의 확대에 따라 조선인들도 서양 내지는 신대륙의 존재를 점차 인식해 갔다. 그리고 서양인 선교사나 표착한 서양인 선원들을 통해서 조선인들은 서양의 실체를 접할 수 있었다. 이와 같이 17세기 이후에 전개된 조선과 서양과의 관계는 조선의 입장에서 볼 때 종전에 경험하지 못했던 새로운 사건이었다.

17세기 이후 1876년 개항에 이르기까지 조선왕조는 서양과의 일정한 접촉을 새롭게 가지면서 서양의 문화였던 천주교와 과학기술들을 창조적으로 수용해 나갔다. 특히 천주교를 통해서 들어온 서양에 대한 인식은 당시의 지배층에게 부정적 영향을 주기도 했다. 개항 이전 조선인들이 가지고 있었던 서양에 대한 지식은 결코 정확하거나 풍부한 것은 아니었다. 그러나 당시 조선인들이 가지고 있었던 서양에 대한 인식도 점차 구체화되어 갔고, 19세기 후반에 이르러서는 상당한 수준에 이르렀다. 이러한 인식들을 바탕으로 하여 조선은 개항을 단행하게 되었지만, 그 인식의 미숙성으로 인해 급변하는 국제 정세에 대한 효과적 대응책을 마련하는 데에는 어려움을 겪게 되었다.

1) 조선과 서세동점

유럽과 동양의 직접적 관계는 15세기 말 가마(Vasco da Gama, 1468~1524)의 인도 항로 개척을 통해서 본격적으로 시작되었다. 그는 1499년 5월 인도의 서해안 캘리컷(Calicut)에 도착하여 '그리스도교도와 후추'를 찾고자 했다.

그 후 포르투갈인들은 인도의 고아(Goa)를 거점으로 하여 사라센 상인들을 배제하고 동남아시아의 후추에 대한 독점적 무역을 시작했다. 그들은 1517년 중국 廣州에 도착한 이후 중국 및 일본과의 밀무역에 종사했고, 1556년 마카오(澳門)에 거주권을 얻어서,[4] 마카오항을 건설하기 시작했다. 그들은 동양무역을 통해서 막대한 재부를 축적할 수 있었지만, 중상주의 단계에 놓여 있었던 그들의 무역활동이 인도나 중국사회의 변화에는 그다지 큰 영향을 주지 못했다.

포르투갈의 항해자 내지는 상인들과 함께 가톨릭 선교사들도 동양에 도착했다. 당시 동양 포교의 선두 주자는 예수회(Societas Jesu)였다. 예수회 선교사인 사비에르(Francisco Xavier, 1506~1552)가 1549년 일본 鹿兒島에 도착해서 활동하다가, 1552년 중국 廣東 上川島에 상륙한 이후 그리스도교의 동양 선교는 새로운 전기를 맞았다. 그는 중국에 도착한 직후 사망했지만, 뻬레즈(F. Perez)·떽세이라(Emmanuel Texeira)·삔또(Andrea Pinto)와 같은 예수회 선교사들이 1563년 마카오에 도착하여 그리스도교가 선교되기 시작했다.[5] 그 후 1583년에는 마떼오 리치(Matteo Ricci, 1552~1610)가 중국에 도착하여 저술활동 등을 통해서 본격적인 선교에 착수했다. 리치의 뒤를 이어받은 예수회 선교사들은 중국의 지식층에 접근해 갔고, 淸 조정에 仕宦함으로써 유럽문화를 청에 전파시켰다. 그리하여 그들은 청과 歐羅巴 두 문화를 조화시킨 淸歐文化를 이루어 갔다. 이 상황에 힘입어 중국에서는 조선이 청구문화 내지는 西學·西敎를 수용할 수 있는 여건이 마련되어 가고 있었다. 또한 중국에 입국했던 선교사들은 조선 포교의 가능성을 물색하는 과정에서 조선에 관한 지식을 확보하고자 했으며, 그 결과로 그들은 조선의 실상을 유럽에 알려 주는 통로의 역할을 했다.

한편 스페인의 경우 마젤란(Ferdinando Magellan, 1480?~1521)의 함대가 세계일주 항해를 완수한 것은 1522년이었다. 그리고 스페인의 태평양함대가 필

---

4) Parry, ibid., p.161.

5) Pfister, *Notices Biographiques et Bibliographiques sur les Jésuites de l'Ancienne Missions de Chine 1552~1778*, Chang-hai ; Imprimerie de la Mission Catholique, 1932, pp.1~10.

리핀의 루존(Luzon)을 점령한 것은 1571년이었다.[6] 그들은 이곳을 근거지로 하여 루존에 정착한 福建 상인들과 함께 중국무역에 종사했다. 그리고 스페인 계통의 예수회 선교사들은 일본에 입국하여 그리스도교를 본격적으로 선교하기 시작했다. 그들은 사비에르의 뒤를 이어서 일본에서 그리스도교를 선교했고, 1580년에는 신도수가 10만여 명에 이르게 되었다. 그러나 豊臣秀吉(토요토미 히데요시)이 집권하자 1587년에는 금교령이 내려진 바 있다. 그 후 禁敎와 布敎가 번갈아 시행되었다가 1614년에는 德川家康(토쿠가와 이에야스)에 의해서 전면적인 금교령이 강행되었다.[7] 그 후 스페인 상인들은 동아시아에서 네덜란드 상인들에게 밀려나게 되었고, 스페인 계통의 선교사들도 일본에서의 선교를 금지당했다. 그러나 16세기 초엽 이들은 조선에 대한 관심을 가지고 있었고 그 관심이 유럽사회에 전달되어감에 따라서 조선의 존재가 알려질 수 있는 계기를 얻게 되었다.

17세기에 들어와서는 포르투갈과 스페인을 대신해서 유럽의 신흥세력인 네덜란드와 영국·프랑스 등이 아시아에 등장하는 새로운 사태가 전개되었다. 영국은 1600년에 東印度會社를 설립하여 인도 각처에서 상업상의 거점을 확보했다. 네덜란드는 1602년에, 그리고 프랑스는 1664년에 각기 동인도회사를 설립하여 동아시아 지역에서 통상과 해군력을 강화시켜 나갔다.[8] 이러한 과정에서 17세기 이후 인도양과 東中國海를 거쳐 북진해 올라오던 네덜란드·프랑스·영국의 세력들은 한반도를 향해서 접근해 오고 있었다. 그리하여 17세기에 네덜란드의 船人들이 조선에 표착하게 되었고, 18세기 이래로 영국과 프랑스 등의 함선들이 조선 연안에 출몰하여 조선의 해안을 측량했고, 간혹 불법적으로 상륙하여 조선의 정세를 탐지하기도 했다. 특히 프랑스의 경우 1840년 아편전쟁 이후 루이 필립(Louis Philippe) 정부는 극동에서 군사적·정치적 이권을 얻기 위해서 정보 수집을 목적으로 특별 함대를 중국에 파견했다. 프랑스는 1844년 중극과 黃埔條約을 체결한 이후 극동에 대한 관심을 더욱

6) Macgregor, 'Europe and East', *the New Cambridge Modern History, Vol. II*, London : Cambridge Univ. Press, 1965, p.621.

7) Crasset, *Histoire de l'Eglise du Japon, tome premier*, Paris ; François Montalant, 1715, p.27 et passim..

8) 李鉉淙, 〈朝鮮과 西勢東漸〉(《한국사》 14, 국사편찬위원회, 1975), 20쪽.

강화시켜 나가고 있었다.

조선을 향해서 북진해 올라오는 세력과 함께 조선은 17세기 이래로 남진해 오던 러시아 세력을 인식하고 있었다. 제정 러시아는 16세기 후반부터 우랄 산맥을 넘어 시베리아의 광대한 지역를 병탄하기 시작했다. 그리하여 1632년에는 레나강변에 야쿠츠크(Yakutsk)城을 수축하고 東進의 거점으로 삼았다. 그리고 1643년에 야쿠츠크 주둔관 골로윈은 뽀아꼬브를 파견하여 중국 흑룡강 지구를 침략했다. 1651년에는 하바로프(E. Khavarov)가 흑룡강 중류의 北岸 야크사를 점령하고 보루를 수축했다. 이들은 중국에 대한 약탈을 감행했으므로 청 조정에서는 1654년과 1658년에 이들을 공격했고, 이 전투에 조선의 원정군도 참여했다. 그 후 1689년 청과 러시아는 니부추에서 국경문제에 관한 조약을 체결했고, 1840년 아편전쟁이 일어날 때까지 150여 년 동안 양국 간의 안정이 유지되었다.[9] 17세기 말 18세기 초에 이르러 러시아의 봉건농노제가 공고해짐에 따라 뾰트르 1세의 대외침략과 팽창은 더욱 강화되었다. 그는 동쪽으로 중국과 일본을 침략하여 동해를 통제하고 태평양에까지 세력을 확장하고자 했다. 그리하여 그가 파견한 꼬즈렙스끼 원정대는 1713년 꾸릴열도에 이르렀다. 그 후 안나 여왕 때 베링이 조직한 제3탐험대는 뽀스빤버그의 인솔 밑에 1738년부터 1742년 사이에 세 차례에 깜차카반도에서 꾸릴열도를 거쳐 일본 연해로 들어가 계속 남하하여 일본에 이르렀다. 이 과정에서 1739년 6월 러시아의 함선이 처음으로 동해에 나타나게 되었다.[10] 러시아 함선의 동해안 출현으로 조선 봉건 정부는 이양선에 대한 경계심을 강화시켜 나가게 되었다.

조선을 중심으로 생각할 때에 西勢東漸의 물결은 여기에 그치지는 아니했다. 19세기에 접어들면서 구미제국의 동양 침략은 점차 노골화되어 갔다. 영국은 아편전쟁(1840~1842) 이후 南京條約을 통해서 홍콩을 할양받았다. 1844년 중국은 미국 및 프랑스와도 통상조약을 맺었다. 1850년에는 영국과 나폴레옹 3세의 프랑스 정부는 중국에 침공군을 파견했고, 영불 연합군은 천진을

---

9) 김구춘, 《짜리 로씨아의 대외침략과 팽창》(延邊 : 延邊人民出版社, 1992), 56~60쪽 참조.

10) 김구춘, 위의 책, 46~48쪽 참조.

거쳐서 北京을 함락시켰다. 이들은 황제의 別宮인 圓明園을 파괴 약탈했으며, 1860년에는 北京條約을 체결하여, 영국과 프랑스의 공사가 중국과 동등한 주권을 대표하면서 북경에 주재하게 되었다. 이 북경조약에 러시아와 미국도 참여하게 됨에 따라서 중국과 그 이웃에 있던 조선은 이들 국가와의 관계에 대해서도 관심을 가져야 했다.[11]

미국이 조선 연해에 자주 출현하기 시작한 시기는 19세기 중엽부터였다. 그러나 그들은 19세기 초엽 이래 동아시아와 통상교역을 확대하는 데에 관심을 보이기 시작했다. 1834년에는 로버츠(Roberts)를 극동에 파견하여 통상증진 방안을 모색케 했을 때, 그는 "일본과 통상의 길을 트게 되면 장차 조선과도 교역할 가능성이 있다"는 보고서를 남겼다. 1845년 2월 프래트(Pratt) 의원은 하원에서 일본과 조선에 통상 교역의 길을 트자고 주장했다. 한편 미국은 극동 여러 나라와 정식으로 수교관계는 없었지만 1820년대 초부터 일본 북해도 근해에서 포경업에 종사하고 있었다. 이 미국의 포경선들은 동해에도 출현했고, 조선에 표착하기도 했다. 이러한 과정에서 미국은 동아시아 내지 태평양에 대한 군사적 哨戒활동의 필요성이 제기되었고, 그 결과 1822년에는 미국의 전통적 '포함외교정책'(gun-boat diplomacy)을 실천하고 있던 지중해함대의 요원들을 기초로 하여 '아메리카 태평양함대'가 창설되었다.[12] 이후 그들은 아시아에 대해서도 포함외교정책을 통해서 자국의 통상을 보호하려 했다. 이러한 과정에서 1854년에는 페리(Perry)에 의해서 일본이 開港되었다. 그리고 1860년대에 이르러서는 시워드(W. H. Seward) 국무장관의 팽창정책 아래 해외시장의 개척에 박차를 가하게 되었다.[13] 미국이 이와 같이 아시아로 세력을 확대해 나감과 관련하여 조선과 미국의 상호 만남은 점차 빈번해져 가고 있었다.

조선은 17세기 북진해 오던 라틴계 유럽의 세력과 간접적인 접촉을 가졌고, 18세기와 19세기 전반기에는 프랑스 및 영국과 만났다. 그 후 19세기 중

---

11) 高柄翊, 〈19世紀 後半의 東아시아 情勢〉(《한미수교100년사》, 국제역사학회의 한국위원회, 1982), 6~7쪽.
12) 金源模, 《近代韓美交涉史》(弘盛社, 1979), 18쪽.
13) 金源模, 위의 책, 115쪽.

엽에 이르러서는 동진해 오던 유럽세력, 남진을 거듭하는 러시아 세력, 그리고 서진해 오던 미국의 세력이 한반도를 중심으로 하여 서로 마주치게 되었다. 이 서세동점의 물결이 밀려드는 과정에서 17세기 조선이 표착인을 통해서 직접 조우하게 되었던 서양은 우선 동인도회사를 배경으로 한 네덜란드였다. 그리고 18세기 이후 19세기에 조선은 그들의 상인과 해군력에 직면하게 되었다. 또한 이에 앞서서 淸歐文化의 수용을 통해 조선에서 형성된 서학 내지는 천주교 신앙은 서세동점의 한 결과이기도 했다. 그리하여 18세기 말엽 이후 19세기 전반기의 조선인들이 구체적인 형태로 인식하고 있었던 '서양'은 조선의 전통 가치에 離背되던 천주교 신앙이었다. 따라서 17세기 이후 19세기 후반 개항에 이르기까지 서세동점의 와중에서 조선은 서양에 대한 긍정적 인식보다는 부정적 판단을 하게 되었고, 鎖國 自守의 길을 택했다.

2) 조선 선교의 시도

조선과 서양의 관계는 유럽인 선교사들에 의한 그리스도교 선교의 시도를 통해서 나타나기 시작했다. 즉 17세기를 전후하여 서세동점의 과정에서 동양에 들어온 선교사들은 선교지를 확대해 나가려는 노력의 일환으로 새로운 선교지를 물색하게 되었다. 이러한 맥락에서 중국이나 일본에 있던 선교사들은 조선에 대한 관심을 증폭시키게 되었다. 유럽 선교사들의 노력은 조선인들의 의도와는 상관없이 일방적으로 진행된 것이었고, 조선 천주교회의 창설과 직접 연결되지는 못했다. 그렇지만 그들의 조선 선교를 위한 시도는 유럽인들에게 조선에 대한 관심을 강화시켜 주는 구실을 했다. 그리고 1784년 조선에 천주교가 세워진 이후 중국에 나와 있던 선교사들의 조선교회에 대한 관심은 더욱 커져 갔다. 1831년 朝鮮代牧區가 설정되어, 선교사들이 조선에 입국하여 선교를 담당함으로써 조선인과 서양 선교사의 만남이 이루어졌다.

물론 이보다 앞서 동양에 그리스도교의 선교가 진행되는 과정에서 조선에도 이를 전하고자 하는 시도가 있었다. 우선 1576년 정월 마카오 교구에 내린 교황의 大勅書(bula)에서는 교구의 관할 구역을 '중국·일본과 인접 지역'으로 규정하여 막연하게나마 조선이 그 관할 지역 안에 포함되기에 이르렀다. 그 후 1659년 로마 교황청에서는 조선을 중국의 南京代牧區에 부속시키고 이 지역에 대한 선교를 위임했다. 즉 교황 인노첸시오 11세(Innocentio XI)는 1679년 중국출신 도미니꼬회 선교사인 그레고리오 로뻬즈(Gregorio Lopez) 신부를 '남경과 조선 및 인근 省'의 代牧으로 임명했다.[14] 그리고 1690년 교황청이 남경대목구로부터 북경대목구를 독립시키면서 조선 선교의 책임은 북경대목구의 관할로 넘어갔다. 로마 교황청에서는 이처럼 일찍부터 조선 선교를 지향하면서 그 관할권에 대한 배려에 관심을 가지고 있었다.[15]

그런데 조선 선교에 대한 구체적 관심이 처음으로 나타난 것은 일본에서 선교를 하고 있던 포르투갈 출신 예수회 선교사 가스파르 비렐라(Gaspar Vilelar)에게서였다. 그는 1571년 10월 6일 친우에게 보낸 편지에서 조선에 그리스도교를 선교하기 위해 조선 입국을 시도했지만, '전쟁'으로 인해서 가는 길을 방해받아 입국하지 못했음을 전하고 있었다.[16] 그의 조선 입국이 불가능했던 까닭은 당시 戰國時代에 처해 있던 일본의 국내 사정 때문이었던 것으로 생각된다.

일본에 나와 있던 선교사들이 조선에 입국하고자 한 시도는 세스뻬데스(Gregorio de Céspedes, 1551~1611)에 의해서 이루어졌다. 스페인 출신 예수회 선교사인 그는 小西行長(코니시 유키나가)의 개인적인 초청에 의해서 1593년 12월 27일에 조선의 남해안에 도착했고, 熊川에 있던 고니시의 진영에서 1년 가까이 머물면서, 일본군 가운데 천주교 신자였던 2,000여 명의 장병을 대상으로 하여 聖事를 집전했다. 그가 조선인과 직접적인 접촉을 갖고 조선에서 그리스도교를 전파한 기록은 없다. 그러나 加藤淸正(가토오 기요마사)의 방해

---

14) 《壬辰亂史 國外資料》(서울大 동아문화연구소, 1972), 62쪽.
Breve Notizia della Corea e del suo Christianismo nel Secolo XVI e XVII, cap. II, p. 188. "vicaria apostolico di Nankino, della Corea e d'altra provincie confinanti."

15) Manuel Teixeira, *A Missão da Coreia*, Macau : Tipografia Marsul, 1982, pp. 22~23.

16) 朴 哲, 《예수회 신부 세스뻬데스》(西江大, 1987), 42쪽.
《耶蘇會士 日本通信》(村上博士譯, 渡邊博士註) 下, 217~218쪽.
山口正之, 〈耶蘇會 宣教師の入鮮計畫〉(《靑丘學叢》 3, 1931), 138쪽, '1571년 10월 6일자 편지' 참조.

를 받아 일본으로 돌아가게 되면서,[17] 그는 귀환 도중 對馬島 島主의 집에 피랍되어 머물러 있던 조선인 소년 한 명에게 빈센떼(Vincente)라는 세례명으로 세례를 주었다. 빈센떼는 일본의 신학교를 마치고 傳敎師가 되었으며, 포교를 목적으로 조선에 입국하기 위해서 1614년 북경에 가서 조선 입국의 길을 모색하다가 1620년 일본으로 되돌아갔다.[18] 그리고 이 때를 전후하여 일본에서는 임진왜란 과정에서 피랍되었던 조선인들이 대거 그리스도교에 영세 입교한 바 있다. 그러나 이들은 조선의 그리스도교 형성에 있어서는 아무런 영향을 주지 못했다.[19]

그런데 일본이나 중국에 도착한 선교사들에 의해서 그리스도교의 선교를 목표로 조선에 대한 관심이 강화되어 갔다. 리치(Matteo Ricci)가 중국과 주변국가의 정세에 관심을 가지고 있었던 것도 그리스도교 선교를 목적으로 한 것이었는데, 그는 1599년 2월 6일 南京에서 코리아(Coria)에 관해서 짧게 언급하여 조선 선교에 대한 관심을 간접적으로 표현한 바 있었다.[20] 조선에 대한 직접적인 선교는 17세기 초엽에 시도되었다. 이러한 계획은 비델라나 마테오 리치와 같은 예수회 선교사 이외에 도미니꼬會 선교사들에 의해서 진행된 것으로 전해지고 있다. 즉 도미니꼬회 선교사로서 스페인의 까스띨(Castil) 지방 출신인 후안(Juan)은 1601년 필리핀에 도착하여 말레이(Malay)語를 익히다가 조선 포교의 최적임자로 선발되어, 동지 두 사람과 같이 먼길을 항해하여 1618년 조선에 도착했다 한다. 그러나 그들은 입국이 거부되어 다른 두 사람은 그대로 필리핀으로 회항하고, 후안은 단신으로 일본에 상륙했다가 곧 체포되어 히젠(肥前) 오오무라(大村) 감옥에 투옥되었으며, 1619년에

17) 朴 哲, 위의 책, 42·50·92쪽.

18) Luis de Guzmán, *Historia de las Misiones de la Compãñía Jesús en la India, en la China y Japón desde 1540 hasta 1600*, Bilbao, 1891, pp.596~597.
朴 哲, 위의 책, 91쪽.

19) 메디나, 《한국천주교 전래의 기원》(朴哲 譯, 西江大, 1989) 참조. 이 책에서는 임진왜란 때에 조선교회가 형성된 것으로 묘사하고 있으나, 필자의 견해는 이와 다르다. 한편, 이 책의 제2부에는 1566년 이후부터 1698년에 이르는 기간 동안 작성된 한국천주교사 前史에 관한 서양자료들이 발췌 번역되어 있다. 이 자료는 그 前史의 이해를 위해서 일정하게 도움을 줄 수 있을 것으로 생각된다.

20) Matteo Ricci, *Fonti Ricciane II*, pp.38~39.
矢澤利彦, 〈マッテオ・リッチと文祿慶長の役〉(《日本歷史》 70, 1954), 14~19쪽.

그 곳에서 옥사했다는 기록도 전한다.[21] 이 기록은 당시의 서양선교사들이 조선에 대한 선교를 갈망하고 있었다는 사실만은 간접적으로나마 확인시켜 주는 것이다.

일본에서 그리스도교의 선교가 금지되어 가던 17세기 전반기에 있어서, 중국에 입국했던 예수회 계통의 선교사들은 조선 선교를 시도해 보고자 했다. 이러한 첫 시도는 明末 徐光啓(1562~1633)와 삼비아시(François Sambiasi, 畢方濟, 1682~1649)에 의해서 추진되었다. 서광계는 만주족의 침입에 대비하여 자신이 조선에 파견되는 請兵使臣이 될 경우 삼비아시 신부를 대동하고 조선에 들어가 개교한다는 계획을 세웠으나, 청병 자체가 좌절되면서 전교 계획도 무산되었다.[22] 이러한 서광계의 계획은 대략 1619년경에 수립되었던 일이고, 이 계획의 아이디어를 낸 사람은 롱고바르디(Longobardi, 龍華民, 1559~1654)였다고 한다.[23]

그 후 중국에 주재하던 선교사 가운데 조선 선교를 구체적으로 생각하고 추진했던 인물은 아담 샬(Adam Schall, 1591~1666)이었다. 그는 북경에서 조선의 昭顯世子를 만났고, 조선에 대한 선교를 구체적으로 추진하고자 했다. 이미 널리 알려져 있는 바와 같이, 소현세자는 1637년부터 청의 인질이 되어 심양에 머물다가 청의 入關 이후 順治 황제를 따라서 北京에 입경했다. 그는 1644년 9월 19일부터 11월 26일까지 약 70여일 간 북경에 체류하면서 샬과 교류하였다. 샬은 소현세자가 가지고 있던 서양학문과 천주교에 대한 관심과 호의 그리고 샬 자신의 소현세자에 대한 관심과 천주교 선교에 대한 열의를 그의 회고록에서 서술해 주었다.[24]

---

21) E. Papinot, *Dictionaire d'Histoire et Geographie du Japon*, Yokohama, 1906. 山口正之, 앞의 글, 140쪽 참조. 여기에서는 그들이 조선에 도착했지만 관리들의 거부로 상륙과 선교가 불가능하자, 2인의 신부는 마카오로 귀환하고 후안 신부는 일본에 머물다가 도쿠가와의 그리스도교 박해 과정에서 1619년에 오오무라에서 순교한 것으로 서술하고 있다.
한편 메디나, 앞의 책, 61~65쪽에서는 조선인 피랍자 또마스와 함께 산또 도밍고 신부가 조선어의 입국을 시도하면서 일본에 머물다가 1619년 오오무라에서 순교한 것으로 기록하고 있다.

22) 張貞蘭, 〈昭顯世子 硏究에 있어서의 몇 가지 問題〉(《敎會史硏究》 9, 1994), 191쪽.

23) 메디나, 앞의 책, 67쪽.

24) 山口正之, 〈昭顯世子と湯若望〉(《靑丘學叢》 5, 1931), 101~117쪽.
張貞蘭, 앞의 글, 192~195쪽.

샬의 전교 노력은 프란치스코회의 산따마리아(Antonio Caballero de Santa Maria) 신부를 통해서 계속되었다. 즉 1650년과 1652년 두 차례에 걸쳐서 산타 마리아 신부는 샬의 권고에 따라서 북경으로부터 조선 입국을 시도했다. 그리고 샬은 1651년 10월 20일자로 上海에 있는 브랑까띠(F. Brancati) 신부에게 보낸 편지에서 자신과 산따 마리아 신부가 조선에 대한 전교를 계속해서 시도하고 있음을 확인해 주었다.[25] 샬은 산따 마리아 신부에게 필요한 모든 공식 서류를 갖추어 주고 조선에 관한 상세한 정보를 그에게 알려 주며 그의 조선입국을 주선했지만, 이 노력은 결국 실패로 돌아갔다. 그 후 샬은 조선에 입국하기 위한 입지적 조건이 비교적 유리한 산동반도를 통해 해로로 입국을 시도했으나 성과를 거두지 못했다.

17세기 당시는 조선에 그리스도교 포교를 위해서 입국하려는 선교사들의 노력이 전개되고 있었던 반면에 조선은 일본에서의 그리스도교 박해에 관한 소식을 자주 접하게 되었다. 즉 일본의 그리스도교가 幕府로부터 탄압 받고 있던 사실은 인조 16년(1638)과 18년에 조선에 전달되었다. 그리고 21년, 22년, 26년 및 효종 원년(1650)에 일본은 조선에 대해서 일본인 천주교도의 捉送을 요구해 왔다. 이러한 요구에 따라서 조선은 1644년 전라도 진도에 표착한 荒唐船을 포착하여 왜관에 송치한 바 있었는데, 선인 61인 중 5인이 천주교인이었다 하여 對馬島主가 간곡한 謝書를 보낸 바 있었다. 그 후에도 대마도주는 그리스도교를 경계하는 공문을 현종 7년(1668)에 조선의 예조참판에게 보낸 바가 있었다.[26] 여기에서 드러나는 바와 같이 조선은 17세기 전반기 일본을 통해서 '耶蘇宗門'의 위험성을 듣게 되었다. 그러나 17세기 전반기 조

---

25) 張貞蘭, 위의 글, 191~198쪽.

26) 《顯宗實錄》 권 12, 현종 7년 10월 경오.
《同文考略》 권 15.
《交隣漂風》 현종 7년 12월.
《顯宗改修實錄》 권 16, 현종 8년 2월 신미.
《仁祖實錄》 권 36, 인조 16년 3월 병자·권 41, 인조 18년 9월 정유·권 45, 인조 22년 5월 무신·권 45, 인조 23년 3월 신미·권 49, 인조 26년 5월 경술.
《孝宗實錄》 권 3, 효종 원년 2월 임술.
金良善, 〈仁·孝 兩朝 蘭人의 漂到와 韓中日 三國의 外交關係〉(《鄕土서울》 30, 1967), 60~63쪽.

선의 조정에서는 그리스도교 문제를 현실적 위험으로 파악하지는 않았고, 이에 대한 구체적 대책을 세운 바도 없었다.

청대에 이르러서도 중국에 주재하던 선교사들은 조선 선교의 가능성을 계속해서 모색하고 있었다. 즉 1684년에는 프랑스 출신 예수회 신부였던 피아밍고(Antoine Thomas Fiamingo)가 그리스도교 선교를 위해 조선 입국을 시도했지만 좌절된 사례도 있다.27) 레지스(Regis) 신부를 도와서 중국 지도를 작성했던 예수회 선교사인 프리델(Xavier Fridell, 費隱, 1673~1743)은 1712년경에 조선에 그리스도교를 선교하고자 하는 원의를 가지고 조선지도를 작성했다.28) 또한 중국지도의 제작에 참여하고 있었던 자르뚜(Pierre Jartoux, 杜德美, 1668~1720) 신부나 고빌(Antoine Gaubil, 宋君榮, 1689~1759) 신부도 조선 선교에 관심이 있었던 것으로 전해지고 있다.29)

그러나 이러한 선교사들의 시도에도 불구하고, 조선 교회는 정조 8년(1784) 李承薰을 비롯한 조선인 자신들이 노력한 결과로 창설되었다. 정조 14년 이후 북경교구 교구장 구베아(Gouvea) 주교로부터 조선교회의 성립을 보고 받은 로마 교황청에서는 정조 16년 4월 조선을 구베아의 '개인적 보호와 지도'에 맡기게 되었다.30) 그리고 순조 31(1831)년에는 朝鮮代牧區(Vicariatus Apostolicus de Corea)를 설정하고 빠리외방전교회(la Société des Missions-Étrangères de Paris)에 조선에 대한 선교를 위임했다.31) 프랑스 선교사들은 순조 36년 이후 조선에 입국하여 활동하기 시작했다.

요컨대, 지리상의 발견은 그리스도교 선교의 확대를 가능하게 했고 16세기 중엽 이래 유럽의 선교사들은 일본과 중국에서 선교에 종사하고 있었다. 그

---

27) Antoine Thomas Fiamingo SJ, *Traités sur Quelques Points Importants de la Mission de la Chine*, Paris, 1701.
Breve Notizia della Corea e del suo Christianismo nel Secolo XVI e XVII, cap. II, 1972.
《壬辰亂史 國外資料》(서울大 동아문화연구소), 51쪽.

28) Pfister, ibid., p.608.

29) 崔奭祐, 〈韓佛條約 締結 以前의 韓佛關係〉(《韓佛修交100年史》, 韓國史硏究協議會, 1986), 5쪽.

30) 崔奭祐, 〈李承薰 關係 書翰 資料〉(《敎會史硏究》 8, 1992), 166쪽.

31) 崔奭祐, 《韓國敎會史의 探究》 II(韓國敎會史硏究所, 1991), 220쪽.

들은 자신들의 선교지에 인접해 있는 조선의 선교에도 일정한 관심을 가지고 이를 관철시키기 위해서 노력한 바 있다. 그리고 로마 교황청에서도 마카오 교구나 남경교구 또는 북경교구를 설정할 때 조선에 대한 선교를 전망하여 조선을 그 교구의 관할 지역 안에 포함시킨 바 있었다. 지리상의 발견 이후 18세기에 이르기까지 서양인들 가운데 조선에 대한 관심은 선교사를 통해서 표출되고 있었다. 조선과 서양과의 초기 관계에서 드러나는 이러한 점은 서양의 탐험가나 상인들에 의해서 활발한 접촉이 시작되었던 중국이나 일본의 경우와는 분명히 차이를 드러내는 것이었다. 그렇다 하더라도 조선에 대한 서양의 관심은 16세기 후반 이래 19세기에 이르기까지 그리스도교의 선교를 시도하던 선교사들의 노력을 매개로 하여 심화되어 가고 있었다.

3) 서양인과의 접촉

조선 후기 17세기를 전후하여 서양인들의 동양진출 과정에서 중국과 나카사키를 오가던 서양 선박들이 난파하여 서양 선원 등이 조선에 표착하는 경우가 발생했다. 그리하여 표착한 서양인들과 조선인과의 만남이 이루어졌고, 이를 통해서 조선인들은 서양에 대한 구체적 이해를 가질 수 있었다. 한편 19세기의 30년대에 이르러서는 그리스도교 선교를 목적으로 한 선교사들이 입국하여 활동을 전개하게 되었다. 이로써 적지 않은 조선인들이 서양인 선교사와의 직접적인 접촉이 가능했다.

조선에 상륙했던 서양인에 관한 최초의 언급으로는 선조 15년(1582) 馬里伊가 제주도에 표착되어 서울로 압송되었다가 곧 明으로 송환되었던 기록이 있다. 당시는 포르투갈 상인들이 동양의 해상에서 활동하던 시기이므로 그의 국적은 포르투갈로 추정된다. 물론 이보다 앞서서 포르투갈인들의 동방 항해기에는 조선 연안에 표착했던 사실을 전하고 있기도 하지만, 국내의 기록을 통해서 확인할 수 있는 서양의 표착인으로서는 마리이를 들 수 있다.[32)]

또한 상술한 바와 같이 임진왜란이 진행중이던 선조 26년 말 세스뻬데스 신부가 조선에 입국한 바 있었지만, 그는 조선인들과 본격적으로 교류한

---

32) 洪以燮, 〈서울에 왔던 歐美人〉(《鄕土서울》 1, 1957), 120쪽.

바가 없었다. 그러나 세스뻬데스의 경우와는 달리 17세기에 접어들어서 서양인들의 조선 표착이 수 차례에 걸쳐서 진행되었다. 17세기의 표착인 가운데 그 첫번째 사례로서는 선조 37년 남해안에 표착한 후안 멘데스(Juan Mendes)를 주목할 수 있다. 스페인 출신인 그는 캄보디아에서 일본의 長崎(나가사키)로 가기 위해서 일본 함선에 승선했다가 풍랑으로 인해 조선 연해에까지 밀려왔다. 그 함선은 조선 수군에게 나포되었고, 그는 黑人 從者 2인 및 明人들과 함께 명으로 송환되었다. 그들의 송환에 관한 문제를 주제로 하여 조선은 明 및 일본과도 빈번한 접촉을 가졌으며, 당시 조선사회에서도 그들에 관한 일에 상당한 관심을 가지고 있었다.[33)]

한편 동아시아 무역에 있어서 네덜란드 상인들이 이 지역에서 기선을 제압하는 과정에서 조선에는 네덜란드 선인들이 표착하게 되었다. 이렇게 표착한 서양인과 조선의 본격적 조우는 朴淵(朴延)을 통해서 이루어졌다.[34)] 후술하게 될 《하멜漂流記》에 의하면 박연의 본명은 얀 얀세 벨테브레(Jan Janse Weltevree, 1595~?)였다. 네덜란드 북부 리프(Rijp) 지방 출신으로서 32세였던 그는 16인의 네덜란드인 선원과 함께 중국 아모이 인근에서 정크船을 타고 타이완으로 항해하던 중[35)] 逆風을 만나서 인조 5년(1627) 경상도 慶州 부근 바다에 이르렀다. 여기에서 벨테브레는 디레크 히아이베르쓰(Direk Gijsbertz) 및 얀 피에테르츠(Jεn Pieterz)와 함께 淡水와 양식을 구하기 위해서 短艇을 타고 육지에 상륙했다가 경주의 주민들에게 발견되었다. 경주의 주민들은 그들을 동래 왜관으로 보내어 그들이 원하는 바대로 나가사키로 보내려 했지만, 왜관에서는 그들이 일본 漂人이 아니라고 하여 접수를 거부했다.[36)]

이에 그들은 인조 6년 서울로 이송되어 훈련도감에 군사로 편입되었다. 박연은 降倭와 漂漢人으로 구성된 부대의 將이 되었다. 그들 3인은 병자호란

33) 朴泰根, 〈돌아오지 않은 장군의 배〉(《역사춘추》, 역사춘추사, 1989) 참조.

34) 李仁榮, 〈南蠻人朴淵攷〉(《京城帝國大學 史學會報》 7, 京城帝國大學, 1935), 35~43쪽.
Gari Ledyard, *The Compatriot Jan Janse Weltevree, The Dutch Come to Korea*, Seoul : Taewon, 1971, pp.25~37.

35) Gari Ledyard, ibid., pp.26 · 37.

36) 《接待倭人事例》 현종 8년 정월 10일.
金良善, 앞의 글, 56쪽.

(1636) 때에 참전했다가 박연만이 살아남고 나머지 2인은 전사했다.[37] 그는 조선인 처와 함께 살며 1남 1녀를 두었고 조선에서 終身했다. 그는 조선인들의 물음에 대답하면서 자국의 기후·풍습·법률·기상학 등에 관한 지식을 말한 바 있었다.[38] 또한 그는 "兵書에 밝아서 火砲를 제조하는 데에 상당히 정교했다. 그는 나라를 위해서 그 기능을 발휘하여 紅夷砲의 제도를 전했다"라고 되어 있다.[39] 제주도에 하멜 일행이 표착했을 때에도 問情했던 사람이 바로 박연이었다. 그는 26년 이상에 걸친 조선 생활을 통해서 조선에 서양의 풍속을 전하고 서양의 화포 제조술을 소개한 것으로 볼 수 있다. 즉, 그를 통해서 조선인들의 서양에 대한 인식은 일보 진전되어 나갈 수 있었을 것으로 생각된다.

박연이 제주도에 억류되어 있던 하멜(Hendrik Hamel, 1632~?) 일행을 問情한 것은 효종 5년(1654)이었지만, 이들 일행이 제주도 남해안 和順浦에 표착한 것은 효종 4년이었다. 하멜은 효종 4년 7월 말 스페르베르號(The Sperwer)에 승선하여 대만에서 일본의 나가사키로 항해하던 도중 폭풍을 만나서 그 해 8월 15일 제주도에 표착했다. 같이 승선해 있던 64명의 선인들 가운데 28인은 상륙을 시도하던 중 생명을 잃었고, 36인은 목숨을 구할 수 있었다. 이들은 효종 5년 서울로 소환되어 2년간 억류 생활을 하다가 효종 7년에 전라도로 옮겨졌다. 그 동안 14명이 죽고 현종 4년(1663)에는 생존자 22명이 여수·남원·순천으로 분산 수용되었다. 그들 가운데 여수에 수용되어 있던 8명이 현종 7년 9월에 일본의 나가사키로 탈출할 수 있었다. 이들이 일본으로 탈출할 당시 생존자는 모두 16명이었는데, 탈출에 성공한 하멜 일행은 현종 9년 암스텔담에 귀환했고, 조선에 남아 있던 나머지 8명도 일본의 요청에 따라서 현종 9년 나가사키로 송환되어 귀국할 수 있었다.[40]

이들은 조선에서 14년간에 걸쳐서 억류생활을 하면서 초기에는 李浣의 휘

37) 金良善, 위의 글, 35쪽.

38) 鄭載崙, 《閑居漫錄》 권 2.
金良善, 위의 글, 36쪽.

39) 尹行恁, 《碩齋稿》 권 9.
金良善, 위의 글, 37쪽.

40) 하멜, 《하멜漂流記》(李丙燾 譯註, 一潮閣, 1954), 11~16쪽.

하에 있던 박연의 지휘 아래 훈련도감군에 편입되어 있었다. 그들은 서울에 소환된 직후 당시인들의 호기심으로 인해서 상당한 후대를 받기도 했다. 그러나 그 후 그들은 전라도로 이송되어 군역을 지거나 그 밖의 각종 잡역에 시달리면서 감금이나 태형을 당하기도 했고, 구걸로 연명하기까지 했다. 이러한 그들의 생활을 볼 때, 그들은 주로 전라도의 하층민들과 함께 생활했던 것 같다. 이들은 자신의 삶을 통해서 서양의 존재를 17세기 조선인들에게 알려 주었다. 그리고 그들은 당시 조선인들이 서양의 문명을 이해하는 데에 일정한 자극을 주었다. 成海應(1760~1839)은 그들이 曆法과 醫方에 정밀하다고 말했다. 그리고 그들의 표착 당시 선박 안에 있던 대략 50여 종의 물건 가운데 千里鏡·琉璃鏡·모래시계 및 중국의 것과는 다른 각종 관측기구 등과 銅錫白金을 쓴 일상용품 등에 관해서 설명하고, 선박의 크기와 견고성을 자세히 묘사한 바 있다[41] 이러한 기록을 살펴볼 때 17세기 조선사회에서는 그들을 통해서 서양 문명의 한 측면에 접할 수 있었을 것으로 생각된다. 한편 하멜과 함께 조선을 탈출했던 마태우스 이보켄(Mattheuse Ibocken)과 베네딕투스 클레르끄(Benedictus Clercq)도 조선의 지형과 풍습 및 조선어 어휘에 관한 증언을 남겨 주었다.[42]

1689년 네르친스크 조약이 체결된 이후 러시아의 사절들은 북경을 방문했고 그 곳에서 그들은 조선인을 만날 수 있었다. 러시아인이 조선인을 북경에서 만난 기록으로는 순조 21년(1821) 당시 북경에 주재하던 러시아영사 랑게(Lange)의 경우를 들 수 있다. 랑게는 1720년 러시아를 방문했던 러시아 전권대사 이즈마일로프(Izmailov) 대사가 본국으로 귀환할 때에 북경에 체류시켰고, 그는 17개월 동안 북경에 머물면서 러시아 정부의 훈령에 따라 조선의 정치·외교·무역에 관한 상세한 정보보고서를 제출했다. 이로써 러시아 정부는 자국인이 분석한 조선에 관한 본격적인 정보를 가질 수 있었다.[43]

하멜 일행이 표류한 이후 한동안 서양인의 표착관계 기록은 나타나지 않

41) 成海應, 〈鄂羅斯〉(《研經齋全集》 外集 5 筆記類, 旿晟社), 269~270쪽.

42) 金昌洙 譯, 〈朝鮮王國見聞記〉(《東方見聞錄·하멜漂流記》, 乙酉文化社, 1983), 382~395쪽.

43) 朴泰根, 〈러시아의 동방경략과 수교이전의 한러교섭〉(《韓露關係100年史》, 韓國史硏究協議會, 1984), 20~22쪽.

는다. 단지 순조 원년에는 이국인 5인이 제주도에 표착했고, 관례에 따라서 이들을 북경으로 송환했다는 기록이 있다. 그러나 이들은 북경에서도 그 국적을 파악할 수가 없어서 원래 표착했던 제주도로 다시 還逐되었는데 이들은 늘 말하기를 자신의 나라가 '莫可貝'라고 했다 한다.[44] 이러한 기록에 입각해 볼 때 그들이 마카오에 근거를 두고 있던 포르투갈 계통의 사람들로 추정된다.[45] 그러나 이들에 관한 자세한 후문은 전하지 않고 있다.

19세기 중엽에 이르러서는 미국인들이 두 차례에 걸쳐 조선에 표착했다. 즉, 철종 6년(1855) 6월에는 강원도 通川 앞 바다에 미국 포경선 투브라더즈號(The Two Brothers)에 탔던 선인 4인이 표착하여 2개월간 조선에 머물다가 청으로 송환되었던 일이 있다.[46] 또한 고종 3년(1866) 5월에는 미국 상선 서프라이즈號(The Surprise)가 중국 芝罘를 출발하여 琉球로 항해하다가 난파되어 평안도 鐵山에 표착했다. 그 선원 8명이 구조되어 청으로 송환되었다.[47] 이와 같이 조선에 표착한 선인들은 종전의 관례에 따라서 청으로 송환되었지만, 19세기 조선은 異樣船의 출몰이라는 새로운 상황에 직면하게 되었다.

그런데 19세기에 들어와서 조선인과 서양인의 만남에 있어서 획기적 사건이 일어났다. 유럽인들이 가지고 있던 조선에 대한 관심은 정조 8년(1784) 18세기 말엽에 조선에 천주교가 세워진 이후 상당히 강화되었다. 조선교회의 탄생에 관한 본격적 반응은 북경의 천주교 교구장이었던 구베아(Gouvea) 주교로부터 나왔다.[48] 그는 조선 교회의 탄생과 초기의 박해에 관해서 감격적인 글을 라틴어로 써서 1790년에 중국 사천 교구장으로 있던 마르탱 주교에게 보낸 바 있었다. 이 서한은 1798년에 영국에 전달되었고, 1800년에 프랑스어로, 1801년에는 이탈리아어로, 1808년에 포루투갈어로 번역되어 유럽 여

---

44) 洪以燮, 〈朝鮮後期海洋史〉(《洪以燮全集》 I, 延世大 出版部, 1994), 459쪽.

45) 洪以燮, 〈鄭東愈의 晝永編에 보이는 異國語에 就하여〉(《洪以燮全集》 V, 延世大 出版部, 1994), 202~212쪽.

46) 金源模, 〈美國의 對韓接近 試圖〉(《한미수교100년사》, 국제역사학회의 한국위원회, 1982), 20~21쪽.

47) 金源模, 위의 글, 105쪽.

48) Alexander de Gouvea, *De Statu Christianismi in Regnum Coreae Mirabiliter Ingressi.*
〈李承薰 關係 외국어 書翰 資料〉(《教會史研究》 8, 1992), 205~244쪽.

러 나라에서 널리 읽혀졌다.[49] 이러한 과정에서 천주교를 매개로 해서 조선의 존재는 유럽사회에 점차 널리 알려지게 되었다.

한편 1803년 마리아노 로뻬스 삐멘뗄(Mariano Lopez Pimentel)은 《동아시아 신도들의 곤경》을 저술하여 멕시코에서 간행했다. 삐멘뗄은 중국과 베트남 그리고 조선에서 천주교 신도들이 겪고 있던 각종의 곤경을 서술하면서, 이 책의 1/3 정도에서 신생 조선교회의 사정에 관해서 논했다.[50] 이 책에서는 구베아 주교의 서한을 주요 자료로 활용하여, 먼저 조선에서 그리스도교 신앙이 외국인 선교사의 도움을 받지 않고 자발적으로 전파되어 신자수가 4천여 명에 이르고 있음을 특기했다. 그리고 尹持忠·權尙然의 순교와 주문모 신부의 활동을 서술했다. 그리고 주문모 신부 입국 초기에 있었던 지황·최인길·윤유일 등의 순교 사실을 기록했다. 그러나 그는 1801년의 박해에 관해서는 전혀 알 수 없었다. 그러므로 자신의 책에서는 조선교회의 순탄한 발전의 전망을 제시하고 있었다.[51] 이 책이 간행된 때는 조선에 천주교회가 세워진 지 19년 이후의 일이며, 멕시코는 스페인의 식민지였던 누에바 에스빠냐의 중심도시였던 대였다. 이 책의 간행으로 조선 천주교회의 존재, 나아가서는 조선의 존재가 라틴 아메리카 지역에 본격적으로 소개될 수 있었다. 이 책의 간행을 통해서 볼 수 있는 바와 같이 조선에서 일어난 사건이 불과 '19년' 후에 라틴 아메리카에서 책으로 간행될 정도로 조선은 19세기 초엽에 이르러 세계에서 주목되는 존재로 변해 갔다.

그리고 조선 교회는 19세기 30년대에 이르러 프랑스인 선교사들을 영입하게 되었다. 프랑스 선교사들은 우연히 조선에 표착했던 사람들과는 달리 의도성을 가지고 조선에 입국했다. 그리고 비록 천주교 신도라는 제한된 인원이었다 하더라도 조선인들과 긴밀한 접촉을 가지게 되었다. 조선에 입국하여 선교에 종사한 프랑스 빠리외방전교회 선교사들은 서한 및 보고서 등을 통해서 조선에 관한 사정을 본국 교회에 알려 주었다. 프랑스 선교사로서 조선에

---

49) 崔奭祐, 앞의 글(1992), 167쪽.

50) Mariano Lopez Pimentel, *Tribulaciones de los Fieles en la Parte Oriental de la Asia,* Mexico ; Mariano Joseph de Zúñiga y Ontiveros, 1803, pp.2~14.

51) 趙 珖 註釋, 〈東아시아 信徒들의 困境〉(《辛酉迫害硏究論文集》, 韓國殉敎者顯揚委員會, 1997).

입국을 시도했던 사람은 천주교 조선 代牧區의 초대 代牧으로 임명되었던 브뤼기에르(Barthélemy Bruguière, 1792~1835) 주교를 들 수 있다. 그러나 그는 조선 입국을 목전에 두고 內蒙古 지방에서 병사했다. 그의 뒤를 이어서 모방(Pierre Philibert Maubant, 1803~1839)이 1836년 초에 조선에 입국했다. 그리고 헌종 2년(1836) 말에 샤스땅(Jacques Honoré Chastan, 1803~1839) 신부가 입국한 데 이어서 헌종 3년에는 앵베르(Laurant Marie Joseph Imbert, 1796~1839) 주교가 입국했다. 이들은 천주교의 선교에 종사하다가 헌종 5년 정부 당국에 체포되어 순교했다. 프랑스 선교사들은 조선 정부의 금령에도 불구하고 헌종 11년 이후에도 계속 입국했고, 헌종 2년 이래 고종 3년(1866)에 이르기까지 모두 20명의 선교사들이 조선에 들어와서 선교했다. 이들 가운데 5인은 조선에서 병사했고, 3인은 고종 3년 박해의 과정에서 조선을 탈출했다. 그리고 12인의 선교사들이 헌종 5년의 박해와 고종 3년의 박해 과정에서 순교했다.[52)]

프랑스 선교사들은 조선에 입국한 이후 조선의 일반민들과 같은 생활을 하면서 비밀리에 그리스도교를 선교했다. 그리하여 그들은 조선인 신도들과 직접적인 대면을 통해서 서양 문화의 중요한 전통을 이루고 있는 그리스도교를 조선에 전하는 역할을 했다. 그런데 이들은 17세기 전후 중국에 진출했던 서양인 선교사들과는 달리 천주교 신앙을 전수하는 데에 전념하고 있었다. 지난날 중국에 진출했던 선교사들은 中華人으로부터 蠻夷의 취급을 당하지 않기 위해서라도 당시 중국 황실에서는 帝王之學으로 되어 있던 천문 역법에 관한 서양의 연구결과를 중국에 전달하고자 했다. 여기에서 그들은 서학사상과 함께 서양과학을 중국에 전하게 되었고, 이로써 그들은 중국사회에서 지배층에 준하는 대우를 받을 수도 있었다.

그러나 프랑스 선교사들이 조선에 진출할 당시에 조선 정부는 이미 천주교에 대한 禁令을 엄히 하고 있었고, 사변적 학문풍토가 강했던 조선의 사상계에 서양의 천문역법이 가질 수 있었던 비중은 중국과는 달리 매우 제한적일 수밖에 없었다. 또한 당시 유럽 신학계의 선교방법론에 대한 경향도 직접 선교 중심으로 전환되어 있었다. 이러한 상황에서 조선에 진출했던 프랑스

---

52) Dallet, *Histoire de l'Église de Corée*, Paris : Victor Palmé, tome II, p.85 seq.
洪以燮, 앞의 글(1957), 129쪽.

선교사들은 처음부터 서양 과학기술의 전달보다는 천주교 신앙의 전파에 전념하게 되었다. 이들이 조선사회에 미친 영향도 과학기술이라는 측면보다는 새로운 사상운동 내지는 사회운동에서 찾아지는 것이다. 한편 이들의 활동은 당시 조선 국내에서 급격히 진행되던 사회변동과 점증해 가던 이양선의 출몰 등의 상황과 맞물리면서 집권층으로부터 대단한 경계와 탄압을 받게 되었다. 이 과정에서 전통사회에서의 천주교 신앙과 선교사의 존재는 당시 지배층에게 서양에 대한 부정적 인식을 강화시키는 기능을 하기도 했다.

요컨대 조선 후기에 이르러 조선에 표착하였거나 잠입한 서양인을 통해서 조선은 서양과의 만남을 구체적으로 추진시켜 가고 있었다. 조선 후기 서양인의 표착관계 기록으로는 16세기 말엽 마리이를 주목할 수 있을 것이다. 그 밖에도 세스뻬데스를 비롯한 일부 서양인들이 조선에 상륙한 바도 있었다. 그러나 17세기 벨테브레나 하멜 등 네덜란드 선인들의 표착을 통해서 조선은 서양인들과 함께 생활할 수 있었고, 그들을 통해서 서양 내지는 서양인이라는 이질적 존재를 확인하게 되었다. 한편 19세기에 들어와서는 프랑스 선교사들의 잠입활동을 통해서 서양인의 존재가 조선사회에서 본격적으로 문제시되었다. 그리고 19세기 전반기 사회에도 서양인들이 조선 연근해를 점차 빈번히 항해하는 과정에서 표착민들이 발생하게 되었다. 이들 표착민은 관례에 따라 淸廷으로 송환되었지만 표착민의 잦은 출현은 조선과 서양의 관계가 상호 더욱 가까이 접근해 가고 있었음을 나타내는 증표가 되었다. 그런데 이 때 조선에 들어온 서양인들은 조선사회에 본격적으로 정착했거나, 지배층의 취향에 맞는 문화의 발전에 적극적으로 기여하지는 않았다. 그러므로 당시의 지배층에서는 서양인 내지 서양문화의 진면목을 이해하기보다는 표착선원을 통해서 드러나는 그들의 저급성을 확인하게 되었다. 또한 프랑스 선교사들과 같은 서양인을 통해서는 그들의 반사회성 내지는 불법성을 파악하게 되었다. 여기에서 조선 후기의 지배층들은 서양에 대한 편견에 얽매이게 되었다. 그리고 이는 조선의 개항이나 서양 문화에 대한 정당한 평가를 저지하는 기능을 발휘하기도 했다. 이 점이 조선 후기 서양인과의 접촉을 통해서 조선이 파악하게 되었던 서양의 특성이었다.

4) 이양선의 출현

조선 후기 17세기 이후 조선의 연해에는 荒唐船의 출몰이 잦아져서 조선 정부 당국에서는 이에 대한 문제가 제기되었다. 한편 19세기에 접어들면서 영국·프랑스·러시아·미국 등 구미 제국의 선박들이 조선 연해에 출현했다. 서양 선박들의 출현은 황당선의 출몰과는 근본적으로 다른 차원의 문제였다. 서양의 군함이나 무장상선 또는 포경선 등이 조선 연해에 출몰하게 되자 조선의 관리들은 이를 이양선이라 부르며 그들과의 접촉을 경계했다. 19세기를 전후하여 전개된 이양선과 조선인의 조우는 조선과 서양의 관계를 종전과는 다른 새로운 양상으로 전환시켜 나가고 있었다. 이양선을 통해서 파악되는 서양인들은 더 이상 초라한 표착자나 무력한 선교사가 아니었다. 그들이 타고 왔던 이양선들은 당당한 무장을 갖춘 거대한 함선이었다. 그리고 이들은 1866년 丙寅洋擾와 제너럴 샤먼號 사건, 1871년 辛未洋擾 등을 통해서 볼 수 있는 바와 같이 조선에 대해서 무력 도발이나 침략을 감행하기까지 했던 것이다. 여기에서 조선에서는 서양의 침입에 대한 경계심과 이에 대처해 나가려는 海防論이 강화되어 갔다.

17세기 조선 사회에서는 청의 漁採船인 황당선에 관한 문제로 인해서 海防論이 제기되기도 했다.[53] 황당선들은 漁採뿐만 아니라 조·청 간의 밀무역에도 간여하거나 때로는 조선인들에 대해 劫掠을 감행하기도 했다.[54] 조선 정부에서는 황당선의 출몰을 청의 禮部에 항의하고 이의 사전 단속을 요구하기도 했다.[55] 또한 황당선을 나포하여 배를 불태우고 선원들을 북경으로 압송하기도 했다. 그러나 황당선들은 여름에서 가을로 계절이 바뀔 때면 20~30여 척으로 선단을 이루어 황해 연안 지역에 출몰했다. 조선 정부는 황해 연안에 출몰하는 황당선이 수백 척 이상일 것으로 인식하고 있었다.[56]

---

53) 《肅宗實錄》 권 14, 숙종 9년 6월 병진 및 권 49, 숙종 36년 9월 기미.
54) 《肅宗實錄》 권 35, 숙종 27년 3월 병진 및 권 55, 숙종 40년 3월 무진.
《景宗實錄》 권 4, 경종 원년 6월 을미 .
55) 《肅宗實錄》 권 59, 숙종 43년 5월 계해.
56) 《英祖實錄》 권 38, 영조 10년 5월 신사.

18세기에 들어와서도 정부에서는 황당선을 방지하기 위해서 연해의 요해처에 追捕武士를 설치했고, 황당선의 침입을 방지하기 위해 海防의 강화를 논했다.[57] 조선 정부가 황당선의 출몰을 금지하려 했던 것은 이들로 말미암아 조선의 해안 방어력이 노출되는 것을 피하기 위해서였다. 그리고 이 황당선의 문제는 해로를 통한 침략의 가능성에 대한 경계심을 강화시켜 주는 것이었다. 이와 같은 상황에서 이양선에 관한 문제가 발생했다. 이양선의 출현으로 인해서 조선의 조야에서는 종전보다 더욱 강한 해방의 필요성을 주장하게 되었다. 그리고 서양세력의 도전에 대한 의구심을 구체적으로 갖게 되었다.

이양선의 출현에 관한 기사는 17세기부터 나타나고 있다. 즉 李睟光의《芝峯類說》을 보면 '永吉利' 선박이 興陽 앞바다에 도착했다는 기록을 남긴 바 있다. 그의 이 기록은 1614년 영국의 동인도회사의 캡틴 사리스(Captin Saris)가 에드먼드 사리스(Edmond Saris)를 일본 대마도로부터 조선 연안으로 출동시켜 직물시장 개척의 가능성을 조사시켰다는 기록과 일치되는 것으로 판단되며, 이는 조선이 이양선의 실체를 처음으로 접한 사건이라 할 수 있다.[58]

이후 이양선의 출현에 관한 기사는 18세기 말엽부터 자주 확인하게 된다. 즉 1787년 5월 프랑스의 라 뻬루즈(La Pérouse)는 동해를 여행했다. 그 과정에서 라 뻬루즈의 船團에 속해 있던 부쏠號(la Boussole)에는 육군사관학교 교수 다즐레(Dagelet)가 승선해 있었다. 그는 울릉도를 '발견'했고 라 뻬루즈는 이를 '다즐레島'라고 명명했다.[59] 이들은 조선 연해에 들어왔던 무장선이었음에 틀림없지만 조선인들과의 직접적인 충돌이나 교섭이 없이 지나쳐 갔다. 그러나 정조 19년(1795) 황해도 吾叉鎭에는 '국적을 알 수 없는' 이양선 한 척이 상륙하여 그 곳의 鎭卒들과 충돌한 기록이 있다.[60] 그리고 정조 23년 영국의 해군 중령 부로튼(Broughton)이 지휘하는 프로비던스號(The Providence)

57)《英祖實錄》권 38, 영조 10년 5월 신사 및 권 69, 영조 25년 3월 무진.
《正祖實錄》권 11, 정조 5년 4월 무신.

58) 李睟光,《芝峯類說》권 2, 諸國部 外國.
H.N. Allen 著, 櫻井義之 譯,《外人去來朝鮮年表》5, 188쪽.
潘允洪, 〈朝鮮後期의 對歐羅巴認識〉(《國史硏究》3, 朝鮮大, 1982), 83쪽.

59) Milet-Mureau, *Voyage de la Pérouse autour du monde, 4 Vols.*, Paris, 1798.
崔奭祐, 앞의 글(1986), 23쪽.

60)《正祖實錄》권 43, 정조 19년 8월 기묘.

가 함경도 元山 근해에 나타나 해안을 측량하고, 元山灣을 艦長의 이름에 따라 부로튼灣(Broughton Bay)으로 명명하고 돌아간 바 있었다.[61)]

조선 연안에는 19세기에 들어와서 이양선이 더욱 자주 나타나게 되었다. 이 때에 이르러 조선인들은 더 이상 황당선의 출현사실에 관심을 기울이지 아니하고 이양선의 출몰에 대비하여 해방론을 강화시켜 나갔다. 19세기에 출현한 이양선으로는 순조 원년(1801) 제주도에 표착했던 국적 미상의 선박을 먼저 들 수 있을 것이다.[62)] 그리고 이 때에 이르러 러시아인을 비롯한 서양인들의 동해안 출현이 가속화되고 있었다. 러시아인들이 동해에 출현하여 활동한 사실은 순조 3년의 기록을 주목할 수 있다. 이 때 러시아는 대일통상사절로 레짜노프(Lezanov)를 파견한 바 있었다. 그가 러시아 정부로부터 받은 훈령 가운데에는 조일관계에 대한 정보를 수집하라는 내용도 포함되어 있었다. 레짜노프는 조약의 체결에는 실패했지만 동해의 일본 연안을 거쳐 사할린과 캄차카를 거쳐 귀환했다.[63)] 그 일행은 조선 연안을 직접 항해했거나 조선에 상륙했던 일은 없었다. 그러나 이 사건은 19세기에 접어들어 러시아 선박이 동해안에 빈번히 출현하게 될 것임을 암시하는 일이기도 했다.

18세기 말엽 부로튼의 항해에 뒤를 이어서 19세기에 접어든 이후에도 영국 군함들은 한반도를 향해 계속 접근해 오고 있었다. 이 때 조선 연해를 탐사했던 영국 군함으로는 베실 홀(Basil Hall) 함장이 이끄는 알세스트號(the Alcest)와 리라號(the Lyra)를 들 수 있다. 이 배는 순조 16년 충청도 馬梁鎭에 도착한 바 있었다.[64)] 그리고 순조 32년에는 영국 선박 로오드 애머스트號(The Lord Amherst)가 충청도 洪州 古代島에 나타나 그 근해에 거의 한 달을 체류하면서 조선측 관헌 및 지방민과 접촉하고 수교와 통상을 요구했다. 그러나 그들은 성과없이 돌아갔다.[65)] 이 배에는 독일인 개신교 목사 칼 구츨라프(Karl Friedrich August Gutzlaff)가 승선하여 일부 조선인과 만나기도 했

---

61) 洪以燮, 앞의 글(1994), 646쪽.
　韓國史硏究協議會,《韓英修交100年史》(1984), 2쪽.

62) 주) 44 참조.

63) 朴泰根, 앞의 글(1984), 33쪽.

64)《純祖實錄》권 19, 순조 16년 7월 병인.

65) 韓國史硏究協議會,《韓英修交100年史》(1984), 2쪽.

다.[66] 헌종 6년(1840) 12월에도 영국 선박이 제주 가파도에 상륙하여 가축들을 약탈해 갔다. 그리고 헌종 11년에는 영국 군함 사마랑號(The Samarang)가 남해안 일대를 탐사하던 중 巨文島에 들려서 해밀턴港(Port Hamilton)으로 명명하고 돌아간 바도 있었다.[67] 이상에서 살펴본 바와 같이 19세기 전반기 영국 함선들은 4회에 걸쳐서 조선 연해에 출몰하고 있었다.

한편, 영국의 해양 진출에 자극을 받은 프랑스의 경우에도 19세기에는 동아시아 진출을 강화하면서 조선 연해에 출현했다. 즉 프랑스 정부는 1842년 아편전쟁이 끝난 직후 해군 중령 세실(Cécille)이 지휘하는 에리곤號(l'Erigone) 및 해군 중령 빠즈(Fage)가 지휘하는 파보리뜨號(la Favorite)를 황해에 파견하였다. 이 때 세실은 프랑스의 상업과 영향력을 확대하기 위해서 조선에 대한 '원정'을 계획했다. 그러나 그의 '조선원정' 계획은 아편전쟁을 마무리짓는 南京條約 이후 동아시아 정세가 급변해 가고 있던 상황에서 보류되었다.[68] 그러나 이 계획은 1846년 5월 駐中國 印度 프랑스 함대 사령관 해군소장 세실에 의해서 다시 시행되었다. 그는 이 항해의 목적을 해군성 장관에게 보고한 바 있었다. 여기에서 그는 조선에 대해서 1839년 프랑스 선교사를 살해한 데 대한 해명을 요구하고 동시에 프랑스가 1844년에 중국과 맺은 바 있던 黃埔條約 수준의 조약을 체결하여 천주교도들의 처우를 개선해 보겠다고 말했다.

세실은 1846년 5월 20일 클레오빠트르號(la Cléopâtre)를 이끌고 마카오를 출항했다. 그는 도중에 빅또리외즈號(la Victorieuse)와 사빈느號(la Sabine)를 합류시켜 8월 6일 충청도 홍주 外烟島에 나타났다. 세실은 원래 조선 대신과의 면담을 계획했으나 이를 포기하고 프랑스 선교사 3인을 1839년에 학살한 데 대한 해명을 요구하는 서신을 남기고 회항했다. 그리고 프랑스 해군은 이 때 보낸 서신의 회답을 받겠다는 명목으로 중국·인도 해군기지 分艦隊長 라삐에르(Lapierre) 대령의 지휘를 받는 글루와르號(la Gloire)를 조선에 파견했다.

---

66) Charles Gutzlaff, *Journal of Three Voyage along the Coast of China in 1831, 1832 & 1833, with Notice, Corea and Loo - Choo Island*, London, 1834.
67) 韓國史硏究協議會, 《韓英修交100年史》(1984), 2쪽.
68) Louise Wei Tsing-Sing, *La Politique Missionaire de la France en Chine 1842~1856*, Paris, 1960.
崔奭祐, 앞의 글(1986), 5쪽.

그들은 헌종 13년(1847) 7월 28일 마카오를 출항하여 8월 10일 萬頃 지방 薪侍島 後洋에 도착했다. 그러나 그들은 여기에서 암초에 좌초되어 8월 12일 인근 古群山島에 상륙하였다. 난파된 군인 560명은 上海에 있는 영국 군함의 구조를 받아 母港으로 귀환할 수 있었다. 그러나 이들은 난파선에서 건져낸 물건들을 고군산도에 잔류시켜 놓았다.[69] 그들은 이 잔류물을 看審한다는 명목으로 철종 3년(1852)에 나타나기도 했다.[70] 이에 앞서 철종 2년 제주도 慕瑟浦에는 프랑스 포경선이 나타나 양식을 요청한 바 있었다.[71]

조선 연해에 이양선의 출몰이 가장 잦았던 때는 헌종 14년 여름과 가을 경이었다. 이 때 "이양선이 경상·전라·황해·함경·강원 다섯 도의 대양 가운데 출몰하는데, 널리 퍼져서 추적할 수 없었다. 간혹 뭍에 내려서 물을 긷기도 하고 고래를 잡아 양식으로 삼기도 하는데, 거의 그 수를 셀 수 없이 많았다"라는[72] 기록을 남길 정도로 이양선의 숫자가 급증하고 있었다. 그리하여 이 때는 동해안에 출몰하는 이양선에 대한 보고도 많이 등장하고 있다. 즉 헌종 14년 5월에는 함경도 단천과 북청 앞바다에 이양선이 출현했고, 8월에는 영흥과 성진에도 이양선이 나타났다. 헌종 19년에도 이양선 관계 기사는 꾸준히 출현하고 있다. 이 해 4월에는 함경도 이원과 북청 앞바다에 이양선 3척이 나타난 바 있었다. 그리고 이 해에 프랑스의 포경선 리앙꾸르號(la Liancour)는 동해안을 항해하던 중 독도를 확인하고 이를 리앙꾸르 암초로 명명했다.[73] 이제 동해는 유럽의 탐사선이나 포경선 및 함선들이 빈번히 출입하는 지역이 되어 가고 있었다.

이양선의 동해 출현과 관련하여 주목되는 현상은 러시아의 진출이었다. 이미 제정 러시아 당국에서는 1852년에 태평양의 러시아 진지를 강화하고 중국 및 일본의 개항을 추진하기 위해서 '극동정책 기본문제 심의위원회'를 만들었다. 이 위원회에서는 뿌쨔찐(Putiatin) 제독을 극동으로 파견하여 일본의

69) 〈한불관계자료 1846~1856〉(《教會史硏究》1), 164~176 쪽.
70) 《日省錄》 철종 3년 7월 23일·24일.
71) 崔奭祐, 앞의 글(1986), 23쪽.
72) 《憲宗實錄》 권 15, 헌종 14년 12월 29일.
73) Annales Hydrographiques, t. xv. 1858, p.180.
崔奭祐, 앞의 글(1986), 23쪽.

개항을 추진했다. 그는 통상교섭을 위해 나가사키를 수차 방문한 바 있었다. 이 때 그는 조선 해안 각처를 항해했다. 그는 1854년 대일교섭의 속개를 위해서 세번째로 나가사키로 가기 위해서 마닐라(Manila)에서 북상하던 과정에서 함대의 집결지로 巨文島를 지정했다. 러시아 함대는 1854년 4월 거문도에 입항했다. 그리고 4월 20일부터 5월 11일까지 22일간에 걸쳐서 동해안 전역을 실측했다. 그는 이 작업을 통해서 영국 해군성 지도를 대폭 수정했다. 그리고 이들은 松田灣을 라자레프港(Port Lazareff), 迎日灣을 운꼬프스끼灣(Unkovski Bay)이라고 명명했다.[74] 그리고 鬱陵島와 獨島를 재실측하였다. 그러나 이들은 이 항해 과정에서 永興府와 德源府에서 조선인과 충돌해서 조선 주민 2인을 죽이고 3인을 부상시킨 사건이 일어났다.[75]

1850년대 러시아가 동해에 관해서 큰 관심을 가지고 있을 때, 그 밖의 구미 열강들도 조선의 연해에 대한 관심을 증폭시켜 나가고 있었다. 그리하여 철종 4년(1853) 정월 부산 龍塘浦 앞바다에 旀里界, 즉 미국의 포경선이 기착했다. 그리고 두 해 뒤인 철종 6년 6월에는 강원도 通川에 미국 포경선 선원이 표착한 바 있고,[76] 같은 달 국적 불명의 배가 안변에 나타나 農牛 13두를 약탈한 바 있었다. 철종 6년에는 영국의 중국함대에 소속된 훠사이스(Charles Codrington Forsyth)가 지휘하는 군함 호네트號(the Honett)는 동해를 항해하다가 독도를 다시 실측하여 영국 해군성 지도에는 독도가 호네트島로 기록되기에 이르렀다.[77]

영국이나 미국 못지않게 프랑스도 조선 연해에 대한 관심을 가지고 있었다. 그리하여 황해에는 철종 7년에 프랑스 함선이 나타났다. 이 때 프랑스의 인도차이나 기지사령관 게렝(Guérin) 소장은 본국으로부터 조선을 식민지화하기 위한 기회와 조건 등에 관한 정보의 제출을 요구받고 이를 위해서 조선 연해를 항해했다. 그는 비르지니號(la Virginie)를 이끌고 철종 7년 7월 16일 조선 연해에 이르러 약 2개월에 걸쳐서 조선 연해 일대를 두루 탐사하고

74) 李用熙, 〈英國의 巨文島占據〉(《韓英修交100年史》, 韓國史硏究協議會, 1984), 72쪽. 1884년 英國은 이곳을 給炭地로 상정한 바가 있었다.
75) 朴泰根, 앞의 글(1984), 37~40쪽.
76) 金源模, 앞의 글(1982), 20~21쪽.
77) 洪以燮, 앞의 글(1994), 465쪽.

이를 동년 9월 30일자로 해군성 장관에게 보고한 바 있었다. 그는 이 보고문에서 "현재 조선은 허약하고, 종주국인 청도 조선을 보호할 수 없는 상태이므로 유럽의 열강들이 마음만 먹는다면 쉽게 점령될 것이다. 러시아는 이런 헛점의 기회를 이용하여 조선을 점령하려 하고 있다. 그래서 러시아 선박들이 근래에 조선 해안을 탐사하며 그 준비를 하고 있다. 러시아의 점령을 막는 길은 프랑스가 선수를 치는 데 있다"라고 기술했다.[78] 이와 같은 사고방식의 연장선상에서 고종 3년(1866)에 프랑스는 丙寅洋擾를 도발하게 되었다.

병인양요에 앞서서 1860년을 전후하여서도 여전히 이양선의 출몰관계 기사가 보고되고 있었다. 즉 철종 10년(1859) 5월에는 영국 상선이 부산 동래부 용당포에 입항하여 교역을 요구했고, 그 해 11월에도 영국 상선 2척이 동래부 신초량에 입항하여 교역을 시도했으나 모두 거절당했다. 철종 11년 윤3월에도 영국 상선이 동래부 용당포에 기착했고, 그 해 4월에도 영국 상선이 전라도 영암군 추자도에 나타났다. 그리고 고종 2년 8월 17일 미국인 3명이 경상도 延日縣에 표착했다.[79] 고종 2년 9월에는 러시아인 수십 명이 두만강을 건너와서 통상을 요구하는 사건이 발생했다.[80]

조선에서는 고종 3년에 대원군에 의한 천주교 탄압사건인 병인박해가 일어나고 이를 빌미로 하여 프랑스가 조선을 침공한 병인양요가 발생했다. 이러한 상황에서도 서양 이양선은 조선 연해에 계속해서 나타나고 있었다. 즉 고종 3년 정월에는 영흥만 인근인 원산에 러시아 함선이 다시 나타나 통상교역을 요청한 바 있다고 전해진다.[81] 그리고 같은 해 2월에는 미국 상선 士佛號가 일본 나가사키에서 상해로 항해하던 중 식량을 구하기 위해서 선원 8인을 태우고 부산 墝沙嶝 앞바다에 이르렀다. 미국 상선 서프라이즈號(The Surprise)가 중국 芝罘를 출발하여 琉球로 항해하다가 난파되어 평안도 鐵山에 표착한 때도 이 해 5월이었다.[82]

이와 같은 때에 미국상선 제너럴 셔먼號(The General Sherman)가 영국 商社

78) 〈한불관계자료 1846~1856〉(《敎會史硏究》 1), 189~196쪽.
79) 金源模, 앞의 책, 97쪽.
80) 《日省錄》 고종 2년 11월 10일.
81) 李用熙, 〈英國의 巨文島占據〉(《韓英修交100年史》, 韓國史硏究協議會, 1984), 72쪽.
82) 金源模, 앞의 책, 105쪽.

메도우즈와 용선 계약을 맺고 조선과의 통상을 위해 고종 3년 8월 평양 대동강으로 항해해 왔다. 이 배는 80톤급 선박으로서 12파운드 대포 2門을 배치했으며, 선원 24명이 모두 완전 무장을 하고 있었다. 이 배는 조선 지방관들의 거부와 경고를 무시하고 대동강을 거슬러 올라가다가 평양 관민의 공격을 받고 燒破되었고 이 배에 동승했던 스코틀랜드 출신 개신교 목사 토마스(Robert Jermain Thomas, 崔蘭軒, ?~1866)가 살해당한 사건이 발생했다. 그리고 이 배의 행방을 찾기 위해서 고종 4년 정월에는 슈펠트가 이끄는 와츄셋號(The Wachusett)가 조선에 파견되었다.[83] 제너럴 셔만호 사건을 통해서 볼 수 있는 바와 같이 이양선의 출현은 무력 충돌로 이어졌다. 이양선의 침입과 관련하여 조선왕조가 겪은 최대의 시련은 고종 3년 병인양요와 고종 8년 辛未洋擾였다. 이 양요 이후에도 조선왕조는 쇄국의 길을 더욱 강화하고자 했으나 점증하는 외압과 내적인 각성으로 인해 문호개방의 길로 들어서게 되었다. 그러나 개항에 이르기까지도 계속해서 이양선의 도전과 이에 대한 경계가 강조되고 있었다.

독일상인이었던 오페르트(Ernest Jacob Oppert)는 고종 3년 영국 상선 로나號(The Rona)에 승선하여 조선과의 통상을 시도하다가 실패한 뒤 그 해에 다시 엠페러號(The Emperor)호로 재입국하였으며, 고종 5년에는 차이나號(The China)로 三차 입국하여 충청도 德山의 南延君墓 도굴 사건을 일으켰다.[84] 그의 이러한 만행은 대원군의 쇄국정책을 일층 강화시키는 역작용을 했다. 한편 고종 7년 5월 3일 駐日獨逸代理公使 브란트(Max August Scipio von Brandt)가 독일 군함 헤르타號(The Hertha)를 타고 부산에 입항하여 대한 통상교섭을 시도했으나 거절 당하자, 砲를 쏘고 일본으로 돌아갔다.[85]

요컨대 17세기 이후 청의 漁採船이었던 황당선의 출현으로 인해서 조정에서는 이에 대한 대비책을 논의하기도 했다. 조정에서는 황당선에 관한 문제와 관련하여 조선 연해에 대한 관심이 높아져 가고 있었다. 이러한 과정에서

83) 金源模, 위의 책, 145~163쪽.

84) Oppert, *Ein Verschlossenes Land Reisen nach Korea*, Leipzig, 1880(韓沽劤 譯, 《한국기행》, 한국번역도서주식회사, 1959), 166쪽 이하 참조.

85) 李泰永, 〈韓·獨 수호통상조약의 성립〉(《韓獨修交100年史》, 韓國史硏究協議會, 1984), 32쪽.

18세기 말엽부터 19세기 후반 개항 이전에 이르기까지 조선에서는 유럽이나 미국의 무장상선이거나 포경선 또는 군함 등을 지칭하는 이양선이 본격적으로 출몰하게 되었다. 이 시기에 이양선이 출몰한 횟수는 각종 기록을 통해서 대략 35회 정도가 확인된다. 그러나 이러한 횟수보다는 헌종 14년(1848) 이래 조선 연해에 출현했던 이양선은 '그 수를 셀 수 없을 정도로 많다'라는 표현이 오히려 더 정확할 것이다. 이 이양선의 출현으로 인해서 조선 조정에서는 해안 방어의 중요성을 감지하게 되었다. 그러나 이에 관한 구체적 정책들이 시행되기 전에 병인양요와 신미양요를 겪게 되었다. 양요 이후 개항에 이르기까지도 이양선의 출현은 지속되고 있었다.

한편 일본의 사례를 검토해 보면 서양 이양선의 출현으로 인해서 대단한 위기의식이 그 사회를 강타했던 듯하다. 그러나 조선의 경우에는 이양선의 출현에 따라서 이에 대한 대책이 논의되지 않은 바는 아니지만, 그에 대한 대비책 등을 검토할 때 조선이 받은 '서구의 충격'은 상대적인 의미에서 약했다고 생각된다. 물론 조선의 경우에 있어서도 이양선의 무력시위를 목격했고 그 이양선의 출현이 洋擾로 연결되었다. 그러나 조선은 양요를 겪은 이후 이양선의 침략을 물리쳤다는 자족감이 위기의식을 능가했다. 그리고 이양선을 통해서 형성된 구미제국에 대한 인식은 결코 긍정적인 것이 될 수가 없었다. 이러한 이유로 인해서 개항기에 이르러서야 뒤늦게 구미 선진문물을 수용하고자 하는 움직임이 일어나게 되었다.

5) 서양인의 조선 인식[86]

조선 후기 서양과 조선과의 관계는 상호 인식을 통해서도 검증될 수 있다. 이 상호인식은 직접적 접촉을 통해서 강화될 수 있는 것이다. 그러나 직접 접촉이 없이도 상대방에 대한 지식 내지는 정보의 확보를 통해서 그 인식은 강화될 수 있는 것이다. 아울러 상대방을 인식하고자 하는 목적이나 지식의 출처와 관련하여 인식의 특성에 차이가 드러나는 것이다. 조선 후기 사회에 대

---

86) 서양인의 조선에 대한 인식을 확인시켜 주는 여러 책자들은 주로 '명지대-LG 연암문고' 소장본들을 이용했다. 이에 謝意를 표한다.

한 서양 여러 나라의 인식은 직접 접촉을 통해서도 부분적으로 이루어졌지만, 그 밖에도 조선에 관한 많은 관찰기록이나 보고서 등의 출간을 통해서, 그리고 조선 자체에 관한 傳聞 증언의 수집을 통해서 확대되어 가고 있었다. 17세기 이후 서양인들이 가지고 있던 조선에 대한 인식에서는 대략 세 갈래의 특징이 드러난다. 우선 첫번째로는 임진왜란 및 병자호란에 관한 기록들을 통해서 즉 중국이나 일본 교회사의 연장선상에서 조선에 관한 지식 내지는 조선에 대한 선교의 가능성을 모색하는 형식을 취하고 있다. 이와 같은 작업은 주로 17세기 서양의 선교사들을 통해서 진행되었다. 조선에 대한 서양인들의 인식 가운데 두번째의 경우는 각종의 표류기나 항해기, 탐사기록 등을 통해서 드러난다. 그리고 세번째로는 중국 지리를 연구하던 서양인 선교사들에 의해서 진행된 조선에 대한 인식의 특성을 들 수 있다. 또한 이러한 인식에 이어서 지도의 제작과정에서 표출된 조선에 대한 인식의 변화도 검토할 수 있을 것이다.

조선왕조에 들어와서 서양인 가운데 조선의 존재를 의식한 사람들은 포르투갈인 항해자들이었다. 그들이 고레스(Gores)라 부른 호칭은 琉球에 표착하여 살고 있던 조선인을 지칭하는 단어로 비정되고 있다.87) 그러나 조선에 대한 구체적 인식은 16세기 그리스도교 선교에 종사하던 선교사들을 통해서 나타나기 시작했다. 그들은 그리스도교의 선교를 목표로 해서 조선에 대해 관심을 가지고 있었다. 그런데 당시 16세기 말과 17세기 초의 동아시아의 정세는 임진왜란과 병자호란을 통해서 확인할 수 있듯이 일대 전환기에 놓여 있었다. 당시 조선과 일본 그리고 중국 모두는 일대 전환기를 맞이했다. 이러한 상황에서 유럽인 선교사들은 자신이 추구하는 첫번째 목적이었던 선교에 대한 관심과 관련하여 당시의 현실적 정세 및 국가간의 전쟁에 대해서도 주목하게 되었다. 즉 유럽의 선교사들은 동아시아에서 전개되는 국가간의 전쟁과 그리스도교의 선교라는 두 가지 조건과 관련하여 조선에 대한 인식을 형성해 나가기 시작했다.

당시의 유럽인 선교사 가운데 조선에 관해서 처음으로 언급한 사람은 포르투갈 출신 예수회 선교사 가스파르 비렐라(Gaspar Vilelar)였다. 일본에서

87) 洪以燮, 〈Gores 試考〉(《洪以燮全集》 V, 延世大 出版部, 1994), 187~201쪽.

선교에 종사하고 있던 그는 1571년 친우에게 보낸 두 통의 편지에서 '高麗'(Coray)의 존재를 확인하면서 조선에 대한 그리스도교 선교문제에 일정한 관심을 표현하고 있었다. 그는 이 편지에서 조선의 지리적 위치로는 滿洲에 들어가는 길목임을 밝혀 주었고, 조선인을 백인종으로 추정했다. 그리고 그 자신이 조선에 들어가고자 했으나 뜻을 이루지 못했음을 전했다.[88] 또한 그는 조선인이 맹수의 수렵과 기마에 능하다는 사실을 기록하고 조선에 대한 자신의 선교열을 밝히기도 했다.[89] 이상에서 서술된 내용은 매우 피상적인 지식에 불과하다. 그러나 이 자료는 조선에 대한 서양인들의 이해에 상당히 오랫동안 영향을 미쳤다. 비렐라의 조선에 대한 지식은 비록 부정확하고 미약했다 하더라도, 당시 일본에 나와 있던 예수회 계통 선교사들이 조선의 존재를 인식하는 데에는 일정한 기여를 했을 것이다. 그의 이 같은 조선에 대한 관심과 선교열이 있었기 때문에 1593년 임진왜란이 진행중이던 때 조선에 입국한 바 있는 그레고리오 데 세스뻬데스 신부도 조선에 대해서 관심을 가질 수 있었을 것이다.

한편 조선에 대한 지리적 지식이 확보된 이후 여러 선교사들은 전란이나 왕조교체 등 동아시아의 정세 변화와 관련하여 여러 저서를 남기게 되었다. 이러한 과정에서 조선에 대한 언급이 출현하게 되었다. 이러한 유형의 언급은 마테오 리치의 경우에서 처음으로 나타나고 있다. 그는 중국의 선교에 대한 관심과 더불어 주변국가의 정세에 대해서도 자신의 저술 속에서 언급하고 있었다. 즉 그는 1599년 2월 6일 남경에 도착하여 들은 임진왜란에 관한 소식을 전하고 있다. 여기에서 그는 일본의 關白이 사망한 후 일본군이 퇴각하게 되었고, 퇴각하던 일본군들도 큰 손해를 입었고, 이로써 코리아(Coria)에서의 잔인한 전쟁이 끝나서 중국이 전쟁비용의 부담을 덜게 되어 크게 기뻐하고 있다고 서술했다.[90] 이 자료에서는 조선 선교에 대한 직접적인 관심은

88) 村上博士 譯(渡邊博士 註), 앞의 책, 94쪽.
山口正之, 앞의 글(1931a), 137쪽, 1571년 2월 4일자 편지 참조.
89) 村上博士 譯(渡邊博士 註), 위의 책, 217~218쪽.
山口正之, 위의 글, 138쪽, 1571년 10월 6일자 편지 참조.
90) Matteo Ricci, *Fonti Ricciane II*, pp. 38~39.
矢澤利彦, 〈マッテオ・リッチと文祿慶長の役〉(《日本歷史》70, 1954), 14~19쪽.

표시되지 아니했다.

그리고 1598년 이태리어로 번역되어 로마에서 출판된 루이지 프로아의 《까바꼰도노의 죽음》에서는 조선(Corai)과 일본의 전쟁 즉 임진왜란 과정에서의 조선과 중국·일본의 관계를 서술하고 있다.[91] 한편 중국에서 선교하고 있던 마르띠니(Martini)도 조선(Coraia)과 일본의 전쟁을 서술하면서 일본에서 그리스도교에 입교한 조선인 피랍자들에 대해서 1605년도의 기록을 통해서 설명해 주었다.[92]

임진왜란과 병자호란은 중국과 일본에 있던 선교사들에게도 큰 사건이었다. 그리하여 그들은 이 사건에 대한 보고를 남겼고, 17세기에 접어들어서 이러한 기록들은 유럽에서 연속하여 간행되었다. 17세기에 간행된 자료로는 1654년 마르띠노 마르띠니오(Martino Martinio)가 쾰른에서 간행한 《만주족 전쟁사》를 들 수 있다. 그는 이 책에서 1620년 이후부터 1630년에 이르는 동안 조선(Corea)과 후금과의 관계를 논하고 있다.[93] 한편 1670년 빠리에서는 빨라폭스(Palafox)가 쓴 《滿洲族의 中國侵攻史》가 간행되었다. 이 책에서는 중국에 있어서 明淸 교체에 관해서 서술하고 제3장에서 조선과 후금의 전쟁 즉 병자호란을 상세히 설명하면서 조선의 참패상을 서술하고 있다. 그리고 조선은 세자가 인질이 되고 청의 조공국이 되었음을 말해 주었다.[94] 또한 1715년 크라쎄(Crasset)가 빠리에서 간행한 《일본교회사》에서는 '朝鮮島(Isle de Corey)와 일본의 전쟁' 즉 임진왜란에 대해서 서술하면서 小西行長을 비롯한 일본인 그리스도교 신도의 동향에 관해서 설명해 주었다.[95]

이상에서와 같이 임진왜란이나 병자호란을 배경으로 한 조선에 관한 언급은 조선에 관한 지리적 위치를 유럽인들에게 알려 주는 역할을 했다. 그리고

---

91) Luigi Frois, *Raggu della Morte di Quabacondono*, Roma, 1598, pp. 4~12.

92) Martini, *De Rebus Iaponicis, Indicis, et Peruanis Epistolae Recentiores*, Antverviae, 1605, p.166·177.

93) Martino Martinio, *De Bello Tartarico Historia*, Coloniae, Iodocum Kalcovium, 1654, pp.14~25.

94) Palafox, *Histoire de la Conqueste de la Chine par Tartares*, Paris ; Antoine Bertier, 1670, pp.58~61.

95) Crasset, *Histoire de l'Eglise du Japon, tome premier*, Paris ; François Montalant, 1715, pp.77~83·624 et passim.

조선이 중국의 조공국이라는 사실과 일본과의 전쟁에서는 초기에 참패한 바가 있다는 점들이 전달되고 있었다. 이 자료의 저자들은 17세기 전후 조선이 처해 있던 국제적 정세와 조선의 정치에 관해서 유럽의 독자들에게 전해 주고 있었던 것이다. 한편 17세기 후반에 이르러 조선에 관한 본격적 지식들이 유럽에 알려지기 시작했다. 이제 그들의 기록에서는 조선의 지리적 위치에 관한 서술의 범위를 넘어서 조선의 풍습과 정치제도 등에 관한 언급으로 이어졌다. 이러한 서술은 주로 항해기나 표류기 등을 통해서 나타나고 있었다. 그리고 중국에서 활동하던 그리스도교 선교사들에 관한 기록을 통해서도 조선에 관한 여러 가지 지식들이 정리되어 가고 있었다.

이 시기 조선에 관한 서술은 네덜란드 동인도회사의 수석 재정관이었던 요한 니위호프(Joan Nieuhof)가 집필하여 1665년에 암스텔담의 야곱 판 뫼르스 출판사에서 간행한 《中國記》 안에서도 나타나고 있다. 그는 중국에 2년 동안 체류한 경험과 관찰 기록에 근거하여 이 책을 저술했다. 여기에서 그는 조선의 지리와 지형, 관습 및 산업에 대해서 간략히 서술하고 있다. 그는 조선이 중국의 속국으로서 8도로 나뉘어 있음을 기록했다. 그리고 조선의 젊은 이들은 부모의 허락이 없어도 자유롭게 결혼할 수 있음을 말하고 중국과는 달리 결혼 후 아녀자의 외부 출입도 용이하다고 기록했다. 또한 그는 조선의 우상숭배와 정령숭배를 이야기하였고, 특산품인 인삼과 금광에 대해서 관심을 표시했다. 그는 조선에는 모든 물자가 풍부하므로 외부와의 교역을 제한하고 있고, 만주족과 북방 제민족 간의 세력 다툼에 있어서 매우 현명하게 처신했다고 기록했다.96)

그러나 유럽인들에게 조선에 관한 본격적인 정보를 전해 준 것은 하멜(Hendrik Hamel)이었다. 그는 1653년 제주도에 표착하여 1666년 조선을 탈출하여 고국에 귀환한 직후인 1668년 《네덜란드船 제주도 난파기》와 《朝鮮國記》를 암스텔담과 로테르담에서 동시에 간행했다. 이 책은 19세기 초에 이르기까지 조선왕국의 실체를 파악하려는 유럽인들에게 길잡이의 역할을 해 주었다. 흔히 《하멜표류기》로 불리는 《네델란드船 제주도 난파기》는 난파된

---

96) Joan Nieuhof, *Deskription de China*, Amsterdam ; Jakob pan Mŏrsen, 1665, p.178.

이후 생존자들이 겪었던 여러 사건을 다루고 있다. 그리고 《朝鮮國記》에서는 조선의 지리적 위치와 인종적 특징 및 정치제도를 먼저 서술해 주고 있다. 이어서 조선의 군사제도와 조선인의 엄격한 정의 관념 등을 논하고, 사법제도와 형벌을 설명해 주었다. 그리고 조선의 종교와 주거생활 및 생활관습을 말하며, 언어와 문자를 언급하고 있다. 그리하여 이 책은 은둔국 조선에 관한 가장 풍부한 자료를 유럽인들에게 제공해 주었다. 이 책은 출판된 직후 암스텔담에서 2판을 찍을 정도로 널리 읽히고 있었다. 그리고 1670년에는 프랑스어로 번역 간행되었고, 18세기에 접어든 이후에도 프랑스에서 세 번에 걸쳐서 새롭게 출판되었다. 이 책의 독일어 역본이 간행된 때는 1672년이었다. 영어본은 1704년에 간행되었고 그 후에도 이 책은 유럽 여러 나라에서 번역본이 연이어 간행되었다.[97] 이와 같이 17~8세기 이 책이 여러 나라말로 번역 간행되고 있다는 사실은 조선에 대한 유럽인들의 관심이 고조되어 있었음을 나타낸다.

한편 1678년에 이르러 조선의 존재는 러시아에도 알려졌다. 루마니아 지방 출신으로 청국에 파견되었던 러시아 대사 스빠파리(N. M. Spafarij)는 러시아로 귀환한 이후 《시베리아와 중국》이라는 책자를 지었는데, 그는 여기에서 조선의 지리와 정치체제·풍속·물산 등을 기록한 바 있었다.[98] 조선에 관한 정보는 이와 같이 17세기 상당히 널리 보급되고 있었다. 그러나 경우에 따라서는 18세기 말엽까지도 유럽사회에 있어서 조선에 관한 지식은 완전 보편화되지 못했다. 예를 들면 1788년 빠리에서 간행된 《세계지리》의 아시아 편에서 '조선'(Corée)은 중국과의 관계에서 간단히 언급되고 지나가거나, '중국 만주의 島嶼'편에서 중국의 조공국가로서 조선이 간략히 언급되어 있을 뿐이었다.[99] 그리고 이 책자는 조선을 섬으로 인식하고 있던 데에서 확인되는 바와 같이 종전의 낡은 자료에 근거를 두고 조선을 서술했다는 문제점이 지적될 수 있을 것이다.

이와 같은 문제점은 19세기 전후 영국의 항해가들의 새로운 탐사활동을

97) Gari Ledyard, *the Dutch Come to Korea*, Seoul ; Taewon, pp.17~24.
98) 朴泰根, 앞의 글(1984), 10쪽.
99) *Géographique Universell*, Paris ; Leclerc, 1788, tome II, p.35 및 tome IV, p.120.

통해서 극복되어 가고 있었다. 그들은 《하멜표류기》의 전통을 이어받아 각종의 항해기를 간행했다. 조선 연근해에 대한 영국인들의 항해기로는 1804년 런던에서 간행된 부로튼의 항해기를 들 수 있다.[100] 그는 1797년 10월 조선 연해를 항해한 바 있었다. 그는 이 책에서 조선 연해의 탐사 결과를 도판이나 경도·위도 등의 측정 자료를 기초로 하여 서술해 주고 있다. 그리고 제주도에 관한 관찰 기록을 남기기도 했다. 이 항해를 기초로 하여 그는 책을 저술했던 것이다. 그리고 이 책은 1807년 프랑스 '海軍 및 植民地省'에서 번역하여 빠리에서 프랑스어로 간행되었다.[101] 이 책의 원본이 간행된 직후에 프랑스에서도 번역 간행될 수 있었던 것은 당시의 유럽인들이 조선을 비롯한 북태평양 일대에 대한 관심이 컸다는 사실을 반영하는 것이다.

조선에 관한 유럽인들의 지식은 1816년 영국의 멕스웰(Murry Maxwell)과 배실 홀(Basil Hall) 선장이 이끄는 알세스트號(The Alceste)와 리라號(The Lyra)의 항해를 통해서 더욱 풍부해졌다. 그들은 유럽의 선박으로서는 처음으로 황해에 대한 본격적 탐사 항해를 감행했다. 이 항해를 마친 이후 두 책의 항해기가 출간되었다. 그 첫번째 책은 1817년에 간행된 영국의 알세스트號의 船醫였던 멜리오드(M'Leod)가 집필했다.[102] 그리고 두번째 책은 배실 홀이 1818년에 간행했다.[103] 이 책에서는 조선(Corea)의 경도와 위도를 정확히 측정하고 있으며, 조선의 풍습 그리고 조선과 중국의 관계, 조선의 漢字音 등에 대해서 서술해 주었다. 특히 배실 홀은 조선인의 성품이 비사교적임을 지적했다. 그러나 그는 조선 관리와의 면담을 인상깊게 기록하고 있다. 그는 조선인의 의상을 매우 이상한 것으로 생각했지만, 조선인의 유모어 감각을 높이 평가하고 있었다. 그는 조선의 지리적·문화적 특성에 대하여 통찰력을 가지고 바라보았으며, 조선 민중들의 역동성을 기록하기도 했다. 알세스트의

100) William Robert Brougton, *A Voyage of Discovery to the North Pacific Ocean, 2 Vols.* London, 1804.

101) Broughton, *Voyage de Découvertes dans la Partie Septentrionale de l'Océan Pacifique*, Paris ; Dentu, 1807, pp.219~271.

102) John M'Leod, *Narrative of a Voyage in his Majesty's late ship Alceste in Yellow Sea along the Coast of Corea*, London ; John Murry, 1817, pp.38~54.

103) Basil Hall, *Account of a Voyage of Discovery to the West Coast of Corea and Loo-Choo Island*, London, John Murry, 1818, pp.1~57.

항해에 뒤를 이어서 1833년에는 영국 상선 로드 에머스트號(The Lord Amherst)가 조선연안을 탐사했다. 이 때 이 배에 동승했던 구출라프 목사도 항해기를 남겼다.104) 그도 이 항해기를 통해서 조선의 정치제도나 풍속 등에 관해서 서술해 주었다.

이와 같은 항해기나 표류기 등은 직접적인 견문기록에 속한다. 유럽인들은 자신들의 견문을 통해서 조선에 관한 지식을 높여가고 있었다. 그러나 이와는 달리 중국에서 씌여진 조선에 관한 책자를 정리하여 조선에 대한 이해를 높이려는 시도가 18세기 중국에서 프랑스인 선교사들을 중심으로 하여 진행되어 나갔다. 그들은 중국 조정의 명에 의해서 천문지리를 연구하거나 중국의 지도를 제작하는 일을 하고 있었다. 그들 가운데 레지스(Régis, 雷孝思, 1663~1738) 신부와 뒤알드(de Halde) 신부의 기록이 중요하다. 레지스는 《조선에 관한 기록－조선에 관한 지리적 고찰》을 남겼다.105) 이 책은 영국왕실에서 주관하여 간행한 유럽과 아시아·아프리카에 대한 자료총서인 《항해·기행기 신총서》 안에 英譯되어서 1767년에 간행되었다.106) 레지스는 1698년 중국에 입국한 이후 《皇朝輿地總圖》를 제작한 바 있었다. 그는 중국에 대한 지리학적 관심의 연장에서 조선의 역사와 지리를 밝히려 했다. 그리고 17세기 조선의 풍습과 특산물을 제시하고 있다. 그는 조선에 관한 여러 가지 지식을 선행의 소개서와는 달리 비교적 정확히 기록하고자 했다. 그는 압록강과 두만강 등 주요 하천에 대해서 언급하고 있으며, 전국의 지방행정제도가 8道와 府郡縣으로 나뉘었음을 밝혀 주었다. 그리고 조선인은 잘 생겼으며 온화한 종족이라고 보았다. 결혼시에 지참금이 없다는 점과 3년상에 관해서 서술해 주고 있다. 효도를 중시하는 사회적 관습을 설명하기도 했으며, 유교가 중심적 사상임을 밝혀 주었다. 조선의 특산물로는 중국의 어떤 종이보다도 질기고 비싼 조선의 종이와 인삼 등을 들고 있다. 물론 그는 중국 正史에 기

104) Charles Gutzlaff, *Journal of Three Voyage along the Coast of China in 1831, 1832 & 1833, with Notice, Corea and Loo-Choo Island*, London, 1834.

105) Regis, *Memoire sur la Corée : observations géographiques sur le royaume de Corée.*

106) *A New General Collection of Voyage and Travels, Vol, IV*, London ; Thomas Astley, 1767, pp.319~329.

록된 3세기 당시 조선의 풍습을 17세기에 관한 서술과 혼재시켜 놓는 오류를 범하기도 했다.

그러나 레지스의 기록은 당시 유럽인에 알려진 조선에 관한 지식으로서는 소중한 것이었다. 그보다 앞서서 하멜이 남긴 표류기와는 달리 레지스는 각종의 한문 자료를 활용하여 조선의 역사와 전통을 서술해 줌으로써 하멜이 서술할 수 없었던 부분들을 새롭게 밝혀 주었기 때문이다. 레지스의 기록은 뒤알드(de Halde)에 의해서 더욱 널리 소개되어 갔다. 뒤알드는 1735년 빠리에서 《중국사 개설》을 간행했다. 뒤알드는 여기에서 중국과 더불어 조선에 대해서도 언급하였다. 그는 이 책에서 레지스의 보고를 인용하여 조선의 지형과 국경지대 그리고 농경지와 특산물 등 지리적 특성을 요약해서 소개하고 있다. 그리고 조선인들의 풍속 및 사회제도 등에 대해서도 설명을 시도하고 있었다. 조선 민족의 기원 및 중국과의 관계에 주목하면서 조선의 역사를 간략히 서술해 주었다. 역사의 서술은 중국 정사에 나오는 조선에 관한 기록들을 요약한 것이다. 여기에서는 箕子의 東來와 위만조선, 한사군을 거쳐 고구려로의 발전과정을 기록하고 있다. 그리고 관구검의 침입, 隋唐과의 전쟁, 고려가 전개한 여진족·몽고족과의 전쟁을 서술했다. 무엇보다도 이 책에서는 임진왜란에 대해서 상대적으로 자세히 기록하고 있다. 그리고 조선 당대의 기록은 숙종 때 장희빈의 축출 과정까지를 정리해 주었다. 이 책에 수록되어 있는 조선에 관한 다양한 정보들 때문에 이 책은 18세기의 유럽인들에게 조선에 관한 정보를 제공해 주는 가장 권위있는 책이었다. 뒤알드의 이 책도 1761년에 영국에서 번역되어 간행되었다.[107]

1772년 프랑스 빠리에서는 들라뽀르뜨(Delaporte)가 《탐험가 프랑소와》를 간행했다.[108] 그는 이 책에서 조선의 정치·군사제도와 조선의 불교 등 종교, 조선의 喪祭禮 및 儒學과 가족제도, 지리적 특성과 특산물 등에 관하여 상당히 자세히 소개해 주었다. 그는 당시까지 유럽에 소개되었던 동양 관계의 문헌 가운데 조선(Corée)에 관한 기사를 망라하여 이 책을 지었다. 그가 조선에 관

---

107) Du Halde, Geographical Observation on the Kingdom of Corea, *History of China*, London ; Watt, 1761, pp.381~428.

108) Delaporte, *le Voyageur François*, Paris ; Gellot, pp.266~298.

해서 서술한 내용은 그 질이나 양적 측면에 있어서 레지스나 뒤알드의 연구를 능가한 것이었다. 그의 연구를 통해서 프랑스에서의 조선에 관한 지식은 한 단계 더 비약할 수 있었다. 그의 조선에 관한 연구는 레지·뒤알드의 연구를 달레의 연구에 이어 주는 중간적 위치를 차지하고 있다고 하겠다.

프랑스인들에 의한 조선 연구는 19세기에 접어들어서도 계속되었다. 즉 1818년 빠리에서는 왕실 도서관의 책임자인 그로지에(Grosier) 신부가 중국에 파견된 선교사들의 브고서를 바탕으로 《중국론》을 저술해서 간행했다.[109] 이 책은 중국 15개 지방, 만주족, 그리고 중국의 조공국들에 관한 이야기를 포함하고 있는데, 이곳에 조선의 문화와 관습이 소개되어 있다. 그는 우선 조선의 명칭, 영토 및 국경지역을 정확히 묘사했다. 그는 조선인의 기원은 분명치 않으나 맥과 한이 중심세력이었고, 고(구)려가 이를 통일했다고 보았으며, 주몽신화를 소개했다. 조선인들은 잘 생겼으며 춤과 노래·음악을 좋아하며, 북부 사람은 남부보다 더 크고 씩씩해서 훌륭한 전사가 된다고 했다. 과학에 뛰어나고 학자들은 모자에 두 개의 깃을 꽂아 일반인과 구별하며, 학문을 존중하는 마음 때문에 책을 팔고자 하는 상인들은 아름다운 옷으로 치장하고 가격흥정에 앞서 향을 피운다고 했다. 그는 조선의 특산품으로 옷감보다도 질긴 한지를 주목했으며, 중국은 이 한지를 매년 매우 많이 수입한다고 서술했다.

그는 우리의 관습을 묘사하면서, 집은 중국과 비교하여 전부 단층이고 화려하지 않다고 했으며, 도시에는 중국식 성벽들이 있다고 기록했다. 또한 조선인들은 관습·글쓰기·의복·종교의례·윤회사상 등을 대부분 중국에서 배워갔다고 보았다. 그렇지만 중국과 비교하여 여자들은 자유로이 남자들 모임에도 나갈 수 있으며, 혼인에서도 당사자가 배우자를 직접 선택한다고 전했다.[110] 또한 이 책에서는 조선이 중국의 조공국이라는 사실을 강조했다. 조선의 왕은 자신의 신하에 대해 절대적인 권력을 가지고 있지만, 왕과 왕비는 모두 중국으로부터 책봉을 받아야 한다는 점을 강조했다. 이 책에서 서술

109) Grosier, *De la Chine*, Paris ; Pillet, 1818, pp.340~353.

110) 혼인에 있어 여성들이 자유롭다고 하는 것은 北史 高句麗傳의 내용이지 당대의 관습은 아니었다.

된 내용을 검토해 보면, 이 책은 조선의 문화에 관한 풍부한 정보를 19세기 전반기의 유럽인들에게 제공해 주었다고 말할 수 있다.

이러한 과정을 거쳐서 19세기 후반기 유럽인들의 조선 인식에 결정적인 영향을 준 달레(Charles Dallet, 1829~1878)의 《조선교회사》가 1874년 빠리에서 간행되었다.[111] 그는 조선에 나와 있던 프랑스 선교사들이 보내온 각종의 자료에 근거하여 이 책을 저술했다. 그리고 그는 이 책의 앞부분에 당시 유럽인들의 조선에 대한 지식을 모두 결집시켜 놓은 조선에 관한 입문편을 배치해 놓았다. 이 입문에서는 조선의 역사와 지리 그리고 정치·경제·사회·문화 등 여러 분야에 걸쳐서 매우 정확하고 자세한 지식을 수록해 주었다. 그리고 이에 이어서 천주교에 대한 박해의 역사를 서술했다. 그러므로 그의 이 책은 당시 조선에 대한 서구인들의 이해 수준을 가늠케 하는 것이며, 서구인들이 조선에 대한 지식을 대폭 강화시키는 데에 결정적으로 기여한 책이었다. 이 책은 간행된 직후 메르데르발트(Pompe van Meerdervalt)가 네덜란드語로 번역했다.[112] 그리고 19세기 후반기 사회에서 폭발적으로 많이 출간된 서양어로 씌여진 조선에 관한 각종의 문헌들은 거의 대부분 이 달레의 교회사에 수록된 조선에 관한 입문편에 의존하고 있었다. 조선의 개항 직전에 이룩된 달레의 《조선교회사》의 간행은 19세기 70년대 이전 조선에 관한 모든 지식의 결정판이었으며, 차후에 간행된 여러 책자들을 통해서 그 내용이 재생산되어 갔다. 그리하여 이 책은 19세기 말엽까지도 유럽의 조선 연구자들에게 절대적 영향을 미쳤다고 하여도 과언은 아닐 것이다.

요컨대 지리상의 발견 이후 서양인들은 항해와 통상의 범위를 동아시아에까지 확대시켜 나갔다. 이 과정에서 17세기에 이르러서야 조선에 대한 서양인의 관심은 그리스도교 선교와 관련하여 선교 대상지를 확보한다는 목적으로 출현되기 시작했다. 특히 이 시기의 서양인들은 17세기를 전후하여 전개된 전쟁 및 왕조의 교체와 같은 동아시아史의 전개와 관련하여 조선의 국제관계를 주목했다. 서양인들은 먼저 조선의 지리적 위치에 대한 지식을 확보

---

111) Dallet, *Histoire l'Eglise de Corée*, Paris : Victor Palmé, 1874 (安應烈·崔奭祐 譯註, 한국교회사연구소, 上·中·下, 1979).

112) Dallet, 위의 책(上), 23쪽 및 각주 1) 참조.

해 나갔으며, 이에 이어서 조선에 표착했던 사람이나 탐사항해 후 견문기를 남긴 사람들을 통해서 그들이 가지고 있던 조선에 관한 지식을 확대해 나갔다. 18세기를 전후해서는 중국에 나와 있던 프랑스 선교사들도 중국의 문헌과 그들 자신의 지리적 탐사의 결과들을 종합하여 조선의 역사와 문화 그리고 정치제도 및 중국과의 관계 등에 관한 자료를 유럽인들에게 제시해 주었다. 18세기의 거의 전기간에 이르기까지 조선에 대한 서양인의 주된 관심사는 그리스도교를 선교하는 문제에 국한되어 있었다. 그러나 19세기 중엽에 이르러서는 그 관심의 폭이 점차 경제적 차원 및 정치·군사적 차원으로 확대되어 갔다. 서양인이 가지고 있었던 조선에 대한 관심은 조선인이 서양에 대해 가지고 있었던 관심을 능가하고 있었다. 이 점에서 조선의 근현대 문화가 서양에 압도되는 과정과 원인을 가늠해 볼 수 있을 것이다.

6) 지도 제작과 조선 인식의 확대

서양인의 조선 인식 가운데 중요한 부분으로는 지도를 통한 조선에 대한 인식을 들 수 있다. 한 장의 지도는 당대 지리적 지식의 결론이었고, 특정 지역에 대한 관념을 반영하고 있는 것이다. 大航海 시대 이래로 서양에서 제작된 지도를 검토함으로써 우리는 서양인의 조선에 대한 인식의 진전상황을 명확히 알 수 있을 것이다.[113] 또한 서양인들이 불렀던 고유명사로서 '조선'에 해당하는 지명에 대한 검토를 통해 그 지리적 위치 내지는 지형에 대한 인식의 전개과정을 파악할 수 있을 것이다.

서양인들은 16세기 이후 조선의 지명을 Kauli, Cauli, Cory, Corai, Coray, Corey, Coreia, Corea, Corée, Korea 등으로 일정하게 인식하고 있었다. 그리고 그들은 '조선'이란 국명의 한자음에 따라서 이를 Tioxen, Tiosencouk, Chaosen, Khaosen 등으로 표기한 경우도 나타나고 있다. 여기에서 조선을 가리키는 고유명사의 어원은 '高麗'에 있음을 쉽게 확인할 수 있다. 즉 Kauli,

113) 여기에서 검토하고 있는 지도들은 주로 Lutz Walter, *Japan—A Cartographic Vision*, Munich : New York, Prestel, 1994 및 서정철, 《서양 고지도와 한국》(대원사, 1991)에 수록되어 있는 자료들이다.

Cauli 등은 '高麗'의 한자음을 서양어로 옮긴 것으로서, 14세기 아라비아 지리학자들도 高麗를 'Kauli로 표기한 바 있었다.[114] 이 단어에 근거하여 아라비아에서는 오늘에 이르기까지 주로 Cory라는 용어를 사용하고 있다.[115] 한편 Corai, Coray, Corey 등의 표기는 '高麗'의 일본음임을 알 수 있다. 그러나 중세 이래로 서양의 지리 지식은 아라비아 지리학의 영향을 많이 받았음을 감안해 보면, 서양인들은 아라비아 지리학자들이 지칭하던 Cory라는 용어를 라틴語 식으로 옮기는 과정에서 Corea로 표기하게 되었고, 여기에서 다시 Coreia, Corée, Korea 등이 파생되어 나온 것으로 볼 수 있다.

한편 1589년 뻬드로 마훼이오(Pedro Maffeio)는 《印度史》에서 인도 일대의 지리를 논하는 과정에서 조선(Cori)이라는 지명을 언급하고 있었다.[116] 그러나 조선이 Corea라는 지명으로 나타난 것는 1590년 제작된 랑그렌(Langren)의 〈동양지도〉를 들 수 있다. 이 지도에는 조선의 국명이 'Corea', 'Tiauxen', 'Cory'라는 세 가지로 동시에 표기되어 있다.[117] 그리고 1594년에 제작된 플란치오(Plancio)의 지도에서도 'Corea'라는 표기가 나타나고 있다.[118] 그러나 그 이전에 작성된 지도에서는 아라비아 지리학의 전통에 따라서 조선을 Cory로 표기하기도 했다. 예를 들면 1601년 헤래라(Herrera)는 〈서인도지도〉(Description de las Yndias Ocidentalis)를 간행했다. 이 지도는 1575년에 제작된 手寫本 지도를 바탕으로 하여 작성된 것이라 하며, 여기에서는 조선을 'Cory'로 표기하고 있었다. 이로써 16세기 후반기 유럽에서는 조선을 'Cory'로 불렀음도 확인하게 된다. 한편 16세기 이래로 중국 및 일본에 진출한 서양인들은 조선을 가리키는 고유명사로 '高麗'의 중국음이나 일본음에 근거하여 'Caoli'나 'Corai' 類로 표기함으로써 이를 조선을 지칭하는 고유명사로 삼았다. 그러다가 15세기 당시 지리학계의 관행이었던 라틴語式 지명표기 방식이 적용되는 과정에서 서양인들이 조선을 지칭하는 Corea라는 단어가 확정되어 갔다.

그런데 16세기 중엽까지만 하더라도 서양에서 간행된 세계지도 내지는 아

114) 金定慰, 앞의 글, 41쪽.
115) 서정철, 앞의 책, 40쪽.
116) Pedro Maffeio, *Histiriaum Indicarum*, Venetia, 1589, p.20.
117) 서정철, 앞의 책, 39쪽.
118) 홍시환, 《지도의 역사》(전파과학사, 1977).

시아지도에서 조선이 수록되어 있지 않은 경우가 자주 확인된다. 예를 들면 1550년에 제작된 메르카토르의 〈아시아지도〉에는 조선이 아예 빠져 있었다. 이 지도에는 중국과 일본 사이에 조선이 기재되어 있지 않고 바로 중국해(Mare Sin)가 자리잡고 있는 것으로 표기되어 있을 뿐이다. 그러나 동아시아에 대한 관심이 점차 강화되는 과정에서 중국과 일본 사이에 '조선'이 있다는 사실을 서양인들은 점차 인식해 갔다. 여기에서 그들의 지도에는 조선이 도서나 해안 혹은 반도의 형태로 나타나기 시작했다.

조선이 지도에 나타나기 시작한 것은 대략 16세기부터였던 것으로 생각된다. 그런데 당시에는 조선을 섬으로 표기하기도 했다. 16세기 서양에서 조선을 섬으로 파악하고 있던 것은 아마도 아라비아 지리학의 영향일 것으로 생각된다. 14세기 아라비아의 대표적 지리학자들은 高麗(Kauli)를 중국 건너편에 있는 섬으로 기술한 바가 있기 때문이다.[119] 이와 같은 지리적 관념에 입각하여 저술된 지도로는 우선 랑그렌(Langren)이 1595년에 제작한 〈동인도지도〉에서는 둥근 섬 모양의 지형에 '조선도'(Isla de Corea)라는 명칭과 함께 '도둑섬'(Isla dos Ladrones)이라는 별칭을 함께 제시해 주었다. 그러나 랑그렌은 1590년에 〈동양지도〉를 제작하면서 조선을 좁은 반도의 형태로 나타낸 바도 있으니, 이는 그에게 있어서 조선에 관한 지리적 지식이 아직 확정되어 있지 못했음을 나타내는 일이다.

또한 1595년 테세라가 아랍 상인들의 지도를 참고하여 간행한 〈日本島圖〉(Iaponiae Insulae Descriptio)에는 조선이 기다란 섬 형태의 朝鮮島(CoreaInsula)로 표기되어 있다. 여기에서 우리는 조선을 섬으로 파악했던 16세기 말 유럽인들의 오해가 아라비아 지리학의 오류에서 기인한 것임을 확인하게 된다. 조선을 섬으로 인식했던 것은 17세기의 지도에서도 일부 나타나고 있으며, 심한 경우에는 17세기 중엽에 이르기까지도 조선을 섬으로 파악한 지도가 있다. 즉 1601년 헤레라는 〈서인도지도〉를 간행했다. 이 지도는 1575년 손으로 그려진 지도를 바탕으로 하여 작성된 것으로 기록되어 있다. 여기에서는 조선을 'Cory'로 표기하면서 대륙과는 약간 떨어진 위치에 비정하고 있다. 또

119) 金定慰, 앞의 글, 41쪽.

한 1650년에 제작된 고드빌의 〈아시아지도〉(Carte de l'Asie)에는 중국과 일본 사이에 타원형에 가까운 형태의 섬이 놓여 있다. 이 섬을 당시인들 가운데 일부는 조선으로 상정했을 것이다. 그리고 1667년 에손(Eson)이 작성한 〈일본지도〉(Iaponiae Terrae)에도 조선은 대륙에 근접해 있는 섬으로 그려져 있으며, '조선도'(Corai Insula)라는 명칭이 표기되어 있다.120) 이렇듯 17세기 중엽에 이르기까지 서양의 지도 제작자들에게 조선에 대한 충분한 정보가 전해지지 못했고 이 과정에서 그들은 조선을 섬으로 파악하고 있었다고 생각된다.

한편 16세기 중엽에 작성된 서양의 지도에서는 조선을 해안의 일부로 파악한 듯한 지도들도 나타나고 있다. 이는 국가 단위로서의 '조선'에 대한 지식이 명확하지는 않았지만, 조선의 지리적 특성이 섬이 아니라 대륙의 일부라는 인식으로 바뀌어 가는 과도적 단계에서 출현한 것이다. 포르투갈의 해도에도 '조선'에 관한 지식이 명확히 나타나지는 않고 있다. 그러나 1568년에 제작되어 현재 마드리드의 알바(Alba)家에 소장되어 있는 해도에서 조선은 일본(Japan)의 서북쪽 대륙에 콘라이 해안(costade Conrai)이라는 지명으로 표기되어 있다.121) 그리고 1571년과 1573년의 해도에서는 '꼼라이'(Comrai) 해안이라는 표기가 다시 나타나고 있다.122) 또한 일부의 지도에서는 조선을 섬으로 보던 개념과 해안으로 보던 개념을 서로 결합시켜 놓기도 했다. 이러한 예를 랑그렌이 1595년에 제작한 〈동인도지도〉에서 확인할 수 있다. 그는 이 지도에서 조선을 섬으로 표시해 놓고, 이 섬의 북쪽 해안에 '꼼라이 해안'(costa de Comray)이라는 지명을 기록하고 있었다. 그리고 이 해안 북쪽의 바다에 꼬레아(Corea)라는 작은 섬을 다시 그려 넣었다. 이는 조선에 대한 지리지식이 그만큼 약했음을 드러내는 것이다.

그러나 16세기 말에 이르러 조선을 대륙과 연결된 반도로 인식하고 있는

---

120) 서정철, 앞의 책, 71쪽.

121) Conray 혹은 Conrai와 같은 지명 표기는 '高麗'를 지칭하는 아랍어인 Cory에서 유래된 것으로 생각된다. 그리고 이 Cory가 서양 항해자들에게 전달되는 과정에서 Couray와 같이 표기되다가 Couray에서의 u가 n 혹은 m 등으로 잘못 轉寫된 결과 Conray나 Comray로 잘못 기록되었을 것으로 보고 있다(서정철, 앞의 책, 70쪽).

122) 서정철, 위의 책, 39쪽.

지도들이 나타나기 시작했다. 이는 아라비아 지리학의 전통이 아니라, 지리상의 발견 이후 새롭게 인식된 지리 지식에 근거한 것으로 생각된다. 조선을 반도로 표시한 예는 이미 1590년에 제작된 랑그렌의 〈동양지도〉를 통해서도 확인되고 있는 바이다.[123] 그러나 조선이 반도임을 확실히 해 주고, 조선에 대한 구체적 지리 인식을 심어준 작업은 1602년에 마테오 리치가 제작한 〈坤輿萬國全圖〉를 통해서 이루어졌다. 이 지도는 지명이 한자로 기재되어 있기는 하나, 중국뿐만 아니라 서양인들에게도 큰 영향을 미쳐 준 지도였다. 이 지도에서는 반도 형상의 지형을 가진 '朝鮮'이라는 국명과 함께 함경도·평안도·황해도 등과 같은 지명도 기록되어 있어서, 당시까지 서양인이 제작한 지도 가운데 가장 정확한 지식을 담고 있는 것이었다. 그리고 1615년 예수회 선교사 삐에르 뒤 쟈릭(Pierre du Jarric)은 중국과 일본 사이에 있는 반도로서 조선(Coraiana)의 존재를 확인해 주고 있다.[124]

17세기 후반기에 이르러 조선은 계속해서 중국지도 내지는 아시아지도의 일부로 표기되어 나타나고 있다. 즉 1655년에는 마르띠니(Martini)가 간행한 〈中國新圖〉(Imperii Sinarum Nova Descriptio)에 조선이 길다란 형태의 반도로 기록되어 있고, 이러한 형태의 조선 地勢는 후대의 서양 지도 제작자들에게 적지 않은 영향을 주었다. 1670년에 간행된 《만주족의 중국침공사》에는 중국과 주변의 지도가 제시되어 있다. 이 지도에서 조선은 마르티니가 표시한 형태와 유사한 조선(Corea) 지도를 제시해 주고 있었다.[125] 그리고 1673년 러시아에서 제작된 레메쪼프(Remezov)의 〈東北아시아 民族誌地圖〉에도 반도의 형태로 조선(Korea)이 표기되어 있다. 이는 러시아에서 간행된 지도 가운데 처음으로 조선의 존재를 언급하고 있는 것이기도 했다.[126]

17세기 후반의 지도제작자들도 조선이라는 생소한 지역을 설명해 주기 위한 방법으로 종전부터 '조선'을 지칭해 오던 여러 가지 명칭을 동시에 기록해 주기도 했다. 예를 들면 1674년에 간행된 쟈이오의 〈아시아지도〉에는 카

123) 위와 같음.

124) Du Jarric, *Thesaurus Rerum Indicarum,* Colonae ; Petri Henning, 1615, p.585.

125) Palafox, *Histoire de la Conqueste de la Chine par Tartares,* Paris ; Antoine Bertier, 1670, 圖板.

126) 朴泰根, 앞의 글(1984), 11쪽.

올리(Caoli)와 조선국(Tiosencouk)과 고려(Coree)라는 지명이 기다란 반도 형태의 지도와 함께 제시되어 있다. 그리고 1669년에 제작된 〈아시아지도〉에서도 조선(Corey)이 좁고 기다란 반도의 형태로 묘사되어 나타나고 있다. 한편, 1680년에 제작된 샤틀랭의 〈교회사지도〉(Carte de Histoire Sacrée)에는 중국과 일본 사이에 기다란 반도 형태의 지형이 나타나 있지만 조선이라는 명칭은 기재되어 있지 않다. 그러나 같은 해에 제작된 그의 〈아시아지도〉(Carte de Asie)에는 조선(Corea)이 기다란 반도로 표시되어 그 형태에 있어서는 문제가 있지만, 조선의 위도는 비교적 정확하게 나타나 있다. 이렇게 17세기 후반에 이르러 조선은 대체적으로 좁고 기다란 반도 형태의 지형으로 서양인들이 제작한 지도에 나타나게 되었다.

18세기에 이르러 지도를 통해서 확인되는 서양인들의 조선에 대한 인식은 전단계에 비하여 월등히 발전되어 갔다. 17세기의 지도제작에 있어서 가장 큰 역할을 했던 국가는 네덜란드였지만, 18세기에 들어와서는 프랑스가 세계 지도의 제작에 두각을 나타내게 되었다. 프랑스인들이 제작한 지도에서 조선에 관한 기록이 비교적 정확히 드러나게 되었다. 18세기에 접어든 직후인 1703년 작성된 드 페르(De Fer)의 지도에서 조선(Corée)은 긴 모양의 반도로 기록되어 있다. 그리고 이 지도에서는 '東海'(Mer Orientale)라는 지명이 처음으로 등장하고 있다. 한편 1720년에 간행된 호만의 〈아시아 最新地圖〉(Asiae Recentissima Delineatio)에는 조선이라는 국명의 표기가 없이 중국과 일본 사이에 있는 반도 형태로 나타나고 있다. 1733년도에 간행된 티리온의 〈아시아 新地圖〉(Nieuwe Kaart van Asia)에는 조선(Corea)이라는 지명과 함께 경기(Kin-ki) 및 제주도가 표시되어 있었다. 이렇듯 18세기 초에 이르러서는 조선이 섬이 아니라 반도라는 사실에 서양의 지도제작자들 대부분은 동의하게 되었지만, 조선의 지형이 좁고 가느다란 반도 형태일 것이라 상정하고 있었다.

조선의 지리적 특성에 관한 이해는 19세기의 30년대 중국에서 선교하던 예수회 계통 선교사들의 노력에 의해서 더욱 명확히 유럽사회에 알려지게 되었다. 선교사들은 중국의 조정에서 仕宦하면서 지도 작성에 종사하기도 했다. 예를 들면, 강희제는 1707년 예수회 선교사들에게 중국 전 지역에 대한 측량과 지형도의 작성을 명했고, 그들은 1708년부터 1716년까지 측량을 마치고 〈皇輿全覽圖〉의 작성을 완료했다. 여기에 조선의 지도도 포함되어 있었다. 이 책은 프랑스르 보내져서 당빌(D'Anville)의 〈中國新地圖〉(Nouvel Atlas de la Chine)가 1737년에 간행될 수 있었다. 당빌의 〈중국신지도〉에는 '조선왕국'(Royaume de Corée)이 별도의 全圖로 다루어지고 있다. 이로 인하여 조선에 관한 첫 전도가 유럽에 소개될 수 있었다. 이 지도는 비교적 정확한 것으로서, 유럽에서 후대에 제작된 지도들의 모형이 되었다. 여기에서는 조선의 명칭이 Sila에서 Cory, Caoli, Corée, Corea, Korea 등으로 쓰이는 과정을 차례로 보여 주고 있다. 그리고 조선의 지형도 점차 실제적인 모습에 가까워지고 있었다. 또한 당빌의 지도에는 조선 주요 지방의 지명들이 중국식 발음을 기준으로 한 알파벳 표기로 제시되어 있다.[127] 당빌의 이 지도는 1787년 헤이그에서 다시 간행되었다.[128]

18세기 후반에 이르러 조선에 대한 관심이 증폭되어 갔다. 이 관심에 비례하여 그들은 지도 작성에도 힘을 기울였다. 특히 동아시아 지역에 대해서는 프랑스와 영국이 관심을 가지고 있었다. 그리하여 프랑스에는 東아시아 지역에 관한 기록과 보고들이 속출하게 되었다. 영국에서도 1767년에는 조선에 관한 레지스의 기록을 번역한 책자를 간행한 바 있었다. 이 때 이 책에는 당빌의 지도를 기초로 하여 작성한 〈조선지도〉(A Map of Kau-li or Korea)가 수록되었다.[129] 그리고 19세기에 접어든 이후 개항에 이르는 사이에 작성되었거나 간행된 조선지도로는 1832년 프랑스 빠리에서 클라프로트(Klaproth)가 번역하여 간행한 바 있는 《三國通覽圖說》에 수록된 지도와 도판에 포함된 조선지도가 있다.[130] 1845년경에는 金大建이 작성한 〈조선전도〉가 프랑스인들에게 전해졌다.[131] 따라서 1874년 빠리에서 간행된 달레의 《조선천주교회사》에 〈조선전도〉가 수록되어 있는데, 이 지도는 金大建의 조선지도에 이어서 조선의 지명을 조선식 발음으로 정확히 표기해 주고 있다. 또한 개항 직전인 1875년

127) 서정철, 앞의 책, 35쪽.

128) 러시아 대장성, 《韓國誌 附錄》(韓國精神文化硏究院, 1984), 237쪽.

129) *A New General Collection of Voyage and Travels, Vol, IV,* London ; Thomas Astley, 1767, p.319.

130) 러시아 대장성, 앞의 책, 184쪽.

131) 한국교회사연구소 편, 《성 김대건 안드레아 신부의 서한》(1996), 396쪽.

일본 동경 육군성에서는 〈조선전도〉(1:960,000)를 제작하여 한국에 대한 군사 활동에 대비하고자 했다.

한편 18세기 후반과 19세기 전반에 이르러서는 조선 연해에 대한 직접적인 항해가 진행되면서 좀더 정교한 조선 지도들과 실측에 입각한 海圖들이 간행되기 시작했다. 조선 연해의 해도 가운데에는 1797년에 라 뻬루즈(La Pérouse)가 작성한 〈항해도첩〉을 대표적인 것으로 들 수 있다. 그는 1787년 5월에 제주도 남단에 접근했고 울릉도를 확인했으며, 제주도 근해와 남해 및 동해의 수심을 처음으로 실측했다. 그가 작성한 해도에 따라서 이 이후 유럽의 항해자들은 조선에 좀더 손쉽게 접근할 수 있었다. 실측에 입각한 해도의 작성은 19세기 중엽을 전후하여 더욱 활발히 전개되었다. 예를 들면 프랑스 海軍水路局에서는 개항 이전에 모두 19편의 조선에 관한 해도를 작성했다. 그들은 이미 유럽 어느 나라보다도 먼저 '1787년 5월에 관찰한 조선의 섬들 또는 군도의 일부분을 나타낸 지도'라는 제목의 해도를 작성한 바 있었다.

그 후 프랑스인들은 1848년에는 한반도 지도를 작성했고, 1859년에는 동해안 영흥만 일대의 지도와 해도를, 1863년에는 대한해협 지도를 작성했다. 그리고 1866년 병인양요를 전후해서 조선의 서해안 및 강화도와 鹽河, 漢江 등의 해도를 작성했다. 프랑스 해군이 거문도의 해도를 작성한 것도 이 해였다. 그리고 그들은 대동강 입구의 海圖도 1867년·1868년·1870년·1872년 등 4회에 걸쳐 작성 보완한 바 있다. 그리고 1868년에는 '빠리지리학회지'(Bulletin de la Société de Géographiques de Paris)에 로스땡(Rostaing)이 '조선의 한강에 대한 최초의 탐사기록'을 발표하여 프랑스 함대가 한강을 실측했던 사실을 보고했다. 이와 함께 19세기 후반에 이르러서는 영국 런던의 해군수로국에서 간행한 각종의 해도들이 나타나고 있었다. 1845년부터 1876년 사이에 조선의 연근해를 측량한 6편의 해도가 출판되었다.[132]

132) 러시아 대장성, 앞의 책, 243~244쪽. 영국 海軍水路局에서는 1845년에 제작하여 1863년과 1873년에 걸쳐서 수정 보완한 '朝鮮群島 남쪽부분'을 제작했다. 이에 이어서 1860년에 '조선 부산항과 그에 인접한 해안들'이 제작되었다. 1863년에 '일본제도·대한해협과 이끼섬', '일본·대한해협·대마도와 부근 한국해안을 포함한 큐우슈와 일본 서쪽해안들'이 제작되었다. 1867년에는 '황해 鹽河와 한강 진입로'를, 1876년에는 '조선 동해안·라자레프만·부로우튼항' 등을 제작했다.

요컨대 서양인의 조선에 대한 인식이 확대되어 나가는 과정은 지도를 통해서도 검증될 수 있다. 16세기의 서양인들은 조선의 존재를 전혀 알지 못했거나, 아라비아 지리학의 영향 아래 조선을 도서로 생각해 왔다. 이러한 오류는 17세기 말엽에 간행된 서양의 지도에까지도 간헐적으로 나타나고 있다. 한편 16세기 후반의 일부 지도에서는 조선을 해안의 일부로 생각하기도 했다. 그러나 17세기 말엽부터 조선을 반도로 인식하는 경향이 나타나기 시작했고, 이와 같은 견해는 17세기 대부분의 지도에서 동의를 얻게 되었다. 그들은 조선을 좁고 긴 반도 모양으로 생각했던 것이다. 19세기 전반기에 이르러서야 조선의 지형이 오늘날의 지도에 가깝게 인식되기 시작했다. 그리고 조선 연해에 대한 항해가 빈번해지는 과정에서 18세기 말엽부터는 조선 연해의 해도들이 작성되었다. 이러한 과정을 거쳐서 조선에 대한 서양인들의 인식은 강화되어 조선을 직접 항해하기도 하여, 조선이 이양선에 대한 경계를 강화하도록 자극하고 있었다.

6) 조선인의 서양 인식

조선 후기에 이르러 서양인 내지는 서양 문물과의 접촉이 전단계에 비해서 비교적 활발히 전개되고 있었다. 조선과 서양인 내지는 서양문화와 접하여 그에 대한 인식을 갖게 되는 과정은 다음과 같이 집약된다.[133] 즉 첫째로는 중국에서 간행된 서적을 통해서 서양에 대한 인식이 가능해졌고, 둘째로는 赴燕使臣의 傳聞을 통해서, 그리고 세번째로는 서양인의 표착이나 이양선의 출몰을 통해서였다. 그리고 네번째로는 천주교와 프랑스 선교사들의 잠입 활동을 통해서 조선인들은 서양을 인식할 수 있었다. 이러한 통로를 통해서 조선 후기인들은 서양인식의 계기를 마련하면서, 미지의 세계였던 서양에 대한 인식을 축적해 나갔다. 물론 당시인들은 서양의 문물에 대해서 긍정적인 견해를 가지고 西器受容論을 전개해 나가기도 했다. 그리고 천주교의 성행과 함께 서학에 대한 부정적 견해에 입각하여 척사위정의 기치를 내세우며 서양의 문물과 사상을 모두 배격하기도 했다. 그들은 당시의 국제 정세와 관련하여 서양에 대

133) 潘允洪, 앞의 글 86쪽.

한 위기의식에 대응하여 해방론을 전개해 나갔다. 그러므로 17세기 이후 조선인들의 서양인식을 다루기 위해서는 이러한 부분들을 모두 검토해야 할 것이다.

먼저 서적의 수용을 통한 서양인식의 강화현상을 주목할 수 있다. 당시 중국에서는《天學初函》에 수록된 책자들을 비롯해서 많은 한문 西學書들이 간행되고 있었다. 이 서학서들은 17세기 이래로 조선에 전래되어 士流들에게 읽혀지고 있었다. 여기에는 서양의 과학기술서와 서양의 천주교 사상을 전하는 책들이 함께 포함되어 있었다. 이 서학서 가운데 과학기술서도 적지 아니하게 조선에 수용되었고 조선사회에 일정한 영향을 미쳤다.[134] 그들은 서양인들이 제작한 지도를 통해 세계에 대한 새로운 인식을 가질 수 있었고, '歐羅巴' 여러 나라와 신대륙의 존재를 인식하게 되었다. 그리고 이와 같은 지리지식의 확대는 중국중심의 세계관을 극복하는 데에도 크게 이바지했다. 그러나 당시 조선사회에 큰 영향을 미친 것은 천주교 서적들이었다. 1801년 당시 조선에 들어온 천주교 서적은 대략 120여 종에 이르고 있었다.[135] 그리고 이 서적들은 전통 조선의 사회와 사상에 있어서는 매우 이질적인 내용을 가지고 있었다.

한편 赴燕使行에 참여했던 사람들의 전문을 통해서도 서양에 관한 지식은 조선에 전달되었고, 이를 통해서 서양에 대한 인식이 형성되어 갔다. 부연사행 가운데에서는 중국에서 서양인을 직접 만난 사람도 있으며, 중국에서 간행된 각종의 서학서적을 조선에 전파하는 역할을 하기도 했다. 李光庭·鄭斗源·李頤命·洪大容·李承薰 등은 북경에서 서양인 선교사와 교섭했던 赴燕使의 일원들이었다. 이들 가운데 이광정은 선조 36년(1603)에 赴燕하여 〈歐羅巴國輿地圖〉를 전래하여 조선에 유럽에 관한 구체적 인식을 심어 주게 되었다. 또한 정두원은 인조 8년(1630) 북경으로 가는 도중 중국 산동반도 登州에서 로드리게스(Johanes Rodriguez, 陸若漢, 1559~1633)를 만나서 天文圖·萬國輿圖 및 千里鏡·自鳴鐘·紅夷砲 등과 같은 서양의 기기와《職方外紀》를 비롯한 서학서적을 도입했었다. 인조 22년 昭顯世子가 북경에서 샬을 만났던 것도 조선인의 서양 이해에 있어서 의미있는 사건이었다. 경종 즉위년(1720) 북경을

134) 朴星來, 〈마테오 리치와 한국의 西洋科學 수용〉(《東亞研究》3, 西江大, 1983).
135) 裵賢淑, 〈17·8 世紀에 傳來된 天主敎書籍〉(《敎會史研究》3, 1981), 3쪽.
趙 珖, 《朝鮮後期 天主敎史研究》(高麗大 民族文化研究所, 1989), 91쪽.

찾았던 이이명은 북경 南堂에 있던 쾨글러(Ignatius Kögler)나 요셉 사우레즈(Joshep Saurez) 등과 만나서 서양의 천문 역법에 관해서 의견을 나누었다. 영조 42년(1766) 赴燕했던 홍대용도 청의 흠천감이었던 할러쉬타인(A. Halerstein, 劉松齡)과 고가이슬(A. Gogeisl, 鮑友管)을 만나서 학문적 대화를 나누었다. 정조 7년(1783)에 북경을 갔던 이승훈은 北堂에서 그라몽(Louis de Grammont) 신부에게서 세례를 받고 귀국한 바 있었다.136)

한편 18세기 이래 조선인은 북경에서 러시아인들과 만날 수 있었고, 이 만남을 통해서 조선인들은 러시아에 대한 일정한 이해를 가질 수 있었다. 당시 북경의 會同館(玉河館)은 조선과 러시아의 전용 숙소였다. 경종 즉위년 동지사로 파견되었던 李宜顯 일행은 북경에 도착한 다음 '大鼻㺚子'에 대해서 언급하고 있는데, 이는 러시아의 전권대사로 북경을 방문하고 있던 이즈마일로프(Izmailov) 일행에 대해 언급한 것이었다. 그리고 경종 원년 3월에 서울을 출발한 사은사 趙泰采 일행은 이즈마일로프 이후 북경에 체류하고 있던 랑게(Lange) 영사를 북경에서 목격한 바 있었다. 또한 같은 해 10월 서울을 출발한 동지사 李健命의 수행원들도 회동관에 머물고 있던 랑게를 만나기도 했다. 영조 11년 進香使行의 書狀官 李潤身은 玉河館 인근에 머물고 있던 '大鼻㺚子' 즉 러시아인과 만나서 교환한 사실을 적으면서 러시아가 중국 동북쪽 60일 일정에 있으며, 땅이 중국보다 크며 城池와 君臣의 제도가 있다는 사실을 기록했다. 영조 17년 정월 동지사로 파견되었던 洛豊君 일행의 경우에도 러시아 전교회가 중국에 파견한 제3차 전도단(1736~1745)을 만난 것을 기록하고 있다. 한편 홍대용은 영조 41년 연행시에 러시아인에 대한 관심을 드러내기도 했다.

19세기에 접어들어 조선의 사신들은 북경에서 러시아인들을 더욱 빈번하게 만났다. 순조 26년(1826) 동지사 洪義俊을 수행했던 洪錫謨는 북경의 러시아관을 방문하여 제11대 전도단장 파벨 까멘시이(Pavel Kamensij) 등과 필담을 통해서 러시아의 지리와 풍속에 대한 견문을 얻었다. 1828년과 1829년에는 조선 사신들의 수행원이 러시아館을 방문하고 그들의 天主堂에 들린 후 느낀 당혹감을 기록하기도 했다. 이처럼 赴燕使行을 통해 서양인과의 만남이 진행되던

136) 李元淳, 〈西洋文物 漢譯西學書의 傳來〉(《한국사》 14, 국사편찬위원회, 1975), 49쪽 이하.

과정에서 조선인들은 대체적으로 청의 조정에서 仕宦하고 있던 프랑스 등 서유럽 출신의 선교사들에 대해서는 긍정적 인식을 가지고 있었다. 그러나 조선인들 대부분은 러시아인들에 대해서는 부정적 편견을 드러내기도 했다.137)

조선인들은 서양인 표착자들과 이양선의 선원들을 통해서도 서양에 대한 인식을 형성해 갔다. 우선 조선인들은 이양선의 웅장한 규모와 질풍과 같은 속도에 감탄했고, 그 배에 비치된 각종의 무기나 관측기구를 비롯한 서양의 기물들에 대해서 호기심을 가지고 관찰·서술했다. 그러나 이양선의 출몰이 빈번해져 가던 상황에서 조선에서는 해방의 필요성이 새삼 강조되었고, 19세기 중엽을 전후로 하여 해방론이 강하게 전개되었다.138) 특히 阿片戰爭 이후 1848년을 전후해서는 중국에서의 아편문제와 관련하여 조선에 아편의 유입을 금지하기 위한 문제가 구체적으로 나타나기 시작했다.139) 그리고 조선에 대한 서양의 침략을 경계하는 논의와 더불어 서양의 문물을 수용하는 문제에 대한 진지한 성찰도 이루어져 가고 있었다.140)

또한 조선 후기를 살았던 사람들은 천주교 신앙을 통해서 조선을 인식하게 되었다. 천주교 신앙은 전통적 성리학 중심의 문화에 대한 도전을 감행했고, 조선인들의 세계관을 변동시켜 나갔다. 이로 말미암아 전통적 가치관을 옹호하는 입장에서는 이를 '夷狄禽獸의 學'이거나 '異端邪說'로 규정하고 이에 대한 탄압을 강화시켰다. 그리고 그 탄압의 강도에 비례해서 서양에 대한 부정적 인식도 강화되고 있었다. 그러나 이를 신봉하던 피지배 民人들을 중심으로 하는 신도들은 여기에서 평등의 이념을 발견하고 실천해 나갔으며, 기존의 가치관에 대신하여 자신의 세계관을 전환시킬 수 있었다.141) 천주교 신앙에

137) 朴泰根, 앞의 글(1984), 24~33쪽.

138) 車基眞, 〈尹宗儀의 斥邪論과 海防論 인식에 대한 연구〉(《尹炳奭敎授華甲紀念 韓國近代史論叢》, 지식산업사, 1990), 21쪽.
孫炯富, 〈19세기초·중엽의 海防論과 朴珪壽〉(《全南史學》 7, 1993), 395쪽.

139) 閔斗基, 〈十九世紀後半 朝鮮王朝의 對外危機意識〉(《東方學志》, 延世大, 1986), 265쪽.

140) 노대환, 〈19세기 전반 西洋認識의 변화와 西器受容論〉(《韓國史硏究》 95, 1997), 137쪽.

141) 崔奭祐, 〈天主敎의 受容〉(《한국사》 14, 국사편찬위원회, 1975), 88쪽.
李元淳, 《韓國天主敎史硏究》(韓國敎會史硏究所, 1986).

대해 이처럼 상호 대립적 판단을 서로가 고수하고 있는 한, 서양에 대한 객관적 인식이 당시인들에게는 불가능할 수도 있었다. 그리고 조선정부의 금령으로 말미암아 비밀리에 선교하고 있던 프랑스 선교사들의 활동을 통해서도 서양에 대한 구체적 인식을 일부의 조선인들은 가질 수 있었다.

이상에서 살펴본 바와 같이 17세기 이후 조선 후기사회에 이르러 조선은 서양 제국과의 관계를 새롭게 시작했다. 조선이 서양과의 관계를 갖게 된 것은 지리상의 발견과 그리스도교의 선교라는 세계사적 조건에 의해서 진행된 것이기도 했다. 서양의 그리스도교 선교사들은 선교를 목적으로 하여 조선에 대한 지식을 축적해 갔다. 그리고 서양인 항해자나 지도 제작자들도 조선에 대한 관심을 가지고 있었다. 그들은 초기에는 중국이나 일본에 대한 관심의 연장선상에서 조선에 대한 관심을 가졌지만 점차 조선을 독자적 대상으로 하여 관심의 폭을 넓혀 가고 있었다. 그리고 이양선의 출현 등을 통해서 확인할 수 있는 바와 같이 서양인들은 조선에 대해서 적극적으로 접근을 시도해 갔다.

한편 조선인들은 수동적 입장에서 서양인들과의 접촉이 진행되었고, 서양 문물에 대한 인식의 계기를 갖게 되었다. 그러나 赴燕使行을 통해서 볼 수 있는 바와 같이 그들은 제한된 범위 내에서나마 서양에 대한 인식을 강화하고자 노력했다. 그 결과 서양에 대한 지식을 상당히 축적해 나갈 수 있었고, 조선 후기사회에서는 西器受容論이나 서학실천론의 방향이 제시되기도 했다. 그러나 이러한 노력은 척사위정론이나 해방론 등의 강화를 통해서 압도당했고, 서양의 접근에 대해서 철저히 경계하는 입장이 강하게 표출되었다.

조선 후기 서양과의 관계는 이와 같은 특성을 가지고 전개되었으며, 이 특성으로 인해서 서양에 대한 정당한 인식이 불가능했고, 서양 문물의 선별적 수용마저도 어려움을 겪게 되었다. 조선 후기를 살았던 사람들에 있어서 서양과의 접촉은 새롭고 생소한 경험이었다. 이와 같은 상황에서 19세기 후반에 이르러 조선은 개항을 단행해야 했고, 개항 이후의 사회는 서양과 본격적으로 조우하게 되었다.

〈趙 珖〉

집 필 자

개 요 .... 조 광

Ⅰ. 탕평정책과 왕정체제의 강화

1. 탕평책 실시의 배경 .... 김준석
2. 영조대 탕평정국과 왕정체제의 정비 .... 박광용
3. 정조대 탕평정국과 왕정체제의 강화 .... 박광용

Ⅱ. 양역 변통론과 균역법의 시행

1. 양역의 편성과 폐단 .... 정만조
2. 양역변통론의 추이 .... 정만조
3. 균역법의 시행과 그 의미 .... 정연식

Ⅲ. 세도정치의 성립과 전개

1. 세도정치의 성립과 운영 구조 .... 오수창
2. 세도정치의 전개 .... 오수창

Ⅳ. 부세제도의 문란과 삼정개혁

1. 삼정의 문란 .... 양진석

V. 조선 후기의 대외관계

한국사 32

조선후기의 정치

편찬간행 **국사편찬위원회**

초판1쇄 2003년 11월 30일
2쇄 2013년 6월 4일

번각발행 **탐구당**

등록일 1950년 11월 1일
등록번호 서울 제 03-00993 호

주소 서울특별시 용산구 한강대로 62 나길 6
전화 (02) 3785-2211(대표)
팩스 (02) 3785-2272
홈페이지 www.tamgudang.co.kr
전자우편 tamgudang@paran.com

ISBN 978-89-8236-598-0
978-89-8236-566-9(세트)

값 21,500 원